中国社会科学院学部委员专题文集
ZHONGGUOSHEHUIKEXUEYUAN XUEBUWEIYUAN ZHUANTI WENJI

佛教与中日两国历史文化

杨曾文 ◎ 著

中国社会科学出版社

图书在版编目(CIP)数据

佛教与中日两国历史文化／杨曾文著.—北京：中国社会科学出版社，2015.9

ISBN 978-7-5161-7335-0

Ⅰ.①佛⋯　Ⅱ.①杨⋯　Ⅲ.①佛教史—中国、日本　Ⅳ.①B949.2 ②B949.313

中国版本图书馆 CIP 数据核字（2015）第 300768 号

出 版 人	赵剑英
责任编辑	冯春凤
特约编辑	孙　萍
责任校对	李　楠
责任印制	张雪娇

出　　版	中国社会科学出版社
社　　址	北京鼓楼西大街甲 158 号
邮　　编	100720
网　　址	http://www.csspw.cn
发 行 部	010-84083685
门 市 部	010-84029450
经　　销	新华书店及其他书店
印刷装订	环球东方（北京）印务有限公司
版　　次	2015 年 9 月第 1 版
印　　次	2015 年 9 月第 1 次印刷
开　　本	710×1000　1/16
印　　张	36
插　　页	2
字　　数	572 千字
定　　价	108.00 元

凡购买中国社会科学出版社图书，如有质量问题请与本社营销中心联系调换
电话：010-84083683
版权所有　侵权必究

《中国社会科学院学部委员专题文集》
编辑委员会

主任 王伟光

委员 （按姓氏笔画排序）

王伟光　刘庆柱　江蓝生　李　扬
李培林　张蕴岭　陈佳贵　卓新平
郝时远　赵剑英　晋保平　程恩富
蔡　昉

统筹 郝时远

助理 曹宏举　薛增朝

编务 王　琪　刘　杨

前　言

哲学社会科学是人们认识世界、改造世界的重要工具，是推动历史发展和社会进步的重要力量。哲学社会科学的研究能力和成果是综合国力的重要组成部分。在全面建设小康社会、开创中国特色社会主义事业新局面、实现中华民族伟大复兴的历史进程中，哲学社会科学具有不可替代的作用。繁荣发展哲学社会科学事关党和国家事业发展的全局，对建设和形成有中国特色、中国风格、中国气派的哲学社会科学事业，具有重大的现实意义和深远的历史意义。

中国社会科学院在贯彻落实党中央《关于进一步繁荣发展哲学社会科学的意见》的进程中，根据党中央关于把中国社会科学院建设成为马克思主义的坚强阵地、中国哲学社会科学最高殿堂、党中央和国务院重要的思想库和智囊团的职能定位，努力推进学术研究制度、科研管理体制的改革和创新，2006年建立的中国社会科学院学部即是践行"三个定位"、改革创新的产物。

中国社会科学院学部是一项学术制度，是在中国社会科学院党组领导下依据《中国社会科学院学部章程》运行的高端学术组织，常设领导机构为学部主席团，设立文哲、历史、经济、国际研究、社会政法、马克思主义研究学部。学部委员是中国社会科学院的最高学术称号，为终生荣誉。2010年中国社会科学院学部主席团主持进行了学部委员增选、荣誉学部委员增补，现有学部委员57名（含已故）、荣誉学部委员133名（含已故），均为中国社会科学院学养深厚、贡献突出、成就卓著的学者。编辑出版《中国社会科学院学部委员专题文集》，即是从一个侧面展示这些学者治学之道的重要举措。

《中国社会科学院学部委员专题文集》（下称《专题文集》），是中国社会科学院学部主席团主持编辑的学术论著汇集，作者均为中国社会科学院学部委员、荣誉学部委员，内容集中反映学部委员、荣誉学部委员在相关学科、专业方向中的专题性研究成果。《专题文集》体现了著作者在科学研究实践中长期关注的某一专业方向或研究主题，历时动态地展现了著作者在这一专题中不断深化的研究路径和学术心得，从中不难体味治学道路之铢积寸累、循序渐进、与时俱进、未有穷期的孜孜以求，感知学问有道之修养理论、注重实证、坚持真理、服务社会的学者责任。

2011年，中国社会科学院启动了哲学社会科学创新工程，中国社会科学院学部作为实施创新工程的重要学术平台，需要在聚集高端人才、发挥精英才智、推出优质成果、引领学术风尚等方面起到强化创新意识、激发创新动力、推进创新实践的作用。因此，中国社会科学院学部主席团编辑出版这套《专题文集》，不仅在于展示"过去"，更重要的是面对现实和展望未来。

这套《专题文集》列为中国社会科学院创新工程学术出版资助项目，体现了中国社会科学院对学部工作的高度重视和对这套《专题文集》给予的学术评价。在这套《专题文集》付梓之际，我们感谢各位学部委员、荣誉学部委员对《专题文集》征集给予的支持，感谢学部工作局及相关同志为此所做的组织协调工作，特别要感谢中国社会科学出版社为这套《专题文集》的面世做出的努力。

《中国社会科学院学部委员专题文集》编辑委员会
2012年8月

目 录

佛教从印度向西域的传播 …………………………………… （1）
佛教中国化的回顾与思考
　——中国古代佛教的三个问题 ……………………………（16）
《牟子理惑论》及其对佛教的理解 ……………………………（34）
佛图澄及其在中国佛教史上的地位 ……………………………（65）
释道安及其在中国佛教史上的地位 ……………………………（74）
为协调佛法与王法立论
　——慧远《沙门不敬王者论》析 ………………………（111）
东晋佛经翻译家法显及其在中国文化史上的贡献 …………（128）
《佛国记》中求法僧考述 ………………………………………（157）
竺道生及其佛性顿悟学说 ……………………………………（166）
梁武帝与佛教 …………………………………………………（195）
观世音信仰的传入和早期流行情况 …………………………（214）
《南岳思大禅师立誓愿文》蕴含的信息 ………………………（233）
鉴真大和尚东渡和日本律宗 …………………………………（246）
隋唐的佛舍利供养和法门寺 …………………………………（268）
《曹溪大师传》及其在中国禅宗史上的意义 …………………（281）
临济义玄河北传法考 …………………………………………（306）
大觉道钦禅师和径山寺 ………………………………………（318）
《唐同德寺无名和尚塔铭并序》的发现及其学术价值 ………（328）
圆仁和日本天台宗 ……………………………………………（338）
唐代密宗和《日本弘法大师空海著述辑要》 …………………（349）

雪峰义存及其在中国佛教文化史上的地位
　　——纪念雪峰义存禅师圆寂1100周年 …………………（355）
唐代禅宗史上几个问题的考证 ……………………………（378）
唐五代禅宗在今山西地区的传播 …………………………（394）
弥勒信仰的民族化 …………………………………………（411）
宋代的佛经翻译 ……………………………………………（421）
中国临济宗东传日本和演变 ………………………………（455）
松源崇岳及其法系在中日佛教交流史上的地位 …………（477）
金末元初万松行秀和北传曹洞宗 …………………………（493）
关于元代宗宝是光孝寺住持的考察 ………………………（507）
杨文会的日本真宗观
　　——纪念金陵刻经处成立130周年 …………………（512）
中国佛教伦理及其当代价值 ………………………………（526）
太虚的人生佛教思想略论 …………………………………（544）
赵朴初人间佛教思想试论 …………………………………（551）

佛教从印度向西域的传播[①]

佛教创立于公元前6—前5世纪的古印度,开始主要流行于恒河中上游一带地方。到公元前3世纪孔雀王朝阿育王时及其以后,佛教向印度各地以及周围国家传播,向南传到斯里兰卡和东南亚国家,向北传入大夏、安息以及大月氏,并越过葱岭传入中国西北地区,最后传入中国内地。在佛教向北传入中国的过程中,汉对西域交通的开辟起了促进作用。

为了叙述方便,下面先就这个问题作简单介绍。

一 汉与西域的交通

汉时所谓的"西域",一般是指玉门关(现甘肃敦煌县西)、阳关(现甘肃敦煌县西南)以西,葱岭(帕米尔)以东,天山以南,昆仑山以北的广大地区。这一带地方有36国,后来分裂为50多个小国。随着中西交通的发展,人们也往往把通过以上地区与汉地有着交通往来的中亚、西亚甚至南亚次大陆一些国家也称为西域。

西域36国曾长期处于匈奴的控制之下。匈奴在那里设"僮仆都尉",对西域各国进行残酷的奴役和剥削。汉武帝为了联合匈奴的宿敌大月氏共同抵御匈奴,在建元三年(前138年)派张骞等人出使大月氏。大月氏原居敦煌、祁连山之间,在汉文帝时被匈奴打败,被迫西迁,先居伊犁河流域,后又西迁至葱岭以西、阿姆河以北地区。张骞在途中被匈奴俘获,拘禁10年,后来逃走,西到大宛(今乌兹别克斯坦费尔干纳盆地),经康居(在阿姆河以北,咸海与巴勒喀什湖之间一带地方)到达大月氏。当时大月

[①] 原载任继愈教授主编《中国佛教史》第一卷,中国社会科学出版社1982年版。

氏已从游牧生活转变为定居的农耕生活，国王也已换人，因而不愿联汉东御匈奴。张骞在此地逗留一年多，没有达到目的，只好回国。归途中他又被匈奴俘获，后趁匈奴内乱逃回汉朝。他把在西域各地的见闻详细地告诉汉武帝，对中亚各国和南亚的印度的地理位置、历史、物产等作了介绍，扩大了人们的眼界。

元狩四年（前119），汉武帝为联合乌孙（现新疆天山以北地区）抗击匈奴，派张骞率三百人出使乌孙。张骞在乌孙又派副使多人到大宛、康居、大月氏、大夏（在阿姆河以南，今阿富汗一带地方）、安息（在今伊朗）、身毒（印度）等国，沟通汉与这些国家正式往来的关系。

此后，汉武帝为了打败匈奴，在河西置酒泉、武威、张掖、敦煌四郡，进一步联络西域各国，扩大在这个地区的政治势力。元封三年（前108），汉出兵打败亲附匈奴的楼兰（今新疆罗布淖尔西北）、姑师（即车师，今新疆吐鲁番盆地）两国，加强了对这些地方的控制。太初元年（前104），汉武帝为从大宛夺取汗血马，派贰师将军李广利率兵攻伐大宛。大宛败降，汉掠得好马三千余匹。于是，"西域震惧，多遣使入汉来贡献，汉使西域者益得职"（《汉书·西域传》）。此后，汉在轮台（现新疆轮台县）、渠犁（现轮台县东南）置兵屯田，以供应来往使者。宣帝神爵三年（前59年），任郑吉为西域都护，治所在龟兹（现新疆库车县）东边的乌垒城，把西域诸国正式置于直接管辖之下。并在莎车（现新疆莎车县）置屯田校尉，负责驻守和屯田事宜。汉元帝时，又在车师前王庭（现新疆吐鲁番县附近）置戊己校尉，管理屯田和防务。

此后，包括东汉时期在内，虽然朝廷与西域各国的臣属关系时断时续，但各族人民之间的经济、文化交流是从未间断的。

汉与西域各国的交通路线主要有两条：

（1）自敦煌西出五门、阳关，从古楼兰西行到鄯善，沿昆仑山北麓，经于阗（现新疆和阗县）至莎车，此为南道。由南道西逾葱岭，经巴达克山，到达阿姆河流域的大月氏、安息；南越大雪山（兴都库什山）则是古印度西北部的迦湿弥罗（即克什米尔）。

（2）从玉门北行至伊吾，由此西行达车师前王庭，然后沿天山南麓，溯塔里木河西行，经龟兹到疏勒（现新疆喀什市），此为北道。由北道西逾葱岭达大宛、康居、奄蔡（在今乌兹别克斯坦和哈萨克斯坦的咸海与里海之间）。葱岭的西南有罽宾（在现克什米尔）、乌弋山离（在现阿富汗西部）；而在罽宾东南则是身毒国，其西方是高附、安息、条支（在波斯湾西北岸，今叙利亚、伊拉克一带地方）；条支以西是大秦（即梨轩，罗马帝国的东方领地）。北道土地肥沃，人口稠密，与西方交通也比较频繁。从宣帝以后，西域都护即设在北道乌垒。

以上南道和北道因都在天山南侧，位于塔里木盆地南北两边，也统称天山南路。此外，还有一条天山北路，即从哈密出发沿天山北麓而行，中经乌孙、大宛，至康居。这条道路不如以上两条道路重要。这几条沟通中西联系的道路，就是闻名世界历史的"丝绸之路"。

汉与西域的交通对于我国汉民族和西北各兄弟民族的经济文化交流具有极大促进作用，同时也促进了我国人民与世界人民的友好往来。汉朝先进的冶炼生产技术、丝绸等物品和科学文化通过上述交通路线传到葱岭以西，直到欧洲遥远地方，对于世界各国物质文明的发展做出了重要贡献。西方一些物产，例如汗血马等家畜以及苜蓿、葡萄、胡桃、蚕豆等植物，也陆续传到中国，丰富了中国的物质资源和经济生活，而西方的文化艺术，也对发展中国的文化艺术提供了新的养料。

就在这个中外经济文化交流的过程中，佛教从印度向西北邻国传播，并越过葱岭传入中国西北地区，最后传入中国内地。

二　印度阿育王时期佛教的传播

释迦牟尼创立佛教以后，带领弟子主要在印度恒河中上游地区传教。他死之后的一二百年，由于奴隶制社会经济的进一步发展和城市国家之间兼并战争的进行，印度逐渐出现统一的趋势。公元前4世纪中叶，在恒河流域和印度中部地区建立了摩揭陀国难陀王朝。前327年，马其顿国王亚历山大（前336—前323）率领希腊军队入侵印度，曾到达印度西北地区的旁遮普一带地方，因为遭到印度人民的坚决抵抗和希腊军队内部产生厌战情绪，亚历山大被迫退出印度，但却在印度西北地区建立了两个殖民地的省。前324年，旃陀罗笈多推翻难陀王朝建立了孔雀王朝，定都华氏城（今巴特那），在西北地区驱逐了希腊殖民者，并着手统一全印度的事业。到他孙子阿育王（前273—前232）时，建立了全印度统一的奴隶制中央集权国家。

阿育王在佛教史上是有名的保护佛教的国王，被尊为"法阿育王"。阿育王为了借助宗教加强孔雀王朝统治，对佛教、婆罗门教、耆那教等各种宗教都采取保护政策，任命"正法大官"（dharma-mahāmātra）专门负责宗教事务。阿育王每年向佛教僧众施舍大量金钱，经常举行盛大佛教集会，到处建立寺塔，树立石碑石柱，用各种文字铭刻"法敕"，宣传佛教教义和宗教道德。在他的直接资助下，由上座部著名长老和尚目犍连子帝须主持举行了佛教史上第三次结集（实际是上座部结集），重新宣明佛教的传统教义和戒律，把一些为贪图优厚待遇而假冒佛教僧人的外道从僧团中驱逐出去。

据南传佛教历史记载，阿育王时期曾派出很多德高望重的高僧到印度各地以及印度周围国家传教。巴利文斯里兰卡史书《大王统史》第十二章记载：

> 目犍连子长老为显扬佛教，于结集结束之后，预见到将来在边境地带树立教法，在迦剌底迦月（八月），把诸长老派遣到各地。派末田地（或作末阐提）长老到迦湿弥罗·犍陀罗国，摩诃提婆长老到摩醯沙曼陀罗国，勒弃多长老到婆那婆沙国，臾那人昙无德到阿波兰多迦国，摩诃昙无德到摩诃勒陀国，摩诃勒弃多到臾那世界，末示摩到雪山地方，须那和郁多罗两长老到金地国。目犍连长老派大摩哂陀长老与自己的其他弟子——地臾、郁帝夜、参婆楼、拔陀罗诸长老到楞伽岛，说：你们应该到美丽的楞伽岛去建立美丽的教法。①

这里所提到的迦湿弥罗即古印度西北的克什米尔地区，犍陀罗在古印度西北印度河流域的上游一带地方（今巴基斯坦北部白沙瓦附近），楞伽岛即今斯里兰卡，其他一些地名相当于现在的什么地方尚难定论。一般认为，

---

① 译自日译《南传大藏经》第六〇卷，亦见同卷载《岛王统史》第八章；还可以参考汉译《善见律毗婆沙》卷二。

摩醯沙曼陀罗在印度南部的海得拉巴地区，婆那婆沙国大概在印度中部拉其普他那地区，而阿波兰多迦国在印度西部旁遮普一带地方，摩诃勒陀国在孟买东北的哥达瓦里河上游一带，臾那世界指印度西北的希腊移民聚居地，雪山地方则是喜马拉雅山南麓的尼泊尔。金地国大概是指缅甸濒临孟加拉湾的劈磅和渺名一带地方，或指马来半岛。总之，通过这个记载可以看出，在阿育王统治时代，佛教已经超出恒河流域，传播到印度各地和毗邻印度的中亚、南亚和东南亚一些国家。

不仅如此，据阿育王时期的碑文《摩崖法敕》（第十三）记载，佛教传法僧甚至到达安息、大夏、埃及和希腊等地。碑文上说：

> 王复于距其领土六百由旬①的邻国——希腊安条克所住之处及北部的托勒密、安提柯、马伽斯以及亚历山大国王所住之处，南部的朱拉王国、潘地亚王国和锡兰，皆得法胜。更于王所属领地的臾那人、堪坡加斯人、那巴卡的那巴穆德人、贺札斯人及比丁尼喀人、安得拉人以及普林达人之间，亦得法胜。王使所到之处，皆归顺王所宣示之正法。王使未到之处，闻王如法之教款及其教法，皆依法行之，或将来当行之。②

这里提到的安条克是指公元前261—前246年领有小亚细亚西岸、西亚和中亚一部分的塞琉古王朝的国王安条克二世；托勒密是公元前285年—前247年在位的埃及国王托勒密·菲拉得佛斯；安提柯是公元前278年—前239年在位的马其顿国王安提柯·贡那特；马伽斯是死于公元前258年的西林尼（在今利比亚北部昔兰尼加）的国王，亚历山大是公元前272—前258年在位的伊庇鲁斯（在今希腊西北）的国王。至于朱北国和潘地亚国则是当时位于印度南部的两个小国。阿育王领地的臾那人是居于印度西北的希腊移民。堪坡加斯人是居于现在阿富汗一带地方的民族。上述塞琉古王朝是马其顿国王亚历山大部将塞琉古所建，以叙利亚为统治中心，故又称叙利亚王国，中国

---

① 由旬，印度里程单位，相当于中国三四十里。
② 译自日本羽溪了谛《西域之佛教》（东京森江书店1923年第3版）第一章引文。

史书称之为条支。就在塞琉古国王安条克二世的时候,位于中亚的帕提亚(中国称为安息),巴克特利亚(中国称为大夏)脱离塞琉古而独立。

根据这个碑文,虽不足以说明在阿育王时候佛教已在中亚地区广为流行,但至少可以说印度佛教向这一带地区传播的道路已被打通。

三 印度西北希腊移民的佛教信仰

孔雀王朝在阿育王死后不久急剧衰落,印度再次陷入分裂局面。前2世纪初,以希腊人为统治者的大夏(巴克特利亚)侵入西北印度。后来大夏发生分裂,留守本部的守将宣布独立,占领喀布尔流域和现在巴基斯坦西部一带地方,而占领当时印度西北遮普的一支成立以舍竭(奢竭罗,现巴基斯坦西部的锡亚尔科特)为中心的希腊式城市国家。佛经上称这个国家为"天竺舍竭国"。汉译佛经《那先比丘经》(有二卷本、三卷本,皆失译人名,附东晋录)和巴利文《弥兰陀王问经》,记载了这个国家的国王弥兰陀与来自克什米尔罽宾的高僧那先之间问答式的谈话。弥兰陀王原来不信佛教,"喜读经学异道,悉知异道",后向那先比丘询问佛法,共同就人的精神与身体、善恶果报、生死轮回、佛的真实性、佛教的修行规则、比丘与教团等一系列问题进行广泛深入的讨论。最后,弥兰陀王皈依佛教。汉译《那先比丘经》记载:

> 王言:得师如那先,作弟子如我,可得道疾。王诸所问,那先辄事事答之。王大欢喜,王即出中藏好衣值十万,以上那先。王语那先:从今已去,愿那先日与八百沙门,共于宫中领食,及欲所得,皆从王得之。(卷下)

经文记载难免有夸张的地方,但基本还是属实的。弥兰陀王施舍的舍利壶已经出土。此外,一些碑文记载了在印度西北的希腊移民信仰佛教的情况,如供养佛舍利,向寺院施舍门、石柱、水池、物品等。前2世纪中叶,大月氏从东方徙来征服大夏以后,一些希腊式城市国家也逐渐被大月氏吞并。实际上,后来大月氏的佛教正是从印度西北地区和大夏直接传承下来的。

四 部派佛教的分布

从阿育王在位直到公元前后一段时期，印度佛教已从原始佛教进入部派佛教时期。公元前1世纪以后，从上座部和大众部中先后分立出来的部派已达十八部或二十部之多。据佛教相关文献①记载和国内外学者研究，各部派及分布情况大致如下：

说一切有部、经量部、法藏部、化地部、饮光部主要分布在西北印度地区；正量部、犊子部、法上部、贤胄部、六城部，主要分布在印度西南部和西部沿海一带地区；大众部、一说部、说出世部、鸡胤部（牛家部）分布在从中印度到西北印度一带地方；制多山部及从它分立出来的东山部、西山部等南方大众部分布在南印度以阿摩罗伐帝为中心的地方，被称为案达罗派。在这个地方和斯里兰卡还有称作方等派和大空派的部派存在。

各个大的部派都有自己的经（《阿含经》）、律、论三藏。由于分布的地区不同，编集经典使用的语言也不一致。例如西北印度最有势力的说一切有部一般使用梵语或接近梵语的俗语佉卢虱底语（驴唇文），以印度西部苏拉赛那为主要基地的正量部等部派，则用阿帕普兰沙语，以阿瓦底为主要基地的上座部则用派萨奇语，以印度中南部马哈拉施特拉地方为主要基地的大众部，则使用马哈拉施特拉语。

原始佛教和部派佛教被公元1世纪以后产生的大乘佛教统称为小乘佛教。因此，在这个期间从印度传到印度周围各国的佛教都属于小乘佛教。从印度西北地区迦湿弥罗和犍陀罗传到安息、大夏、大月氏等中亚地区的佛教主要是小乘佛教说一切有部。②

---

① 关于部派佛教，在古印度世友著《异部宗轮论》（唐玄奘译）和后秦鸠摩罗什译《十八部论》、陈真谛译《部执导论》，以及唐窥基《异部宗轮论述记》中有集中论述，在玄奘《大唐西域记》等著作中记述了玄奘西行求法过程中见闻的部派佛教情况。

② 参见拙著《部派佛教略论》，载中国社会科学院世界宗教研究所《世界宗教资料》1983年第1期；日本佐佐木教悟、高崎直道、井之口泰淳、塚本启祥《佛教史概说·印度篇》第7章（日本平乐寺书店，1976年第四次印刷）。

最初佛教经典不用文字记载，全靠口头传诵，直到公元前 1 世纪以后，才逐渐形成用文字记述的佛教经典。这种经典大部分写在桦树皮或贝叶上，近代在印度、中亚和我国新疆都发现了这类佛典断片。

五　大月氏的佛教

大月氏原居我国敦煌、祁连山一带地方，在汉文帝时（前 176 年或前 174 年）被匈奴冒顿单于打败，往西逃走，中经乌孙、大宛，在前 130 年前后到达妫水（阿姆河）一带，然后征服大夏，占有整个阿姆河、锡尔河流域。前 128 年张骞出使西域曾经康居到过这里。据《汉书》以及《后汉书》的《西域传》记载，大月氏后来分裂为休密、双靡、贵霜、肸顿、都密"五部翕侯"（即五部君长），其中以贵霜部最为强大。大约在 1 世纪上半叶，贵霜翕侯丘就却攻灭其他四翕侯，自立为王，建立贵霜王国，西侵安息，占有喀布尔平原，南侵印度，灭濮达、罽宾，至其子阎膏珍（约 45—78）时攻占整个印度西北地区，并建立了对恒河流域的控制权。到迦腻色迦王（约 78—120）以后，贵霜王国在印度的统治包括整个恒河流域和印度河流域，定都富楼沙（今巴基斯坦北部白沙瓦），成为拥有中亚广大领土的西起咸海、东至葱岭的大帝国。

大月氏在征服大夏以后，社会生产从游牧转为农耕生活，并迅速吸收当地波斯、希腊和印度文化，社会制度和文化逐渐与安息等国相同，如《汉书·西域传》所载：

> 大月氏国，都兰氏城……土地风气，物类所有，民俗钱货，与安息同。

如前所述，印度西北地区及毗邻国早在前 3 世纪以后已有佛教输入，在前 2 世纪大夏侵入印度西北所建立的舍竭国也已流行佛教。因此可以说，大月氏至迟在前 1 世纪已开始信仰佛教。《三国志·魏志·东夷传》注文所引《魏略·四戎传》载：

>昔汉哀帝元寿元年（按：前2年），博士弟子景卢受大月氏王使伊存口受《浮屠经》。

这就是一个可信的证明。在丘就却建立贵霜王国并占领印度广大领土以后，印度佛教迅速向大月氏所占领的一切地方传播，至迦腻色迦时由于采取鼓励和扶植各种宗教的政策，佛教取得很大发展。据唐玄奘《大唐西域记》卷三记载，迦腻色迦王"机务余暇，每习佛经，日请一僧入宫说法"。因为各部派异说纷纭，莫衷一是，王下令召集各方僧侣在印度西北克什米尔举行佛教集会，由说一切有部著名论师胁尊者组织主持，重新宣明佛教三藏，集成《大毗婆沙论》等理论著作。这就是佛教史上第四次结集，实际上只是说一切有部的结集。迦腻色迦王在各地建立佛教寺塔，在国都郊外建立的大塔名"雀离浮图"，6世纪初北魏使者宋云和僧惠生赴西域求法经过这里时还见到此塔（北魏杨衒之《洛阳伽蓝记》卷五）。

贵霜王朝时代，在印度西北地区最有势力的佛教部派仍是说一切有部，此外正量部、饮光部、法藏部、化地部、大众部等部派也有一定影响。同时，大乘佛教也逐渐在印度南部、西北地区形成，日益扩大社会影响。大乘佛教主要经典《般若经》《法华经》《华严经》《阿弥陀经》《维摩经》等大都在这个时期形成。大乘佛教的著名论师马鸣（约2世纪）、龙树（约二三世纪）也都活跃在这个时期。龙树主要活动于印度中部、南部地区，但其影响迅速扩展到全印度。他所著《中论》《十二门论》《大智度论》等发挥《般若经》的"诸法性空"和中道的思想，创立了大乘佛教中观学派。

公元1世纪以后，在印度出现了最早的佛的造像，这对以后佛教深入民间通俗宣传和广泛传播有极大影响。这个时期在婆罗门教基础上形成的印度教以及波斯的祆教和希腊的宗教在社会上也相当流行，它们与佛教之间互相影响。从地下发掘的贵霜王朝钱币的铸像可以看出，当时社会上对印度教的湿婆神、佛，波斯祆教的神、希腊宗教的神都很崇拜。有一枚迦腻色迦时期的钱币，刻有穿着希腊服装的释迦牟尼像，而周围是用希腊字母拼成的"佛"字。在印度西北犍陀罗（以现在白沙瓦为中心）、中部的秣兔罗（在现在亚格尔北部）保留下来的佛教寺塔建筑和佛教雕刻、美术，都体现着希腊文化与中亚文化、印度文化互相融合的色彩。

贵霜王国的中心是横贯中亚"丝绸之路"的枢纽。它不仅与中国西域各国有着政治上的外交往来，还进行频繁的经济、文化交流。在欧亚各国进行通商贸易的过程中，中国的丝绸、漆器、铁器，印度的珠宝、香料，埃及和西亚的玻璃，都要通过贵霜王国。在这个时期印度的佛教也通过贵霜王国不断传到西域各国和中国内地。大月氏不仅最早向中国传入佛教，而且东汉、三国时期在中国的大月氏译经僧支谶（支娄迦谶）、支曜以及支谦最早向中国介绍了大乘佛教经典。

六　安息和康居的佛教

在大月氏西部的国家是安息（帕提亚）。在前 3 世纪，属于马萨革泰部落联盟的游牧部落的帕勒——达依人从北方进入伊朗高原的帕提亚，开始隶属于塞琉古王朝，至前 247 年在阿尔萨克二世领导下脱离塞琉古王朝而独立。在密特里达提一世（前 171—前 138）时候，安息趁塞琉古王朝内乱之机，夺取了伊朗高原西部地区，并夺取大夏和印度一部分领土，建立了西至幼发拉底河、东至兴都库什山的强大王国。到国王密特里达提二世（前 123—前 88）时，曾打败南侵的塞种人，并继续南侵印度，夺取了印度西北印度河和契那布河之间的怛叉始罗地方。就在这个时期，安息与西汉开始接触和往来。《史记·大宛传》载：

> 安息在大月氏西可数千里。其俗土著耕田，田稻麦，蒲陶酒。城邑如大宛，其属大小数百城，地方数千里，最为大国。临妫水，有市，民商贾用车及船，行旁国或数千里。
>
> 以银为钱，钱如其王面，王死辄更钱，效王面焉。书革旁行以为书记。

这说明安息的社会经济以农耕为主，同时因地处东西交通要道，商业贸易十分发达。安息文化受波斯、希腊文化影响很大，社会流行祆教，但因其领土已深入印度西北，且与印度内地有密切经济往来，大约在大月氏贵霜王朝建立前后也已开始流行佛教。《汉书·西域传》说：

> 安息国，王治番兜城……，土地风气，物类所有，民俗与乌弋、罽宾同。

罽宾在印度西北克什米尔，早已流行佛教。安息所传播的佛教当与印度西北地区的佛教大致相似。在安息故领土范围，今阿富汗西部接近古印度犍陀罗的迦尔拉巴特盆地，发现一些公元1—2世纪的佛塔遗址，在出土的金质舍利容器上还刻有佛像。

安息在很长时期内只是流行小乘佛教，特别是说一切有部。从东汉桓帝建和二年（148）来华的安息僧安世高和汉灵帝末（2世纪末）来华的安玄的经历、译经情况可以推测当时安息佛教流行情况。南朝梁僧祐《出三藏记集》卷十三载《安世高传》云：

> 安息国王正后之太子也。幼怀淳孝，敬养竭诚，恻隐之仁，爱及蠢类，其动言立行，若践规矩焉。加以志业聪敏，刻意好学，外国典籍，莫不该贯……俊异之名，被于西域。远近邻国，咸敬而伟之。世高虽在居家，而奉戒精峻，讲集法施，与时相续。时王薨将嗣国位，乃深惟苦空，厌离名器；行服既毕，遂让国与叔，出家修道，博综经藏，尤精阿毗昙学，讽持禅经，略尽其妙。既而游方弘化，遍历诸国。

安世高身为王族太子，平时虔信佛教，父死即舍王位出家。由此可见安息国佛教在社会上已非常盛行，王公贵族也很崇信。他出家"尤精阿毗昙"和禅经，在汉地所译佛经多属《阿含经》单品，可见他所信奉的是从印度西北传入的小乘佛教说一切有部。因为早期《阿毗昙经》主要是说一切有部的理论著作。这一部派在宗教修行方面又特别重视"禅观"，即通过坐禅静虑来领悟早期佛教的基本原理。

至于安玄，《出三藏记集》卷十三说：

> 为优婆塞，秉持法戒，毫厘弗亏，博诵群经，多所通习。汉灵帝末，游贾洛阳有功，号骑都尉。性虚静温恭，常以法事为己务。渐练

汉言，志宣经典，常与沙门讲论道义……与沙门严佛调共出《法镜经》。

可见安玄是个周游各地的商人、佛教居士，也广读佛经。他比安世高晚来东汉约四十年，翻译出早期大乘佛教经典《法镜经》（即《大宝积经·郁伽长者会》的异译）。由此可见，此时大乘佛教已传入安息。从这个例子也可以看出，在当时往来各国贸易的商人中也有从事传教活动的。

在安息西北，大月氏北方的国家是康居。据《汉书·西域传》记载：

康居国，王冬治乐越匿地。到卑阗城，去长安万二千三百里，不属都护……户十二万，口六十万，胜兵十二万人……与大月氏同俗。

这里提到的一些地名已难考证确切所在，但康居国大致在咸海以东，锡尔河流域一带地方。西汉武帝时张骞出使西域，曾经康居联系到达大月氏。此后，康居常派质子侍汉，贡献礼品。康居何时传入佛教，已无文字记载可查，但在2世纪末以来，康居僧人继月氏、天竺、安息之后，也向中国传入佛教，著名的译经僧康孟祥、康僧铠、康僧会等人译出不少大乘佛教经典。可见，康居在此很早以前已传入佛教。

七　龟兹和于阗的佛教

在葱岭以东是中国西北地区的塔里木盆地，其南北两侧各有由一系列沙漠绿洲连接起来的通道，它们是沟通中西交通往来的主要通道，也是佛教输入中国内地的主要路线。北道以龟兹为中心，南道以于阗为中心。

关于龟兹的早期佛教，史书无征，但据《高僧传·鸠摩罗什传》记载，直到4世纪中叶，此地仍以小乘佛教为主。现存关于于阗建国和早期佛教的记载多系神话，不能令人全信，但从这些资料可以发现某些佛教输入的线索。

《大唐西域记》卷十二把于阗称为"瞿萨旦那国"，说此国国王自称是

"毗沙门天之祚胤"。相传印度阿育王太子遭到陷害，双目被人抉出①，阿育王发怒，把身边大臣的家族驱至雪山以北，这些人在于阗西界"推举酋豪"，尊立为王。与此同时，

> 东土弟子蒙谴流徙，居此东界，群下劝进，又自称王。

后来东、西两方发生战争，东方取胜，其王收抚西方民众，在于阗地方建城立国。后国王无子，向毗沙门天神像祈祷，"神像额上剖出婴孩"，并于神前地上涌出"地乳"哺育婴儿。因此，于阗国王自称是毗沙门天的后代，并以"瞿萨旦那"（意为"地乳"）为国号。在我国西藏文献中有类似的记载。

这个于阗立国传说没有可靠的史实证据。据《史记》《汉书》记载，在汉武帝时（前2世纪）于阗国已经存在。因此，于阗立国至少应在前2世纪以前。这里所说的"毗沙门天"原是印度婆罗门教中的北方保护神，佛教吸收这个说法把它作为护法神"四天王天"之一，也称"多闻天"。可见，上述于阗立国传说应是在佛教输入后才形成的。

《洛阳伽蓝记》卷五载《宋云行记》，记述北魏使者宋云在于阗听到的传说：于阗王原不信仰佛教，有一商人领一个叫毗卢旃的比丘来对王讲："今辄将异国沙门来在城南杏树下"，后此王当面受此比丘感召信仰佛教，为建寺塔。《大唐西域记》卷十二亦载此传说，但称毗卢旃比丘为"毗卢折那阿罗汉"，明确地讲他来自迦湿弥罗。

> 王城南十余里有大伽蓝，此国先王为毗卢折那阿罗汉建也。昔者，此国佛法未被，而阿罗汉自迦湿弥罗国至此林中，宴坐习定。时有见者，骇其容服，具以其状上白于王。王遂躬往，观其容止，曰：尔何人乎，独在幽林？罗汉曰：我，如来弟子，闲居习定。王宜树福，弘赞佛教，建伽蓝，召僧众。王曰：如来者，有何德，有何神，而汝鸟

---

① 有《阿育王息坏目因缘经》一卷。此经只讲阿育王大夫人及近臣耶奢因设计害太子被烧死，而无阿育王驱遣辅佐家族之事。

栖，勤苦奉教？曰：如来慈愍四生，诱导三界，或显或隐，示生示灭，遵其法者，出离生死；迷其教者，羁廛爱网。王曰：诚如所说，事高言议，既云大圣，为我现形，若得瞻仰，当为建立，罄心归信，弘扬教法。罗汉曰：王建伽蓝，功成感应。王苟从其请，建僧伽蓝，远近咸集，法令称庆，而未有犍椎扣击召集。王谓罗汉曰：伽蓝已成，佛在何所？罗汉曰：王当至诚，圣鉴不远。王遂礼请，忽见空中佛像下降，授王犍椎，因即诚信，弘扬佛教。

据此，于阗的佛教是从印度迦湿弥罗直接输入的。该书还讲，离王城西三百余里是勃伽夷城，中有一座佛像，是于阗古代某王子在逾雪山讨伐迦湿弥罗国的战争中带回的。无论此传说的真伪如何，这再次反映于阗佛教和迦湿弥罗的密切关系。

据《汉书·西域传》记载，早在汉武帝时，迦湿弥罗的罽宾国就与汉政府发生联系。罽宾是前2世纪中叶由塞种人建立的国家，曾多次向汉遣使奉献，汉也曾派使者为罽宾立王授印。罽宾与汉的交通一般都经过天山南路南道的东西要冲于阗国。据此可以认为，于阗传入佛教大概在前2世纪以后，而至迟应在前1世纪末大月氏向中国内地传入佛教之前。于阗国曾长期流行迦湿弥罗的小乘佛教，后来虽也传入大乘佛教，但在相当长时间内并未受到社会重视。《出三藏记集》卷十三载：三国魏甘露五年（260）朱士行到于阗寻得大品《般若经》让弟子送回洛阳，但

> 未发之间，于阗小乘学众，遂以白王云：汉地沙门欲以婆罗门书惑乱正典。王为地主，若不禁之，将断大法，聋盲汉地，王之咎也。王即不听赍经。士行愤慨，乃求烧经为证。王欲试验，乃积薪殿庭，以火焚之……

于阗国的小乘僧众奉小乘佛经为"正典"，视大乘佛经为"婆罗门书"，甚至有能力怂恿国王出面阻止大乘佛典流入内地，正说明了于阗当时仍奉小乘佛教为正统。

总之，印度佛教到前3世纪阿育王时已开始从恒河流域扩展到全国各

地，并逐渐向国外传播，开始成为世界性宗教。佛教从印度西北传到安息、大夏、大月氏、康居，东逾葱岭传入中国西北地区，经天山南路二道的龟兹、于阗等国，进玉门关、阳关而传入中国内地。大月氏建立横跨中亚、印度广大地区的贵霜王国时期，佛教进一步向外传播，很多印度、中亚各国的佛教僧人经西域各地来到中国内地译经传教。在佛教从印度向西域的传播过程中，开始传播小乘佛教，后来又传播大乘佛教，但直到公元3、4世纪，一些地方仍以小乘佛教为主。

佛教中国化的回顾与思考

——中国古代佛教的三个问题[①]

公元前后的两汉之际，佛教开始传入中国，经过漫长的与中国传统文化、生活习俗相适应和结合的过程，演变为中国民族文化的重要组成部分。直到今天，佛教仍是中国拥有广大信徒、影响较大的宗教之一。中国佛教在古代是北传佛教的中心，其中的汉语系佛教传播到邻国朝鲜、日本、越南，藏语系佛教传播到蒙古国、俄国，对这些国家的历史文化发生了深远的影响。

在当前努力探索建设新时期的民族文化的形势下，人文学者对于研究民族的传统文化表现出新的深厚兴趣。所探讨的问题有：民族传统文化的多元结构和形成历史、三教以及它们相互间的关系、天人关系学说、传统文化的特色、民族文化的振兴等。在探讨这些问题中都或多或少地涉及佛教，从不同方面对佛教给予传统文化的影响进行了考察。

中国佛教史具有广泛丰富的内容，面对中国佛教的现状和发展走向，值得回顾和重新思索与研究的问题很多。笔者认为，探讨佛教的中国化历程、佛法与王权王法、佛教的"护法"与"辅教"（儒佛关系）这三个问题，不仅对了解中国佛教的传统和特色有积极意义，而且对今后在发展民族文化中吸收外来文化，对中国当前的佛教建设也有参考价值。

下面谨结合佛教史上最重要的史实，有所侧重地对这三个问题进行考察。

---

① 原载中国广播电视出版社出版《原道》1996年第3辑。

一　佛教的中国化

　　佛教传入中国之前，中国处在封建社会的早期发展阶段，在文化上拥有高度发达的以儒家为主体的思想文化体系。在这一思想文化体系中，对天帝、祖先神的崇拜以及祭祀的宗教观念习俗、阴阳五行、黄老和神仙方术等也很流行。佛教作为外来宗教要在中国扎根并得到发展，必须适应中国社会，与以儒家为正统的传统思想文化相结合，实现中国化。佛教具有很大的适应性，传播迅速，在经历了初传、普及和义理研究的诸阶段之后，隋唐时期形成带有鲜明民族特色的佛教宗派，标志着佛教中国化过程的基本完成。回顾这一过程，佛经翻译、宣讲佛经、佛学研究和诠释著述等，都是实现佛教中国化的几个重要环节。

　　在佛教向中国社会的深入传播过程中，佛经翻译是最重要的步骤。佛教分大乘、小乘，佛经包括经、律、论，从印度和西域陆续传入，其数量浩如烟海。如何把佛教的教义介绍给中国民众？这是摆在当时来华的印度僧人和中国早期佛教徒首先要解决的问题。鉴于人们是自觉不自觉地站在传统文化的基础上看待刚刚传入的佛教，因此，只有借用人们熟悉的语言、概念来翻译佛经，解释佛教教义。

　　从汉代到隋唐，历代的译经僧在佛教界有很大的影响力，如东汉的安世高、支谶，西晋的竺法护、竺叔兰，后秦的鸠摩罗什，南朝宋的佛陀跋陀罗，陈的真谛，北魏的菩提流支，隋的阇那崛多和达摩笈多，唐的玄奘、义净、不空等，都把当时最新的佛教学说传译到中国。在译经者周围有很多助手，有的担任口译（称度译或传译），有的负责笔录成文（笔受），也有的对译文加以审核和修饰（润笔）。这些人都通晓中国传统文化并善于文墨。译文时必须从汉文中选择与原文意思相当的词语、概念，用汉文方法表述。这样很自然地就把当时译者对汉文的理解，把带有时代特色的汉字、汉语掺杂到佛教典籍当中去。东汉时期在儒家学说之外，特别盛行黄老道术，于是一些黄老道术的用语、概念就被运用到了当时译出的佛经当中，例如，把佛教中表示断除一切烦恼达到彻底解脱境界的"涅槃"，译为"无为"；把通过集中精神观想佛教义理的"禅定"，译为"守一"；把大乘佛教所说的绝对实在和审实无虚的真理"真如",译为"本无"。魏晋盛行玄学,竺法护译《光赞般若经》把"真如"译为"自然",把"无上正等正觉"译为"道"……

正像在日常生活中时时离不开儒家的纲常名教一样,在译经过程中受儒家的影响也是最大的。印度佛经中的主体是"有情"(sattva)、"众生"(jantu),包括称作六道的人、天、阿修罗、畜生以及地狱中鬼魂、饿鬼,神秘色彩比较深厚。儒家重视人在自然界的地位,认为人是"万物之灵",主张"人为贵","天道远,人道迩",因此不少佛经只是把"有情"、"众生"译为"人"、"人民"。儒家的伦理主张男女有别,授受不亲,受此影响,人们对性的关系比较忌讳,一般不作公开的描述。《华严经》的翻译也受此影响,把其中的"拥抱"音译为"阿梨宜",把"接吻"译为"阿众鞞"等。在一些汉译佛经中,也增加了佛经原文没有的伦理说教,如《长阿含经·善生经》中的"父母所为,恭顺不逆","父母正令,不敢违背"等,据巴利文同本经典《尸迦罗越之教》,这些是译者加上的(参见日本中村元《儒教思想对佛典汉译带来的影响》,载《世界宗教研究》1982年第2期)。在三国吴康僧会译的《六度集经》中有明显添加的"君仁臣忠,父义子孝,夫信妇贞","孝事其亲","为天牧民,当以仁道"等内容。流传最广的三国曹魏时译的《无量寿经》中也多有忠、孝、礼、义、信等用语。

中国文字中有很多词语的含义十分丰富,例如"道"、"理"、"心"、"性"等,它们多歧的含义是在漫长的文化发展史中形成的。但是,在翻译佛经时,一般仅根据场合赋予这些词以特定的含义。然而事过境迁,后世的学者在读经和解释佛教义理时,因为受到时代背景的影响,十分自然地根据需要利用这些词的不同的含义去理解经文,建构自己的教义体系。隋唐时期的佛教宗派在建立本派理论体系过程中经常借用这些多义词并巧妙地利用般若中观学说中的"不二法门"进行发挥。禅宗的"心",既可以是具有思维功能的"心",又可以是先天内在的自性、本性之"心",此心可以与作为世界万有本源、本体的"真如"、"法性"、"佛性"等相通,还可称之为"理"、"道"。在禅宗含有机锋的语录中,正是前后借用它们不同的含义来向人们提示解脱之道的。

讲经说法是传教的常用方法。要想让民众听得懂佛经上的教理,就得利用他们熟悉和容易理解的语言、道理来加以比附说明。这种方法在佛教史上叫作"格义"。后赵佛图澄的弟子竺法雅精于儒道经史，在他向弟子、士大夫讲经时，常"以经中事数，拟配外书，为生解之例，谓之格义"（《高僧传·竺法雅传》）。佛教经典中常在教义概念、用语的前面加上数字，如四谛、八正道、十二因缘等，此称"事数"。竺法雅在讲经时为了听众易于明白，便运用当时人熟悉的儒、道典籍中的词语、道理去加以比附解释。按照这种方法，可以把"性空"、"真如"解释为"本无"、"道"；把"五戒"比附为"五常"等。这在当时和以后都是常见的现象。佛图澄的另一个著名弟子道安，在著作中也常用格义。他的弟子慧远善老庄，在讲经时常常借用老庄的词语进行解释。据《高僧传·慧远传》记载，有一次慧远讲经，有人就"实相"（即"诸法实相"）这个概念提出质询，他当即引用《庄子》加以说明，于是"惑者晓然"。在佛教实现中国化的过程中，所谓格义佛教为会通中印佛教，推动佛教的深入普及发挥了重要作用。

随着佛教的深入传播，佛教界在教义诠释和讲经中出现不同的见解，便逐渐形成不同的学说，乃至学派。两晋之际，因为对般若学说中的"诸法性空"的思想认识不同，出现所谓"六家七宗"。若将七家中的本无、本无异二家加以合并，即为六家。这标志着民族佛学的正式形成。这是大乘般若学说与当时流行的玄学相互会通的产物，学僧迎合时代风尚借用某些玄学概念和方法论证一切皆空的般若本体论。因为他们还不善于运用《般若经》中的中道论证方法，在对于本体与现象——本无与诸法、空与色、心与物、真谛与俗谛等的论证得出简单的肯定或否定的结论，而不会用遮诠（否定）和相即的表述方法，得出非有非无、色空相即、真俗不二的结论。虽同论诸法性空，但论点各有偏重，所以出现六家七宗。在这当中，影响比较大的有三家：（1）道安为代表的本无宗，认为世界万有本体为空，此空即为"本无"。此与玄学王弼、何晏的贵无论有相似之处。（2）支道林为代表的即色宗，认为世界万有本来性空，故色（地、水、火、风及其所造，相当于物质现象）即是空。此与郭象主张的无不在有之外，无在有之中的自生独化论有相近之处。（3）支愍度和道恒为代表的心无宗，主张心应脱离外界，不执着万有，但不否认客观世界的存在。六家七宗的出现，反映了当时般若本体论学说受欢迎和被认识的程度。此后，鸠摩罗什的弟子僧肇站在中道的立场对以上三家作了批判性总结，在其《肇论·不真空论》中指出他们或偏于有，或偏于无，或不空万物，皆背离非有非无、空有相即的中道精神。

南北朝时期，无论南方还是北方，佛学研究空前盛行，伴随注疏讲经之风，以研究一部或几部佛经为中心的学派纷纷兴起。在这当中最有影响的是涅槃学派、成实学派、地论学派、摄论学派、三论学派等。实际上这些学派所研究的经论不是一两部，一个人也不一定在一个学派，例如涅槃学者同时也往往是成实学者，成实学者也可能兼三论学者。这里所说的学派，只是指某些人在对特定经论的研究中取得突出成绩，提出有代表性的看法。如果对他们研究的问题加以归类，主要有两大类：（1）大乘佛教的本体论，或发挥般若中观的思想，认为世界万有本体为空，世俗认识和外在世界虚幻无实，或发挥唯识学说，认为世界万有唯识所变。（2）大乘佛教的心性论，论证达到觉悟的内在根据。成实、三论学者探究本体论，基本上是两晋般若本体论的延续和发展。因为成实学派没能上升到空有相即不二的立场，最后被三论学派取替。地论、摄论学派在论证世界万有以心识为本体外，还探讨心性善恶、觉悟的内在依据问题。涅槃学派主要论证心性问题。心性论代表了南北朝以后思想界的时代思潮，影响极为深远。

涅槃学派是以竺道生（355—434）为代表。东晋法显所译《泥洹经》有"一切众生，皆有佛性"的话。竺道生据此提出，既然一切众生皆有佛性（先天具有的可以成佛的心性功能、可能性），那么处在众生中的"一阐提"（信不具足、善根断绝的恶人）也有佛性，也能成佛。类似说法在北凉昙无谶所译《大涅槃经》虽有，但是此经当时尚未传到南方。道生的推论在当时属"孤明先发"，受到守旧僧人的反对，曾被逐出僧团。后来《大涅槃经》传到江南，道生的说法得到印征，由此声名远扬。他还提出"顿悟论"。据南朝陈慧达《肇论疏》所引，他认为，佛教所追求觉悟的真理（真如、法性、实相）是一个完整的总体，不可分割，修行者对它的觉悟应当不分阶段地一次完成，此即为顿悟，所谓"以不二之悟，符不分之理"。换一种说法，顿悟是使自己本有的佛性顿时显发，亦即见性成佛。道生把本体论与心性论沟通，在大乘佛教的框架内论证了人的本性源于世界的本体，超凡入圣在于使自己本有之性显发，推动了中国思想界对心性论的探索研究。

地论学派在北方,先后以洛阳和邺(在今河南安阳北)为中心。此派所研讨的《十地经论》是印度世亲所著,中心是论释《华严经·十地品》,为唯识学派早期论书之一,由北魏菩提流支、勒那摩提译出。因为学僧对于经文"三界虚妄,但是一心作"中的"心"字有不同见解,分成两派。菩提流支的弟子道宠为首的一派被称为相州北派,勒那摩提的弟子慧光为首的一派被称为相州南派。按照唯识学派的说法,在眼、耳、鼻、舌、身、意六识之外,还有第七识未那识,第八识阿梨耶(阿赖耶)识。阿梨耶相当于精神主体、灵魂,所具有的精神性种子(心理功能)是世界万有的本源。相州北派认为阿梨耶在性质上属杂染不净,主张佛性"当有"(相对于"本有",以后才有,也称"始有"),只有累世修行才能达到解脱。相州南派主张阿梨耶清净无染,即为真如或"如来藏自性清净心",亦即佛性,通过断除妄念烦恼的修行,可以见性成佛。

摄论学派以研究南朝陈真谛译的印度无著所著《摄大乘论》和《转识论》为主,在阿梨耶识之上另立阿摩罗识(清净识、无垢识,即真如),为第九识。其三性说最有特色:(1)依他起性,即八识及其功能,为万有的本源;(2)分别性,是世俗认识和外在事物(谓由识变现);(3)真实性,即超言绝象的真如(亦第九识)。因此,依他起性相当于心性,作为一切染净的事物的本源来说,它包含分别性和真实性。从善恶观念来说,分别性属"妄",属"污染分";真实性属"真",属"清净分",而依他起性则本具"染污、清净"二分。《转识论》说:"能分别即是识,所分别即是境;能即依他性,所即分别性……此境识俱泯即是实性。实性即是阿摩罗识。"修行就是认识唯识之理,"遣境","空心",使本有的净识显发。

在中国佛教史上,被传为是真谛所译的《大乘起信论》的影响极大。此当为调和当时的各种心性见解而编译的经典。认为"心"以永恒清净的真如为体,以具有思虑功能并与烦恼相俱的阿梨耶识为"相",为"用",修行的要旨是直探心源,舍染返净。

在中国思想史上,儒家的伦理人性学说占有重要地位。或主张性善,或主张性恶,或主张善恶俱,由此探求成为贤圣的依据。其中占正统地位的是孔孟以来的性善论,认为人性本善,通过学习和道德修养使本性扩充发展，就可以成为贤圣。对于人性的本源问题虽也有涉及，如用"天"、"天命"或"元气"来加以说明，但理论过于简单朴素。佛教的心性论是大乘佛教理论深化的产物。中国佛教学者在论证心性问题时，不能不受到儒家人性论的影响，并反过来对儒家的人性论产生影响。从上述心性学说中似乎可以看到儒家心性论的影子。涅槃学派和地论南派的心性清净论，相当于人性论中的性善论；地论北派的心性论相当于性恶论；摄论学派和《大乘起信论》的心性论，与人性论中的性俱善恶论比较相近。当然，佛教的心性论是为其出家修行和出世解脱提供理论依据的，与儒家的人性论所具有的修身治国的目的性是不同的。佛教的心性论对后世儒家探讨人的本性与世界万有的共同的普遍性本源，建立新的天道性命之学，是有很大的启迪作用的。

佛教传入后经过五六百年的传播发展，在思想上已经与中国传统文化融会结合，在经济上建立了与中国封建经济制度相适应的、以土地经营为中心的寺院经济，从而为隋唐时期建立富有民族特色的佛教宗派提供了条件。隋唐时期成立的主要佛教宗派有天台宗、三论宗、法相宗、律宗、华严宗、净土宗、禅宗、密宗。这些佛教宗派除密宗情况稍有不同外，都是由中国僧人直接创立的，所奉经典中虽也有一部或几部汉译印度佛经，但最重要的是各宗创始人的著作。其中的天台宗、华严宗、禅宗的民族特色最为鲜明，影响也大。概括地说，这些佛教宗派具有以下特点：（1）把中国道家和玄学的本体论与印度大乘佛教的以空、真如或佛性为本体的宇宙论会通结合，并依据般若中观学说的"不二法门"，提出现象与本体圆融无碍、"真俗不二"、"体用相即"的佛教哲学。（2）依据色与心、能与所、正报与依报不二的理论，把本体论与心性论融会沟通，认为真如佛性不仅是宇宙万有的本源和本体，而且也是人的觉悟基因，在论证中又吸收了儒家人性论的思想。（3）发挥"真俗不二"，"即烦恼是菩提"的理论，主张出世不离入世，生活日用即为佛道。禅宗尤为突出，寄坐禅于日常生活之中，说"平常心是道"、"不修不坐，即是如来清净禅"等，在宋代以后影响更大。（4）把儒家的善恶伦理规范和道德说教，吸收到佛教中的最通俗、最易于为民众接受的善恶报应和轮回的说教之中，在统摄人的精神世界和制约人的行为方面起到了儒家所起不到的作用。（5）受中国宗天法祖，以父系为中心的封建宗法制度的影响，一方面把佛教教团看作以"释"为姓的大的家族，僧尼自称"释子"，彼此为兄弟姐妹；另一方面又在各宗各个寺院建立具有严格上下等级的传承嗣法制度。

这样，佛教在与中国社会的相互适应之中，在与传统文化的会通融摄之中，在与民众生活习俗的潜移默化之中，自然而然地演变成中国的民族宗教之一，成为民族传统文化的重要组成部分。

二　佛法与王权、王法

宗教的产生有它特定的历史环境。国家形成以后，任何宗教在它的传播和发展中都要受到来自政治方面的影响。因为政治是社会经济的集中反映，虽然它不能最终决定宗教的存灭，但是掌握国家政权的统治者对宗教的态度和所执行的政策，无论是支持还是反对，都会对宗教的存在形式和发展趋向带来极大的影响。回顾佛教在印度的起源和佛教传入中国以后的传播发展历史，对此会有具体的认识。

释迦牟尼创立佛教之后，因为反对婆罗门教的种姓观，主张在佛教中贯彻"四姓平等"的思想，不仅受到吠舍平民种姓中工商业主的支持，也得到武士、军事贵族的刹帝利种姓的支持。在佛教的早期发展中摩揭陀国的国王频婆娑罗及其子阿阇世、拘萨罗国的国王波斯匿和其子祇陀太子，都皈依佛教，对佛教的发展给予很大的支持。在此后的发展中，各个时代的当政者也都给予佛教不同程度的支持，著名的有孔雀王朝的阿育王、贵霜王朝的迦腻色迦王、笈多王朝的戒日王等。因此在佛经中出现佛将佛法托付国王、大臣的说法。《大涅槃经》卷一有这样一段话："如来今以无上正法付嘱诸王、大臣、宰相"；在《仁王般若经》中也有：佛言"吾灭度后，此《般若经》付嘱诸国王，守护流传"。历史证明，只有在国家当政者的有力支持下，佛教才能得到比较顺利的发展。

佛教传入中国，开始只在移民和社会上层一部分人当中流行，直到两晋时期才在南北方广泛传播。这与当时统治者的支持是分不开的。在儒家学说占据正统的古代中国，蔑称少数民族为"夷狄"，他们不仅不能入主中原，甚至连迁徙内地也不被允许。北方少数民族政权为了增强自己称王称帝的信心，不得不借助佛教的支持。佛教主张因果报应和三世轮回，可以把即位称帝说成是前世行善的报应。因此北方少数民族政权一般都大力支持佛教。后赵羯族石氏政权公开表示，既然佛教是夷狄之教，正应当尊奉。他们尊僧佛图澄为"大和尚"和军政顾问，积极发展佛教事业，使佛教在北方迅速发展起来。佛图澄用佛教的慈悲戒杀的教义劝谏后赵统治者保护民众，稳定社会秩序，发展生产。前秦、后秦少数民族政权设立国家译场，资助译经事业，支持佛教传播。在南方，东晋政权也扶持佛教发展。这种情况一直延续到隋唐。其间虽也发生过由国家发动的灭佛事件，对佛教有所打击，但从总的情况看来，佛教是在国家的保护和支持下不断得到发展，并深入普及大江南北、穷乡僻壤，终于成为中国的民族的宗教之一。国家政权对佛教发展的极其重要的作用，佛教界的学僧是十分清楚的。东晋道安曾说："不依国主，则法事难立。"（《高僧传》卷五《道安传》）唐代道宣也曾说过："自教流东夏，代涉帝朝，必假时君，弘传声略……"（《大唐内典录·序》）他们都认为佛法离不开王权王法，佛法必须得到王权王法的支持才能流行。

中国古代封建君主专制主义强大，帝王要求臣民在一切方面绝对地服从，在伦理道德和礼仪的领域，忠于君主，叩拜君主是最重要的行为规范。佛教虽要求僧尼报四恩：父母之恩、众生之恩、国王之恩、三宝之恩，但又认为自己超越于世俗社会之上，沙门不受人间伦理礼节的制约，不仅不应当礼拜父母，而且连君主也不应当礼拜。东晋慧远（334—416）曾针对太尉桓玄要沙门礼敬王者的命令，写了著名的《沙门不敬王者论》，提出了影响深远的佛法与王权王法的关系论。他主要提出两点：（1）对于人数众多的在家信徒来说，必须遵奉世俗纲常名教和礼法，说"在家奉法，则是顺化之民，情未变俗，迹同方内，故有天属之爱，奉主之礼"。（2）出家人是超出世俗社会之上的"方外之宾"，知道情欲烦恼是来自"有身"，而生命的存在是由于"禀化"（禀阴阳二气而生），故不把"存身"和"顺化"当作追求的目标；"求宗不由于顺化，则不重运通之资；息患不由于存身，则不贵厚生之益"，意为追求觉悟解脱不是靠顺乎自然生化达到的，灭除烦恼也不可能由保全身命而得到，那么，对于与"道大，天大，地大"（出自王弼本《老子》）共同"资生通运"的王侯（桓玄《与八座书》有曰："老子同王侯于三大，原其所重，皆在于资生同运"），就不必如同在俗的人那样礼拜。慧远说："故凡出家，皆遁世以求其志，变俗以达其道。变俗，则服章不得与世典同礼；遁世，则宜高尚其迹。"是希望当政者尊重出家者的超离尘世生活，专心寻求解脱的身份和愿望，不要按照常规要求他们。他们虽不在形式上礼拜王者，但可以通过自己的传播佛法，"助王化于治道"，"协契皇极"。在这里，慧远提出了处理王法和佛法的关系的原则，一方面明确表示占信徒人数最多的在家奉佛者必须遵守王法和纲常名教，从而使统治者放心；另一方面又要求统治者尊重出家僧尼作为"方外之宾"的特殊身份，允许他们可以不礼敬王者，而完全可以期望他们对民众从事教化，为社会治理安定发挥积极作用。后世对于僧尼是否应当礼拜王者的问题虽仍有争论，但总的看来，僧尼不必固守世俗礼法的特殊身份是受到社会承认的。

佛教在与儒、道二教的争论中，经常用佛教可以通过教化民众维护社会安定、"助王化于治道"来自我辩解。这样讲是否有根据？佛教关于人生苦、空幻的理论和善恶报应、彼岸的说教，可以导致信徒满足于少欲知足，安分守己。大乘佛教中的菩萨之道虽可以适应场合做出各种解释，受压迫者为了进行反抗从中可以找出利用的成分，但总的说来大乘也要人维持现状，不以追求现实利益为最高目的。这与佛教的"无诤"、"忍辱"、"慈及怨憎"、"无念"等主张也是有密切关系的。如下面提到的，佛教的五戒、十善等戒条以及伦理说教，也引导信徒遵守纲常名教。这样，佛教对于维护国家安定和社会秩序自然是有利的。然而应当指出的是，儒、道二教也通过自己的渠道和方式对社会起到同样的作用。由于佛教的教义特点，决定了它在原则上不允许为了自身的利益而对别的宗教或教派采取暴力行动，这对社会的安定也是有利的。

佛教，特别是大乘佛教，不仅不要求信徒人人都出家，也不要求他们放下分内的工作去专心奉佛。至于对当政者，虽然希望他们支持佛教，但并不要求他们因为奉佛而妨碍行施政务。南朝宋文帝时，罽宾高僧求那跋摩来华，文帝对他说："弟子常欲持斋不杀，迫以身殉物，不获从志。法师既不远万里来化此国，将何以教之？"求那跋摩对他说："夫道在心不在事，法由己非由人。且帝王与匹夫所修各异……帝王以四海为家，万民为子，出一嘉言则士女咸悦，布一善政则人神以和。刑不夭命，役无劳力，则使风雨适时，寒暖应节，百谷滋荣，桑麻郁茂。如此持斋，斋亦大矣。如此不杀，德亦众矣。宁在阙半日之餐，全一禽之命，然后方为弘济耶！"意为帝王实行善政，把天下治理好，就是最好的持斋，最好的奉佛。宋文帝称赞此话为"开悟明达"（《高僧传》卷三《求那跋摩传》）。大乘佛教的真俗不二，即世法是佛法的说法，也是不要求人们脱离现实生活去寻求觉悟解脱的。

佛教的五戒、十善和大乘佛教的慈悲、利他精神及其他的道理说教，可以与儒家伦理观念和道德规范会通，互相补充。这一点是历代统治者特别重视并予以肯定赞扬的。南朝宋文帝尊奉佛法，认为佛教劝善可以导致天下太平。沙门慧琳著《白黑论》、衡阳太守何承天著《达性论》对佛教进行批评，永嘉太守颜延之、太子舍人宗炳著文反驳。后来宗炳又著《明佛论》对所论进一步发挥，认为三教虽然一致，但佛教最为精妙，主张精神不灭，人人皆可成佛。宋文帝对此十分欣赏，对侍中何尚之说："宗少文（按，宗炳字）之难《白黑》，明佛汪汪，尤为名理，并足开人意。若使率土之滨，皆纯此化，则吾坐致太平，夫复何事？"何尚之对此作了进一步的发挥，在列举了晋代以来信奉佛教的官僚士族的名字以后，认为佛教有助于社会安定，说："百家之乡，十人持五戒，则十人淳谨矣；千室之邑，百人修十善，则百人和厚矣。传此风训，以遍宇内，编户千万，则仁人百万矣。……若持一戒一善，悉计为数者，抑将十有二三矣。夫能行一善，则去一恶；一恶既去，则息一刑。一刑息于家，则万刑息于国……即陛下所谓坐致太平者也。"（《弘明集》卷十一《答宋文帝赞扬佛教事》）对于佛教通过宣传和贯彻五戒、十善等戒条，用善恶说教进行教化，在维护封建社会秩序方面所能起到的作用，做出了充分的肯定。可见，王权王法是可以借助佛法而得到维护的。

后来，宋真宗也看重佛教的五戒，其在《崇释论》中说：

　　奉乃十力（按：指佛，传说佛有十力，称如来十力），辅兹五常，上法之以爱民，下遵之而迁善……释氏戒律之书与周孔荀孟，迹异而道同，大指劝人之善，禁人之恶：不杀则仁矣，不盗则廉矣，不惑则

信矣，不妄则正矣，不醉则庄矣。(《佛祖统纪》卷四十四)

后面列举的不杀、不盗等是佛教的五戒，以之与儒家的仁、廉等伦理规范相比拟。

对于佛教在维护社会安定秩序方面的作用，有见识的僧人不仅完全承认，而且愿意主动地配合统治者去发挥这种作用。宋代禅宗云门宗高僧契嵩曾向仁宗皇帝上《万言书》，论证儒教排佛之误，认为佛法在正人心、致教化方面可以做出重要贡献，说："若今佛法也，上则密资天子之道德，次则与天下助教化，其次则省刑狱，又其次则与天下致福却祸。以先王之法载之，可斥乎，可事乎？"(《镡津文集》卷八)佛教不仅有自己的教义，而且有自己的组织、僧俗信徒。历史证明，历代朝廷凡是政策得当，佛教在维护社会秩序安定和建设文教事业，培育和发展全民族的道德情操和公德意识方面，是起到了积极作用的。

三　护法和辅教

佛教在中国的传播过程中与儒家、道教都经常发生不同程度的争论：对国家治理有利还是无利？对民众的道德教化是有益还是无益？在思想上谁优谁劣？但是如果仔细加以分析，不难发现它们之间争论的性质是有所不同的。因为儒家是处于国家统治地位的意识形态，所以佛教与儒家的争论主要是为了争取合法地位，继续在中国生存和发展，而与道教的争论主要是争夺在依附儒家的前提下的先后地位、教义的优劣，以便取得社会的信任，争取更多的信徒。在有的场合，道教与儒家形成暂时的联盟，唆使朝廷发起灭佛之举，如北魏道武帝、唐武宗时所发生的灭佛事件那样，但佛教方面一直对于儒家是官方意识形态抱有清醒的认识，把说服和争取的重点放到儒家一边。针对儒家对佛教的批判和敌视，佛教方面采取和平的"护法"自卫手段进行自我辩护，而所辩护的内容不外是佛教可以"辅教"，即可以辅助朝廷和儒家进行道德教化，以利于社会秩序保持安定。

早在东汉末期，牟子《理惑论》中已经对当时儒者称呼佛教是"夷狄之术"有违"周孔之道"的见解做出解释，认为佛教不仅不违背儒家纲常名教，而且对于维护社会秩序是有利的。进入魏晋南北朝，儒、佛、道三教之间的争论越来越多，在梁僧祐《弘明集》、唐道宣《广弘明集》当中收录最多的是佛教僧俗学者反驳道教攻击的文章，也收录了一些回答儒家学者批判的文章。其中，东晋孙绰《喻道论》论"周孔即佛，佛即周孔"，儒佛一致，僧人出家不违背孝道。宋代宗炳《明佛论》讲儒、释、道三教"习善共辙"，但因为佛教主张精神不灭和人人可以成佛，所以比儒道优越。北周道安因为看到武帝尊儒，在《二教论》中论证只有儒佛二教，"释教为内，儒教为外"，道教本属儒教，并说三者皆可"劝善"，但佛教"穷理尽性"，于义最高。多数文章都表述了三教一致的主张，虽认为佛教教义精妙，但不恶意攻击儒家，表示在维护纲常名教方面是可以与儒家共同发挥作用的。

佛教在发展中所伴随的僧尼的增加、所占土地的扩展和所享有的免租赋特权的扩大，都会对中央集权和世俗地主阶级的利益带来威胁。南北朝时仅北方的僧尼就达200多万，北周灭佛之后不久，迎来隋朝佛教的大发展。唐初，太史令傅奕多次上疏建议灭佛，认为佛法害国害政，不忠不孝，逃避租赋，应当下令让僧尼还俗。对此，僧人法琳等人出来护法。法琳著《破邪论》进行反驳，说佛法"近则安国利民，远则超凡证圣，故能形遍六道，教满十方，实为世界福田"（《广弘明集》卷十一）。然而唐初没有下令灭佛。唐太宗虽表示"至于佛教，非意所遵"（《旧唐书》卷六十三《萧瑀传》），但出于政治的需要仍然在各地建寺度僧，支持佛教事业。此后诸帝也都提供人力物力支持佛教传播。到唐中后期，在佛教势力高度膨胀的情况下，有不少人提出排佛之议。此时儒家由于受佛教的影响，出现革新儒学的思想动向。韩愈（768—824）在《原道》《原性》中提出了自己的儒学主张，以仁义道德作为"先王之道"，说它"非向所谓老与佛之道也。尧以是传之舜，舜以是传之禹，禹以是传之汤，汤以是传之文武周公，文武周公传之孔子，孔子传之孟轲，轲之死，不得其传焉"（《原道》）。韩愈以继承此道统自任，主张按照《大学》所说的那样，依据仁义伦理修身正心的目的是治国平天下。在《原道》和《论佛骨表》中对佛教极力排斥，说佛教是"夷狄之法"，不利于纲常伦理之教，应当加以取缔。到了宋代，从周敦颐开始，中经程颢、程颐，直到朱熹、陆九渊，建立了以论天道、性命为中心的道学（包括所谓理学和心学）。这种新儒学是在吸收了佛教、道教思想的基础上形成的，把佛、道论证本体、心性的方法与儒家传统的人性伦理学说巧妙地融会在一起；以新的角度对《大学》《中庸》进行诠释，把修身成圣与治国平天下有机地结合起来。这种新儒学得到统治者的大力支持，在文化思想领域造成对佛教绝对压倒的优势。新儒学的代表人物虽有不少曾出入佛老，但一般对佛教都采取批判的态度。北宋欧阳修（1007—1072）慕韩愈排斥佛老，著《本论》三篇，说佛法成为中国之患达千余岁，是趁三代之后"王政缺，礼义废"的时候传入的，称之为"奸邪"，认为"礼义者，胜佛之本也"。

在此情况下，佛教如何对应？宋元时代出了几种系统的护法著作，主要是针对韩愈、欧阳修和宋儒的排佛论而展开论述的。大体说来，著者都依据三教一致的思想进行自我辩解，说佛教戒律与儒家伦理相通，可以对民众进行教化，并结合时代特点大谈心性问题。现仅概要介绍几部著名的有代表性的著作。

张商英（1043—1122），字天觉，号无尽，禅宗临济宗居士，曾参庐山东林常聪、南昌兜率从悦，徽宗时先后任尚书右丞、左丞、尚书右仆射。其所著《护法论》对韩愈、欧阳修的排佛论提出非议。主要观点有：（1）儒者不读佛书，不知佛教的深旨而妄加排佛。佛教不反对从世俗事务，主张"一切烦恼，皆是菩提；一切世法，无非佛法"，不能说佛法为"中国大患"。（2）批评佛法是"夷狄之一法"的说法没有根据，又用不少高僧高寿的事实批驳佛教促寿之论。（3）佛教僧尼从事修行和教化，宣传善恶因果和其他教义，可以起到"小则迁善远非，大则悟心证圣，上助无为之化，密资难报之恩"，实现"极治之世"。禅僧从事普通劳动，并非不劳而食。（4）三教一致，在教化民众方面各有所重，共同发挥作用。"群生失真迷性，弃本逐末"，三教如同三种对此进行治理的药，"儒者使之求为君子者，治皮肤之疾也；道书使之日损损之又损者，治血脉之疾也；释氏直指本根，不存枝叶者，治骨髓之疾也"。又说，儒者言性，而佛者见性；儒者劳心，佛者安心；儒者贪著，佛者解脱；儒者有为，佛者无为；儒者分别，佛者平等……儒者治外，佛者治内。结论是："三教之书，各以其道，善世砺俗，犹鼎足之不可缺一也。"但依之行事所达到的效果是有高低之分的，或成为"名教君子",或成为"清虚善人",或达到解脱。如同其他佛教学者的言论一样,对于儒家在现实社会占据支配者的地位是充分肯定的,说佛教优越也只是指它的出世教说方面。

契嵩(1007—1072)是北宋云门宗禅僧,从瑞州洞山晓聪受法,后住杭州灵隐寺,对禅宗史书重加考核审定,著《传法正宗记》《传法正宗定祖图》《传法正宗论》,在嘉祐六年(1061)入京进献仁宗皇帝,敕入《大藏》。此前两次上书皇帝。契嵩所著《辅教编》的本意是会通佛、儒,以助教化,因内广论心性问题,也自称是"性命之书"。全文由《原教》《劝书》《广原教》《孝论》等篇组成。现仅介绍三点内容:(1)说万物有性情,人生是由于有"情",而情以"性"为本。但情有善恶,人人所具有的"情习"(相当于情欲烦恼)有厚有薄,根机有大小。因此"圣人"(佛)设五乘之教:人乘、天乘、声闻乘、缘觉乘、菩萨乘。其中后三乘是出世之教,不为一般人理解。重点是介绍前二乘,认为推行此二乘于天下,则可以坐致太平。说人乘修五戒,死后可再转生为人;天乘修十善,死后可生到天上。佛教的五戒、十善与儒家的"五常仁义"是一致的。对于宋代特别提倡的孝道,特辟篇章加以论证,说孝是"戒之端","天地与孝同理",能够做到五戒就是实践五常,就是孝行。(2)结合时代特点,把佛教的心性论与儒家的性命学说结合起来,说"心也者,圣人道义之本也;名也者,圣人劝善之权也",批评当时儒者不知不信自己具有与佛相同之"心",而只是认为"适义为理","行义为道",实际所实践的不过是"外事中节之道理",未能得到"圣人之大道"、"大理";如果得到此大道、大理,则可如牟子所说"居家可以事亲,宰国可以治民,独立可以治身,履而行之则充乎天地","世道者,资佛道而为其根本者也"。这里所说的"心"、"大道"、"大理"即是佛教的真如佛性,认为可以作为修身、治国的根本依据。(3)提倡佛教与儒教、百家一致,说:"古之有圣人焉,曰佛,曰儒,曰百家,心则一,其迹则异。夫一焉者,其皆欲人为善者也。异焉者,分家而各为其教者也。圣人各为其教,故其教人为善之方有浅有奥,有近有远,及乎绝恶而人不相扰,则其德同焉。"各教互相补充,相资以广,"天下不可无儒,无百家者,不可无佛。亏一教则损天下之一善道,损一善道则天下之恶多矣"。因为各教所根据的是"圣人之心",所以所行无有"不是";如果仅从各教之"迹"来看,则不能"无非",重要的是应当"贵知夫圣人之心",其用意是反对儒者攻击佛教。契嵩当时在朝廷要员当中广泛活动,影响很大。

南宋的儒者编录道学名家周敦颐、司马光、张载、程颢、程颐、谢良佐、刘安世、杨时中、张九成、吕祖谦、朱熹等人的部分论天道性命和排斥佛、道二教的言论,题为《鸣道集》。金朝李纯甫(1185—1231),字之纯,号屏山居士,著《鸣道集说》,以"屏山曰"的形式,对所录217种见解进行驳斥,阐释佛教义理。《佛祖历代通载》卷二十选录其一部分,现有日本中文出版社影印的江户时期享保四年刻本,但仅录宋儒言论181条。这里概要介绍其部分内容。(1)张载责难佛教流传中国之后,蒙蔽世人,以为"圣人可不修而至,大道可不学而知",造成人伦不察,庶物不明。对此,屏山反驳说:"自孔孟云亡,儒者不谈大道一千五百年矣,岂浮图氏之罪耶?至于近代始以佛书训释老、庄,浸及语、孟、诗、书、大、易,岂非诸君子所悟之道,亦从此入乎?"这是切中要害的。儒学是在受到佛、道二教,特别是佛教的影响才建立自己的天道性命的新学说的,张载反过来批评佛教阻碍儒者认识天道人伦,是没有道理的。(2)针对程颢说佛教出家出世"绝伦类"、"脱世网"的批评,说程颢仅了解小乘,而不知大乘圆教教理,其实佛教并不排斥世俗事务,"不以世间法碍出世法,不以出世法坏世间法,以世间法即出世法,以出世法即世间法,八万四千尘劳烦恼,即八万四千清凉解脱",佛与菩萨即在众生之中。(3)刘安世(元城)从儒佛一致角度表示,孔子与佛之言"相为终始",但孔子"以三纲五常为道,故色色空空之说,微开其端,令人自得尔。孔子之心,佛心也",如果否定三纲五常,将有祸乱,就不是佛心,"故儒释道其心皆一,门庭施设不同耳"。对此,屏山说他讲的虽有道理,但因为没有了解"华严圆教"之理,不知三纲五常已经在佛开创的"人天乘"、"菩萨道"之内,佛法本来不离世间法,引证求那跋摩对宋文帝之语:"王者学佛不同匹夫,省刑罚则民寿,薄赋敛则国富……"(4)朱熹批评佛老认为在"天地万物、人伦日用之外,别有一物,空虚之妙不可测度",以领悟此物为究竟。屏山反驳说,朱熹实际上已经忘记儒家经典中早就有"形而上学"、"形而下学"之说,竟把言空虚之理者斥为"佛老之说"。即使是佛教,也非全讲空虚之理，而认为"色即是空"，并不认为在有之外，别有个空。他并反对认为佛、儒是"二家"，佛教为"无用之学"的说法。

最后简单地介绍一下元代刘谧的《三教平心论》。刘谧自称"静斋居士"，所著《三教平心论》二卷，详论三教一致，表示在论三教时"不可以私心论，不可以爱憎之心论，惟平其心念究其功"，如此才能得出公正的结论。他反对韩愈、欧阳修、张载、二程和朱熹的排佛言论，认为三教各有所司，功能虽有不同，但皆可引导世人为善。他说："儒以正设教，道以尊设教，佛以大设教，观其好生恶杀，则同一仁也；视人犹己，则同一公也；惩忿窒欲，禁过防非，则同一操修也；雷霆众聩，日月群盲，则同一风化也。由粗迹而论，则天下之理不过善恶二途，而三教之意，无非欲人之归于善耳。"此后他分别对三教进行介绍，说儒教以正纲常，明人伦，实施礼乐刑政为职志；道教教人清虚自守，归于静默无为之境；佛教教人舍伪归真，自利利他，受到民众皈依，三者皆不可废。然而，刘谧实际仍认为佛教优于儒、道二教。他先从三教的最后可以达到的结果来说，儒教不过是"垂功名"，道教是"长生"，而佛教却是"断灭生死，究竟涅槃，普度众生，俱成正觉"；再从流行范围来说，儒教只行中国，道教可行天上人间，佛教则可"尽虚空，遍法界"。又说儒、道二教只是"世间法"，而佛教是"始于世间法，而终之以出世间法"，在世间法中有五戒、十善，与道教的"九真妙戒"，儒教的五常是一致的。总之，佛教与儒教并不相违背，皆教人舍恶趋善，可以有助于世教，使天下坐致太平。

中国古代儒者的身份或官或民，情况不一。应当特别指出的是，中国儒家的最高政治代表是皇帝，其次是从中央到各级的政府官员，再其次是普通的儒者。佛教僧俗学者的护法著作，就是面向这些人，特别是面向其中的当政者的。从整体来说，中国汉地佛教没有直接或间接左右政权，是处于儒家的依附地位的。由此不难理解，上述的护法著作的作者虽然作为佛教方面的代表，但不得不向儒家方面主动靠拢，反复表示和审辩：（1）承认儒家在思想、政治领域的绝对支配地位；（2）强调佛、儒一致，佛教不仅不否定儒家的纲常伦理，而且自身的教义中就具有这方面的内容；（3）对于儒家受佛、道二教影响而建立新儒学，积极地用佛教的心性理论进行迎合和解释；（4）表明佛教无论在贯彻五戒、十戒的戒条伦理方面，还是在宣传善恶报应等教义方面，都可以辅助国家用纲常名教教化民众，维护社会安定秩序。自然，他们也反复论证佛教比儒、道二教优越，但所强调优越的地方是佛教的出世之教。这对于儒家不能构成丝毫的威胁，而正是这一点，是常被儒者讥笑为空寂无用的地方。由此就不难理解，为什么从整体上说中国儒教与佛教能够长期和平相处，虽有争论，又能互相吸收，互相补充，从而共同为维护封建社会秩序各自发挥作用。

《牟子理惑论》及其对佛教的理解[①]

东汉末年和三国时期，佛教已开始在社会上流行。《牟子理惑论》一书集中反映了当时人们对佛教的理解。

一　牟子其人与其书

《牟子理惑论》，最早见于南朝宋明帝（465—471年在位）敕中书侍郎陆澄所撰《法论》（目录载《出三藏记集》卷十二）一书中。其序说：

> 《牟子》，不入教门而入缘序，以特（按：原作"持"，此据《大唐内典录》卷十改）载汉明之时像法初传故也。

《法论》原书共十六帙，包括"法性""觉性""般若""法身""解脱""教门""戒藏""定藏""慧藏""杂行""业报""色心""物理""缘序""杂记""邪论"，共一百零三卷。《牟子》一书详载汉明帝遣使求法传说，因而被著录在《法论》第十四帙"缘序集"之中，并注曰：

> 一云苍梧太守牟子博传。

[①] 原载任继愈教授主编《中国佛教史》第一卷，中国社会科学出版社1982年版。

从《牟子》所叙自传来看，牟子生活在东汉灵帝（189）死后。当时中原大乱，牟子无意仕进为官，也没有当过什么官。据史书记载，东汉末年担任苍梧太守的有史璜、吴巨①，三国时吴国的苍梧太守是陶璜②，不见有姓牟的任苍梧太守的记事。因此，注中所说"苍梧太守牟子博"不可靠。"太守"二字疑为后人误加。

　　此后，梁僧祐所撰《弘明集》第一篇就是《牟子理惑》一卷，而没言其他（《出三藏记集》卷十二《弘明集目录》）。后来《大藏经》中所收的《弘明集》在《理惑论》题目下所附的"一云苍梧太守牟子博传"和"汉牟融"的说明，看来都不是最早的《弘明集》所有的。《隋书·经籍志》在子部儒家类著录《牟子》二卷，并注"汉太尉牟融撰"，更进一步把牟子附会为东汉章帝时的"太尉牟融"了。查《后汉书》的《牟融传》和《明帝纪》《章帝纪》，牟融，字子优，北海安邱人，以教授大夏侯（夏侯胜）《尚书》而著名，明帝时先后任司隶校尉、大鸿胪、大司农，永平十二年（69）代伏恭为司空；章帝即位，代赵熹为太尉，死于建初四年（79）。显然，《牟子》的作者绝不是东汉初年的牟融。这里有两种可能：（1）有人把"牟子博"与牟融的字"牟子优"混淆，因而把"牟子博"改为牟融。（2）东汉三国之际另有一个牟融，字子博，著有《牟子》。后一种推测可能更真实些。

　　因为东汉三国时期佛教史料极少，再加上《牟子》一书的作者名字的混乱，20世纪初以来国内外一些学者曾对《牟子》的真伪问题展开讨论。有人认为此书是作于东晋以后的伪书③，也有人认为此书不是伪书，当作于

---

① 《三国志·吴书·士燮传》："苍梧太守史璜死，表（刘表）又遣吴巨代之。"
② 《三国志·吴书·孙晧传》：建衡元年（269）"遣监军虞记、威南将军薛诩、苍梧太守陶璜……皆就合浦击交趾"。
③ 主要参见梁启超《牟子理惑论辩伪》（载《梁任公近著第一辑》卷中《佛教之初输入》附录3，亦载梁著《佛教研究十八篇》中），认为是"东晋刘宋间人伪作"。
日本常盘大定（1870—1945）《汉求法说研究》（载《中国佛教的研究》，春秋社1938年版），认为《牟子》是刘宋建康冶城寺僧慧通伪作，主要根据是其《驳顾道士夷夏论》（《弘明集》卷七）与《牟子》有很多相同之处。

东汉末年或三国孙吴中期①。但前人提出的怀疑理由都不充分,据笔者考察,此书不是伪书,它当成书于三国时孙吴初期。

《牟子》由三十九章构成,前面一章一般称为《序传》,最后一章称为《跋》,正文有三十七章(或称"三十七篇")。《序传》部分介绍牟子的经历和著书缘由,其中一些记述可以补史籍的不足。下面,借助其他史料,按《序传》所述的内容作分段介绍。

> 牟子既修经传诸子,书无大小,靡不好之。虽不乐兵法,然犹读焉。虽读神仙不死之书,抑而不信,以为虚诞。是时灵帝崩后,天下扰乱,独交州差安,北方异人咸来在焉。多为神仙辟谷长生之术,时人多有学者。牟子常以《五经》难之,道家术士莫敢对焉,比之于孟轲距杨朱、墨翟。

首先谈谈牟子活动的地区交州。交州原称交趾,东汉建安八年(203)才改称交州。交州刺史统辖七郡,即南海郡(今广东东部),治在番禺(今广州);苍梧郡(今广西壮族自治区东部),治在广信(今梧州);郁林郡(今广西壮族自治区中、西部),治在布山(今桂平西);合浦郡(今广东广西南部,包括海南岛),治在合浦(今广西合浦东北);交趾郡(今越南北部),治在龙编(今河内东北);九真郡(今越南中北部),治在胥浦(今清化);日南部(今越南中南部),治在西卷(今广治)。交州刺史的治

---

① 主要参见周叔迦《牟子丛残序》《梁任公牟子辨伪之商榷》(皆载1930年光明印刷局印《牟子丛残》),认为《牟子》"作于汉末,信而有征"。本书所附胡适寄周叔迦两封信(也载《胡适论学近著》第一集),亦同意此说。汤用彤《汉魏两晋南北朝佛教史》第四章、第六章,认为《牟子》非伪,当作于东汉末年。
法国马思伯乐(H. Maspero)《汉明帝感梦遣使考证》(原载河内远东法国学校1910年校刊,冯承钧译载《西域南海史地考证译丛四编》);法国伯希和(P. Pellion)在1920年《通报》中把《牟子》译成法文,文前写有《牟子考》(见《西域南海史地考证译丛五编》)。以上二文皆认为《牟子》当作于东汉末年(2世纪末)。
日本福井康顺《牟子的研究》(1958年日本书籍文物流通会《道教基础的研究》附录),认为《牟子》作于三国孙吴中期。

所在苍梧郡的广信，建安十五年（210）改到南海郡的番禺①。三国吴黄武五年（226），分交州为交州（包括交趾、九真、日南）、广州（包括其他四郡地）二州，不久恢复。永安七年（264）又复置交、广二州。

其次谈谈牟子生活的历史背景。东汉中央政权经黄巾起义的沉重打击，已摇摇欲坠，大权被拥兵割据的军阀把持。汉灵帝于中平六年（189）死，董卓废少帝，拥立献帝，垄断了朝政。初平元年（190）迁都长安，"驱徙京师百姓，悉而入关"，把洛阳抢劫焚烧一空。此后各地军阀又以讨伐董卓为名，纷纷起兵，兼并战争连年不断。建安六年（196），曹操领兵迎献帝迁都许昌，挟天子以令诸侯，经过二十几年的战争，最后统一北方。上引《牟子·序传》所讲的历史背景，正是在汉灵帝死后，汉献帝在位的时候。

当时北方战乱不断，"白骨露于野，千里无鸡鸣"（曹操《蒿里行》），社会秩序极度混乱，而交州一带地方比较安定，北方大量民众逃亡到这里，其中有不少文人学士。例如，《三国志·吴书·薛综传》说，薛综原是沛郡（郡治在今安徽北部濉溪附近）人，"少依族人避地交州，从刘熙学"；同书《程秉传》说，程秉原是汝南（郡治在今河南汝南东北）人，"逮事郑玄，后避乱交州，与刘熙考论大义，遂博通《五经》"；同书《蜀书·许慈传》说，许慈原是南阳（郡治在今河南南阳）人，"师事刘熙，善郑氏学，治《易》《尚书》《三礼》《毛诗》《论语》，建安中与许靖等俱自交州入蜀"。

这里一再提到的刘熙，或作刘熹，字成国，原籍北海（治所在今山东昌乐县西），官至安南太守，博览多识，名重一时，授生徒数百人，著有《谥法》三卷（已佚）、《释名》八卷、《孟子注》九卷（已佚）②，是避地交州的著名学者。

交州有七郡，这些人避难的地方当是交趾郡。当时交趾太守士燮原籍

---

① 此据晋太康八年（287）广州大中正王范上《交广二州春秋》，该书说："交州（按这是用后来的名称，建安八年前称交趾）治嬴陵县（现河内一带），元封五年（前106）移治苍梧广信县，建安十五年（210）治番禺县。"沈约《宋书·州郡志》与此不同，说"交趾刺史治龙编，汉献帝建安八年，改曰交州，治苍梧广信县，十六年（《晋书·地理志》作十五年）徙治南海番禺县。"但据《三国志·蜀书·许靖传》和同书《吴书·薛综传》及《牟子》所载苍梧"夷越蠢起，州府倾覆"和关于州牧朱符丧亡的情节来看，似前说可信。

② 刘熙，正史无传，见《隋书·经籍志》《册府元龟》卷六○五、明欧大任撰《百越先贤志》卷三等。

苍梧广信，其祖先本是鲁国汶阳（今山东南驿一带）人，避王莽之乱，逃到交趾，其父在东汉桓帝时任日南太守。士燮年轻时到洛阳求学，师事儒者刘陶。据《后汉书·刘陶传》载，刘陶是汉桓帝、灵帝时名儒，刚正不阿，精于《尚书》《春秋》，著有《中文尚书》《七曜论》，其旨"匡老子，反韩非，复孟柯"，曾任侍御史、谏议大夫等职。士燮任交趾太守后，因受其师的影响，亦研究《春秋》，并为之注释。建安初年（大约是元年或二年，即公元196年或197年），交州刺史朱符死①，士燮表其弟士壹任合浦太守，次弟士䵋为九真太守，三弟士武任南海太守，从此直到三国初年，在交州很有势力。士燮很重视北方逃来的学者，对他们表示欢迎，并给以优待。例如《三国志·蜀书·许靖传》载，许靖是汝南有名的学者，为逃避董卓迫害，逃到会稽太守王郎处，兴平二年（195）孙策攻占江东，许靖率族人"与袁沛、邓子孝等浮涉沧海，南至交州"，"既至交趾，交趾太守士燮厚加敬待"。士燮还任命前面提到的程秉为长史。史称："燮体器宽厚，谦虚下士，中国士人往依避难者以百数。"（《三国志·吴书·士燮传》）陈国（治所在今河南淮阳）儒者袁徽在给尚书令荀彧的信中说：

> 交趾士府君既学问优博，又达于从政，处大乱之中，保全一郡二十余年，疆场无事，民不失业，羁旅之徒，皆蒙其庆，虽窦融保河西，曷以加之？官事小阕，辄玩习书传。《春秋左氏传》尤简练精微，吾数以咨问传中诸疑，皆有师说，意思甚密。又《尚书》兼通古今，大义详备……

士燮死于三国吴黄武五年（226），"在郡四十余年"。据此，他大概在

---

① 关于朱符死的时间，史书不载。《三国志·吴书·薛综传》："故刺史朱符……侵虐百姓……百姓怨叛，山贼并出，攻州突郡。符走入海，流离丧失。"《士燮传》："交州刺史朱符为夷贼所杀，州郡扰乱。"但同书《蜀书·许靖传》载，许靖在孙策攻占江东时（据《孙策传》注引《江表传》当为兴平二年，即195年），从会稽南逃，中经南海郡，听说曹操"西迎大驾、巡省中岳"，想北上荆州，"会苍梧诸县夷越蜂起，州府倾覆"。当时交州治在苍梧广信，可见此是指朱符被害之事，时间约为建安元年或二年，即公元196年或197年。

汉灵帝光和四年（181）交趾刺史朱儁平定梁龙叛乱①之后担任交趾郡太守的。袁徽的信说他"保全一郡二十余年"，此信当写于建安七年或八年（202年或203年）。在这个时候，曹操已击败袁绍，统一北方大部，孙权占据江东，刘备投靠荆州刘表，三国鼎立的局面正在酝酿中。

不难看出，上面所述与《牟子·序传》所说"灵帝崩后，天下扰乱，独交州差安，北方异人咸来在焉"，是完全一致的。东汉末年，北方不少学者流迁交趾，由于交趾安定和太守的好学，交趾的学术文化相当兴盛。

不仅如此，交趾还是中外文化的交会之处。据《后汉书·西域传》，桓帝延熹九年（166），"大秦（按：古罗马）王安敦遣使自日南徼外献象牙、犀角、瑇瑁"；延熹二年（159）、四年（161），天竺"频从日南徼外来献"。一些外国使者和商人经过交趾，带来他们国家的文化。三国时吴国名僧康僧会的祖先虽是康居人，但"世居天竺，其父因商贾移于交趾"。康僧会即在交趾出家为僧，后入建业传教。严格说，康僧会应是中国人。《三国志·吴书·士燮传》还说：

> 燮兄弟并为列郡，雄长一州，偏在万里，威尊无上，出入鸣钟磬，备具威仪，笳箫鼓吹，车骑满道。胡人夹毂焚烧香者常有数十。

这些围绕士燮车骑烧香的"胡人"中当有包括从南亚来的佛教徒。

当时的交州，是国际商人往来、国内南北文化交流、学术空气活跃的地方。牟子本人原是个儒者。当时的儒生既读儒家经书，也读诸子百家书，包括兵书。他还读神仙不死的方术书，但认为虚诞，并不相信。当时交趾有不少人崇信神仙辟谷（不吃粮谷）长生之术。葛洪《神仙传》说：士燮病死三日，自称"仙人"的方士董奉给他服了一丸药，半日能坐，四日恢复正常②。可见，这种方士还往往兼通医术。牟子站在正统的儒家的立场上常用《五经》说的道理同他们辩论，据称"道家术士莫敢对焉，比之于孟轲距杨朱、墨翟"。

---

① 见《后汉书》的《朱儁传》及《灵帝纪》。
② 《三国志·吴书·士燮传》注引。

《序传》接着说：

> 先是时，牟子将母避世交趾。

前一段的记述，从时间上说是在"灵帝崩后"，大概包括初平（190—193）、兴平（194—195）年间，从牟子个人讲，是在信仰佛教之前。而这里所说"先是时"，是指在这以前苍梧郡发生动乱牟子南逃交趾的时候。据《后汉书·刘表传》，初平元年（190）刘表为荆州刺史，"时江南宗贼大盛"，苍梧地接荆州，自然也受波动。大概牟子是在此时或稍前些时携母避难到交趾郡的。

> 年二十六归苍梧娶妻。太守闻其守学，谒请署吏。时年方盛，志精于学，又见世乱，无仕宦意，竟遂不就。是时诸州郡相疑，隔塞不通。太守以其博学多识，使致敬荆州。牟子以为荣爵易让，使命难辞，遂严当行。会被州牧优文处士辟之，复称疾不起。牧弟为豫章太守，为中郎将笮融所杀。时牧遣骑都尉刘彦将兵赴之。恐外界相疑，兵不得进，牧乃请牟子曰：弟为逆贼所害，骨肉之痛，愤发肝心，当遣刘都尉行，恐外界疑难，行人不通。君文武兼备，有专对才，今欲相屈之零陵、桂阳，假途于通路，何如？牟子曰：被秣伏枥，见遇日久；列士忘身，期必聘效。会其母卒亡，遂不果行。

这里所说的"太守"当是苍梧太守，"州牧"是交州牧。牧弟豫章太守，被笮融杀死。据《后汉书·陶谦传》，大约在兴平二年（195）豫章太守朱皓被笮融杀死；同书《朱儁传》："子皓亦有才行，官至豫章太守。"可见，交州牧当是朱皓之兄，朱儁之子。再据《三国志·吴书·士燮传》，"交州刺史朱符为夷贼所杀，州郡扰乱"，"朱符死后，汉遣张津为交州刺史，津后又为其将区景所杀，而荆州牧刘表遣零陵赖恭代津。是时苍梧太守史璜死，表又遣吴巨代之"，以及同书《吴书·薛综传》所说"故刺史会稽朱符（按：朱儁是会稽人），多以乡人虞褒、刘彦之徒分作长吏……"与《牟子》"时牧遣骑都尉刘彦将兵赴之"完全吻合。可见，《牟子》所说的

"州牧"① 就是朱符。

光和四年（181）原交趾刺史朱儁率家兵平定交趾梁龙叛乱，不久被征为谏议大夫，大概按汉代任子制度补其子朱符为刺史。至于《牟子》所说的"太守"，当是苍梧太守史璜。根据以上情节，牟子年二十六回苍梧娶妻，当是豫章太守朱皓被笮融杀死的兴平二年②（195），其生年大约在灵帝建宁三年（170）。

按照以上考察，牟子在兴平二年（195）二十六岁时曾回故乡苍梧娶妻。苍梧太守史璜因他有学识，请辟为佐吏，但牟子正致志学问，又因时局不稳，无意仕进，婉辞不就。太守又请他出使荆州，致意刘表。他正在应请当行的时刻，交州刺史朱符辟他为州吏，他托病不就。朱符因弟豫章太守朱皓被笮融杀死，决定派兵复仇，请牟子出使荆州，打算从零陵、桂阳二郡借路通行。牟子以报恩的心情表示愿为效力，但赶上母亲亡故，没有前往。

这一段是介绍牟子信仰佛教前的一段经历，从中可以看到牟子所处时代背景和他的处世态度及其在本州郡的声望。

《序传》最后说：

> 久之退念：以辩达之故，辄见使命，方世扰扰，非显己之秋也。乃叹曰：老子绝圣弃智，修身保真，万物不干其志，天下不易其乐，天子不得臣，诸侯不得友，故可贵也。于是锐志于佛道，兼研《老子》五千文，含玄妙为酒浆，玩《五经》为琴簧。世俗之徒多非之者，以为背《五经》而向异道。欲争则非道，欲默则不能。遂以笔墨之间，略引圣贤之言证解之，名曰《牟子理惑》云。

这段是讲牟子转向佛教的思想动机。既然精研儒家经书、言辞辩达会受到当局的任命，而社会动乱不已，绝非仕宦显身的时候，于是便学老子

---

① 《后汉书·灵帝纪》，中平五年（188），"改刺史新置牧"。因此，在史书中有时称"刺史"为"牧"。

② 这是个大概的推算，从《牟子》原文看，牟子回苍梧的时间也许稍前一点。

自然无为的处世态度，过隐居生活，致力于佛教的信仰和研究，同时钻研《老子》，还看点儒家经书，借以寻求精神安慰和消遣。牟子这种处世态度引起当时儒者的非难，说他背离儒家经义而接受异道。为此，牟子便作《牟子理惑》一书，为自己的信念和做法进行辩解。

下面简单地考察两个问题：（一）牟子著书的年代；（二）《牟子》原书的形式。

（一）牟子著书的年代

《牟子》引用大量儒家经籍，也引用了不少佛经。根据《牟子》所引的佛经的内容、用语可推断出它成书的大致年代。

《牟子》第一章说：

> 盖闻佛化之为状也，积累道德数千亿载，不可纪记，然临得佛时，生于天竺，假形于白净王夫人。（夫人）昼寝，梦乘白象，身有六牙，欣然悦之，遂感而孕。以四月八日从母右胁而生。堕地行七步，举右手曰：天上天下，靡有逾我者也。……其日，王家青衣复产一儿，厩中白马亦乳白驹；奴字车匿，马曰揵陟。王常使随太子。太子有三十二相，八十种好，身长丈六，体皆金色，顶有肉髻，颊车如师子，舌自覆面，手把千辐轮，顶光照万里。此略说其相。年十七，王为纳妃，邻国女也。……太子不贪世乐，意存道德。年十九，二月八日夜半，呼车匿勒揵陟跨之，鬼神扶举，飞而出宫。明日，廓然不知所在。
>
> 王及吏民，莫不歔欷，追之及田。王曰：未有尔时，祷请神抵；今既有尔，如玉如珪，当续禄位，而去何为？太子曰：万物无常，有存当亡，今欲学道，度脱十方。……太子径去，思道六年，遂成佛焉。……
>
> 所以生天竺者，天地之中，处其中和也。所著经，凡有十二部，合八亿四千万卷。……佛教授天下，度脱人民，因以二月十五日泥洹而去。

查东汉以来记载佛传的经籍有如下三种：汉献帝建安年间（196—220）

竺大力和康孟祥译的《修行本起经》二卷和《中本起经》二卷，吴黄武年间（222—229）支谦译的《太子瑞应本起经》二卷。从《牟子》所引的内容看，似取自上述前后两部经。因《牟子》所说佛陀出生、成道、纳妃的时间和情节与这两部经基本一致。从《牟子》所用字句来看，虽然在关于释迦牟尼佛三十二相的描写上多与竺大力、康孟祥译的《修行本起经》相同，但总的来看与支谦译的《太子瑞应本起经》的描述更为接近。例如《牟子》说，"奴字车匿，马曰揵陟"；十九岁出家时，"呼车匿勒揵陟跨之"。但《修行本起经》说，"厩马生驹，其一特异……名之为骞特……白马给乘，奴名车匿（有的地方作'阐特'）"；出家时，"即呼车匿，急令鞁马"。可见《太子瑞应本起经》的相关字句与《牟子》的语句非常相似，说，"奴名车匿，马名揵陟"；出家时，"即呼车匿，徐令鞁马寨裳跨之"。

此外，《牟子》有白净王出宫追太子的情节，《修行本起经》没有，而《太子瑞应本起经》则有。当然，《牟子》对佛传的介绍还依据了其他佛经。例如，《牟子》说太子二月八日出家，二月十五日涅槃，而以上二经或作四月七日出家，或作四月八日出家，皆没讲涅槃的日期。看来《牟子》是依据了大乘佛教的说法，但由于史料不足，已不可考①。

此外，《牟子》第十五章说："太子须大拿以父之财施与远人，国之宝象以赐怨家，妻子自与他人……"须大拿的故事见于吴康僧会译的《六度集经》卷二《须大拿经》。康僧会从吴赤乌十年（247）到晋初一直在建业译经传教，那么，是不是《牟子》作书一定要到赤乌十年以后呢？不是这样。前面已讲，康僧会"其先康居人，世居天竺，其父因商贾移于交趾"，在父母亡后出家为僧，"明练三藏，博览六典"。现题康僧会译的《六度集经》共收有九十一经，其中有八十二经是佛本生经（讲述佛前无数的世修行故事）。从内容和编排来看，这是康僧会按类编选的经集，而不全是直接从梵本译出的。本经按大乘佛教"六度"② 分为六章，前五章前面皆有序

---

① 北凉昙无谶译《大般涅槃经》卷三〇讲佛陀二月八日出家，二月十五日涅槃。此属大乘佛经。东汉末支谶译《胡般泥洹经》一卷是否大乘佛经，已不可考。吴支谦译《大般泥洹经》二卷，据隋法经《众经目录》卷三，它与《长阿含经·游行经》是同本异译，后者是小乘经，作二月八日出家，二月八日涅槃。

② 六度：布施、戒（持戒）、忍辱、精进、禅（禅定）、明（般若）。

言，常引用中国伦理宣说宗旨，然后编排佛经。所选九十一经，也不是全部自己译的，有的经在他之前已在社会上流行。例如卷八《镜面王经》（其中有盲人摸象寓言）与支谦译的《义足经》卷上的《镜面王经》字句大同小异，最后的32句偈颂几乎完全一样，只是在有些地方内容稍详一点，可能是以支谦的译本为基础译补的。《出三藏记集·康僧会传》说"会于建初寺译出经法：《阿难念弥经》《镜面王》《察微王》《梵皇王经》《道品》及《六度集》"。可是，前四经明明都在《六度集经》中，为什么又把它们单独排列出来呢？看来康僧会主要是新译或补译了这四部经，而《六度集经》不全是译，而是编译，所收录的其他经当主要是从交州和建业等地早已流传的译经中选编的。据此，《须大拿经》当早已译出，牟子在交州应已看到。

据上所述，《牟子》成书不会早于吴支谦译《瑞应本起经》之前，也未必在康僧会编《六度集经》以后。据《出三藏记集·支谦传》，支谦从吴黄武元年（222）到建兴（252—253）中译出《维摩诘经》《大般泥洹经》《瑞应本起经》等27部经。从佛经内容来看，记载释迦牟尼佛传记的《本起经》《泥洹经》很可能最先译出。如果把从黄武元年到建兴年间打个折扣，《本起经》大约在吴赤乌元年（238）以前已经译出。若按上面对牟子生年（170）计算，牟子写《牟子理惑》一书当在68岁以前。就是说，《牟子》成书于三国孙吴的初期。从时间上说，它与《牟子·序传》所述的历史背景也比较相应。牟子地处交州，可以看到南北两地的译经，又可直接从来自南亚的佛教信众接受佛教教义，而我们现在只可依据有限的资料进行推断。

（二）《牟子》原书的形式

《牟子》最后一章讲《牟子》效法佛教"三十七品"[①] 和《老氏道经》三十七篇，著书三十七条（章）。[②] 现《牟子》虽有三十七章，但卷数与原

[①] 即三十七道品。安世高译《禅行三十七品经》作：四意止（亦译"四念处"）、四意断（四正断或四正勤）、四神足（四如意足）、五根、五力、七觉意（七觉支）、八正道。内容此略。

[②] 《汉书·艺文志》道家类有《老氏傅氏经说》三十七篇。

书未必一样。现在《弘明集》中所收"《牟子》一卷",是由编者僧祐整理过的。《隋书·经籍志》子部儒家部有"《牟子》二卷",《旧唐书·经籍志》和《新唐书·艺文志》的道家类也有"《牟子》二卷"。唐初法琳(572—640)著《破邪论》卷上说:"子书《牟子》二卷,盛论佛法"。天台宗僧湛然(711—782)的《摩诃止观辅行传弘决》卷五之一则说:"后汉灵帝崩后,献帝时有牟子深信佛宗,讥斥庄老(按:这不符合《牟子》文意),著论三卷(按:此当是"二卷"之误)三十七篇",并且还引证《牟子》四段文字①,其中有这样一段文字完全不见于现在的《牟子》:

> 牟子又云:怀金不见人,谁知其内有玮宝?被绣不出户,孰知其内有文彩?马伏枥而不食,则驽其(与)良同群;士含音而不谭,则愚与智不分。今之俗士,智无氂俊,而欲不言辞,不说一夫,而自若大辩。若斯之徒,坐而得道者,如无目欲视,无耳欲听,岂不难乎?(《摩诃止观辅行传弘决》卷五之一引)②

同样,从《太平御览》所引《牟子》中个别段落③来看,不仅字句不尽相同,而且有些字句也是今本《牟子》所没有的。例如《太平御览》卷六五三引《牟子》第一章,说:

> 佛生天竺,假形王家,父曰白净,夫人字曰净妙,……太子有三十二相……颊如师子,皮不受尘水,手足皆钩锁,毛悉向上……

下画黑点者皆现《牟子》所无。据此,《牟子》原书可能是二卷,有单行本,后因《弘明集》有所删节的一卷本《牟子》流行,原《牟子》单行本已佚。但从已发现的几段《牟子》原文来看,现《牟子》基本上还保持着原貌。

---

① 有四段文字,见《摩诃止观辅行传弘决》卷五之一与卷五之六引。其中三段与《牟子》二十二章(原文作"第二十一")、七章、三十章、三十六章有部分相应的地方。
② 《大正藏》卷四六第279页中。
③ 见《太平御览》卷六五三、八〇三、八八九、九四五所引"牟子曰"。

综上所述，牟子是东汉末三国初（170 至 3 世纪中）人，先学儒，后来信奉佛教，于三国吴初在交州著《牟子理惑》二卷。现《牟子》一卷本虽经删节，但保留基本内容。

二 《牟子》的佛、道（道家）、儒三教一致观点

东汉末三国初，佛教已初步流行。一种外来宗教要在中国社会上流行，必须与当时的社会意识形态相适应，并且与传统文化和宗教习俗相结合。另一方面，人们是否接受一种外来宗教，要看它能否为他们理解并符合他们的需要。马克思说：

> 理论在一个国家的实现程度，决定于理论满足这个国家的需要的程度。①

佛教传入中国之初，曾依附于社会流行的宗教习俗和黄老道术，而当时的最高统治者和士大夫也把它看作是各种民间方术的一种，认为崇佛祠祭可以招致福祥，对于维护封建统治秩序也有辅助作用。他们对佛教的这种理解，在记述东汉、三国佛经翻译和注释、佛教祠祭等文献资料中已有若干反映，然而比较零散，也不系统，而《牟子》一书对此有比较集中的论述。

《牟子》采取自设宾主（一问一答）的体裁。所假设的"问者"是个来自北方的儒者，明确表示"吾昔在京师，入东观，游太学，视俊士之所规，听儒林之所论，未闻修佛道以为贵，自损容以为上"。（《牟子》二十七章），对佛教提出种种疑难。所设置的答者是牟子，根据对方提的不同问题引经据典地予以解答。因此，《牟子》这部书实际是从两个不同的方面反映了当时人们对佛教的反应和理解。

牟子精通儒家经传，又博览诸子百家之书，信奉佛教后，仍欣赏《老

---

① 马克思：《黑格尔法哲学批判导言》，载《马克思恩格斯选集》第 1 卷，人民出版社 1972 年版，第 10 页。

子》。他是从中国传统观点来理解佛教的。从《牟子》一书引证的理论和典故来看，除来自佛经外，还大量引用《老子》《论语》《孝经》，有许多还大概来自《左传》《国语》《庄子》《荀子》《韩非子》《吕氏春秋》《礼记》《淮南子》《史记》《新序》《列仙传》《列女传》以及纬书《春秋元命苞》《春秋合诚图》等书①。《牟子》认为佛教与中国封建社会的传统思想并无根本对立，其总的思想倾向具有鲜明的佛教、道家、儒家一致，特别是佛教、道家一致的观点。

下面，从几个方面对《牟子》思想作些分析。

（一）佛陀观

释迦牟尼佛创立佛教后，被他的弟子和信众尊为超凡入圣的教主。随着佛教的广泛传播，他日益被历代信众神化。他们宣称释迦牟尼生来就与一般人的相貌不同，有"三十二相"、"八十种好"②，并说他成道后具有十大名号，即"如来"（真理的体现者）、"至真"（离一切虚假；也作"应供"，受天、人两界的尊敬和供养）、"等正觉"（也译"正遍知"，完全认识真理）、"明行成"（也译"明行足"。"明成"是说明了一切人过去世的宿命——宿命明；洞察未来世的生死——天眼明；领悟佛教四谛之理——漏尽明。"行成"是说按佛教教义思惟和行动）、"为善逝"（善于超脱世俗世界）、"世间解"（知悉世间、出世间一切事）、"无上士"（三界的最尊贵者）、"道法御"（也译"调御丈夫"，善于诱导世人达到解脱）、"天人师"（天、人两界的导师）、世尊（也译"众祐"，觉悟真理者，受世人尊重）③。释迦佛有种种奇异的神通，飞天入地，为天人鬼神说法。到部派佛教时期，特别是主张革新教义的大众部各派，进一步把释迦佛描述成为至上神，甚至提出佛的"法身"永世长存的理论，说："如

---

① 参见周叔迦编《牟子丛残·牟子理惑论事义集证》。
② "三十二相"，是说佛两足平正、手足有轮纹、颊车（面颊、牙床）如狮子、有四十齿等；"八十种好"也译为"八十种小相"如眉如月、耳轮辐相埵成、指圆而纤细、鼻平不现孔等。
③ 竺大力、康孟祥译：《修行本起经》《中本起经》等。

来色身，实无边际；如来威力，亦无边际；诸佛寿量，亦无边际。"① 后来的大乘佛教在这个基础上又有更多的发挥，说东西南北、四维、上下（称为"十方"），到处有佛，佛国无数。佛大智大勇，威力无穷。大乘般若空宗虽否认客观世界的物质性，否认精神和物质对立的实在性，但并不否认佛的真实存在，相反，论证佛是普遍的永恒的实在。东汉支谶译的《道行经》卷九说：

> 佛为从何处来，去至何所？……空本无所从来，去亦无所至，佛亦如是；无想本无所从来，去亦无所至，佛亦如；……无有生，无有长，本无所从来，去亦无所至，欲知佛亦如是。

把佛高度抽象化，更加神圣化，乃至超出一般人的想象，正是为了提高佛在冥冥中的至上神威。东汉以来所译的佛本生经（说佛前世以种种身份修行的故事）、佛本行经（讲佛出生创教传记）以及种种大、小乘佛经，都对佛陀的无上功德、非凡神通有所介绍。

中国早期的佛教信众，对释迦佛的这种神圣化描述还是比较容易接受的，然而他们是用中国传统的宗教意识和文化观念来理解佛的。例如汉桓帝把佛当作天帝祭祠，"设华盖之坐（座），用郊天乐"（《后汉书·祭祀志》）。《牟子》就"何正言佛，佛为何谓乎"这个问题，回答说：

> 佛者，谥号也。犹名三皇神、五帝圣也。佛乃道德之元祖，神明之宗绪。佛之言觉也，恍惚变化，分身散体，或存或亡，能小能大，能圆能方，能老能少，能隐能彰，蹈火不烧，履刃不伤，在污不染，在祸无殃，欲行则飞，坐则扬光，故号为佛也。（《牟子》第二章）

牟子尽量用中国熟悉的词语来解释什么是佛。中国在帝王死后给以褒

---

① 窥基：《异部宗轮论述记》。这里所说的即是佛的"法身"，被认为是大众部所传经典《增一阿含经》卷四十四说："我释迦文佛寿命极长，所以者，肉身虽取灭度，法身存在，此是其义，当念奉行。"后来大乘佛教对"法身"说法又有发展。

贬称号，叫作"谥号"。于是牟子说"佛"与中国三皇五帝的称号一样，也是谥号。说佛是人间最高道德的体现者，是神灵世界的最高主宰。牟子对佛神通的描述语言与黄老神仙家对神仙"真人"的描述非常相似。例如《庄子·大宗师》说："古之真人，……登高不栗，入水不濡，入火不热。"方士卢生对秦始皇说："真人者，入水不濡，入火不热，凌云气与天地久长。"（《史记·秦始皇本纪》）《淮南子·精神训》所描述的真人是：

> 所谓真人者，性合于道也。故有而若无，实而若虚……无为复朴，体本抱神，以游于天地之樊，芒然仿佯于尘垢之外……大泽焚而不能热，河汉涸而不能寒也，大雷毁山而不能惊也，大风晦日而不能伤也。……休息于无委曲之隅，而游敖于无形埒之野，居而无容，处而无所，其动无形，其静无体，存而若亡，生而若死，出入无间，役使鬼神。

这与《牟子》对佛的描述"恍惚变化……或存或亡……蹈火不烧……在祸无殃"，十分相像。《牟子》的描述中也有中国以往没有的东西，例如说佛能"分身散体"等，这来自大乘佛教的法身说、应身说。按照这种说法，佛的法身长存，但应身（化身）无限，可随时随地应机显现各种形象说法，而释迦牟尼只不过是佛的一个化身。

佛教对佛相貌超俗、神通广大的说法，在当时有人表示怀疑。如《牟子》中所设的问者说：

> 云佛有三十二相、八十种好，何其异于人之甚也。殆富耳之语，非实之云也。

牟子认为这种看法是"少所见，多所怪"。他不是引用佛经为据，而是利用中国古来对"圣贤"相貌的神话为佛教作辩护：

> 尧眉八采，舜目重瞳子，皋陶马喙，文王四乳，禹耳参漏，周公背偻，伏羲龙鼻，仲尼反颡，老子日角月弦，鼻有双柱，手把十文，足

蹈二五①，此非异于人乎？佛之相好，奚足疑哉。（《牟子》第八章）

中国神学天命论者认为圣贤生而有异相，是天命所归的标志。东汉时期，神学天命论影响极大，甚至连朴素唯物主义思想家王充也相信所谓"骨相"的说法，认为圣贤生而异相，说"人命禀于天，则有表候于体"，"禀气于天，立形于地，察地之形，以知在天之命，莫不得其实也"（《论衡·骨相篇》）。因此，中国圣贤生而异相，佛陀相貌也应当不同于凡俗。

（二）对佛教基本教义的理解

佛教基本教义概括地讲可用他们自己所说的"三法印"（三个基本标志），即诸行无常（万物变化无常）、诸法无我（万物没有质的规定性或主宰者）、涅槃寂静（至高解脱精神境界超越生死轮回）。大乘佛教的理论大体上也是以此为基础发展起来的。这些基本教义从东汉安世高以来所译的大量佛经已用不同语言（如译"无常"为"非常"、"无我"为"非我"、"涅槃"为"无为"）反复地介绍过。牟子对此虽已注意，如其书第一章已引"太子曰：万物无常，有存当亡"，但总的看来并没有完全抓住这些要点。当有人问："何谓之为道？道何类也？"他用中国道家对"道"的描述来解释佛道：

> 道之言，导也，导人致于无为，牵之无前，引之无后，举之无上，抑之无下，视之无形，听之无声。四表为大，蜿蜒其外，毫厘为细，间关其内，故谓之道。

"无为"这个概念最早是由老子提出的。老子说："道常无为而无不为。

---

① 《淮南子·修务训》讲尧、舜、皋陶、文王、禹五人的异相。《论衡·骨相篇》讲"周公背偻"，"孔子反羽（顶，头四角高耸）"。《春秋合诚图》："伏羲龙身牛首。"关于老子的说法，尚不知所本。东汉末年已把老子进一步神化，《太平经》说老子"得道之大圣，幽显所共师"，生时不同凡人，但此经大部已佚。东晋葛洪的《神仙传》引《西升中胎经》等道教书说老子"日角月悬（额骨高隆之状），鼻纯骨双柱，耳有三漏门，足蹈二五，手把千文"。从《牟子》所引，看来在东汉三国之际已有这种说法。

侯王若能守之，万物将自化"（《老子》三十七章）；"上德无为而无以为"（《老子》三十八章）。《牟子》中所讲的"无为"应是初期翻译佛经对"涅槃"或"解脱"的一种译法，与道家讲的"无为"不是一回事。佛教讲的"无为"（即涅槃或译"泥洹"），是指断除生死轮回的业因，从烦恼中解脱出来的一种至高清净的精神境界；而道家则把遵循"道"的规则叫作"无为"，与所谓的生死轮回没有关系。但在佛教传入中国不久，人们即用道家的"无为"来翻译和理解佛教所追求的最高修行目标"涅槃"或"解脱"。

至于牟子对佛道所作的解释，则基本上是从道家对道的描述而借用来的。例如《老子》说："道之出口，淡乎其无味，视之不足见，听之不足闻……"（《老子》三十五章）；"迎之不见其首，随之不见其后"（《老子》十四章）；《庄子·知北游》："六合为巨，未离其内；秋毫为小，待之成体"；《淮南子·原道训》："……累之而不高，堕之而不下，益之而不众，损之而不寡"。把这些话与上面《牟子》引文稍加对照，就可以看出，两者的差别不大。然而"道"在《老子》《庄子》那里，是作为万物的精神性本源，而在《淮南子》那里，是构成世界的物质性本源——气。无论哪一种，道都是世界的构成因素（当然有时也有规律的意思）。但对于佛教的"道"来讲，用这些字句来描述都是不准确的。

对此，《牟子》中的问者也不满意，提出疑问：

> 孔子以《五经》为道教，可拱而诵，履而行；今子说道，虚无恍惚，不见其意，不指其事，何与圣人言异乎？（《牟子》第四章）

牟子回答说，不能局限于自己熟悉的东西而蔑视自己所少见的，随波逐流而没有主见。

> 立事不失道德，犹调弦不失宫商；天道法四时，人道法五常。《老子》曰：有物混成，先天地生，可以为天下母，吾不知其名，强字之曰道。道之为物，居家可以事亲，宰国可以治民，独立可以治身。履而行之，充乎天地，废而不用，消而不离。子不解之，何异之有乎！（《牟子》第四章）

可见，牟子所说的"道"，包括世界本源的"道"、"天道"、"人道"、"道德"这四种意思。所引《老子》这段话，是讲"道"作为世界本源（或指最高主宰，或指物质性的气）来说，它早于天地而产生；但作为"天道"，它以四时运行为主要规律；作为"人道"，它以仁、义、礼、智、信"五常"为主要规则；作为"道德"，它要求以遵循"天道"和"人道"为社会行动规范。如果人们按照这种"道"的法则办事，就可以"事亲"、"治民"、"治身"。牟子的本意是说，佛道对于治国和维护社会秩序，指导个人道德修养是十分有用的。

"五常"本是儒家的道德主张，牟子把它与道家观点糅合在一起。这实际是汉初黄老学派的观点，司马谈《论六家要旨》说"阴阳、儒、墨、名、法、道德，此务为治者也"（《史记·太史公自序》）；《淮南子·氾论训》说："百家殊业，而皆务于治"。牟子所阐述的佛教基本教义，反映了当时知识分子对佛教的理解水平。

《牟子》所理解的佛教基本教义与佛教原义出入很大。佛教的大、小乘基本教义不外有两个组成部分：一个是对已经出家的人讲的，一个是面对在家一般信奉者讲的。对出家人讲四谛——苦（生命是个苦恼过程）、集（一切苦恼的原因是贪、嗔、痴）、灭（涅槃）、道（达到涅槃的方法和途径）和十二因缘（把生命过程分为十二个环节，具体地解释苦、集二谛，说由于"无明"而造业，终不免生死轮回之苦）、八正道（具体解释道谛，即正见、正思维、正语、正业、正命、正精进、正念、正定①），以引导达到涅槃、摆脱生死轮回为最高修行目标。对在家一般信奉者则宣传善恶报应、轮回转生，劝人行善，说可以死后免堕恶道。这里必须首先回答谁做善恶、谁受报应、谁轮回转生的问题，所以特别强调灵魂不死的理论。如传为安世高译的《阿难问事佛吉凶经》说：

> 善恶追人，如影逐形，不可得离，罪福之事，亦皆如是，勿作孤

---

① 安世高译"四谛"为苦、习、尽、道；"十二因缘"是本为痴（无明）、行、识、名字（名色）、六入、更（触）、痛（受）、爱、受（取）、有、生、死；"八正道"是直见、直治、直语、直行、直业、直方便、直念、直定。见安世高译《四谛经》《八正道经》《人本欲生经》《阿含正行经》等。

疑，自堕恶道（指死后下地狱等）。

另如传为他译的《阿含正行经》把善恶与死后灵魂的轮回转生连在一起，说：

> 人身中有三事，身死，识去、心去、意去，是三者（按：三者合为灵魂）常相追逐。施行恶者，死入泥犁（按：即地狱）、饿鬼、畜生、鬼神中；施行善者，亦有三相追逐，或生天上，或生人中。……端汝心，端汝目，端汝耳，端汝鼻，端汝口，端汝身，端汝意，身体当断于土，魂神当不复入泥犁、饿鬼、畜生、鬼神中。

佛教传入中国以后，人们在长时期以来对佛教的四谛、八正道等出家的教义没有引起广泛的重视，而对于善恶报应、灵魂轮回转生的教义却接受得很快。牟子也是这样。中国自古以来虽有灵魂不灭的思想，但并不认为人死之后灵魂会根据生前的善恶行为而轮回转生。因此，佛教的这种思想开始也曾受到儒者的非难。这在《牟子》中也有反映：

> 问曰：佛道言人死当复更生，仆不信此言之审也。
> 牟子曰：人临死，其家上屋呼之。死已复呼谁？
> 或曰：呼其魂魄。
> 牟子曰：神还则生，不还神何之？
> 曰：成鬼神。
> 牟子曰：是也。魂神固不灭矣，但身在朽烂耳。身譬如五谷之根叶，魂神如五谷之种实，根叶生必当死，种实岂有终亡？得道身灭耳。
> 《老子》曰：吾所以有大患，以吾有身也；若吾无身，吾有何患[①]。又曰：功成名遂，身退，天之道也[②]。
> 或曰：为道亦死，不为道亦死，有何异乎？

[①] 今本《老子》十三章。
[②] 今本《老子》九章，作"功遂身退，天之道"。

牟子曰：所谓无一日之善，而问终身之誉者也。有道虽死，神归福堂；为恶既死，神当其殃。愚夫暗于成事，贤智预于未萌。道与不道，如金比草；善之与福（按："福"当为"恶"字），如白方黑，焉得不异而言何异乎？（《牟子》第十二章）

这里集中讲述灵魂不灭和善恶报应问题。牟子用中国民间的灵魂不灭观念和鬼神信仰来答复问者对灵魂转生的疑难。既然民间在人死之后要上屋呼唤死者的名字，可见死者的灵魂没死，已转生为鬼或神。人的身体如五谷的根叶一样，到时候要死亡，但其灵魂却像五谷的种子一样代代转生不已。只有"得道者"，才能最终摆脱轮回，不再转生（"得道身灭"）。《牟子》所说的"得道"，就是佛教的"成道"、"涅槃"。吴支谦译《太子瑞应本起经》讲释迦牟尼在菩提树下修证得道：

菩萨（按：指释迦牟尼）自知已弃恶本，无淫、怒、痴，生死已除，种根已断，无余栽蘖，所作已成，智慧已了。明星出时，廓然大悟，得无上正真道，为最正觉。

佛教认为，摆脱生死轮回是修行者达到的最高精神境界。但这种"得道身灭"与《老子》所说"吾所以有大患，以吾有身"及"功成名遂身退"并不是一回事。老子认为人的"大患"（虚荣之类）与人的身体的存在是分不开的，如果没有人的身体，也就不会有人生的大患，所以说"唯无以生为者，是贤于贵生"（《老子》七十五章）。老子相信物极必反，只要使事物不发展到极处，就可以避免损害。老子这种思想与佛教的生死轮回和修行解脱都没有什么关系。

但就大多数人来讲，对于所谓涅槃、解脱是既没有希望也是不感兴趣的。他们想的更多的是所谓来世的生活会怎样，来世能不能摆脱苦难获得幸福。佛教传入初期，人们对此也不是立刻能理解的，如《牟子》中的问者提出"为道亦死，不为道亦死，有何异乎？"对此，牟子回答说，"有道虽死，神归福堂，为恶既死，神当其殃"，这是对佛教善恶报应理论的简单通俗的说法。佛教主张，一个人生前的言行和思想（统称为"业"）的善恶决定他死后的轮回，或转生天上（四天王天、三十三天……），或生人间（贫富夭寿），或生为畜生、饿鬼，或下地狱。看来牟子对这部分教义是比较重视的。当有人引证儒家主张节俭的言论对佛教提倡"布施"提出责难，说：

> 今佛家以空财布施为名，尽货与人为贵，岂有福哉？

牟子即引证经典进行论证，认为儒家并不反对布施，而要看场合；只要进行布施，就会得到好的报应。他说：

> 阴施出于不意，阳报皎如白日。况倾家财，发善意，其功德巍巍如嵩泰，悠悠如江海矣。怀善者应之以祚，挟恶者报之以殃。未有种稻而得麦，施祸而获福者也。（《牟子》第十七章）

这里虽没有对善恶标准进行具体论证，但从《牟子》全文来看，他认为佛教的善恶标准与儒家的伦理规范是一致的（如"人道法五常"）。后来，佛教的因果报应理论与中国儒家伦理学说密切结合，曾对维护封建社会秩序发生重大作用。

《牟子》对佛经是如何理解呢？自从佛教传入汉地，大量佛经被译成汉文，新的佛经还在源源不断地传入。《牟子》称佛经"凡有十二部，合八亿四千万卷；其大卷万言已下，小卷千言已上"（《牟子》第一章）。这些夸张的传说，当非出自牟子亲见，而是由外国僧人传来的。佛经的浩繁庞杂确实是中国所罕见的。对此，有人也提出责难：

> 问曰：夫至实不华，至辞不饰，言约而至者丽，事寡而达者明。故珠玉少而贵，瓦砾多而贱。圣人制七经之本，不过三万言，众事备焉；今佛经卷以万计，言以亿数，非一人力所能堪也。仆以为烦而不要矣。

牟子博览群书，对中国经传与佛经的差别自然是清楚的。他回答说，江海所以与沟渠不同，是因为它们深广；五岳所以与丘陵不同，是因为它们高大。如果山不高，跛羊都可以爬到山顶；海不深，小孩都可以跳进去游泳……想在三寸的蚌内找明月之珠，在灌木丛林中找凤凰之雏，是不可能的，因为"小不能容大"。

> 佛经前说亿载之事，却道万世之要。太素未起，太始末生，乾坤肇兴，其微不可握，其纤不可入。佛悉弥纶其广大之外，剖析其窈妙之内，靡不纪之。故其经卷以万计，言以万数。多多益具，众众益富，何不要之有？虽非一人所堪，譬若临河饮水，饱而自足，焉知其余哉？（《牟子》第五章）

在牟子看来，佛经讲世界万物的形成和毁坏（一周期为"一劫"），讲佛陀无数前生修道故事，讲各种出世教义……因此必须卷帙浩繁。但他也认为，一个人不必读这样多的佛经，只是根据自己需要去读就可以了。

他在这里提到的"太素"、"太始"，显然来自汉代的纬书及道家的书。汉代《易纬·乾坤凿度》说"太易变，教民不倦。太初而后有太始，太始而后有太素，有形始于弗形，有法始于弗法"，《易纬·乾凿度》也说"夫有形生于无形，乾坤安从生？故曰有太易，有太初，有太素也"。这是说在天地万物形成之前有几个气分化演变的阶段，开始无气叫太易，产生气叫太初，气产生有形体的东西叫太始，万物素质基本形成叫太素。《淮南子·天文训》说"天地未形，冯冯翼翼，洞洞灟灟（皆无形无状的样子），故曰太始"[①]。然后从"太始"这种气的状态产生天地、日月、万物。牟子没有引《易纬》所说的神秘主义的"太易"，而只引"文始"、"太素"。上述宇宙万物构成说在佛经中没有根据。佛教虽主张"五蕴"是世界的本源，然而与上面所说是大不一样的。可是在牟子看来，佛经中关于世界形成的神话与中国传统的天地万物构成说是一致的。

牟子还认为，佛经虽多，但"其归为一也"。这个"一"就是"无为淡泊"。他还拿佛经与道家、儒家经典相比，明确地表示：

---

① 原作"太昭"，据王引之考证改，见刘文典《淮南鸿烈集解》。

吾既读佛经之说，览《老子》之要，守恬淡之性，现无为之行，还视世事，犹临天井而窥谿谷，登高岱而见丘垤矣。《五经》则五味，佛道则五谷矣。吾自闻道已来，如开云见白日，炬火入冥室焉。（《牟子》二十五章）

牟子把佛、道并列看待，而把儒家的经典贬到佛经下面，把佛经比作五谷，把儒家的《五经》比作由五谷产生的五味。尽管儒、佛有差别，但他还是认为佛、儒的宗旨基本上仍是一致的。

（三）关于僧众的修行生活

牟子知道佛教的居士戒有五戒，沙门有二百五十戒，说如果能按佛经和戒律修行，"亦得无为，福流后世"。他认为这些戒律与中国"古之典礼无异"。当有人提出：

《孝经》言：身体发肤，受之父母，不敢毁伤[1]。曾子临殁：启予手，启予足[2]。今沙门剃头，何其违圣人之语，不合孝子之道也？吾子常好论是非，平曲是，而反善之乎？（《牟子》第九章）

牟子认为，评论一个人孝与不孝要看精神实质，而不单单从形式上看是否"违于身体发肤之义"。他引孔子的话说："可与适道，未可与权[3]，所谓时宜施者也。"如《史记·周本纪》说，周祖先古公有三子：太伯、虞仲、季历，因古公有意立季历为嗣，以便最后传位给姬昌（周文王），太伯与虞仲二人为此逃到"荆蛮"（实指吴越），文身断发（为了适应当地民族风俗习惯，身上刺花纹，剪去头发），以便让季历顺利即位。按正常情况说，文身断发是与《孝经》说的爱护身体发肤的教训相违背，但孔子却因为他们顺从父命让王位，而称赞他们。因此，牟子说：

---

[1] 《孝经·开宗明义章第一》。
[2] 《论语·泰伯篇》："曾子有疾，召门弟子曰：启予足，启予手……"是说曾子一生爱护自己的手足，不敢毁伤，临死叫弟子看看自己的手足完美无伤。
[3] 见《论语·子罕篇》，意为能行道者，未必能随机应变地行道。

苟有大德，不拘于小。沙门捐家财，弃妻子，不听音，不视色，可谓让之至也。何违圣语，不合孝乎？豫让吞炭漆身，聂政皮面自刑，伯姬蹈火，高行截容①。君子为勇而有义，不闻讥其自毁没也。沙门剃除须发，而比之于四人，不已远乎？（《牟子》第九章）

上述四人都是为礼义道德而毁身残形的。牟子认为，沙门出家修行比他们更有意义，也是合乎儒家的"至德要道"的，不应因剃头而受到责难和讥笑。

此外，有儒者对沙门不娶妻、见人无跪起之礼、过极端的禁欲生活也进行责难。

　　问曰：夫福莫逾于继嗣，不孝莫过于无后。沙门弃妻子，捐财货，或终身不娶，何其违福孝之行也？自苦而无奇，自拯而无异矣。（《牟子》第十章）
　　问曰：黄帝垂衣裳，制服饰，箕子陈《洪范》，貌为五事。孔子作《孝经》，服为三德。……今沙门剃头发，被赤布，见人无跪起之礼，威仪无盘旋之容，何其违貌服之制，乖搢绅之饰也？（《牟子》第十一章）
　　问曰：人之处世，莫不好富贵而恶贫贱，乐欢逸而惮劳倦。黄帝养性，以五肴为上。孔子曰：食不厌精，脍不厌细②。今沙门被赤布，日一衣，闭六情，自毕于世。若兹何聊之有？（《牟子》第十九章）

这些质问都是从儒家礼仪和中国传统的习俗提出来的，在以后佛教广泛流行，儒家反对佛教时也常常提出这样的问题。

对于第一个问题，牟子回答说：妻子财物是过世俗生活所需要的，但

---

① 豫让吞炭漆身，毁声变容，为故主智伯复仇，谋杀赵襄子，见《吕氏春秋·恃君》《说苑》卷二；聂政为严仲子复仇刺韩相侠累，见《史记·刺客列传》；伯姬夜逢失火，因守礼不逃而死，见《列女传》卷四；寡妇高行为守贞而自割鼻，见《列女传》卷四。
② 《论语·乡党篇》。

"清躬无为"却是佛道妙义之所在。《老子》说:"名与身孰亲,身与货孰多?"① 又说:"观三代之遗风,览乎儒墨之道术,诵诗书,修礼义,崇仁义,视清沽,乡人传业,名誉洋溢,此中士所施行,恬淡者所不恤。"(《牟子》第十章)因此,作为修行佛道,以"恬淡"为志的人来说,更应当重视的是生命而不是荣誉和财富。其实,就连孔子也不是笼统地反对人弃家出走的。例如,尧让天下给许由,许由逃入深山②;伯夷、叔齐离国出走,为"义不食周粟"而逃入首阳山饿死,对此,孔子称他们是"求仁得仁者"③,而没有讥讽他们没有后代和遭受贫困。既然如此,沙门为修美好的道德而离开妻子家庭,放弃世俗享乐,也应当认为是高尚的行为。

对于礼貌问题,牟子一开头就引用《老子》的道德观来作回答:"上德"不追求形式上的"德",因此就是有德;"下德"死守着形式的"德",因此就是没有德④。就拿儒家称颂的三皇时代来讲,人们食兽肉、衣兽皮,巢居穴处,以质朴为德,反对华丽,谁能指摘他们没有礼貌道德呢?而沙门的行为与他们很相似。

对此,有人责难他说:"如子之言,则黄帝尧舜周孔之俦,弃而不足法也?"这实际是说牟子离经叛道,背圣非法。牟子回答说:

> 尧舜周孔修世事也,佛与老子无为志也。仲尼栖栖七十余国,许由闻禅,洗耳于渊。君子之道,或出或处,或默或语,不滥其情,不淫其性。故其道为贵,在乎所用,何弃之有乎!(《牟子》第十一章)

他认为儒家以治国为业,而佛教、道家以无为为志,表现虽不同,但所依据的"道"是一样的。"君子"坚守道的准则,不管是处世、出世,静默或讲话,都不使性情失节出轨。道虽一个,但在应用上是存在差别的,不能认为佛教已经脱离周孔之教了。

关于沙门过禁欲生活问题,牟子兼用儒家、道家的理论为佛教辩护。

---

① 《老子》四十四章,下面"又说"是牟子的话。
② 见《庄子·逍遥游》。
③ 见《史记·伯夷叔齐列传》《论语·述而篇》。
④ 《老子》三十八章"上德不德,是以有德,下德不失德,是以无德"。

富与贵，是人所欲，不以其道得之，不处也。贫与贱，是人之所恶，不以其道得之，不去也①。《老子》曰：五色令人目盲，五音令人耳聋，五味令人口爽，驰骋畋猎令人心发狂，难得之货令人行妨。圣人为腹不为目。② 此言岂虚哉！（《牟子》第十九章）

牟子认为沙门披赤布，一日一餐，摒弃情欲，过贫贱生活，是符合儒家和道家所说的"道"的。如果不顾道的原则而去追求富贵生活，这是违背孔子的教导的。一味追求好看的彩色（五色）、动听的音乐（五音）、丰美的食品（五味），就会使人的感官受到损伤，而驰马打猎会使精神发狂，贪婪稀有的财宝甚至会使人去偷和抢。因此，沙门过节欲的清贫生活，是完全符合老子的主张的。

牟子对上述三个问题的回答归结到一个"道"字。尽管佛教的道与道家、儒家的道不一样，但他尽量把三者调和起来，而在有的场合，则把佛、道二家的道相提并论。他的意思是说，随着佛教传入而日渐增多的沙门，虽然与已有的儒家、道家学者所从事的活动不一样，但他们也是"道"的践行者。

这里应当指出，儒家、道家学说所说的"道"，从其社会内容实质来说，从不同角度概括了封建社会的基本法则和道德理念，因此牟子极力论证佛教的道与儒家、道家的道是相符合的，不外是申明佛教对于维护封建国家的治理和社会秩序也是有用的。

（四）论佛教、儒家的关系

牟子曾身为儒者，在信奉佛教后受到一些儒者的非难，说"吾子弱冠学尧舜周孔之道，而今舍之更学夷狄之术，不已惑乎！"（《牟子》第十四章）把佛教称为"夷狄之术"也是历代儒者排斥佛教时常用的字眼。对此责难，牟子在解释中承认，在他没有信奉佛教时也有这种言论。他接着批评对方看问题非常片面，"见礼制之华，而暗道德之实；窥炬烛之明，未睹

---

① 此引自《论语·里仁篇》。
② 今本《老子》十二章"圣人"之前有"是以"二字。

天庭之日也"。首先，夷狄也不是什么都不行，汉地也不是什么都好。例如，禹出于西羌而成为圣哲，舜的父母在汉地却冥顽不灵；由余出于戎国而能辅助秦穆公建立霸业，管叔、蔡叔在黄河洛水一带却能制造周公将篡位的流言。其次，把天下分成夷狄华夏（中国）也是没有什么根据的。圣人经传①上说"北辰之星，在天之中，在人之北"，可见汉地未必在天的中央，而佛经说上下四方一切生命物类都归属于佛。因为这个缘故，

  吾复尊而学之，何为当舍尧舜周孔之道？金玉不相伤，精魄不相妨。谓人为惑，时自惑乎！（《牟子》第十四章）

  牟子明确表示，他信奉佛教，并不意味着已背离儒家。佛儒之间如同金与玉、精与魄的关系那样，并不是互相冲突的，一个人是可以兼信两者的。

  前面提到，牟子在对佛教教义和僧众出家修行生活的论述中已经一再表示，佛教的主张与儒家伦理纲常思想不仅没有根本矛盾，而且在实际上是一致的，对于维持封建统治秩序也是有用的。

  牟子还认为，按照佛教教义行善，比如像《太子须大拿经》所说，须大拿把父亲的财物施给别人，把善战的宝象送给敌国，把妻子也舍给婆罗门为奴，这从表面看来似乎是"不孝不仁"，但看问题应"见其大不拘于小"，而不应拘泥于世俗之见，

  须大拿睹世之无常，财货非己宝，故恣意布施，以成大道。父国受其祚，怨家不得入，至于成佛，父母兄弟皆得度世。是不为孝，是不为仁，孰为仁孝哉！（《牟子》第十五章）

  这是说，按佛教教义行善，不仅能使自己摆脱生死，也会使父母兄弟在来世得到好报，这与儒家的仁孝伦理是完全符合的。总之，牟子竭力用佛教教义去迎合儒家。这种态度真实地反映了当时社会上佛教与儒家的

---

① 原作"传曰"，以下引文不详所出。

关系。

中国封建社会是建立在自给自足的自然经济的基础上，它的社会联系在很大程度上以宗法血缘关系作为纽带。因此，儒家在宗教上所主张的祖先崇拜和在伦理道德上提倡的"孝"的观念，就成了封建制度和皇权统治的天然支柱。两汉统治阶级特别提倡以孝治国，原因也正在这里。儒家思想可以千变万化，但这个中心观念是永远也不许变动的。这也是儒家思想受到中国历代封建王朝欢迎而盛行不衰的一个主要原因。然而佛教的全部思想，它的世界观和宗教观念，原来同维护宗法血缘关系的孝道并不很相容。然而佛教要扎根于中国封建社会，不与孝的道德观念妥协是根本不可能的。因此，佛教在传入中国以后不断地迎合和吸收儒家的孝的伦理思想是十分自然的。

（五）对原始道教的批判

牟子生活的时代，正值道教正式创立不久。先秦以来广为流传的神仙家一般是与道教合流的。在《牟子》书中多次提到的"神仙辟谷长生之术"，"为道者，或辟谷不食"等，就是指原始道教和神仙家，而在二十九章提到的"王乔、赤松、八仙之箓，神书百七十卷"（即《太平经》一百七十卷），则是原始道教的主要经典。《牟子》一书虽大量引证《老子》等道家著作，但对于原始道教和神仙家却持批判态度。从这里可以看到佛教与道教一开始就有矛盾，而随着双方势力的发展，它们之间的矛盾也在发展。

牟子本人也曾学过神仙不死之术，但看到自己所学的"辟谷之法，数千百术，行之无效，为之无征"时，就不再学了。他说曾先后拜三人为师，他们分别自称七百岁、五百岁、三百岁，但不到三年，先后死去了。他们宣称不吃五谷，但却都吃水果，"享肉则重盘，饮酒则倾樽，精乱神昏，谷气不充，耳目迷惑，淫邪不禁"（《牟子》第三十一章）。他们为自己这种做法解释说："《老子》云：损之又损，以至于无为①，徒当日损耳。"但他们不仅没能长寿，反而加速死亡。牟子的结论是：

---

① 《老子》四十八章。

且尧舜周孔，各不能百载，而末世愚惑，欲服食辟谷，求无穷之寿，哀哉！（《牟子》三十一章）

可见，牟子是根据亲身经历和一般常识来批判原始道教和神仙家的。

当有人问他"王乔、赤松、八仙之箓，神书百七十卷，与佛经岂同乎？"他回答说，这好像是拿五霸与五帝相比，阳货与孔子相比，"道有九十六种，至于尊大，莫尚于佛道也。神仙之书，听之则洋洋盈耳，求其效，犹握风雨捕影"（《牟子》第二十九章）。佛经记载，佛陀创教时印度有96种外道，但都比不上佛教。牟子用此来说明佛教在中国最高明，中国其他宗教都比不上佛教。

牟子还对《老子》等道家书进行考察，指出《老子》书和"圣人制七典之文"没有"辟谷"、"止粮"的记载，因此道教和神仙家假托"老氏之术"是没有根据的。牟子还认为，"物类各有性"，人不能学不吃东西的蝉和冬眠的蟒，如果不吃东西，或进行"秋冬不食，或入室累旬而不出"的修炼，都是违背圣人教导的（《牟子》第三十章、第三十六章）。

《牟子》一书在用问答形式论述佛教的过程中，大量引用中国诗书经传，广取譬喻，而很少引证佛经对问题做出直截了当的回答。对此，他也用回答对方质问的方式进行解释。他说：

道为智者设，辩为达者通，书为晓者传，事为见者明。吾以子知其意，故引其事。若说佛经之语，谈无为之要，譬对盲者说五色，为聋者奏五音也。……公明仪为牛弹清角之操①，伏食如故。非牛不闻，不合其耳矣。转为蚊虻之声，孤犊之鸣，即掉尾奋身，蹀躞而听。是以诗书理子耳。（《牟子》第二十六章）

这种说法是反映了时代的特点的。佛教传入中国初期，人们对佛教闻所未闻，见所未见。如果佛教信众在开始传教时直接宣讲佛教经义，就会

---

① 《孟子·滕文公篇》："公明仪曰：文王我师也……"注曰："公明，姓；仪，名，鲁贤人也。""清角"一种古琴曲，见《晋书·律历志》。

如同对牛弹琴一样，收不到效果。因此，他们不得不借助中国传统的宗教和学术思想、语言，来解释佛教教义，扩大社会影响。牟子大量引用道、儒和各家著述来论述佛教，其原因就在这里。

综上所述，牟子认为佛教和道家在思想上是一致的，因此经常引证《老子》讲解佛教，又一再引述佛教教义去附会《老子》。他还认为，佛教与儒家虽有若干显著的不同之处，但从根本上来说二者也是一致的。牟子对佛教的这种理解，说明佛教这种外来宗教要在中国这块新的土地上扎根，深入传播，不得不依附和利用中国传统的道家和儒家的某些思想、词句来进行传教，争取统治阶级和人民的支持。不用说，牟子的许多比附和论述是十分牵强的，是不太符合印度佛教原义的。但是，佛教正是经过这样无数的被"歪曲"和改造才最后发展成为中国的佛教的。《牟子》一书反映了佛教传入初期人们对佛教是如何理解的，它对于研究中国佛教的形成和发展很有参考价值。

佛图澄及其在中国佛教史上的地位[①]

佛教传入中国经过两汉、西晋的初传，进入东晋十六国时期以后得到迅速传播和普及。在这个过程中，得到后赵统治者石勒、石虎崇信和支持的佛图澄在北方发挥了重要作用。无论从佛教的社会地位和影响、僧众和寺院的增加、佛学的研究、佛经翻译等方面，佛图澄及其弟子皆发挥了重大作用，在中国佛教史上写下浓重的一笔。

一 佛图澄和后赵

佛图澄，在南朝梁慧皎编撰《高僧传》卷九"神异上"有传，所叙述的事迹相当详细。此外在唐房玄龄等撰《晋书》卷九十五也有传，北齐魏收所撰《魏书·释老志》中有简单介绍。

佛图澄（232—349），西域人，或谓天竺人，本姓帛，有的史书载原姓湿[②]。自幼出家，诵读佛经达数百万言，并且善解文义，曾到罽宾（今克什米尔）受教于名师，逐渐出名。佛图澄除精通佛典之外，还掌握神秘的方术咒术，据称能够"役使鬼物，以麻油杂胭脂涂掌，千里外事，皆彻见掌中，如对面焉。亦能令洁斋者见，又听铃音以言事，无不劾验"。在西晋怀帝永嘉四年（310）来到洛阳，想在中国开展弘法活动。

当时正值西晋末年"八王之乱"（291—306）以后，朝廷已极度腐朽，

[①] 本文是笔者2013年5月为河北省佛教协会、河北省社会科学院哲学所在邯郸举行第三届"河北禅宗文化论坛·魏晋南北朝时期的北方佛教——以邯郸佛教为中心"提供的论文。

[②] 唐封演《封氏闻见记》卷八载："邢州内邱县西，古中邱城寺有碑，后赵石勒光初五年所立也。"碑云："太和上佛图澄愿者，天竺大国附宾小三之元子。本姓湿，所以言湿者，思润理国，泽被无外，是以号之为湿。"

社会动乱连年，原生活在边塞一带的少数民族、史称"五胡"的匈奴、鲜卑、羯、氐、羌五族，在他们的首领率领下纷纷起兵反晋和内迁，前后建立起十六个拥兵割据的政权，史称"十六国"。最早在山西建立政权的是匈奴族刘渊，所建国称汉，其子刘聪于永嘉五年（311）攻入洛阳灭晋，后来由刘曜改国号为赵（前赵）。此后，原为刘曜将领的羯族石勒拥兵自立，以襄国（今河北邢台）为都建后赵，东晋咸和四年（329）率兵灭前赵，至其养子石虎时，占据北方大部地区。

佛图澄原想在洛阳建寺传法，正赶上匈奴刘曜率兵进入洛阳，建寺计划未能实现。在战乱中，佛图澄潜藏草野，以观世变。当时石勒屯兵于葛陂（在今河南新蔡北），常以滥杀树威，有不少沙门遇害。佛图澄决定接近石勒，以便以佛法教化石勒，以拯救生活在暴政下的无辜百姓。他通过信奉佛教的石勒部将郭黑略的关系和介绍，接近石勒，巧妙地利用自己擅长的咒术和言辞，逐渐地得到石勒的信任。佛图澄乘机进谏，劝石勒施行宽厚的仁政，以"德化洽于宇内"，保护民众。此后，石勒暴政有所收敛。《高僧传·佛图澄传》记载，因为佛图澄的劝说，"凡应被诛余残，蒙其益者十有八九"。佛图澄及其弟子通过传法和开展慈济活动，影响日益增大，致使中原信奉佛教的汉人和胡族人越来越多。

此后，石勒奉佛图澄为最高军政顾问，在灭前赵后即位，自称"赵天王行皇帝事"，尊佛图澄为"大和上"，凡有军政大事皆向他咨询。后赵建平四年（323）石勒死后，石虎废石勒之子石弘自立，迁都于邺（在今河北邯郸市临漳县城西南）。石虎对佛图澄更加敬重。下诏书说：

　　和上国之大宝，荣爵不加，高禄不受，荣禄匪及，何以旌德？从此已往，宜衣以绫锦，乘以雕辇。

每逢朝会，佛图澄上殿，常侍以下帮助推辇，太子诸公挽扶而上，掌管朝仪者唱"大和上到"，朝臣皆起坐，表示尊崇。石虎又敕司空李农旦夕亲问，太子及诸公每五日一朝代他前往佛图澄跟前致意。

佛图澄阅历和经验十分丰富，门下拥有众多僧俗弟子，对后赵境内及南北政治形势比较了解，并且善于谋划。他经常就后赵军政举措乃至日常事务向石虎进行劝谏，进一步得到石虎及后赵军政官员的信任，也得到普通百姓的敬重。

二 以佛教因果报应思想增强石虎君临中原的信心

石虎曾因与东晋作战失利，遭遇军情危扰，连夜埋怨佛教未能保佑他，说："吾之奉佛供僧，而更致外寇，佛无神矣。"（《高僧传·佛图澄传》）佛图澄得知此事，翌日入朝，用佛教的因果报应思想对他开导，告诉他现在当皇帝是因为前世曾经做过善事的缘故。他说：

> 王过去世经为大商主，至罽宾寺，尝供大会，中有六十罗汉。吾此微身亦预斯会。时得道人谓吾曰：此主人命尽，当受鸡身，后王晋地。今王为王，岂非福耶？疆场军寇，国之常耳！何为怨谤三宝，夜兴毒念乎。

意思是说，石虎前世曾是大商人，因为在罽宾的寺院供养过六十罗汉（小乘得道者），死后虽曾托生为鸡，然而再转世便做晋地的国王。又告诉石虎，能够在中原当皇帝是福报，至于战场失利属于兵家常事，为什么要抱怨佛教呢？

实际上，佛图澄在这里所讲的内容，已远远超出劝解石虎因与东晋交战失利对佛教的埋怨。石勒、石虎作为羯族领袖入主中原，不仅受到东晋政权和受东晋影响的政治势力的敌视，在文化传统上也受到儒家思想强有力的抵制。因为按照儒家的观点，羯族属于"夷蛮戎狄"之列，只能居住在边境荒僻之地，不仅不能入主中原当皇帝，甚至也不应迁徙内地居住，所谓"内诸夏而外夷狄"①。佛图澄用佛教的因果报应思想来为羯人石虎统治后赵、在中原当皇帝提供理论依据，增强他的信心，自然受到他的欢迎，也为其他进入中原的胡族武装集团提供了舆论支持。

---

① 引自西晋末江统撰《徙戎论》，载《晋书》卷五〇六《江统传》。

三　劝谏石虎"不为暴虐,不害无辜"

在石虎表示信悟跪而致谢、询问"佛法云何"时,佛图澄顺势告诉石虎"佛法不杀"的道理。石虎又问,自己身为"天下之主,非刑杀无以肃清海内,既违戒杀生,虽复事佛,讵获福耶"?佛图澄告诉他:

> 帝王之事佛,当在心体恭心顺,显畅三宝,不为暴虐,不害无辜。至于凶愚无赖,非化所迁,有罪不得不杀,有恶不得不刑,但当杀可杀,刑可刑耳。若暴虐恣意,杀害非罪,虽复倾财事法,无解殃祸。愿陛下省欲兴慈,广及一切,则佛教永隆,福祚方远。

这是告诉石虎,身为掌握最高军政大权的皇帝,应当虔诚地保护并支持佛教传播,施政应防止暴虐行为,不要伤害无辜民众,至于按照国法惩罚和处治有罪和犯法者,则是正当的。然而如果"暴虐恣意,杀害非罪",无论怎样施财和敬奉佛法,也不能减免恶果报应。他奉劝石虎控制欲望,广行仁慈,扶持佛教兴隆发展,以招致福祥。

据载,当佛图澄晚年预测自己将不久于人世时,特地前往皇宫向石虎告别并进谏,说:

> 出生入死,道之常也。修短分定,非人能延。道重行全,德贵无息。苟业操无亏,虽亡若在,违而获延,非其所愿。今意未尽者,以国家心存佛理,奉法无吝,兴起寺庙,崇显壮丽,称斯德也,宜享休祉。而布政猛烈,淫刑酷滥,显违圣典,幽背法诫。不自惩革,终无福佑。若降心易虑,惠此下民,则国祚延长,道俗庆赖,毕命就尽,没无遗恨。①

---

① 以上引文据《高僧传》卷九《佛图澄传》,载《大正藏》卷五〇第383页下至387页上,以下所引不再注明页数。

意为自己即将离世,无可留恋,有生有死乃属正常。说"道重行全,德贵无怠",一个人如能做到道行品德无亏,就没有什么遗憾了。他最挂念的是后赵国家,说朝廷致力奉佛,兴建寺庙,本应受到好的报应,然而因为实行暴政,滥行酷刑,既违圣典,又背离佛法,如果不予改正,绝对得不到佛的保佑;如能改弦更张,施行惠民政策,才能使国祚长久。

在历史上,石勒、石虎当政的后赵是以残暴、滥杀无辜和施行暴政著称,然而在佛图澄的劝谏下有所收敛也是事实。佛图澄用以劝谏的正是奉"大慈大悲"为最高理念的大乘佛教"菩萨道"或"菩萨行",与儒家的仁道有一致之处。对于佛图澄这位高僧"慈洽苍生,拯救危苦"的品格和行为,应当予以充分肯定和崇高的历史评价。

四 辅佐后赵保护佛教,确立佛教合法传播的地位

此后,石虎对佛教更加崇信、更加支持了。佛图澄及其弟子积极展开传法活动,后赵境内信奉佛教的百姓不断增多,营建的佛教寺庙和出家僧尼也越来越多,随之也出现为逃避徭役乃至因为犯罪而出家的"真伪混淆"的现象。为此,石虎下诏让朝臣提出对策,说:

> 佛号世尊,国家所奉,里闾小人无爵秩者,为应得事佛与不?又沙门皆应高洁贞正,行能精进,然后可为道士。今沙门甚众,或有奸宄避役,多非其人。可料简详议。

于是,中书著作郎王度奏曰:

> 夫王者,郊祀天地,祭奉百神,载在祀典,礼有尝飨。佛出西域,外国之神,功不施民,非天子、诸华所应祠奉。往汉明感梦,初传其道,唯听西域人得立寺都邑,以奉其神,其汉人皆不得出家。魏承汉制,亦修前轨。今大赵受命,率由旧章,华戎制异,人神流别,外不同内,飨祭殊礼,荒夏服祀,不宜杂错。国家可断赵人悉不听诣寺烧

香礼拜，以遵典礼。其百辟卿士，下逮众隶，例皆禁之。其有犯者与淫祀同罪。其赵人为沙门者，还从四民之服。

王度奏议是中国佛教史上十分有价值的文献。第一，它表述历朝皆尊奉儒家经典"郊祀天地，祭奉百神"。佛教来自西域，佛属于"外国之神"，皇帝乃至中华百姓皆不应祭祀。第二，汉魏以来佛教传入中华，只允许来自西域的人在城镇建寺奉佛，汉人不许出家为僧。第三，后赵既然尊奉以往典章制度，也应当对华、戎区别对待，禁止赵人百姓和官员烧香奉佛，否则予以处罚；已经出家者应命还俗。中书令王波也表示同意王度所奏。

如果后赵采纳这一奏议，必将对佛教在中国传播造成极大危害。在这种情况下，石虎自然要咨询佛图澄的意见。据载，石虎后来下诏书对这次朝议作答复时着重表示：

> 度议云：佛是外国之神，非天子、诸华所可宜奉。朕生自边壤，忝当斯运，君临诸夏。至于飨祀，应兼从本俗。佛是戎神，正所应奉。夫制由上行，永世作则，苟事无亏，何拘前代？其夷赵百蛮，有舍其淫祀乐事佛者，悉听为道。①

石虎承认自己属于生于边壤的"戎、夷"，因为气运所致，"君临诸夏"。郑重表示："佛是戎神，正所应奉。"不仅如此，在赵地的"夷赵百蛮"一切百姓，皆可奉佛。在君权高于一切的当时，这意味着佛教在中国正式得到合法传播和发展的地位，可想而知，其影响是极为深远的。

佛图澄精通大、小乘佛法，据载"妙解深经，傍通世论"，严守戒律，道德高尚，利用后赵扶植佛教的条件，积极弘扬佛法，培养弟子，慈济民众，促进了佛教在中国北方的传播和发展。据载，佛图澄"所历州郡兴立佛寺八百九十三所"，前后拥有门徒将近万人，弟子来自四面八方，著名的有来自印度、康居的竺佛调、须菩提等几十名僧；来自中原关中一带的有释道安、竺法雅、竺法和、竺法汰、竺僧朗，还有法首、法祚、法常、法

---

① 以上皆引自《高僧传》卷九《佛图澄传》。

佐、僧慧、道进等人，皆是在佛图澄身边的侍者，或是协助处理日常事务、联络内外的助手。

佛图澄于后赵建武十四年十二月八日（已进入公元349年）于邺宫寺逝世，年一百一十七岁。

五　佛图澄弟子在中国佛教史上的贡献

佛图澄的主要弟子中，以释道安、竺僧朗、竺法汰、竺法雅最有名，在中国佛教史上占有重要的地位。

道安

道安（312—385），俗姓卫，常山（在今河北正定南）人，在受具足戒后，到邺都中寺礼佛图澄为师，精研小乘佛教和大乘般若经典。

在后赵灭亡后，道安到各地避乱，先后游历今山西、河北、河南等地，在所到之处研究佛典，讲经传法，立寺建塔，弟子"中分河北"，成为拥有徒众数百人的僧团领袖。东晋兴宁三年（365），率众南下避地新野，告诉弟子："今遭凶年，不依国主，则法事难立。又教化之体，宜令广布。"（《高僧传》卷五《道安传》）吩咐弟子分散各地传法，自己带领其余弟子到了与新野毗邻的襄阳。道安在襄阳前后十五年，在这里从事弘法、研究和培养弟子，并且与东晋的佛教界高僧和在朝廷任职的士大夫保持密切联系。东晋孝武帝太元三年（378），前秦派兵攻打襄阳，道安二度将弟子分散各地。襄阳被攻陷后，他被俘送长安，受到前秦王苻坚的尊崇，奉为最高军政顾问。道安被安置于长安五重寺，门下弟子达数千人。

道安是东晋和十六国时期杰出的僧团领袖和具有重要影响的学者。道安依据《增一阿含经》的经文，规定僧众以释为姓；在各地讲授佛典和坚持佛学研究，培养众多学僧；为僧团制定"僧尼规范"，要求众僧在参加法事活动、日常生活与修行中严格遵守；在前秦国都长安设立中国最早的国家译场，组织翻译佛经。此外，他根据自己的考察和研究，首创佛经目录——《综理众经目录》，奠定了中国佛教目录学的基础。

道安一生为佛教向南北方社会广泛传播和普及、推进佛教民族化进程，做出了卓越的贡献。

竺僧朗

竺僧朗，俗姓李，京兆（今西安西北）人，或谓冀（泛指今河北）人，在前秦皇始元年（351）与僧湛、僧意等人东下入泰山，在西北边的金舆谷昆仑山修建包括"内外屋宇数十余区"的寺院灵岩寺，远近闻名而来寺学法修行者达百有余人。泰山当地人对僧朗十分崇敬，称金舆谷为"朗公谷"。

僧朗逐渐闻名四方，受到先后兴起的少数民族政权最高统治者的信敬。前秦王苻坚曾派使者携书前来致敬和征召，请他到京城长安传法，并赐黄金、绢绫、佛像等贵重礼物。此后，苻坚经常派使者前来致书和赐钱财。东晋在"淝水之战"后，曾乘胜一度攻占洛阳。在此形势下，孝武帝致书泰山僧朗，表示敬仰，希望能得到僧朗的协助，"同养群生"，并赐予厚礼。此后，后燕王慕容垂也曾向僧朗致书赠礼。南燕王慕容德占据山东一带后，致书称"幸和尚大恩，神祇盖护"，授他"东齐王"之号，并封给他二县的租税。僧朗辞受王号，只受二县租税。后秦王姚兴远从长安派人致书送礼，表示将来攻占洛阳后将到泰山封禅，当面敬听指教。鲜卑族拓跋部建立的代国及继其兴起的北魏道武帝，遣使致书送礼，对僧朗表示钦敬。此外，高丽以及所称相国、胡国、女国、吴国、昆仑等国，也曾给僧朗致书和赠送礼物。①

东晋十六国至南北朝，既是社会充满动乱、各地民族流动迁徙的时代，也是中国民族大融合和民族文化大发展的时期。在这种特殊背景下，高僧僧朗在泰山得到割据南北的汉与少数民族政权高层的崇敬，与他们保持交往，应当说为促进民族之间的理解、融合和文化交流而发挥了积极的作用。

竺法汰

竺法汰（320—387），东莞（山东沂水）人，少与道安同为佛图澄弟子，随道安避难行至新野时，遵照道安的吩咐，携弟子昙一、昙二等四十余人到江南传法，居建康（今南京）瓦官寺。受到东晋简文帝和领军王洽、东亭王珣、太傅谢安等臣僚的钦敬。在应请讲《放光般若经》时，简文帝

---

① 详见任继愈主编《中国佛教史》第二卷，中国社会科学出版社1993年版，笔者执笔的第二章第三节。

前来听讲。他是般若学派六家七宗中"本无异宗"的代表人物。(《高僧传》卷五《竺法汰传》)

竺法雅

竺法雅，河间（治今河北献县东南）人，在向儒者传法和培养弟子过程中，为使他们理解佛典义理，经常"以经中事数，拟配外书"，即援引儒、道经书的概念、术语来诠释佛法，称此为"格义"，促进了佛教在儒者士大夫中的传播。有弟子昙习等人。(《高僧传》卷四《竺法雅传》)

综上所述，佛图澄不仅在中国佛教史上拥有重要地位，即使在中国历史上也是产生过重要影响的人物。他利用后赵石勒、石虎对他的信任，促使佛教在中国得以确立合法地位，建立僧团培养弟子，促进佛教在中国的深入传播和发展，并且以佛教因果报应论为当时进入内地的胡族政权提供合法依据，以佛教的慈悲思想劝谏后赵统治者爱护民众。应当说，佛图澄为中国历史、佛教史的发展做出了积极贡献。

释道安及其在中国佛教史上的地位①

释道安是东晋十六国时期一位著名的汉人佛教学者和僧团领袖，继其师佛图澄之后，与稍后来到后秦的鸠摩罗什、南方的支道林和慧远等人，对中国佛教僧团的确立和中国佛教理论体系的形成，都有较大的影响。

一　释道安生活的时代

关于道安的生卒年代，现存史料的记载不太一致。《出三藏记集》卷十五和《高僧传》卷五的《道安传》所载道安的卒年相同，皆为前秦建元二十一年（385）二月八日；但《高僧传》②和《名僧传抄·道安》③还注明卒岁为七十二岁。据此，道安当生于西晋建兴二年（314）。然而道安在所撰《四阿鋡暮抄序》④中说，自壬午之岁（建元十八年，382年）八月至冬十一月令鸠摩罗佛提等人译出此经，"但恨八九之年，始遇斯经，恐韦编未绝，不终其业耳"。《鞞婆沙序》⑤说，建元十九年（383）四月至八月弗图罗刹等人译《鞞婆沙》，"恨八九之年，方阀其牖耳"。此二序皆当著于建元十九年，"八九之年"意为七十二岁。据此，道安建元二十一年（385）逝世时不可能是七十二岁，应为七十四岁，其生年为西晋永嘉六年（312）。这种推断比较接近事实。

---

　①　原载任继愈教授主编《中国佛教史》第二卷，中国社会科学出版社1985年版。
　②　此据《大正藏》卷五〇所载本，原为高丽本；宋元明三本未注明卒岁。
　③　梁宝唱撰《名僧传》已佚；此《名僧传抄》为日本13世纪宗性抄本，载《续藏经》第二编乙、七、一。
　④　载《出三藏记集》卷九，谓未详作者。
　⑤　载《出三藏记集》卷十。

道安在世的七十多年中，主要活动于华北地区，约当河北、山西、河南一带地方，也曾南下居襄阳十五年，最后老死于长安。他经历了西晋末年的混乱和此后相继兴替的少数民族武装割据政权：匈奴的汉、前赵，羯人的后赵，鲜卑的前燕，氐人的前秦。在这一段时间内，既有两晋政权与少数民族统治集团的战争，也有各少数民族统治集团之间的兼并厮杀；既有长年累月的战乱，也曾在较大范围内出现过短暂安定的局面。

东晋永和五年（349）后赵石虎死，太子石世即位，不久为其兄彭城王石遵篡杀。翌年，后赵汉人将领冉闵乘"石氏之乱"夺权，建立魏政权。永和八年（352）鲜卑族慕容儁率兵从辽河流域南下灭魏，建立前燕政权，都蓟（今北京西南），五年后迁都于邺（今河北临漳西南）。与此几乎同时，氐人在关中所建的前秦政权日益强大，至苻坚即位（357）以后，重用汉族士人王猛为辅佐，振兴儒学，恢复魏晋士籍，兴修水利，劝课农桑，势力迅速扩张，太和五年（370）出兵灭前燕，五年后又灭前凉和代，不久攻下巴蜀，派人征服西域。至此，北方又一度出现短暂统一局面。据史书载，此时，

> 关陇清晏，百姓丰乐，自长安至于诸州，皆夹路树槐柳，二十里一亭，四十里一驿，旅行者取给于途，工商贸贩于道。①

太元二年（377），高句丽、新罗、西南夷皆遣使入贡于秦。六年（381），西域鄯善王、车师前部王朝秦，大宛献汗血马，肃慎贡楛矢，天竺献火浣布，康居、于阗及海东诸国，凡62国入贡于秦。次年，车师前部王弥寘、鄯善王休密驮入朝于秦，请为向导以伐西域之不服者。苻坚派吕光等人率兵伐西域。

在这期间，东晋政权也与前秦等北方割据集团交战。永和十年（354），晋将桓温第一次北伐，进入关中，到达灞上，因秦军芟麦清野，乏粮而退军。永和十二年（356），桓温第二次北伐，从羌人姚襄手中攻下洛阳，徙民三千余家于江、淮之间。太和四年（369）第三次北伐，从扬州直达前燕

---

① 《晋书·苻坚载记》附传。

国都邺南之枋头（今河南浚县境），因前燕得到前秦的援助而败归。前秦王苻坚基本统一北方后，太元三年（378）派苻丕率兵南攻襄阳，翌年攻下，俘晋守将、梁州刺史朱序。太元八年（383），苻坚派兵九十余万，企图一举灭晋，于淝水被晋军战败。从此前秦一蹶不振，最后被羌人姚苌所灭。姚苌在关中建后秦，都长安。在北方，关东和西北河西走廊一带地方，则由鲜卑拓跋部、慕容部以及氐人等族建立了北魏、后燕、西燕、南燕、西秦、后凉等割据政权。从此，北方再次出现严重的分裂混战局面。

在佛教方面，自从佛图澄利用后赵石氏的崇信而兴隆佛教以后，佛教在北方广大地区有了进一步传播。继石勒、石虎之后，前秦王苻坚也崇信佛教，以道安为高级军政顾问。他的季弟苻融，史载善于"谈玄论道，虽道安无以出之。耳闻则诵，过目不忘，时人拟之王粲。尝著《浮图赋》，壮丽清赡，世咸珍之"①。

道安就是在上述这个时代出家、修学、研究佛学和从事传教活动的。我们通过对道安一生的活动的考察，将有助于深刻了解当时的社会和佛教流行情况。

二 家世和出家修学佛法（在今河北境内——312—约348年之前）

道安（312—385），俗姓卫，西晋永嘉六年（312）生于常山（郡治在今河北正定南）扶柳。"家世英儒，早失覆荫，为外兄孔氏所养，年七岁读书"②；"五经文义，稍已通达"③。年十二，出家为僧④。

可见，道安出生在一个世代为儒的家庭，幼年正值西晋末年的战乱，父母双亡（《名僧传抄·道安》："孩稚而家婴世祸"），由外兄孔氏抚养，

---

① 《晋书·苻坚载记》附传。
② 《高僧传》卷五本传。
③ 《名僧传抄》载《续藏经》第二编乙、七、一。
④ 此据《高僧传》及《世说新语·雅量篇》注引《安和上传》（中华书局影印宋本，卷中）。另，《名僧传抄》作"年十八乃出家"；《法苑珠林》卷二十四（四部丛刊本）作"至十三出家"；《佛祖历代通载》卷七为"十一出家"。

年七岁开始读儒家经书。

在僧众中只有少数人讲经说法，下层僧众平日被分派从事田间劳动。道安"驱役田舍，至于三年，执勤就劳，曾无怨色，笃性精进，斋戒无阙"①。数年之后，求师借阅佛经，师与之《辩意经》一卷，约五千言。道安携经下田劳动，当天全部背诵下来，晚上回寺，将此经归还，请师另借别经。师又借给《成具光明经》一卷，近一万言。道安当晚还经，在师前背诵，"不差一字"。他的勤奋和天才得到老师的器重，年二十从受具足戒②，并得到师的同意可自由出外游学。

此时正值后赵的盛世。东晋咸和九年（334）石虎即位，翌年迁都于邺，尊奉来自西域（或云天竺）的高僧佛图澄（232—349）为"大和上"，并下诏许各族民人皆可出家为僧。道安游学至邺，入中寺参谒佛图澄，得到佛图澄的赏识，"与语终日"。因其貌不扬，有人轻视他，佛图澄说："此人远识，非尔俦也！"③ 道安从此以佛图澄为师，研修佛学。佛图澄每有讲授，道安皆能复述一遍。此后道安每次复讲，当众人提出种种疑难时，他皆能挫难解纷，答辩有力。时人语曰："漆道人④，惊四邻。"

道安出家读的第一部佛经是《辩意经》。梁僧祐《出三藏记集》卷三"新集安公失译经录"中有《长者辩意经》一卷，可见当时道安已不知译者是谁。今存《辩意长者经》是北魏法场译的⑤，当为此经的同本异译。此为小乘佛经⑥。"辩意"是舍卫城中某"长者"之子，求佛教诲，如何教化世人，使"得离三涂（按：指轮回地狱、饿鬼、畜生）"。佛于是向他宣讲善恶因果报应的教义，教导信徒们"一心奉孝尽忠"，不要"反逆无有上下，

---

① 《高僧传》卷五本传。
② 佛教一般对年满二十岁的出家者才许授与具足戒。如《四分律》卷三十四："不应授年未满二十者具足戒。何以故？若年未满二十，不堪忍寒热饥渴、风雨蚊虻毒虫，及不忍恶言；若身有种种苦痛不堪忍，又不堪持戒及一食。"戒条数目说法不一，据《四分律》，比丘戒二百五十条，比丘尼戒三百四十八条。
③ 《高僧传》卷五本传。
④ 三国到南北朝，佛教徒被称为"道人"，道教徒称为"道士"。道安经常下田劳动，肤色经日晒黝黑，故被目为"漆道人"，即"黑和尚"。
⑤ 载《大正藏》卷十四，名《辩意长者子经》。
⑥ 见《开元释教录》卷十三。

君臣父子不相顺从"。

道安读诵的第二部经是《成具光明经》。东汉支谶、支曜皆曾译有此经，现在后者所译之经尚存，全名为《成具光明定意经》，一卷。这是一部大乘禅经。经中说："佛言，有定意法，名成具光明，其有人闻之者，若能履行一日至七日，其功德福不可譬喻。"

道安在佛图澄门下曾学戒律，其《比丘大戒序》曰：

> 大法东流，其日未远。我之诸师，始秦（奉?）受戒，又乏译人，考校者甚少。先人所传，相承谓是。至澄和上多所正焉。余昔在邺，少习其事，未及检戒，遂遇世乱，每以怏怏，不尽于此。①

道安从佛图澄受学，主要学小乘佛教，同时也修学大乘般若学说。他在早年接触到这两方面的佛教教理与经历的修学训练给他一生的学业打下了基础。

三 游学避难和早期传法（在今河北、山西和河南一带②——约348年之前—365年）

道安在佛图澄尚在的时候当已出外游学，寻求经律。佛图澄死后的第二年，即东晋永和五年（349），后赵皇帝石虎死，太子石世即位。五月，彭城王石遵杀石世自立，即遣中使竺昌蒲召请道安入住邺北的华林园，并为他广修房舍。石冲自蓟起兵讨石遵，传檄燕赵，至常山时众十余万，战于平棘（今河北赵县），败死。十一月，冉闵废杀石遵，立义阳王石鉴，杀胡羯，死者二十余万。翌年，冉闵杀石鉴，自立为魏皇帝。原后赵境内各少数民族贵族纷纷拥兵割据拼杀，北方大乱。

就在石遵被杀前后，道安预见到"国运将危"，离邺出走。不久沿邺之

---

① 《出三藏记集》卷十一。
② 本段关于道安游学和避难前后所到达的地方，大体上采纳汤用彤《汉魏两晋南北朝佛教史》第二部分第八章的有关考证。

西南方向避难至濩泽（今山西阳城）一带山区。道安的《阴持入经序》说：

> 安未近积罪，生逢百罹。戎狄孔棘，世乏圣道。潜遁晋山，孤居离众。幽处穷壑，窃览篇目。浅识独见，滞而不达。夙宵抱疑，谘诹靡质。会太阳（按：当为"太阳"）比丘竺法济、并州道人支昙讲，陟岨冒寇，重尔远集。此二学士，高朗博通，诲而不倦者也。遂与析槃畅碍，造兹注解。①

其《道地经序》说：

> 予生不辰，值皇纲纽绝，猃狁猾夏，山左荡没②。避地濩泽，师殒友折，周爰诹谋，顾靡所询。时雁门沙门支昙讲、邺都沙门竺僧辅，此二仁者，聪明有融，信而好古，冒险远至，得与酬酢，寻章察句，造此训传。希权与进者，暂可微悟。③

其《大十二门经序》说：

> 此经（按：《大十二门经》）世高所出也。辞旨雅密，正而不艳，比诸禅经，最为精悉，案经后记云：嘉禾七年（按：三国吴年号，238年）在建邺周司隶舍写。缄在箧匮，向二百年矣④。冥然不行，无闻名者。比丘竺道护于东垣界贤者经中得，送诣濩泽，乃得流布。⑤
>
> 竺僧辅，邺人也。……学通诸论，兼善经法，道振伊洛，一都宗

---

① 《出三藏记集》卷六。
② 当指自西晋灭亡以来，整个太行山之东皆为胡族占领，而太行山以西，石氏之乱时，关中苻氏还假称东晋之爵，西边的前凉仍奉东晋正朔。
③ 《出三藏记集》卷十。
④ 此指从安世高译经至当时的年数。安世高于东汉桓帝、灵帝间译经。桓帝于本初元年（146）闰六月即位，翌年改元建和。二百年后为东晋永和二年（346）。"向二百年矣"是个概数，与道安避石氏之乱（349年以后）之时间大体相符。
⑤ 《出三藏记集》卷六。

事。值西晋饥乱①，辅与释道安等隐于濩泽，研精辩析，洞尽幽微。②

从以上资料，可以了解：

（1）道安为避石氏之乱而逃隐濩泽，他曾受过儒家正统教育，对胡族入主华夏抱有反感，与他的老师非汉族的佛图澄的观点有所不同。

（2）道安在避难过程中仍研究佛典。竺法济、支昙讲③、竺僧辅、竺道护等比丘的到来，使道安得到良师益友。道安在他们的帮助、指导或鼓励之下，撰写了《阴持入经注》二卷、《大道地经注》一卷、《大十二门经注》二卷等，所注原典皆为东汉安世高译的小乘禅经。

东晋永和七年（351），因冉闵挑起民族仇杀，原后赵所徙青、雍、幽、荆四州之民及氐、羌、胡、蛮数百万，各还本土，道路交错，互相残杀，且饥饿死亡，其能达者十有二三。中原大乱，人相食，无复耕者④。大概就在这一年，道安北上至飞龙山⑤避难，同行者有同学竺法汰。他当沙弥时的朋友、冀州人释僧先比他先到此山。释僧先是西晋时"常山渊公"的弟子，"励行精苦，学通经论，值石氏之乱，隐于飞龙山"。二人相逢欣喜，后同研究佛教义理。

安曰：先旧格义，于理多违。先曰：且当分析逍遥，何容是非先达。安曰：弘赞理教，直令允惬，法鼓竞鸣，何先何后。⑥

竺法雅与康法朗等讲授佛经，"以经中事数拟配外书，为生解之例，谓

---

① 此当指石氏之乱，距西晋灭亡已有三十多年。西晋末年，道安才四五岁。
② 《高僧传》卷五《竺僧辅传》。
③ 支昙讲，在上引道安《阴持入经序》《道地经序》中皆作为名字，然而《高僧传·道安传》记述"避难潜于濩泽，太阳竺法济、并州支昙讲《阴持入经》，安后从之受业"。据此，"讲"为动词，则支昙是名字。现仍按道安二序，以"支昙讲"为名。
④ 《晋书·石季龙载记》；《通鉴》卷二十一。
⑤ 一名封龙山，在今山西浑源县西南；或谓在今河北省石家庄市西南。
⑥ 《高僧传》卷五《释僧先传》。金陵刻经处本《高僧传》僧先作僧光。

之格义"①。实际上，格义之法既非始于竺法雅，也非终于道安。唯其如此，佛教才为越来越多的中国人所理解，得以深入群众。

此后，大约于东晋永和十年（354）或稍前，道安来到东南方的太行恒山（今河北保定阜平、唐县、涞源三县交界处），创立寺塔传教②。据载跟从他出家和受到他教化的人"中分河北"。当时前燕已经统治河北大部。武邑太守卢歆"闻安清秀"，使沙门敏见邀请道安前去传法。

东晋升平元年（357），道安四十五岁，回到邺③，住受都寺。是年十一月，前燕从蓟迁都于此。当时道安已成为拥有徒众数百人的僧团领袖，所到之处"常宣法化"。升平四年（360）燕王慕容儁死，王廷一度发生内讧，"所征郡国兵，以燕朝多难，互相惊动，往往擅自散归，自邺以南，道路断塞"④。大概就在此前后，道安出走至邺西北的牵口山（亦作"钦口山"）⑤。史载升平三年（359）、四年之冬大旱，五年四月大水，隆和元年（362）夏，旱⑥。道安约于此时谓其众曰：

今天灾旱蝗，寇贼纵横，聚则不立，散则不可。⑦

于是率众入王屋女林山（或作"女休山"，当在今河南济源西北）。不久，渡河入陆浑（今河南嵩县东北）之山栖居修学，以草木充饥。兴宁二

---

① 见《高僧传》卷四。这是当时佛教学者为了使佛教更容易被中国徒众了解而采用的一种方法。

② 《高僧传·慧远传》载，慧远年二十一欲渡江东，值石虎死后，中原寇乱，南路阻塞。"时沙门释道安，立寺于太行恒山，弘赞像法"，乃从其出家。慧远生于334年，年二十一为晋永和十年（354）。

③ 《高僧传》卷五原文为："年四十五，复还冀部。"冀部，当指冀州治所。按：冀州在三国魏时治在信都（今河北冀县），晋移治房子（今河北高邑西南），石虎时改治邺。故道安"复还冀部"，当为返邺。

④ 《通鉴》卷二三。

⑤ 《高僧传》本传谓道安在"石氏之末"西适牵口山，"迄冉闵之乱"（349—352）入王屋女林山，"顷之复渡河依陆浑"，"俄而……南投襄阳"。此说明从到牵口山到入襄阳，时间不长。既然肯定道安四十五岁（357年）居邺受都寺，入襄阳居十五年（365—379），那么，其西适牵口山到入襄阳当在357—365年（晋升平元年至兴宁三年），而《高僧传》的记载于时间有误。

⑥ 《晋书·五行志》。

⑦ 《高僧传》卷五。

年（364），前燕王慕容暐①派兵攻拔许昌、汝南、陈郡，此后又派兵攻洛阳，东晋守将陈祐率众奔陆浑，接着又逃奔新城。翌年（365）三月，燕军攻克洛阳，至此，尽取河南诸城垒。为避战乱，道安南投东晋治下的襄阳。行至新野（在今河南西南），谓徒众曰：

今遭凶年，不依国主，则法事难立。又教化之体，宜令广布。②

命竺法汰到扬州（治在建康，今南京），说："彼多君子，好尚风流。"又命法和入蜀，说那里"山水可以修闲"。此后带领弟子慧远等四百余人③直达襄阳。

四　在襄阳传教和研究、撰述（365—379 年）

道安到达襄阳的时间约为365年，到379年被前秦军队掳送长安，在此居住将近十五年。这十五年是道安一生从事佛教活动的重要时期，对后世中国佛教的影响也较大。

襄阳属荆州。自晋穆帝永和元年（345）以后，荆州刺史桓温控制东晋军政大权，镇守江陵。兴宁三年（365）二月，其弟桓豁（字郎子）接任荆州刺史。太元二年（377）三月，桓豁表以兖州刺史朱序为南中郎将、梁州刺史、监沔中诸军，镇襄阳。八月，桓豁卒，以其弟桓冲都督江、荆、梁、益、宁、交、广七州诸军事，领荆州刺史。桓冲奏自江陵徙镇江南的上明（在今湖北松滋西）。

道安先居襄阳白马寺，因寺狭而僧众多，另建檀溪寺。当地富裕信众并

---

① 前燕攻略河南，《高僧传·道安传》谓："慕容俊（儁）逼陆浑。"此误。按：时慕容俊已死，其子慕容暐在位。
② 此据《高僧传》本传。《世说新语·赏誉篇》注引车频《秦书》曰："释道安为慕容俊所掠，欲投襄阳，行至新野，集众议曰：今遭凶年，不依国主，则法事难举。乃分僧众，使笁法法诣扬州，曰：彼多君子，上胜可投。法汰遂渡江，至扬土焉。"此中慕容俊，应为发兵攻略河南的燕王慕容暐。参见前注。
③ 《高僧传》卷五。《出三藏记集·道安传》作"五百余人"。

力赞助，建塔五层，起房四百，又铸铜制丈六佛像①。前秦王苻坚遣送外国金箔倚佛像高七尺，又送金坐像、结珠弥勒像、金缕绣像、织成像各一尊。道安讲经说法和举办法会，不断扩大佛教的影响，"四方学士竞往师之"②。

道安在襄阳传教活动有以下几个方面：

（一）与官僚士大夫的交往

道安与当地官僚士大夫有密切来往。征西将军、荆州刺史桓豁邀请他暂住江陵。朱序镇守襄阳，又请他返回襄阳，与他交往很深，常说"安法师，道学之津梁，澄治之垆肆矣"③。道安与当地名士习凿齿之间的交谊尤深。

习凿齿，字彦威，襄阳人，宗族富盛，世为乡豪，博学洽闻，以文章著称。荆州刺史桓温辟为从事，累迁别驾。桓温北伐，习凿齿或从或守，参与机要。因忤桓温之旨，降为户曹参军，不久出任荥阳太守，后罢郡归，著有《汉晋春秋》④，主张三国时蜀为正统。《高僧传·道安传》称其"锋辩天逸，笼罩当时"。他久闻道安之名，在道安率徒众即将到达襄阳时，先致书通好曰：

> 承应真（按：应真，即阿罗汉）履正，明白内融；慈训所兼照，道俗齐荫。自大教东流四百余年，虽蕃王居士时有奉者，而真丹（按：即中国⑤）宿训，先行上世，道运时迁，俗未会悟。自顷道业之隆，咸无以匹，所谓月光将出，灵钵应降。法师任当洪范，化洽幽深。此方诸僧，咸有思慕，若庆云东徂，摩尼回曜，一蹑七宝之座，暂现明哲之灯，南甘露于丰草，植栴檀于江湄，则如来之教复崇于今日，玄波

---

① 唐道宣《集神州三宝感通录》卷中载，宁康三年（375）道安铸造丈六金铜无量寿佛，第二年完成。
② 《高僧传·道安传》。
③ 同上。
④ 此据《晋书·习凿齿传》。《隋书·经籍志》著录为《汉晋阳秋》四十七卷，署"荥阳太守习凿齿撰"。
⑤ 《历代三宝记》卷四："五天（五天天竺）目此东国总言支那，或云真丹，或作震旦。"

溢漾，重荡于一代矣。①

《弘明集》卷十二所载此文较详，明确地说此信写于兴宁三年（365）四月五日，文字稍异，其中无"法师任当洪范，化洽幽深"之句。从其所说"又闻三千得道（按：此喻道安弟子众多）俱见南阳"及"是以此方诸僧，咸有倾想"② 等句，可见习凿齿是在道安走到接近襄阳的南阳时写的。此信表达了他本人和襄阳佛教僧俗对道安的崇敬和期待的心情。所说"宗虚者悟无常之旨，存有者达外身之权，清风藻于中夏，鸾响厉乎八冥，玄味远猷，何荣如之"，以及把"如来之教"比作"玄波"，正反映了崇尚玄学的东晋士大夫对佛教的看法。

道安住襄阳时往访习凿齿。就座以后，习自通姓名曰："四海习凿齿。"道安应声曰："弥天释道安。"时人以为名答③。习凿齿是个儒家学者，他敬重道安，并向当时政治显贵谢安致书推荐：

> 来此见释道安，故是远胜非常道士。师徒数百，斋讲不倦。无变化技术可以惑常人之耳目，无重威大势可以整群小之参差，而师徒肃肃，自相尊敬，洋洋济济，乃是吾由来所未见。其人理怀简衷，多所博涉，内外群书，略皆遍睹，阴阳算数，亦皆能通，佛经妙义，故所游刃，作义乃似法兰④、法道。恨足下不同日而见；其亦每言，思得

---

① 《高僧传》卷五。
② 《弘明集》卷十二。
③ 《弘明集》卷十二（四部丛刊本）载习凿齿《与释道安书》中有"弟子闻天不终朝而雨六合者，弥天之云也；弘渊源以润八极者，四大之流也"之句。此对答或由此演变而来。梁元帝《金楼子》卷五《捷对篇》载曰："习凿齿诣释道安，值持钵趋堂，凿齿乃翔往众僧之斋也。众皆舍钵敛衽，唯道安食不辍，不之礼也。习甚恚之，乃厉声曰：'四海习凿齿，故故来看尔。'道安应曰：'弥天释道安，无暇得相看。'习愈忿曰：'头有钵上色，钵无头上毛。'道安曰：'面有匙上色，匙无面上坳。'习又曰：'大鹏从南来，众鸟皆戢翼。何物冻老鸱，腩腩低头食。'道安曰：'微风入幽谷，安能动大树。猛虎当道食，不觉虻虫来。'于是习无以对。"此难尽信，仅录此以供参考。
④ 法兰，当即于法兰；法道，即于法道，皆东晋名僧。《高僧传》（金陵本）卷五"法兰"作"法简"。

一叙。①

道安博学多识，既不耍弄方术，也不凭借威势，却能把几百人的僧团管理得秩序井然，互相尊敬。此信当写于道安居襄阳相当一段时间以后。谢安（320—385）出身门阀士族，桓温请为司马，至孝武帝（373—396年在位）时逐渐掌朝中军政大权，道安也想结识谢安"思得一叙"。

郗超也是江东名士，"善谈论，义理精微"②，曾为桓温幕僚，信奉佛教，与支道林甚相知赏。闻道安之名，派人送米千斛，修书累纸，深致殷勤。道安答书曰："损米，弥觉有待之为烦。"③ 在这里，"有待"语出《庄子·逍遥游》，他用庄子的话讲述佛教道理。按佛教教义，由于前世之业因修成今生之身，必须借助衣食等外在条件才得以生存（"有待"），因此生命本身充满苦恼。

东晋孝武帝信奉佛教，立精舍于宫内，让沙门居住。听说道安的道德学问，遣使问候，并诏曰：

> 安法师器识伦通，风韵标朗，居道训俗，徽绩兼著。岂直规济当今，方乃陶津来世。俸给一同王公，物出所在。④

据此，道安在襄阳的生活和传教费用除得自一般信众的施舍外，在一段时间内还从当地官府取得相当于王公的俸给。

（二）《般若经》的宣讲和佛教著述

道安是个信仰虔诚、修学勤勉的高僧。在他的一生当中，一直把面向

---

① 《高僧传》卷五。又《出三藏记集》卷十五《道安传》作："恨不使足下见之；其亦每言，思得一见足下。"
② 《晋书》卷六十七本传。关于郗超，请见任继愈主编《中国佛教史》第二卷第三章第二节《郗超与奉法要》，中国社会科学出版社1985年版。
③ 此据《高僧传·道安传》。《世说新语·雅量篇》则载曰："郗嘉宾（按：超字）钦崇释道安德问，饷米千斛，修书累纸，意寄殷勤。道安答直云：损米，愈觉有待之为烦。"
④ 《高僧传》卷五。

社会的传教（"教化之体，宜令广布"）和深入揭示佛教义理放到重要地位。徙居襄阳之后，迎合东晋朝野崇尚玄学的风气，着意宣扬《般若经》，同时也搜寻其他经典进行整理和研究。

道安在襄阳的十五年之中，每年讲两遍《放光般若经》，"未尝废阙"，并对大小品《般若经》进行对比研究。他在入居长安后写的《摩诃钵罗若波罗蜜经抄序》中回忆说：

> 昔在汉阴（按：指襄阳），十有五载，讲《放光经》，岁常再遍。及至京师，渐四年矣，亦恒岁二，未敢堕息。然每至滞句，首尾隐没，释卷深思，恨不见护公（按：《光赞般若经》的译者竺法护）、叉罗（《放光般若经》的译者无叉罗）等。①

梁僧祐曾指出：

> 初经出已久，而旧译时谬，致使深义隐没未通，每至讲说，唯叙大意转读而已。②

道安为了探求佛经的本来含义，采取了不同译本的对比研究方法。他早在河北时期，得到《光赞般若经》的第一品③，才知道有此经，但求之不得；至襄阳后，慧常、进行、慧辩等僧到天竺，路过凉州，发现此经，即抄出托人辗转于晋太元元年（376）五月送到襄阳交道安，道安又让释僧显抄送扬州的竺法汰④。道安详读此经，"寻之玩之，欣有所益"，并把它与《放光般若经》进行比较，感到"互相补益，所悟实多"，认为《放光般若经》译文的特点是：

---

① 《出三藏记集》卷八。
② 《出三藏记集·道安传》。
③ 今存《光赞般若经》第一品是《光赞品》。
④ 道安《合放光、光赞略解序》及《渐备经十住胡名并书叙》，分别载于《出三藏记集》卷七及卷九。

言少事约，删削复重，事事显炳，焕然易观也。而从约必有所遗，于天竺辞及腾（按：此"腾"当为"传"、"传译"之意），每大简焉。

而《光赞般若经》则是：

言准天竺，事不加饰。悉则悉矣，而辞质胜文也。每至事首，辄多不便，诸反覆相明，又不显灼。考其所出，事事周密耳。

今存《合放光、光赞略解序》一文，就是道安当时比较研究的心得。道安还把大品《放光般若经》与小品《般若道行品经》进行比较研究，认为东汉支谶译的《道行品经》是《放光般若经》原本的节抄本：

因本顺旨，转音如已，敬顺圣言，了不加饰也。然经既抄撮，合成章指，音殊俗异，译人口传，自非三达，胡能一一得本缘故乎？由是《道行》颇有首尾隐者。古贤论之，往往有滞。①

实际上，《道行品经》未必节抄自《放光般若经》，从思想内容看，很可能后者是以前者为基础发展来的，因此在遣词造句、论证方式甚至个别段落等方面有相似之处。道安却认为，《道行品经》的原本来自《放光般若经》，它译文中的脱漏不通（"首尾隐现"、"有滞"）的地方，可以依据《放光般若经》的译文进行订正和解释。基于这种认识，他把两经对比考察，借助《放光般若经》对《道行品经》的文句作注释，并注明其在《放光般若经》中的前后位置，二者的异同、详略等。他说：

抄经删削，所害必多。委本从圣，乃佛之至戒也。安不量末学，庶几斯心，载咏载玩，未坠于地。捡其所出，事本终始，犹令折伤玷缺，戢然无际。假无《放光》，何由解斯经乎！永谢先哲，所蒙多矣。今集所见，为解句下，始况现首，终隐现尾，出经见异，铨得其否，

---

① 道安《道行经序》，载《出三藏记集》卷七。

举本证抄，敢增损也。幸我同好，饰其瑕谪也。①

道安直到长安以后，仍留心研究大品《放光般若经》和《光赞般若经》。前秦建元十八年（382）车师前部（治今新疆吐鲁番西北）王弥第入前秦朝贡，其国师鸠摩罗跋提献胡文《大品》一部，由天竺沙门昙摩蜱执本，佛护译出，慧进笔受。按道安的主张：

> 与《放光》《光赞》同者，无所更出也。其二经译人所漏者，随其失处，称而正焉。其义异不知孰是者，辄并而两存之，往往为训其下。

其题目为《摩诃钵罗若波罗蜜经抄》，共五卷②。这样一来，可借助三个不同译本对大品《般若经》进行比较研究。

此外，道安还对其他一些佛教典籍进行研究和著述。为叙述方便，现将道安一生的著作（包括在长安的撰述）目录分类列出，并用括弧注明出处：

关于《般若经》的著述

《道行经集异注》一卷（《祐录》卷五）

《道行指归》（载南朝宋陆澄《法论目录》，注："亡，是安公述，相传云"，载《祐录》卷十二）

《放光般若折疑准》一卷

《放光般若折疑略》二卷

《放光般若起尽解》一卷

《光赞般若折中解》一卷

《光赞般若抄解》一卷（以上见《祐录》卷五）

《实相义》（陆澄《法论目录》，载《祐录》卷十二）

《性空论》（此见唐元康《肇论疏》卷上）

《道行经序》（《祐录》卷七）

《放光般若折疑略序》（陆澄《法论目录》，载《祐录》卷十二）

---

① 道安：《道行经序》，载《出三藏记集》卷七。
② 道安：《摩诃钵罗若波罗蜜经抄序》，载《出三藏记集》卷八。

《大品经序》（同上）
《合放光、光赞略解序》（《祐录》卷七）
《摩诃钵罗若波罗蜜经抄序》（《祐录》卷八）

关于其他佛经的著述

《大十二门经注》二卷
《小十二门经注》一卷
《人本欲生经注撮解》一卷
《安般守意经解》一卷
《阴持入经注》二卷
《大道地经注》一卷
《九十八结（按：阿毗昙要义）连约通解》一卷（以上皆见《祐录》卷五，原经为东汉安世高译）
《了本生死经注》一卷（《祐录》卷五，原经为三国吴支谦译）
《密迹、持心二经甄解》一卷（《祐录》卷五，原经《密迹金刚经》《持心梵天经》为西晋竺法护译）

其他

《贤劫八百四千度无极解》一卷（《历代三宝记》卷八作《贤劫诸度无极解》）
《十法句义连杂解》一卷
《义旨注解》一卷
《三十二相解》一卷
《三界诸天录》一卷
《答竺法汰难》一卷
《答法将难》一卷
《西域志》一卷
《综理众经目录》一卷（《历代三宝记》卷八初用此称，《祐录》原简称《安公录》《安录》）

（以上皆见《祐录》卷五）

《安般注序》
《阴持入经序》

《人本欲生经序》
《了本生死经序》
《十二门经序》
《大十二门经序》（以上载《祐录》卷六）
《渐备经十住胡名并书叙》（原题"未详作者"）
《增一阿含经序》
《四阿含暮抄序》（原题"未详作者"）
（以上载《祐录》卷九）
《道地经序》
《十法句义经序》
《僧伽罗刹经序》（原题"未详作者"）
《婆须蜜集序》（原题"未详作者"）
《阿毗昙序》
《鞞婆沙序》
（以上载《祐录》卷十）
《鼻奈耶序》（题为竺佛念译，十卷本《鼻奈耶》卷首）

（三）整理佛典和《综理众经目录》

自从佛教传入中国，历代的印度、西域以及汉族僧人把大量佛教典籍译成汉文，社会上流传的各种手抄经本也日益繁多。有的佛经具有几种不同题目的译本（"异译"），也有的佛经已不知译者（"失译"）和译出年代，并且出现不少中国人编撰的"伪经"。在这种情况下，有的佛教学者便对流传的各种手写佛典进行整理，编出目录（"经录"），以便使僧俗信众正确理解佛经，有利于佛教的深入传播。道安是中国佛教史上最早系统地编纂经录的佛教学者①。他曾就编写经录这样写道：

---

① 此据梁僧祐《出三藏记集》卷二："爰自安公，始述名录，铨品译才，标列岁月，妙典可征，实赖伊人。"至于隋费长房《历代三宝记》卷十五所载《旧录》一卷（注："似前汉刘向搜集藏书所见经录"）、《汉时佛经目录》一卷（注："似是迦叶、摩腾创译《四十二章经》，因即撰录"）、《朱士行汉录》《竺法护录》，皆不足置信。另载有《支敏度录》一卷，当或有而不完备。

> 此土众经，出不一时。自孝灵光和（按：178—184年）以来，迄今晋宁康二年（374）近二百载，值残出残，遇全出全，非是一人，难卒综理，为之录一卷。①

此经录被后人称为《道安录》《安录》或《综理众经目录》。原本虽早已佚失，但因为其内容大部分为梁僧祐《出三藏记集》卷二至卷五吸收，所以从后书所载可大体勾勒出其原貌。此录包括以下几个方面的内容：

1. 经律论录

《出三藏记集》卷二《新集经律论录》所录从东汉安世高到西晋法立为止，去掉当中僧祐新添加的张骞、秦景、竺佛朔、维祇难、竺将炎、白延、帛法祖，共17人的译经录，再去掉其中注有"安录无"或"安录先阙"者，共有二百四十五部四百五十七卷为《道安录》原有的译经录。道安对很多经目注明原本、异名，对某些佛经暂难确定译者的，则注上"似××出"等。例如，安世高译《大道地经》二卷，道安注"《修行经》抄也，外国所抄"；《漏分布经》一卷、《四谛经》一卷，则注"上二经出《长阿含》"。支谶译《宝积经》一卷，注明："一名《摩尼经》，光和二年出"；对《古品遗日说般若经》等，则注："似支谶出也"。

2. 失译经录

《出三藏记集》卷三"新集安公失译经录"所录失译经一百四十二部一百四十七卷，其中从《修行本起经》至《和达经》，凡一百三十四部经，是来自《道安录》。这些经的译者皆不详。《道安录》原文过简，注目经名仅题二字，而且不列卷数，行间相接，因此为后人传写错者很多。

3. 凉土异经录

凉州约在今甘肃黄河以西地区，治所在姑臧（今甘肃武威）。道安把搜集到的此地流传的失译佛经五十九部七十九卷录目。

4. 关中异经录

道安把搜集到的流传关中地区的失译佛经二十四部二十四卷录目②。

---

① 《出三藏记集》卷五《新集安公注经及杂经志录》。"今晋宁康"，原误为"今晋康宁"。今据宋元明本。

② 《出三藏记集》卷三《新集安公凉土异经录》。

5. 古异经录

从佛教传入内地至西晋以前，一些佛经被辗转传抄，已不知其译者和译出的确切年代，道安为之著录，称"古异经录"。《出三藏记集》卷三《新集安公古异经录》自《道地经中要语章》至《四姓长者难经》的目录共九十二部九十二卷。"虽经文散逸，多有阙亡，观其存篇，古今可辨。"其中有的已无经题，则取其经语以为目；有的是摘取《四阿含经》（按："阿含"或作"阿鋡"，有《长阿含经》《中阿含经》《杂阿含经》《增一阿含经》）而为经者，则取其所述之事以为目。

以上2、3、4、5四项，在后人的经录中，一般皆归入"失译录"。

6. 疑经录

古印度所出之佛经有的是基本承袭释迦牟尼佛的教说（如《阿含经》类），而大部分是后人假托"佛说"而编造的。但中国佛教信众历来把从印度、西域传入的佛经一概视为"真经"，而把中国佛教信众假托"佛说"并借汉译形式撰述的佛经称为"伪经"，一时真伪难定的则被称为"疑经"。道安是最早辨别佛经真伪的。他把认为是"伪经"的佛经二十六部三十卷编目。他说：

> 经至晋土，其年未远，而熹事者以沙标金，斌斌如也。而无括正，何以别真伪乎！农者禾草俱在，后稷为之叹息。金匮玉石同缄，卞和为之怀耻。安敢预学次，见泾渭杂流，龙蛇并进，岂不耻之。今列意谓非佛经者如左，以示将来学士，共知鄙信焉。①

由此可知他编写此录的用意。

7. 注经及杂经志录

道安把自己多年的佛教著述共二十四部二十七卷编录。其中有《光赞般若折中解》等解释《般若经》的著作，也有《大十二门经注》等注释小乘佛经的著作，还有《三十二相解》《三界诸天录》《西域志》《众经目录》（即《道安录》）等杂经志录。

---

① 《出三藏记集》卷五《新集安公疑经录》。

近代梁启超评论道安在我国佛教目录学方面的贡献时说：

《安录》虽仅区区一卷，然其体裁足称者盖数端。一曰纯以年代为次，令读者得知兹学发展之迹及诸家派别。二曰失译者别自为篇。三曰摘译者别自为篇，皆以书之性质为分别，使眉目犁然。四曰严真伪之辨，精神最为忠实。五曰注解之书别自为部不与本经混，主从分明（注佛经者自安公始）。凡此诸义，皋牢后此经录，殆莫之能易。

《安录》是将当时所有佛经之全部加以整理有组织有主张的一部创作，故其书名为《综理众经目录》。①

道安的这部经录对后世影响很大。如僧祐说："自汉及晋，经来稍多，而传经之人，名字弗记，后人追寻，莫测年代。安乃总集名目，表其时人，铨品新旧，撰为经录。众经有据，实由其功。"② 僧祐所著《出三藏记集》即以此录为基础扩展而成。唐道宣（596—667）也说："众经有据，自此而明。在后群录，资而增广。"③ 佛经在天竺本土，师徒口耳相传，均承亲授，既缺写本，更无目录，道安博览众经，整理分析，辨其真伪，开佛经目录学的先河，为后来我国佛经典籍整理提供了有益的经验。

（四）僧团和戒规

"僧"，"僧伽"之略，梵文 Samgha 的音译，意:译为"和"、"众"、"和合众"、"和合僧"、"法众"等，即僧团，一般需三人以上。普通称比丘、比丘尼、沙弥、沙弥尼为出家四众（四僧伽）；广义上也包括在家的男女居士及式叉摩那（沙弥尼成为比丘尼之前的二年间），称"七众"（七僧伽）。这里所讲的"僧团"，仅指出家修行传法的僧人团体，即普通意义上的"僧伽"。

佛教在中国社会逐渐流行后，就出现了一些以某个译经僧（如西晋竺

---

① 梁启超：《佛家经录在中国目录学之位置》，《饮冰室合集》专集第十五册，第8页。
② 《出三藏记集·道安传》。
③ 《大唐内典录》卷十。

法护）为核心，或以某寺为传法基地（如洛阳白马寺）的僧团。到后赵时，则实际形成了以佛图澄为最高首领（称"大和上"）的全国性僧团，"受业追随者，常有数百，前后门徒，几且一万；所历州郡，兴立佛寺八百九十三所"①。从后赵末年开始，社会动乱，后赵的全国性的僧团瓦解，在北方形成了许多以佛图澄弟子为中心的地方性僧团，其中较大的有道安的僧团和泰山竺僧朗的僧团。

道安在河北恒山建寺传法之时，已形成以他为核心的僧团，如《高僧传·道安传》说："改服从化者，中分河北。"南投襄阳时有弟子四百余人。习凿齿与谢安书赞其"师徒数百，斋讲不倦。无变化技术可以惑常人之耳目，无重威大势，可以整群小之参差，而师徒肃肃，自相尊敬"。这除了道安的"学德"为弟子钦重外，还因为道安用戒律、戒规约束僧众。

道安时汉地虽有戒律，但很不完备。佛图澄在邺时曾对流行的戒律多所订正，道安曾随师受习此事，但未及检戒，遭遇世乱。他在襄阳所著《渐备经序》说："云有五百戒，不知何以不至。此乃最急。四部②不具，于大化有所阙。"③ 在这种情况下，便参照已有的戒律为僧团制定戒规——"僧尼轨范"。《高僧传》本传载：

> 安既德为物宗，学兼三藏，所制僧尼轨范、佛法宪章，条为三例：一曰：行香定座，上经上讲之法；二曰：常日六时，行道、饮食、唱时法；三曰：布萨、差使、悔过等法。

唐道世《法苑珠林·呗赞篇》载曰：

> 又昔晋时有道安法师，集制三科上经、上讲、布萨等。先贤立制，不坠于地，天下法则，人皆习行。

---

① 《高僧传》卷九。
② 指萨婆多（说一切有）部《十诵律》、昙无德（法藏）部《四分律》、摩诃僧祇（大众）部《僧祇律》、弥沙塞（化地）部《五分律》。
③ 《出三藏记集》卷九。

宋赞宁《大宋僧史略》卷中载：

> 晋道安法师伤戒律之未全，痛威仪之多缺，故弥缝其阙，埭堰其流，立三例以命章，使一时而生信：一，行香定座上讲；二，六时礼忏；三，布萨等法。过逾此法者，则别立遮防。

道安所制"僧尼轨范"，当即《出三藏记集》卷十二所载《法苑杂缘原始集目录》中的《安法师法集旧制三科》。此虽不存，但据上面所引"三例"或"三科"，其内容大体是：其一为讲经说法的仪式和方法；其二是日夜六时的修行、食住的规定；其三是对半月举行一次的说戒忏悔仪式（"布萨"）、夏安居结束时举行的检举忏悔集会（"差使、悔过"）[①]的规定。

道安制定的戒规影响很大，据称："天下寺舍，遂则而从之"[②]；"凿空开荒，则道安为僧制之始也"[③]。

与此几乎同时，江南著名佛教领袖支道林也著有《众僧集议节度》。后来，道安的弟子慧远在庐山也著有《社寺节度》《外寺僧节度》及《比丘尼节度》等[④]。这说明随着僧尼的增多，制定适合汉地环境条件的戒规以约束僧团，已是佛教进一步发展的需要。

五 在前秦国都长安的参政和译经活动
（379—385 年）

（一）苻坚的最高政治顾问

东晋孝武帝太元三年（378）春，前秦苻丕率兵攻打襄阳，道安为镇守

---

① "布萨"，梵文 Upavasatha 的音译，意译为"净位"、"长养"等。为出家僧尼每半月（十五日与二十九日或三十日）集会，进行说戒、忏悔的仪式。"差使"，当即"作举"，每年夏安居结束，举行"自恣"仪式，差有德之僧举他人之过为"作举"；自己进行忏悔，为"悔过"。

② 《高僧传》卷五。

③ 《大宋僧史略》卷中。

④ 《出三藏记集》卷十二载陆澄《法论目录》各载其序。《大宋僧史略》卷中仅举支道林《众僧集仪节度》、慧远《社寺节度》。

襄阳的南中郎将朱序所拘，不得擅离，只好把徒众分散到各地。翌年二月，苻丕攻陷襄阳，俘朱序，并把道安与习凿齿同送长安。前秦王苻坚素闻道安之名，常说：

> 襄阳有释道安是神器，方欲致之以辅朕躬。①

道安到达长安，接见与语，非常高兴，赏赐很多。与诸镇书曰：

> 昔晋氏平吴，利在二陆（按：陆机、陆云②）；今破汉南，获士裁一人有半耳。③

一人指道安，半人指习凿齿（因其脚疾跛行），可见对道安的尊崇。

道安被安置住在长安五重寺，有僧众数千人。此后，道安实际处于前秦最高佛教领袖的地位。

魏晋以来，沙门或依国土为姓，或依师为姓，故姓各不相同。道安以为沙门之师莫尊于释迦牟尼佛，因此主张以"释"为姓。后得《增一阿含经》，其中果然讲四河入海，无复河名，四种姓之人为沙门，皆称释种④。这种主张得到公认，后来的出家者皆以"释"为姓，自称"释子"。这在增强佛教僧侣的宗教意识、巩固僧侣集团的统一方面，是有重要作用的。

道安博涉群书，善为文章，长安官僚贵族子弟写诗著赋者，皆前来依附致誉。时兰田得一大鼎容二十七斛，边有篆铭，人皆不识，请道安看。道安告诉说，此为古篆书"鲁襄公所铸"，顺手写成隶书。道安由此又以多

---

① 《高僧传》卷五。
② 《晋书·陆机传》载，三国吴陆机、陆云兄弟以文彩知名，晋灭吴，同到洛阳。太常张华对陆机云："伐吴之役，利获二俊。"
③ 《晋书·习凿齿传》。
④ 《增一阿含经》卷二十一载：佛告比丘"四大河入海已，无复本名字，但名为海。此亦如是，有四姓，云何为四：刹利、婆罗门、长者、居士种，于如来所剃除须发，著三法衣出家学道，无复本姓，但言沙门释迦子"。

闻广识出名。苻坚敕诸学士，内外有疑皆师于道安。故京城一带有语曰："学不师安，义不中难。"①

道安为苻坚敬信，实际是他的最高政治顾问。苻坚基本平定北方后，企图南下灭晋，统一中国。东晋太元七年（382）十月，苻坚会群臣商议此事，同意者少。其弟阳平公苻融为他素所信重，也反对此举。他从当时东晋及前秦国内形势进行分析，指出："虚劳大举，必无功而反（返）。"太子苻宏与诸大臣石越、原绍等也进行切谏，但皆未被采纳。在这种情况下，一些大臣找到道安，请他向苻坚进谏，曰："主上欲有事于东南，公何不为苍生致一言也？"道安虽出家为僧，但对现实政治局势还是关心的。从其经序所说"戎狄孔棘"、"猃狁猾夏"来看，早年对胡族政权是相当鄙夷的。在这个东晋危亡之际，自然愿意劝阻苻坚灭晋。一日，苻坚游于东苑，命道安同辇，尚书左仆射权翼以"道安毁形贱士，不宜参秽神舆"进行谏止，苻坚斥责说："安公道冥至境，德为时尊，朕举天下之重，未足以易之。非公与辇之荣，此乃朕之显也。"即命权翼扶道安升辇。苻坚向道安示意将南下灭晋，道安乘机进谏说：

> 隆下应天御世，居中土而制四维，逍遥顺时，以适圣躬，动则鸣銮清道，止则神栖无为，端拱而化，与尧舜比隆，何为劳身于驰骑，口倦于经略，栉风沐雨，蒙尘野次乎？且东南区区，地下气疠，虞舜游而不返，大禹适而弗归，何足以上劳神驾，下困苍生。《诗》云：惠此中国，以绥四方。苟文德足以怀远，可不烦寸兵而坐宾百越。②

大意是说不要以武力攻取东晋，而应实行仁政，以"文德"感化招致尚未归服者。这与佛图澄当年劝谏石勒、石虎的口吻略同。所依据的道理，不是佛教教义，而是传统的儒家观念。对此，苻坚也以儒家的说教进行解释，谓"思混一六合，以济苍生。天生蒸庶，树之君者，所以除烦去乱，

---

① 皆见《高僧传》卷五本传。
② 以上见《晋书·苻坚载记》。

安得惮劳①！朕既大运所钟，将简天心以行天罚②"，表示一定兴师南征。道安不得已，又提出缓兵之计，说：

> 若銮驾必欲亲动，犹不愿远涉江淮，可暂幸洛阳，明授胜略，驰纸檄于丹阳，开其改迷之路。如其不庭，伐之可也。

苻坚不纳③。第二年八月，率重兵南下，经淝水一战，大败逃归。自此，前秦土崩瓦解，诸胡族贵族纷纷拥兵而起，其中强大的有羌人姚氏集团和鲜卑慕容氏集团等。

东晋太元九年（384），慕容冲（后建西燕）攻占阿房城（简称"阿城"），接着进逼长安。时长安大饥，人相食，"诸将归而吐肉以饴妻子"④。在危急情况下，苻坚对神佛的灵力更加崇信。传说隐居倒虎山（在今陕西华县西）的陇西方士王嘉有异术，能预言吉凶。苻坚与后秦王姚苌、西燕王慕容冲皆遣使迎之。十一月，王嘉入长安"众闻之，以为坚有福，故圣人助之，三辅堡壁及四山氐、羌归坚者四万余人"。苻坚安置王嘉与道安住外殿，"动静咨之"⑤。第二年二月八日，道安逝世。五月，苻坚败于慕容冲，以谶书云："帝出五将久长得"⑥，即留太子苻宏守长安，自率军奔五将山，不久被姚苌俘获，缢死于新平佛寺。

（二）组织翻译佛经

道安在长安仍从事《般若经》等的研究和宣讲，同时利用前秦朝廷所提供的优厚条件组织中外学僧翻译佛经。虽也翻译过大乘佛典，但主要是翻译新从印度西北和西域传入的小乘说一切有部的经典。现略述如下：

---

① 《尚书·泰誓》："天佑下民，作之君，作之师，惟其克相上帝，宠绥四方；有罪无罪，予曷敢有越厥志。"
② 《尚书·泰誓》："奉予一人，恭行天罚"；同上《多士》："我乃明致天罚。"
③ 以上见《晋书·苻坚载记》，并参考《高僧传·道安传》《通鉴》卷一〇四。
④ 《晋书·苻坚载记》。
⑤ 《通鉴》卷一〇五。
⑥ 《通鉴》卷一〇六。

1. 《大品般若经》补译和"五失本,三不易"

前秦建元十八年(382)九月,车师前部王弥第(《晋书》作"弥寘",《通鉴》作"弥真")入朝于秦,其国师鸠摩罗跋提献胡语《大品》一部,实有一万七千二百六十首卢(偈颂),五十五万二千四百七十五字。道安即命天竺沙门昙摩蜱执原本,佛护口译,慧进笔受,译为《摩诃钵罗若波罗蜜经抄》五卷(参见前面"《般若经》的宣讲和佛教著述"部分)。

在这个过程中,道安对古来译经的经验进行总结,提出著名的"五失本,三不易"的说法。所谓"五失本",即佛经译文有五种失去(或改变)原经本来表达方式的情况:一曰:"胡语尽倒而使从秦",是说译经时要把胡语(梵文等)的倒装句译为汉文("秦")的表达方式;二曰:"胡经尚质,秦人好文,传可众心,非文不合",是说为了迎合中国内地人好文的学风,必须把原为质朴的经文加以修饰;三曰:"胡语委悉,至于叹咏,叮咛反复,或二或四,不嫌其烦,而今裁斥",此指译经时删繁为简;四曰:"胡有义记,正似乱辞,寻说向语,文无以异,或千五百,刈而不存",谓原经有近似中国辞赋篇末总结全篇要旨的"乱辞"("乱曰")的"义记",但在译时皆略去不译;五曰"事已全成,将更傍及,反腾前辞已乃后说而悉除"① 是说原本在讲完一事,将述别的内容时,需重复前面所说,但译经时皆予删除。

所谓"三不易",是指在翻译《般若经》等经典的过程中有三种很不容易的情形,一曰:"圣必因时俗有易,而删雅古,以适今时",此谓译文应适应时代尽可能通俗;二曰:"愚智天隔,圣人叵阶,乃欲以千岁之上微言,传使合百王之下末俗",此指译文应适合当代信徒的接受能力,让世人容易接受;三曰:"阿难出经,去佛未久,尊者大迦叶令五百六通(按:"六通",指具备"六神通"的罗汉)迭察迭书(按:此指会诵经律的第一次结集)。今离千年,而以近意量裁;彼阿罗汉乃兢兢若此,此生死人而平平若此,岂将不知法者勇乎?"② 意谓当年阿罗汉(据称已摆脱生死轮回)结集佛经尚且不易,如今没有达到解脱的译者要表达佛经原意,更加困难。

---

① 《出三藏记集》卷八《摩诃钵罗若波罗蜜经抄序》。
② 同上。

因为有此"五失本，三不易"的情况，所以道安主张译胡为汉应特别慎重。

2. 翻译小乘佛经

自从东汉安世高把大量小乘佛典译为汉文后，历代都有传译，然而到道安时，小乘佛典的传译又达到一个新的高潮。从译经僧的国籍和译出的经典来看，这些佛典当是流传于印度西北（罽宾等地）和西域北道一些地方（如龟兹、车师前部等）的说一切有部通行的经典。协助道安组织和直接参与翻译小乘佛典的有赵整、竺佛念、法和以及僧略、僧叡、僧导等。

赵整（原作"赵正"，此据《晋书·苻坚载记》改），字文业，洛阳清水人，或曰济阴人，年十八为前秦著作郎，后迁至黄门侍郎、武威太守。学兼内外，常以歌谚讥谏时事。后因关中佛法兴盛，愿出家为僧，苻坚惜而未许，在苻坚死后方遂其志，更名"道整"。隐于商洛山，专精经律。东晋雍州刺史郗恢钦其风尚，逼其同游，死于襄阳。①

竺佛念，凉州人，出家讽习众经，粗涉外典，尤精字句训诂。少好游方，备观各地风俗。家世西河，洞晓方言，又明解"华戎音义"。在长安道安主持的译场，常任传译（口译），助外来学僧译经。道安死后，在后秦继续译经。《高僧传》卷一谓："自世高、支谦以后，莫逾于念；在苻、姚二代，为译人之宗。"与兜佉勒国沙门昙摩难提共译《增一阿含经》四十一卷（佚）、《中阿含经》五十九卷（佚），自译《菩萨璎珞经》十二卷、《十住断结经》十一卷、《菩萨处胎经》五卷、《中阴经》二卷、《王子法益坏目因缘经》一卷。②

法和，荥阳人，少与道安同学，"善能标明论总，解悟疑滞"，后赵灭后，因战乱与道安在新野分手，率徒入蜀。闻襄阳陷落，自蜀入关住阳平寺，与道安"详定新经，参正文义"。道安死后，与提婆东去洛阳研讲佛经。后秦时应晋王姚绪之请，往蒲坂（在今山西永济县西）讲经。③ 鸠摩罗什曾作颂赠法和曰："心山育明德，流薰万由延（由延，印度长度单位，约合三四十华里）；哀鸾孤桐上，清音彻九天。"④ 看来法和与鸠摩罗什也是有

---

① 《高僧传》卷一《昙摩难提传》附传。
② 《高僧传》卷一《竺佛念传》；《出三藏记集》卷二。
③ 《高僧传》卷五《法和传》。
④ 《高僧传》卷二《鸠摩罗什传》。

交往的。

至于僧略、僧叡、僧导等，皆为道安的弟子。

道安组织译出的小乘佛经，其原本多是由外来学僧携来或诵出。为叙述方便，这里先就外来僧进行介绍，再附译经于后。

僧伽跋澄（众现）

罽宾（在克什米尔一带）人，历访佛教名师，备习三藏，"博览众典，特善数经（按：此指阿毗昙），暗诵《阿毗昙毗婆沙》，贯其妙旨"。前秦建元十七年（381）来到关中。此时大乘佛典流传不广，"禅数（按：禅法、阿毗昙）之学甚盛"。他受到当地僧众欢迎，誉之为"法匠"。前秦秘书郎赵整崇信佛法，听闻外国僧宗习《阿毗昙毗婆沙》，乃盛供衣食物品，请僧伽跋澄将《阿毗昙毗婆沙》诵出，与道安等集僧宣译。此外，还译有二经。

《阿毗昙毗婆沙》（或作《鞞婆沙论》、《杂阿毗昙毗婆沙》）十四卷。

> 僧伽跋澄口诵经本，兜佉勒沙门昙摩难提笔受为梵文，佛图罗什宣译，秦沙门敏智笔受为汉文，赵整正义，道安校对，前秦建元十九年（383）夏秋译出。①

据道安《鞞婆沙序》，古印度迦旃延子著《阿毗昙》四十四品②，是训释四部《阿含经》的；后来，有三位罗汉，名字分别为尸陀槃尼、达悉、鞞罗尼，又各撰《毗婆沙》，广引经论解释《阿毗昙》。但达悉的《毗婆沙》被认为是"迷而近烦"，鞞罗尼的则"要而近略"，唯有尸陀槃尼的"最折中"，道安说：

> 其在身毒，登无畏座（按：此指讲座），僧中唱言，何莫由斯道也。其经犹大海与！深广浩汗，千宝出焉。犹昆岳与！嵬峨幽蔼，百珍之薮。资生之徒，于焉斯在，兹经如是，何求而不有乎？

---

① 参见《高僧传》卷一《僧伽跋澄传》，并参考《出三藏记集》卷十《鞞婆沙序》。

② 迦旃延子，亦译为迦多衍尼子。此论的译本有：僧伽提婆和竺佛念译《阿毗昙八犍度论》三十卷、唐玄奘译《阿毗达磨发智论》。全书有八犍度（蕴）四十四跋渠（纳息），相当于八章四十四节。

可见此论书在道安等佛教学者心目中的地位。此书今存，题为《鞞婆沙论》，十四卷，尸陀槃尼撰，苻秦僧伽跋澄译。从内容看，与唐玄奘所译《阿毗达磨大毗婆沙论》（二百卷）前面的部分大体相近。

《婆须蜜》（或作《尊婆须蜜菩萨所集论》）十卷：

  僧伽跋澄携来梵本，前秦建元二十年（384）武威太守赵整求出之。由僧伽跋澄、昙摩难提、僧伽提婆三人共执梵本，竺佛念传译，慧嵩笔受，道安与法和对校修饰，赵整稍加润色。①

按："婆须蜜"，梵文 Vasumitra 的音译，意译"世友"，是说一切有部"四大论师"（世友、法救、妙音、觉天）之一。《出三藏记集》卷十载《婆须蜜集序》（当为道安著，原题"未详作者"）说，婆须蜜原为婆罗门之子，名郁多罗，出家后改今名，佛灭后周游妒国槃奈国，"高才盖世，奔逸绝尘"②，撰集此论，共十一品十四犍度（按：意为十一品十四章；第一犍度分为七品，最后第十四犍度分四品，其他不分品）。"该罗深广，与阿毗昙并兴外国，傍通大乘，特明尽漏。"

此论今存，题为《尊婆须蜜菩萨所集论》，十卷，尊婆须蜜造，苻秦僧伽跋澄等译。说一切有部论书之一。全书十四犍度的名称是：聚、心、三昧、天、四大、契经、更乐、结使、行、智、见、根、一切有、偈，从不同方面论释小乘佛教的基本概念（如五阴、四大、四禅、见等）和教义；其"一切有犍度"论述说一切有部的基本观点："当言一切有；如此一切，乃至有为（按：指一切有生灭变化的事物）、无为（按：谓一切无生灭变化的事物，指佛教所说的涅槃、虚空等），彼则有，是故一切有。"

《僧伽罗刹所集经》三卷：

  前秦建元二十年（384）僧伽跋澄于长安石羊寺诵出此经（或云"赍此经本来诣长安"），应赵整之请译出。竺佛念传译，慧嵩笔受，道

---

① 参见《出三藏记集》卷十《婆须蜜集序》。
② 同上。

安与法和对检校定。

据《僧伽罗刹经序》(《出三藏记集》卷一〇,当为道安著,原题"未详作者"),僧伽罗刹(意译"众护")是古印度须赖国人,释迦逝后七百年生,出家学道,至犍陀越土,为甄陀罽腻王师,"高明绝世,多所述作"。汉译《道地经》一卷(东汉安世高译)、《修行道地经》七卷(西晋竺法护译,按:此二经繁简不同)的原本即他所撰。此《僧伽罗刹经》亦为佛陀传记之一种,述"世尊自始成道,迄于沦虚,行为巨细,必因事而演,游化夏坐,莫不曲备。虽《普曜》《本行》《度世》诸经,载佛起居,至诸为密。今揽斯经,所寤复多矣"。《开元释教录》将此经与《道地经》《修行道地经》的目录皆列入"圣贤传记录"中。此经今存,讲释迦牟尼"前世"以种种身份修持"菩萨行"(大慈、布施、持戒、精进、忍辱、三昧、智慧等)和从降生、出家、传教到涅槃的故事,最后是阿儋王(阿育王)出世的传说。

昙摩难提(法喜)

兜佉勒(即"吐火罗"、"大夏",在今阿富汗一带地方)人,出家后遍读三藏,"暗诵《增一阿含经》,博识洽闻,靡所不综",周游各地,认为"弘法之体,宜宣布未闻"。于是东越流沙,于前秦建元二十年(384)到达长安,因名声很高,受到苻坚的盛礼接待。"先是中土群经,未有《四含》(四《阿含经》)",武威太守赵整请道安等召集学僧,请昙摩难提口诵梵本,译:

《中阿含经》五十九卷。

慧嵩笔受,建元二十年译出。

《增一阿含经》四十一卷(或作三十三卷)。

竺佛念传译,慧嵩笔受,道安与法和考校审定,僧略①、僧茂助校

---

① 僧略,或作"僧䂮",以下一律称"僧略",不再加注。

漏失。从建元二十年夏至次年春完成。①

据道安《增一阿含经序》，四部《阿含经》（长、中、杂、增一）的内容相同。因《增一阿含经》的经文按法数（按：把佛法按义分类，冠以一、二、三等数字，如三宝、四谛等）的顺序，从一法、二法递增"数终十，今加其一"，即最后至十一法，故称"增一"。

以上二经早已佚失。今存《中阿含经》六十卷、《增一阿含经》五十一卷，皆为东晋僧伽提婆译。"阿含"（梵文 āgama），也译"阿鋡"、"阿含暮"、"阿笈摩"，意译"法归"、"无比法"、"教"、"传"等，意为"传承的教说"或"集结教说的经典"。四部《阿含经》的内容略同。一般认为，此经基本内容在释迦牟尼去世的当年举行的第一次结集时已被确定，至部派佛教形成前后被系统整理，约前1世纪写成文字。主要内容是论述四谛、八正道、十二因缘、五蕴、四禅及善恶因果报应、生死轮回等小乘佛教的基本教义。各个部派所传的《阿含经》不尽相同。昙摩难提所译的《中阿含经》《增一阿含经》大概是流行于兜佉勒一带的说一切有部传承的两部经。

另外，昙摩难提还译有《三法度论》二卷。因时值燕秦交战，关中大乱，仓促之际，译文"义旨句味，往往不尽"，不久道安亡故，未及改正②。故此经未行于世，今存者为僧伽提婆所译《三法度论》。

僧伽提婆（众天）

僧伽提婆，也作"僧伽提和"、"僧伽禘婆"，本姓瞿昙，罽宾人。出家修学，远求名师，学通三藏，尤善《阿毗昙心》，常诵《三法度论》，以为是"入道之府"。前秦建元十九年（383）到长安，应法和之请，诵出并参与译经：

《阿毗昙八犍度论》（一名《迦旃延阿毗昙》三十卷或云二十卷）。

---

① 以上参见《高僧传》卷一《昙摩难提传》及《出三藏记集》卷九所载道安《增一阿含序》。

② 见《出三藏记集》卷九载《中阿含经序》，《高僧传》卷一《昙摩难提传》《僧伽提婆传》。

竺佛念传译，慧力、僧茂笔受。法和理其旨归，僧伽提婆检校所译，其内"颇杂义辞"。法和深以为憾，道安也认为不可，遂令再译。提婆忘掉"因缘"一品。①

道安《阿毗昙序》对此书介绍说："阿毗昙者，意为大法（按：此法指教法）。佛涅槃后，迦旃延（即迦旃延子、迦多衍尼子）以十二部经②浩博难究，撰其大法为一部，八犍度（意为八章）四十四品也。其为经也，富莫上焉，邃莫加焉。要道无行而不由，可不谓之富乎！至德无妙而不出，可不谓之邃乎！……其说智也周，其说根也密，其说禅也悉，其说道也具"，认为研学此书，所求必得。

迦旃延（迦多衍尼子，前1—2世纪）的《阿毗昙八犍度论》，唐玄奘译为《阿毗达磨发智论》，是说一切有部的最基本的论书，被喻为"身论"，而称其他六部论书为"六足论"③；"足"有"助成"之意，即作为《八犍度论》的辅助论书。"犍度"（梵文 skandha），意为"聚"、"蕴"、"藏"、"节"，为佛教的论或律书中篇章的名称。"八犍度"，意为"八章"或"八篇"，包括：杂（四善根、四圣果等）、结使（三结、五盖等）、智（二智、三慧等）、行（三业、三业道等）、四大（地水火风）、根（五根、六根等）、定（四禅、八定）、见（四意止、断见、常见等）。全书通过这八个方面论证说一切有部关于人生、修行和解脱的基本观点。

此后北方战乱加剧。在道安死后，僧伽提婆与法和等人东去洛阳，四五年间校订和研讲僧伽跋澄和昙摩难提所译经典，"方知先所出经，多有乖失"④。应法和之请，重译《鞞婆沙》。后秦姚兴皇初（394—399）年间，

---

① 见《高僧传》卷一《僧伽提婆传》及道安《阿毗昙序》（《出三藏记集》卷十）。
② 佛经体例的十二种类别：1. 修多罗（契经、经）；2. 祇夜（重颂）；3. 和伽罗那（授记，一种预言）；4. 伽陀（孤起颂）；5. 优陀那（佛无问自说）；6. 尼陀那（因缘）7. 阿婆陀那（譬喻）；8. 伊帝曰多伽（如是语经）；9. 阇陀伽（本生）；10. 毗佛略（方广）；11. 阿浮陀达磨（未曾有，记佛神通）；12. 优波提舍（论议）。
③ "六足论"包括：1.《集异门足论》，传为舍利弗著；2.《法蕴足论》，传为大目乾连著；3.《施设足论》，传为大迦多衍那著；4.《识身足论》，提婆设摩著；5.《品类足论》，筏苏蜜多罗著；6.《界身足论》，筏苏蜜多罗著。
④ 《高僧传》卷一《僧伽提婆传》。

法和到后秦国都长安，提婆过江，先投庐山慧远，后到建康讲经译经。僧伽提婆离长安以后译经七部一百四十八卷①：

《阿毗昙心》十六卷（或十三卷，前秦末译于洛阳）；

《鞞婆沙阿毗昙》十四卷（一名《广说》，在洛阳译出）；

《阿毗昙心》四卷（晋太元十六年［391］在庐山为慧远译出）；

《三法度论》二卷（同上）；

《中阿含经》六十卷（或五十八卷，晋隆安元年［397］译于建康，道慈笔受）；

《增一阿含经》五十一卷（译经地同上，竺道祖笔受）；

《教授比丘尼法》一卷（译于庐山）（阙）。

鸠摩罗跋提

亦作鸠摩罗佛提，车师前部国国师，于前秦建元十八年（382）随国王弥第来长安，献大品《般若经》胡文本一部。此后，鸠摩罗跋提即留长安参与译经。据现存资料，他译的佛经有：

《阿毗昙心》（或作《阿毗昙抄》）。

《出三藏记集》卷十所载《阿毗昙心序》（当为慧远著，原题"未详作者"）说：

> 释和尚昔在关中，令鸠摩罗跋提出此经，其人不闲晋语，以偈本难译，遂隐而不传；至于断章，直云修妒路（按：或"修多罗"，指经、经文）。及见提婆，乃知有此偈。以偈检前所出，又多首尾隐没，互相涉入，译人所不能传者彬彬然。是以劝令更出。

此"释和尚"即指释道安。是说道安曾令鸠摩罗跋提译过《阿毗昙心》，因译者不懂汉语，译文遗漏错讹较多，故慧远叫僧伽提婆另译（当即四卷本《阿毗昙心》）。

《四阿含暮抄》二卷。

《出三藏记集》卷九载《四阿含暮抄序》（当为道安著，原题"未详作

---

① 此据《出三藏记集》卷二、《开元释教录》卷三。

者")说,印度婆素跋陀抄取四部《阿含经》中的内容,为《四阿含暮抄》,"九品四十六叶,斥重去复,文约义丰"。有外国沙门,字因提丽,携此经至车师前部国,其王弥第求其诵出,遂得流布内地。"壬午之岁"(382)八月,"东省先师寺庙"(道安回邺探视佛图澄寺庙),于邺寺令鸠摩罗佛提执胡本,竺佛念、佛护(佛图罗刹)宣译,僧导、昙究、僧叡笔受。

3. 翻译戒律

为适应内地僧团发展的需要,道安十分重视搜求与翻译戒律。在他的主持下,以外国僧人昙摩侍为主,译出如下戒律:

《十诵比丘戒本》(或云《十诵大比丘戒》)一卷。

> 昙摩侍诵出,竺佛念写为梵文,道贤宣译,慧常笔受。

关于译出的时间,道安《比丘大戒序》谓:

> 至岁在鹑火,自襄阳至关右,见外国道人昙摩侍讽《阿毗昙》,于律特善,遂令凉州沙门竺佛念写其梵文。①

此之"鹑火"乃"大火"之误,应为前秦建元十五年己卯之岁(379)。

《比丘尼大戒》(亦云《十诵比丘尼戒》)一卷。

> 僧纯、昙充从拘夷(龟兹)沙门佛图舌弥处得此戒本及《教授比丘尼二岁坛文》,昙摩侍与竺佛念共译②,慧常笔受。译出时间,《关中近出尼二种坛文夏坐杂十二事并杂事共卷前中后三记》③ 内"卷初记"云:"太岁己卯鹑尾之岁十一月十一日";"卷后又记云":"秦建元十五年十

---

① 《出三藏记集》卷十一。
② 诸载不一,或云"昙摩侍传,佛念执胡",或云"令昙摩侍出,佛图卑为译",或云"竺佛念传语"。此据《开元释教录》卷十五。
③ 《出三藏记集》卷十一。

一月五日，岁在鹑尾"。"鹑尾"当是"大火"之误，为379年。①

《教授比丘尼二岁坛文》一卷。

昙摩侍与竺佛念共译②，慧常笔受。译时同上。

以上戒律，当是说一切有部流行地区（如龟兹）所传承的上座部系统的戒律的一部分。

此外，前秦建元十八年（382）罽宾律学僧人耶舍诵出《鼻奈经》（亦作《鼻奈耶律》《鼻奈耶》）十卷，由鸠摩罗佛提写为梵文，竺佛念译出，昙景笔受③。"鼻奈耶"，亦作"毗奈耶"，梵文 Vinaya 的音译，意译为"调伏"，即佛教的戒律。此律今存，题"姚秦竺佛念译"，也是说一切有部的戒律，与昙摩侍等所译戒律的内容略同（据道安《鼻奈耶序》）。

六　释道安在中国佛教史上的地位

道安是一位著名的中国佛教学者和僧团领袖，对中国内地僧团的确立和中国佛教理论体系的形成有较大的影响。

（一）佛教自传入中国后，虽历代译有大量佛经，但汉人僧侣的研究著述甚少。道安博读儒家经书，又精研自东汉安世高以来的小乘（主要是说一切有部）的禅法、阿毗昙的经典，并适应社会上盛行玄学的学术风潮，大力研究和宣传大乘般若学说，有不少著述。据统计，道安所著各种佛教著述（包括注解、序）四十八种，其中可断为小乘著作的有二十四种，大乘般若著述十四种，地志一种，经录一种，戒规一种。

在这些著作中，道安借助中国传统文化思想和老庄玄学语言、概念，来解释和发挥佛教教义；特别在般若学方面，套用玄学贵无派本体论的论

---

① 关于以上二部戒律的译时，诸经录记载不一，此据《出三藏记集》卷十一载道安《比丘大戒序》及《关于近出尼二种坛文夏坐杂十二事》。
② 此据《开元释教录》卷十五。
③ 据道安《鼻奈耶·鼻奈耶序》（《频伽藏》寒九，《大正藏》卷二十四）。

证方式，建立了"本无宗"的般若学理论。"本无宗"是东晋十六国时期中国佛教般若学派"六家七宗"中影响最大的一派学说。

（二）过去翻译佛经，皆由民间分散进行。道安在前秦由于处于佛教界的领袖地位，得到国家的保护和资助，在长安建立中国最早的国家译场，选择翻译人才，在佛经翻译方面比过去有很大进展。

道安主持译出的佛典约有十四部一百八十三卷，"百余万言"。其中的小乘佛教典籍占绝大部分，共十三部一百十八卷。这些小乘佛典主要是上座部系统说一切有部传承的《阿含经》和论释《阿含经》教义的论书（阿毗昙）。这是在东汉安世高之后第二次大规模地把说一切有部的典籍译为汉文。中国后世虽盛行大乘，但因为小乘佛教经典，特别是阿毗昙，对佛教基本概念、教义作了分门别类的解释，所以流传也较广。

（三）道安重视传教，谓"教化之体，宜令广布"。他所建立的僧团有几百人，其中著名的弟子有释法和、竺法汰（二人皆"少与道安同学"）、慧远、昙翼、昙徽、法遇、道立以及僧略、僧叡等。道安从河北到襄阳，最后西入长安，其间两次"分张徒众，各随所之"，其弟子们或"率徒入蜀"，或"弘教东南"，或隐栖庐山，或立寺荆州……分布于大江南北，传教于山乡城镇，对佛教进一步向社会普及有很大促进作用。道安提出僧人不用俗姓，以释为姓，此后遂成定制，一直传承至今。

此后在后秦从事译经的鸠摩罗什，是在道安之后为推进佛教向前发展做出重大贡献的译经僧。他所译佛经是中国乃至北传佛教最常用的经典。在他主持的后秦译场，有的学僧原来就是道安的弟子，如僧略、僧叡、慧睿、僧导等，皆成为他译经的得力助手。

（四）道安编著了第一部系统的佛教经录，为中国佛教目录学奠定了基础。

综上所述，道安是东晋十六国时期著名佛教学僧和领袖，一生从事佛教研究、著述、培养弟子、制定"僧尼规范"，组织翻译佛经、创立第一部经录，为佛教向南北方社会广泛传播和普及，推进佛教民族化进程，做出了卓越的贡献。

道安在佛教界的地位和影响，在当时即已被人承认。据传，龟兹鸠摩罗什远闻道安之名"谓是东方圣人，恒遥而礼之"；东晋孙绰《名德沙门论》，谓其"博物多才，通经名理"。道安死后，有人为赞曰："物有广赡，人固多宰，渊渊释安，专能兼倍，飞声汧垄，驰名淮海，形虽草化，犹若常在。"①

---

① 载《高僧传》卷五《道安传》。本传以此"赞"为孙绰著。实际上，孙绰卒于道安之前（371），不可能是此"赞"的作者。

为协调佛法与王法立论[①]

——慧远《沙门不敬王者论》析

在中国佛教史上,东晋的高僧庐山慧远(334—416)继其师道安之后,在推进佛教中国化、佛法与皇权王法相适应等方面做出了重大的努力。慧远所著的《沙门不敬王者论》,通过论证在家信徒理应尽忠君孝亲而出家沙门不必礼敬国王等问题,提出了协调佛法与皇权王法的理论,影响极为深远。

本文对此作概要论述,并以此纪念高僧慧远诞辰1670周年。

一 佛教与政治

宗教的产生和发展有其特定的历史环境。国家形成以后,任何宗教都要受到来自政治方面的影响。因为政治是社会经济的集中反映,虽然它不能最终决定宗教的存灭,但是掌握国家政权的统治者对宗教的态度和所执行的政策,无论是支持还是反对,都会对宗教的存在形式和发展趋向带来极大的影响。佛教作为世界三大宗教之一,自然也是这样。

释迦牟尼佛创立佛教之后,因为反对婆罗门教的种姓观,主张在佛教中贯彻"四姓平等"的思想,不仅受到"吠舍"平民种姓中工商业主的支持,也得到武士、军事贵族的"刹帝利"种姓的支持。在佛教早期发展中,摩揭陀国的国王频婆娑罗及其子阿阇世、拘萨罗国的国王波斯匿和其子祇陀太子,都虔诚皈依佛教,对佛教的发展给予了很大的支持。在此后的发展中各个时代的当政者也都给予佛教不同程度的支持,著名的有孔雀王朝的阿育王、贵霜王朝的迦腻色迦王、笈多王朝的戒日王等。因此在佛经中

[①] 2004年9月18日参加纪念慧远大师诞辰1670周年学术研讨会发表的论文。

出现佛将佛法托付国王、大臣的说法。《大涅槃经》卷三有这样一段话，"如来今以无上正法付嘱诸王、大臣、宰相"；在《仁王般若经》中也记载：佛告诉波斯匿王，在他灭度后，将此《般若经》"付嘱诸国王，不付嘱比丘、比丘尼、清信男、清信女"①。历史证明，佛教只有在国家当政者的有力支持下，才能得到比较顺利的传播和发展。

佛教传入中国，开始只在移民和社会上层一部分人当中流行，直到两晋时期才在南北方广泛传播。这与当时统治者的支持是分不开的。在儒家学说占据正统的古代中国，蔑称少数民族为"夷狄"，他们不仅不能入主中原，甚至连迁徙内地也不允许。北方少数民族政权为了增强自己称王称帝的信心，不得不借助佛教的支持。佛教主张因果报应和三世轮回，可以把即位称帝解释为是前世行善的报应。因此北方少数民族政权一般都大力支持佛教。后赵国王羯族石虎公开表示，既然佛教是夷狄之教，正应当尊奉。他们尊僧佛图澄为"大和尚"和军政顾问，积极发展佛教事业，使佛教在北方迅速发展起来。佛图澄用佛教的慈悲戒杀的教义劝谏后赵统治者保护民众，稳定社会秩序，发展生产。前秦、后秦少数民族政权设立国家译场，资助译经事业，支持佛教传播。在南方，东晋政权也扶持佛教发展。这种情况一直延续到隋唐。其间虽也发生过由国家发动的灭佛事件，对佛教有所打击，但从总的情况看来，佛教是在国家的保护和支持下不断得到发展，并深入普及大江南北、穷乡僻壤，终于成为中国的民族宗教之一。国家政权对佛教发展有极为重要的关系，佛教界的学僧是十分清楚的。东晋道安曾说："不依国主，则法事难立。"（《高僧传》卷五《道安传》）意为佛法离不开王权王法，佛法必须得到王权王法的支持才能流行。

通过上述，对于慧远在《沙门不敬王者论》中提出协调佛法与皇权王法的理论，便容易理解了。

二 慧远撰写《沙门不敬王者论》的社会背景

东晋南朝，佛教十分盛行，在王公贵族中虔诚信奉佛教的人很多。然

---

① 分别载《大正藏》卷十二第381页上、卷八第832页中。

而在儒臣中也有人以儒家纲常名教为依据，批评"佛者夷狄之俗，非经典之制"①，提出对佛教进行制约乃至限制清理的主张。这可以庾冰、桓玄为代表。

庾冰（296—344），庾亮弟，以平苏峻叛乱有功，受任中书监（相当宰相）、扬州刺史、都督扬豫兖三州军事、征虏将军。成帝咸康五年（339）、六年，王导、庾亮相继去世，庾冰与何充应召入朝辅政。庾冰主张佛教僧人必须遵从传统的儒家名教，应当忠于皇帝和孝顺父母，对君主施跪拜之礼。他在代晋成帝执笔的诏书中说，自古以来"因父子之敬，建君臣之序，制法度，崇礼制"的传统是不能改变的，称佛教所做属于"方外之事"，不应该照搬在"方内"实行，对佛教的"矫形骸，违常务，易礼典，弃名教"的做法提出质疑，明确地反对沙门借口佛教仪礼公然拒绝礼敬皇帝，所谓"抗殊俗之傲礼，直形骸于万乘"②。中国儒家的纲常名教的核心是要求忠君孝亲，如果佛教僧人拒绝礼敬君亲，就会被一些儒家士大夫看作违背忠孝之道，危害维护封建纲常制度。

庾冰的主张得到朝廷中部分大臣的支持。对此，以尚书令何充（因曾任骠骑将军，史书也称何骠骑，292—346）为首的虔信佛教的大臣一再上表提出反对意见，认为佛教的教义、禁戒是"有助王化"的，不应当强制沙门礼敬君主。③

这一争论一直延续到晋康帝（342—344年在位）时。由于朝廷内部对沙门是否应当礼敬君主问题产生激烈的争论，庾冰的主张未能实行。然而过了60多年，这一问题又被桓玄提了出来。

桓玄（369—404），字敬道，桓温之子，袭爵南郡公。他对佛教有较深的了解，曾答王稚远（王谧）之问，作《心无义》；向殷伯道质询，作《杀生问》。④ 晋安帝隆安二年（398）联合兖州刺史王恭、荆州刺史殷仲堪等起兵讨伐在朝廷专权的司马道子及其子司马元显，朝廷为求妥协任他为

---

① 此取自东晋太常蔡谟之语，见《晋书》卷七十七《蔡谟传》。
② 庾冰：《为晋成帝作诏》，载《弘明集》卷十二《尚书令何充奏沙门不应尽敬》之后，《大正藏》卷五十二第79页中下。
③ 《尚书令何充奏沙门不应尽敬》，载《弘明集》卷十二，《大正藏》卷五十二第79页中。
④ 见《出三藏记集》卷十二《法论目录》，《大正藏》卷五十五第83页上、84页下。

江州刺史。桓玄翌年攻杀殷仲堪兼并荆州，领荆、江二州刺史，权势日盛。元兴元年（402）攻入建康（今南京），杀司马元显，自任侍中、宰相等，后自称太尉。翌年代晋自立为帝，建楚，然而不久被刘裕率领北府兵所败杀。①

桓玄在占领京城夺取东晋政权后，曾提出沙汰（清理）佛教的政令，《弘明集》载有他下达的《与僚属沙汰僧众教》，对当时佛教界存在僧尼激增、有的干预朝政、生活腐败的现象进行批评，提出除精于经论的学僧、严守戒规僧、"山居"修行僧三种人外，一律"罢道"还俗。因为他此前到庐山参谒过慧远，对慧远的学德钦佩不已，所以特别提出对庐山僧团不加清整。②

慧远为此撰写《与桓太尉论料简沙门书》上呈，对桓玄沙汰之举虽表示同意，然而出于维护佛教的整体利益，使更多僧人避免遭到清肃的意图，提出具体的修正建议，要求对僧人中为数很多的认真修持禅定者、读经说法者及致力于修建寺塔、造像等"兴建福业"者，皆予以保护，不加清除。桓玄表示同意。③

然而不久，桓玄又效法庾冰，再次提出沙门应当礼敬君王的问题。他在与朝廷"八座"（指吏部、祠部、五兵、左民、度支五部尚书，尚书左、右仆射，尚书令）书中，说当年庾冰提出沙门应当礼敬王者，"意在尊王，而理据未尽"，何充"出于偏信，遂沦名体"，并且引证《老子》（王弼本第二十五章）中将王侯与"道大、天大、地大"并列的说法，说王者协和道与天地，使万物"资生通运"（得以生长变化），沙门既然受其"生生资存"（资以生生不息）之德，"日用于理命"（每日有赖于天道性命），就应当礼敬与道、天、地"三大"并列的君王，所谓"岂有受其德而遗其礼，沾其惠而废其敬哉"④？

桓玄限朝廷诸部在八日内对此详定。吏部尚书、中书令王谧（王导之

---

① 参《晋书》卷九十九《桓玄传》及卷十《安帝纪》有关部分。
② 《弘明集》卷十二，载《大正藏》卷五十二第85页上，原题为《欲沙汰僧众与僚属教》，笔者所引是据页下校注引证的明本题目改。
③ 《弘明集》卷十二，载《大正藏》卷五十二第85页中。
④ 《桓玄与八座书论道人敬事》，载《弘明集》卷十二，《大正藏》卷五十二第80页中。

孙）虽然一再上书陈述反对意见，然而最后不得已还是同意了桓玄的主张。①

桓玄在给八座书不久，曾致书庐山慧远，并附上他与八座书，请慧远提出自己的意见。慧远在答桓玄书中明确表示，佛教内部分两种人：一种是"处俗弘教"的在家信众，一种是"出家修道"的沙门。对于前者，他们理应实行"奉上之礼，尊亲之敬，忠孝之义"，完全适应桓玄要求礼敬的理由；然而对于后者，是不应当要求他们礼敬君王的，因为他们是"方外之宾"，与在世俗情况迥然不同。说：

> 其为教也，达患累缘于有身，不存身以息患；知生生由于禀化，不顺化以求宗。求宗不由于顺化，故不重运通之资；息患不由于存身，故不贵厚生之益。此理之与世乖，道之与俗反者也。是故凡在出家，皆隐居以求其志，变俗以达其道。变俗，则服章不得与世典同礼；隐居，则宜高尚其迹。

首先将其中的"宗"、"求宗"略作解释。所谓"宗"，慧远也称之为"宗极"、"至极"。参考《高僧传》卷六《慧远传》的记载："先是中土未有泥洹（按：涅槃）常住之说，但言寿命长远。远乃叹曰：佛是至极，至极则无变。无变之理，岂有穷也？因著《法性论》曰：至极以不变为性，得性以体极为宗。"② 所谓"宗"、"宗极"、"至极"等，既可解释为法性、实相或佛；"求宗"则可以理解为追求达到涅槃（泥洹，断除烦恼，心识寂灭，不再轮回生死）或觉悟成佛。

引文的大意是说，出家僧人因为懂得一切苦恼来自自身，所以不采取保养自身以断除烦恼的做法。知道生命延续是源自阴阳化育（生化），所以不以顺应这种化育来求证觉悟解脱（宗）。既然如此，他们便不看重天、地和王者所谓"资生通运"或"厚生"的功德。于是，他们所遵奉的道理便

---

① 请看《桓玄与王令书论道人应敬王事》及《王令答桓书》等往复十书，载《弘明集》卷十二，《大正藏》卷五二第80—83页。

② 《大正藏》卷五〇第360页下。

与世俗不同，是以"隐居"（出家居山住寺）、"变俗"（剃头穿僧服等）来求证觉悟解脱的，自然不遵循世俗通行的礼敬王者的礼仪。然而慧远同时表示，沙门虽不礼敬君王，但在实际上并不违背孝亲敬君的规范，所谓"内乖天属之重，而不违其孝；外阙奉主之恭，而不失其敬"。他们通过传法教化民众，以"协契皇极，大庇生民"①。

桓玄在元兴二年（403）十二月三日篡位称帝的同日，为了取得佛教僧众和信奉佛教的朝野人士的支持，特地降诏允许沙门不必礼敬君主。②

翌年三月，桓玄在刘裕率兵乘胜讨伐之下，胁迫安帝沿江西上。慧远正是在这种形势下，心怀忧伤，在答桓玄书内容的基础上撰写了名篇《沙门不敬王者论》③，系统地论述沙门不应礼敬君王的道理。

三 慧远《沙门不敬王者论》略析

慧远在《沙门不敬王者论》中首先回顾了晋成、康二帝时，庾冰、何充围绕沙门是否应礼敬王者的争论及桓玄重新提出此事，在给八座书中重申沙门应当礼敬王者的主张，"朝士名贤"多人发表意见。慧远表示，在这期间佛教受到了损害，鉴于自己"深惧大法之将沦，感前事之不忘，故著论五篇，究叙微意"④。

慧远在此论中从五个论题阐述沙门不应当礼敬君主的理由。这五个论题是：在家第一、出家第二、求宗不顺化第三、体极不兼应第四、形尽神不灭第五。下面对慧远此论的内容作概要介绍和评述。

（一）"在家"——在家信众必须忠君孝亲，礼敬君王

佛教信徒主要由出家"四众"或"五众"和在家"二众"组成。"众"

---

① 《弘明集》卷十二，《大正藏》卷五二第83页下至84页上。
② 《桓楚许道人不致礼诏》，载《弘明集》卷十二，《大正藏》卷五二第84页中。
③ 慧远《沙门不敬王者论》后记："晋元兴三年岁次阏逢（按：相当甲辰）。于时天子蒙尘，人百其忧。凡我同志，金怀辍旒之叹，故因述斯论焉。"据《晋书》卷十《安帝记》，此年三月，桓玄逼帝离开建康西上。此当为慧远所说的"辍旒"（转为皇帝辍朝）。
④ 《沙门不敬王者论》，载《弘明集》卷五，《大正藏》卷五二第29页下至32页中。以下凡引此论，不再注明出处。

即"僧伽"。出家"四众"或"四部众"包括比丘、比丘尼、沙弥、沙弥尼;如果将"学法女"(式叉摩那,在受具足戒前二年学习六种戒法的沙弥尼)加上,为出家"五众"。在家"二众"是男居士(优婆塞)、女居士(优婆夷)。

慧远在论文中讲的"在家",就是指男女居士,也许还包括虽信仰佛教然尚未按严格程序受居士戒(五戒)的信众。从中国古代社会实际情况可以推测,这部分人在数量上远远超过出家的四众或五众。

慧远主张,这部分在家信众虽然信奉佛教,但是与一般民众拥有一样的社会权利和义务。他们能够并且必须遵循如庾冰、桓玄等儒臣要求的那样孝顺父母,忠于并礼敬君王。他说:

> 在家奉法,则是顺化之民,情未变俗,迹同方内,故有天属之爱,奉主之礼。礼敬有本,遂因之而成教。本其所因,则功由在昔。是故因亲以教爱,使民知有自然之恩;因严以教敬,使民知有自然之重。二者之来,实由冥应。应不在今,则宜寻其本。故以罪对为刑罚,使惧而后慎;以天堂为爵赏,使悦而后动。此皆即其影响之报而明于教,以因顺为通,而不革其自然也。

意为在家信奉佛法者属于顺应自然造化之民,在性情、服饰方面与其他人没有差别,在家应尽孝亲之义,对君主要行礼敬之礼。礼敬是有所根据的,由此形成伦理名教。现世父子、君臣的关系的形成,实是由于往世的业因。应当向民众教导孝爱、礼敬的道理,使他们能够感恩天地资生之德、尊重自然的造化。佛教以恶行恶报的说教为刑罚,教导民众谨言慎行;以善行善报的说教为爵赏,引导民众做善事。以此进行教化,仍属于因应自然,顺通自然。

慧远进一步说,在家奉佛之民过顺从自然的生活,以自我为出发点,追求世间各种安逸欢乐,所谓"因在我倒未忘(按:迷执自我),方将以情欲为苑囿,声色为游观,沉湎世乐"。他们既然"大同于顺化",尚未追求超脱世间,便应当尊重礼敬与道、天、地"三大"并列,协调天地自然化生的帝王。所谓"不可受其德而遗其礼,沾其惠而废其敬。是故悦释迦之风者，辄先奉亲而献君"。如果君主、亲人对佛教产生疑惑，已经出家者就应当对他们进行说教，启发他们晓悟。

慧远认为，教导奉佛法的民众忠君孝亲、礼敬王者，又为亲君释疑，正是佛教"重资生，助王化于治道"的表现。

（二）"出家"——"方外之宾"无须礼敬君王

慧远对出家者有个定位：

> 出家则是方外之宾，迹绝于物。其为教也，达患累缘于有身，不存身以息患。知生生由于禀化，不顺化以求宗。求宗不由于顺化，则不重运通之资；息患不由于存身，则不贵厚生之益。此理之与形乖，道之与俗反者也。若斯人者，自誓始于落簪，立志形乎变服。
>
> 是故凡在出家，皆遁世以求其志，变俗以达其道。变俗则服章不得与世典同礼，遁世则宜高尚其迹。

大意是说，出家僧尼是超出世俗社会者，故称之为"方外之宾"，行为异于世俗常人。按照佛教的基本教义，人生一切烦恼过患皆源自自身，所以不求保存自身以息过患；既然生生（新陈代谢，生命前后相继）不息是由于天地阴阳造化，便不必顺应这种造化而追求究竟解脱（求宗）。既然如此，僧众便没有理由尊重民众依赖资生通运的道、天、地和与此"三大"并列的君王，也不贵有助于改善生活的利益。佛教所信奉的道理与世俗是相反的，因此僧众在形象上便与世人不同，以剃发穿袈裟来表示自己的誓愿和志向。出家僧众，是以脱离尘世和改变形貌来追求解脱之道的，君王不仅不应当要求他们遵循世俗礼仪，而且应当尊重他们超脱世俗的行为。

他说，如果这样，僧众便可以正常从事传法活动，"能拯溺俗于沉流，拔幽根于重劫，远通三乘之津，广开天人之路。如令一夫全德，则道洽六亲，泽流天下"。意为能教化民众远离邪恶烦恼，断除前世积累的恶业，引导民众信奉"三乘"（声闻、缘觉、菩萨三乘）佛法，开创广修五戒十善的局面。即使其中有一人修成善德，便可以感化他的六亲，乃至利益天下。于是慧远说，沙门"虽不处王侯之位，亦已协契皇极，在宥生民矣"，意为佛教僧众虽处"方外",也可以有助于国家的治理,改善民生福祉。

他的结论是:沙门"内乖天属之重,而不违其孝;外阙奉主之恭,而不失其敬"。意为僧众虽在外表上离开父母亲人,也不致礼君王,然而从他们从事教化达到的社会效果来说,是没有违背孝敬之道的。

(三)"求宗不顺化"——追求超脱生死的泥洹的沙门,不顺应自然而求生,故有资格"抗礼万乘"

出家沙门为什么可以不敬君王?慧远认为沙门追求达到超脱生死的泥洹(涅槃),不以顺应天地阴阳造化而求生存为目的,所以在逻辑上便赋予他们可以和具有"顺化之功"的并且与道、天、地并列的君王平等的地位,不必对君王礼敬,所谓"沙门之所以抗礼万乘,高尚其事,不爵王侯而沾其惠者也"。

慧远以自设宾主的方式来进行论证。他以"问曰"的名义从反面提出质询:

> 寻夫老氏之意,天地以得一为大,王侯以体顺为尊。得一故为万化之本,体顺故有运通之功。然则明宗必存乎体极,求极必由于顺化。是故先贤以为美谈,众论所不能异。异夫众论者,则义无所取,而云不顺化何耶?

大意是:《老子》中的"道大、天大、地大,王亦大",是表示天地以得"一"(道)才成为"大"的,而君王以通达顺从自然造化(体顺)才得到尊贵的地位。天地遵循大道才能成为万物的本源,而君王通达顺从自然造化才有运通之功。然而沙门悟"宗"必须通达终极的真理,通达终极的真理就必须顺从自然造化。这是先贤众论所共同认可的。怎么可以说沙门"不顺化"呢?

如果承认沙门也须"顺化",便没有理由不礼敬"体顺"、"运通"与"三大"并列的君王。对此,慧远借"答曰"论证说:

> 凡在有方,同禀生于大化,虽群品万殊,精粗异贯,统极而言,

有灵与无灵耳。有灵则有情于化，无灵则无情于化。无情于化，化毕而生尽。生不由情，故形朽而化灭。有情于化，感物而动，动必以情，故其生不绝。生不绝，则其化弥广，而形弥积。情弥滞而累弥深，其为患也，焉可胜言哉。是故经称泥洹不变，以化尽为宅；三界流动，以罪苦为场。化尽则因缘永息，流动则受苦无穷。

何以明其然？夫生以形为桎梏，而生由化；有化以情感，则神滞其本，而智昏其照，介然有封，则所存唯己，所涉唯动。于是灵辔失御，生涂日开，方随贪爱于长流，岂一受而已哉。

是故反本求宗者，不以生累其神；超落尘封者，不以情累其生。不以情累其生，则生可灭；不以生累其神，则神可冥。冥神绝境，故谓之泥洹。泥洹之名，岂虚构也哉。

请推而实之。天地虽以生生为大，而未能令生者不化；王侯虽以存存为功，而未能令存者无患。是故前论云：达患累缘于有身，不存身以息患；知生生由于禀化，不顺化以求宗。义存于此，义存于此。斯沙门之所以抗礼万乘，高尚其事，不爵王侯而沾其惠者也。

这段话有以下六层意思：

1. 世界万物虽有形形色色，然而从大的方面来看，可分为有灵（灵魂、心神、精神）与无灵两类。凡有灵的事物（有情众生）必对自然造化有情感，而无灵的事物对造化没有情感，随着造化的结束而消灭。反之，有灵的事物却因为情感的缘故，引发牵引种种行为的情欲烦恼，积累善恶业因，导致在生死长流中轮回不已。因此众生的情欲是很大的祸患。

2. 生命实以身体为桎梏，而生命又来自天地阴阳的化育，由此化育便产生情感烦恼，使心神受到束缚，智慧昏沉，囿于自我，被贪爱牵引追求不已，便难以摆脱生死轮回。

3. 沙门以追求达到超脱生死的泥洹（求宗）为理想。所谓泥洹的境界，与因缘聚散、流动不息、充满痛苦烦恼的三界绝然不同，是生化过程的彻底终结（所谓"生已尽"），是永恒不变的实在——最高觉悟境界、成佛。

4. 沙门既然追求返归本源，以达到最后摆脱尘俗的觉悟为目标，便不为生存、情感而劳累心神、生命，于是生命与心神皆可息灭。"冥神绝境"（相当"灰身灭智"），就是永不轮回生死的泥洹境界。

5. 天地虽以生生万有为大，却不能使生者不变化；王侯虽有保护生者生存的功德，却不能使他们免除祸患。

6. 如前所说，沙门既然"达患累缘于有身，不存身以息患；知生生由于禀化，不顺化以求宗"，便取得与君王同等地位的资格，故可以"抗礼万乘，高尚其事"，不必礼敬君王。

（四）"体极不兼应"——佛与君王、圣贤皆为通达终极实相者，然而表现不同

佛教尊佛，以佛为至尊。然而中国古代封建社会实行以皇帝为首的专制主义中央集权制度，皇帝权威至高无上，甚至被神化为"天子"，赋予神圣不可侵犯的权力。同时，体现国家正统思想的儒家圣人周公、孔子也具有无上的神威，不容亵渎。在这种社会环境中，佛教要存在并取得顺利发展，应如何适应，如何做出能够得到以皇帝为首的统治者认可的解释呢？在慧远稍前，名士孙绰（320—377）是中国最早将佛与周、孔加以会通等同的人。他在所著《喻道论》中说，"周孔即佛，佛即周孔，盖内外之名耳"，"周孔救时弊，佛教明其本耳"[①]。意为若从着重内心教化来说，应靠佛教；而从治理充满弊病的社会来讲，需靠周孔之教。慧远继其后，用不同的词语表达了类似的意思。

慧远借"问曰"代表主张僧众应当礼敬君王的儒者提出质问说，从上古以来，帝王在位治理国家的根本是一致的，"本不可二，是故百代同典，咸一其统"。正如《论语·泰伯章》所说："唯天为大，唯尧则之。"哪有什么视听之外的"理"可知照呢？由此"宗极"（终极真理）便可辨明。然而沙门不理解圣贤经典表达的真意，认为另有"宗"可以寻求，可谓荒谬之极。

对此，慧远以"答曰"进行辩解。首先，"幽宗旷邈，神道精微，可以理寻，难以事诘"。意为对于佛教所阐释的深奥玄妙的道理，只有借助推理

---

① 《弘明集》卷三，《大正藏》卷五二第17页上。

才能明白。对于一般民众传教,只能讲述他们能够理解的,至于超乎他们视听世界以外的道理,他们是难以领会的。《庄子·齐物论》曰:"六合之外,圣人存而不论;六合之内,圣人论而不议;《春秋》经世先王之志,圣人议而不辩。"慧远引述并加以发挥说:

> 六合之外存而不论者,非不可论,论之或乖;六合之内论而不辩者,非不可辩,辩之或疑;《春秋》经世先王之志,辩而不议者,非不可议,议之或乱。此三者,皆即其身耳目之所不至以为关键,而不关视听之外者也。因此而求圣人之意,则内外之道,可合而明矣。

是说上述三种情况皆属于人们没有感知和认识的范围内的事,尚不属于"视听"以外世界的事。如果由此进一步探索圣人之意,便可以同时体悟"视听"内外世界的道理。

慧远以会通佛教与儒家的观点明确地表示:

> 道法之与名教,如来之与尧孔,发致虽殊,潜相影响;出处诚异,终期则同,详而辩之,指归可见。理或有先合而后乖,有先乖而后合。先合而后乖者,诸佛如来则其人也。先乖而后合者,历代君王未体极之至,斯其流也。何以明之?经云:佛有自然神妙之法,化物以权,广随所入,或为灵仙转轮圣帝,或为卿相国师道士。若此之伦,在所变现,诸王君子莫知为谁。此所谓合而后乖者也。或有始创大业,而功化未就,迹有参差,故所受不同;或期功于身后,或显应于当年,圣王即之而成教者,亦不可称算。虽抑引无方,必归涂有会,此所谓乖而后合者也。若今乖而后合,则拟步通涂者,必不自崖于一揆。若今合而后乖,则释迦之与尧孔,归致不殊,断可知矣。

意为佛法与儒家名教,佛与尧帝、孔子,虽然动机表现不同,然而实际上是彼此影响的,并且是殊途同归的。他表示有两种情况:一种是"先合而后乖"(先同而后相异)者,一种是"先乖而后合"(先异而后相同)者。前者是指佛如来,说佛具有神通妙术,可以显现各种不同形象应机教化众生，有时应现为神仙、国王，有时应现为卿相、国师乃至道士；后者先异而后同者则是指历代帝王，说他们创有宏伟功业，却一时或多世未能觉悟，然而最后毕竟会解脱成佛的。从"先乖而后合"来说，帝王行为表现未必一致；从"先合而后乖"来说，则释迦佛与其显化的尧、孔乃至历代帝王皆是体悟终极真理（体极）者，然而外在表现是有所不同的。人们不应当因为看到佛与帝王彼此不相兼，形象行为各异，便表示惊奇。

在此段最后，慧远自信地表示，"天地之道，功尽于运化。帝王之德，理极于顺通"，然而它们毕竟还是难以与佛教所追求的"不变之宗"（佛、泥洹、法性）相提并论的。

（五）"形尽神不灭"——论证佛教重要理论前提的"神不灭"论是不可动摇的

慧远借"问曰"代表儒者用人生是气之聚散的学说对佛教的神不灭论提出质疑。原文是：

> 论者以化尽为至极，故造极者必违化而求宗。求宗不由于顺化，是以引历代君王使同之佛教，令体极之至以权君统。此雅论之所托，自必于大通者也。求之实，当理则不然。
>
> 何者？夫禀气极于一生，生尽则消液而同无神，虽妙物①故，是阴阳之化耳。既化而为生，又化而为死；既聚而为始，又散而为终。因此而推，故知神形俱化，原无异统；精粗一气，始终同宅。宅全则气聚而有灵，宅毁则气散而照灭。散则反所受于大本；灭则复归于无物。反复终穷，皆自然之数耳，孰为之哉。若令本（异），则异气数（合），合则同化。亦为神之处形，犹火之在木，其生必并（按：应为存字），其毁必灭。形离则神散而罔寄，木朽则火寂而靡托，理之然矣。
>
> 假使同异之分，昧而难明；有无之说，必存乎聚散。聚散，气变之总名，万化之生灭。故庄子曰：人之生，气之聚，聚则为生，散则

---

① "妙物"是对神的解释，意为具有神妙变化功能的难以描述的事物。《周易·说卦传》："神也者，妙万物而为言者也。"

为死。若死生为彼徒苦，吾又何患。① 古之善言道者，必有以得之。若果然耶，至理极于一生，生尽不化，义可寻也。

大意是说：佛教以追求身心寂灭的所谓"至极"（泥洹、成佛）为最高目标，所以认为可以有违自然的生化（实指阴阳气化），并且进而推论历代君王毕竟也以体悟终极真理（体极）为目的。然而实际情况并非如此，佛教立论所依据的神不灭论是不能成立的。据古圣人庄子所说，人之生死不过是气之聚散的现象而已。人的心神好像火烧木一样，木一烧尽，心神便同时消灭。佛教所说的超越于人生、心神的"至极"、"至理"在哪里存在呢？

质难者所列举的理由牵涉到佛教的根本理论问题，如果同意神灭论，就意味着否定佛教正当存在的合理性。慧远对此是十分认真地对待的。

慧远在辩驳中先对"神"进行解释，说"神"是"精极而为灵者也。精极则非卦象之所图，故圣人以妙物而为言。虽有上智，犹不能定其体状，穷其幽致，而谈者以常识生疑，多同自乱"。意为"神"是极为灵妙的心神（心灵、灵魂、精神），因为连卦象都无法图示，所以圣人称之为"妙万物而为言"，既然具有至高智慧的人都难以描述它的微妙形状，那么一般人就难免对它产生疑惑。他说：

> 神也者，圆应无主，妙尽无名，感物而动，假数而行。感物而非物，故物化而不灭；假数而非数，故数尽而不穷。有情，则可以物感；有识，则可以数求。数有精粗，故其性各异；智有明暗，故其照不同。推此而论，则知化以情感，神以化传。情为化之母，神为情之根。情有会初（按：当为"物"字）之道，神有冥移之功。但悟彻者反本，惑理者逐物耳。

意为神灵圆明，随处应感而化现，极为微妙没有名称，应感随缘而动，

---

① "若死生为彼徒苦"中的"彼"、"苦"当为衍文。原文出自《庄子·知北游》："人之生，气之聚也；聚则为生，散则为死。若死生为徒，吾又何患。"

寄托于有数量形体的事物之中而运行。虽然如此，它本身却不是物，也不随物灭而灭，不随有数量形体的事物消失而消失。因为它具有情识，所以能感应外物，能寄存于有数量形体的事物之中。世界万物有精有粗，因而表现出来的性情也有差别；智慧有聪明迟钝之分，所以认识也表现不同。由此可知，自然生化是通过"情"来感应外物进行的，"神"是借助生化来前后传承的。可以说"情"是生化之母，而"神"又是"情"之根。"情"有理解事物的渠道，"神"有冥传（没有形象可见）的功能。彻悟终极真理者其心神反本归源（泥洹、无生），迷惑真理者其心神则随物游荡（游魂）。

慧远在这里所说的，用现在的普通话来表述就是：灵魂无形无象，微妙难以形容，永恒流转于世界万物之间；至于生命的生化、生生不息，是通过灵魂（神）的随缘感应和轮回进行的；人有死亡，而灵魂是不灭的；只有生前觉悟者的心神最后才彻底寂灭，而迷误者的心神则成为游魂。

他又接过质难者以木火之喻反对神不灭的比喻，反其道而行之，论证精神是不灭的。他说：

> 论者不寻方生方死之说，而惑聚散于一化；不思神道有妙物之灵，而谓精粗同尽，不亦悲乎？火木之喻，原自圣典，失其流统，故幽兴莫寻，微言遂沦于常教，令谈者资之以成疑。向使时无悟宗之匠，则不知有先觉之明，冥传之巧（按：当为功字）没世靡闻。何者？夫情数相感，其化无端，因缘密构，潜相传写。自非达观，孰识其变。

> 请为论者验之以实。火之传于薪，犹神之传于形。火之传异薪，犹神之传异形。前薪非后薪，则知指穷①之术妙；前形非后形，则悟情数之感深。惑者见形朽于一生，便以为神情俱丧；犹睹火穷于一木，谓终期都尽耳。此曲从养生之谈，非远寻其类者也。就如来论，假令

---

① "指穷"，原出自《庄子·养生主》，原文曰："老聃死，秦失吊之，三号而出。弟子曰：非夫子之友邪？曰：然。然则吊焉若此，可乎？曰：然。始也吾以为其人也，而今非也。向吾入而吊焉，有老者哭之，如哭其子；少者哭之，如哭其母。彼其所以会之，必有不蕲言而言，不蕲哭而哭者。是遁天倍情，忘其所受，古者谓之遁天之刑。适来，夫子时也；适去，夫子顺也。安时而处顺，哀乐不能入也，古者谓是帝之县解。指穷于为薪，火传也，不知其尽也。"据此，"指穷于为薪"中的"指"是连上句，意为比喻。人死古称"悬解"，比喻薪灭，然而火将继续传。

神形俱化，始自天本；愚智资生，同禀所受。问：所受者为受之于形耶，为受之于神耶？若受之于形，凡在有形皆化而为神矣；若受之于神，是为以神传神，则丹朱与帝尧齐圣，重华与瞽叟等灵。其可然乎？其可然乎？如其不可，固知冥缘之构，着于在昔；明暗之分，定于形初。虽灵钧善运，犹不能变性之自然，况降兹已还乎？

意思是说，质难者不认真思考《庄子》所说生死相继之说，却迷惑上生死是气之聚散的说法；没有理解心神具有"妙物"之特性，而说人死时身心（精粗）皆灭。至于所用木火之喻，也失其真意。因为过去没有"悟宗"（体悟终极真理）先觉之人，所以人们不了解心神"冥传"的奥妙。如果借用薪火之喻来说，火传于薪，好像心神传之于身；火传到异薪时，好像心神传到异身。既然前薪非后薪，可以理解《庄子》以薪尽喻死之妙；前身非后身，可以体悟"情"感物随缘流转的深意。惑者看见人死，便认为此人心神与情俱灭，好像见一木烧尽便说火灭一样。如果同意质难者所说，形体与心神俱灭是出由自然决定，人之智愚是同秉自天地气化。那么要问：从自然气化所受者是形体呢，还是心神？如果是形体，便意味着凡有形体者皆拥有心神；若受的是心神，那么便是以神传神，那为什么会有好人与坏人之别呢？能够说丹朱（尧帝的不肖之子）与尧帝同为圣人，重华（舜帝）与瞽叟（舜帝之父，传说是不辨善恶之人）一样灵明吗？否则只有承认现世随缘轮回是由于往世的业因，人之聪明愚蠢是先天决定的。

慧远站在维护佛教的立场上以薪火之喻论证精神不灭。这一理论不仅是佛教善恶因果报应论的依据，也是佛教修行解脱论的基础。如果承认人死神灭，佛教所追求的断除烦恼、彻底寂灭的泥洹（涅槃）、回归法身等说法也会失去意义。因此，慧远在论证沙门不敬王者的最后用相当大的篇幅评述这一问题，是可以理解的。

四　简短的结论

中国古代封建君主专制主义强大，帝王要求臣民在一切方面绝对地服从，在伦理道德和礼仪的领域，忠于君王、叩拜君王是最重要的行为规范。

佛教虽要求僧尼报四恩：父母之恩、众生之恩、国王之恩、三宝之恩，但又认为自己超越于世俗社会之上，沙门不受人间伦理的制约，不仅不应当礼拜父母，而且连君王也不应当礼拜。

慧远在《沙门不敬王者论》中提出了影响深远的协调佛法与王权、王法的关系论。他强调指出三点：

（一）在家佛教信徒必须遵奉世俗纲常名教和礼法，忠君孝亲，礼敬君王。

（二）出家僧众是"方外之宾"，以达到永远寂灭的"泥洹"（涅槃）解脱为目标（体极，求宗），对协调"道大、天大、地大"共同"资生通运"的君王不必礼拜。

（三）出家僧众虽不在形式上礼拜君王，但可以通过传播佛法，"助王化于治道"，"协契皇极"。

此外，慧远还会通佛、儒二教，认为佛法与儒家名教"出处诚异，终期则同"；佛与帝王、圣贤毕竟皆是"体极"得道（体悟终极真理）者，只是表现有所不同；又为维护佛教的正当存在，以薪火之喻论证了作为佛教基础理论的神不灭论。

总之，慧远通过论证僧众不敬帝王，提出处理王法和佛法关系的原则：占信徒人数最多的在家奉佛者必须遵守王法和纲常名教，便可使统治者放心；要求统治者尊重出家僧尼"方外之宾"的特殊身份，允许他们不礼敬君王，然而可以期望他们对民众从事教化，为社会治理安定发挥积极作用。

此后历朝对僧尼是否应当礼拜君王的问题虽仍有争论，但总的说来，僧尼不必固守世俗礼法的特殊身份是受到社会普遍承认的。

东晋佛经翻译家法显及其在中国文化史上的贡献[①]

历史悠久、光辉灿烂的中华民族文化是中国各民族共同创造的，也是在长期的中外文化交流中不断吸收世界各国各民族的优秀文化得到充实和丰富起来的。中国古代儒、道二教与源自印度的佛教既彼此比较、批评，又互相会通和融合，得到共同发展，构成了中华民族文化发展历史的丰富多彩的内容，从而在铸造中华民族的精神、性格和价值取向、民族向心力等方面起到了巨大的作用。

回顾古代中外文化交流可以清楚地发现，佛教曾是连接中国与南亚、东亚各国文化交流的重要纽带和桥梁。公元前后佛教从印度传入中国以后，无数来自南亚、东南亚、中亚的佛教徒到中国传法，带来大量经典及其他文物，也有很多中国僧人到印度及其他国家求法取经，到朝鲜、日本、越南传法。这种交流不局限于佛教的交流，而且也是以佛教为载体的多元文化的交流。历史上大量生动的事实为此做出了有力的证明。

东晋义熙八年（412）七月，在经过十四年西行求法历程后从崂山登陆的法显，是中国历史上杰出的旅行家和佛教经典翻译家。他与唐代赴印求法的玄奘、义净一样，不仅在中国佛教史上占有重要地位，而且在中外文化交流史乃至世界文化史上也占有重要地位。

本文据南朝梁僧祐《出三藏记集》卷十五《法显传》、法显自著《佛国记》（也称《法显传》等），并参考其他相关资料，对法显西行求法的行

[①] 任继愈主编，中国社会科学出版社 1985 年版《中国佛教史》第二卷第三章第四节《法显西行求法与〈佛国记〉》是笔者执笔。本文为重新构架另写，参考了此节，载杨曾文、温金玉、杨兵主编《东晋求法高僧法显和〈佛国记〉》，宗教文化出版社 2010 年版。

程、回国后的译经、《佛国记》以及法显在中国佛教史和文化史上的贡献等，作简要而系统的介绍。

一　法显西行前后的中国社会和佛教形势

法显（？—423年之前）生活在东晋十六国的后期和南北朝的初期。

西晋在经过长期的内乱和内迁匈奴、鲜卑、羯、氐、羌等少数民族贵族的武装割据中灭亡，以江南建康（今南京）为中心建立东晋政权。北方经过匈奴的汉、前赵、羯人的后赵、鲜卑慕容部的前燕等政权的先后兴替和伴随的战乱，兴起一度统一北方大部领土的氐人的前秦国。前秦王苻坚在建元十九年（东晋太元八年，公元383年）率兵90万南下，企图一举灭东晋。然而经淝水（今安徽寿县东南）一战，被以"北府兵"为中坚的东晋军队打败，溃不成军，前秦从此土崩瓦解，原来被前秦制服的一些胡族领袖纷纷起兵逐鹿中原，在北方相继建成鲜卑慕容部的后燕、西燕、北燕、南燕，羌人的后秦等割据政权；在河西走廊和西北等广大地区形成氐人的后凉，鲜卑秃发部的南凉，鲜卑乞伏部的西秦，匈奴沮渠部的北凉、匈奴铁弗部的夏，汉人的西凉等。今山西北部平城（今大同）一带有由鲜卑拓跋部建立的魏国，在拓跋珪（后为道武帝）率领下迅速强大，经过连年征战，最后在公元431年统一北方。东晋末年，原为北府兵将领的刘裕逐渐掌握朝廷大权，元熙二年（420）代晋称帝，建国称宋。从此开始了南北朝时期。

其中与法显西行求法和归国有关的几个地方是：

（1）后秦。淝水之战后，羌人姚苌脱离前秦自立为王，公元386年称帝，国号秦，建都长安，死后由其子姚兴继位，提倡儒学、佛教。公元417年被率东晋兵北伐的刘裕所灭。

（2）西秦。前秦灭后由鲜卑人乞伏国仁建立，死后由其弟乞伏乾归继位，都苑川（今甘肃榆宁），金城（今兰州）为其所属。

（3）南凉。公元397年由鲜卑人秃发乌孤建立，先后由其弟秃发利鹿孤、秃发傉檀继位，都西平（今青海西宁）。

（4）北凉。公元397年匈奴人沮渠蒙逊起兵拥立原为后凉建康（今甘肃高台西）太守段业为建康公，401年杀段业自立为张掖公，后称凉王，都张掖（在今甘肃）。

（5）西凉。公元400年原北凉敦煌太守、汉人李暠据敦煌建立。

（6）兖州、青州。治所分别在今山东省郓城西南（时有变迁）和青州市北（南朝宋建东阳城）。在十六国时期先后为后赵、前秦、南燕占领。东晋义熙六年（410）刘裕率兵北伐南燕，攻取都城广固城（在今山东青州市西北），灭南燕。此后，山东半岛归属东晋，后入宋的版图。①

佛教自传入内地至4世纪末已有400多年，从中国佛教史总体来看属于佛教的初传期，虽然接受佛教的主要是社会上层和一部分知识分子，然而已经开始向社会普通民众普及。佛经翻译是佛教传播和发展过程中的重要环节。东晋以前的佛经翻译，据梁僧祐《出三藏记集》记载，东汉译经54部74卷，三国译经42部68卷，西晋译经167部366卷，共263部508卷；若据唐智升《开元释教录》记载，东汉译经292部395卷，三国译经201部435卷，西晋译经333部590卷，共826部1420卷。② 在进入东晋以后至法显西行求法之前，无论是南方还是北方，都有相当数量的佛经译出，特别是道安在前秦长安组织来自印度和西域的僧人翻译了很多佛经。

在所译经典中，包括大小乘的经、律、论三藏。小乘佛经是指反映原始佛教教义的《阿含经》，包括《长阿含经》《中阿含经》《杂阿含经》和《增一阿含经》，各经由很多小经（单品经）组成。然而在东晋以前只翻译出属于阿含类经典的单品经，直到前秦建元二十年（384）时道安才请昙摩难提、竺佛念分别译出《中阿含经》和《增一阿含经》，然而可能由于战争的原因，这两部经佚失，法显也未必看到。现存《中阿含经》和《增一阿含经》皆题东晋僧伽提婆翻译③。至于小乘论书（所谓阿毗昙或阿毗达

---

① 参考王仲荦《魏晋南北朝史》第四章、第五章，上海人民出版社1979年版；翦伯赞主编《中国史纲要》（修订本）第五章第二节、第三节，人民出版社1995年版；《晋书·载记》有关部分、《宋书·武帝纪》。

② 任继愈主编，中国社会科学出版社1981年、1985年出版的《中国佛教史》第一、第二卷后附《汉三国译经卷数》《西晋东晋十六国译经卷数》。此为笔者执笔，其中《西晋译经》中的"西"字误印为"两"字。

③ 僧伽提婆曾在前秦参加道安译场译经，《八犍度论》就是与竺佛念共译的，因此不排除署名他译的《中阿含经》《增一阿含经》两部经是在前秦译二经的基础上补译的。

磨），东晋前虽有译出，但甚不系统，重要的有东汉安世高译《阿毗昙五法经》，前秦时僧伽提婆译《阿毗昙八犍度论》，僧伽跋澄译《阿毗昙毗婆沙论》。在大乘经翻译方面，般若类经典分大小品，小品般若最流行的是东汉支谶译《道行般若经》，大品是西晋无罗叉译《放光般若经》，此外，支谶译《首楞严三昧经》、三国支谦译《维摩诘经》、西晋竺法护译的《正法华经》、三国康僧铠译《无量寿经》等也比较流行。

在戒律方面，大乘佛教也通行小乘戒，印度有传自部派佛教时期五个部派传承的戒律，称五部律：（1）昙无德部（法藏部）的《四分律》；（2）萨婆多（说一切有部）的《十诵律》；（3）弥沙塞（化地部）的《五分律》；（4）迦叶遗（饮光部）的《解脱律》；（5）摩诃僧祇部（大众部）的《摩诃僧祇律》。这些完整的戒律（广律）在法显求法之前皆未传译，其中《解脱律》始终未传译。以往仅翻译过部分戒律中记载比丘、比丘尼必须遵守的戒条（具足戒）部分，称为戒经或戒本：三国魏昙柯迦罗译《僧祇戒本》，竺法护译《比丘尼戒》，前秦昙摩持和竺佛念译《十诵比丘戒本》《比丘尼大戒》《教授比丘尼二岁坛文》。然而有的已经佚失。对于戒律中的"犍度"（意为"蕴"、"聚"，相当于"类"）部分则翻译更少。这部分是按不同类别记载有关僧团举行授戒、说戒、安居、忏悔等集会仪式，如何制止僧团发生纠纷，僧尼在衣食住及日常生活中应当遵守的礼仪等各种规定。前秦道安曾感慨"三藏不具，以为阙然"，翻译者对律藏"考校者少"①，前述《十诵比丘戒本》《比丘尼大戒》就是他请人译出的。在法显西行求法后，精于戒律的罽宾僧弗若多罗继鸠摩罗什之后到达长安。因为此前"经法虽传，律藏未阐"，众僧对他的到来表示特别欢迎，请他与鸠摩罗什合作译出《十诵律》，并由佛陀耶舍与竺佛念译出《四分律》。②

总之，在法显之前，佛教三藏经典虽相继译出相当数量，然而既没有传译小乘经典《阿含经》的全本，也没有译出一部完备的戒律；在大乘经典方面虽有般若类经典译出，尚未传进代表印度佛教最新教理的论述佛性

---

① 道安《鼻奈耶序》《比丘大戒序》，分别载《大正藏》卷二四第851页上、卷五五第80页上。

② 《出三藏记集》卷三《新集律来汉地四部序录》；《高僧传》卷二《弗若多罗传》，分别载《大正藏》卷五五第20页、卷五〇第333页上。

思想的《涅槃经》。法显是位虔诚的学僧,身处当时的环境,激发他西行求法的动机主要是寻求戒律。

二 法显的故乡在今山西临汾

法显法师(？—423年前),俗姓龚。据南朝梁僧祐《出三藏记集》卷十五《法显传》的记载,法显是"平阳武阳人"。然而据《晋书·地理志》对晋朝全国州郡的记载,平阳郡下属十二县,包括:平阳、杨、端氏、永安、蒲子、狐谭、襄陵、绛邑、濩泽、临汾、北屈、皮氏,然而其中没有"武阳"的县名。隋代费长房《历代三宝记》卷七记载:"平阳沙门释法显。"可见,《出三藏记集》卷十五《法显传》所谓法显是"平阳武阳人"的记载难以凭信,"武阳"二字当属误加。据以上考察,法显原籍应是平阳郡,治所在现在山西省临汾市汾水以西。

法显生活在东晋十六国时期,从他生存的年代推断,平阳郡曾先后在氐族建立的前秦(350—394)、羌族建立的后秦(384—417)管辖范围内。

法显有兄三个皆死于童年。父母担心他在家难以存活,在他三岁时便按当时的习俗将他度为沙弥,想念时便接他回来安置住于门外特为他建的小屋内。法显在十岁时父亲去世,其叔想让他还俗,他执意不肯。不久母亡,他在料理母亲丧事之后,立即回到寺中。

当时佛教寺院的重要经济来源是耕种土地,普通僧人要经常下田劳动。法显在当沙弥时也常到田间劳动。某日法显与同学数十人在田间忙于收割稻谷,有一伙"饥贼"前来,想抢夺他们的稻谷,其他沙弥都惊慌逃走,唯独他留下不跑,对这些想抢稻谷的人讲:"若欲须谷,随意所取。但君等昔不布施,故此生饥贫。今复夺人,恐来世弥甚。贫道豫为君忧,故相语耳!"说完掉头便走。他是用佛教的善恶因果报应的道理,向这些因饥饿想抢夺寺院稻谷的人进行说教,说他们前世不施舍行善今世才贫困,如果再行抢劫,来世遭遇更坏。据载这些准备抢稻谷的人弃谷而去。对法显这一表现,"众僧数百人莫不叹服"[①]。当时北方经常发生战乱,困于饥贫的流民

[①] 以上据《出三藏记集》卷十五《法显传》,《大正藏》卷五五第111页下。

很多，以上记载可看作这一情况的反映。

法显在二十岁时受具足戒，《出三藏记集》卷十五《法显传》说他"志行明洁，仪轨整肃，常慨经律舛阙，誓志寻求"①。是说法显在受具足戒成为"大僧"后，具有卓越的道行，在对中国佛教情况有了更多的了解后，认为以往传译的佛经、戒律尚不完备，出于护法弘教的愿望，便立志西行寻求。然而在法显自己写的《佛国记》中说："法显昔在长安，慨律藏残缺，于是遂以弘始元年岁在己亥，与慧景、道整、慧应、慧嵬等同契，至天竺寻求戒律。"②是将寻求戒律作为西行求法的目的。

长安在前秦时期是佛教的重要中心，道安曾在此组织来自印度、西域的僧人翻译佛经。前秦灭亡后，这里是后秦的国都。后秦王姚兴弘始元年（相当东晋安帝隆安三年），按甲子纪年是己亥年，即公元399年。在这一年，法显与同伴四人踏上西行求法的路程。二年后（401），出生于龟兹（今新疆的库车）的鸠摩罗什（344—413）应后秦王姚兴之请到达长安，开始了长达十三年的大规模的译经活动。

法显赴印求法与鸠摩罗什在长安的译经，是当时佛教界的两件大事，都对中国佛教和文化的发展产生了深远的影响。

三　艰难的西行求法历程

法显西行求法，先出长安西至今甘肃、青海一带，然后转河西走廊，经今新疆南路，逾过葱岭，穿过今巴基斯坦、阿富汗两国部分领土，进入印度游历和寻求经典，然后渡海到今斯里兰卡国求法，最后搭商船经海路回国，因遭遇巨风漂泊至崂山登岸。

现分阶段将法显西行求法的行程进行介绍。

---

① 《大正藏》卷五五第111页下。
② 本文所据《佛国记》是章巽校注《法显传校注》（以下只称《佛国记》），上海古籍出版社1985年版。关于西域、古印度地名，除本书注释外，主要参照冯承钧、陆峻岭增订《西域地名》，中华书局1980年第二版；陈佳荣、谢芳、陆峻岭编《古代南海地名汇释》，中华书局1986年版。此外参考郭沫若主编《中国史稿地图集》上册《法显西行》，地图出版社1979年版。某些地名译音据中国地图出版社2000年第二版《南亚地图》作了调整。

(一) 从长安至葱岭(399—401)

据《佛国记》①，后秦弘始元年（399）法显与慧景等四人从长安出发后，越过在今陕西西北的陇山，进入"乾归国"（西秦国都金城，今甘肃兰州），在此坐夏（夏安居，每年四月十六日至七月十五日）。然后出发至"耨檀国"（南凉国都西平，今青海西宁市）。翻过西平北边的养楼山，到达位于河西走廊的张掖镇（北凉国都，在今甘肃省西部）。当时因为发生战乱，道路不通，幸而受到北凉国王段业的优厚照待。在这里，法显一行与西行求法的智严、慧简、僧绍、宝云、僧景等僧相遇，并且一起留在此处坐夏（应为公元400年四至七月）。此后他们一起西至敦煌，受到西凉国王李暠的供养，在此居住一个多月，法显一行与宝云等僧相别先行，出关进入通往鄯善的沙漠地带，"上无飞鸟，下无走兽"，举目茫茫，方向难辨，"唯以死人枯骨为标识"，好不容易走到地处南道的鄯善（今新疆若羌县）。然后法显等人往北走到地处北道的焉夷（焉耆，今新疆焉耆回族自治县），在此停留二月，与宝云一行复会。不久，智严、慧简、慧嵬等人为求行资西返高昌（今新疆吐鲁番）。法显等人从当地苻公孙处得到资助，便向西进发，又沿西南方向越过渺无人烟的沙漠进至南道的于阗（在今新疆和田县东南）。慧景、道整、慧达三人先行至竭叉（今新疆喀什）。

法显听说于阗每年四月上半月为庆祝佛诞节，14所寺院在国王主持下联合举行隆重的行像仪式，便在于阗停留三个多月。在观看行像仪式后，僧绍随胡僧到罽宾（今克什米尔）。法显等人进至位于新疆叶城县西南的子合，然后通往葱岭（帕米尔高原），行至于摩（今新疆塔什库尔干）。在此度过夏安居（应为公元401年四至七月）。此后进至北道的竭叉，与慧景等人会合，一起参加每隔五年由当地国王、群臣举办的盛大施舍法会，瞻仰了传为是佛用过的石制唾壶和供养佛牙的塔。他们由此西行，越过葱岭，进入古印度西北部的陀历国。

今新疆地区自公元前2世纪传入佛教以来，直到隋唐，佛教一直十分兴盛。法显《佛国记》中记述他西行至鄯善以后经历的地方皆在今新疆维

---

① 以下所引《佛国记》，皆用章巽校本，凡引文字出自此书者，不再注明。

吾尔自治区，不仅记述了各地的地理形势、物产风俗，也比较详细地记述了佛教流行情况。为阅读方便，现将这些地方佛教流行情况列表简单介绍如下。

地名	现处所	僧人数	大、小乘	寺院	佛教遗迹	传统和习俗
鄯善	若羌县	4000	小乘			国王信奉佛教；僧俗行天竺法仪。自此以西僧人皆习天竺书、天竺语
焉夷	焉耆	4000	小乘			
于阗	和田县东南	1万	多习大乘	瞿摩帝、王新寺		国民丰乐，皆奉佛法，家门前起小塔；每年四月佛诞节时，14所大寺联合举办隆重行像仪式，国王出面主持；以珍宝供佛
子合	叶城县西	千余人	多大乘学			国王精进佛法
竭叉	喀什	千余人	小乘		石制佛唾，另有佛齿，为造塔供养	每过五年举行供养大法会，国王与群臣布施，然后赎回；僧于收麦后受岁

（二）游历西北天竺(401—403)

法显越过冬夏积雪的葱岭，进入古印度境内，先游历西北十国。从现在疆域来说，这十国中一国在今克什米尔，一国在今阿富汗国，其他皆在今巴基斯坦国境内。

先到位于今克什米尔西北部的达地斯坦附近的小国陀历。此处有众僧，皆奉小乘，立有木制高八丈、足趺达八尺的弥勒菩萨像。此后南行十五日，山势陡峭，壁立千仞，山下有湍急的新头河（印度河），前进十分艰难，多亏有前人依山势凿石修造的梯道，辗转经过七百余处，然后攀缘悬绳过河。据传说，此处是自古佛法传入中国的必由之路。

越过印度河便进入乌苌国（首都在今巴基斯坦国北部斯瓦特河流域）。此地民众的语言、衣服和饮食与中天竺相同，佛教盛行，有500座寺，皆奉小乘。当地传说佛曾至此地传法，留有足迹及佛晒衣处、度恶龙处。法显等人在此坐夏（应为公元402年四月至七月）。慧景、道整、慧达三人先行到那竭国（首都在今阿富汗东北的贾拉拉巴德）。

此后，法显等人至乌苌国西南的宿呵多国，有纪念佛"割肉贸鸽"传说①的塔。法显等人东下至犍陀卫国（在今巴基斯坦国西北喀布尔河沿岸一带）。此国盛行小乘佛教，建有纪念传说佛以自己眼睛施舍盲者②的塔。自此西行七日，到竺刹尸罗国（在今巴基斯坦国拉瓦尔品第西北），有纪念佛前世"以头施人"、"投身饲饿虎"③的两座大塔，国王、臣民以鲜花、燃灯竞相供养。

法显说当地人称这四座塔为"四大塔"。

法显等从此国南行四日，至弗楼沙国（今巴基斯坦国白沙瓦）。这里有当年贵霜王国迦腻色迦王建的四十余丈的高塔，"凡所经见塔庙，壮丽威严都无此比"。又有供养"佛钵"的塔及寺，有僧七百余人。

慧景、慧达、道整三人先到达那竭国供养佛影、佛牙及佛顶骨。不幸慧景在那里病倒，道整留下照看。慧达回到弗楼沙，与宝云、僧景结伴回国。慧应在佛钵寺去世。

此后，法显一人从弗楼沙独自出发，沿着西北方向走到那竭国醯罗城、那竭国城（分别在今阿富汗贾拉拉巴德城的南边和西边）。醯罗城有供养着传说是佛顶骨的寺，而那竭国城有供奉着佛牙、佛锡杖的寺，还有供奉佛影的寺塔，有僧七百余人。法显与先到此寺的慧景、道整相会，越冬居住三个月，然后一起南下翻越小雪山（今阿富汗国贾拉拉巴德以南的塞费德科山脉）。雪山终年积雪，他们又遭遇寒风，慧景身体虚弱，死于此山。法显抚之悲痛，说："本图不果，命也奈何！"

---

① 在佛教的本生故事中，有"割肉贸鸽"的传说，说佛在前世为尸毗王时，为从鹰的嘴中救出一只鸽子，宁愿以自身之肉作交换。鹰为天帝释所化，鸽为帝释臣下毗首天子所化。见《菩萨本生鬘论》卷一，载《大正藏》卷三第333页中下。

② "以眼施人"传说，出自《弥勒菩萨所问本愿经》，载《大正藏》卷一二第188页下。

③ 佛前世月光天子舍头施婆罗门、摩诃萨埵王子以身饲饿虎的故事，分别见《月光菩萨经》和《菩萨本生鬘论》卷一，《大正藏》卷三第407页下、第332页中—333页上。

法显与道整继续向前，过岭至罗夷国①。此地有僧三千人，兼奉大、小乘。法显与道整在此度过夏安居（应为公元403年四至七月）。接着南下走三十日到跋那国（首都在今巴基斯坦国西北印度河西岸的本努）。这里有僧三千人，皆奉小乘。由此东行三日，渡新头河南下，上岸至毗荼国（首都在今巴基斯坦国中部印度河东岸的乌杰），"佛法兴盛，兼大小乘学"。当地人看见法显、道整二人至，感到惊奇，说："如何边地人②，能知出家为道，远求佛法？"可见他们是最初接触来自中国的僧人。

　　法显经历的西北天竺十国主要信奉小乘佛教，只有接近中天竺的罗夷、毗荼二国是兼奉大、小乘佛教。

地名	现在地理位置	佛教名胜	佛教情况	法显等人活动
陀历	今克什米尔西北部的达地斯坦附近	立有木制高八丈、足跌达八尺的罗汉像	有众僧，皆奉小乘	攀缘悬绳过新头河（印度河）
乌苌国	首都在今巴基斯坦国北部斯瓦特河流域	留有佛足迹及佛晒衣处、度恶龙处	佛教盛行，有500座寺，皆奉小乘	法显等人在此坐夏（公元402年）
宿呵多国	在乌苌国西南	有纪念佛"割肉贸鸽"的塔		
犍陀卫国	在今巴基斯坦国西北喀布尔河沿岸一带	有纪念佛以自己的眼睛施舍盲者的塔	盛行小乘佛教	
竺刹尸罗国	在今巴基斯坦国拉瓦尔品第西北	有纪念佛前世"以头施人"、"投身饲饿虎"的两座大塔		
弗楼沙国	今巴基斯坦国白沙瓦	贵霜王国迦腻色迦王建的四十余丈高塔，供养"佛钵"的塔及寺	有僧七百余人	慧应在佛钵寺去世

---

　　① 此地不明。郭沫若主编《中国史稿地图集·法显西行》标此处为现在巴基斯坦国的拉基（勒吉）。

　　② 佛教经典称以摩揭陀国为中心的印度为中国，而称外国为"边地"。中国佛教徒也沿用这种说法。

续表

地名	现在地理位置	佛教名胜	佛教情况	法显等人活动
那竭国醯罗城、那竭国城	分别在今阿富汗贾拉拉巴德城的南边和西边	醯罗城有供养佛顶骨的寺；那竭国城有供奉佛牙、佛锡杖的寺，还有供奉佛影寺塔	有僧七百余人	法显与先到此寺的慧景、道整相会，越冬居住三个月。南下翻越小雪山，慧景死于此山
罗夷国	或谓在今巴基斯坦的勒吉		此地有僧三千人，兼奉大、小乘	法显、道整在此度过夏安居（403）
跋那国	首都在今巴基斯坦国西北印度河西岸的本努		有僧三千人，皆奉小乘	
毗茶国	首都在今巴基斯坦中部印度河东的乌杰		佛法兴盛，兼大小乘学	

（三）游访中天竺和东天竺(403—409)

法显、道整二人从毗茶往东南走，进入中天竺，即现在印度的北半部，有著名的恒河从西北流向东南入海，亚穆纳河是它重要的支流。这里是佛教的发源地。

当时统治印度广大领土的是继贵霜王朝之后的笈多王朝，在位的是旃陀罗笈多二世（380—414），控制的范围包括恒河上游和中印度、西印度许多小国和旁遮普地区的一部分。印度从奴隶社会开始向封建社会过渡，然而同时也形成排他性的种姓（瓦尔那）制度，不同种姓和社会分工的社会集团之间存在严格的等级界线。

法显一行先到达的是位于遥捕那河（亚穆纳河）沿岸的摩头罗国（首都在今印度国马图拉）。沿河有寺20多座，有僧三千多人。自此以西属于中天竺。

法显在《佛国记》中介绍说，中天竺四季气候温和，无霜雪，"人民殷乐",王府不设置户籍、"官法",但规定耕种国王土地者要缴纳赋税,国民可以自由居住,"欲去便去,欲住便住"。官府对有罪者根据罪的轻重罚钱,对"谋为恶逆者",则截其右手。国王的侍卫、左右"皆有供禄"。国民奉行不杀生、不饮酒、不食葱蒜的禁戒。在国中处于最低层的人是称为"旃荼罗"(意为恶人)的种姓,与一般民众分开居住,若入城市必须击木示意让人避开,"国中"(实指城中)不养猪、鸡,无屠宰牲畜者,也没有卖酒者,只有旃荼罗、猎师才从事卖肉生意。在交易中用贝齿作钱币。

中天竺各地,佛教都很兴盛。法显《佛国记》描述说:

> 凡沙河已西,天竺诸国,国王皆笃信佛法,供养众僧时,则脱天冠,共诸宗亲、群臣,手自行食。行食已,铺毡于地,对上座前坐,于众僧前不敢坐床。佛在世时诸王供养法式,相传至今。

他还介绍,自佛陀去世后,诸国王、长者(指信奉佛教的工商业主)、居士为佛僧建造寺院,供给寺僧以田地、房舍、"民户"(看来与前面提到的"人民"有别,身份不完全自由,相当于封建性的依附农民)、牛犊等,并将此刻写于"铁券"世代相传,"至今不绝",从而使众僧衣食无缺。

寺院中建有各种塔,以备众僧礼拜供养,有供养佛弟子舍利弗的塔、目连塔、阿难塔及按佛法种类建的阿毗昙(意为对法、论)塔、律塔、经塔等。每年按期举行夏安居,安居后一月,举行说法仪式,然后众比丘以香花、灯供养舍利弗塔、目连塔等。比丘尼多供养阿难塔,因为当初是经阿难请求,佛才允许女人出家的。沙弥多供养罗云(佛出家前之子,后出家为僧)。法师中习阿毗昙的论师,供养阿毗昙塔。律师供养律塔。奉大乘佛法者供养般若波罗蜜塔、文殊塔、观世音塔等。安居结束是"受岁"(僧长一岁),信众以衣服、用品等供养众僧。寺僧对外来的僧人给予礼貌接待。

从以上法显的描述,可以想见5世纪初印度笈多王朝时期中印度各地政治、经济、生活和佛教信仰的情况。

此后,法显与道整沿着东南方向行至僧伽施国(首都在今印度北方邦的法鲁卡巴德),有僧尼千人,兼奉大、小乘佛法。佛经记载佛曾上忉利天

（欲界天之一）为死去的母亲说法三个月，在从天上回来时有位比丘尼优钵罗以神通化作"转轮圣王"得以最早向前礼佛。这里有阿育王为纪念佛从忉利天回到地下而建造的寺和石柱，柱上刻有狮子、佛像。另外还有纪念优钵罗比丘尼见佛处的塔，收藏佛发、佛爪的塔，过去三佛和释迦牟尼佛①的塔。有座寺以龙为名，据说供养着一条"白耳龙"，能够保佑国内风调雨顺，五谷丰登。法显《佛国记》描述此国"丰饶，人民炽盛，最乐无比。诸国人来，无不经理，供给所须"。法显、道整二人在此度过夏安居（当为公元404年四至七月）。

法显二人东下至濒临恒河的罽饶夷城（今印度北方邦根瑙杰），有二寺，皆奉小乘。渡河至北岸，当年佛曾在此处说一切无常、苦，人身如泡沫的道理，建有纪念塔一座。另有一呵梨村，佛曾在此居住说法，也建有塔。

由此往东南行，进入沙祇大国（当今印度北方邦瓦腊那西以北一带），往北进入著名的拘萨罗国古都舍卫城（在今印度北方邦拉布蒂河南岸的塞特马赫特地区）。此处是当年释迦牟尼佛曾长期居住说法的地方。然而在法显到时，此处已经相当衰落，人口只有二百余家。城中佛教遗迹很多。著名的有须达长者为佛修建的祇洹精舍。传说当年佛上天为母说法三月，拘萨罗国波斯匿王因想念佛，请人雕刻牛头栴檀（沉香木）佛像置于此精舍。精舍及周围有佛说法、度僧、与外道辩论的遗迹，皆建有塔纪念。围绕祇洹精舍有98座寺，皆有僧住。据《佛国记》记载，法显到时，中印度仍有很多"外道"（指佛教以外的宗教、学说），谓有九十六种，连传说当年曾设计害释迦牟尼佛的调达②也有信奉者，说他们只供奉过去三佛，不供养释迦牟尼佛。

法显初到祇洹精舍时，十分感动，"念昔世尊住此二十五年，自伤生在边地，共诸同志游历诸国，而或有还者，或有无常（按：死亡）者，今日乃见佛空处，怆然心悲"。当地僧人听说他们来自汉地，十分惊奇，互相

---

① 佛经记述的过去佛一般有七佛，最后一佛是释迦牟尼佛，前面三佛是拘楼秦（拘留孙）佛、拘那含牟尼、迦叶佛。

② 调达，即提婆达多，大小乘佛经记载其事处很多。他是佛陀的堂弟，虽跟佛出家，但后来提出异说，自立教团，并想害佛。

说:"我等诸师和上相承已来,未见汉道人来到此也!"

法显此行的目的之一是想参拜佛的出生地。在离开舍卫城以后经过都维、那毗迦等城邑之后,到达今尼泊尔国境内的迦维罗卫城(现尼泊尔国南部的提罗拉科特附近)。此处就是释迦牟尼出生的地方,原是迦维罗国都城。然而法显到时城中已经荒芜,"只有众僧、民户(按:当特指为寺耕种的农民)数十家而已"。在佛陀生父白净王的故宫,建有佛母摩诃摩耶夫人像,有塔。此外还有不少佛的遗迹,有的地方建有纪念塔。法显与道整怀着虔敬的心情,一处一处地参拜。他在《佛国记》中还劝诫后人:"迦维罗卫国大空荒,人民希疏,道路怖畏白象、师(狮)子,不可妄行。"法显、道整往东至蓝莫国(首都在今尼泊尔南境的达马里附近),参拜佛舍利塔,塔边有寺,常以沙弥为寺主。又往东至佛涅槃之地拘夷那竭城(今地不详,或谓在今尼泊尔南部的巴伐沙格脱附近),在当年佛涅槃处、以金棺供养佛处、八王分舍利处等地皆建有纪念塔和寺。城中人民稀少,只有少量僧人、"民户"。

法显、道整二人从此城向东南走,到达毗舍离城(在今印度比哈尔邦的穆扎法尔布尔地区)。这里也是佛教重要圣地。城北有佛曾经居住和说法的大林重阁精舍,有阿难半身塔,城东有佛灭后百年七百比丘结集判断毗舍离比丘提出的"十事"违背律藏之处①,在此有纪念塔。

他们向东到五河口(恒河五支流汇合之处),然后渡河向南到摩竭提(或称摩揭陀)国首都巴连弗城(今印度比哈尔邦的巴特那)。此城也称华氏城,孔雀王朝的阿育王曾在此当政。法显《佛国记》中提到的国王,即为笈多王朝在位的国王旃陀罗笈多二世(380—414)。据法显《佛国记》,这位国王虔诚地信奉佛教,特别敬重城中著名的大乘学者、"婆罗门子"罗沃私婆迷,以师事之,"若往问讯,不敢并坐"。罗沃私婆迷约五十岁,"举

---

① 这是佛教的第二次结集,从此原始佛教分为同意十事的大众部和反对十事的上座部等部派。据《善见律毗婆沙》卷一,十事是:(1)盐净,可将盐等贮存角器内以备他日用;(2)二指净,中午稍过仍可进食;(3)聚落间净,在一村落食后仍可入他村进食;(4)住处净,同界内比丘可随意在他处布萨;(5)随意净,僧数未齐可先行议事;(6)久住净,可仿效前例行事;(7)生和合净,食后可饮用未摇动之乳;(8)水净,可饮未发酵的椰子汁;(9)不益缕尼师坛净,可缝制大小随意的坐具;(10)金银净,可以接受和储存金银。

国瞻仰，赖此一人，弘宣佛法，外道不能得加陵众僧"。可见这位大乘学僧影响是很大的。城外有阿育王塔，塔旁边有座大乘寺（摩诃衍僧伽蓝），十分壮丽。高僧罗沃私婆迷就居住在这座大乘寺内。"四方高德沙门及学问人，欲求义理，皆诣此寺。"塔边也有小乘寺。大小乘僧共六七百人，威仪可观。在城南有阿育王所造大塔，塔前有相传为佛的足迹，建有寺。塔南立有高大石柱，上面刻有铭文曰："阿育王以阎浮提①布施四方僧，还以钱赎。如是三反。"塔北有阿育王建造的"泥梨城"（地狱城），也有石柱。

法显在《佛国记》中特别指出，在中天竺诸国中，"唯此国城邑为大，民人富盛，竞行仁义"。佛教盛行，每年二月（建卯月）八日佛诞节，城中举行盛大的佛像游行仪式，"婆罗门子"罗沃私婆迷担任导师，以华丽的车盖装载着佛像从城外进入城内，僧俗信众倾城出来观看，以鲜花香灯供养。富有的长者、居士在城中设立"福德医药舍"，为穷人看病施药。

法显西行参访佛教胜迹②，走到位于西南方的王舍新城（今印度比哈尔邦的拉杰吉尔）。此城是摩拘陀国阿阇世王所建，释迦牟尼佛曾在此长期居住传法。城西有阿阇世王建的高大严丽的佛舍利塔。城南有阿阇世王之父瓶沙王（频婆娑罗王）建的旧王舍城，已荒无人烟，有佛居住说法过的庵婆罗园精舍遗迹。旧城外有著名的耆阇崛山，也就是灵鹫山，佛陀曾携弟子在此山石窟坐禅，说法。法显携带从新城买的香、花、油、灯等物，请人带他到此，虔诚供养。"慨然悲伤，收泪而言：佛昔于此住，说《首楞严》，法显生不值佛，但见佛遗迹处所而已。"在旧城之北，有佛住过的迦兰陀竹园精舍，仍有僧人居住。精舍的西边五六里有名"车帝"的石窟（七叶窟），是佛灭后由大迦叶主持五百比丘举行第一次结集佛经的地方，建有纪念塔。

从王舍城向西南行，至伽耶城（在今印度比哈尔邦中南部的佛陀加雅），城已荒芜。城南二十里处有释迦牟尼出家后六年修苦行之处、觉悟成道的贝多树（菩提树）处等遗迹。这里也修有纪念塔，有寺三所，皆有僧

---

① 阎浮提，即南阎浮洲、南赡部洲，是佛教所说的四大洲之一。原指印度国土，后泛指人间世界。
② 法显暂时离开巴连弗城往东南参访佛迹有没有与道整同行，《佛国记》中未明记。

人。《佛国记》说，这些寺院"众僧、民户，供给饶足，无所乏少。戒律严峻，威仪坐起、入众之法，佛在世时圣众所行，以至于今"。佛陀去世之后，佛诞生处、成道处、初说法处、涅槃处皆建有纪念塔，世世相承不绝。在伽耶城南三里，有传为大迦叶在此入定的鸡足山。

此后，法显开始回归巴连弗城的路程。顺恒河西下，沿途参观佛的遗迹，在迦尸国波罗奈城（今印度北方邦的瓦拉纳西）西北，有佛初说法（初转法轮）度侍者拘骓（憍陈如）等五人之处，建有仙人鹿野苑精舍，并建有纪念塔。另外还有两寺，皆有僧住。法显往西北到拘睒弥国（首都在今印度北方邦安拉阿巴德西南），有寺名瞿师罗园，是佛陀曾居住的地方，有众僧奉小乘学。法显听说在南边有达嚫国（首都当在今印度中部默哈讷迪河与戈达瓦里河上游一带），有奉过去佛迦叶的寺，但因道路艰险，没有前往。

法显回到巴连弗城。他本来是为到天竺寻求戒律，然而所经北天竺诸国，当地法师代代口头传授，没有成文经律可以抄写。只有到了巴连弗城，才看到在大乘寺内有成文经律。他在此寺停留三年（应是405年至407年），学习梵书、梵语，并且抄写经律。他抄写的戒律有：《摩诃僧祇律》，是部派佛教中大众部传承的戒律；《萨婆多众律》，有七千偈，从法显称之为"抄律"的说法来看，当是抄自萨婆多（说一切有）部所传戒律的一部分。另抄有佛经、小乘论书：《方等般泥洹经》，有五千偈；"綖经"，也许是没有经名的经文①，有二千五百偈；《杂阿毗昙心》，有六千偈，是说一切有部的论书，前秦时僧伽提婆于洛阳曾译出过（早已不存）；《摩诃僧祇阿毗昙》，当是大众部的论书。

道整来到中天竺后，"见沙门法则，众僧威仪，触事可观，乃追叹秦土边地，众僧戒律残缺"，自誓成佛以前，"愿不生边地"，于是竟停留此地不归。法显不忘初衷，为将戒律流通汉地，独自踏上归途。

法显大概想先渡海到师子国（今斯里兰卡国）求法，所以没有从陆路向西回归，而是沿着恒河东下，走到恒河南岸的瞻波国（首都在今印度比哈尔

---

① "綖"意为线，梵音是"修多罗"（sūtra），因经能贯穿法义，故喻经为"綖"，"綖"就是经。

邦帕戈尔布尔），然后南下至在海口的多摩梨帝国（首都在今印度西孟加拉邦加尔各答西南的达姆拉）。这里有佛寺24座，皆有僧住，佛教相当盛行。法显便在此居住二年（应为公元408年至409年），抄写佛经和画佛像。

地名	现在地理位置	佛教名胜	佛教情况	法显等人活动
摩头罗国	首都在今印度国马图拉	沿河有寺20多座，有僧三千多人		
僧伽施国	首都在今印度北方邦的法鲁卡巴德	有阿育王纪念佛上忉利天为母说法回到地下建的寺和石柱，还有收藏佛发、佛爪的塔，过去三佛和释迦牟尼佛的塔	有僧尼千人，兼奉大小乘佛法	法显、道整二人在此度过夏安居（404）
罽饶夷城	今印度北方邦根瑙杰	佛曾在此处说一切无常、苦，人身如泡沫的道理，建有纪念塔一座	有二寺，皆奉小乘	
沙祇大国	当今印度北方邦瓦腊那西以北一带			
拘萨罗国古都舍卫城	在今印度北方邦拉布蒂河南岸的塞特马赫特地区	须达长者为佛修建的祇洹精舍；纪念佛说法、度僧、与外道辩论的塔	围绕祇洹精舍有98座寺，皆有僧住	
迦维罗卫城	现尼泊尔国南部提罗拉科特附近	佛父白净王故宫建有佛母摩诃摩耶夫人像，有塔。此外还有不少遗迹，有的建有纪念塔	城中已经荒芜，只有众僧、民户数十家	
蓝莫国	首都在今尼泊尔南境的达马里附近	有佛舍利塔	塔边有寺，常以沙弥为寺主	
拘夷那竭城	今地不详，或谓在今尼泊尔南部的巴伐沙格脱附近	佛涅槃、以金棺供养佛、八王分舍利等处皆建有塔寺	有少量僧人、"民户"	

续表

地名	现在地理位置	佛教名胜	佛教情况	法显等人活动
毗舍离城	在今印度比哈尔邦的穆札法尔布尔地区	佛居住和说法的大林重阁精舍、阿难半身塔;城东有佛灭后百年第二次结集纪念塔		
摩竭提(摩揭陀)国巴连弗城	今印度比哈尔邦的巴特那	城外有阿育王塔,城南有阿育王所造大塔、佛足迹,塔南阿育王立的石柱	塔边有摩诃衍僧伽蓝,高僧罗沃私婆迷住此传法。佛诞节有盛大行像活动	参拜佛迹转回,居住三年(405—407),学梵书梵语,抄写经律:《摩诃僧祇律》《萨婆多众律》《方等般泥洹经》等。道整留此不归
王舍新城	今印度比哈尔邦的拉杰吉尔	城西有阿阇世王建佛舍利塔,城南阿阇世王之父瓶沙王建的旧王舍城,旧城之北,有佛住过的迦兰陀竹园精舍,精舍西边五六里有"车帝"石窟(七叶窟),佛灭后迦叶主持五百比丘在此结集佛经,建有纪念塔		法显携带从新城买的香、花、油、灯等物,请人带他到旧城虔诚供养
伽耶城	在今印度比哈尔邦中南部的佛陀加雅	在佛六年修苦行、觉悟成道地菩提树处有塔,城南有传为大迦叶入定的鸡足山	有寺三所,皆有僧人,供给饶足	
迦尸国波罗奈城	今印度北方邦的瓦拉纳西(贝那勒斯)	纪念佛初转法轮塔、仙人鹿野苑精舍	有二寺,皆有僧住	
拘睒弥国	首都在今印度北方邦安拉阿巴德西南		众僧奉小乘学	

续表

地名	现在地理位置	佛教名胜	佛教情况	法显等人活动
达嚓国	首都当在今印度中部默哈讷迪河与戈达瓦里河上游一带		在奉过去佛的寺	法显未能前往
瞻波国	首都在今印度比哈尔邦帕戈尔布尔			
多摩梨帝国	首都在今印度西孟加拉邦加尔各答西南的达姆拉		有佛寺24座，佛教相当盛行	法显便在此居住二年（408—409），抄写佛经和画佛像

（四）南渡师子国，继续求法(410—411)

法显搭乘商人的船，乘信风往西南方向行进，经过十四天到达师子国（今斯里兰卡国）。法显在《佛国记》中对师子国的地理环境、物产、建国传说、气候等都有介绍。当然，法显对佛教的介绍最为详细。

首都王城（在今斯里兰卡国北中央省的阿努拉德普勒）之北有座高四十丈的大塔，塔边建有一寺，名无畏山寺，有五千僧。寺内佛殿以金银刻镂，中间供奉一尊青玉佛像，高二丈多，以七宝装饰，十分威严，右掌握一宝珠。法显在《佛国记》中有以下一段生动感人的记述：

> 法显去汉地积年，所与交接，悉异域人。山川草木，举目无旧。又同行分披，或留或亡。顾影唯己，心常怀悲。忽于此玉像边，见商人以晋地一白绢扇供养，不觉凄然，泪下满目。

法显与道整等四人结伴西行求法，在张掖又与智严、宝云等五人相逢。此后，有的从焉夷回高昌"求行资"再也不见归来，有的到达天竺西北弗楼沙国供养佛钵后便回国，慧应、慧景二人不幸死于途中，道整留在巴连弗城，最后只剩下法显独自一人南渡师子国。法显在异国他乡见到有人以来自祖国的绢扇供养，立即触发他的爱国思乡之情，不由得热泪夺眶而出。

在无畏山寺的庭院有高二十丈的菩提树，树下建有精舍，内设佛像，参拜者很多。在王城内又建有佛牙精舍，供养佛牙。无畏山寺的东边有山，山中建有跋提寺，有僧二千人。受到民众敬仰的高僧达摩瞿谛住在此寺。在王城南有座大寺（摩诃毗诃罗），有三千僧。全国有僧六万人，王城中经常供养五六千僧。国王、居士、商人都虔信佛教，按时听僧人说法。每年三月，在国王主持下全国举行盛大的佛牙游行和供养的法会，将供奉在佛牙精舍的佛牙请出送到无畏山寺供到佛堂上，沿途有扮演佛本生故事中各种形象的歌舞演出，民众夹道烧香、燃灯，作种种供养。九十天后，再将佛牙送回佛牙精舍。国王若为僧建寺，必"割给民户、田宅，书以铁券"，世代相承不改。

法显在师子国留住二年（应为410年至411年），抄写了《弥沙塞律》藏本、《长阿含经》《杂阿含经》，又得《杂藏》。这些都是法显出国前没有见过的佛典。

地名	现在地理位置	佛教名胜	佛教情况	法显活动
师子国王城	在今斯里兰卡国北中央省的阿努拉德普勒	北有座高四十丈的大塔	塔边建有一寺，名无畏山寺，有五千僧；寺内供玉佛像。无畏寺的东边山有跋提寺，有僧二千人；王城南有摩诃毗诃罗，有三千僧，全国有僧六万人；王城经常供养五六千僧；每年三月，国王主持盛大的佛牙游行和供养法会	法显在师子国留住二年（410—411），抄写《弥沙塞律》《长阿含经》《杂阿含经》，又得《杂藏》

续表

地名	现在地理位置	佛教名胜	佛教情况	法显活动
南洋群岛西边的耶婆提国	今印度尼西亚的苏门答腊，或谓是爪哇			乘商人船归国，因风船破，中间停留此国五月，在船上过夏安居（412）
东晋长广郡牢山	今山东省青岛崂山		长广郡太守李嶷信奉佛教；刘裕之弟、任衮青州刺史的刘道怜奉佛	船原向广州进发，因风漂流，东晋义熙八年七月十四日（412年9月5日）在今崂山南岸登陆，后南下彭城、京口，刘道怜招待法显一冬一夏（412—413），到建康译经

（五）越海东归，崂山登岸（412年）

法显在抄写佛典后，搭乘商人的一只载有200多人的大船启程归国，乘着季风向东进发。二日后遭遇大风，船漏进水，乘客纷纷将携带的粗重之物抛出船外，法显也将自己的水瓶、澡罐等物扔到海中，一心诵念观世音菩萨，并"归命汉地众僧：我远行求法，愿威神归流，得到所止"。十三日后，漂流到一岛，修好船后继续向东进发，九十日后到达今南洋群岛西边的耶婆提国（今印度尼西亚的苏门答腊，或谓是爪哇），此地盛行婆罗门教。

法显在此停留五个月，此后乘另一亦载200余人的商船，带上五十天的用粮，在四月十六日（应为公元412年公历5月8日）向广州进发。法显在船上度过夏安居。出发一个月，遭遇狂风暴雨，船上商人、乘客十分恐慌，法显"一心念观世音及汉地众僧"，祈求保佑。船上的婆罗门议论是因为乘载法显才使船遭遇不利，提议将法显赶下船去，然而遭到法显的檀越（施主）的激烈反对，说："汝若下此比丘，亦并下我！不尔，便当杀我！汝其下此沙门，吾到汉地，当向国王言汝也。汉地王亦敬信佛法，重比丘僧。"法显才得以平安无事。原计划行五十天，但直到过了七十天仍没有到岸。船上粮水并尽，十分艰难。后改航西北方向，经十二日，到达长广郡牢山（崂山）南岸，在此登陆。时为东晋义熙八年七月十四日，应为公元412年公历9月5日。

前面提到，东晋义熙六年（410）刘裕率兵灭南燕，将山东半岛归属东晋，在废晋建宋（420）后便入宋的版图。长广郡属于青州，治所在不其县（在今即墨市）。刘裕之弟刘道怜在义熙七年（411）任北徐州刺史，镇彭城（今江苏徐州市）。翌年九月，受任都督兖青二州晋陵京口淮南诸郡军事、兖青州刺史，镇京口（治今江苏镇江市）。①

长广郡太守李嶷信奉佛教，听说有沙门从海外持佛经、佛像归来，立即派人到海边迎请法显带着经像到不其县的治所，接受供养。商人便从海路折回到扬州（治今南京）。法显此后南下，经过彭城至京口期间，接受刘道怜（《佛国记》称"刘兖青州"）一冬一夏的供养（东晋义熙八年、九年，从412年冬至413年夏）。②

义熙九年（413）春，印度著名禅师佛陀跋陀罗与慧观应请从江陵到建康道场寺居住传法。法显回国，在南朝引起很大反响。《佛国记》载，法显在接受刘道怜的一冬一夏的招待后，想到"远离诸师久，欲趣长安"。然而道场寺于此年秋天派人迎法显到建康与佛陀跋陀罗禅师一起译经，法显于是迅速改变主意，想到"所营事重（当指译经之事），遂便南下向都，就禅师出经律"。这是说，法显度过夏安居后本想回到原出发地长安，然而因为受到译经邀请，便决定南下到建康。

《佛国记》最后说：

> 法显发长安，六年到中国（按：中天竺），停六年，还三年（按：包括在师子国二），达青州。凡所游历减三十国。

---

① 关于刘道怜任北徐州、青兖二州刺史及镇守彭城、京口的事，请参考《宋书》卷五十一《刘道怜传》及《资治通鉴》卷一一六有关记事。

② 关于法显曾南下到过彭城的事，请见北魏郦道元《水经注》卷二十五《泗水注》，载彭城县东北泗水西有龙华寺，"是沙门释法显远出西域，浮海东还，持龙华图，首创此寺"。另，唐道宣《集神州三宝感通录》卷中《晋徐州吴寺太子思惟像》，谓"随舶还国，故往彭城……"载《大正藏》卷五二第417页上。

法显从东晋隆安三年（后秦弘始元年，399）从长安出发，元兴三年（404）到达中天竺的摩头罗国、僧伽施国，义熙八年（412）从青州牢山南岸登陆，首尾合为十四年。如果算上翌年到建康，前后十五年。所谓"减三十国"，应是包括在葱岭以西的六国、天竺二十一国及归途经过的师子国、耶婆提国，共二十九国。

四　在建康翻译佛经

建康在今江苏省南京市，是东晋和南朝宋的国都，佛教相当盛行。

智严与同伴西行求法，在张掖与法显一行相遇，行至焉夷时为求"行资"折回高昌，后来再次西行，在罽宾（在今克什米尔）遇到精于禅、律的天竺僧佛驮跋陀罗，便邀请他到中国传法。佛驮跋陀罗接受邀请，随智严于后秦弘始十年（408）到达长安。当时后秦王姚兴大力支持鸠摩罗什译经。佛驮跋陀罗因为受到鸠摩罗什门下的排斥，被迫与弟子慧观等渡江到东晋境内，应慧远的邀请到庐山译经，在译出《达摩多罗禅经》等后到了江陵。宝云曾与法显同到印度西行求法，走到西北天竺的弗楼沙国时回国，在长安师事佛驮跋陀罗，后到南方住于建康的道场寺。义熙九年（413）三月，刘裕征灭刘毅从江陵东归，经部下推荐将佛驮跋陀罗带回建康，安置住于道场寺。① 法显于同年秋到京，也住进道场寺。

此后，法显与佛驮跋陀罗二人在宝云的协助下翻译从天竺、师子国带回的梵文经典。法显共带回梵文经典十部，仅翻译出其中四部（加上从一部中析出者为五部），另译出不是他带回的佛经一部：

《摩诃僧祇律》四十卷

东晋义熙十二年（416）十一月至十四年（418）年二月译出。②

---

① 参考《高僧传》卷二《佛陀（驮）跋陀罗传》、卷三《宝云传》《智严传》等。相关时间，可参考《资治通鉴》卷一一六所载刘裕征刘毅的记事。

② 《出三藏记集》卷三《婆麁富罗律序》，载《大正藏》卷五五第20页下—21页上。

此为印度部派佛教中属于大众部传承的戒律，在汉译律书中与说一切有部《十诵律》、法藏部《四分律》、化地部《五分律》相并为著名的四部广律。三国魏嘉平二年（250）昙柯迦罗曾译出其中的戒本《僧祇戒本》，但早已失传。全律包括比丘戒法和比丘尼戒法两大部分，其中比丘戒218条，比丘尼戒277条。唐代以前在关中一带比较流行。

《摩诃僧祇比丘尼戒本》一卷

是从《摩诃僧祇律》中析出的比丘尼戒条，便于僧团使用。

《大般泥洹经》六卷

义熙十三年（417）十月至十四年正月译出。①

是大乘《涅槃经》的初译。篇幅比三年后北凉昙无谶传译的《大涅槃经》要短，但最早在中国传播了大乘佛教的佛性理论。经中提出"一切众生，皆有佛性"的思想，引起世人极大兴趣。《出三藏记集》卷八载《六卷泥洹经记》说："愿令此经，流布晋土，一切众生，悉皆平等如来法身"；"禅师佛大跋陀手执胡本，宝云传译，于时坐有二百五十人"。此书卷五所载慧睿《喻疑》记述当时译经情况及他对此经思想的概括说："今《大般泥洹经》，法显道人，远寻真本，于天竺得之，持至扬都，大集京师义学之僧百有馀人。师执本，参而译之，详而出之。此经云：泥洹不灭，佛有真我，一切众生，皆有佛性；皆有佛性，学得成佛。"② 然而此经又主张：恶人（一阐提人）没有佛性，而与主张一阐提有佛性，也能成佛的《大涅槃经》有不同之处。

《杂阿毗昙心》十三卷

与前秦罽宾沙门僧伽跋澄在长安所译《鞞婆沙论》、南朝宋僧伽跋摩译《杂阿毗昙心论》为同本异译。是阿毗达磨论书之一，训释《阿含经》的概念和思想，译本久佚。据现存后二种异译本，其内容应与唐代玄奘译《阿毗达磨大毗婆沙论》前面部分大体相近。

《杂藏经》一卷

与东汉安世高译《鬼问目连经》、东晋译者不明（失译）的《饿鬼报

---

① 《出三藏记集》卷二，载《大正藏》卷五五第 11 页下。
② 前引两段文字，分别载《大正藏》卷五五第 60 页中、第 41 页下。

应经》同本异译,说人作恶死后轮回为饿鬼,行善则来世得到善报的道理。

《方等泥洹经》二卷（或作三卷）

此经原本不是法显带回的。《开元释教录》卷三改称《大般涅般经》,标明"此小乘涅槃",是《长阿含经·游行经》的异译本,但云"似显译",讲述释迦牟尼佛逝世（般涅槃）前的传法及有关传说。另有二种异译本：西晋白法祖译《佛般泥洹经》、东晋失译《般泥洹经》。

以上共六部六十三卷。此外,法显带回的《长阿含经》《杂阿含经》《弥沙塞律》（《五分律》）、《萨婆多律抄》《摩诃僧祇阿毗昙》及称为"綖经"的梵文经典,皆没有翻译。

现存史料没有明确记载法显于何年去世。据《出三藏记集》卷十五《法显传》及其他资料,法显后来到了荆州治所江陵,于辛寺去世,年八十二岁；《高僧传》卷三《法显传》说他八十六岁。然而《出三藏记集》卷三所载《弥沙塞律》的译后记说：

弥沙塞者……此名为五分律,比丘释法显于师子国所得者也。……众经多译,唯弥沙塞一部未及译出而亡。到宋景平元年七月,有罽宾律师佛大什,来至京都。其年冬十一月,琅邪王练、比丘释慧严、竺道生于龙兴寺,请外国沙门佛大什出之。①

根据这个记载,可以推测法显至迟死于宋景平元年（423）以前。据此,如果他八十二岁去世,那么他当生于342年（东晋咸康八年）之前；若八十六岁去世,则当生于338年（东晋咸康四年）之前。

五 撰写《佛国记》

法显记述自己西行求法的经历,成《佛国记》一卷。此书在中国佛教经录中名称不一,有的称《佛游天竺记》,也有的称《历游天竺记传》《法显传》《释法显行传》,金代《赵城藏》作《昔道人法显从长安行西

---

① 《大正藏》卷55第21页上。

至天竺传》。①

《佛国记》后面有《跋》，其开头说：

> 晋义熙十二年，岁在寿星（按：岁星纪年法中的辰岁，即丙辰），夏安居末，迎法显道人。既至，留共冬斋。因讲集之际，重问游历。其人恭顺，言辄依实。由是先所略者，劝令详载。显复具叙始末。

从口气看不像是法显所写。② 据这段文字，法显在此之前曾简单地讲述，由别人笔录，或是自己写过西行求法记，有些情节略而未述。这位"迎法显道人"到来的法师可能是道场寺的主事僧，在将法显安置住下之后，特请法显将过去略而未记述的部分加以补充。法显接受请求，在东晋义熙十年（414）写完详细的西行求法记③。此即现存的《佛国记》或《法显传》。《隋书·经籍志》录目中有《法显传》二卷、《法显行传》一卷，看来《佛国记》曾存在详略二种是有所根据的。

《法显传》或《佛国记》面世以后，立即受到世人的重视，北魏郦道元《水经注》大量引用此书。从南朝梁僧祐《出三藏记集》开始，历代佛教经录皆为此书录目，并且从唐代开始被收入大藏经。《出三藏记集》《高僧传》和历代经录的法显传记，几乎皆取自此书。近代以后，国内外学者对此书进行深入研究和考释，做出不少成绩。④ 仅据笔者所接触的来

---

① 详见任继愈主编《中国佛教史》第二卷第三章第四节《关于佛国记》。
② 在现存《佛国记》诸本中，唯有日本镰仓初期写本在"迎法显道人"前有"慧远"二字。章巽《法显传校注》是以南宋思溪《圆觉藏》本《法显传》为底本，校之以其他十二种版本，其中有日本镰仓古本，并在跋的正文中补入镰仓古本独有的"慧远"二字。笔者认为不妥当。慧远（334—416）是东晋住于庐山的高僧，影响远不止于庐山一隅。然而他自入庐山三十余年"影不出山，迹不入俗，每送客游履，常以虎溪为界"（《高僧传》卷六《慧远传》，载《大正藏》卷五〇第361页上）。在他去世前虽可能得知法显求法回归的消息，不可能到彭城或京口迎接法显，从跋文的口气看也不会是他派前往迎接法显的。前面提到，在法显到建康稍前，已知在道场寺者有慧观、佛陀跋陀罗。然而是否慧观自己或派人迎接法显入京译经，已不可考。
③ 《佛国记》结尾有"是岁甲寅"，东晋义熙十年（414）岁次甲寅。
④ 章巽《法显传校注》书前"校注说明"之（三）列举他参考过的国内外有关法显的研究书目11种，可以参考。

说，其中著名并且便于参考的有岑仲勉《佛游天竺记考释》（商务印书馆，1935）、日本足立喜六《考证法显传》（东京三省堂，1936）、章巽《法显传校注》（上海古籍出版社，1985）。章巽所著《法显传校注》出世较晚，利用了国内外大量研究成果，考释周详，注释要而不繁，是国内迄今最好的注释本。

六 法显在中国佛教史和文化史上的地位

法显法师是在中国佛教史、文化史上做出卓越贡献的一位高僧，是属于鲁迅在《中国人失掉自信力了吗》的文章中所说的"舍身求法的人"，是构成"中国的脊梁"的中国古代英雄豪杰之一。

法显的贡献和影响，主要有以下几个方面：

（一）法显是佛教传入中国以后第一位越过葱岭西行求法并且携带佛经抄本回归的僧人。在他之前，三国末魏国的朱士行也曾西行求法，然而到达于阗后没有继续向前。他在当地寻得梵本《放光般若经》让弟子送回，自己未归，后在此地去世（《高僧传》卷四）。法显等十人先后西行求法，只有他一人在完成参访印度佛教圣地并且抄写梵文经典后从海路回到中国，又参与翻译佛经。

（二）法显为寻求戒律而西行求法，所带回并参与译出的《摩诃僧祇律》是唐代以前流行汉地的重要戒律之一，主要流行地区是关内长安一带地方，而在关东河洛一带则盛行《四分律》，江南盛行《十诵律》，唐代以后《四分律》才成为最通行的戒律。戒律对中国佛教僧团的正常存在和发展影响很大，因为僧尼出家、受戒和日常修行、传法，管理寺院等，处理僧团内部事务，以及处理与社会民众的关系等方面，皆离不开戒律。

（三）法显带回并译出的《大般泥洹经》六卷，在中国最先传递了标志大乘佛教发展新阶段思想的"佛性"论，鼓吹一切众生皆有与佛一样的本性（佛性），人人可以成佛。然而此经尚未提出"一阐提"（善性灭绝的恶人）也有佛性的主张。在法显以前到达建康的鸠摩罗什的弟子竺道生（355—434），在法显译出《大般泥洹经》后，立即深入钻研，"剖析经理，洞入幽微，乃说一阐提人皆得成佛"（《高僧传》卷七，《道生传》）①。当时北凉昙无谶所译四十卷本《大涅槃经》尚未传到江南，道生是从简单的逻辑推理提出这一结论的。既然说"一切众生皆有佛性"，那么"一阐提"是众生，当然也有佛性，也能成佛。因为道生是"孤明先发"，没有佛经的根据，受到当时守旧的僧人的攻击，一时被开除僧团，直到《大涅槃经》传到江南，他才得以恢复名誉。道生是南北朝时期涅槃学派的创始人，对推动中国佛教义理的发展，文化思想史上心性学说的传播，影响很大。

（四）法显在《佛国记》中不仅记述了现中国新疆地区的地理、佛教、风俗等，而且记述了现在中亚一带的克什米尔地区、阿富汗国，南亚的巴基斯坦国、印度国及斯里兰卡国很多地方的佛教乃至政治、经济和文化习俗情况，对于了解和研究5世纪初中国新疆地区和中亚、南亚这些国家的历史、文化和宗教，具有重要价值。仅举一例：法显到印度时，属于笈多王朝时期，在王位的是旃陀罗笈多二世，是印度从奴隶制向封建制过渡的重要阶段。《佛国记》记述中提到有两种民众，一种是所谓"人民"或"王民"，"无户籍官法"，可以自由租种或放弃租种土地（参摩头罗国记事）；另一种是"民户"，似乎身份不自由，例如国王在赠给寺院田宅、园圃时连同他们一起赠予，并以"铁券书录"，世代为寺院耕种②，很像封建社会中依附于土地的半自由农民。《佛国记》的记载为研究印度这一时期的社会提供了有参考意义的资料。《佛国记》与玄奘《大唐西域记》、义净《大唐西域求法高僧传》《南海寄归内法传》等都是蜚声国际学术界的中国历史地理名著。

（五）法显是古代中国著名的爱国高僧之一。他怀着虔诚的感情，以百折不挠的精神，在到印度求法的艰难而漫长过程中，始终不忘自己的祖国。当他在摩竭提国都巴连弗城抄得佛经准备回归时，与他同行的道整却因为留恋此地而不愿离开，甚至"追叹秦土边地，众僧戒律残缺"，表示誓不还乡。法显与他相反，"本心欲令戒律流通汉地，于是独归"。他在

---

① 《大正藏》卷五〇第366页下。
② 参考《佛国记》中对摩头罗国、迦维罗维城、拘夷那竭城等中有关记事。

师子国无畏山寺佛殿看到晋地商人供奉的一把白绢扇，竟引发他的思乡之情，潸然泪下。

（六）法显西行求法的感人事迹对后来西行求法的僧人具有很大的激励作用。南朝宋永初元年（420），黄龙国僧昙无竭"尝闻法显等躬践佛国，乃慨然有忘身之誓"，于是招集同志沙门僧猛、昙朗等二十五人出发到印度求法，经罽宾国进入印度，最后随舶泛海从广州回国，带回梵文《观世音受记经》一部（《高僧传》卷三）。唐代玄奘（600—664）到印度求法前曾表示："昔法显、智严亦一时之士，皆能求法导利群生，岂使高迹无追，清风绝后！大丈夫会当继之"（《三藏法师传》卷一）。义净（635—713）自幼"仰法显之雅操，慕玄奘之高风"（《宋高僧传》卷一《义净传》）[1]，后从海路到印度求法取经。

中国悠久而灿烂的文化不仅是几千年来各民族人民经过艰苦奋斗创造出来的，也是吸收世界各国多种文化逐渐丰富和发展起来的。我们应当学习法显和历史上其他一切为促进各国各民族文化交流，为发展祖国文化做出贡献的人们，学习他们不畏艰难一往无前的坚强意志和炽热的爱国精神。在今天全国人民致力全面建设小康社会、构建社会主义和谐社会的历史实践中，强调这些尤其具有重要的现实意义。

---

[1] 以上两段文字所引，见《大正藏》卷五〇第222页下、第710页中。

《佛国记》中求法僧考述[①]

在中外文化交流史上，佛教文化交流曾占有重要地位，不少优秀的探险家、旅行家和文化使者是佛教的求法高僧。在他们当中，东晋法显走在前面，成为历代求法僧效法的榜样。

法显生活在中国南北分裂的东晋十六国时期，南方是东晋王朝，北方先后出现由所谓"五胡"少数民族成立的十六国，战乱很多。在后秦弘始元年（东晋隆安三年，399），法显与慧景等四人从长安出发西行，到印度"寻求戒律"，前后经过十四年的艰难求法历程，"凡所游履，减三十国"，在东晋义熙八年（412）七月搭商船从山东牢山登陆回国，在中国与印度南亚佛教文化交流史上，乃至中外文化交流史上写出光辉灿烂的篇章。

关于法显赴印求法，笔者过去已写过《法显西行求法与〈佛国记〉》和《东晋佛教翻译家法显及其在中国文化史上的贡献》《东晋著名旅行家和佛经翻译家法显的几个问题》[②]，对法显求法历程、回国后的译经、《佛国记》以及法显的历史贡献和地位等作过比较系统的介绍。笔者在这里根据自己搜寻的资料，着重对《佛国记》中法显以外求法僧的事迹进行考述，以作为对以往研究的补充。

法显在记载求法经历的自传体行记《佛国记》（或称《法显传》）中，提到与他同时从长安出发西行的僧人有慧景、道整、慧应、慧嵬、慧达。此后，法显一行沿着河西走廊向西域、印度行进中，又先后遇到智严、慧

---

① 载杨曾文、温金玉、杨兵主编《东晋求法高僧法显和〈佛国记〉》，宗教文化出版社2010年版。

② 前者为任继愈主编，中国社会科学出版社1985年出版《中国佛教史》第二卷第三章第四节，后者发表于2005年戒幢佛学研究所《戒幢佛学》第三卷，最后一篇在2007年10月12—14日在临汾举办"山西临汾法显纪念馆奠基仪式暨法显学术座谈会"上发表。

简、僧绍、宝云、僧景。这样,再加上法显,求法僧一共有十一人。

有这么多从汉地出发西行求法的僧人,一是说明当时中国佛教已经相当兴盛并有继续发展的趋势,二是说明中印佛教文化交流相当频繁,可以说是进入了新的阶段。然而除法显外,现存其他求法僧的资料很少,其中智严、宝云、慧嵬三人在南朝梁慧皎《高僧传》中有简单的传记,其他只是在《佛国记》中记述了他们的零星事迹。

一 《佛国记》中的求法僧

在《佛国记》开头,法显追述说:

> 法显,昔在长安,慨律藏残缺,于是遂以弘始元年岁在己亥①,与慧景、道整、慧应、慧嵬等,同契至天竺寻求戒律。②

法显在这里说明自己在弘始元年(东晋隆安三年,399)从长安出发西行求法,目的是到天竺(古印度)寻求戒律,同行者有慧景、道整、慧应、慧嵬等人。另据《佛国记》记述,法显等人到于阗后,"慧景、道整、慧达先发向竭叉国。法显等欲观行像……"可以推测在与法显结伴西行的求法僧中还有慧达。慧达与慧景、道整先离开于阗。在"法显等欲观行像"句中的"等",则应包括慧应、慧嵬二人。

在与法显结伴出发的慧景、道整、慧应、慧达四人中,只有道整随法显进入中印度,其他三人皆未能进入中印度。

法显一行离开长安后,先沿着河西走廊西行,在经过张掖(在今甘肃西北部)时,遇上同样想去印度的求法僧智严、慧简、僧绍、宝云、僧景五人。因彼此同志,关系融洽,共同度过夏安居后,约在弘始二年(400)一起出发西行,路途中有合有分,然而智严等五人最后皆未进入中印度。

---

① 原误作"弘始二年",查己亥岁应是弘始元年,《出三藏记集》《高僧传》皆载法显于东晋隆安三年即己亥岁出发,故改,为公元399年。

② 本文所据《佛国记》,是章巽校注,上海古籍出版社1985年出版的《法显传校注》。

他们在走到焉夷（焉耆，今新疆焉耆回族自治县）时，智严、慧简、慧嵬三人为求取行资，返回高昌（今新疆吐鲁番）。此后，智严一人到罽宾（今克什米尔）求法，然后陪伴印度僧佛驮跋陀罗辗转从海路回国。至于慧简、慧嵬二人，从此行踪不明。

法显与慧应二人到达于阗（在今新疆和田县东南）后，在此等到四月一日观看纪念佛诞节的佛像游行仪式，接着度过夏安居三个月。慧达与慧景、道整没有观看行像仪式，先出发到竭叉（今新疆喀什），然后法显等人赶来与他们会合。僧绍请一位"胡道人"做向导到罽宾求法，其后情况不明。

大约在弘始三年（401），法显一行越过葱岭，进入古印度西北部的陀历国（今克什米尔西北部的达地斯坦附近），渡过印度河进入乌苌国（首都在今巴基斯坦国北部斯瓦特河流域）。在此度过夏安居，再经过宿呵多国（在乌苌国西南）、犍陀卫国（在今巴基斯坦国西北喀布尔河沿岸一带）、竺刹尸罗国（在今巴基斯坦国拉瓦尔品第西北），进入弗楼沙国（今巴基斯坦国白沙瓦）。

慧景、慧达、道整三人提前从乌苌国出发，先到那竭国（在今阿富汗贾拉拉巴德城的南边和西边），在那里供养佛影、佛牙及佛顶骨。在这期间慧景有病，道整在他身边照看。慧达一人回到弗楼沙国与法显、慧应相见。

在这期间，慧达与宝云、僧景回到后秦。慧应生病，不幸在弗楼沙国供养佛钵的寺中逝世。法显独自一人西行到那竭国，在供养佛影、佛牙的寺院与慧景、道整二人相会，在此越冬居住三个月。

约在弘始四年（402），法显、慧景、道整三人离开那竭国城，南下翻越小雪山（在今阿富汗国贾拉拉巴德以南的塞费德科山脉），因为环境恶劣，气候严寒，慧景竟死在此地。《佛国记》记述：

> 雪山冬夏积雪。山北阴中，遇寒风暴起，人皆噤战。慧景一人不堪复进，口出白沫，语法显云：我亦不复活，便可时去，勿得俱死，于是遂终。法显抚之悲号，本图不果，命也奈何！复自力前，得过岭。

读到这些形象逼真的记述，使人不禁感到悲酸。这样，此后只有法显、道整二人进入北印度、中印度。

佛教经典中提到的中印度,也被尊称为"中国",古来是指以摩揭陀国(摩竭提)为中心的广阔地方,相当于现在印度北半部,是佛教发源和最早兴盛的地方,境内有恒河从西北流向东南入海,另有它的支流亚穆纳河。在《佛国记》中提到的有僧伽施国(首都在今印度北方邦的法鲁卡巴德)、罽饶夷城(今印度北方邦根瑙杰)、沙祇大国(当今印度北方邦瓦腊那西以北一带)、拘萨罗国舍卫城(在今印度北方邦拉布蒂河南岸的塞特马赫特地区)、毗舍离城(在今印度比哈尔邦的穆札法尔布尔地区)、摩竭提(摩揭陀)国(首都巴连弗城,也称华氏城,今印度比哈尔邦的巴特那)、王舍新城(今印度比哈尔邦的拉杰吉尔)、伽耶城(在今印度比哈尔邦中南部的佛陀加雅)等地。

法显、道整二人大约在公元403年进入中天竺。当时统治印度的是继贵霜王朝之后的笈多王朝,在位的国王应是旃陀罗笈多二世(380—414)。法显在《佛国记》中描述说,中天竺四季气候温和,无霜雪,人民安居乐业,王府不设置户籍,但规定耕种国王土地者要缴纳赋税。又说佛教在中天竺各地都很兴盛:"凡沙河已西,天竺诸国,国王皆笃信佛法,供养众僧时,则脱天冠,共诸宗亲、群臣,手自行食。行食已,铺毡于地,对上座前坐,于众僧前不敢坐床。佛在世时诸王供养法式,相传至今。"其中尤以巴连弗城佛教最兴盛。法显、道整二人游历中印度各地,巡礼佛当年出生、成道和传法的遗迹,曾前后两度进入巴连弗城。

法显在《佛国记》介绍说,巴连弗城佛教最为兴盛,在阿育王塔旁边有座大乘寺(摩诃衍僧伽蓝),著名大乘学者"婆罗门子"罗沃私婆迷在那里传法。大乘寺内收藏有成文经律。法显在此寺留学三年(应是405年至407年),学习梵书、梵语,抄写经律。他抄的戒律有《摩诃僧祇律》《萨婆多众律》,大乘佛经有《方等般泥洹经》、小乘论书有《杂阿毗昙心》《摩诃僧祇阿毗昙》等。

一直与法显同行的道整,到了中天竺后,"见沙门法则,众僧威仪,触事可观,乃追叹秦土边地,众僧戒律残缺",竟放弃归国弘律的初衷,决定留在巴连弗城不归,甚至发誓在成佛以前"愿不生边地(按:指祖国中国)"。

然而法显不忘初衷，为将戒律带回国内流通，先踏上渡海到师子国（今斯里兰卡国）的旅程，然后从那里乘船回国。

二 智严、宝云和慧嵬事迹

（一）智严及其译经

智严、宝云和慧嵬的事迹，前边仅据《佛国记》的记述作了零星介绍。智严、宝云二人皆是南朝宋的著名的译经僧，在梁慧皎《高僧传·译经》中有传①，在梁僧祐《出三藏记集》乃至唐智昇《开元释教录》中载有他们译经的目录，而慧嵬在《高僧传·习禅》中有传②。

智严，西凉州（治所在今甘肃武威）人，弱冠（二十岁左右）出家，志欲师事名师，广求经典，与宝云、慧简、僧绍、僧景等人结伴西行求法，约在后秦弘始二年（400）在张掖与法显等会合，然后同行。然而在到达焉夷时，感到路资不足，便与慧简、慧嵬返回高昌化缘，然后没能回去与法显同行，便一人寻路辗转到罽宾求法。根据法显的经历推测，时间应在弘始三年（402）前后到达罽宾。

在罽宾有座摩天陀罗精舍，著名禅师佛驮先（或佛大先）在那里居住传法。智严便入此精舍礼他为师，学习禅法三年，进步很大，受到佛驮先的赏识，感叹："秦地乃有求道沙门矣！"佛驮先有弟子佛驮跋陀罗（或作佛陀跋陀罗，音译觉贤，359—429），原籍迦毗罗卫（在今尼泊尔国），在禅法上达到很高的造诣。智严听说他的声望，便特地邀请他到中国传法。佛驮跋陀罗表示同意。

大约在后秦弘始九年（407），智严与佛驮跋陀罗二人踏上通往中国的路程。他们走的路线是先陆路，后海路。据《高僧传》卷二《佛驮跋陀罗》记述：他们离开罽宾，"步骤三载，绵历寒暑，既度葱岭，路经六国，国主矜其远化，并倾心资奉，至交趾乃附舶……至青州东莱郡。闻鸠摩罗什在

---

① 《智严传》、《宝云传》，载《高僧传》卷三，《大正藏》卷五〇第339页上至340页上。下面所引，不再另注。

② 《慧嵬传》，载《高僧传》卷十一，《大正藏》卷五〇第396页中下。

长安，即往从之"①。看来是先北向越过葱岭，然后往东南方向走，沿途得到各地国主的施舍照应，经过三年，辗转到交趾（今越南）搭船，从海路到中国青州东莱郡（治所在今山东掖县），听说鸠摩罗什在长安翻译佛经，便赶往长安去投奔。大约在后秦弘始十一年（409），他们到达长安，被后秦朝廷安置住在大寺。

鸠摩罗什是在后秦弘始三年（401）被后秦王姚兴派人迎请到长安的，在弘始十五年（413）逝世，一生共译经三十五部二百九十四卷，其中影响较大的有《法华经》、大小品《般若经》《大智度论》《中论》《十二门论》《百论》《维摩诘经》《成实论》等。

佛驮跋陀罗到长安后，曾与鸠摩罗什关系十分融洽，然后过了一段时期，竟遭到鸠摩罗什弟子的排斥，不得已与弟子慧观等四十余人离开长安南下。智严也离开长安。佛驮跋陀罗先应庐山慧远邀请到东林寺翻译《达摩多罗禅经》等经，一年后到江陵，后被东晋太尉刘裕请到建康（今南京）道场寺翻译佛经。在中国佛教史上影响很大的《华严经》六十卷、梵本是法显带回的《大般泥洹经》六卷等，就是以他为译主翻译的。

智严离开长安后，寄居于在山东的一所精舍，"坐禅诵经，力精修学"。东晋义熙十三年（417），太尉刘裕（后篡晋建宋，即宋武帝）率兵帝伐长安，取胜回朝途经山东，经手下王恢的推荐，请智严同回建康，安置于始兴寺。此后，智严为避喧嚣，请王恢在建康东郊建枳园寺居住修行。智严从罽宾求得的梵本佛经尚未翻译，到建康后，陆续译出。据唐智昇《开元释教录》卷五记载，他共译经十部三十一卷，其中有《无尽意菩萨经》六卷、《法华三昧经》一卷、《广博严净不退转轮经》四卷、《四天王经》一卷、《普曜经》八卷、《净度三昧经》一卷、《菩萨璎珞本业经》二卷、《生经》五卷、《善德优婆塞经》一卷、《阿那含经》二卷，其中《广博严净不退转经》《四天王经》是与宝云合译的。

智严为居士时曾犯过戒，受具足戒后，直到晚年总是怀疑自己"不得

---

① 载《大正藏》卷五〇第334页下。

戒"（怀疑未得戒体①），便不顾年老，再次经过海路到印度，希望得到寻访名师做出解释，后来在转往罽宾途中无疾逝世，年七十八。有弟子智羽、智远等人。

（二）宝云及其译经

宝云（376—449），据传是凉州人，幼年出家，学法精勤，后产生西行求法之志。在东晋隆安之初（如果是元年，为公元397年），踏上西行求法路程。此后不久，法显从长安出发到印度求法，在经过张掖时与宝云、智严等五人相遇，然后结伴西行。

宝云与法显在西行路途中有分有合，在经过炖煌（敦煌）、鄯善、焉夷，到于阗，然后经子合至于麾国，在此安居，至竭叉（今新疆喀什）。大约在后秦弘始三年（401）越过葱岭，进入北天竺，再经过陀历、乌苌国、宿呵多国、犍陀卫国、竺刹尸罗国，至弗楼沙国（今巴基斯坦国白沙瓦），大约在后秦弘始四年（402）参拜过佛钵后，便与慧达、僧景二人踏上归国路程。

宝云在西行过程中，除巡礼佛的圣迹外，还搜寻佛书，"遍学梵书、天竺诸国音字诂训，悉皆备解"（《高僧传·宝云传》）。看来他学习的不仅有梵语，还有西域各地的胡语。这为宝云回国以后参加译经打下基础。因为当时传到中国内地的佛典除了用梵语书写的外，也有用其他所谓胡语书写的。

宝云回国后，听说佛驮跋陀罗来到后秦被安置在长安大寺，因仰慕佛驮跋陀罗是禅学名师，便投到他的门下学禅。在佛驮跋陀罗遭到鸠摩罗什弟子排斥离开长安时，他也离开长安。庐山慧远听说此事，接佛驮跋陀罗到庐山译经，派弟子昙邕到长安致书后秦王姚兴及关中僧众，化解双方误解和冲突。② 在此期间，宝云被邀请到建康道场寺参加译经。

宝云翻译佛经四部一十七卷，有《佛本行经》七卷、《新无量寿经》二

---

① 戒体，道宣说受戒时"纳圣法于心胸"，实际是受戒者对戒法的忆念、信心和持戒的意志。
② 《高僧传》卷二《佛驮跋陀罗传》，《大正藏》卷五〇第335页中。

卷、《净度三昧经》二卷、《付法藏经》六卷，此外还协助佛驮跋陀罗翻译法显带回的《大般泥洹经》六卷，与智严合译《广博严净不退转经》《四天王经》等经。①

宝云当时在建康被认为译经水平很高，受到住持道场寺的学僧慧观等人的尊敬。宝云先住城外六合山寺，慧观晚年临终时请他回京住持道场寺。宝云在宋元嘉二十六年（449）逝世，年七十四。

（三）禅僧慧嵬

慧嵬，生地不详，曾居长安大寺，戒行清净，经常栖隐山谷，重修禅定。据传说在他入定情况下，不受任何内外干扰，"执志贞确，一心无扰"。东晋隆安三年（399），他与法显等僧结伴西行求法。据《佛国记》记述，在进入焉夷后，慧嵬与智严、慧简为求取行资返回高昌，此后慧嵬与慧简行踪不明。

三　法显等人西行求法的历史意义

据以上考察，法显一行赴西域、印度求法，是一个规模不小并且影响深远的事件，在中国佛教史和文化史上有重要意义。

从《佛国记》的记载来看，前后有十一人几乎在同一时间参加西行求法活动。路途遥远而艰险，有的死在途中，有的半途而归，有的在进入印度西北后归国，有的留在中印度不归，只有法显在游历印度后又渡海到师子国周游和求法，最后泛海而归。

法显一行的求法活动，不仅带回梵文经典，而且造就了法显、智严、宝云这样的优秀译经人才，归国后所翻译的戒律、佛经对中国佛教的发展产生了重要影响。另外，经过法显、智严、宝云等人在西域和古印度的求法、参访和交谊活动，增进了中亚、南亚和印度人民对中国的了解。智严热情邀请到中国传法译经的佛驮跋陀罗，是继鸠摩罗什之后最优秀的译经家。他主持翻译的《华严经》《大般泥洹经》和《达摩多罗禅经》等在中

---

① 参考《开元释教录》卷五。

国佛教史上占有重要地位。此外，智严陪同佛驮跋陀罗先从陆路、后从海路回到中国的路线，为中印交通开辟了新的路线。

无论是法显还是智严、宝云，原来都是北方人，他们后来都渡江到了东晋国都建康，并且参加官设译场翻译佛经，在东晋十六国南北分裂及民族大融合的特殊时期，既促进了南北方佛教和文化的交流，也促进了中国与古印度、南亚佛教文化的交流，为中华民族文化的充实与发展起到了积极的作用。

竺道生及其佛性顿悟学说

东汉以来，大、小乘佛教同时流行于社会。东晋时道安除阐扬大乘般若学说外，又在长安组织翻译小乘经论。其中兜佉勒僧人僧伽提婆译出说一切有部重要论书《阿毗昙八犍度论》，后南下渡江先至庐山，与慧远译出《阿毗昙心论》，然后到建业，扩大了毗昙学说的传播范围。后秦鸠摩罗什与弟子在长安重译大小品《般若经》，译出《中论》等大乘中观学派的基本论书，使般若中观学说盛极一时。晋宋之际，大乘涅槃佛性学说传入内地，竺道生对毗昙、般若、涅槃学说都有研究，尤善涅槃学，时人称为"涅槃圣"[①]。他把般若实相与涅槃佛性二说相结合，又吸收玄学的思辨方法，提出自己的佛性顿悟学说，对中国佛教影响深远。

一　竺道生的生平和著作

竺道生，俗姓魏，原籍钜鹿（今河北平乡西南），寓居彭城（郡治在今江苏徐州），家世仕族，父为广戚县令。竺法汰于东晋简文帝（371—372年在位）时从荆州到建康，住在瓦官寺传教，讲《放光般若经》时，皇帝与王侯公卿都来听讲，士庶成群，从三吴前来受法者达千数人。约在此时，道生从竺法汰出家。道生十五岁开始讲经，深析经义，善于言辩，"虽宿望学僧，当世名士，皆虑挫辞穷，莫能抗敌"（《出三藏记集》卷十五本传）。受具足戒后，在僧俗中已很有声望。

此后道生离开建康，西至庐山修行七年。当时道安弟子慧远住庐山东林寺。僧伽提婆渡江后，曾先到庐山，太元十六年（391）在慧远协助下译

[①] 隋灌顶《涅槃经玄义》卷上："竺道生，时人呼为涅槃圣。"

出《阿毗昙心论》四卷①，约于隆安元年（397）到达建康。道生在庐山时与慧远等共同研习说一切有部的毗昙学说②。

东晋隆安五年（401）鸠摩罗什从凉州被迎请到后秦国都长安，在后秦朝廷直接支持下译经传法。道生与慧睿、慧严、慧观等人慕名北上受学。道生才思敏捷，"关中僧众，咸谓神悟"（《高僧传》卷七本传），成为协助鸠摩罗什译经的著名弟子之一③。

大约在义熙四年（408）道生回到庐山，把鸠摩罗什弟子僧肇所著《般若无知论》带回送给刘遗民看。刘遗民对此论极为欣赏，说："不意方袍（按：僧衣，此指僧）复有平叔（何晏）！"（《高僧传》卷六《僧肇传》），并把此论给慧远看。刘遗民给僧肇写信致意并请教，其中说："去年夏末，始见生上人，示《无知论》。"僧肇约于义熙六年（410）八月给刘遗民回信，信中提到："生上人顷在此同止数年。至于言话之际，常相称咏。中途还南，君得与相见，未更近问，惘悒何言。"④ 说明道生与鸠摩罗什及其弟子关系十分密切，并把他们的学说带到南方。道生回来之前，鸠摩罗什已译出大小品《般若经》《大智度论》《百论》《法华经》《维摩诘经》等。道生对这些经论所宣述的般若中观思想是有较深的理解的。

道生在东晋义熙五年（409 年，见《出三藏记集》本传）离开庐山回到建康，住在青园寺（后改称龙光寺）。在宋朝，道生与慧严、慧观为朝野所重，宋文帝和王弘、范泰、颜延之都曾向他问法。在道生回到建康的第八年，即义熙十三年（417）十月，从印度求法归来的法显请佛驮跋陀罗与道生合作把从他印度带回的《大般泥洹经》六卷译出。而在稍后，北凉昙无谶于玄始十年（421）译出《大般涅槃经》四十卷。从此大乘涅槃佛性学说传入中国内地，对当时和以后的中国佛教界有极大影响。道生很快成为这一学说的信奉者和弘传者。宋景平元年（423），道生请罽宾僧佛大什与

---

① 汤用彤《汉魏两晋南北朝佛教史》第十六章《竺道生》，考证详审。此外日本东京丛文阁 1942 年出版布施浩岳《涅槃宗的研究》前、后篇也可参考。

② 此据《名僧传抄》道生传中说"慧远庐山有宗事"。

③ 《高僧传》卷三之"论"："时有生（道生）、融（道融）、影（昙影）、睿（慧睿）、严（慧严）、观（慧观）、恒（道恒）、肇（僧肇），皆领悟言前，词润珠玉，执笔承旨，任在伊人。"

④ 刘遗民、僧肇的信见《肇论》卷中。

于阗沙门智胜把法显从师子国（今斯里兰卡）带回的《五分律》译出。

"涅槃"（梵文 Nirvāna），旧译"泥曰"、"泥洹"等，意译"灭"、"灭度"、"寂灭"等，或称"般涅槃"、"般泥洹"，意为"圆寂"。传说释迦牟尼佛八十岁于印度北部拘尸那迦（或作"俱尸那"）城郊外的莎罗树下逝世。佛教称之为"涅槃"或"般涅槃"，小乘佛教认为这是灭除一切苦恼、摆脱生死轮回的最高修行结果。随着佛教的发展，特别是大乘佛教各种学说的出现，对"涅槃"的解释也越来越复杂，在《般若经》类佛典中已开始把"涅槃"等同于"法性"、"法身"、"实相"、"佛性"等，而此后出现的大乘《涅槃经》则着重论述涅槃佛性问题，说佛身（法身、涅槃）常在，一切众生皆有佛性，涅槃具有"常、乐、我、净"四德等。最早传入汉地的佛涅槃类经典是小乘《涅槃经》，有晋帛远译的《佛般泥洹经》二卷、佚名译者的《大般涅槃经》三卷（《开元录》卷十三题为法显译，误）、宋求那跋陀罗译的《般泥洹经》二卷（《开元录》卷十三谓失译，附东晋录）。这些经基本上是《长阿含经·游行经》的异译，讲佛在拘尸那迦去世前后的传说。此外，竺法护译的《方等泥洹经》二卷与隋阇那崛多译的《四童子三昧经》三卷为同本异译，它们在佛教经录中虽被列入大乘经典类目中，在内容上也确实有一些大乘色彩（讲"空无法"等），但还没有涉及法身佛性问题。只有法显等人译的六卷《大般泥洹经》和昙无谶译的四十卷《大般涅槃经》才是宣说大乘涅槃佛性学说最流行的基本经典。实际上，在内容上法显等人译本只是后者初分的前五品。宋元嘉七年（430）昙无谶译本（北本）传到建康，慧严与慧观、谢灵运等人参照六卷《泥洹经》把它进行改编，增加品数，又润文改卷，此称《南本涅槃经》，有三十六卷。

竺道生在六卷《泥洹经》译出之前，对小乘佛教理论（包括直接从僧伽提婆传承的说一切有部的理论）和大乘佛教理论（特别是亲从鸠摩罗什受教的般若中观学说）是进行了综合探究思考的。他不受佛经文句的束缚，对一些佛教义理能大胆发挥。宋代慧琳《龙光寺竺道生法师诔》说：

　　自杨徂秦，登庐蹑霍，罗什大乘之趣，提婆小道之要，咸畅斯旨，究举其奥，所闻日优，所见瑜瞋。既而悟曰：象者理之所假，执象则迷理；教者化之所因，束教则愚化。是以征名责实，惑于虚诞；求心应事，芒昧格言，自胡相传，中华承学，未有能出斯域者矣。（《广弘明集》卷二三）

《高僧传·道生传》说：

生既潜思日久，彻悟言外，乃喟然叹曰：夫象以尽意，得意则象忘，言可诠理，入理则言息。自经典东流，译人重阻，多守滞文，鲜见圆义。若忘筌取鱼，始可与言道矣。于是校阅真俗，研思因果，乃立善不受报、顿悟成佛；又著《二谛论》、《佛性当有论》。

道生是属于竺法汰、道安以及慧远这个师承系统的，自己又"思悟凤挺"，"性静而刚烈"，好发"珍怪之辞"（《诔》文）。他反对固守经文，束缚于旧说，而用他所熟悉的儒、玄学说和自己的宗教心理去理解佛教义理，提出新的见解。

魏时玄学家王弼以《老子》《庄子》解《周易》，乃援引《庄子·外物篇》之"得鱼而忘筌"、"得意而忘言"的说法，在《周易略例·明象章》中对此进一步发挥，认为既然"象"（卦象）是表达"圣人之意"的，"言"是表达"象"的，那么二者不过是达到"得意"这个目的的工具，主张超越名相，直接体会其所蕴之义，说"得意在忘象，得象在忘言"。佛教《般若经》以否定一切，论证"诸法性空"为主要内容，但它的关于真、俗二谛的说法也与玄学的言意之辨有相似之处。如大品《般若经》认为真谛（实相、法身、法性、佛性，相当于本体）是超言绝象的，而俗谛既包括现实世界也包括人们的一切认识、语言文字，是"虚妄"不实的，是"空"的。佛、菩萨的使命就是运用众生习惯的"俗谛"，随机说法教化，使他们超脱俗谛而达到领悟真谛（第一义谛）的至高精神境界。道生就是把玄学与般若两种思辨方法结合起来，所谓"校阅真俗"，"彻悟言外"，大胆阐发被烦琐经文所掩盖或潜隐在经文后面的"真谛"、"理"或"圆义"，着重发挥佛教关于众生解脱问题，提出著名的顿悟成佛论。从《高僧传》本传所载他的表达方式来看，他在正式接触大乘《涅槃经》之前，好像对佛性已进行探索，写出《佛性当有论》。因为他的见解冲击了旧佛学，虽有人支持，但已引起拘守教条的僧众的反对。如《高僧传·道生传》所说："守文之徒，多生嫌嫉，与夺之声，纷然竞起。"

在法显的六卷本《泥洹经》译出之后，道生立即深入研究，"剖析经理，洞入幽微，乃说一（或作阿）阐提人皆得成佛"（《高僧传》本传）。六卷《泥洹经》主要内容是讲："泥洹不灭，佛有真我。一切众生，皆有佛性。皆有佛性，学得成佛。佛有真我，故圣镜特宗，而为众圣中王。泥洹永存，为应照之本。大化不泯，真本存焉。"（此用慧睿《喻疑论》语，载《出三藏记集》卷五）概括说就是佛有法身真我，永不泯灭。众生皆具有作为成佛依据的佛性，它是法身在众生身上的体现。此经虽说"一切众生，皆有佛性"，但又特别强调"一阐提"（佛教谓断灭善根的恶人）除外，说他们不能成佛。道生不受经文限制，认为既然一切众生皆有佛性，而把也属于众生的一阐提排斥在外是不通的，故主张一阐提也有佛性，也能成佛。这个意思在昙无谶译的四十卷本《涅槃经》中是有的，但当时此经没有传到建康。佛教界守旧派僧众认为道生的说法是"邪说"（属于重罪"大妄语"），按戒律规定对道生进行当众处罚，把他驱逐出僧团。道生不服，立誓说："若我所说反于经义者，请于现身即表厉疾；若与实相不相违背者，愿舍寿（按：指死）之时据师子座（按：讲座）！"（《高僧传》本传）此当在宋元嘉五年、六年（428或429）。此后东至吴的虎丘山（在今苏州），据说旬日之中从学者数百人。元嘉七年（430年，此据《出三藏记集》本传）西至庐山寺院，受到当地僧众欢迎。同年稍后，北本《涅槃经》传到建康，人们看到经内果有一阐提皆有佛性之说。此后道生曾一度回到建康，后来又返庐山，为众僧宣讲《大涅槃经》。① 宋元嘉十一年（434）十月在宣讲经结束之际死于讲座之上。他受到远近僧众的敬佩，学说也得到更多人承认。

道生一生的主要著作有：

《维摩经义疏》见《出三藏记集》卷十五本传。今存后秦僧肇《注维摩

---

① 唐道暹《涅槃经玄义文句》卷下："宋朝道俗众共批阅。乃云：众生悉有佛性。咸叹生公妙释出旨，善会圆宗，即以表陈请生通锡。宋主惊叹，发使迎生。旋至都城，披经本，略述《疏义》五十余纸。……自后讲者称为《关中疏》。"（《续藏经》第一辑第五十六套第二册）道生一度回京是可能的。现存《涅槃经集解》中列入首位的是道生的注释。

经》十卷及唐道掖《净名经集关中疏》二卷中皆引有道生的义疏。本传说："关中沙门僧肇始注《维摩》，世咸玩味，及生更发深旨，显畅新异。讲学之匠，咸共宪章。"

《妙法莲华经疏》二卷见《出三藏记集》本传。今存，载《日本续藏经》第一辑第二编乙第二十三套第四册，其开首有："余少预讲末，而偶好玄□，俱文义富博，事理兼邃，既识非芥石，难可永记，聊于讲日，疏录所闻，述记先言，其犹鼓生。又以元嘉九年（432年）春之三月，于庐山东林精舍又治定之，加采访众本，具成一卷。"现本为上、下二卷，当经后人改定。

《泥洹经义疏》见《出三藏记集》本传。此当为六卷本《泥洹经》作的疏。现存《大般涅槃经集解》七十一卷（题宝亮等集，误，应为僧朗撰）中引有道生对大本《涅槃经》作的注疏，此或即唐道暹《涅槃经玄义文句》卷下所说的《疏义》。

《二谛论》见《高僧传》本传。《涅槃经集解》卷三二引有部分道生对二谛的见解。

《佛性当有论》见《高僧传》本传，佚。

《法身无色论》同上。

《佛无净土论》同上。

《应有缘论》同上。

《涅槃三十六问》《释八住初心欲取泥洹义》《辩佛性义》（竺道生，王问并竺答）此皆见《出三藏记集》卷十二所载陆澄《法论目录》第二帙《觉性集》中。后项之"王问"，据《大唐内典录》卷十谓"王稚远问"。按：王谧，字稚远，死于晋义熙三年（407），年四十八。如用此说，则道生去庐山（太元、隆安之际）之前，已论佛性义了。此甚可疑，"王"或为王弘。

《答王卫军书》"王卫军"指王弘，字休元，元嘉三年（426）任司徒，五年（428）降为卫将军。道生答其所问顿悟义，现存，见《广弘明集》卷十八。

《高僧传·道生传》说道生"乃立善不受报、顿悟成佛；又著《二谛论》"。从文字表述来看，"善不受报"、"顿悟成佛"不像是两篇论文的题目,而是通过讲经或著述所阐述的两种佛学见解。《大唐内典录》卷四录为论文,不知所据。

二 竺道生的佛性、顿悟学说

在道生的佛教学说中,最有影响的是他的佛性论和顿悟成佛论两大部分。从产生的时间和佛学渊源看,顿悟成佛论提出略早,主要是运用玄学观点来发挥般若性空和二谛教说。他的佛性论虽在大乘《涅槃经》译出之前似乎已经提出,但正式形成应在此之后,主要是发挥大乘涅槃佛性学说。实际上,道生在晚年已将这两种观点结合在一起。这在现存分散的资料中可以得到证明。在他的学说体系中,顿悟是达到觉悟解脱的方式,佛性是达到觉悟解脱的内在心性(或本性)依据。魏晋以来,中国般若学说依附与会通玄学,以诸法性空和空有不二的本体论来与玄学的说本末、体用、有无的本体论相呼应,而对于人达到解脱的内在依据的心性问题,则论证甚少。道生的佛性顿悟学说,客观上适应了南北朝时期哲学和宗教思想演变的需要,把般若性空的本体论与涅槃佛性学说有机地结合起来,论证法身、法性、实相(本体)也体现在众生的本性(心性)之中,谓此即佛性,是众生自迷至悟的内在依据。众生若能破除迷惑烦恼,就可见性成佛。道生的佛性顿悟学说标志着中国哲学和宗教界由研究宇宙本体转向探究人生心性的开始。

现仅选取一部分最有代表性的资料,来对道生的佛性和顿悟学说作扼要介绍。

(一) 佛性论

"佛性"这个词在大乘《涅槃经》中除了表示众生达到觉悟的内在依据(本性或心性)之外,有时还与"涅槃"、"法身"、"法性"、"诸法实相"、"第一义空"等精神性本体的含义相同。在《般若经》中已有类似思想,例如《放光般若经·衍与空品》说:"道及佛性如事相(此谓'空'),亦不来亦不去。"《摩诃般若经·等空品》说:"佛、佛法、佛如、佛性、佛相,无所从来,亦无所从去,亦无所住。"在这里,道与佛性、佛、佛法以及

《般若经》中反复论证的如（真如）、法性、法身、第一义谛等是一个意思。《般若经》主要是通过遮诠（从反面否定）的方式论证现实世界及人们的一切认识、思想、文化是虚幻不实的，是空的，而通过这种否定来肯定所谓超言绝象的真如、法性、实相、第一义谛等精神性本体的绝对真实性，所谓"有佛无佛，法性常如故，亦不生亦不灭"（《放光般若经·无尽品》），"第一义亦名性空，亦名诸佛道"（《摩诃般若经·实际品》）等。论释《般若经》的《大智度论》卷三十二明确地说：如、法性、实际，"是三皆是诸法实相异名"。卷十五对"诸法实相"有一段解释，说它"无有瑕隙，不可破，不可坏"，并且是"佛法中一切言语道过，心行处灭，常不生不灭，如涅槃相"。《般若经》虽没有就佛性问题进行论证，但它对现实世界及世俗认识的否定和对法性、法身、实相、涅槃等精神性本体概念的诠释和肯定，已为涅槃佛性学说奠定了基础。《大涅槃经》以及后来的涅槃学者对这一点也是承认的，如《大涅槃经》卷十四说，"……从方等经出《般若波罗蜜》，从《般若波罗蜜》出《大涅槃》"，如同从乳出酪，从酥出醍醐。隋吉藏《大乘玄论》卷五说《成实论》学者据这段经文也这样认为。然而《般若经》所讲的"法性"、"实相"等是抽象化和哲学化了的宗教幻想和彼岸世界，是一种神秘性的宇宙本体，是宇宙万有的普遍性依据和最后归宿，而《涅槃经》所讲的"佛性"虽有时也有宇宙本体的含义，但其基本含义是这种神秘性本体在众生身上的体现，是众生所具有的"成佛"的内在根据或可能性（正因）。例如经文有时称之为"菩提种子"（卷二十七）；有的经文说，"我身即有佛性种子"，"今如来所说真我，名曰佛性"（卷八）；有的地方说佛性有七种属性，即常、净、实、善、当见、真、可证（卷二十五）。在这种意义上，佛性也可称为众生之本性（真性、心性）。

大乘佛教的最高修行目标是成佛。在大乘《涅槃经》传译之前，一些佛教学者已在探讨成佛的内在根据问题，但论证得很不清楚。例如鸠摩罗什已把《法华经》中所说的"佛知见"[①] 解释为"佛性"，说众生若有佛

[①] 《法华经》卷二《方便品》："诸佛世尊唯以一大事因缘，故出现于世。诸佛世尊欲令众生开佛知见，使得清净，故出现于世；欲示众生佛之知见……欲令众生悟佛知见……欲令众生入佛知见道，故出现于世。"佛知见，意为佛的智慧见解。说众生有佛知见，佛出世就是为了启发众生觉悟佛智。

性，为什么不能成佛？（慧睿《喻疑》，载《出三藏记集》卷五）慧远曾说："佛是至极则无变，无变之理岂有穷耶！"所著《法性论》说："至极以不变为性，得性以体极为宗。"（《高僧传·慧远传》）是说法身佛的常在不变之性为佛性，修行的目的就是体认佛性达到解脱。道生系统地提出佛性论是在见到大乘《涅槃经》之后，其特点是把般若实相、法性与涅槃佛性沟通，强调佛性的普遍性，鼓吹一切众生皆有佛性，连善根灭绝的一阐提也可成佛，并把他的佛性论与顿悟论结合起来。

那么，竺道生是怎样论证佛性的呢？

1. 何谓佛性？

道生对《大涅槃经·师子吼品》中的"佛者即佛性，何以故，一切诸佛以此为性"解释说：

> 夫体法者，冥合自然，一切诸佛，莫不皆然。所以法为佛者即佛性。（《涅槃经集解》卷五十四）

同卷又说：

> 法者，理实之名也。
> 体法为佛，法即佛矣。

道生《法华经疏》卷上：

> 法者，体无非法，真莫过焉。

道生把"法"、"自然"、"理实"等同，而"自然"曾被西晋竺法护用来译"真如"（见《光赞般若经》）。可见它们也是与"法身"、"法性"含义一样的普遍性的概念，被用来表述般若学的神圣本体的。道生把成佛说成是"体法"、"冥合自然"的结果；"法"既然是成佛的原因，所以是佛性。

道生还说：

向明十二因缘观智，该取因时，名为佛性。

智解十二因缘，是因佛性也。今分为二：以理由得解，从理故成佛果，理为佛因也。解既得理，解为理因，是谓因之因也。

成佛得大涅槃，是佛性也。今亦分为二，成佛从理而至，是果也。既成得大涅槃，义在于后，是谓果之果也。（均见《涅槃经集解》卷五十四）

这后二段引文是对《大涅槃经·师子吼品》所说"佛性者有因，有因因，有果，有果果"的解释。是说从无明、行、识到老死为止的十二因缘之"理"是成佛的原因，是佛性。但人的智解又是"理"之因，即无智不能领悟十二因缘之理，故称智解（解）为成佛之因的因，简称"因因佛性"。这种佛性是内在的；前者理为"因佛性"，是外在的。成佛与大涅槃本为一回事，都是修证的结果。道生称前者为"果佛性"，后者为"果果佛性"，实际是内智与外理相结合的结果，意味着成佛涅槃又回归法身、法性。

道生说：

无我本无生死中我，非不有佛性我也。（《注维摩诘经》卷三）

佛法中我，即是佛性，是则二十五有（按：泛指三界众生及所居之境），应有真我，而交不见，犹似无我，教理未显。

种相者，自然之性也。佛性必生于诸佛。向云：我即佛藏；今云：佛性即我，互为辞耳。（《涅槃经集解》卷十八）

第二段引文是解释《大涅槃经·如来性品》中"佛性即是我义"的。佛教所说的"我"，意为事物的本质属性或规定性（法我），就人来讲，是指主宰身体的内在精神主体，即灵魂。尽管佛教讲业报轮回必须承认"我"的存在，但在理论上一般都强调"无我"。大乘涅槃学说不承认有"生死中我"，但承认有"佛性我"。这种"佛性我"有两个含义：一是指无时不在、无所不在的法身，或"大涅槃"，如《大涅槃经》卷二十三所说："有大我故名大涅槃，涅槃无我，大自在故，名为大我。"一是指众生所秉的法身、法性，此即佛性。道生称此为"佛法中我"、"真我"，比作"种相"（因种实相），是人所秉有的"自然之性"，源于诸佛法身。在这种意义上，说我即佛藏（或如来藏，谓众生秉藏佛如来之性），佛性即我。通过这种论证，便把本体之"我"与真性（心性）之"我"沟通。

大乘涅槃佛性学说既然把佛性看作与法身、法性等同，或是后者在众生身上的体现，那么，法身的一切宗教道德的属性也就是佛性的属性。如果仅就侧重作为众生解脱的内在心性的依据来说，就自然要强调与解脱、轮回有关的宗教道德属性。道生说：

性本是真，举体无伪。（《涅槃经集解》卷五十一）
法性照圆，理实常存，至于应感，岂暂废耶？（同上，卷九）

道生对《大涅槃经·光明遍照品》所说涅槃八事："一者尽、二善性、三实、四真、五常、六乐、七我、八净"的解释中说：

善性者，理妙为善，反本为性也。实者是常也。……我者，常故自在也。净者，垢尽故也。（《涅槃经集解》卷五十一）
佛性不为邪见所穿掘也。（同上，卷十九）
性者，真极无变之义也；即真而无变，岂有灭耶？（同上，卷九）
虽复身受万端，而佛性常存，若能计此得者，实为善也。
虽坏五阴（按：此指众生之身），无损佛性；伤五阴故，名曰杀生，不可以佛性无损，谓无不善业也。（同上，卷十九）
佛性不可得断。（同上，卷五十四）

根据以上引文，佛性是真实无伪、善、常存不灭、清净无垢的，虽随众生轮回于生死，但它永不间断。涅槃佛性学说本来就是应佛教深入传播的需要而提出的。这种说法的宗教意义在于坚定信众的信仰，使他们相信生生世世有成佛的可能。

2. 一切众生皆有佛性与一阐提也能成佛

在《大般涅槃经》中随处可见到"一切众生，悉有佛性"的词句。竺道生的佛性学说特别强调众生本有佛性，一阐提也不例外，人人可以成佛。他说：

> 众生本有佛之见分，但为垢障不现耳。（《法华经疏》卷上）

这是对《法华经·方便品》的一段话的解释。经文说佛出世的目的是"欲令众生开佛知见"，"示众生佛之知见"，"令众生悟佛知见"，"令众生入佛知见"。鸠摩罗什曾把"佛之知见"解释为佛性，道生也作这种理解。他认为众生是本有（本来就有）这种"佛知见"的，但因为被贪欲烦恼（垢）蔽障，显现不出来，需佛从外面进行教示，使众生坚定信念，开悟自己所具佛的知见，然后"入佛知见"而成佛。

《大涅槃经·如来性品》有一段寓言是用来说明"我者即是如来藏义，一切众生悉有佛性"的。寓言说有一个贫女人家有金藏（金库），但自己不知道，后经人指点果真掘出金藏，用以比喻"一切众生所有佛性，为诸烦恼之所覆蔽，如彼贫女人有真金藏不能得见"。对此，道生注释说：

> 本有佛性，即是慈念众生也。
> 藏者，常乐之理，隐伏未发也。
> 除结惑之覆为掘，见佛性故，为出金藏也。（《涅槃经集解》卷十八）

这是说众生本有佛性，是佛对众生慈念的表示。佛性即"常乐我净"之理（涅槃、法身）在众生身上的体现。众生虽含藏此理，但被各种欲望烦恼覆盖着，只有除去欲望烦恼才能见悟佛性。

佛教所说的"众生"除指人类以外，还包括畜生及佛教所虚拟的天界、地狱的一切生命体。"一阐提"或作"一阐底迦"、"阿阐提"等，是梵文Icchantika的音译，意为以贪欲为目的的人，佛经译为"断善根"、"信不具足"、"极欲"的人，也就是恶人。大乘《涅槃经》说"一切众生皆有佛性"，那么一阐提既然属于众生，自然也应有佛性。但法显的六卷本《泥洹经》却明言将一阐提排除在外。经文说：

> 如一阐提懈怠懒惰，尸卧终日，言当成佛。若成佛者，无有是处。（卷三）
>
> 一切众生皆有佛性在于身中，无量烦恼悉除灭已，佛便明显，除一阐提。（卷四）
>
> 彼一阐提于如来性所以永绝，斯由诽谤作大恶业，如彼蚕虫绵网自缠而无出处。一阐提辈亦复如是，于如来性不能开发起菩提因。（卷六）

在昙无谶的四十卷本《涅槃经》中虽也有一阐提没有佛性的话，但在许多地方又明确地讲一阐提有佛性，可以成佛。例如：

> 如一阐提，究竟不移，犯重禁者，不成佛道，无有是处。何以故？是人若于佛正法中，心得净信，尔时便灭一阐提。若复得作优婆塞者，亦得断灭。于一阐提犯重禁者，灭此罪已，则得成佛。是故言毕定不移，不成佛道，无有是处。真解脱中，都无如是灭尽之事。（卷五）
>
> 我经中说，一切众生，乃至五逆、犯四重禁①及一阐提，悉有佛性。（卷二十八）

是说不能说一阐提没有佛性，必定不能成佛，关键是改恶从善，信奉佛法，这样就可灭罪，本人也就不再是一阐提，就可成佛。由此可见，大乘涅槃学说也是有发展的。佛性和成佛问题本来属于宗教幻想，如果说一切人，包括一切不信佛教乃至反对佛教的人、作恶多端的人，也有佛性，也可成佛，就可以吸引更多的民众入教，对扩大佛教的社会影响是有利的。

竺道生在六卷《泥洹经》译出后，便剖析经理，深入钻研，提出"一阐提人皆得成佛"（《高僧传》本传）。在北本《涅槃经》还没有传到建康之前，道生的这一说法被认为是违背六卷《泥洹经》的经意的，因此当时僧界斥其为"邪说"。唐道暹《涅槃经玄义文句》卷下记载，当时于阗沙门

---

① 五逆罪：杀父母、破坏集会作法僧团、伤害佛身、杀罗汉、扰乱僧团依法行法或议事。四重禁，指犯淫、犯盗、犯杀人、犯大妄语之戒。

智胜宣讲法显所译六卷《泥洹经》，"说一阐提定不成佛"；宋朝高僧也"盛宗此义"。他们听到道生的说法后，十分气愤。智胜几次与道生辩论，都被辩败。宋代智圆《涅槃玄义发源机要》卷一记载，道生研究六卷《泥洹经》，撰有《十四科》①，其第十科《众生有佛性义》说：

> 经言阐提无者（按：指无佛性），欲击（按：应为"激"）励恶行之人，非实无也。以其见恶，明无无恶，必有抑扬当时，诱物之妙，岂可守文哉！

道生认为经上讲阐提无佛性，是为了激励诱导有恶行的人反省自己之恶，而不是说他们真无佛性，因此不应拘泥于经文。《名僧传抄·说处》第十载：

> 道生曰：禀气二仪者（按：指众生，二仪指阴阳）皆是涅槃正因。阐提是含（按：原误为"舍"）生，何无佛性？②
> 一阐提者，不具信根，虽断善，犹有佛性。

道生认为一切众生皆可涅槃成佛，一阐提属于众生，虽无信根（信仰的基础或依据）、善德，但仍有佛性。道生的说法把"一切众生，皆有佛性"的理论贯彻到底。此说在当时受到了反对，道生甚至因此被逐出建康僧团。后来昙无谶所译《大涅槃经》传到建康，证明道生所说与此经相符，于是一时间声名大振。

如前所述，道生是主张众生"本有"佛性的，但后世一些学者却说道生主张众生"始有"佛性。意谓成佛才有佛性，此是果，因众生将来必当达成此果，所以说佛性是"当有"，这样就不是"本有"而是"始有"（有始之有）了。如唐均正《大乘四论玄义》卷七说：

---

① 《宋史·艺文志·子类》录竺道生《十四科元赞义记》一卷，当即此书。
② 日本宗法师《一乘佛性慧日抄》引《名僧传》之文曰："生曰：禀气二仪者，皆是涅槃正因。三界受生，盖为惑果。阐提是舍生之类，何得独无佛性！盖此经（按，指六卷《泥洹经》）度未尽耳。"（《大正藏》卷七〇）

>道生法师执云：当有为佛性体。法师意：一切众生，即云无佛性，而当必净悟，悟时离四句百非①，非三世摄；而约未悟众生，望四句百非为当果也。

唐吉藏《大乘玄论》卷三说：

>当果为正因佛性，此是古旧诸师多用此义。此是始有义。

众生本无佛性，但将来"当必"涅槃成佛，此"当果"（当有佛果）即为佛性。这就是佛性始有的意思。据唐均正《大乘四论玄义》卷七、新罗元晓《涅槃宗要》，南朝宋白马寺昙爱执此说。道生虽著《佛性当有论》，但此文已佚，所论无考。据前面所引，"始有"说不符合道生原意，他是主张众生本有佛性的。

古来对佛性是不是灵魂的问题是有争论的。按正常的认识来说，如说佛性是法身本体，此是指它是一种宗教信仰的神圣的绝对精神；如说其是人生来秉有的真净心性，那么它只能是灵魂（或其某个方面）。南北朝时一些涅槃学者有的就公开主张佛性是灵魂，称之为心、真神、心神、阿黎耶识等。这不能说他们离开了佛经原意。《名僧传抄》上有一段辩论佛性与无我及神我的文字，其中说：

>又问无神我曰：经云外道妄见我，名之为邪倒。今明佛性即我，名之为正见。外道所以为邪，佛性以何为正？答曰：外道妄见神我，无常以为常，非邪而何！佛法以第一义空为佛性，以佛为真我，常住而不变，非正而何！问曰：何故谓佛性为我？答曰：所以谓佛性为我者，一切众生皆有成佛之真性。常存之性，唯自己所宝，故谓之为我。

下面又论善恶报应"以心为本"等。不难看出，这个答辩是贫乏无力

---

① 《大涅槃经》说涅槃是离四句百非的，意为不可用"有、无、亦有亦无，非有非无"四句及"非有非无、非有为非无为……"百句（意为多句）那样的方式表达的。

的，既没有说明为什么佛性常存而不是灵魂（神我），也没有说明佛性与业报轮回的主体"心"的关系，只能说明涅槃佛性学说对灵魂有自己的独特说法而已。从中国佛教史来看，后世不少僧俗信众还是将佛教看作人的清净灵魂，或称为灵魂之本体的。

（二）顿悟论

1. 道生以前的"小顿悟"论

大乘佛教以达到觉悟成佛为最高修行目标。那么，是分阶段地由浅入深地达到最后觉悟（渐悟）呢？还是一次（一时）[①] 达到觉悟（顿悟）呢？对这个问题，许多佛经都主张前者。西晋竺法护所译《渐备一切智德经》、后秦鸠摩罗什所译《十住经》、东晋佛驮跋陀罗译的《华严经·十地品》（三者为同本异译），以及鸠摩罗什译的《大智度论·发趣品》《十住毗婆沙论》等都说菩萨成佛必须经过从欢喜地到法云地的十地。"十地"也译"十住"，是由低到高的十个修行阶位，其名称在各经中有不同译法，其中重要的有三地：一，欢喜地，发愿达到最高觉悟，解脱众生，从凡夫转入菩萨阶位。七，远行地，功行俱足，得到智慧神通，各种烦恼不再产生，超越一切声闻、缘觉（《华严经·十地品》）；认识诸法性空，本来无生（得无生法忍），领悟"诸法实相"（《大智度论·发趣品》）；此地菩萨定、慧均平（"般若静鉴为定，方便到照为慧"），在禅观中做到有无、真俗并观，而此前只能做到空有相间而观（《大乘玄论》卷五）。据称由此地才能从"垢秽"世界进入"清净"世界。十，法云地，得到"大法智"，成就最高佛的境界法身（返本）。

从东晋以来，有些佛教学者在探讨十住、三乘教理时提出了顿悟说，如东晋支道林、道安，就认为修行到七地，就可以达到顿悟。《世说新语·文学篇注》引《支法师传》说：

> 法师研十地，则知顿悟于七住。

[①] 《大毗婆沙论》卷六十三："问：此中顿言欲显何义？答：显一时义。"

南齐刘虬《无量义经序》论到渐悟顿悟，而倾向于顿悟，说：

> 寻得旨之匠，起自支、安。支公之论无生，以七住为道慧阴足，十住则群方与能。在迹斯异，语照则一。安公之辨异观，三乘者始篑之因称，定慧者终成之实录。此谓始求可随根三，入解则其慧不二。（《出三藏记集》卷九）

支道林认为修行到第七地已达到体悟诸法无生无相的精神境界（得无生法忍），具备一切种智（"道慧阴足"）。十地则证体（返本）成就法身，感通无方。七地虽没达到十地证体，但从悟理圆满来讲，两者已经等同。因此说修到七地已达顿悟。道安是就三乘（声闻、缘觉、菩萨）教说的，认为佛因众生根机浅深而始说声闻、缘觉、菩萨三乘之教，修行者最后豁然顿悟，所得到的最高智慧是不能有两样的。

主张七地顿悟说的还有僧肇、慧远、法瑶。南朝陈慧达《肇论疏》① 载：

> 小顿悟者，支道林师云：七地始见无生。弥天释道安师云：大乘初无漏慧，称摩诃般若，即是七地。远师云：二乘未得无有（按：当为"生"字），始于七地方能得也。埵法师云：三界诸结，七地初得无生，一时顿断，为菩萨见谛也。肇法师亦同小顿悟义。何者，即二谛是用，无二为体；二谛是筌，不二为之中，而六地以还，有无不并，无二之理，心未全一，故未悟理也。若七地以上，有无双涉，始名理悟。

> 肇师等并云：七地入法身位，心智寂灭。……法身以上入无为境者，六住已下，以未全一，在有即舍空，在空即舍有，未能以平等真心，有无双涉。七地以上，二行俱寂，心不可以像得，故心智寂灭也。

这里所说的埵法师，在隋硕法师《三论游意义》中作"真安埵师"，当

---

① 作者在《续藏经》中原作晋惠达，据近代学者研究认为是作《肇论序》的陈小招提寺慧达。

即南朝宋新安寺法瑶之误写。此书还提到有邪通师，事迹不详。据上面所引，他们所持的论点大致相同，概括起来就是：

（1）七地是修行中的一个飞跃阶段，修行者至此已断三界一切烦恼，体认诸法性空、无生无灭之理（无生法忍），得到至高的清净智慧（无漏慧）。

（2）从修持禅观来说，七地以下对有无、真俗二谛只能做到并观，交相否定，"在有即舍空，在空即舍有"，而不能领悟非有非无、真俗不二的中道之理。七地入法身位，顿悟全理，有无等差别观念并泯，心智寂灭。

（3）七地虽悟理不二，但仍需进修三位，才可究竟证体，成就最高法身。

这种说法也是受到玄学"得意忘言"的思辨方法的影响。七地以前，有无、真俗二谛等言名概念是渐修的工具，七地顿悟理体，故有无双泯，进入相当于"玄冥"的精神境界。但此说也有不能自圆其说之处：如果说至七地已悟全理（诸法实相，真如），甚至说已入法身位，那为何还要进修三位至法云地？正如《涅槃无名论·难差第八》①所指出的：

> ……于七住初获无生忍，进修三位。若涅槃一也，则不应有三。如其有三，则非究竟。究竟之道，而有升降之殊，众经异说，何以取中耶！

其《诘渐第十二》又说：

> 又曰："无为大道，平等不二。"既曰无二，则不容异心，不体则已，体应穷微。而曰"体而未尽"，是所未悟也。

《肇论疏》在引僧肇的"入法身位，心智寂灭"之后引质疑说：

---

① 《涅槃无名论》，现作僧肇著。但《大唐内典录》卷十录为无名子著，注云："今有其论，云是肇作，然词力浮薄，寄名乌有。"汤用彤教授认为是宋初顿渐争论时的作品。《难差》以下六章，有中"有名"主顿，当为道生说，"无名"主渐，当为支道林等七住顿悟说。见《汉魏两晋南北朝佛教史》第十六章。

而云"进修三位"者，理未穷，故有进趣之功。若有进趣之功，动静（按：原作"请"）未息，云何心智寂灭？

是说涅槃、道、理（皆为真如本体）是个统一的整体，不可分割，如果悟理，就应悟理的全体，而悟理又与证体相连，达到最高觉悟即般大涅槃，成就法身。七地既然还要进修三位，就说明仍未悟全理，也没有最后证体，因此不能认为七地顿悟说是正确的。在道生提出顿悟论之后，以上学说被称为"小顿悟"，而道生之说被称为"大顿悟"。"小顿悟"在后来也被看作一种"渐悟"。①

2. 道生的"大顿悟"论——"理不可分，悟语照极"

道生主张大顿悟，据现存零散文字，其内容的主要之点是：所悟之理不可分，觉悟应当不分阶段地一次完成；悟理与体证不可相离，悟理即"反迷归极"，使所秉的佛性显现；证体即"归极得本"，成就法身；渐修不是渐悟，而是达到顿悟的必要准备。下面逐次介绍。

（1）所谓"理悟冥符"

道生主张大顿悟论所说之理，即般若类经典所说的诸法实相，或第一义谛，它们都是真如本体的不同称法。所谓顿悟就是一次性地全部领悟诸法实相，使觉悟的内容与理相融无间，此即"理悟冥符"。慧达《肇论疏》载：

> 竺道生大顿悟云：夫称顿者，明理不可分，悟语照极。以不二之悟，符不分之理，理智兼②释，谓之顿悟。

《涅槃经集解》卷一载道生的序文说：

> 夫真理自然，悟亦冥符，真则无差，悟岂容易？不易之体，为湛

---

① 如慧达《肇论疏》所说小顿悟者"埵法师"、《三论游意义》所说"真安埵师"等，皆为新安寺法瑶之误。据《高僧传》卷七《法瑶（或误为珍）传》，他执渐悟义，与主顿悟的道猷同住新安寺，"渐顿二义，各有所宗"。

② 原字不清。据唐澄观《华严经行愿品疏》（载《新纂续藏经》卷五）之注文对"顿悟"解释中的引文，应为"兼"字，谓"理智兼释，谓之顿悟。"

然常照。

这两段文字中的"理"、"极"、"真理"、"真"、"体"都是真如本体的不同表达方法。说这种本体之理是自然常在的，统一不可分的，修行者所悟的内容应与它完全相符（冥符），做到智与理的合一。

如果说理不可分，那么佛教教理有声闻、缘觉、菩萨三乘之别，又如何解释呢？道生说：

> 譬如三千，乖理为惑，感必万殊。反则悟理，理必无三（按：三乘）。如来道一，物乖谓三。三出构情，理则常一。如云雨是一而药木万殊，万殊在于药木，岂云雨然乎！（《法华经疏》卷下）

所谓"三千"（三千大千世界）是佛所教化的世界（"佛化一境"）。说这个世界上一切千变万化的现象都是由违背佛理的惑业引起的（业报），而作为世界本体的理（如"云雨"）只有一个。三乘教法是应众生的根机深浅而提出的，但其所蕴，"理则常一"。修行者所悟之理，也不应有三。这是发挥《法华经》的"会三归一"的说法的。

（2）顿悟成佛，"不容阶级"

与支道林、僧肇等人主张的七地顿悟说不同，道生认为，十地以前只是渐修，一无所悟，至十地才体认性空、本无生灭的诸法实相（得无生法忍）①，达到顿悟，而顿悟之时就是成佛之时；反过来讲，只有成佛才是真正的顿悟；顿悟与成佛之间是没有间隔的。

吉藏《大乘玄论》卷四载：

> 生公用大顿悟义，唯佛断惑，尔前未断，故佛名为觉，尔前未觉。

---

① 唐均正《大乘四论玄义》卷二曰："经云：初不知二地境界，乃至第十地不知（按：原作'至'，误）如来举足下足也。亦是大顿悟家云：至第十地始见无生。小顿悟家云：至七地始见无生也。"又，《涅槃经集解》卷五十四载道生曰："十住几见仿佛其终也，始既无际，穷理乃睹也。"都是说至十地才顿悟全理，真正觉悟。

道生强调断除无明烦恼（惑）与成佛同时。

吉藏《二谛义》卷下说：

> ……大顿悟义，此是竺道生所辩。彼云：果报是变谢之场，生死是大梦之境，从生死至金刚心，皆是梦。金刚后心豁然大悟，无复所见也。

隋碛法师《三论游意义》也引道生大顿悟义：

> 金刚以还皆是大梦，金刚以后乃是大觉也。

"金刚心"是与法云地（第十地）菩萨相应之心，菩萨至此修证成佛。引文是说成佛（十地）以前摆脱不了生死果报，如同迷梦，成佛之时豁然大悟，此后已无所悟了。《注维摩诘经》卷四引道生的话说："一念无不知者，始乎大悟时也。……义极一念知一切法，不亦是得佛之处乎？"大悟就是顿悟，也是说成佛之时就是觉悟的彻底完成之时。

支道林、僧肇等人主张的小顿悟论认为至七地已经顿悟，但要再进修三地才可成佛。这样就把悟理与证体分成两个阶段。道生认为悟理与证体皆在十地完成，顿悟之时即成佛，即成就法身。谢灵运《辨宗论》引道生（称为"新论道士"）的顿悟义说："以为寂鉴微妙，不容阶级。"这是说顿悟是一时完成的，不需要中间阶段。

道生的顿悟论与佛性论既有区别又有联系。所谓顿悟是领悟真如本体（悟理、明体），而此本体在众生身上的体现即为佛性；佛性因被烦恼遮蔽不为众生所知，而一旦顿悟断惑，佛性便显现（显性）而返归法身本体，即见性成佛。《涅槃经集解》卷一载道生的序文说，觉悟应冥符"真理"，此理作为本体不为人所知，但只要"涉求"，便可"反（返）迷归极，归极得本"，即摆脱迷惑而返归本体，此即般涅槃。同书卷五十四引道生的注说："唯佛是佛性也。十住菩萨，亦得名见"；又说："成佛得大涅槃，是佛性也"，皆是说十地菩萨才能领悟佛与佛性相通，涅槃成佛即明体显性。《注维摩诘经》卷二载道主注："既观理得性，便应缚（按：指烦恼）尽泥洹。"可见，悟理明体与显性成佛是同一事情的不同方面。

顿悟论是一种宗教修行理论。中国佛教信众所说的成佛，有不少场合与超凡成神没有本质差别。修行者顿悟成佛，便从"小我"化为"大我"，从有形体的有限变为无形无象的无限了。

（3）顿悟不废渐修

按照道生大顿悟论的观点，顿悟是一时之间全部悟理，在此之前是没有小悟或部分的悟的。那么，有没有渐修呢？道生认为，通过读经、修行，可以坚定佛教信仰，抑制贪欲诸烦恼（伏惑），然后才能进入顿悟。他在《法华经疏》卷上说，"兴言立语，必有其渐"，"说法以渐，必先小而后大"，都是说传教说法乃至修行应循序渐进的。他还认为佛教的大、小乘教法是应众生的不同根机而提出来的，最终目的是启发众生领悟其中所蕴之理。《法华经疏》卷上说：

> 妙法：夫至象无形，至音无声，希微绝朕思之境，岂有形言者哉。所以殊经异唱者，理岂然乎！实由苍生机感不一，启悟万端。是以大圣示以分流之疏，显以参差之数，始于道树（按：释迦牟尼于菩提树下成道），终于泥曰（按：即涅槃），凡说四种法轮（按：指教法）：一者善净法轮（按：小乘《阿含》等），谓始说一善，乃至四空（按：四空定），令去三涂之秽，故谓之净；二者方便法轮（按：指《般若》等大乘经），谓以无漏道品，得二涅槃，谓之方便；三者真实法轮（按：《法华经》），谓破三（按：三乘）之伪，成一（按：佛乘）之美，谓之真实；四者无余法轮（《大涅槃经》），斯则会归之谈，乃说常住妙旨，谓无余也。斯经以大乘为宗。大乘者，谓平等大慧，始于一善，终于极慧是也。平等者，谓理无异趣，同归一极也。大慧者，就终为称耳。若统论始末者，一毫之善皆是也。

道生认为诸法实相、真如理体是超言绝象的，但佛为了启悟不同水平的众生，还是把它用经教加以表达，从小乘《阿含》诸经到大乘《般若》《法华》，直到《大涅槃经》，毕竟都体现了大乘精神。"理无异趣，同归一极"，一理寓于万善，万善体现一理。对于这些经教，修行者在没有达到顿悟之前是应当奉行修习的，而一旦顿悟，就直探诸法实相，彻悟理体，此时就无须修学有言之教了①。道生主张的渐修不同于渐悟。渐悟学说虽也讲"理实无二"②，但认为对理可分阶段地、由浅入深地领悟，而道生所说的渐修是否认有丝毫的悟在内的。

对于顿悟与渐修的关系，陈慧达《肇论疏》中引道生一段话说：

　　见解名悟，闻解名信。信解非真，悟发信谢。理数自然，如果熟自零。悟不自生，必借信渐。用信伏（按：原作"伪"，误）惑，悟以断结。悟境停照，信成万品，故十地四果，盖是圣人提理令（按：原作"今"）近，使夫（按：疑为"行"字）者自强不息（按：原作"见"字）。

悟与信含义不同。悟是来自对理的见解，信源于听闻教法。悟产生之时，信便被代替。顿悟见理，是自然趋势。但"悟不自生，必借信渐"。坚定的信仰可以抑制贪欲等惑，而一旦顿悟便彻底摆脱生死烦恼，从而再无可悟之处。一切教法（"万品"）和修行果位的理论，都是佛应机教化众生使产生信仰、从事修行的手段。

（三）关于法身无色、佛无净土和善不受报论

道生还提出"善不受报"的见解，又著《法身无色论》《佛无净土论》等，原文皆佚。从现存资料看，主要是发挥般若性空和第一义谛的理论。按照这种理论，不仅世俗认识及面对的整个现象世界是空的，就连一切用文字语言表述的佛教教法以至佛、菩萨、罗汉等也是空寂无实的，不应执着。

在般若类经典中"法身"与"法性"、"真如"、"诸法实相"同义，是本体一类的概念，是无形无象、不生不灭的。《放光般若经·法上品》说：

---

① 《法华经疏》卷下："夫未见理时，必须言津，既见乎理，何用言为。其犹筌蹄，以求鱼兔。鱼兔既获，筌蹄何施？若一闻经，顿生一生补处（按：相当十地）或无生法忍，理固无然。本苟无解，言何加乎。"

② 见《名僧传抄》所载《三乘渐解实相》。

莫以色身而观如来，如来者法性，法性者亦不来亦不去，诸如来亦如是，无来无去。

道生所说"法身无色"就是发挥这种观点的。《注维摩诘经》卷九载有对"维摩诘言：如自观身实相，观佛亦然"等句的注释。僧肇说"实相之相即如来相"，"法身如空，非四大（按：地、水、火、风）所起造也"。道生注释说，如果说佛有人相，那么佛就是由"五阴"（色、受、想、行、识）合成，则可以说"色即是佛"。反过来，

若色不即是佛，便应色外有佛也。色外有佛又有三种：佛在色中，色在佛中，色属佛也。若色即是佛，不应待四（按：受、想、行、识）也。若色外有佛，不应待色也。若色中有佛，佛无常矣。若佛中有色，佛有分矣。若色属佛，色不可变矣。

结论是既不能说"色即是佛"，也不能说"色不即是佛"。这种论证的前提是：佛是法身，不能用语言表述，虽无相而常住不变、不可分，不来不去，"如者一无有二，亦不三……"（《放光经·法上品》）；而五阴及其合成的众生是生灭无常的，因此不能说佛是五阴合成身，也不能说佛身有色。如果说有"人佛"（佛有人形象），它便应由"四大"（地、水、火、风，即色）合成，但是，"从四大而起者，是生死人也，佛不然也"。这实际是对大乘佛教佛身论的发挥。把佛神化是为了提高佛在信徒中的神威，便于扩大影响。

"佛无净土"是说法身佛没有佛国净土。道生的这个说法是与他的"法身无色论"联系在一起的。①《注维摩诘经》卷一有一段道生对"菩萨随所化众生而取佛土"的解释，说："国土者，是众生封疆之域。其中无秽，谓之为净。无秽为无，封疆为有。"众生有惑故有国土，菩萨若成

---

① 隋吉藏《胜鬘宝窟》卷上之末曰："竺道生著《法身无净土论》，明法身无净土。此皆用无色义也。"

佛断惑，只是随所教化的众生才有净土可言，而无自造的佛国①。另外，道生《法华经疏》说"无秽之净，乃是无土之义"，"净土"就意味着只有净而无土，"无土之净，岂非法身之所托哉！"意为法身清净常在，但超言绝象，故无净土可言。可是不少大乘佛典都说佛有净土（佛国），如阿弥陀佛有西方极乐净土，阿閦佛有东方妙喜净土等。道生又如何解释呢？据现存资料，道生没有用报身、应身说进行解释，而是表示为了传教方便，还有必要宣传净土之教，认为信众"若闻净土不毁，则生企慕意深。借事通玄，所益多矣"。般若经典宣说，佛菩萨为了在众生中传教方便，才宣说有净土的。从诸法实相来看，"佛国土及众生所有，皆无所有"（《放光般若经·种树品》）。可以认为，道生此论也是发挥般若观点的。

"善不受报"是从出家人的修行动机和最后所要达到的目标来说的。《注维摩诘经》卷三对"夫出家者为无为法，无为法中无利无功德"一语，鸠摩罗什注释说："……出家人法皆无名利也。若世俗法则受生死不绝，报利愈积。若出家法，于今虽有，终期则无。……将出于功德之域，入于无利之境；无利之境即涅槃也。今就有而言无利，是因中说果也。"这是说出家之事本是属于无生无灭的"无为法"之中的，最后将达到涅槃，涅槃即法身，无生灭，因此从未来结果来说，出家修行无利可得，无德可报。道生注曰："无为是表理之表，故无实功德利也。"也是说出家属无为法，是体现无为无相之理的，所以无功德果报。同书卷六载道生对"无所希望"的注释说："若能不望报功德之报，舍（按：四无量心之一，意为对他人无爱憎之心）之极也。"他认为如果带着贪欲的目的修行，是达不到解脱的②。道生此论大概也受《般若经》的影响，《放光般若经·当得真知品》说，菩萨"教化众生，净佛国土，亦不自受其报，但欲益

---

① 原文曰："有生于惑，无生于解。其解（按：此指大佛，成佛）若成，其惑方尽。始解是菩萨本化，自应终就。使既成就，为统国有。属佛之迹，就本随于所化义，为取彼之国。既云取彼，非自造之谓。"

② 《注维摩诘经》卷五道生对"贪著禅味是菩萨缚"的注释："贪报行禅，则有味于行矣。既于行有味，报必惑焉。夫惑报者，缚在生矣。"道生所说的味，是对禅有所贪求之意，也是一种执着。"报必惑"，是指其报必不离生死烦恼。

于众生,所作不受其报。"据现存其他资料,道生并不一般地否定佛教的善恶因果的教义。

另外,道生著有《应有缘论》,也佚。从现存点滴资料看,或指诸法必由因缘而生灭,或指众生成佛除据正因佛性外还应有缘因(佛、法、智)。

(四) 谢灵运对道生顿悟论的发挥——《辨宗论》

道生提倡顿悟论,在当时引起强烈反响,有支持者,也有反对者。在支持者之中,首推谢灵运。《出三藏记集》卷十二陆澄《法论》第九帙《慧藏集》目录载:

> 《辨宗论》①,谢灵运。

后面载有法勖,僧维,慧骥,竺法纲,慧林(琳),王休元(王弘)与谢灵运之间的往返问答多首,又录有释慧观《渐悟论》,昙无成《明渐论》,并且注明:

> 沙门竺道生执顿悟,谢康乐灵运《辨宗》述顿悟,沙门释慧观执渐悟。

谢灵运《辨宗论》及与诸人问答的文字皆存《广弘明集》卷十八。但慧观、昙无成的论文已佚。

谢灵运《辨宗论》本文不长,曰:

> 同游诸道人,并业心神道,求解言外。余枕疾务寡,颇多暇日,聊伸由来之意,庶定求宗之悟。
>
> 释氏之论,圣道虽远,积学能至,累尽鉴生,方(按:或作

---

① "辨",原作"辩"字。

"不",误)应渐悟。孔氏之论,圣道既妙,虽颜殆庶①、体无②鉴周,理归一极③。有新论道士,以为寂鉴微妙,不容阶级,积学无限,何为自绝?今去释氏之渐悟,而取其能至;去孔氏之殆庶,而取其一极。一极异渐悟,能至非殆庶。故理之所去,虽合各取,然其离孔、释矣。

  余谓二谈救物之言,道家④之唱,得意之说,敢以折中自许。窃谓新论为然。聊答下意,迟有所悟。

谢灵运著此论的目的是"定求宗之悟",即探究悟理成佛之道。"宗"即"体"的另一种说法,与文中的"极"、"理"以及"寂"同义。此论大致有三个要点:

(1) 佛教主张成佛之道(圣道)虽远,但通过修学可以达到,所用方法是逐渐断灭烦恼,领悟生灭真理。此为渐悟。

(2) 儒家所说的圣道极为辽远、玄妙,即使孔子的高徒颜回,也只是接近于成圣。圣人体认之理是无形绝言而又周遍天下的,但其体不可分。

(3) 竺道生(新论道士)认为悟理证体不需要过渡阶段,凡修行者皆可达到顿悟。这是折中儒、释二家,即去佛教之渐悟,而取其能成圣之说;去儒家的不可成圣,而取其理不可分之说所提出的新说,从而超出二家之上。

谢灵运对道生的顿悟论表示赞许。他在对质难者所作的答辩中有两点值得指出:第一,认为儒、佛二教同为救民之教,但"权、实(按:此指其体)虽同,其用有异",说这是与国情不同有关。因为"华人易于见理,难于受教。故闭其累学,而开其一极。夷人易于受教,难于见理,故闭其

---

① 《论语·先进篇》:"子曰:回也其庶乎?"王弼注:"庶几慕圣。"(皇侃《论语义疏》)意为颜回的德行近于向圣。《周易·系辞下》:"子曰:知几其神乎!……君子见几而作。……子曰:颜氏之子,其殆庶几乎!"王弼注:"在理则昧,造形而悟。颜子之分也,失之于几,故有不善。""几"谓几微,事物变化的征兆、萌芽,转为玄妙之理。说颜回接近知几,但实不知几,故有不善。此论意谓连颜回这样的人也不能至于圣。

② 王弼曰:"圣人(按:此指孔子)体无,无又不可以训。"(《世说新语·文学篇》)。

③ 皇侃《论语义疏·里仁篇》引王弼注:"能尽理极,则无物不统。极不可二,故谓之一也。"此论之"极",意为本体。

④ 此指"新论道士",指竺道生。隋唐前,僧也被称为道人、道士。

顿了，而开其渐悟"。他说晋代的向秀（子期）、应贞（吉甫）曾主张儒、道合一，现在为求成佛之道，折中儒、释二家，也理所当然。第二，渐学、渐修经教，虽可使人产生信心，抑伏烦恼，但因为不是真知真悟，不能使人领悟理之全体而达到成佛，只有顿悟才行。此即所谓："将除其累，要须傍教。在有（按：谓没有从'有'中摆脱）之时，学而非悟。悟在有表（按：谓悟在'有'外），托学以至。但阶级，教愚之谈；一悟，得意之论矣"，又说："由教而信，则有日进之功，非渐所明，则无入照（按：照谓悟理）之分"。这也是在发挥道生关于渐修与顿悟的观点。

道生对谢灵运《辨宗论》的观点是同意的。他在答王弘（王卫军）的信中表示对此论"都无间然"，对渐修顿悟又有说明：

> 以为苟若不知，焉能有信？然则由教而信，非不知也。但资彼之知，理在我表。资彼可以至我，庸得无功于日进？未是我知，何由有分于入照？岂不以见理于外，非复全昧。知不自中，未能为照耶？

意为通过修学经教而产生信心，听人启示，也可了解自己本有佛性，这不能说是不知，也不能说对修道无益。但此非真知自悟，因为这仍认为理在我之外，又未能泯灭有无内外（"全昧"）的观念。只有自知自悟，才能有无并观，内外齐一，而见性成佛。

三　竺道生在中国佛教史上的地位

佛教在中国的传播与中国各个时期的学术思想密切相关。两晋盛行玄学，般若学说思想依附玄学而流行，形成了中国最早的学派般若学"六家七宗"。僧肇著《不真空论》《物不迁论》等文，以空有不二、体用动静相即的中观学说对以往般若学作了批判性总结。般若学说基本上是宇宙本体论的变种。此后传入大乘涅槃佛性学说，信奉研究者从河西、江北到南方，从僧到俗，相竞而起，其中竺道生最为突出。他把般若中观与涅槃佛性两种学说密切结合，把本体与心性之学沟通，所倡导的佛性论、顿悟论影响最为深远。此后涅槃佛性和顿悟学说曾盛极一时，哲学界和宗教界从着重探究本体之学开始转入研究心性之学，推进了中国学术思想的发展。

在道生去世前后，他的学说已风行宋朝社会，宋文帝赞赏并讲述道生的顿悟义，一次曾受到沙门僧弼的质难。帝曰："若使逝者（按：指道生）可兴，当为诸君所屈！"（《高僧传》卷七《道生传》）后来宋文帝召道生弟子道猷入宫集僧"申述顿悟"，当时质难者很多，都被道猷辩败，"帝乃抚几称快"。宋武帝即位后，对道猷也十分敬重，称赞说："生公孤情绝照，猷公直辔独上，可谓克明师匠，无忝徽音。"（《高僧传》卷七《道猷传》）

慧观与道生同学，本持渐悟义，但他的弟子法瑗也持道生的顿悟义。宋文帝召请法瑗从庐山入京，"使顿悟之旨，重申宋代"。何尚之赞叹说："常谓生公殁后，徽言永绝，今日复闻象外之谈，可谓天未丧斯文也。"宋武帝时对法瑗也很崇信，后敕任为法主（《高僧传》卷八《法瑗传》）。

道生的弟子还有宝林，"祖述生公诸义，时人号曰游玄生"，著有《涅槃记》及《异宗论注》等。宝林的弟子法宝也祖述道生诸说，著《金刚后心论》等（《高僧传·道生传》）。

梁代僧旻曾说："宋世贵道生，开顿悟以通经。"（《续高僧传》卷五《僧旻传》）这里所说的经即《大涅槃经》等。此后成实、般若三论之学虽相继兴起，但涅槃佛性和顿悟学说却一直并行不衰，并与其他佛教学说交相渗透，成为中国佛教思想的一个重要组成部分，对后世禅宗尤有直接影响。

梁武帝与佛教[①]

梁武帝萧衍（502—549年在位）与齐皇室本是同族，自幼博读经书，"洞达儒玄"（《梁书》卷三《武帝下》），年轻时曾任齐卫将军王俭的东阁祭酒。齐竟陵王萧子良在鸡笼山设西邸，招致文人学士抄集经书，编《四部要略》千卷，又请名僧讲经说法。当时萧衍与沈约、谢朓、王融、萧琛、范云、任昉、陆倕等，常游其门下，时号为"八友"。萧衍废齐建梁后，一方面重用士族，同时在思想文化方面提倡儒学和佛教。南朝佛教至梁武帝时达到鼎盛。

一 关于梁武帝舍道归佛

魏晋以来，王朝兴替频繁，在残酷的权势斗争中，皇帝被废被杀者很多。南朝宋、齐二代即位为帝者共有十六人，其中被废被杀者达十人之多，参与内乱而被诛杀的还有不少王公贵族。此外，还有此起彼伏的农民起义。梁武帝有鉴于此，即位后着手协调统治者内部的关系，并借儒家纲常名教来维护以皇帝为首的封建等级秩序。他认为："建国君民，立教为首，砥身砺行，由乎经术。"（《梁书》卷四十八《儒林传·序》）在朝廷置五经博士，开馆授徒，于州郡立学，又制定礼乐。同时崇奉佛教，以此争取僧众和世代奉佛的士族的支持，并把人们对现实利益的关心和追求引向佛教宣说的解脱彼岸和来世。

梁武帝原崇奉老子，很可能是道教信众，如《隋书·经籍志》的道经所载："武帝弱年好事，先受道法，及即位，犹自上章，朝士受道者众。三

---

① 原载任继愈主编《中国佛教史》第三卷，中国社会科学出版社1988年版。

吴及边海之际，信之逾甚。"他祖籍南兰陵（治今江苏武进西北），就在道教流行的地区之内。梁武帝在齐代已接触佛教，与齐竟陵王萧子良等人热心奉佛。朝贵和僧人的交游对他后来提倡佛教也有很大影响。天监三年（504）四月八日，梁武帝下诏"舍事道法"，皈依佛教。其诏书说：

> 弟子经值（按：原作"迟"，此据唐道宣《集古今佛道论衡》卷甲改）迷荒，耽事老子，历叶相承，染此邪法。习因善发，弃迷知返。今舍旧医，归凭正觉。愿使未来世中童男出家，广弘经教，化度含识，同共成佛。宁在正法之中长沦恶道，不乐依老子教暂得生天。（《广弘明集》卷四《叙梁武帝舍事道法》）

据载，梁武帝四月十一日又敕门下，说唯有佛教是"正道"，其他都是"邪道"，"老子、周公、孔子等，虽是如来弟子，而化迹既邪，止是世间之善，不能革凡成圣"，表示自己"舍邪、外，以事正、内"，还要求公卿百官、侯王宗族"宜反伪就真，舍邪入正"（《广弘明集》卷四）。[①]

对这段文字，有的学者据梁武帝于第二年立孔子庙和置五经博士等尊儒事实，认为是后人伪造。笔者认为，梁武帝在宗教上宣布佛教为"正道"与他在政治生活中实行三教并用的方针并不矛盾。从有关史书的记载来分析，这个资料还是可信的。这里先举出以下三点事实：

（一）梁武帝按儒家传统，诏命臣下制礼作乐，以"移风易俗，明贵辨贱"，同时又制佛乐，称之为"正乐"。《隋书》卷十三《音乐志上》载：

> 帝既笃敬佛法，又制《善哉》、《大乐》、《大欢》、《天道》、《仙道》、《神王》、《龙王》、《灭过恶》、《除爱水》、《断苦轮》等十篇，名为正乐，皆述佛法。又有法乐，童子伎、童子倚歌梵呗，设无遮大会则为之。

称佛乐为"正乐"，自然是把佛教视为"正道"。

[①] 以上亦见唐道宣《集古今佛道论衡》。

（二）梁武帝称佛教为"正道"，儒、道二教为邪道，并不意味着排斥、压制儒、道二教，而明确指出儒、道二教"止是世间之善"，而认为佛教超越于世间，"能使众生出三界之苦门，入无为之胜路"，因此宣称它比儒、道优越。然而实际上他认为儒、释、道三教一致，故从不同方面运用它们来维护统治和社会稳定。梁武帝深知儒家纲常名教对于巩固封建君权的重要，因此"尊重儒术"（《梁书儒林传·何佟之传》），提倡忠君孝亲；同时宣布佛教为"正道"，在宗教信仰领域把它置于比儒、道更高的地位，甚至四次舍身佛寺"为奴"①，又以"皇帝菩萨"自居②，借以唤起广大佛教信众对自己带有宗教感情的崇拜和虔诚拥戴，收到儒、道二教所起不到的作用。贪恋世间富贵和皇位，是梁武帝的基本出发点，如唐代魏征所说："且心未遗荣，虚厕苍头之伍；高谈脱屣，终恋黄屋之尊。"（《梁书》卷六《敬帝记》）

（三）梁武帝在敕门下诏中说："其公卿百官，侯王宗族，宜反伪就真，舍邪入正"，这在史书中也可找到旁证。《魏书·萧衍传》说：梁武帝"令其王侯子弟皆受佛诫，有事佛精苦者，辄加以菩萨之号。"《梁书·江革传》载："时高祖盛于佛教，朝贤多启求受戒，革精信因果，而高祖未知，谓革不奉佛教，乃赐革《觉意诗》五百字，云：'惟当勤精进，自强行胜修……'又手敕云：'世间果报，不可不信……'，革因启乞受菩萨戒。"再如《续高僧传》卷六《慧约传》载，天监十八年（519）梁武帝"申在三（按：三皈依，即皈依佛、法、僧）之敬"，从慧约受菩萨戒，此后，"皇储以下爰至王姬"，从慧约受戒为弟子者达四万八千人。从皇室、朝廷的范围来说，这可不是一个小数字。

二　梁武帝对佛教的提倡和支持

梁武帝礼佛诵经、吃素断酒肉、受戒持律、舍身佛寺等，对朝廷上下

---

① 此据《南史》卷七《梁本纪中》及《建康实录》卷十七。四次舍身同泰寺时间：大通元年（527）、中大通元年（529）、中大同元年（546）、太清元年（547）。《梁书·武帝纪》记为三次，未记大通元年那次。

② 《魏书》卷九十八《萧衍传》曰："其臣下奏表上书亦称衍为皇帝菩萨。"

和全国民众有很大影响。他的以下做法,也影响和促进了佛教的盛行。

(一) 优待僧众,奖励佛教义学

梁武帝对当时著名的佛教学僧,如《涅槃经》学者宝亮(444—509)、《涅槃经》《成实论》学者智藏(458—522)、僧旻①、《成实论》《法华经》学者法云(467—529),以及法宠(451—524)、僧迁(465—523)、慧超(?—526)、明彻等,十分崇敬。敕命并奖勉他们从事佛教撰述,请他们讲经说法,给予很高的社会地位和优厚的生活待遇。智藏可自由出入宫中,甚至上正殿的御座。梁武帝想自任"白衣僧正",也因他的反对而作罢;法云、僧旻、法宠、僧迁、慧超等人都被梁武帝请为"资给优厚"的"家僧",有的还被任为僧正。因此,梁武帝时涅槃学说、成实学说相当盛行②。同时,梁武帝重视《般若经》,曾派僧怀、慧令等十僧到摄山从僧朗学"三论"大意③,般若三论之学因之流行起来。

(二) 广建佛寺,盛造佛像

梁朝皇帝、王公、后妃以至门阀士族纷纷建寺造像。唐法琳《辩正论》卷三载梁代有寺2846所。据清代刘世珩著《南朝寺考》卷五所载梁代92寺资料,梁武帝敕建的寺有智度寺、新林法王寺、仙窟寺、光宅寺、萧帝寺、解脱寺、同行寺、劝善寺、开善寺、大爱敬寺、同泰寺。

下面仅介绍其中几个有代表性的寺。

大爱敬寺。梁武帝普通元年(520)于钟山为其亡父建造。寺内建七层塔、旃檀佛像、金铜佛像。建寺时,向王骞(王导后裔,皇后之父)强买寺边的良田八十余顷。《续高僧传》卷一《宝唱传》对此寺描述说:"创塔包岩壑之奇,宴坐促林泉之邃。结构伽蓝,同尊园寝,经营雕丽,奄若天

---

① 据《续高僧传》卷五本转载,僧旻卒于大通八年,年六十一。按,大通仅三年,大同年号共十二年,可以断言其活动年限在梁武帝时。

② 以上请见《高僧传》卷八《宝亮传》,《续高僧传》卷五《智藏传》《僧旻传》《法正传》《法宠传》《僧迁传》;卷六的《慧超传》《明彻传》等。

陈江总持《摄山栖霞寺碑文》,载《江宁金石记》卷一。

③ 同上。

宫。中院之去大门，延袤七里，廊庑相架，檐霤临属。旁置三十六院，皆设池台，周宇环绕。千有余僧，四事供给。"

智度寺。梁武帝即位后于青溪西岸为其亡母建。《续高僧传·宝唱传》谓此寺"殿堂宏壮，宝塔七层，房廊周接，华果间发"。正殿也建有丈八金像。寺居五百比丘尼，四时讲诵。梁武帝在《孝思赋》中说为父母造此二寺，"以表罔极之情，达追远之心"（《广弘明集》卷二十九上）。

同泰寺。梁武帝大通元年（527）建于宫城北掖门外，原为吴之后苑。唐许嵩《建康实录》卷十七引《舆地志》说，此寺有"浮图（按：塔）九层，大殿六所，小殿及堂十余所"。山林之内有禅窟、禅房，东、西般若台各三层，于西北筑山构陇，柏殿在其中，东南有璇矶殿，殿外积石，种树为山。有盖天仪，随水激流而转。梁武帝从大通元年（527）起，在此寺四次舍身，每次群臣皆"以钱亿万奉赎"，于"众僧默许"后还宫。梁武帝多次在此寺设四部（僧、尼及男女居士）无遮（或无碍，任人参加）大会，讲《涅槃经》《般若经》等。

佛寺中皆造有佛像，著名的有光宅寺的丈六无量寿佛铜像、同泰寺的十方金铜像和十方银像（《南史·梁本纪中》）。在剡溪（在今浙江嵊县曹娥江上游）的弥勒石像最有名。此像原由齐代僧护发愿镌造，梁武帝敕僧祐完成。石像坐躯高五丈，立形十丈，龛前架三层台，又造门阁殿堂（《高僧传》卷十三《僧护传》）。

（三）敕僧译编佛教典籍

在译经方面，梁初敕扶南（今柬埔寨）僧伽婆罗于寿光殿等处译经。另有扶南沙门曼陀罗带来梵本经典，受敕与僧伽婆罗共译。初译经日，梁武帝亲临译场笔受其文，又敕宝唱、慧超、僧智、法云等僧协助。译出《阿育王经》《解脱道论》等经十一部三十八卷（续《高僧传》卷一、《大唐内典录》卷四）。

梁武帝奖励佛教义学，敕命高僧编撰佛教著作。现据《大唐内典录》卷四等资料略加介绍。

《众经要抄》并目录，八十八卷

天监七年（508）梁武帝以佛经浩博，难以寻览，敕庄严寺僧旻等于定林上寺编撰，第二年完成。

《华林佛殿众经目录》四卷

天监十四年（515）敕安乐寺僧绍略取僧祐《出三藏记集》撰此书，帝不满意，又敕宝唱重撰。

《经律异相》并目录，五十五卷

天监十五年（516）宝唱奉敕抄集经、律，分类编撰。

《众位饭供圣僧法》五卷
《众经护国鬼神名录》三卷
《众经诸佛名》三卷
《众经拥护国土诸龙王名录》三卷
《众经忏悔灭罪法》三卷
《出要律仪》二十卷

天监十五年、十六年宝唱奉敕撰，梁武帝认为国泰民安，是"上资三宝，中赖四天，下借神龙，幽灵叶赞"（《续高僧传·宝唱传》），于是敕宝唱撰集这些著作，"或建福禳灾，或礼忏除障，或飨接神鬼，或祭祀龙王。……诸所祈求，帝必亲览。"

此外，宝唱还撰有《名僧传》三十一卷、《众经目录》四卷。

《般若抄》十二卷

天监十六年（517）敕灵根寺沙门释慧令撰。

《涅槃义疏》

天监八年（509）宝亮奉敕撰，有十余万言，梁武帝撰《为亮法师制涅槃经疏序》（载《广弘明集》卷二十）。

《大般涅槃子注经》七十二卷

天监七年（508）梁武帝敕建元寺僧朗①撰。

今存《大般涅槃经集解》七十一卷，题为宝亮等撰，当是此书（去目录一卷）。②

三　梁武帝的佛教著作和佛学思想

梁武帝在位四十八年，不仅按照佛教居士的戒律修行，如吃斋，不饮酒，不听乐曲歌声以及"断房室"等，而且还向僧俗信众讲经，从事佛教著述。

据载，梁武帝在中大通三年（531）十月于同泰寺为僧俗信众讲《大般涅槃经》；十一月又讲《摩诃般若波罗蜜经》；中大通五年（533）在同泰寺讲《金字摩诃般若经》；中大同元年（546）在同泰寺讲《金字三慧经》。

梁武帝的佛教著作主要有这样几种：

《摩诃波罗蜜子注经》五十卷

简称《大品注》或《大品注解》。《大唐内典录》卷四注："或一百卷"。撰写年代，陆云《御讲般若经序》（《广弘明集集》卷十九）谓天监十一年（512）③。序存，载《出三藏记集》卷八，谓此书是与

---

① 《大唐内典录》卷四作"释法朗"，而《续高僧传》卷一《宝唱传》载："又敕建元僧朗注《大般涅槃经》七十二卷。"此据后者。

② 日本永超《东域传灯目录》载此书目录，注："梁杨都沙门释僧朗奉敕注。皇帝共十法师为灵味寺亮法师制义疏序。"

③ 《续高僧传》卷五《僧旻传》谓天监六年（507），《法云传》谓天监七年。《佛祖统记》卷三十七作天监六年。梁武帝之序谓"此经东渐二百五十有八岁，始于魏甘露五年（按：260年）"，此序当写于天监十六年（517）。

天保寺法宠、灵根寺慧令等名僧二十人编写。

《三慧经义记》

《三慧经》即《摩诃般若经》中的《三慧品》，梁武帝认为此品"最为奥远"，把它"别立经卷"，于大同七年（541）开始讲说。（陆云《御讲般若经序》）

《制旨大涅槃经讲疏》并目录一百零一卷

见梁昭明太子《谢敕赉制旨大涅槃经讲疏启》。（《广弘明集》卷二十一）

《净名经义记》

《梁书·武帝纪》："制《涅槃》《大品》《净名》《三慧》诸经义记。"《净名经》是《维摩诘经》的别名。

《制旨大集经讲疏》十六卷

见梁昭明太子《谢敕赉制旨大集经讲疏启》。（《广弘明集》卷二十一）

《发般若经题论义并问答》十二卷

《广弘明集》卷十九载法彪《发般若经题论义》述梁武帝对《般若经》题目的解释。最后"余有问答一十二卷"，为《广弘明集》编者道宣之语。

以上著作今皆不存，现存者重要的有：

《立神明成佛义记》（有沈绩的序注，载《弘明集》卷九）
《敕答臣下神灭论》（载《弘明集》卷十）
《为亮法师制涅槃经疏序》（载《广弘明集》卷二十、《大般涅槃经集解》卷一）
《断酒肉文四首》（载《广弘明集》卷二十六）
《摩诃般若忏文》
《金刚般若忏文》（载《广弘明集》卷二十八下）
《净业赋》
《孝思赋》（载《广弘明集》卷二十九上）
《述三教诗》
《和太子忏悔诗》（载《广弘明集》卷三十上。另，《艺文类聚》卷七十六载梁武帝诗八首）

此外还有几则诏敕，兹不俱录。

现据梁武帝的著作并结合他的宗教实践，对他的佛学思想略加介绍。

（一）三教一致和三教并用思想

梁武帝在宗教信仰领域把佛教置于最高地位，同时又认为三教同源、三教一致，在现实政治生活中实行三教并用的政策。

前面已引，梁武帝在《舍事道法诏》中说："老子、周公、孔子等，虽是如来弟子，而化迹既邪，止是世间之善，不能革凡成圣。"（《广弘明集》卷四）他把老子和周、孔说成是佛陀的弟子，实际是说道、儒二教发源于佛教。在宗教信仰领域，佛教是"正道"，道、儒是"邪道"，认为它们不能使人从生死轮回中解脱出来成佛（"革凡成圣"），但在现实生活（"世间"）中，道、儒教人为善，仍应提倡。

梁武帝的《述（按：或作"会"）三教诗》也反映了这种思想。诗曰："少时学周礼，弱冠穷六经，孝义连方册，仁恕满丹青，践言贵去伐，为善在好生。中复观道书，有名与无名，妙术镂金版，真言隐上清，密行贵阴德，显证表长龄。晚年开释卷，犹月映众星，苦集始觉知，因果方昭明，示教唯平等，至理归无生。分别根难一，执著性易惊，穷源无二圣，测善非三英。"(《广弘明集》卷三〇)说到他从学儒、道到崇佛的过程和对三教的看法,认为三教同源,但佛是"圣"、"英"。

南北朝时,三教同源说有两种:一种是道教的三教同源说,主要依据《庄子·德充符》《礼记·曾子问》以及晋道士王浮伪造的《老子化胡经》等,认为孔子问礼于老聃,老子又西越流沙化胡,为佛之师,宣称道为儒、佛之源①;另一种是佛教的三教同源说,主要依据当时的伪经《清净法行经》。北周道安《二教论·服法非老》引此经说:

> 佛遣三弟子震旦(按:中国)教化,儒童菩萨,彼称孔丘;光净菩萨,彼称颜渊;摩诃迦叶,彼称老子。(《广弘明集》卷八)

这是把佛教作为儒、道二教的起源。《清净法行经》的目录,见于梁僧祐的《出三藏记集》卷四《失译杂经录》,看来梁武帝时老子和周、孔是如来弟子的说法就是依据此经。两种不同的三教同源说,反映了佛、道斗争的激烈,也反映了二教相持的形势,彼此虽吃不了对方,却要把自己说成比对方优越。

然而有时梁武帝称老子、孔子和佛陀为"三圣"(《敕答臣下神灭论》,载《弘明集》卷十),主张三教并用。沈约也说"孔释兼弘"②。梁武帝一生又以振兴儒学著称,曾亲临国子学讲经策试,并著有大量儒学著作,如《制旨孝经义》《周易讲疏》《周易大义》《周易系辞义疏》《尚书大义》《毛诗大义》《毛诗发题序义》《礼记大义》《中庸讲疏》《乐论》《乐社大义》《春秋答问》《孔子正言》等③。《梁书·武帝纪》称:"正先儒之迷,开古圣之旨,王侯朝臣皆奉表质疑,高祖皆为解释。"梁武帝在解释佛教教义时,往往吸收儒家思想。例如他在《敕答臣下神灭论》中,就引《礼记·祭文》"惟孝子为能飨亲"和《礼记·礼运》"三日齐,必见所祭"④,

---

① 参见北周道安《二教论》(《广弘明集》卷八)及北周甄鸾《笑道论》(《广弘明集》卷九)。
② 见梁武帝《敕答臣下神灭论》,载《弘明集》卷十,并见《续高僧传·法云传》。
③ 以上书目见《隋书·经籍志》及《梁书·武帝纪》下。
④ 此应为《礼记·郊特牲》:"三日齐,必见其所祭也。""齐"(zhāi),通"斋",斋戒。

证明有神灵存在，说主张神灭论就是"违经背亲"。梁武帝为死去的父母造寺"追福"，"频代二皇（按：指死去的双亲）舍身为僧给使"（《续高僧传·宝唱传》），以及写《净业赋》《孝思赋》抒发思亲之情，宣传"忠孝"和佛教报应说教，都是他会通儒、释思想的表现。

梁武帝"舍道归佛"只是表明他信仰中心的转变，实际上他对道家、道教仍然十分崇信。他常为臣下讲《老子》《庄子》①，《隋书·经籍志》载他撰《老子讲疏》六卷。他与道士陶弘景也有密切关系。陶弘景在齐朝辞官后隐居句曲山（茅山）。始从东阳孙游岳受符图经法，又遍历名山寻访道书、"仙药"，"尤明阴阳五行、风角星算、山川地理、方图产物，医术本草"（《南史》卷七六本传）。他的道教思想杂有儒、佛的观点，并曾受佛戒，所著《茅山长沙馆碑》认为"百法纷凑，无越三教之境"（见《艺文类聚》卷七八）。他著有《真诰》《登真隐诀》《真灵位业图》《养生延命录》等。梁武帝起兵灭齐篡位，陶弘景派弟子奉麦，又取图谶之文合成"梁"字，命弟子进之。梁武帝即位后优礼待之，书问不绝，冠盖相望。陶弘景为梁武帝造年历、"神丹"，"及帝服飞丹有验，益敬重之。每得其书，烧香虔受"。梁武帝降敕召之，皆不出，"国家每有吉凶征讨大事，无不前以谘询。月中常有数信，时人谓为山中宰相"。中大通（529—534）初，献宝刀两口。② 此时也是梁武帝讲佛经、舍身、主办法会最频繁的时候。

儒家讲治国平天下，建立和维护封建纲常，其内容既有社会政治理论，又包括伦理道德学说，被汉以后历代王朝和统治阶级奉为施政施教的支配思想。道家、道教中有关于统治方术、谋略的内容，又讲自然节欲及养性养生、修炼成仙，既可运用来治国安邦，安抚民众，又可满足统治者希望长生不死的精神追求；佛教以因果报应论来解释社会现实中贫富寿夭的现象，又以生天、往生净土和解脱成佛教义给人以精神安慰寄托。历代朝廷和政治人物可从不同角度，利用三教的教义和方法维护国家安定和社会秩

---

① 北齐颜之推《颜氏家训·勉学篇》："洎于梁世，兹风复阐，《庄》《老》《周易》，总谓三玄。武皇、简文，躬自讲论。"

② 以上见《南史》卷七十六《陶弘景传》，并参见《梁书》卷五十一本传、《隋书·经籍志》道经部。关于陶弘景，可参考卿希泰《中国道教思想史纲》（四川人民出版社1980年版）第三章第五节。

序。应当说这也是梁武帝推行三教并用政策的现实原因所在。

(二) 禁止出家人饮酒食肉，严格僧团戒律

佛教自创立以来，僧团为修行、传教的需要制定了各种戒律或戒规，此后因时因地不断修改和增加。小乘佛教僧尼以乞食为主，虽讲戒杀，但不绝对禁止肉食。大乘佛教成立以后，佛教流行已久，寺院一般拥有田产等经济来源，为贯彻戒条和"大慈大悲"的教旨，提出了禁止肉食的戒律。小乘戒律一般主张可吃所谓"三种净肉"①。中国自传入佛教，僧人通行小乘戒（特别是说一切有部通行的《十诵律》），允许吃肉，直到梁武帝时仍是如此。南北朝时期，大乘佛典盛行，其中影响大的《大般涅槃经》《楞伽经》等都主张禁止食一切肉。如《大般涅槃经》卷四《四相品》说："从今日始，不听声闻弟子食肉；若受檀越信施之时，应观是食如子肉想。……夫食肉者断大慈种。"②梁武帝重《般若》《涅槃》等大乘经典，故对此特别看重和提倡。《广弘明集》（四部丛刊本）卷二十六所载梁武帝的《断酒肉文》（四首）、唐道宣《叙梁武帝与诸律师唱断肉律》以及《叙梁武断杀绝宗庙牺牲事》皆述此事。这里仅叙其大意：

第一，出家僧尼不仅应禁酒，而且禁食一切肉（包括"自死者"），否则将以国法、僧法处治。第二，把禁酒肉与佛教的善恶果报、生死轮回教义以至成佛论结合起来，说饮酒食肉将遭苦报，"皆断佛种"。以上两点一直影响到后世。第三，把佛教行慈戒杀与儒家仁恕等同视之，命朝廷郊庙以面做牺牷，太医不得以虫畜入药，织锦不许加仙人鸟兽之形。梁武帝本人也自誓禁酒吃素。

以戒律约束僧团，提高僧尼在广大信众中的威信，对佛教发展有利；而提倡慈爱"去杀"既有利于推行仁义道德教化，又可以缓和各种日益激

---

① 《十诵律》卷三十七说："我听噉三种净肉。何等三？不见、不闻、不疑。不见者，不自见为我故杀是畜生；不闻者，不从可信人闻为汝故杀是畜生；不疑者，是中有屠儿，是人慈心不能夺畜生命。"另见《十诵律》卷二十六、《四分律》卷四十二、《五分律》卷二十二、《摩诃僧祇律》卷三十二。

② 此据宋慧严等的改编本（南本），北凉昙无谶译《大般涅槃经》（北本）为卷四《如来性品之一》。

化的社会矛盾。这当是梁武帝提倡戒杀断酒的现实动机。

(三) 以灵魂为佛性的"神明成佛"论

据佛教史传和梁武帝的著作,梁武帝读讲或命人讲诵的佛经有《般若经》《涅槃经》《胜鬘经》《维摩诘经》(《净名经》)《法华经》以及《大智度论》《成实论》等,于其中尤重《般若经》《涅槃经》。

自魏晋以来,《般若经》风行南北,其中小品《道行般若经》与大品《放光般若经》《摩诃般若经》这几个译本最为流行。《般若经》讲空、讲真俗二谛,与当时盛行的玄学讲无、讲言意之辨有相似之处,故特别受到儒者士大夫欢迎。随着佛教的深入传播,人们对成佛问题更加关心,东晋末年译出的《大般涅槃经》(先译六卷本《大般泥洹经》)主要讲佛性、成佛问题,因而立即风行社会。当时曾有佛教学者对《般若经》表示怀疑,提出异议。梁武帝反对他们的说法,既重《般若经》又重《涅槃经》,而且把二者的思想结合起来,并吸收中国传统的灵魂观念,提出了自己的修行成佛论。

1. 以修持般若为达到涅槃的根本方法和途径

梁武帝的《注解大品序》(载《出三藏记集》卷八)举出当时怀疑《般若经》的四种见解:"一谓此经非是究竟,多引《涅槃》以为硕诀;二谓此经未是会三,咸诵《法华》以为盛难;三谓此经三乘通教,所说般若即声闻法;四谓此经是阶级行,于渐教中第二时说。"梁武帝对此一一加以反驳。

第一种说法认为《般若经》教理不圆满,不如《涅槃经》深刻。梁武帝则说:

> 《涅槃》是显其果德,《般若》是明其因行,显果则以常住佛性为本,明因则以无生中道为宗。以世谛言说,是《涅槃》,是《般若》,以第一义谛言说,岂可复得谈其优劣。

《涅槃经》以讲佛身常住,一切众生皆有佛性为根本思想,在经中"涅槃"与"佛"、"法身"、"佛性"、"法性"大体同义,称此为修行的结果和功德；《般若经》以讲诸法性空和无生无灭、不来不去的中道为宗旨，教人修行般若空观、把握"诸法实相"而达到解脱，故称此为"因"，为行（修行）。梁武帝认为从佛教最高真理（第一义谛，即真谛）来说，二者分别讲的是出世修行的两个侧面，不可说何为优劣。

梁武帝认为第二种说法肯定《法华经》所说的"会三（菩萨、缘觉、声闻之乘）归一（佛乘）"是执着名相；第三种说法把《般若经》判为三乘共通之教是贬低《般若》；第四种说法判《般若经》为渐教"五时"中的第二时①，也不正确，说佛一生中"常说智慧"，"般若无生，非去来相"，不可称为"渐教"限以时数。

梁武帝崇信般若学说，说它"洞达无底，虚豁无边，心行处灭，言语道断，不可以数术求，不可以意识知，非三明所能照，非四辩所能论。此乃菩萨之正行，道场之直路，还源之真法，出要之上首"（《注解大品经序》）。说般若是超越世俗、离言绝象的出世智慧，能指引人们按照正确的方法和途径从事修行而达到解脱。梁武帝在为臣下讲《般若经》时也说般若"成菩提之妙果，入涅槃之玄门"，"使访道者识涂（途），令问津者知归"，甚至说：

> 般若波罗蜜，是诸佛母，三世如来，皆由是生。（《发般若经题论义》，载《广弘明集》卷十九）

按照般若的观点，世界上一切皆"空"，同时"空"即一切。它一方面用"空"这个取消一切现象和差别的概念来论证世俗认识及其面对的一切对象皆虚幻不实，而另一方面，又把"空"安置为世界万有的统一性基础，并说它就是超越时间、空间的"法性"、"真知"或"佛性"、"涅槃"，而引导人们去追求。可以认为，在佛经形成史上《涅槃经》是《般若经》的直接继承和发展。梁武帝重视《般若经》，"以般若之义，真谛所宗，遍令

---

① 南朝刘宋道场寺慧观把佛教判为顿、渐二教。顿教指《华严经》，渐教分为五时，谓佛一生中从浅至深讲的佛经分五时，一是三乘别教，讲《阿含经》等；二是三乘通教，讲《般若经》；三是抑扬教，讲《净名经》《思益经》；四是同归教，讲《法华经》；五是常住教，讲《涅槃经》（见《三论玄义》所引）。梁武帝主要是驳此说。

化导"(《续高僧传》卷六《慧超传》),不仅因为看到它与玄学的相似,而主要是看中了它能引人追求超越时空的涅槃成佛的精神境界。另外,《般若经》的混同世间与出世间的"权善方便"和"不二法门"理论对梁武帝也有吸引力,他向臣下讲的"生死是此岸,涅槃是彼岸,生死不异涅槃,涅槃不异生死;不行二法是彼此岸义"(《发般若经题论义》,载《广弘明集》卷十九),就是取法《般若经》而来。按照这个说法,既当皇帝,又称"菩萨",是并行无碍的。

2. 以"真神"或"神明"为佛性,以返性为成佛

中国儒、道典籍上的"神"、"神明",除了当神祇、神灵讲之外,经常是指人的精神或灵魂①。自古以来,社会上占统治地位的观点是认为人死精神不灭,南朝齐末范缜曾著《神灭论》论形神关系,认为人死神灭。梁武帝反对范缜的观点,认为承认神灭就会危及佛教存在,所谓"有佛之意既踬,神灭之论自行",在伦理上又"违经背亲",因此组织臣下反驳(见《弘明集》卷十)。

梁武帝不仅把"神"、"神明"看成佛教所说报应轮回的承担者,而且解释为"佛性",认为它是成佛的依据、主体。

《涅槃经》流行以来,关于佛性问题的解释可谓异说纷纭。隋吉藏《大乘玄论》卷三介绍释正因佛性者十一家,唐均正(当为慧均僧正)《大乘四论玄义》卷七载释正因佛性者有本三家、末十家,新罗元晓《涅槃宗要》列释佛性体者六家。这里仅介绍梁武帝的佛性见解。

均正《四论玄义》卷七载:

> 第四梁萧天子义,心有不失之性,真神为正因体。已在身内,则异于木石等非心性物。此意因中已有真神性,故能得真佛果。故大经《如来性品》初云:"我者即是如来藏义,一切众生有佛性,即是我义。"

---

① 关于"神",《荀子·天论篇》:"形具而神生"(唐杨倞注:"神谓精魂")、《淮南子·原道训》:"神者,生之制也";《史记·太史公自序》:"神者,生之本也。"关于"神明",《楚辞·远游》:"保神明之清澄兮";《淮南子·原道训》说情欲"通于神明";《黄帝内经·素问·方盛衰论》:"出入有行(按:指脉气),以转神明。"

吉藏《大乘玄论》卷三的介绍未列姓名，说：

> 第六师以真神为正因佛性，若无真神，那得成真佛，故知真神为正因佛性也。

吉藏把十一家学说归纳为三类：以众生为正因、以心为正因、以理为正因，把以"真神"为正因佛性附属于"以心为正因"之内。

元晓《涅槃宗要》说：

> 第四师云：心有神灵不失之性，如是心神已在身内，即异木石等非情物，由此能成大觉之果，故说心神为正因体。《如来性品》云：我者即是如来藏义，一切众生悉有佛性，即是我义。《师子吼》中言：非佛性者，谓瓦石等等无情之物，离如是等无情之物，是名佛性故。此是梁武萧焉（按：衍之误）天子义也。

北凉昙无谶译《大般涅槃经》中所说的"正因"，是指内在的根据或根本的原因；与此相对的叫"缘因"，是指外在的根据或条件。如就成佛来说，有的地方称"正因者名为佛性，缘因者发菩提心"；有的地方则说"正因者谓诸众生，缘因者谓六波罗蜜"（卷二十八）。全经对佛性的解释也五花八门，如来、佛、法性、涅槃、第一义空、中道等皆可称为佛性，但从其基本含义说，是指众生所具有的"成佛"的内在根据或可能性，因此也称为"菩提种子"（卷二十七）。有的地方规定佛性有七种属性，谓常、净、实、善、当见、真、可证（卷二十五）。上面所说均正、吉藏等人名作中介绍的各家说法，或说众生为佛性，或以得佛之理、当果、冥传不朽之性、避苦求乐之性、真谛、第一义谛等为佛性，在《涅槃经》中皆可找到某些根据。其中以梁武帝所代表的以"真神"或"心"为佛性的说法则更多地带有中国民族的特色。

梁武帝的意思是说：人与木石等无情物类不同，具有内在的精神或灵魂（真神、心神、心之神灵不失之性），它就是"佛性"（也称为"我"），是成佛的根本原因和依据。这样，他把中国传统的灵魂观念与大乘佛教的佛性论结合了起来。梁武帝的有关佛性学说，现存的有《立神明成佛义记》（《弘明集》卷九），说"神明"是佛性；还有《净业赋》（《广弘明集》卷二十九上），主要是讲修行解脱的。

按照传统的观点，"神"、"神明"（或称为"心"）是"感于物而动"，有好恶情欲的（参《礼记·乐记》），而《涅槃经》讲的佛性是"常住无变"、"不可得断"的（卷三十三）。对此，梁武帝以玄学的体、用说法进行解释。他认为"神明"在世人身内，因与愚痴、烦恼相俱，只可称为"无明神明"。然而它有体有用。"体"即本体，也称为"本"、"精"、"性"，是指精神活动所依据的本体，说它永不变化；"用"即作用，指心依托形体随外境而发生的情欲、心理活动，说它不断变化。他说神明是佛性，实际是说它的本体是佛性，是成佛的根本原因。他说：

> 神明以不断为精，精神必归妙果。……经云：心为正因，终成佛果；又言：若无明转，则变成明。案此经意，理如可求。何者？夫心为用本，本一而用殊，殊用自有兴废，一本之性不移。一本者，即无明神明也。寻无明之称，非大虚之目（按：名目）；土石无情，岂无明之谓。故知识虑应明，体不免惑，感虑不知，故曰无明。而无明体上有生有灭，生灭是其异用，无明心义不改。（沈绩注曰：既有其体，便有其用。语用非体，论体非用；用有兴废，体无生灭也。）……神明性不迁也。……生灭迁变，酬于往因，善恶交谢，生乎现境，而心为其本，未曾异矣。以其用本不断，故成佛之理皎然；随境迁谢，故生死可尽明矣。（《立神明成佛义记》）

《涅槃经》上有一段话："佛性虽常，以诸众生无明覆故，不能得见。"（卷二十七）梁武帝的论证中包含着这个意思。人非"太虚"、"土石"等无情之物，是有"神明"（或心）的。"神明"为"无明"（也称"惑"）所覆，由于往世业因或现世境缘的影响，必然有生灭、善恶等外在现象（"用"），但它的本体是"不断"、"不迁"、"未曾异"的，因此，只要经过修行，使神明之体上面覆盖的"无明"达到"明"，就能成佛。沈绩注文中关于体用的说法，所谓"用有兴废，体无生灭"，对研究南北朝的玄学也有参考价值。

那么，怎样完成这个转变呢？梁武帝提出了他的修行解脱主张。

梁武帝在《为亮法师制涅槃经疏序》中说："佛性开其本有之源，涅槃明其归极之宗。"意谓众生自"无始"以来就有佛性，达到涅槃是修行的终极目标。《涅槃经》有一段话："若见佛性，能断烦恼，是则名为大涅槃也。以见佛性，故得名为常乐我净。"（卷二十五）梁武帝用儒家的性、欲的观点来发挥他的修行主张。其《净业赋》说：

> 《礼》云：人生而静，天之性也；感物而动，性之欲也。有动则心垢，有静则心净。外动既止，内心亦明。始自觉悟，患累无所由生也。

"性"，即"人性"，对这个概念古来有种种解释①。梁武帝引的是《礼记·乐记》，其接下去的文字是："物至知之，然后好恶形焉。好恶无节于内，知诱于外，不能反躬，天理灭矣。"东汉郑玄注："理犹性也。"梁武帝著有《中庸讲疏》（《隋书·经籍志》），对《中庸》自然熟悉。《礼记·中庸》对性的解释是，"天命之谓性"，"自诚明谓之性"。《礼记》所讲的"性"，已不仅是古人所说的人的自然质性，而已被赋予儒家的伦理属性。在梁武帝笔下，性、心、神明及真神经常是一个意思。他会通儒、释，将它们与佛性等同，认为心性（即神明）本来既静又净，由于接触并追逐外界，产生好恶情欲，使心性蒙上尘垢，只有摆脱外界达到觉悟，才能不再产生烦恼。他在赋中讲到人们以眼、耳、鼻、舌、身、意"六识"追逐色、声、香、味、触、法"六尘"，情欲无节，过患无穷，今世就会"殃国祸家，亡身绝祀"，死后将"轮回火宅，沈溺苦海"。只有"外清眼境，内净心尘"，通过断除世俗情欲的修行使心性清净，才能达到解脱。他说：

> 为善多而岁积，明行动而日新。常与德而相随，恒与道而为邻。

---

① 兹举几例：《孟子·告子上》："生之谓性。"《荀子·正名》："生之所以然者谓之性。"此指人的自然质性。孟子加以道德属性，谓性善，有仁、义、礼、智四端。《庄子·庚桑楚》："性者，生之质也；性之动，谓之为，为之伪，谓之失。"主张保持自然无为之性。

见净业之爱果，以不杀而为因。离欲恶而自修，故无障于精神。患累已除，障碍亦净，如久澄水，如新磨镜。外照多像，内见众病。既除客尘，反还自性。三途长乖，八难永灭①。（《净业赋》）

上面讲的就是神明由"无明"转为"明"的过程，也是达到涅槃、成佛的过程。他说的"反还自性"与前面所引《涅槃经》中的"见佛性"的说法，含义也大致相同。

把儒家的人性论与佛教的佛性学说相结合，这仅仅是个开始，此后，特别是在隋唐，又有新的发展。

---

① 此谓达到解脱。"三途"指"三恶趋"，即轮回五道中的地狱、饿鬼、畜生。"八难"指难以见闻佛法的八种处所，包括前述三途及色界、无色界等。《维摩洁经·佛国品》说："菩萨成佛时，国土无有三恶八难。"

观世音信仰的传入和早期流行情况[①]

在佛教体系中，既有深奥艰涩的宗教哲学和教义理论，也有通俗形象的关于对佛、菩萨、善神崇奉信仰的内容。前者以其独特的思辨方式论证现实世界在本质上是空寂无实、变化无常的，人生总是伴随各种烦恼，引导人们信奉佛法，通过修行以达到至高圆满的精神境界；后者则以通俗形象的方式向人们宣说有神通广大、威力无穷的以大慈大悲精神济度众生的佛、菩萨，还有美满安乐和永恒的极乐世界，并教给人们祈求佛、菩萨拯救，摆脱苦难、获得福祥的修持方法。这二者是相辅相成、互为补充的，并且皆蕴含劝善止恶的伦理内容。长期以来在社会上广为流传的对佛、菩萨的各种信仰，特别是其中的阿弥陀佛信仰、观世音菩萨信仰及弥勒佛（或弥勒菩萨）信仰、地藏菩萨信仰等，都属于后者。

一 关于观世音经典的翻译

有关观世音菩萨的经典很多，但最基本的是《法华经》中的《观世音菩萨普门品》。这一品经也单独流行，称为《观世音经》，亦作《普门经》。

《法华经》在两晋时期先后有两个译本，一个是西晋竺法护译的《正法华经》，一个是后秦鸠摩罗什译的《法华经》（全名是《妙法莲华经》）。《正法华经》有十卷二十七品，第十卷所载第二十三品即为《光世音普门品》。"光世音"是"观世音"的异译。至于《法华经》有七卷，原译二十七品，后人增为二十八品[②]，第七卷所载第二十五品是《观世音菩萨普门

[①] 原载任继愈教授主编《中国佛教史》第三卷，中国社会科学出版社 1988 年版。
[②] 其中的《提婆达多品》为后人所知。

品》，在语句上增有《光世音普门品》没有的重颂偈。这两个译本的文字虽不相同，但内容大体相似。

此外，如东晋佛驮跋陀罗译的《华严经·入法界品》，东晋难提译的《请观世音菩萨消伏毒害陀罗尼咒经》（简称《请观世音经》）①，北凉昙无谶译的《悲华经》，以及重要的弥陀净土经典、三国魏康僧铠译的《无量寿经》和南朝宋畺良耶舍译的《观无量寿经》等，都有关于观世音菩萨的内容。

隋唐以前，重要的观世音经典还有：南朝宋昙无竭译《观世音授记经》一卷；南朝齐法意译《观世音忏悔除罪咒经》一卷（佚）；北周耶舍崛多译《十一面观世音神咒经》一卷。到隋唐以后，又有大量密教的观世音经典译出。

下面着重介绍《法华经·观世音菩萨普门品》的内容，并顺便对后世观世音信仰的演变略加介绍。

二 大乘佛教所说观世音菩萨及其慈悲济世功能

观世音，梵文 Avalokitesvara 的意译，曾译"光世音"，唐以后也译为"观自在"、"观世自在"。唐朝因避太宗李世民的名讳，略称为"观音"。是大乘佛教信奉的重要菩萨之一。

（一）为什么称"观世音"

《法华经·观世音菩萨普门品》说：

> 若有无量百千万亿众生受诸苦恼，闻是观世音菩萨，一心称名，观世音菩萨即时观其音声，皆得解脱。

《正法华经·光世音普门品》则为：

---

① 《出三藏记集》卷五，此据《开元录》卷三，谓出《法上录》。

> 若有众生，遭亿百千姟困厄、患难，苦毒无量，适闻光世音菩萨名者，辄得解脱，无有众恼。

后秦僧肇《注维摩诘经》卷一引鸠摩罗什的解释说：

> 世有危难，称名自归，菩萨观其音声，即得解脱也。亦名观世念，亦名观自在也。

这都是说，有这样一个超越时间和空间、神通广大的观世音菩萨，当众生遭遇苦难时，只要称诵观世音菩萨的名字，观世音菩萨就会"观"到这个声音，立即前往解救。在当时佛经翻译者和历代佛教信众的心目中，对这种说法是认真对待并且是深信不疑的。

历史证明，是社会存在决定社会意识，是人按照自己的需要和面貌创造了神和一切超越现实的膜拜对象。在古代，自然灾害，社会上的战乱、贫困饥饿、疫病伤亡……这一切都是现实真实的苦难。那么如何摆脱这些苦难呢？人们在探求和实施现实的手段来超脱困境和创造生活的同时，也往往想象或期盼在那辽阔的苍天有超现实的神灵、救世主能够帮助他们摆脱苦难。各种宗教所崇奉的具有不同形象和超现实巨大济世功能的神灵和膜拜对象，便是适应民众的这种需求而创造出来的。大乘佛教的观世音菩萨就是这样一种具有在现实人间以大慈大悲精神救苦救难的菩萨，能够将遭遇苦难的人们解救出来，给予安乐和幸福。

在佛教信仰的教义中，观世音菩萨信仰的教说也蕴含着劝善惩恶、扶弱济困的伦理和抚慰心灵的内容，是有益于社会道德教化和维护社会秩序稳定的。

（二）佛教说观世音大慈大悲能在现实中救人于苦难

佛教所说的"慈"、"悲"是有其特定的含义的。在小乘佛教禅观"四无量"中有慈、悲两种禅定，各以修慈心、修悲心为禅观内容，也称为慈观、悲观，合称"慈悲观"，谓以修此观来克制瞋恚，培养慈悲心理。大乘佛教认为小乘佛教的慈悲是局限于禅观范围的小慈小悲，而称大乘的慈悲是真正在众生中实践的大慈大悲。《大智度论》卷二七解释说：

> 大慈与一切众生乐，大悲拔一切众生苦。大慈以喜乐因缘与众生，大悲以离苦因缘与众生。……小慈但心念与众生乐，实无乐事；小悲名观众生种种身苦、心苦，怜愍而已，不能令脱。大慈者念众生得乐，亦与乐事；大悲怜愍众生苦，亦能令脱苦。

这就是说，大乘的慈悲已超出禅观范围，可以实际使众生"得乐"、"脱苦"。佛教宣称观世音菩萨就有这种大慈大悲的德能。在《普门品》中所描写的众生的苦难有四种观世音皆可解救：

自然灾害，如水灾、火灾，遭遇者称念观世音名字，"入大火不能烧"，"为大水所漂……即得浅处"。

社会性苦难，如即将被杀害，念观世音名字，"彼所执刀杖，寻段段坏"，"若有罪若无罪杻械枷锁，检系其身"，或经商遇贼，念观世音名皆可得救。

个人的情欲之类，佛教所说的淫欲、瞋恚、愚痴等，认为是妨碍修行、达到觉悟的苦恼之源。据称，念诵观世音名字，就可"离欲"、"离瞋"、"离痴"等。

鬼怪之害，如遇罗刹、夜叉（皆为佛教所说能伤人吃人的恶鬼），称念观世音之名，也可得救。

因此，观世音也被称为"施无畏者"，说它可以给遭遇危难的众生以"无畏"，使他们不再感到恐惧。

另外，佛经还迎合人们愿生好儿好女的心理，宣说："若有女人设欲求男，礼拜供养观世音菩萨，便生福德智慧之男；设欲求女，便生端正有相之女，宿殖德本，众人受敬。"此为后来中国民间在寺庙观世音像（也有"送子观音"）前供养发愿求子求女的根据。

（三）谓观世音菩萨能显化各种形象，为众生说法

《观世音菩萨普门品》说：

若有国土众生应以佛身得度者，观世音菩萨即现佛身而为说法；应以辟支佛身得度者，即现辟支佛身而为说法；应以声闻身得度者，即现声闻身而为说法；应以梵王身得度者，即现梵王身而为说法；应以帝释身得度者，即现帝释身而为说法；应以自在天身得度者，即现自在天身而为说法；应以大自在天身得度者，即现大自在天身而为说法；应以天大将军身得度者，即现天大将军身而为说法；应以毗沙门身得度者，即现毗沙门身而为说法；应以小王身得度者，即现小王身而为说法；应以长者身得度者，即现长者身而为说法；应以居士身得度者，即现居士身而为说法；应以宰官身得度者，即现宰官身而为说法；应以婆罗门身得度者，即现婆罗门身而为说法；应以比丘、比丘尼、优婆塞、优婆夷身得度者，即现比丘、比丘尼、优婆塞、优婆夷身而为说法；应以长者、居士、宰官、婆罗门妇女身得度者，即现妇女身而为说法；应以童男、童女身得度者，即现童男、童女身而为说法；应以天、龙、夜叉、乾达婆、阿修罗、迦楼罗、紧那罗、摩睺罗伽、人、非人等身得度者，即皆现之而为说法；应以执金刚身得度者，即现执金刚身而为说法。……是观世音菩萨成就如是功德，以种种形游诸国土，度脱众生。

后世把以上种种形象概称为"观世音三十三身"。即佛、辟支佛（缘觉）、声闻、梵王、帝释、自在天、大自在天、天大将军、毗沙门（即多闻天，四天王之一）、小王、长者、居士、宰官、婆罗门、比丘、比丘尼、优婆塞、优婆夷、长者妇女、居士妇女、宰官妇女、婆罗门妇女、童男、童女、天、龙、夜叉、乾达婆（乐神）、阿修罗、迦楼罗（金翅鸟）、紧那罗（歌神）、摩睺罗伽（蟒神）、执金刚（金刚力士）。说观世音现化这三十三种形象是为了向不同的众生说法和施救，使他们达到解脱。后来，题为唐般剌蜜帝译的《楞严经》（或疑为汉人撰述）卷六所载观世音的三十二种应化身形（"三十二应"），也取自这里。

总之，按照佛教的说法，观世音菩萨大慈大悲，能应一切众生的愿望，把他们从各种苦难危急中解救出来，并能显化各种不同的形象，为众生宣讲佛法，使他们达到解脱。

由于观世音菩萨信仰迎合了广大信众希望拥有超现实力量的神灵帮助而摆脱苦难的心理，因此得到迅速传播，关于观世音的带有神秘色彩的传说也就越编越多。

三国魏康僧铠译的《无量寿经》只说西方安乐（极乐）世界"有二菩萨，最尊第一，威神光明，普照三千大千世界。……一名观世音，二名大势至。此二菩萨于此国土修菩萨行，命终转化，生彼佛国"。到南朝宋畺良耶舍译的《观无量寿经》中，把观世音与大势至二菩萨说成是无量寿佛（阿弥陀佛）的侍者"侍立左右"，在所说的"极乐世界"十六观（禅观）中，第十观即为观观世音。说在禅定中可看到：

> 此菩萨身长八十万亿那由他由旬①，身紫金色，顶有肉髻，项有圆光，面各有千由旬，其圆光中，有五百化佛，如释迦牟尼；一一化佛，有五百化菩萨、无量诸天以为侍者。举身光中，五道众生，一切色相，皆于中现。顶上毗楞摩尼宝以为天冠，其天冠中，有一立化佛，高二十五由旬。观世音菩萨，面如阎浮檀金色，眉间毫相，备七宝色，流出八万四千种光明；一一光明，有无量无数百千化佛；一一化佛，无数化菩萨以为侍者，变现自在，满十方世界。……众好具足，如佛无异，唯顶上肉髻及无见顶相，不及世尊。是为观观世音菩萨真实色身相，名第十观。……作是观者，不遇诸祸，净除业障，除无数劫生死之罪。如此菩萨，但闻其名，获无量福，何况谛观。

并说如有人信仰、发愿往生西方极乐净土者，死后根据其功德大小而受到阿弥陀佛和观世音、大势至不同方式的"迎接"和教化。因此，后世寺院塑像中有阿弥陀三尊，在阿弥陀佛的左侧是观世音菩萨（代表佛的慈悲），右边是大势至菩萨（代表佛的智慧）。

在后世的寺院中还有善财童子拜观音的塑像。这一神话出自《华严经·入法界品》。此品说，善财童子接受文殊师利菩萨的教化，到处访求

---

① 此可概译为无限长。那由他（Nayuta），相当于"亿"；由旬（yojana），一说为四十里左右。

"善知识"（意为善友），问菩萨行，求菩萨道，前后访问了五十三位善知识①，其中访问的第二十七位善知识，即为观世音菩萨。经文说观世音菩萨在南方的光明（唐译《华严经》音译为"补怛洛迦"）山。这里"处处皆有流泉浴池，林木郁茂，地草柔软"。观世音向善财童子自称"已成就大悲法门光明之行，教化成熟一切众生，常于一切诸佛所住，随所应化普现其前，或以惠施摄取众生，乃至同事摄取众生。显现妙身不思议色摄取众生，放大光网，除灭众生诸烦恼热，出微妙音而化度之，威仪说法，神力自在，方便觉悟，显变化身，现同类身，乃至同止摄取众生（唐译本：'或为化现同类之形，与其同居，而成熟之'）。……欲令一切离险道恐怖……杀害恐怖、贫穷恐怖……"（卷五一，唐译卷六八）这段经文，着重突出观世音菩萨教化众生的方面，是说观世音显化各形状，用各种方式向众生宣说佛法，解脱众生。根据此经，后世佛教信众把观世音所居光明山——补怛洛迦（或"补陀落迦"）称为观世音净土。

按照大乘佛教教义，菩萨是修行果位之一，合称"菩提萨埵"（Bodhisattva），意为"觉有情"、"道心众生"。宋代法云撰《翻译名义集》卷一引唐法藏的解释："菩提，此谓之觉；萨埵，此曰众生。以智上求菩提，用悲下救众生。"意谓修持大乘"六度"②，求无上觉悟，教化众生，于未来成佛的修行者。早期大乘经典虽讲观世音是菩萨，但未讲他成佛。然而随着观世音等菩萨的信仰迅速流传，也陆续有观世音于未来成佛的故事。北凉昙无谶译的《悲华经》卷三"诸菩萨本授记品"说：无数劫以前，世界名"散提岚"，劫名"善持"。当时人寿八万岁，有佛出世，称"宝藏如来"。国王名无量净（也作"无净念"），受宝藏如来的教化成佛，此即无量寿佛，佛国称为"安乐"。他原来的太子即为观世音，第二子为大势至。宝藏如来又为观世音"授记"（预言），说他在此后无数劫（无量时间），在无量寿佛涅槃以后也要成佛，"号遍出一切光明功德山王如来，世界名曰：一切珍宝所成就"。再过无数劫，观世音涅槃后，大势至继之成佛。南朝宋时昙无

---

① 东晋佛驮跋陀罗译的六十卷本《华严经》仅有四十四名。唐时由法藏与日照增为五十三名；实叉难陀译的八十卷本《华严经》亦为五十三名。
② 六度，修持布施、持戒、忍辱、精进、禅定、智慧六个方面的菩萨之道。

竭译的《观世音菩萨授记经》讲的也是这个内容，但详略不同，某些情节和译名也不太一样。

大乘佛教的后期兴起密教，其时间约在 7 世纪以后。若从中国佛教译经史来推论，在公元 4—5 世纪已形成一些密教经典。在密教经典中，关于观世音的经典很多，它们的共同特点是把观世音菩萨与某一个秘密经咒（陀罗尼）联系在一起，并且一般都规定绘制或塑造持某一密咒的观世音菩萨化身的形象及有关祭祀、祈祷的方法。这类经典从东晋时期开始传入中国。西域居士难提译的《请观世音经》就属于这类经典。此经大意是：毗舍离城发生大瘟疫，当地信徒受佛教诲，请来西方无量寿佛及观世音、大势至二菩萨。观世音持杨枝净水，教人反复念诵"南无（按：意为归命）佛，南无法，南无僧，南无观世音菩萨摩诃萨，大悲大名称，救护苦厄者"，并念所谓"十方诸佛救护众生神咒"，使当地病除。还载有观世音说"消伏毒害陀罗尼咒"及其利益功德等。此经译出后曾相当流行。

关于观世音的密教经典在南北朝时又译出一些，而隋唐时译出最多。这些经典介绍种种观世音菩萨的形象和相应的供养礼拜仪轨、密咒，其中主要的观世音形象有十一面观音、千手观音、马头观音、不空羂索观音、如意轮观音、准提观音等。

十一面观音，谓持"十一面心咒"，其造像是："十一头，当前三面作菩萨面，左厢三面作瞋面，右厢三面似菩萨面，狗牙上出，后有一面作大笑面，顶上一面作佛面。悉向前后著光，其十一面各戴花冠，其花冠中各有阿弥陀佛。观世音左手把澡瓶，瓶口出莲花，展其右手，以串璎珞施无畏手。"（北周耶舍崛多译《十一面观世音神咒经》）

千手观音，也称千手千眼观音、千眼千臂观音，谓观世音在过去"无量亿劫"从千光王静住如来受"大悲心陀罗尼"，发誓"利益安乐一切众生"，身上长出千手千眼（唐伽梵达摩译《千手千眼观世音菩萨广大圆满无碍大悲心陀罗尼经》）。其造像为："面有三眼，臂有千手，于千掌各有一眼，首戴宝冠，冠有化佛，其正大手有十八臂，先以二手当心合掌，一手把金刚杵，一手把三戟叉，一手把梵夹，一手执宝印，一手把锡杖，一手掌宝珠，一手把宝轮，一手把开敷莲花，一手把羂索，一手把杨枝，一手把数珠，一手把澡罐，一手施出甘露，一手施出种种宝雨，施之无畏，又以二手当脐右押左仰掌。其余九百八十二手，皆于手中各执种种器仗等印。"（唐菩提流志译《千手千眼观世音菩萨姥陀罗尼身经》）后世寺院也有其他的造型。

马头观音，谓持"马头观世音菩萨法印咒"（或"马头观音心陀罗尼"），其造像为："有四面，中菩萨面，极令端正，作慈悲颜，颜色赤白，头发纯青。左边一面作大瞋怒黑色之面，狗牙上出，头发微竖，如火焰色。右边一面作大笑颜，赤白端正似菩萨面，头发纯青。三面头上各戴天冠及著耳珰，其天冠上有一化佛结跏趺坐，中面顶上作碧马头，仍令合口。"（唐不空译《阿耶揭唎婆像法》）唐阿地瞿多译的《陀罗尼集经》卷六详载关于马头观音的信仰。

不空羂索观音，谓持"不空羂索心王陀罗尼真言三昧耶"，度脱一切众生。其造像为："三面两臂，正面慈悲。左面大瞋，怒目张口。右面微瞋，频眉合口。首戴宝冠，冠有化佛，左手执羂（按：原意为绊兽索），右手扬掌。"（唐菩提流志译《不空羂索神变真言经》卷五）

如意轮观音，谓持"大莲华峰金刚秘密无障碍如意轮陀罗尼明三昧耶"，造像为："面西结跏趺坐，颜貌熙怡，身金色相，首戴宝冠，冠有化佛，菩萨左手执开莲花，当其台上画如意轮宝珠，右手作说法相。"（唐菩提流志译《如意轮陀罗尼经》）

准提观音，原作准提佛母，后世也作为观音形象之一，谓持"七俱胝佛母准提大明陀罗尼"，其造像为："身黄白色，结跏趺坐，坐莲花上……其像面有三目，十八臂，上二手作说法相，右第二手作施无畏，第三手执剑……左第二手执如意宝幢，第三手持开敷红莲花。"（唐不空译《七俱胝佛母所说准提陀罗尼经》）

以上六观音皆被看作观世音的化身，其总体或本体被称为"圣观音"或"正观音"，为佛教通常所说的观音菩萨。以上所引佛经宣称，人们只要按规定祭祀这些观世音，并诵持那些与之相应的密咒，就有求必应，可以得到各种现实功德和利益：或治病、祛灾、解难、灭罪、得福，或迅速觉悟，解脱成佛。

宋代以后，随着佛教的进一步民族化和深入广大民间，社会上更盛行拥有中国妇女形象的观世音菩萨的传说和造像。

三 观世音菩萨信仰的传播

西晋社会安定的时间很短，自惠帝以后，战乱相继，民不聊生。东晋及南北朝时期，无论是北方还是南方，都不断经历着民族之间的战争、仇杀，农民武装起义和统治阶级内部的剧烈冲突，使社会各个阶层都有一种不安全感。在这种情况下，佛教流传迅速，其宣传现实救苦救难的观世音菩萨信仰更得到社会广大信众的欢迎。

竺法护译出《正法华经》以后，其中的《光世音普门品》迅速被传抄流行，称为《普门经》或《普门品经》、《光世音经》。后秦鸠摩罗什译出《法华经》后，其《观世音菩萨普门品》也被抄出作《观世音经》单独流行。此外，有的译经僧还从梵本中译出《普门品经》《光世音经》《观世音经》等①，这自然是《法华经·普门品》的异译本。不仅如此，随着观世音菩萨信仰的广泛流传，中国内地也出现了一些以佛经形式撰述的观世音经典，它们在佛教经录中被列入"疑经"或"伪经"之内。据《开元释教录》卷一八载有这样几部"疑伪"、"伪妄"的观世音经典：

《高王观世音经》一卷

《观世音十大愿经》一卷

《观世音三昧经》一卷

《弥勒下生观世音施珠宝经》一卷

《观世音咏托生经》一卷

《弥勒下生遣观世音大势至劝化众生舍恶作善寿乐经》一卷

《新观世音经》一卷

《日藏观世音经》一卷

以上除《高王观世音经》及《观世音三昧经》外，皆已佚失。参照隋法经等人编的《众经目录》卷二、唐道宣《大唐内典录》卷一○等，可以认为，前五经在隋代以前已经流传。

《高王观世音经》著于东魏初年。东魏孝静帝天平四年（537），河间

---

① 《出三藏记集》卷二、卷四。

邢摩纳与卢仲礼、卢景裕起兵应西魏而反对以大丞相名义把持朝政的高欢，第二年被高欢军队镇压下去。卢景裕被捕送押晋阳狱。据传他"至心诵经，枷锁自脱。是时又有人负罪当死，梦沙门教讲经，觉时如所梦，默诵千遍，临刑刀折，主以以闻，赦之。此经遂行于世，号《高王观世音》"①。此经今存，篇幅很短，说一心称观世音名字可灭罪脱难。《观世音三昧经》也是南北朝时的撰述。此经今存②，宣称观世音先于释迦成佛，号"正法明如来"，释迦原是其弟子，因读此经而成佛，并称读此经可灭罪达到解脱。我们从这些伪经可以了解观世音信仰在当时社会上的流行情况。

实际上，佛教的流传不仅仅通过佛经，也通过各种形式辗转传述，其中包括带有浓厚神秘色彩的所称"灵验"、"感应"之类的故事传说。在这类故事传说中有不少主人公在历史上确有其人，但所传佛、菩萨或善恶报应之类的神秘离奇的情节，是按照传述者的宗教心理附会、想象和编造的。有些文人把这类传闻加工并编集成书，如南朝宋刘义庆编著《宣验记》十三卷、齐王琰编《冥祥记》十卷③，其中就有不少是讲西晋以来观世音菩萨"灵验"的故事传说的。也有专门记载观世音灵验的书，如南朝宋初傅亮（374—426）编《光世音应验记》、宋张演（5世纪前半）编《续光世音应验记》、齐陆杲（459—532）编《系观世音应验记》皆比较生动地记载了两晋南北朝时期社会各阶层对观世音菩萨的信仰情况。以上提到的几部书在中国早已散佚，在唐道世《法苑珠林》、宋李昉等编的《太平广记》等书中多有引证④。

20世纪40年代，日本学者在京都发现上述傅亮等人撰的三种《应验

---

① 见《北史》卷三〇，《魏书》卷八四的《卢景裕传》。传中所说："又有人负罪当死"是指孙敬德，其事见《续高僧传》卷二九《僧明传》、《大唐内典录》卷一〇，《法苑珠林》（四部丛刊本）卷二一、二五等。

② 日本京都博物馆藏有《观世音三昧经》一卷。日本学者牧田谛亮用敦煌本（S.4338）与之对勘，发表于《六朝古逸观世音应验记的研究》（京都平乐寺书店1970年版），并有研究，可参考。

③ 《隋书·经籍志·史部》杂传类。

④ 主要见《法苑珠林·敬佛篇·观音部》，《太平广记》卷一一〇、一一一。

记》的镰仓时期的古抄本（约抄于12世纪），70年代已校勘注释出版[①]。据此，傅亮《光世音应验记》收观世音传闻7条，张演《续光世音应验记》有10条，陆杲《系观世音应验记》有69条，三者合为86条，其中讲西晋的2条，讲东晋十六国的34条，南北朝的26条，时间不明的24条。从内容上看，与当时各种战乱有关的共达32条，带有鲜明的时代特色。

现主要利用这些资料，并参考其他文献，对两晋及南北朝时期佛教信仰的一个侧面——观世音菩萨信仰的现象进行介绍，着重考察当时是哪些人，在怎样的环境下，出于什么目的向观世音菩萨乞灵求救的。

（一）在东晋、南朝与北方少数民族割据政权的斗争中，不少人被北方官兵俘获、掠卖，他们想方设法逃回故乡。还有一些原在北方少数民族政权统治下的汉族民众，因不堪野蛮的民族压迫，也伺机南逃。这些人在遭遇危急时往往念诵观世音菩萨的名字。例如：

> 毛德祖，始归江南，出门数里，虏（按：指北方少数民族）便遣人骑追寻之。其携持家累十余口，闻追在近，便伏道蓬莱之中，殆不自容。旦，徒骑相悬，分无脱理，唯阖门共归念光世音菩萨。（《续光世音应验记》）

关于毛德祖，《晋书》卷八一有传，是益州刺史毛璩的宗人，"父祖并没于贼中。德祖兄弟五人，相携南渡，皆有武干"，后为刘裕手下的名将，西伐司马休之，北伐后秦，皆立战功，任督司雍并三州诸军事、冠军将军、司州刺史，在武牢被北魏攻杀。其弟二人，也死于战阵，"并奋不顾命，为世所叹"。

> 邢怀明，河间人也。宋元嘉中，为大将军参军，随荆州刺史朱明之北伐，军败，虏（按：此指北魏）生得之。于是结侣叛归。夜行昼

[①] 日本牧田谛亮《六朝古逸观世音应验记的研究》中"观世音应验记本文"收录这三种《应验记》全文，且加"校记"、"注记"。此后，中华书局1994年出版孙昌武点校《观世音应验记三种》；江苏古籍出版社2002年出版董志翘《〈观世音应验记三种〉译注》。

伏，已经三日，犹惧见追。乃分人觇候信去，遂数日不还。后天暗叹雨，觇信还至。……怀（明）本事佛，头上恒戴《观世音经》，尔夕正谙诵之，存念甚至。（《系观世音应验记》）

《法苑珠林·奖导篇·业因部》亦载此事，其中谓："邢怀明……随南郡太守朱循之北伐。"但据《宋书》卷七六"朱修之传"所谓"朱明之"、"朱循之"皆为"朱修之"之误。朱修之在宋文帝元嘉七年（430）三月随右将军到彦之北伐，兵败，翌年被俘。① 北魏太武帝任为侍中，妻以宗室女，后太武帝伐北燕，"修之与同没人邢怀明并从"，不久同奔北燕，元嘉九年（432）回到建康，宋孝武帝孝建元年（454）被任为荆州刺史。邢怀明为其部下，是否同归，史无明载。

  晋张崇，京兆杜陵人也，少奉法旨。晋太元中，苻坚既败，长安百姓有千余家南走归晋，为镇戍所拘，谓为游寇，杀其男丁，虏其子女。崇与同等五人，手脚其械衔身，掘坑埋筑至腰②，各相去二十步，明日将驰马射之，以为娱乐。崇虑望穷，唯洁心专念观世音。夜中械忽自破，上得离身，因是便走，遂得免脱。……路经一寺，乃复称观世音名，至心礼拜。……崇遂至京师，发白虎樽，具列冤状。帝乃悉加宥，已为人所略卖者，皆为编户。③（《法苑珠林·救厄篇》注引《冥祥记》）

东晋孝武帝太元八年（383），前秦王苻坚于淝水之战大败而归，前秦从此分崩离析。这里说的就是不满前秦民族压迫的汉族民众逃往东晋的情景。他们在路上还要受到东晋驻军的掠夺，迫害。这个"张崇"，看来不是原任苻坚的兖州刺史，后为后燕慕容垂的龙骧将军的张崇④。

---

① 参见《通鉴》卷一二一、卷一二二。
② 《太平广记》卷一一〇作"手足杻械置坑中，埋筑至腰"。
③ 《系观世音应验记》作"孝武即敕，凡归晋人被略卖者，皆得为民"。
④ 《晋书》上有三个张崇，唯有此张崇与引文中的张崇同时。这个张崇曾任苻坚的兖州刺史，淝水之战后投于后燕主慕容垂手下，在史书上最后出现是在东晋太元十八年（393），慕容垂遣他出井陉，攻西燕主慕容永之弟慕容友于晋阳。（见《晋书》卷一二三、《通鉴》卷一八〇）

（二）十六国、北朝割据政权，挑动民族仇杀，残害民众，无辜的受害者向观世音菩萨呼救。请看：

> 石虎死后，冉闵杀胡，无少长悉坑灭之，晋人之类胡者，往往滥死。时邺西寺中，有三胡道人，共计议曰：冉家法严，政复逃逐（按：疑有讹误），同无逸理。光世音菩萨救人扶厄，今唯当至心自归。乃共诵经请乞，昼夜不懈。（《光世音应验记》）

冉闵杀胡，是在东晋永和五年（349），《晋书·石季龙载记》载："闵躬率赵人诛诸胡羯，贵贱男女少长皆斩之，死者二十余万，尸诸城外，悉为野犬豺狼所食。屯据四方者，所在承闵诛之，于时高鼻多须至有滥死者半。"

> 南宫（按：原作"公"字，此据《太平广记》本）子敖，始平（按：治今陕西兴平东南）之人也。戍新平城（按：今陕西彬县），为佛佛儿长乐公所破，城中数万人一时被坑。子敖虽知必死，犹至心念观世音，即救济。及至，交刀见斫而误，自不中人①。……寻因得叛归，作小观世音金像，以栴檀函供养，行则顶戴，不令人知。（《系观世音应验记》）

"佛佛"或作"狒狒"，指的是十六国之一夏主赫连勃勃（匈奴人，407—425年在位），简称"勃勃"，史书谓其"性凶暴好杀"。这里说的"长乐公"或即其长子赫连璝。东晋义熙十三年（417）刘裕攻下长安，灭后秦，留其子刘义真镇守长安，然后回建康。赫连勃勃进据新平西北的安定，在听说刘裕东归后立即派其子赫连璝率兵向长安进发，攻进长安②。以上引文中的南宫子敖，当为东晋官兵，所说新平城破事，应在长安失陷

---

① 此句不通，疑抄本有误。《法苑珠林·敬佛篇·观音部》及《太平广记》卷一一〇，亦载此文，较略，云出《冥祥记》。此处为："既而次至予敖，群刃交下，或高或僻。"董志翘校本据日本大阪金刚寺本校为"交刀见斫而误，自不中人"，今从之。

② 见《晋书·赫连勃勃载记》及《通鉴》卷一一八。

之前。

> 刘度，平原聊城①人也。乡里千余家并事佛，造立形像，供养众僧。此县尝有逃叛。虏主木末②大怒，尽欲杀一城。城中大惧，分见诛灭。度乃奖率众生，共归命观世音。（《系观世音应验记》）

平原聊城，在今山东西北部。"虏主木末"，当指西秦主乞伏暮末（鲜卑人，428—431年在位），简称"暮末"。西秦，在今甘肃东南部，因此这里所说的"平原聊城"是指刘度的故籍，而不是他当时的居住地。引文所说信仰观世音的事，只能发生在西秦境内。所谓"逃叛"就是人民不堪忍受鲜卑统治者的压迫，逃离本地，一般奔向南方。

> 魏虏主，尝疑沙门作贼，有数百人悉被收，取一寺主，以绳急缠颈至脚，克取明日先斩之。寺主怖急，一心念观世音。（《系观世音应验记》）

这个"魏虏主"是指北魏孝文帝（471—499年在位），"寺主"，北台石窟寺主僧明。唐道宣《续高僧传》卷二五《释超达传》所记略详。③

（三）封建统治者内部，不断发生激烈的倾轧斗争，一些在斗争中的失败者或无辜受牵连者，在遇害时也乞灵观世音。例如：

> 窦传者，河内人也。永和中，高昌、吕护各权（拥）部曲，相与不和。传为昌所用，作官长，护遣骑抄系，为所俘执。同伴六七人，共系一狱，锁械甚严，克日当杀之。沙门支道山，时在护营中，先与

---

① 原作辽城，误，此据《太平广记》卷一一〇改。《晋书·地理志》载，平原国，统县九，其中有聊城。

② 原作"本末"，此据《法苑珠林·敬佛篇》及《太平广记》卷一一〇改。

③ 其文曰："僧明道人，为北台石窟寺主，魏氏之王天下也，每疑沙门为贼，收数百僧互系缚之，僧明为魁首，以绳急缠，从头至足……"其传前所载的超达，因有人告他私藏图谶被捕。按，北魏禁图谶是在孝文帝太和九年（485）。另，"台北"，指旧都平城，今山西大同。

传相识，闻其幽执，至狱所候视之，隔户共语。传谓山曰：困厄，命在漏刻，何方相救？山曰：人事不见其方，唯光世音菩萨救人危难，若能至心归清，忽有感应。传亦先闻光世音，及得山语，遂专心属念，昼夜三日，至诚自归。（《光世音应验记》）①

"永和"为东晋穆帝年号（345—356）。据《晋书》载，高昌、吕护原来皆为后赵石虎故将，永和年间归顺东晋，高昌任平北将军，吕护任冀州刺史，后来吕护投降前燕。

> 张会稽使君，讳畅，字景微，吴人也。知名天下，为当时民望。家奉佛法，本自精进，宋元嘉末为荆州长史，孝建初征还作吏部尚书，加散骑常侍。于时谯王丞相（按：刘义宣）在荆州，自启解南蛮府，留使君为持节校尉，领己长史，带南郡（按：指荆州）如故。寻，荆州（按：指刘义宣）作逆，使君格言谏之，丞相则欲见害，有求得免。丞相性痴，左右是用虽以谏，见令而随众（按：原作"泉"，当为"众"之误）。……乃至丞相伏诛，使君亦系在庭（按：当为廷尉），诵《观世音经》得千遍。（《系观世音应验记》）

张畅，《宋书》卷五九、《南史》卷三二有传，字少微（引文作"景微"，恐误），吴郡吴人，孝建二年（455）为会稽太守。此前约于宋文帝元嘉二十八年（451）为南谯王刘义宣司空长史、南郡太守；孝武帝孝建元年（454）征为吏部尚书，时"义宣既有异图，蔡超等以畅民望，劝义宣留之，乃解南蛮校尉以授畅，加冠军将军，领丞相长史"。因不从刘义宣反，几乎被害。后被送京师，下廷尉，不久被赦。其从兄张演撰《续观世音应验记》。张演又是《系观世音应验记》作者陆杲的祖舅。

（四）由于违犯官府禁令或各种原因被冤枉、受连累而被捕入狱者，把希望寄托在观世音身上。例如：

---

① 亦见《法苑珠林·敬佛篇》及《太平广记》卷一一〇，谓高昌为并州刺史，吕护为冀州刺史。"支道山"，作"支遁山"。

道人释僧洪者，住都下瓦官寺。作丈六铜像，镕铸始毕。于是晋义熙十二年，大禁铸铜。僧洪未得开模见像，便为官所收系，在相府判奸，罪危入死。僧洪便诵《观世音经》，得一月日……（《系观世音应验记》）

晋义熙十二年（416）二月，加太尉刘裕中外大都督；十二月，以刘裕为相国。关于东晋禁铸铜之事不见于正史记载。《名僧传抄》之"僧洪传"及《辩正论》卷七亦载僧洪事迹，皆作义熙十二年官禁铸铜，《高僧传》卷一三《僧洪传》只说："晋末铜禁甚严"。此可补正史之缺。

晋大元中，北彭城有一人，被枉作贼。本供观世音金像，恒带颈发中，后出受刑，愈益存念。（《系观世音应验记》）

"太元"是东晋孝武帝年号（376—396）。北彭城，当即北徐州，是作者按南朝齐时的说法记述，治今安徽蚌埠东部。

宋张兴，新兴人，颇信佛法。常从沙门僧融、昙翼时受八戒。元嘉初，兴尝为劫贼所引，逃避。妻系狱掠笞积日。时县失火，出囚路侧，会融、翼同行，偶经囚边。妻惊呼：阇梨（按：意为法师）何不赐教？融曰：贫道力弱，不能救如何？唯宜劝念观世音，庶获免耳！妻便昼夜祈念。（《太平广记》卷一一〇引《冥祥记》）①

僧融，《高僧传》卷六《慧永传》载："时（按：东晋义熙十年）庐山又有释僧融，亦苦节通灵，能降伏鬼物云。"昙翼，《高僧传》卷五有传，道安弟子，晋末于江陵建长沙寺。《续光世音应验记》亦载张兴夫妻事，但没提其名字，只说"僧融与释罢翼，于江陵劝二人夫妻戒……"

也有记载因反抗统治者被捕入狱而诵念观世音者。有这样两个例子：

---

① 亦见《续光世音应验记》《法苑珠林·敬佛篇》，但错讹较多。

> 高荀，荥阳人也。居北谯（按：今安徽淮南之南）中，性自横忿。旬年五十，忽（按：当为"忿"）吏政不平，乃杀官长，又射二千石（按：此指郡守），因被坎辄锁颈，内土硎中同系。有数人共语曰：当何计免死？或曰：汝不闻西方有无量佛国，有观世音菩萨，救人有急难，归依者无不解脱。荀即悚惕起诚，念一心精至，昼夜不息。（《系观世音应验记》）①

作者并注："郭缘生《述征记》云：高荀寺在京县，晋太元中造，荀乃自卖身及妻子以起之，戴祚记亦道如此。"②

> 僧苞道人说：昔尝出行，见官司送六劫囚。囚见道人，告曰：我必无活理，道人事何神，能见救不？有一阿练（按：即阿练若，此指在山林修行的僧人）莫知所从，语之曰：有观世音菩萨能救众生，汝至心念之，便可脱。囚大欢喜，于是同共存念。（《系观世音应验记》）

僧苞，《高僧传》卷七有传，鸠摩罗什弟子，宋初至建康祇洹寺讲经。此传亦略载此事。

（五）因遇水火灾害，遭受疾病及各种危急而祈祷观世音解脱苦难。这方面的例子很多，此不列举。

东晋以后，观世音菩萨造像也日益增多，从一些残存的造像题记看，多为祈愿"离苦得乐"，为死者早日超脱，"往生西方妙乐世界"，以及为自己及亲属、一切众生"速登正觉"等③。

总之，观世音菩萨信仰在两晋南北朝时期传播迅速，影响很大。上述例子也说明，一种宗教信仰传播发展的最深刻的原因存在于社会之中，正是由于社会战乱相继，灾难深重，才使那么多的人相信奇迹，向具有超现实神通灵力的佛、菩萨求救。唐道宣在《释迦方志》卷下说：

---

① 《辩正论》卷七亦载此事，文字稍异。
② 《隋书·经籍志·史部》地理类目录有郭缘生《述征记》二卷；杂传类载有戴祚《甄异传》三卷。
③ 见《陶斋藏石记》卷八—卷十二的有关造像记。

> 自晋、宋、梁、陈、魏、燕、秦、赵，国分十六，时经四百，观音、地藏、弥勒、弥陀，称名念诵，获其将救者，不可胜计。①

这既说明了佛教的兴盛，也说明了各种佛菩萨信仰的广泛普及。这个时期以称念观世音菩萨、地藏菩萨、弥勒菩萨（或弥勒佛）、阿弥陀佛的名字以求解救者确实很多，是当时佛教的特点之一。

---

① 《太平广记》卷一一一亦引此文，云出《冥祥记》。按：《冥祥记》作者王琰为南齐人，但此引文中言及"梁"、"陈"，恐注错引。

《南岳思大禅师立誓愿文》蕴含的信息[①]

在隋、唐时期成立的佛教宗派中，天台宗成立最早。天台宗将印度的龙树奉为东土初祖，以东魏、北齐之际的慧文为二祖，慧思为三祖，而将天台宗正式创立人天台大师智顗奉为四祖。这是因为智顗在创立天台宗教义体系的过程中不仅继承了印度龙树的大乘中观学说，而且直接继承了慧文、慧思的佛教思想。

本文仅就慧思的别具风格的《立誓愿文》（全称《南岳思大禅师立誓愿文》）内容进行论述，以揭示它所反映的南北朝后期中国佛教的风貌以及蕴含的时代信息。

一 南岳慧思生平

慧思（515—577），俗姓李，武津（今河南上蔡附近）人，年十五出家，读诵《法华经》等经，严守戒律，常修苦行。后慕名投到在黄河、淮河一带传法的慧文禅师门下，"从受正法"，白日劳动，晚上坐禅。据载在一次坐禅中因观察"我今病者，皆从业生，业由心起，本无外境，反见心源，业非可得"，认识到人生虚幻无实，后因修"法华三昧"（属"半行半坐三昧"之一）达到觉悟。

在东魏末年，慧思到兖州（此当为南兖州[②]，在今安徽亳县）传教，因为受到当地持异见僧人的排斥，避地信州（今河南淮阳）以及郢州（今河

[①] 2011年8月16日参加南岳佛教协会举办"慧思大师与南岳佛教"学术研讨会的论文。
[②] 《南岳思大师立誓愿文》谓："在河南兖州界论义"，应距许昌、信州不远，当为北齐的南兖州。

南信阳）一带传法。在此期间，他连续多次遭到来自异见僧众的排斥和毒害，但大难不死。北齐天保五年、六年（公元554年或555年），慧思率徒至河南光州（治今河南光山县），在大苏山传法近四十年，主要讲授大乘佛经《摩诃般若经》《法华经》等，指导门下修习法华三昧禅法。弟子中以智𫖮最有名。

北齐天保九年（南朝陈永定二年，公元558年），慧思将安置于琉璃宝函之内的金字《摩诃般若经》《法华经》各一部，供奉于光州齐光寺，撰写《立誓愿文》①，讲述自己的经历和读诵大乘《般若经》等经的功德，并以高度的自信宣述自己将等待弥勒佛出世时成佛，普度众生的宏大誓愿。

十年后，即北齐天统四年（南朝陈光大二年，公元568年），慧思携弟子40余人渡江到南岳衡山（在今湖南衡阳北）传法，经常指导门人修"法华、般舟念佛三昧、方等忏悔、常坐、苦行"。时人认为他为具有"神异"表现的高僧。慧思曾应陈宣帝之请到建康传法。② 他在南岳传法近十年，于陈太建九年（577）逝世，享年六十三。

慧思重要的著述今存者有：《法华安乐行义》一卷、《诸法无诤三昧法门》二卷、《随自意三昧》一卷、《大乘止观法门》四卷。此外还著有《四十二字门》二卷及《释论玄门》《次第禅要》《三智观门》各一卷，然而皆已不存。③

二　慧思《立誓愿文》蕴含的信息

慧思《立誓愿文》虽不到八千字，然而风格迥异于其他中国历代佛教著述，涉及内容十分广泛，既反映南北朝时中国佛教的精神风貌，又蕴含丰富的时代信息，因而在中国佛教发展史上具有重要价值。

下面从五个方面试作剖析，加以阐释。

---

① 因慧思后至南岳，被尊为"南岳大师"，故后世题为《南岳思大师立誓愿文》。
② 关于慧思的传记，除《续高僧传》卷一七《慧思传》之外，还见唐惠祥《弘赞法华传》、宋士衡《天台九祖传》、宋志磐《佛祖统纪》卷六。请参考中国社会科学出版社2002年出版的《杨曾文佛学文集——中国佛教史论》中所载《天台宗的史前期——从慧文到慧思》。
③ 《续高僧传》卷一七《慧思传》、唐道宣《大唐内典录》卷五、《佛祖统纪》卷二五。

(一) 佛法濒危的末法观

佛教在印度本土发展过程中，经常受到来自致力复兴的婆罗门教与其他"外道"的挑衅和威胁，还遭遇外来民族入侵和政治动乱的影响，也受到教内日益滋长的颓废风气和腐败势力的侵蚀，从而使一些对佛教负有使命感的僧众产生忧患意识。后出佛典提出的正法、像法以至末法思想，就是佛教内部应对危机降临的忧患意识的反映。

5世纪初，嚈哒族（或称"白匈奴"）在中亚兴起，灭贵霜王朝，在阿姆河南岸建国，5世纪中叶侵入北印度，首领多罗摩耶曾带兵到达中印度马尔瓦地区。6世纪初多罗摩耶之子摩醯逻矩罗（意译"大族"）王在北印度立国，以旁遮普奢羯罗为都。嚈哒人不信佛教，所到之处毁坏寺院，杀害僧尼。这种经历给佛教徒留下了深刻的印象。在4、5世纪至6世纪出世的一些大乘经典中所宣传的佛法行将灭亡的"末法"思想，可以说是对这种状况的一种反映。

在中国，北魏太武帝在公元446年推行严格的灭佛事件。此后，北周武帝在公元574年下令禁断佛、道二教，毁坏寺院，焚毁经像，迫使僧道二众还俗为民，设立"通道观"以"会通三教"，在攻灭北齐（577）后又在原北齐境内推行禁断佛教道教的政策。这种情况促使中国佛教徒容易接受末法思想，并通过传教、著述继续发挥这种思想。

所谓"末法"，是与"正法"、"像法"相对应而提出来的。最早只有正法、像法的提法。西晋竺法护译《贤劫经》卷七《千佛兴立品》说释迦牟尼佛灭后，"正法存立五百岁，像法存立亦五百岁"①。此经原本来自罽宾（今克什米尔），公元300年译出。所谓"正法"是真正的佛法，后世解释为有教法、有修行和证悟（教、行、证三者具备）的佛法。"像法"是相似、接近于正法的佛法，后世解释为有教、行而没有证悟的佛法，比正法低了一等，表明像法时的信徒素质有所下降。公元5世纪后秦鸠摩罗什译的《佛藏经》中有"正法住世亦五百岁"和"真法不久住世"的说法②。

---

① 《大正藏》卷一四第50页下。
② 《大正藏》卷一五第794页下、801页下。

当时正、像二法的说法已经开始在中国佛教界流行。

南北朝后期直至隋代，因受北魏、北周两次灭佛的影响，一些佛典中宣扬的末法思想在佛教界得到迅速传播。所谓"末法"，意为经历正法、像法两个时期之后，已进入末世而行将灭亡的佛法。后世解释只有教法而无修行、证悟（有教而无行、证）的佛法。① 来自北印度的那连提黎耶舍（488—589）在北齐翻译的佛经中提到佛法毁坏，行将灭亡的说法。他译的《大悲经》断言"正法千年，像法千年，末法万年。万年之后，经道灭尽"②。他译的《大集经日藏分·护持品》中说进入"末法世时"，僧人不守戒律，不坐禅，不得解脱。他译的《大集经月藏分·阎浮提品》中说：

> 于我灭后五百年中，诸比丘等犹于我法解脱坚固；次五百年，我之正法禅定三昧得住坚固；次五百年，读诵多闻得住坚固；次五百年，于我法中多造塔寺得住坚固；次五百年，于我法中斗诤言讼（按：原作"颂"字），白法隐没，损减坚固。③

这段文字是说，在佛灭后的2500年中，按500年为一周期，佛法境况是渐次没落，直至接近灭亡。按照《大集经月藏分·法灭尽品》中"正法五百年……像法住于世，限满一千年"的说法，以上引文的第三个五百年以后即进入"末法"之世。此时的佛法唯重佛教形式——"多造塔寺"，即将走上"隐没"。此经的《法灭尽品》还提到来自南方、西方、北方的三位"边夷"恶王，在北天竺"破国杀害人"，"毁破佛塔寺，杀害诸众僧，劫夺佛僧物"④。这是佛法将灭的景象。此外，在南北朝时期产生的"疑伪

---

① 关于正、像、末三法的解释，唐窥基《大乘法苑义林章》卷六的解释比较流行，说："佛灭度后，法有三时，谓正、像、末。具教、行、证三，名为正法；但有教、行，名为像法，有教无余，名为末法。"载《大正藏》卷四五，第344页中。

② 此经文在今本中已经不存，见唐怀感《释净土群疑论》卷三所引。载《大正藏》卷四七第48页下。

③ 《大正藏》卷十三，第363页上、中。

④ 同上书，第377页下。

经"（多为中国人撰述）如《像法决疑经》《法灭尽经》也预言佛法沉沦，即将灭亡。

关于佛入灭后的正法、像法和末法的年代，有四种说法比较有影响：正法五百年，像法一千年说；正法千年，像法五百年说；正法、像法各五百年说；正法千年，像法千年，末法万年说。①

那么当时中国高僧是如何看待正、像、末三法的呢？

慧思在《立誓愿文》中宣称释迦牟尼佛灭后，"正法"住世五百年，"像法"（近似正法）住世一千年，此后进入"末法"（佛法将灭）时代，将经过一万年。慧思说他出生之年（北魏延昌四年乙未岁，公元515年）佛教已进入末法八十二年，在他供养金字《摩诃般若波罗蜜经》《法华经》和发表《立誓愿文》之时进入末法一百二十五年。此时距北周武帝禁毁佛教（574年）还有十六年。慧思宣称，等末法经过九千八百年之后，将有"月光菩萨"到"真丹"（中国）传法，而在月光菩萨入灭后，《首楞严经》《般舟三昧》乃至《无量寿经》也将逐渐消失，佛法趋于灭亡，进入"恶世"。他表示自己决心求得长寿，永远在世，致力于弘扬大乘佛经以"教化众生"，使佛法不灭，等待弥勒佛出世弘法，并且从弥勒佛得度成佛。这种思想反映了当时佛教界有远见的学僧的危机意识和致力挽救佛法陷于绝灭的决心。

进入隋代以后，末法思想进一步传播。信行相信正法五百年、像法一千年、末法一万年的说法，并据此末法观创立三阶教。涅槃学者净影慧远、三论宗创始人吉藏也同样主张正法五百年、像法一千年、末法一万年。② 生活在隋至唐初的道绰，在所著《安乐集》中也以末法思想作为弘扬弥陀净土念佛法门的依据。

（二）振兴佛法的使命感

据《立誓愿文》记述，慧思在十五岁出家，读诵《法华经》等大乘经典，精进苦行，至二十岁以后修行更加自觉和刻苦，怀抱宏大志愿，不仅

---

① 参考《三阶教之研究》，第213—218页。
② 见隋慧远《无量寿经疏》卷下、吉藏《法华义疏》卷一二及《法华玄论》卷一○。

个人要达到觉悟，还要通过弘法教化十方广大众生。他表示：

> 我为众生及为我身求解脱故，发菩提心，立大誓愿，欲求如来一切神通。若不自证，何能度人？先学已证，然后得行，自求道果，为度十方无量众生，为断十方一切众生诸烦恼故；为令十方无量众生，通达一切诸法门故；为欲成就十方无量一切众生菩提道故，求无上道为首楞严（按：意为一切事竟，指修证佛法已达圆满境界），遍历齐国诸大禅师学摩诃衍，恒居林野，经行修禅。

他在遍历各地参访名师和弘法的过程中，经历兖州、信州、郢州等地时，虽一再遭受异见恶僧的排斥乃至投毒杀害，然而也没有退缩之意。他或是坐禅，或是向信众讲《摩诃般若经》等大乘经典，同时热心培养弟子。他在四十岁以后，在光州大苏山、观邑寺宣讲《摩诃般若经》过程中，又受到恶僧的阻挠、迫害。他于是发誓"造金字摩诃般若及诸大乘，琉璃宝函，奉盛经卷，现无量身于十方国土，讲说是经，令一切众恶论师，咸得信心，住不退转"。经过化缘筹集资金和组织运作，直到四年后在南光州光城都光城县齐光寺才将此事完成，"奉造金字《摩诃般若波罗蜜经》一部，并造琉璃宝函盛之"，此外，又造金字《法华经》一部。他真心希望，"一切众魔、诸恶灾难不能沮坏"他所敬造的金字大乘经典，并愿在将来弥勒佛出世时能向一切无量众生宣说。

慧思认为当时已进入佛法日趋灭亡的末法初期，怀有"誓愿持令不灭，教化众生"的使命感，立志等待弥勒佛出世弘法度众，再兴佛法。他将自己出家学习佛法、修行、弘法和制作金字大乘佛经，皆与这个目的结合起来。

（三）企盼弥勒佛出世，复兴佛法

在南北朝时，讲述大乘佛、菩萨信仰的主要经典已经传译到中国，其中弥勒菩萨信仰得到进一步传播。从慧思《立誓愿文》来看，他对弥勒菩萨或弥勒佛信仰，特别是弥勒下生信仰是充满期待的。

弥勒信仰伴随着佛教传入中国，不少大乘经典中皆载有弥勒信仰的内容。然而集中记述弥勒的经典主要有以下几种：

1. 《观弥勒菩萨上生兜率天经》，北凉沮渠京声于南朝宋初译，讲述作为释迦佛弟子之一的弥勒在圆寂后当生到兜率天宫，为诸天众生说法，以及众生如何祈愿往生弥勒兜率天净土的方法。

2. 《弥勒下生经》（或《弥勒成佛经》），西晋竺法护译，讲述弥勒从兜率天宫下降人间成佛的故事，与东晋僧伽提婆译《增一阿含经》卷四四的第三个小经几乎全部相同。

3. 《弥勒成佛经》，后秦鸠摩罗什译，内容比前经有增加，增有大乘佛教"六度"（布施、持戒、忍辱、精进、禅定、智慧）等内容，与唐义净所译《弥勒下生成佛经》为同本异译。

后两部是宣说弥勒下生信仰的佛经，正是慧思《立誓愿文》中反复提到的所谓"未来贤劫①初，弥勒成佛"的依据。经文说，弥勒菩萨上生兜率天以后，经过五十六亿万年后下降人间，经历当年释迦牟尼佛那样的出家修行过程，在菩提树下成佛，然后在华林园龙华树下三次向无数众生说法（"龙华三会"），普度众生达到觉悟解脱。

慧思的誓愿中所说，"我今誓愿持令不灭，教化众生，至弥勒佛出"；"愿于当来弥勒世尊出兴于世，普为一切无量众生，说是《般若波罗蜜经》"；"以我誓愿，金字威力，当令弥勒，庄严世界，未来贤劫"；"弥勒出世，说是摩诃，般若经典，波罗蜜经，我以誓愿，金经宝函，威神力故"；"当令弥勒，七宝世界，六种震动②。大众生疑，稽首问佛，唯愿说此，地动因缘"；"誓以此身，未来贤劫，见弥勒佛"；"诚心发愿，愿我当来，贤劫之初，弥勒世尊，成佛道已，为大众说，大品经时"……皆为企盼弥勒出世弘法度众，振兴佛法的表示。

（四）未来必当成佛的信心——前八誓愿略析

慧思在《立誓愿文》中充满信心地表示，自己在未来弥勒佛出世时将

---

① 佛教认为世界有悠长的过去、现在和未来三长时，称之为庄严劫、贤劫和星宿劫。"贤劫"属现在大劫，谓有千佛出世，继释迦牟尼佛之后是弥勒佛出世。

② 据佛典记载，在佛诞生、成道、说法或出现时，大地会有六种震动，所谓：东涌西没、西涌东没、南涌北没、北涌南没、边涌中没、中涌边没。

能成佛，并仿照《无量寿经》的格式，以往昔法藏比丘①以"设我得佛……若不尔者，不取正觉"的语气发下四十八愿那种格式，发下二十八大愿。

在慧思所发的二十八大愿中，前八誓愿运用偈颂体，主要内容是说在弥勒出世时，必将因为他的"誓愿"和所造金字《摩诃般若经》等经的"威力"，大地发生"六种震动"，使座下信众产生疑惑，向弥勒发问，促使弥勒讲述：

> 过去有佛，号释迦文，出现世间，说是般若，
> 波罗蜜经，广度众生，彼佛世尊，灭度之后，
> 正法像法，皆已过去，遗法住世，末法之中，
> 是时世恶，五浊竞兴，人令短促，不满百年，
> 行十恶业，共相杀害，是时般若，波罗蜜经，
> 兴于世间，时有比丘，名曰慧思，造此摩诃，
> 波罗蜜经，黄金为字，琉璃宝函，盛此经典，
> 发弘誓愿，我当度脱，无量众生，未来贤劫，
> 弥勒出世，说是摩诃，般若经典，波罗蜜经……

是在想象中借未来弥勒佛之口，讲述慧思在进入末法时代制作金字佛经及所发济度众生的誓愿。接着讲，弥勒让信众念诵释迦佛及慧思的名字——"南无慧思"，然后就能见到金字写经。这是慧思设想在弥勒出世后，因为自己的誓愿和造做金字佛经的功德，也将成佛，与弥勒一样能向众生说法，济度众生。

慧思宣称：到那个时候，他以往所具有的身体形象将发生巨变，既有外表与凡夫一样的"卑小"身躯，又拥有与佛一样具备无限神通的佛身，所谓：

---

① 《无量寿经》中载，往昔有法藏比丘，曾为国王，出家后修菩萨行，在世自在王佛面前发下四十八愿，后经过无量时间成佛，即为阿弥陀佛，佛国名"安乐"（或译"极乐"）。所发每一誓愿以"设我得佛"开头，最后为"不取正觉"，或"若不尔者，不取正觉"。

> 我以今日，发誓愿力，丑陋之形，卑小色阴，
> 见弥勒佛，以誓愿力，更立一身，色像无比，
> 过于人天，无量辩才，神通变化，随意自在，
> 见弥勒佛。以此二身，一时见佛，以誓愿力，
> 卑小丑身，亦能变化，具足成就，无碍神通，
> 诸波罗蜜。以造金字，誓愿之力，在弥勒前，
> 二身一时，普现变化，遍满十方，广说深法，
> 摩诃般若，六波罗蜜，三十七品，及神通事，
> 度众生已，忽然不现……

慧思认为，到那时自己能够"普现变化，遍满十方"，向各界众生说法，济度众生达到解脱。他对此充满信心，说"若不尔者，誓不成佛"，意为誓愿若达不到，就决不成佛。

（四）成就佛国净土，广摄众生的宏愿——后二十誓愿略析

慧思在《立誓愿文》中所发二十八誓愿的后二十誓愿（从第九愿至二十八愿）用的是长行体（散文），按内容可分为以下誓愿：

第九愿可称为慧思以神通护持讲经弘法和降伏外道众魔愿，原文为：

> 又愿一切十方国土，若有四众比丘比丘尼及余智者，受持读诵《摩诃般若波罗蜜经》，若在山林旷野，静处城邑聚落，为诸大众敷扬解说，有诸魔众竞来恼乱破坏《般若波罗蜜》，是人若能一心合掌称我名字，即得无量神通。我于尔时亦作化人在彼众中，现为眷属，称彼弟子，降伏众魔，破诸外道，令彼智者大得名称。我时复为化作四众，山林聚落，处处皆现为作卫护，或作大力鬼神王像，或作沙门，或作居士，或作国王大臣宰相，敕令国内治罚一切破戒恶人。若有刚强不改心者，或令现入阿鼻地狱，种种逼切必令改心，还令归命彼说法者，叩头求哀为作弟子，乃可放耳，令诸恶事，变为吉祥。若不尔者，不取妙觉。

第十愿为成就佛国净土愿，说：

> 我从发心所有福业尽施众生，至于当来弥勒世尊出世之时，具足十地入无垢位，于授记人中最为第一，于未来世，过算数劫，得成佛道时，不可思议三千大千世界为一佛土，超殊十方严净世界。过此之外所有秽土，以我愿力，令诸众生虽一处住所见各异，调伏恶人发菩提心，即发心已，见诸秽恶悉皆当净，七宝华果应时具足，无有四时差别之异，所住国土、天人之类同一金色，三十二相八十种好，具六神通与佛无异，除佛智慧无能知者。若不尔者，不取妙觉。

第十一愿是众生称闻慧思名号可往生净土愿，即，

> 设我得佛，十方众生皆悉发愿来生我国，一切具足普贤之道，随其本愿修短自在，色身相好智慧神通，教化众生等无差别，饮食衣服应念化现，不须造作。若不尔者，不取妙觉。

此外十七愿可概括为：持戒精进修行六度并称闻慧思名号可见慧思愿；有罪乃至犯过"五逆"罪的众生称闻慧思名号可以灭罪往生净土愿；慧思净土"无三恶道（按：地狱、饿鬼、畜生），亦无女人"愿；地狱众生称闻慧思名字可得解脱愿；饿鬼称闻慧思名号可得解脱愿；畜生听闻慧思名字可得"人天端正之身"愿；关在牢狱者称诵慧思名字可得解救愿；"若有罪若无罪，临当刑戮"者称慧思名字可得解脱愿；病人称念慧思名字病可痊愈愿；修行者称念慧思名字可得成就愿；一切众生闻慧思名字即发无上菩提之心住不退转愿；佛道者闻慧思名字即得菩萨"十地"入如来慧愿；十方世界一切诸佛皆共称扬愿；"我未来世得成佛时，为大众说般若波罗蜜，十方世界六种震动，金经宝函于前涌现，为大众演说本愿因缘，如诸佛会等无有异"愿；如上诸愿真实不虚愿；"誓于此生得大仙报，获六神通，种种变化，十方六道，普现色身一时说法，众生闻者得不退转，速成菩提"愿；阻挠和破坏佛法的恶人必得恶报愿。

据此不难看出，慧思是说到他未来成佛之时，不仅具有广大神通可以

保护一切僧俗信众，而且拥有自己的佛国净土，凡是称诵"慧思"名字者死后皆可往生到他的佛国，皆有非凡的智慧和最完美的形象，而且过上衣食无忧的生活。

佛教自两汉之际传入中国已经近600年，源自印度的大小乘重要佛经已经译为汉语在大江南北广泛流传，并且在进入南北朝以后得到深入系统的研究。在这个时期，中国佛教徒根据并发挥佛教教理，对于修行和成佛解脱问题进行了各种探讨，提出各种主张。从佛教在社会发展的趋势来看，正处在中国佛教宗派形成的前夕。一些具备佛法深刻造诣的高僧对于成佛解脱拥有信心是很自然的。慧思既看到佛教面临的"末法"危机，又鞭策自己刻苦学法修行，将挽救佛教和振兴佛教作为自己的时代使命。如何才能振兴佛法？他企盼在弥勒佛出世后自己也能成佛，具有变化自在、到处弘法的神通能力。慧思的《立誓愿文》清楚地表述了这样一种理念：中国人也要成佛，也能成佛，也将成就自己的佛国净土，反映了南北朝末年中国佛教徒在修行成佛问题上的信心。

可以认为，慧思《立誓愿文》所反映的中国佛教徒对佛教前途的危机感和成佛的信心，正是促使此后隋唐带有民族特色的佛教宗派形成的重要原因。

（五）"愿为证明除痴愆，为求道故早成仙"

慧思的必当成佛的誓愿是以大乘经典中所说未来弥勒出世为前提的。按照弥勒经典，弥勒菩萨上生兜率天以后须经五十六亿万年后才下降人间成佛度众。慧思《立誓愿文》表示："我从末法初，始立大誓愿，修习苦行，如是过五十六亿万岁，必愿具足佛道功德，见弥勒佛……"那么，他以普通人身，如何能活这么长久的时间呢？对此，他认为中国自古以来道家、神仙家的长寿方术是可信的。他表示，为了拯救佛法，自己必须做到长寿乃至成仙才能等到弥勒出世。为此，他求助于这种修炼长生的神丹妙术。《立誓愿文》说：

> 我今入山修习苦行，忏悔破戒障道重罪。今身及先身是罪悉忏悔，为护法故求长寿命，不愿生天及余趣（按：意为不愿死后轮回生到六

道中的天界和其他诸道，只愿长寿为人），愿诸贤圣佐助我，得好芝草及神丹，疗治众病除饥渴，常得经行修诸禅。愿得深山寂静处，足神丹药修此愿，借外丹力修内丹，欲安众生先自安。己身有缚，能解他缚，无有是处。

> 以此求道誓愿力，作长寿仙见弥勒。
> ……
> 一切护法诸善神，我今忏悔障道罪。
> 愿为证明除痴愆，为求道故早成仙。
> 宣畅广说释迦法，不计劫数报佛恩。
> ……
> 为大乘故入深山，愿速成就大仙人。
> 寿命长远具神通，供养十方诸世尊。
> 未来贤劫弥勒佛，为大众说般若经。
> ……
> 愿诸世尊说我愿，以此因缘度众生。
> 发大誓愿修此行，愿速成就大仙人。
> 为护正法求此愿，愿佛哀愍令速成。
> 诸佛世尊同证知，梵释四王为证明。
> 日月参辰及星宿，金刚大士及神仙。
> 五岳四海及名山，诸大圣王亦证明。
> 愿以慈悲拥护我，令此誓愿速得成。

按照佛教的说法，弥勒佛出世时天下大放光明，将大兴佛法超度众生。从上引《立誓愿文》可以了解，慧思是想借助芝草、神丹的奇效，使自己长寿乃至成仙，并得到种种"神通"，能够记诵一切佛经，弘扬佛法，一直活到遥远的未来，等待弥勒佛出世。为此，他一再地祈求诸佛、菩萨和神仙的佑助，以使他的愿望能够实现。

通过以上论述，可以说《立誓愿文》是一篇在中国佛教史上不可多得的珍贵文献,是中国高僧高调宣称未来必当成佛并且拥有自己佛国净土的誓愿文,为我们了解南北朝后期中国佛教的发展状况和精神风貌,提供了难得的信息。

鉴真大和尚东渡和日本律宗[①]

日本奈良六宗中的律宗是由唐大和尚鉴真东渡日本创立的。

隋唐时期有很多日本僧人相继到中国留学和求法，也有中国僧人到日本传法。他们在传播佛法的同时，也将中国先进的文化带到日本，为促进日本社会体制革新和文化进步做出了重大贡献。在这当中，唐代大和尚鉴真是最卓越的代表。他怀着到异域传法的热情，冒着丧身千里海涛的危险，前后经过六次东渡，五次失败，期间双目失明，最后终于到达日本，向日本僧众授戒传律，为日本佛教的发展和推进中日两国文化的交流做出了光昭日月、流芳千古的功勋。

一　唐代律宗和道宣的南山律

（一）戒律和律宗

佛教典籍包括经、律、论三藏。经、论二藏涉及全部佛法，律藏则集中记载各种戒律。

佛陀在世时看到弟子中有人做了错事，便"随机设教"，制定相应的戒规，命弟子奉行，以"防非止恶"。戒条从少到多，从五戒、八戒、十戒到二百五十戒……又按僧俗不同身份制定出沙弥（含沙弥尼）戒、学法女戒、比丘戒、比丘尼戒及男、女居士戒。佛陀逝世后，弟子对这些戒条进行整理，从口传到逐步写成文字。公元前4—前3世纪以后原始佛教发生分裂，产生上座部、大众部两大部派，此后辗转形成很多部派，其中较大的部派一般都有自己传承的戒律。大众部（摩诃僧祇部）有《摩诃僧祇律》，上座

---

① 发表于《扬州大学学报》（人文社会科学版）2011年第2期总第86期。

部系统的说一切有部（萨婆多部）有《十诵律》，化地部（弥沙塞部）有《五分律》，法藏部（昙无德部）有《四分律》，它们全部被传译到中国。此外，饮光部（迦叶遗部）有戒本《解脱戒经》传到中国。据传，犊子部（婆粗富罗部）也有律藏，但未传入中国。这些戒律皆属于小乘戒律。

中国在南北朝时戒律已基本传译齐备：小乘戒律有大众部的《摩诃僧祇律》，盛行于关中一带（函谷关以西以长安为中心的地区）；说一切有部的《十诵律》，盛行于江南；化地部《五分律》，不很流行；法藏部的《四分律》，盛行于黄河下游和淮河流域。大乘戒律中最盛行的是传为鸠摩罗什翻译的《梵网经》。从北魏慧光开始，研究《四分律》的学者渐多。隋朝洪遵（530—608）将此律推广到关中地区。唐朝《四分律》已经流行全国。智首（567—635）撰《五部区分钞》，提倡《四分律》。他的弟子中以道宣最有名。

律宗是中国佛教宗派之一。唐代围绕对《四分律》的阐释分为三个派别：

一是由隋唐间的法砺创立的相部宗。法砺（569—635）从灵裕出家，后跟静洪学《四分律》，又从洪遵弟子洪渊学《四分律》大义，此后开讲律学，从事著述，撰有《四分律疏》《羯磨疏》及《舍忏轻重仪》等，因长期在安阳（相州治所，在今河南）传法，故被称为相部宗。法砺的弟子有满意、怀素等。满意的弟子有大亮、义威、远智、定宾等多人。定宾著《饰宗义记》解释法砺律学思想，也十分有名。

二是道宣创立的南山律宗。道宣（596—667）撰有《四分律删繁补阙行事钞》（简称〈行事钞〉）《羯磨疏》《戒本疏》（统称"律宗三大部"）等，同时编撰《大唐内典录》佛教史书《续高僧传》《广弘明集》等。因道宣长期在西都长安之南的终南山修行和传法，其律学称南山律宗。道宣弟子中以文纲最有名，文纲有弟子弘景、道岸等。据记述鉴真事迹的日本真人元开所著《唐大和上东征传》记载："昔光州道岸律师命世挺生，天下四百余州以为受戒之主。"

三是由怀素创立的东塔宗。怀素（624—697）曾在邺郡法砺门下学《四分律》，认为师说未尽善而离去，自撰《四分律开宗记》，对法砺的律学提出不同见解，称《新疏》，又撰《新疏拾遗钞》等。因他所在的长安西太原寺有东塔，故其律学称东塔宗。怀素有弟子法慎。法慎弟子义宣著《折中记》六卷，释道宣《行事钞》之义。

这三个律宗派系皆围绕《四分律》对戒律进行系统的论释，对于戒、出家、授戒仪式、僧团组织和生活仪规等做出深入细致的论述，是来自印度的佛教戒律在中国最后完成民族化的表现。然而到唐后期，道宣的南山律宗成为中国律学正统，其他二派逐渐衰微。

（二）道宣的南山律

道宣在自己的著作中强调中国佛教应当实行《四分律》，说它与大乘佛教是相适应的。他不仅对《四分律》中的戒条、仪规等详加注释，而且建立了以《四分律》为中心的律学体系。

化教与行教

道宣以"化教"和"行教"（或称"制教"）来进行判教，把通过经、论二藏表述的大小乘教义统称为"化教"——教化之教，而把制约规范僧尼行为（侧重身、语二业）的教法，即戒律，称为"行教"。

道宣《行事钞》卷中之四，将化教分为从低到高三个层次：性空教（小乘教）、相空教（般若经、三论等）、唯识教（也称圆教），将自己推崇的法相唯识宗置于最高地位。为了以唯识学说论证戒体（详后），道宣在《羯磨疏》卷三①还进而提出三宗的说法：实法宗（说一切有部，《十诵律》是其戒律）、假名宗（小乘空宗，据《成实论》立论，将《四分律》归于此宗）、圆教宗（唯识宗）。道宣正是运用唯识教（圆教宗）的理论提出自己的戒体论的。道宣为证明《四分律》通于大乘，还提出假名宗虽属小乘，然而它也讲空，是"分通大乘"（部分与大乘相通）的，把它也归于三教中属于大乘的"相空教"之内。

止持戒与作持戒

道宣主张止恶与行善并重，提出"止持"与"作持"的戒法理论。"止持"是遵守自己所受的戒条不犯，做到"止恶"。但仅此还不够，进而应当主动地积极地通过自己的身体、语言和心意三个方面去行善，此为

---

① 原文汇入元照《四分律删补随机羯磨疏济缘记》卷三之五。

"作持"。简言之,"诸恶莫作"是"止持";"诸善奉行"是"作持"。每一部戒律的前一部分所载的是关于比丘、比丘尼应当遵守的戒条,此属止持戒;后一部分(犍度法)所载的是关于僧众受戒、说戒、安居、穿、住及日常修行、生活应当遵循的仪规、规范,此为作持戒。

以心识为"戒体"的戒体论

道宣将戒分为四科:戒法,佛制的戒律;戒体,详后;戒行,指遵守戒规的行为、语言;戒相,是持戒的具体表现,也指各种戒条的具体内容,如五戒、十戒、具足戒等。

道宣对戒体的解释最具特色。道宣《羯磨疏》卷三对戒体规定说:"纳圣法(按:戒法)于心胸,即法是所纳之戒体。"用现代人易于理解的话说,是指受戒人在受戒仪式过程中对所授的戒条心领神会,通过发誓终生守戒,在心中所形成的持戒意念和决心。

对于这样一种戒体,在道宣之前有两种最有影响的解释:第一,按照实法宗——说一切有部的论书《杂部阿毗昙心论》《俱舍论》等的说法,以"色法"为戒体。据称这种"色法"虽也符合色的定义,但它在身内没有外现,是没有形体可见的,称之为"无表色"(或作"无作色")。第二,按照假名宗——法藏部《成实论》的观点,以"非色非心"为戒体。中国在东晋以后,江南盛行《成实论》,佛教学者多依据此论将戒体解释为"非色非心",而北方则据说一切有部的论书把戒体解释为"无表色"。

道宣依据唐初盛行的法相宗(称之为圆教宗)的唯识理论来解释戒体。他以八识中的阿赖耶识所藏有"善种子"为戒体。《羯磨疏》卷三说:

> ……作法受(按:受戒),还熏妄心于本识藏(按:阿赖耶识)成善种子,此戒体也。[①]

是说受戒这一行为,通过诸识"熏习"阿赖耶识,便在此识之中形成善法种子。这种善的种子便是戒体。此后,"依体起用,防边缘非",可使受戒者常记住和持守戒规,防范过错,又可反过来影响阿赖耶识,使妄情

[①] 原文汇入元照《四分律删补随机羯磨疏济缘记》卷三之五。

消失，以利于达到解脱。道宣首次用大乘理论来解释戒体，又把大乘佛教的重视心性修养的思想引入律学，在佛教史上具有重要历史意义。

道宣的南山律宗后来成为中国佛教律学的正统，并且传到朝鲜、日本，成为这些国家佛教界长期依用的律学。

二 鉴真东渡前的日本佛教和戒律

从佛教传入日本到鉴真东渡，佛教已在日本流传了200多年，开始主要受到天皇和贵族的信奉，后来逐渐传播到平民之中。7世纪末全国有寺545所，僧尼也逐年增加，仅在京城七大寺就有僧尼3363人。①

日本自公元710年定都奈良，到794年迁都平安为止的80多年时间，史称奈良时代。原在旧都飞鸟的大寺，在迁都过程中也相继移建奈良。此外，圣武天皇以举国的财力在奈良建造供奉卢舍那佛金铜造像的东大寺，在各地建造国分寺，皆安置一定数量的僧尼供奉、诵读"护国经典"《金光明经》《法华经》《仁王般若经》等，以祈祷佛菩萨、善神护国佑民。

随着日、中两国佛教交流的发展，大量汉译佛教经典和中国僧人的著述相继传入日本，到8世纪出现以研究一部经典或几部经典为中心的佛学团体，开始形成具有学派性质的"奈良六宗"，即三论宗和成实宗、法相宗和俱舍宗、华严宗，最后是由"过海大和尚"鉴真创立的律宗。

在鉴真东渡之前，日本虽然从朝鲜、中国陆续传入一些戒律，然而佛教界长期以来不具备符合戒律规定的条件举行度僧授戒仪式。戒律规定，皈依佛教佛、法、僧"三宝"并受五戒成为居士，受十戒为沙弥或沙弥尼，受具足戒后才可成为正式僧尼。如果要举行授具足戒的仪式，必须具备"三师七证"的十师才行。所谓"三师"是：戒和尚，是正授戒律的和尚，须戒腊（受具足戒后的年数）十年以上，戒行清净的高僧；羯磨师，读羯磨文（授戒仪式宣告文），主持授戒仪式；教授师，向受戒者讲授威仪规则和做法。羯磨师、教授师皆须戒腊五年以上才能担当。"七证"是出席授戒

---

① 有关寺僧数字，请详见《日本书纪》卷二十二、卷二十五，皇圆《扶桑略记》卷五，《日本书纪》卷三十的相关记载。

仪式担任证师的七位和尚。在边远地区，如果具备"三师二证"也可以授具足戒。此外，还有种种程序规定。

然而，日本长期以来缺乏系统的律学理论和合格的律师，僧尼出家受戒是按大乘佛教经典《占察善恶业报经》《菩萨地持经》《瑜伽师地论·戒品》的说法，或是请受过戒的僧人授大乘三聚净戒（摄律仪、摄善法、饶益有情三戒），或是在佛、菩萨像前自己发誓受戒。

当时僧尼享有免除课役的特权，朝廷为保障财政收入和维持社会的稳定，必须制定措施控制僧尼出家的数字和加强对僧尼的管理。元正天皇养老元年（717）下诏，为防止百姓"规避课役"而出家，规定年龄"十六以下不输庸调者"才可出家为僧（《续日本纪》卷八）。从养老二年至养老五年（718—721）由藤原不比等担任总裁撰定的《养老令》中《僧尼令》规定，对"私度"为僧尼者及冒名顶替者，皆令还俗。从养老四年（720）正月开始，对出家为僧者进行审核，然后发给公验（合法出家为僧的官方证明，后来特指戒牒）（《续日本纪》卷八）。这种公验由治部省负责下发。圣武天皇神龟元年（724）十月，经治部省在京城及各地勘查僧籍之后，发给1122位僧尼公验（《续日本纪》卷一一）。据日本学者介绍，在鉴真赴日授戒之前，凡出家为僧尼者，首先要得到治部省下发的度缘（相当于中国的度牒），在受戒时将度缘缴回，得到治部省的公验，从而取得合法僧尼的身份。① 法相宗僧行基和尚名声很大，身边经常跟有很多男女居士。圣武天皇三年八月下诏，允许追随行基"如法修行"的"男年六十一以上，女年五十五以上"正式出家为僧尼，其他不许私度出家（《续日本纪》卷一一）。按照日本在大化革新中制定的租庸调法，租是按土地纳租税；庸是代劳役的实物，如布、粮、绢等；调是按田、户向政府缴纳绵、布等。规定男子二十一岁至六十岁为"正丁"，须担负全部调庸及杂役；十七岁至二十岁为"少丁"，负担正丁调庸的四分之一。由此可见，圣武天皇只允许行基身边六十一岁的男子出家，是有保护承担课役民户的意图的。

然而没有按照佛教戒律规定为出家僧尼授戒，是难以保证僧尼质量的，

---

① 井上光贞：《日本上古的国家和佛教》第三章第二节，岩波书店1971年版，1981年第8次印刷。

容易使品行不良之徒混入僧团，给佛教和社会带来不好影响。元正天皇养老六年（722）七月，太政官在奏言中批评僧纲管理僧尼不严，工作拖拉，建议以药师寺为僧纲固定办公场所，并对京城僧尼的不良表现进行批评，提议严加制止。他说：

> 近在京僧尼，以浅识轻智，巧说罪福之因果，不练戒律，诈诱都里之众庶。内黯圣教，外亏皇猷。遂令人之妻子剃发刻肤，动称佛法，辄离室家，无惩纲纪，不顾亲夫；或负经捧钵，乞食于街衢之间；或伪诵邪教，寄落于村邑之中，聚宿为常，妖讹成群。初似修道，终挟奸乱。永言其弊，特须禁断。（《续日本纪》卷五）

奏言中反映两种情况：一是在京城中的有些僧尼行为不端，违背佛教戒律和朝廷律令（《僧尼令》），对民众进行诈骗，妄说因果，劝诱民人出家，随处乞食，宣传邪教蛊惑人心；二是当时确实存在私度僧尼的情况，其中有的是受到不良僧尼劝诱而私自出家的。对此奏言，天皇允准。

从唐留学归国弘传三论宗的道慈（？—744）曾著《愚志》一卷，对日本僧尼的素质和道风迥异于唐朝表示感慨，说："今察日本素缁（按：居士与僧尼）行佛法，轨模全异大唐道俗传圣教法则。若顺经典，能护国土；如违宪章，不利人民。一国佛法，万家修善，何用虚设，岂不慎乎？"（《续日本纪》卷一五）日本佛教界有不少像他一样的有识之士，真心希望能从唐朝既引进经典又引进戒律，使佛教发挥"护国"与"利民"的功效，推进日本佛教的发展。他们是持续推进日本与中国进行佛教文化交流的重要力量。

在僧尼逐年增加的情况下，日本朝廷为加强对僧尼的管理和通过集中授戒控制僧尼数字，积极从唐朝输入戒律和律学著作，并且派使者聘请中国律僧东渡日本授戒传律。据《三国佛法传通缘起》记载，在天武天皇（673—686年在位）时，"请僧二千四百余人大设斋会，僧尼虽多，未传戒律"。天皇于是特诏道光入唐学习戒律。道光回国后撰写了《依四分律抄撰录文》一卷。道光虽带回道宣的《四分律删繁补阙行事钞》，然而尚未研读。此后，道融读了此书，并且向人宣讲。《三国佛法传通缘起》说："自尔已后，《事钞》之义，人多读传。"在圣武天皇天平年间（729—748），道融应金钟寺（东大寺前身）良辨之请，在僧众布萨（半月一次举行的说戒和忏悔仪式）的场合担任"说戒师"，向僧众宣讲大乘戒律《梵网经》。良辨还请智璟向众僧讲道宣的《四分律删繁补阙行事钞》。此后，日本学习戒律和宣讲戒律的人虽日渐增多，然而仍然没有条件按照戒律规定举行授具足戒的仪式。

据《东大寺要录》记载，元兴寺僧隆尊叹戒不足，请知太政官事的舍人亲王（天武天皇之子，676—735）转奏天皇派人入唐聘请律师到日本传授戒律。[①] 圣武天皇在天平五年（唐开元二十一年，733）敕兴福寺僧荣睿、大安寺僧普照二人搭乘遣唐使丹墀广成（或作"多治比广成"）的船入唐留学，并寻访聘请高僧到日本授戒传律。

荣睿、普照二人入唐之后，先随遣唐使到长安，从相部宗法砺的再传弟子定宾受具足戒，学习律学。然后到东都洛阳，在大福先寺认识道璿。道璿（702—760），曾从师禅宗北宗神秀弟子华严学僧普寂（651—739），学禅法和华严宗，对禅宗、华严宗和天台宗都有较深的造诣；在律学方面曾师事四分律学相部宗创始人法砺——满意法系的定宾律师，对律学也有研究。他们讲明来唐的用意，礼请道璿赴日传律。道璿应请，在唐开元二十四年（日本天平八年，736）搭乘遣唐使中臣名代之船到达日本，被安置住于大安寺。他随身带的佛书中有华严宗章疏和道宣《四分律删繁补阙行事钞》等律宗章疏。此后，他以大安寺为中心向日本僧人讲授道宣的《行事钞》，又讲大乘《梵网经》等，然而因为没有具备戒律规定的十师，仍不能立坛授具足戒。道璿在传授律学之外，还向日本僧众传授北宗禅。他的弟子中善俊以律学著称；行表年七十三从道璿"重受戒法"并受北宗禅，是以后平安时代日本天台宗创始人最澄之师。

将律宗正式传到日本，被日本律宗奉为"第一祖"的是天平胜宝六年（754）到达日本的唐大和尚鉴真。

---

① 日本家永三郎《日本佛教史》第一卷第三章之5《戒师招请》，据《七大寺年表》认为，天平五年（733）隆尊年仅二十八，由他出面请知太政官事的舍人亲王上奏聘请唐朝律师是不可能的。

三 鉴真大和尚简历

鉴真（688—763），在日本被尊为"唐大和尚"（"尚"或作"上"字），死后谥"过海大师"。俗姓淳于，广陵江阳县（在今江苏扬州）人。年十四岁（或云十六岁）出家，唐中宗神龙元年（705）鉴真十八岁，他从道岸（654—717）律师受菩萨戒。景龙元年（707）鉴真二十岁，先到东都洛阳，后入西都长安，翌年三月于长安实际寺登坛由弘景（634—712）律师任戒和尚受具足戒。道岸、弘景都是唐代南山律宗创始人道宣的再传弟子，是当时精通佛教戒律的著名律师。弘景，在宋以后的史书中因避太祖之父赵弘殷的名讳改称恒景，曾从智𫖮弟子章安灌顶（561—632）受学，精通天台宗教义，长期住天台宗传法中心之一的荆州（治今湖北江陵）玉泉寺。鉴真从弘景受戒后还从他学习天台宗教义。此后，鉴真巡游两京，访师求学，深入学习佛教经、律、论"三藏"，尤重律学（主要据《东征传》①并《宋高僧传》卷十四〈鉴真传〉）。

鉴真在长安、洛阳先后从当时著名律学高僧学习南山宗和相部宗的律学。据日本镰仓时代凝然（1240—1321）《三国佛法传通缘起》卷下，鉴真除师事道岸、弘景之外，还从道宣的另一弟子融济学习道宣的《行事钞》《羯磨疏》和《释门亡物轻重仪》等；随相部律宗法砺的再传弟子义威、远智、全修、慧策、大亮等学习法砺的《四分律疏》等。后来鉴真回到扬州，在大明寺传授戒律。

在唐玄宗开元二十一年（733）日本僧荣睿、普照二人奉敕入唐聘请律师之时，鉴真已经已经成为唐土著名律僧。如日本元开撰《唐大和尚东征传》（以下简称《东征传》）所说：

昔光州道岸律师命世挺生，天下四百余州以为受戒之主。岸律师

---

① 日本真人元开《唐大和尚东征传》，载《大正藏》卷五一第988页至995页。现有汪向荣的校释本，中华书局1979年版，后附《大唐传戒师僧名记大和上鉴真传逸文》等，中华书局2000年编印《中外交通史籍丛刊》，收入其第14册。以下凡引用此传，不再注明在《大正藏》中的页数。

迁化之后，其弟子杭州义威律师响振四远，德流八纮，诸州亦以为受戒师。义威律师无常（按：去世）之后，开元二十一年时大和上年满四十六，淮南江左净持戒者，唯大和上独秀无伦，道俗归心，仰为受戒之大师。凡前后讲大律并疏四十遍，讲《律抄》七十遍，讲《轻重仪》十遍，讲《羯磨疏》十遍。具修三学，博达五乘，外秉威仪，内求奥理。讲授之间，造立寺舍，供养十方众僧，造佛菩萨像其数无量，缝纳袈裟千领、布袈裟二千余领送五台山僧，设无遮大会、开悲田而救济贫病，设敬田而供养三宝，写《一切经》三部，各一万一千卷。

江淮之间，独为化主。（《东征传》）

引文中的"四百余州"是个概数。据《旧唐书·地理志》，开元二十八年（740）全国有郡府（相当于州）328个，县1573个。道岸的律学上承道宣——文纲，义威也曾师事法砺弟子满意。"大律并疏"中的"大律"指《四分律》；"疏"指道宣的《四分律比丘含注戒本疏》（简称《戒本疏》）或法砺的《四分律疏》。《律抄》是道宣的《四分律删繁补阙行事钞》。《轻重仪》是道宣的《量处轻重仪》。《羯磨疏》全称《四分律删补随机羯磨》，也是道宣撰。所谓"一切经"即大藏经，据智升《开元释教录》的〈入藏录〉，大小乘三藏共1076部5048卷。引文说鉴真写《一切经》三部，"各一万一千卷"，有误。其中"各"当为"共"字；"一千卷"应为"五千卷"。这段文字是说，鉴真是继道岸、义威之后在淮南江左最有权威、最有影响的授戒律师。他德高望重，博通大小乘佛法，在东渡日本之前已经宣讲《四分律》及道宣《戒本疏》（或法砺《四分律疏》）40遍，讲道宣的《行事钞》70遍、《轻重仪》10遍、《羯磨疏》10遍，并且还从事造寺、造像、施舍、救济贫困及抄写佛典等多种弘法、利生事业。

《东征传》还记载，鉴真前后度僧尼、授戒40000多人，其中的著名弟子有：

扬州崇福寺僧祥彦；润州天响寺僧道金；
西京安国寺僧璇光；润州栖霞寺僧希瑜；
扬州白塔寺僧法进；润州栖霞寺僧乾印；

汴州相国寺僧神邕；润州三昧寺僧法藏；
江州大林寺僧志恩；洛州福先寺僧灵祐；
扬州既济寺僧明烈；西京安国寺僧明债；
越州道树寺僧璇真；扬州兴云寺僧惠琮；
天台山国清寺僧法云等

共35人，"并为翘楚，各在一方，弘法于世，导化众生"。

四 鉴真历尽艰辛的东渡历程(743—754)

唐玄宗天宝元年（742），日僧荣睿、普照在中国留学已经达10年之久，一直在寻访能够到日本传律的高僧。他们听说鉴真的盛名和学问，便特地到扬州大明寺邀请他东渡传法。他们到达大明寺时，正值鉴真在向弟子讲授律学。他们在向鉴真顶礼后，便诚心邀请他东渡传法，说：

> 佛法东流至日本国，虽有其法，而无传法人。本国昔有圣德太子曰：二百年后，圣教兴于日本。今钟此运，愿和尚东游兴化。（《东征传》）

鉴真听后，立即萌生东渡之意，向门下弟子讲他过去听说日本国长屋王①崇敬佛法，曾派人到中国将所造千领袈裟施给僧众，袈裟边缘上绣有"山川异域，风月同天，寄诸佛子，共结来缘"，可见日本必将"佛法兴隆"，便问弟子：

> 今我同法众中，谁有应此远请，向日本国传法者乎？（《东征传》）

从这段文字看，鉴真首先是想动员弟子应邀前往日本传法。然而弟子

---

① 日本天武天皇之孙，公元721年任右大臣，反对藤原不比之女光明子为皇后，729年以谋反罪名被杀。

们对此没有响应。弟子祥彦向鉴真说,众人所以沉默没有应允,是因为担心"彼国太远,性命难存,沧海渺渺,百无一至"。他说的是事实,在当时条件下东渡日本确实是充满艰辛和危险的。鉴真听后便断然表示:

是为法事也,何惜身命!诸人不去,我即去耳!(《东征传》)

祥彦立即表示,既然和尚要去,他也愿意跟随前往。于是,弟子道兴、道航、神崇、法载、德清、思托、昙静及高丽僧如海等21人纷纷表示愿随鉴真同去。

自从鉴真决定赴日传法,到最后到达日本,前后东渡六次,其中五次失败,第六次才东渡成功。现依据《东征传》及中日两国研究[①],将鉴真六次东渡的艰辛历程作简单介绍。

第一次东渡是在唐天宝二年(743),鉴真五十六岁。荣睿、普照在长安时已经得到宰相李林甫之兄李林宗写给扬州仓曹(主管漕运)李凑的书信,请他帮助造船备粮。鉴真对外假称要到天台山供养僧众,开始做出海的准备。当时因为有海贼吴令光侵扰江浙沿海,官府下令封锁海岸,禁止公私船只出海。鉴真弟子道航嫌高丽僧如海年轻,反对他随鉴真同往日本,这引起如海的憎恨,便到官府诬告道航私自造船入海,勾结海贼,并告有多人已备好干粮,有百贼入城。官府大惊,到各寺捉人。不久官府虽判清真情,但没收了船只,并将荣睿、普照等日本僧人拘禁达四个月。于是,第一次东渡便告失败。

同年九月之后准备第二次东渡。鉴真从岭南采访使刘巨鳞处买到军船一只,雇船员18人,备足干粮,并选择好准备带到日本的金字佛经《华严经》《大般若经》《大集经》《大涅槃经》及各种章疏、法物用品、袈裟、香料、药材等。跟随同往日本者有弟子祥彦、道兴、德清、思托及日僧荣

---

① 中国方面有汪向荣校注《东征传》;汪向荣著《鉴真》,吉林人民出版社1979年出版;周一良著《鉴真的东渡与中日文化交流》,载江西人民出版社1990年版《中日文化关系史论》;杨曾文著《日本佛教史》,浙江人民出版社1995年出版。日本方面的重要研究成果是安藤更生著《鉴真大和上传之研究》,平凡社1960年出版,此外有石田瑞麿著《鉴真的思想及其生涯》,大藏出版社1958年出版;杉山二郎著《鉴真》,三彩社1977年出版。

睿、普照等17人，还有精于制作玉器、绘画、刻镂、铸写、刺绣、镌碑的能工巧匠85人。十二月正值严冬，鉴真一行举帆东下，但不幸遇上巨风船破，众人艰难地回到岸上。

第三次东渡在同年底或天宝三载（744）初。船修复后再次起航，出长江口向东南方航行，打算先到桑石山（今榭山），但风急浪高，在舟山北面不远之处船破，鉴真一行再次上岸。有人发现告明州（治今浙江宁波）刺史，便将他们安置住在鄮县（今浙江鄞县南）阿育王寺。

第四次东渡虽做准备，但未能成行。天宝三载（744）鉴真应请为越州（治今浙江绍兴）、杭州、湖州（治今浙江湖州市南）、宣州（治今安徽宣城）诸寺的僧众讲律授戒，并为东渡作准备，先派弟子法进等人到福州买船备粮。此后鉴真率弟子南下，先巡礼天台山国清寺，然后取道临海县（今浙江临海市）、永嘉郡（治今浙江温州）往福州方向进发，某日进入禅林寺住宿。越州等地的僧众和鉴真的弟子扬州崇福寺灵祐等人担心鉴真东渡"死生莫测"，便告官府制止鉴真东渡。为此，荣睿、普照一度被官府拘捕。江东（江南东道，治所在今苏州）采访使传牒各州县，命见到鉴真一行务必将他们留住。鉴真一行在禅林寺被官差截住押送到采访使处，后被送回扬州住入崇福寺。

天宝七载（748），六十一岁的鉴真与荣睿、普照等让人造船，准备第五次东渡。与第二次东渡一样，造船，买香药，购置杂物。同行者有祥彦、神仑、德清、思托及荣睿、普照等僧俗14人、水手18人，还有愿意随从同往者，总共35人。他们于六月二十七日从扬州启航，进入东海后顺风前行，经至越州界的三塔山（定海中的小洋山）停留一月，然后到暑风山（大概在舟山附近），又停留一月。十月十六日风起，再次起航，不久遭遇巨风怒涛，众人诵念观音，冒着风浪漂流过蛇海、飞鱼海、飞鸟海。人们每日吃少许生米充饥，然而苦于没有一滴水可以解渴。

鉴真一行在海上经过17天，漂至振州（治今海南省三亚市西北崖城）下船，受到州别驾冯崇债的欢迎和供养，被安置住入大云寺一年。此后北至万安州（治今海南省万宁县北），受到"大首领"冯若芳的供养，北经崖州（当时应为珠崖郡，治今海南省琼山县东南），渡过琼州海峡，登上雷州半岛北上，经今广东、广西、江西、江苏等省的许多地方，一路时停时行，所经之处受到官民的礼拜和盛情招待。鉴真经常应请向僧俗传法、授戒，还主持造寺、造佛像等。

在这一充满曲折艰辛的行程中，行至端州（治今广东高要县）时，日僧荣睿去世，鉴真哀痛悲切，为他送丧，然后启程。鉴真途经韶州（今广东韶关）时，曾到禅宗六祖慧能居住传法的曹溪法泉寺①参拜六祖遗像。天宝九载（750），日僧普照辞别鉴真先往岭北，鉴真拉着他的手不觉失声悲泣，说："为传戒律，发愿过海，遂不至日本国，本愿不遂。"（《东征传》）鉴真当时认为，他这一生已经没有希望到日本传法授戒了。此时鉴真已经六十三岁。炎热的气候，加上内心的忧伤，使他患上眼疾，又不幸经一"胡人"胡乱诊治，致使双目失明。行至吉州（治今江西吉安）时，追随他多年的弟子祥彦去世。鉴真途经江州（治今江西九江）庐山时，参访东晋高僧慧远居住过的东林寺。此后参访江宁（在今江苏）瓦官寺、摄山（在今南京）栖霞寺等历史名寺，大约在天宝十载（751）才辗转回到扬州，住入龙兴寺。

天宝十二载（753），日本国遣唐大使藤原清河、副大使大伴宿祢胡麿（或作"大伴古麻吕"）、秘书监吉备真备在晋见唐玄宗，完成使命之后，携同在中国留学长达36年并在唐朝任秘书监兼卫尉卿的朝衡（阿倍仲麻吕），准备取道扬州回国。他们到达扬州后，十月十五日到延光寺拜谒鉴真，说：

> 弟子等早知和上五遍渡海向日本国，将欲传教。今亲奉颜色，顶礼欢喜。弟子等先录和上尊名，并持律弟子五僧，已奏闻主上，向日本传戒。主上要令将道士去。日本君王先不崇道士法，便奏留春桃原等四人，令住学道士法。为此，和上名亦奏退。愿和上自作方便。弟子等自有载国信物船四舶，行装具足，去亦无难。（《东征传》）

唐玄宗奉老子为皇室李姓之祖，崇尚道教，在看到日本大使的请派鉴

---

① 据《曹溪大师传》及《天圣广灯录》卷七《慧能章》曹溪宝林寺在唐中宗时曾改名中兴寺，下敕重修后改称法泉寺，后改广果寺，玄宗时改名建兴寺，肃宗时改名国宁寺，宣宗时改名南华寺。

真等到日本传法的奏文后，便提出派道士到日本传教，然而因为日本不信奉道教，大使便以日本君主不信奉道教表示婉绝，然而碍于唐玄宗的面子，仍留下四人学习道教，同时收回了派鉴真赴日的请求。因此，日本大使在见到鉴真后，便提出请鉴真自己决定是否愿意东渡传法。鉴真当即表示同意，于是便开始准备第六次东渡。他先住进了扬州龙兴寺。

鉴真东渡的消息不胫而走，官府在寺院周围布置的防护甚严，鉴真难以动身。鉴真弟子在江边准备好船只，等待鉴真随时到来。当年十月十九日，鉴真离开龙兴寺，在江边主持为特地赶来的24位沙弥授具足戒之后，便乘船驶向苏州港口黄泗浦，以便改乘日本使节的船只。随从鉴真同行者有扬州白塔寺僧法进、泉州超功寺僧昙静、台州开元寺僧思托、扬州兴云寺僧义静、衢州灵耀寺僧法载、窦州开元寺僧法成等14人，还有藤州通善寺尼智首等3人，以及扬州居士潘仙童、胡人安如宝、昆仑国（泛指中印半岛南部及南洋诸岛）人军法力、瞻波国（占婆，在今越南中南部）人善听等，共24人。

鉴真一行所带往日本的物品中：一是佛、菩萨雕像、绣像及佛舍利。二是佛经，有唐实叉难陀译《华严经》八十卷等。三是戒律《四分律》及其单行僧尼戒本、律论《律二十二明了论》。四是律宗三家的律学注疏，其中最多的是道宣南山宗的著作，有《四分律比丘含注戒本》《戒本疏》《羯磨疏》《行事钞》《关中创开戒坛图经》；法砺相部宗的著作有《四分律疏》、定宾《饰宗义记》《补释饰宗义记》《戒疏》、观音寺大亮《义记》；怀素东塔宗的著作有《戒本疏》。此外还有北魏慧光《四分律疏》，唐智周《菩萨戒疏》、灵溪释子《菩萨戒疏》、大觉律师《批记》、法铣《尼戒本》和《尼戒本疏》等。五是天台宗的著作，有隋智顗《摩诃止观》《法华玄义》《法华文句》《四教义》《释禅波罗蜜次第法门》《行法华忏法》《小止观》《六妙门》。此外还有梁宝唱《比丘尼传》、唐玄奘《大唐西域记》等。六是珍贵文物和工艺品，其中有东晋王羲之的真迹行书一帖，王献之真迹行书三帖及水晶、金银等制的佛具。按照以往东渡准备的物品推测，此次也可能带有香料、药物等。

当年十一月十五日，日本使船四艘同时从苏州黄浦泗启航东渡。鉴真与弟子搭乘的是大伴副使的船。日僧普照也从明州赶到苏州，与秘书监吉备真备同船。十二月二十日,鉴真所乘的船冒着风浪到达日本萨摩国阿多郡秋妻屋浦(今鹿儿岛川边郡坊津町秋目)。鉴真一行被迎送到位于九州北部的太宰府(在今福冈)。此时是日本孝谦天皇天平胜宝五年十二月二十六日(公元754年阳历1月23日)。

五 鉴真和弟子在日本授戒传律情况

鉴真到达日本的时候,原来派荣睿、普照到唐聘请律师的圣武天皇已在五年前退位为太上天皇,由其女儿继位,此即孝谦天皇。天平胜宝六年(754)正月十一日,日本大伴副使将鉴真到达日本的消息上奏朝廷。在朝廷的安排下,鉴真一行在向京城奈良行进途中受到各地官员、僧众的欢迎和热情照料。二月四日鉴真一行到达奈良,安宿王奉敕在罗城门(正门)迎接,命东大寺别当、少僧都良辨将鉴真一行送到东大寺安置住下,律师唐僧道璿、僧正印度僧婆罗门菩提及内道场僧50人,都前来拜谒、慰问。日本朝廷中以右大臣藤原丰成、大纳言藤原仲麿、式部卿藤原永手为首的百余名官员前来礼拜。[①]

官居正四位下吉备真备奉敕到鉴真住处宣读诏书:

  大德和上远涉沧波,来投此国,诚副朕意,喜慰无喻。朕造此东大寺,经十余年,欲立戒坛,传受戒律,自有此心,日夜不忘。今诸大德,远来传戒,冥契朕心。自今以后,授戒传律,一任和上。(《东征传》)

从内容看,这是圣武上皇的诏书。正是圣武天皇在位之日,主持营造了东大寺,并且为政府统一主持按照佛教戒律授戒而派人入唐聘请律师。他在这封诏书中将主持日本授戒传律的职权交给鉴真。不久,又敕授鉴真以"传灯大法师"位。这是日本国内的最高荣誉僧位。随同鉴真同来的其

---

① 《东征传》,并参见汪向荣校《东征传》后附从各书辑录的思托撰《大唐传戒师僧名记大和上鉴真传》佚文。

他法师也得到不同僧位。

四月初,在东大寺卢舍那佛殿前建立戒坛,鉴真把原取自五台山的土加到戒坛中。戒坛建成后,鉴真为圣武上皇授菩萨戒①,光明皇太后、孝谦天皇、皇太子也登坛受戒。此后,鉴真主持为澄修等440位沙弥授具足戒。

在鉴真到来之前不少在佛学上很有造诣的僧人,此时认识到自己当初受戒不符合戒律规定("不如法"),属于"无戒",并且也出于对鉴真的敬仰,愿意以鉴真为戒和尚重新受戒。然而也有相当多僧人一时想不通,甚至提出质疑。据镰仓时代宗性所编《日本高僧传要文钞》卷三引思托撰《延历僧录·高僧沙门释普照传》记载,鉴真、普照、思托一行刚到日本:

> 合国不伏(服)无戒,不知传戒来由。僧数不足,先于维摩堂已具叙竟,从此以后伏(服)受戒。其中志忠、灵福、贤璟,引《占察经》许自誓受戒。便将《瑜伽论·决择分》第五十三卷,诘曰:诸戒容自誓受,唯声闻律仪不容自受。若容自者,如是律仪都无轨范。志忠、贤璟等杜口无对,备以衣钵受戒。

是说,在鉴真即将遵照日本朝廷之命向日本僧授戒之际,有很多日本僧人不承认自己以往自誓所受的戒无效(未得戒),不愿意重受戒。因为人数不足,不能立即举行授戒仪式。于是普照在东大寺的维摩堂向他们进行解释。其中志忠、灵福、贤璟等人,引证《占察善恶业报经》中的自誓受戒的经文进行辩护。普照便引证《瑜伽师地论》第五十三卷《决择分》中的经文反问和说服:诸大乘经虽允许自誓受戒,然而声闻(小乘)戒律并不允许自誓受戒,否则律仪便失去轨范。这样一来,他们便无言以对,表示愿意从鉴真受戒。《东征传》记载,与灵福、贤璟、志忠一起舍弃旧戒,以鉴真为戒和尚重新受具足戒者,还有善顶、道缘、平德、忍基、善谢、行潜、行忍等,共80余人。

---

① 《东征传》载:"天皇初登坛受菩萨戒。"汪向荣《鉴真》据《东大寺要录》中"四月五日,太上天皇于卢舍那佛前请鉴真和上登坛受(授)菩萨戒"的记载,断定受戒天皇应是圣武上皇。另,日本丰安《戒律传来记》也讲:"太上天皇先请大和上亲对受菩萨之净戒也。"

鉴真此后被敕任为日本的僧官少僧都（《东大寺要录》）。天平胜宝七年（755），在东大寺大佛殿的西边，移圣武上皇受过戒的坛土，建立戒坛院，作为日本全国的中心戒坛。鉴真又在此院北边建造唐禅院，作为讲授戒律之所。翌年五月，鉴真与日僧良辨同时被敕任为大僧都，鉴真弟子法进被任为律师。此年，一向大力支持鉴真师徒的圣武上皇去世。天平宝字元年（757），孝谦天皇为了供给四方来京从鉴真学律僧人的食宿，特地施给备前国（在今冈山县）水田百町，又赐给鉴真故一品新田部亲王的旧宅作为建造伽蓝之地。年已七十的鉴真在此地建立唐招提寺，与弟子法载、义静、如宝等人在此研究和传授戒律。淳仁天皇天平宝字二年（758），诏赐鉴真"大和上"之号，同时又说："政事躁烦，不敢劳老，宜停僧纲（按：指僧官）之任。集诸寺僧尼，欲学戒律者，皆属令习。"（《续日本纪》卷二一）从此鉴真不再担任僧官，集中力量在唐招提寺传授律学，培养人才，而将原在东大寺唐禅院和戒坛院的事务交给弟子法进负责。

鉴真师徒在日本传授戒律和授戒的开始阶段，确实有不少僧人对过去自誓受戒受到否定（"无戒"）表示不满，虽然经过解释愿意重新受戒，但是仍有一些守旧的僧人或是感到自己的既得利益受到影响者表示反对，对于普照邀请鉴真赴日传戒，"不以为德，反以为仇"①。然而从总的情况看，鉴真师徒不仅受到以天皇为首的朝廷的信任，也受到佛教界广大僧众的崇敬。他们所传授的律学和授戒仪规，很快就受到佛教界的承认和接受。

经鉴真的奏请，日本朝廷在下野的药师寺和筑紫的观世音寺相继建立了戒坛，它们与东大寺戒坛成为日本朝廷统一控制的为出家僧尼授戒的"天下三戒坛"。根据凝然《律宗纲要》卷下，新建的两所戒坛是按照"边国"的授戒仪式由五人授戒（三师二证）；东大寺戒坛按中国（此指中印度）方式由十人（三师七证）授戒。据日本慧坚《律苑僧宝传》卷一〇《鉴真传》记载，在唐招提寺也建有戒坛，孝谦天皇曾在此受菩萨戒，诏："出家者先入招提受戒学律，而后学自宗。"

---

① 《日本高僧传要文钞》卷三引《延历僧录·高僧沙门释普照传》说："……将知合国僧徒身佩戒香，并是普照。僧僧身上四万二千福河，日夜恒流，皆由普照。戒光遍日本国界，皆清净开佛菩提门，出僧尼智慧，皆由普照。不以为德，反以为仇。普照不请得大唐僧来，合国僧尼身上无戒，不销信施，身坏命终，不生善道。"

前面提到，在鉴真到日本之前，僧尼出家受戒之后，由朝廷发给盖有治部省之印的公验，作为合法僧尼身份的证明。在鉴真到日本开创新的授戒制度之后，则以授戒十师联署的"戒牒"作为合法受戒证明，以代替原来的公验。然而实际上授戒是在政府的控制之下进行的，因为治部省既掌握着度僧之权，又负责管理僧尼的名簿。①

日本天平宝字七年（唐代宗广德元年，763）五月六日，鉴真结跏趺坐，面向西去世，春秋七十六岁。遵照鉴真和尚的遗嘱，思托等弟子在东大寺戒坛院另立影堂。日本光仁天皇宝龟八年（唐代宗大历十二年，777），日本国使至唐通报鉴真去世的消息，扬州各寺僧众得知后皆穿丧服，举哀三天，聚集到龙兴寺举行盛大斋会。

六　鉴真在中日文化交流史和日本佛教史上的巨大贡献

鉴真和尚具有中华民族世代相传的优秀品质，具有坚强的意志和一往无前的精神。在《东征传》中有这样一段话，生动地概括了鉴真不惜身命六次艰辛东渡的经历和表现出来的非凡顽强的精神：

> 大和上从天宝二载始为传戒，五度装束，渡海艰辛。虽被漂回，本愿不退。至第六度过日本，卅六人总无常去（按：死亡），退心（按：退缩，改变初衷）道俗二百余人。只有大和上、学问僧普照、天台僧思托，始终六度，经逾十二年，遂果本愿，来传圣戒。方知济物慈悲，宿因深厚，不惜身命，所度极多。

日本凝然《律宗纲要》卷下所说："四度造船，五回入海，十二年中辛苦无量，道俗逝化三十六人，永（按：荣）睿、祥彦等是也。退还之者二百八十人。"可以作为上引文字的注释。

鉴真是古代中日文化交流史上伟大杰出的人物，为向日本弘传戒律，

---

① 日本速水侑著《论集日本佛教史》第二卷，雄山阁出版社1986年出版。

为传播中国文化,为促进中日两国人民之间的友谊,做出了不可磨灭的贡献。

（1）鉴真及其弟子到日本传律授戒,改变了日本以往不能按照佛教戒律规定授戒的局面。在鉴真师徒参与下建立的奈良东大寺戒坛、下野药师寺戒坛和筑紫观世音寺戒坛,成为日本政府直接管辖之下的为出家僧尼授戒的场所,从而为日本在一定时期控制僧尼人数,使佛教保持正常有序的发展创造了条件。

（2）鉴真师徒在东大寺、唐招提寺以及大安寺等地向日本学僧传授戒律,培养了很多掌握律学知识、能够如法授戒的人才。据《东征传》介绍,鉴真赴日之后,度僧近四万人,与弟子思托等人讲述《四分律》以及律宗南山宗道宣《行事钞》、相部宗法砺《四分律疏》、定宾《镇国道场饰宗义记》等多遍,培养出忍基、善俊、忠惠、常慰、惠新、真法等律学僧人,他们皆能讲授上述律学典籍和理论。因此,鉴真被奉为日本律宗之祖。

（3）鉴真在日本的弟子很多,其中著名的有法进、仁韩、法颗、昙静、思托、法载、义静、法成、智威、灵耀、怀谦、惠云、如宝、慧良、慧达、慧常、慧喜等,他们对日本佛教和社会文化做出了不同的贡献。

法进（709—778）,俗姓王,原在中国扬州白塔寺,到日本后是鉴真讲授戒律和授戒的得力助手,并且是临坛的戒师之一,被日本律宗奉为仅次于鉴真的"第二和尚"。在鉴真晚年退居唐招提寺之后,他接任经管东大寺唐禅院及戒坛院。他向僧众经常宣讲大小乘戒律和中国的律学章疏,其中有唐智首《梵网经疏》、道宣《戒本疏》《羯磨疏》《行事钞》《四分律拾毗尼义钞》和智首《四分律疏》（广疏）、法砺《四分律疏》（中疏）、北魏慧光《四分律疏》（略疏）,合称"律五大部三要疏"。在光仁天皇宝龟五年（774）任大僧都。据日本江户时期师蛮《本朝高僧传》卷五七所载,法进在讲授律学之外,还经常向日本学僧讲述天台宗教义,曾讲天台三大部（智顗《摩诃止观》《法华玄义》《法华文句》）四遍,深受欢迎。著作有《东大寺授戒方轨》《沙弥十戒威仪经疏》《梵网经注》等。

思托,俗姓王,赴日前是台州开元寺僧人。鉴真东渡六次,他都跟随在身边,对律学、天台宗都有很深的造诣,赴日后是鉴真的另一位得力助手,他与普照等人积极协助鉴真营造唐招提寺。思托在向僧众讲授律学之外,也讲授天台宗教义。日本真言宗创始人空海就是从他受的菩萨戒。在鉴真移住唐招提寺之际曾遭到"谤讟",思托根据自己的见闻和经历撰写记述鉴真东渡传法事迹的《大唐传戒师僧名记大和上鉴真传》,并且请日本信徒淡海三船(也称"真人元开")参考此传另行撰写《唐大和尚东征传》。(《延历僧录·思托自叙》)① 思托善于撰述,著有日本最早的佛教史传《延历僧录》五卷。原书虽佚,但在《东大寺要录》《东大寺杂录》及镰仓时代宗性所编《日本高僧传要文钞》中保存不少佚文,是研究奈良时代佛教的珍贵资料。

如宝(约725—814),当即《东征传》中的"胡国人安如宝",随鉴真赴日时尚是个沙弥,到日本后受具足戒,在鉴真奏请建造下野药师寺后,曾负责主持该戒坛,后受鉴真之命主持唐招提寺。鉴真死前将唐招提寺托付给法载、义静和如宝三人。如宝后来扩建唐招提寺,在进入平安时代之后,曾为桓武天皇及后妃、皇太子授戒,自此名声更大,曾任少僧都。弟子有昌禅、丰安、寿延等人。丰安撰有《戒律传来记》三卷(现仅存上卷)。

日本律宗将唐南山律创始人道宣奉为高祖,奉鉴真为一祖,东大寺法进为二祖,药师寺如宝为三祖,元兴寺昌禅为四祖,唐招提寺丰安为五祖。继鉴真之后唐招提寺传承世系是:法载、真璟、戒胜、寿高、增思……②

(4) 鉴真与其弟子除传授戒律、授戒,讲授天台宗教义之外,还参加佛典的校勘工作,并且在建造唐禅院及唐招提寺等寺院过程中,将中国的先进的建筑技术、雕塑、美术等介绍给日本。鉴真还善医术并通晓医药学,《日本见在书目录》中载录有《鉴上人秘方》,可见他对日本医药学发展也做出了贡献。

---

① 载《日本高僧传要文抄》卷三。
② 关于鉴真和日本律宗,还可以参考凝然《律宗纲要》(载《大正藏》卷七四)、《八宗纲要》(载《大日本佛教全书》第101册)。

日本律宗传法世系表

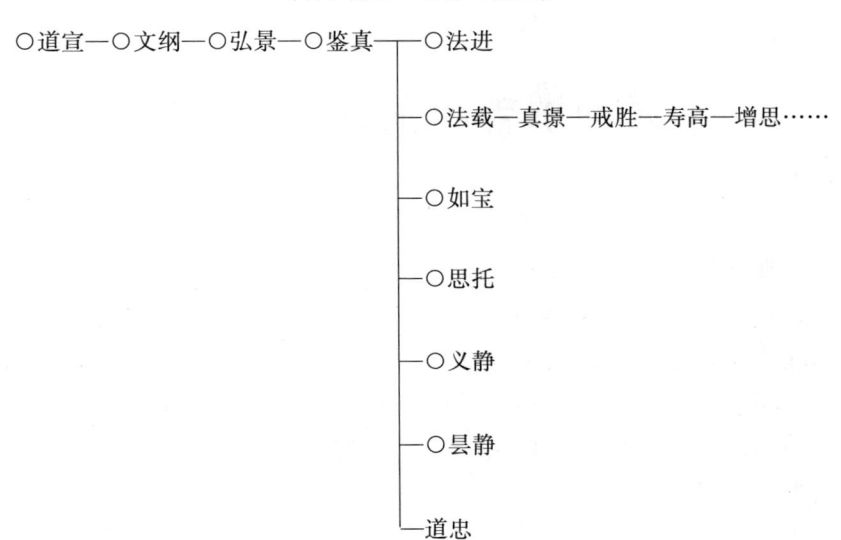

（名字前有○者为中国人）

○道宣—○文纲—○弘景—○鉴真—┬—○法进
　　　　　　　　　　　　　　　├—○法载—真璟—戒胜—寿高—增思……
　　　　　　　　　　　　　　　├—○如宝
　　　　　　　　　　　　　　　├—○思托
　　　　　　　　　　　　　　　├—○义静
　　　　　　　　　　　　　　　├—○昙静
　　　　　　　　　　　　　　　└—道忠

隋唐的佛舍利供养和法门寺[①]

大小乘佛教都盛行佛舍利崇奉和供养。原始佛教经典《长阿含经·游行经》讲释迦牟尼佛逝世火化后，有八国民众各分得一份佛舍利（遗骨）奉迎回国建塔封存供养，当地人还把舍利瓶、火化时剩下的炭灰、佛的头发也收藏起来建塔供奉。大乘佛教经典对佛舍利供养又有很多说法，最有影响的是《阿育王传》和《阿育王经》中的记载，说阿育王曾派人到王舍城掘取当年摩揭陀国阿阇世王所埋藏的舍利，役使鬼神分赴各地共建造八万四千座宝塔供养舍利。《阿育王传》是西晋安法钦译，《阿育王经》是南朝梁僧伽婆罗译。中国佛教信众在西晋以后也逐渐相信这种说法，并在中国各地搜寻阿育王寺塔的遗址。南朝宋宗炳《明佛论》说后赵时在临淄城发现阿育王寺遗址，在河东蒲坂也有阿育王寺处。北齐魏收《魏书·释老志》讲在洛阳、彭城、姑臧、临淄都有阿育王寺。唐初法琳在《破邪论》卷上说：

  佛既去世，弟子等以香木焚身，灵骨分碎，大小如粒，其色红白，击之不坏，焚之不焦，每有光明神验。灭后百一十六年，有阿育王以神力分佛舍利，使于鬼神造八万四千宝塔。今洛阳、彭城、扶风、蜀郡、姑臧、临淄等皆有塔焉，并有神异也。

此论著于唐武德五年（622），明确地讲扶风有佛舍利塔，并认为是阿育王所造。此后道宣在唐麟德元年（664）所写的《集神州三宝感通录》卷上说：

[①] 原载中国社会科学院世界宗教研究所《世界宗教研究》1991 年第 3 期。

> 扶风岐山南古塔者，在平原上，南下北高，东去武亭川十里，西去岐山县二十里，南去渭水三十里，北去岐山二十里，一名马额，山同岐山。……今平原上塔，俗谚为阿育王寺，乡曰柳泉。

道宣写此书时，正值唐高宗显庆四年（659）奉迎扶风法门寺佛骨之后。据此，当时人把扶风佛塔看作阿育王所造塔之一。当然，这是佛教相传的一种神话传说。陈景富所著《法门寺》一书（三秦出版社1988年出版）已对此有详细考证。但在当时僧俗信众心目中，认为扶风法门寺塔藏有佛的遗骨舍利，是古印度阿育王遣鬼神所造，这也是事实。

隋唐是中国佛教臻于鼎盛的时期，佛教中国化的过程已基本完成。那么，扶风法门寺在隋唐佛教中占有怎样的地位呢？

众所周知，隋唐佛教以成立许多具有鲜明民族特色的佛教宗派著称。从现存资料看，法门寺与各个宗派没有多大关系。隋唐时期作为全国译经和佛学中心的寺有国都长安的大兴善寺、弘福寺、大慈恩寺、西明寺、大荐福寺和洛阳的大福先寺等。法门寺一不在长安、洛阳两京，二又不是译经和佛学中心，但在正史中却提到的次数最多，是什么原因呢？原来它是唐王朝佛舍利崇奉和供养的中心。佛舍利供奉是唐王朝最高统治者和广大僧俗信众佛教信仰的一个重要方面。

在中国佛教史上，隋、唐两代都盛行佛舍利崇奉供养，而且都是由皇帝带头发起，规模很大，与政治联系密切，但做法不尽相同。隋文帝在全国各州广建舍利塔，下令各地同时供养佛舍利，为皇帝和臣民祈福，而唐朝是皇帝派人迎取法门寺舍利入京城、宫廷供养，祈年丰民安和皇祚永续。

一　隋仁寿年间各州建舍利塔

隋文帝杨坚西魏大统七年（541）生于同州（今陕西大荔县）的般若尼寺中，此后父亲杨忠把他托给比丘尼智仙抚养。此尼给他起名叫"那罗延"，意为"金刚不可坏"。直到十三岁杨坚才回到父母身边。智仙俗姓刘，自幼出家，以"禅观"著称（《续高僧传》卷二六《道密传》等）。因为这段经历，杨坚自幼接触佛教，对佛教有很深的感情。北周武帝在建德三年

（574）下令禁断佛、道二教，灭北齐后又在齐地推行灭佛政策。佛教受到严重打击。武帝死后，北周朝政实由作为外戚的杨坚把持，在宣、静二帝时很快复兴佛法，多次下令度僧、造寺。隋建国后，隋文帝大力恢复和兴隆佛教。他认为自己之所以能当皇帝是由于佛的保佑，说"我兴由佛法"，并自认为前身原是"道人"（僧），所以生来好吃麻豆（《续高僧传·道密传》）。隋文帝特别尊崇智仙，称之为"神尼"，让著作郎王邵为她作传。在此后各州建造的佛舍利塔中都安置有智仙之像。

隋文帝在统一全国之后时常想到如何巩固全国统一的局面。除在政治、经济上实施减轻刑罚、轻徭薄赋等政策外，也很重视文教政策。他提倡儒家名教文化，同时也大力扶持和弘扬佛教。他从仁寿元年（601）到仁寿四年（604）前后三次派僧与官员到各州送佛舍利，命各州造塔供养。那么，这些佛舍利是从哪里来的呢？据王邵《舍利感应记》说，隋文帝在即位之前，有位印度沙门来到他的住宅，送给他一包舍利，请他供养（文载《广弘明集》卷一七）。此外，据载隋文帝与皇后，乃至宫中的嫔妃，也曾感得舍利，甚至在吃饭时从"齿下"得之。对此，文帝并不追究真假，曾明确表示："何必皆是真！"（《广弘明集》卷一七）本来，从大乘佛教观点来说，佛生身舍利也可用金银、琉璃、水精、玛瑙乃至清净砂石、药草、竹木根节等代替（见唐不空译《如意宝珠转轮秘密现身成佛金轮咒王经》）。

隋文帝把派人向各州送舍利建塔供养当作一件大事。仁寿元年（601）六月，派沙门30人，各配以侍者2人、散官1人，各带熏香120斤，到30州送舍利，在17个特定的寺院建塔安置舍利，如岐州凤泉寺、雍州仙游寺、嵩山嵩岳寺等，其他13个州，寻在山水形胜地方的寺或州内清净地方建塔。接到舍利之日，各州据当地实际情况召集僧360人、240人或120人，为文帝、皇后、太子及诸王子孙、一切官民，行道和忏悔7天，任民人施舍，钱限十文以下。用这些钱造塔，如果钱不够用，可动用官库财物和役使正丁。命在当年十月十五日午时，同时把舍利安置塔内，从州刺史到县尉，停止常务7日，举行供养舍利的斋会。在仁寿二年（602），又派人往51州送舍利，命造塔供养。仁寿四年（604）又下诏在30州建舍利塔。① 这样，前后在100多州造舍利塔111座。② 关于隋仁寿年间造舍利塔的事情，不仅现有文字记载，也还有少数碑刻实证资料。因文帝曾表示"今佛法重兴，必有感应"（王邵《舍利感应记》）。故各州向皇帝上奏建塔经过的奏文中也要上报各地因建塔、供养舍利出现的种种祥瑞现象：或有五颜六色的神光出现；或地动山摇，空中有鼓乐之声；或久病者痊愈；或久旱逢雨；等等。

隋文帝在全国各州建舍利塔，命同时为皇室和臣民祈祷，在当时是有其政治目的的。第一，借助佛教的影响，强化民众对其至高无上皇权的合法性的认识。《资治通鉴》卷一七九有这样一段话："初，帝受周禅，恐民心未服，故多称符瑞以耀之。其伪造而献者，不可胜计。"文帝借用儒家天人感应学说为自己取代北周建立隋朝即位当皇帝制造舆论的同时，也用佛教来证明自己的统治符合天（佛）意。他命人向各地宣读的忏悔文中自称"菩萨戒弟子皇帝"，"弟子蒙三宝福祐，为苍生君父"（王邵《舍利感应记》），明确地向民众宣布自己当皇帝是佛的意志。第二，借全国大多数地方同时举行建塔和供养佛舍利的法会，同为皇帝祈福的做法，来加强全国的统一意识。隋文帝结束长达278年的分裂局面建立全国大一统的王朝，能在全国190个州中的111州同建舍利塔，同时为皇帝和臣民祈福，本身的意义确实已超越了宗教的范围，具有在政治上巩固中央集权的意义。

在这种对舍利崇拜和供养的气氛中，法门寺的情况如何呢？

据唐道宣《集神州三宝感通录》卷上及唐大历年间《大唐圣朝无忧王寺大圣真身宝塔碑铭并序》记载，法门寺在隋朝称"成实寺"（或称"成实道场"），仁寿末年（当为604年）右内史李敏曾主持修建。大业五年（609）因僧不满50人"此寺从废，入京师宝昌寺"，其塔故地，仍为寺庄。僧归宝昌寺，大概寺也作为宝昌寺的一部分。唐道宣在行文中也把大业五年之前的法门寺（隋已为"成实寺"）称"宝昌寺"。例如，道宣在《广弘明集》卷一七记述隋文帝仁寿元年（601）于岐州凤泉寺起舍利塔，"将造

---

① 以上见《续高僧传》卷一一《辩义传》、卷一八《昙迁传》及《广弘明集》卷一七等。
② 有的州（如泰州）是两次造塔。关于造塔数字，前后相加是111座，与《续高僧传》卷一二《童贞传》所记相同，但许多记载只说略数"一百余所"；若按《法苑珠林》记载，前后相加为113座塔。

函,寺东北二十里,忽见文石四段,光润如玉,大小平整,因取之以作重函。于是大函南壁,异色分炳,为双树之形,高三尺三寸,茎如雪白,叶如玛瑙;北壁、东壁有鸟兽龙泉之状,四壁皆有华形左旋右转,其后基石渐变尽如水精"。接着说:

> 明年,岐州大宝昌寺,写得陕州瑞相图,置于佛堂,以供养当户大像,三吐赤光,流出户外,于是户外千佛像及观世音菩萨,亦频放光,半旬之内,天华再落。

据此可以说,隋代于各州造舍利塔时,可能因为扶风法门寺已有古塔(称阿育王塔),没在此寺再建塔,但在它西北二十余里的凤泉寺兴建了一座舍利塔。修此舍利塔的过程中,据说也出现祥瑞。法门寺(当时称成实寺,后改宝昌寺)的僧人特地画出"陕州瑞相图"放到佛堂供养。法门寺供养"陕州瑞相图"的本身也表明它加入了皇帝发起的在全国供养佛舍利的宗教活动。

隋唐两个统一的王朝都崇拜、供养佛舍利,但隋朝供养佛舍利的范围广、影响大,是开其端者。唐王朝供养佛舍利肯定是受了隋王朝的影响,是以皇室为首的供养佛舍利之风的延续。

二 唐王朝以法门寺为中心的佛舍利供养

法门寺这个寺名的确立是在唐刚刚建立之际,给它起名字的不是别人,正是唐高祖李渊。据《旧唐书·高祖纪》,李渊在隋文帝时曾累任谯、陇、岐三州刺史。法门寺在岐州,应当说李渊对此寺是了解、熟悉的。《集神州三宝感通录》卷上载:

> 唐运伊始,义宁二年,宝昌寺僧普贤,概寺被废,没诸草莽,具状上请。于是特蒙大丞相见识,昔曾经往,览表欣然,仍述本由,可名法门寺。

这位大丞相是谁呢？让我们回顾隋末一段历史。隋大业十三年（617）在各地反隋义军蜂起的形势下，李渊从太原起兵反隋，冬十一月攻入长安，立代王杨侑为皇帝，改元义宁，自为"大都督内外诸军事，大丞相，进封唐王"，借恭帝杨侑之诏，规定"军国机务，事无大小，文武设官，位无贵贱，宪章赏罚，咸归相府"（《隋书·恭帝纪》）。义宁二年（618）五月，李渊代隋即皇帝位，改隋义宁二年为唐武德元年。可见，上面引文中的"大丞相"就是李渊，他曾到过法门寺（当时称成实寺）。他看了普贤的奏表没有上呈皇帝，独自决定改名法门寺，时间在义宁二年（618）五月正式建唐之前。

有了这段因缘，对法门寺在唐代的存在与发展十分有利。武德二年（619），后为太宗的秦王李世民率兵讨伐薛举父子，经过法门寺，度僧80人入住此寺，又奏任在凤泉寺做杂务的宝昌寺僧惠业为住持。这样，法门寺便独立存在了。此后寺被火烧，贞观五年（631）岐州刺史张亮奏闻太宗，获准修补塔寺。

在唐初政局还不很稳定的情况下，法门寺一次能获准度80名僧，是不寻常的事。唐初由朝廷下诏度僧的事不多，贞观三年（629）诏天下有寺处得度僧尼，总数以三千为限（《广弘明集》卷二八）；关东各州，各置一寺，仅置30名僧（《续高僧传·法融传》）。贞观二十二年（648）太宗受玄奘影响，下诏："京城及天下诸州寺宜各度五人，弘福寺宜度五十人。"（《大慈恩寺三藏法师传》卷七）法门寺由秦王李世民奉诏亲自度僧80人，他即位后又降诏批准修补，都说明法门寺地位非同一般。说它是官寺是不成问题的，把它称作"准皇家寺院"亦无不可。有唐一代，皇帝六次派人前来奉迎佛骨，其地位之显赫是可想而知的。

六次奉迎佛骨舍利，并不包括唐太宗时就地开示佛骨。太宗贞观五年（631）二月岐州刺史张亮在修复法门寺塔之后，听"古老传云：此塔一闭，经三十年一示人，令生善"（《集神州三宝感通录》卷上）。《金石萃编》卷一〇一载《真身宝塔碑铭并序》谓："古所谓三十年一开，则岁谷稳而兵戈息。"他便以此上报太宗，请"开剖出舍利以示人"，诏许之。于是在塔下丈余地方找出舍利（传为释迦指骨一节）令道俗瞻仰，"无数千人，一时同观"。据载有一盲人立时眼睛复明，"京邑内外，崩腾同赴，屯集塔所，日有数千"。当时有的信徒烧指供养（《集神州三宝感通录》卷上）。一次盛大的宗教活动，出现种种神异传说是十分自然的。由此拉开了唐王朝供养法门寺舍利的序幕。此时距隋文帝仁寿四年（604）命各州供养佛舍利仅26年。法门寺的影响在道俗信徒中也越来越大，创立华严宗的法藏（643—712）在十六岁时（显庆三年，658年）曾到法门寺燃一指供养佛舍利（崔致远《法藏和尚传》）。

唐王朝六次奉迎法门寺佛舍利的事迹，很多著作已作详细介绍，这里仅提示其梗概：

（一）高宗显庆四年（659）九月"内僧"（《大正藏》本作"内山僧"，宋元明三本作"内僧"，为内道场僧）智琮、弘静应召入内，向高宗谈及"育王塔事"，"上曰：岂非童子施土之育王耶，若近有之，则八万四千之一塔矣！"智琮告诉他说："古老传云名育王寺，言不应虚。又传云：三十年一度出，前贞观初已出现，大有感应，今期已满，请更出之。"高宗命僧智琮等人到塔所行道七日，据称有祥瑞景象出现。高宗派人送绢三千匹，令造与他等身的阿育王像，并修补故塔。僧智琮等取出佛指舍利后，先在当地凭人瞻仰供养。"于时京邑内外道俗，连接二百里间，往来相庆，皆称佛德一代光华。"第二年（660）二月，降敕迎奉舍利往东都洛阳入宫供养，又与当时外国所献"佛顶骨"同时供养。武后"舍所寝衣帐，直绢一千匹，为舍利造金棺、银椁，数有九重，雕矮穷奇"。直到龙朔二年（662）二月才派智琮等人把舍利送还法门寺，僧官等"无数千人，共藏舍利于石室掩之"（《集神州三宝感通录》卷上）。著名律僧、南山律宗创立者道宣也加入了送舍利的行列（《宋高僧传·道宣传》）。

（二）武周长安四年（704），即在皇位的武则天死前一年的冬天，华严宗祖法藏在内道场"言及岐州舍利是阿育王灵迹"，武则天即派凤阁侍郎博陵崔玄暐和法藏、文纲等人到法门寺奉迎佛骨，年底迎至长安崇福寺，第二年（705）正月奉送到东都洛阳，"敕令王公已降，洛城近事之众，精事幡华幢盖，仍命太常具乐奏迎，置于明堂"，"以兜罗绵衬"。武则天与太子（中宗）顶礼膜拜，请法藏捧持，"普为善祷"（崔致远《法藏和尚传》）。直至中宗即位的第四年景龙二年（708），才派律僧道宣弟子文纲等人把舍利送回法门寺（《宋高僧传·文纲传》）。景龙四年（710），赐名法门寺为

"圣朝无忧王（按：即阿育王）寺"题舍利塔为"大圣真身宝塔"，度僧49人（《真身宝塔碑铭并序》）。

（三）唐肃宗上元元年（760）五月，僧法澄、中使宋合礼、府尹①崔光远等奉敕奉迎法门寺舍利至内道场。肃宗亲临礼拜，"昼夜苦行"，赠以佛像、金银器具、金襕袈裟等。当时参加瞻仰礼拜的僧俗信众中也有很多朝廷显要官员（《真身宝塔碑铭并序》）。

（四）唐德宗贞元六年（790）春，"诏出岐山无忧王寺佛指骨迎置禁中，又送诸寺以示众，倾都瞻礼，施财巨万"，二月派中使送归故处（《通鉴》卷二三三，并见《旧唐书·德宗纪》）。

（五）唐宪宗元和十四年（819）正月，派中使杜英奇押宫人30人到法门寺，持香花迎佛骨至京，留禁中瞻礼三日，然后送诸寺，让王公士庶瞻礼施舍。"百姓有废业破产，烧顶灼臂而求供养者"（《旧唐书·韩愈传》）。刑部侍郎韩愈上表切谏，宪宗大怒，要对他加以极刑，经裴度、崔群等求情，将他贬为潮州刺史。《旧唐书·宪宗纪》及《通鉴》卷二四〇皆谓"癸巳，贬愈为潮州刺史"。此年正月朔日是庚辰，则癸巳为正月十四日。韩愈之诗"一封朝奏九重天，夕贬潮阳路八千"。据此韩愈上奏与被贬是在同一天。

（六）唐懿宗咸通十四年（873）三月，遣刺使到法门寺奉迎佛骨，群臣谏者甚众，有的甚至以宪宗迎佛骨不久晏驾来切谏。懿宗不听，说"朕生得见之，死亦无恨！"（《通鉴》卷二五二）以金银为安奉佛骨的宝刹，以珠玉为宝帐、香升，并用孔雀细毛饰宝刹。"又悉珊珊、玛瑙、真珠、瑟瑟（按：碧珠）缀为幡幢。计用珍宝则不啻百斛。其剪彩为幡为伞，约以万队！"（唐苏鹗《杜阳杂编》）自长安至法门寺三百里间道路，车马昼夜不绝。四月八日佛骨至京，导以禁军兵仗，仪卫之盛，过于郊祀。懿宗至安福寺顶礼膜拜，流涕沾臆。迎佛骨入禁中供养三日，出置安国崇化寺。达官贵人、士庶百姓竞施钱财供养。礼瞻佛骨时至有断臂、炼顶、啮指、

---

① 唐凤翔府尹。凤翔府，即唐初的扶风郡。据《旧唐书·地理志》，肃宗至德二年（757）改雍县为凤翔县，十二月置凤翔府，号为西京，与成都、京兆、河南、太原为五京。宝应元年（762）罢京名。崔光远乾元三年（760）任凤翔府尹，充本府及秦陇观察使（《旧唐书》本传）。

截发以表示至诚者。懿宗表示"爱育生灵，遂乃尊崇释教，至重玄门，迎请真身，为万姓祈福"。当年七月懿宗去世。僖宗即位，十二月诏送佛骨还法门寺。

据以上介绍唐王朝一次开示、六次奉迎法门寺舍利的事实，可得出如下结论：

第一，唐朝以皇帝为首的统治者和广大僧俗信众把法门寺的佛骨舍利当作佛的"真身"，从奉迎佛骨可以看到他们对佛的观念。佛，释迦牟尼佛，本是古印度佛教创立人。佛教传入中国后，经过长期与传统文化和宗教习俗的会通、结合，至隋唐时已基本完成中国化的历程。不仅形成具有鲜明民族特色的佛教宗派，在对佛、菩萨的信仰和崇拜方面，也产生一些中国特色。唐代皇帝实际是把佛看作具有天帝（昊天上帝、五帝）一样神威灵力的至上神，用相当于祭天的隆重仪式来供奉礼拜佛。奉迎佛骨，每隔三十年左右从塔下取出进行一次，虔诚地认为可使"岁丰人安"①。皇帝祭天，是为了"祈谷于上帝"，"以祈农事"，也是为了祈求永保天命皇祚，社稷长安。《旧唐书·礼仪志》中载唐朝诸帝非常重视祭天祀祖，每年按时祭昊天上帝、五方帝等，并配祀祖先。中国古代的"明堂"不仅是皇帝用来朝会及宣明政教之所，而且是祭祀上帝和皇室祖宗的重要地方。唐代历次奉迎佛骨，向佛也祈求农业丰收、国泰民安。武则天甚至把佛骨安置到明堂内，与中宗顶礼膜拜。懿宗奉迎佛骨，仪卫之盛已超过祭天的规模。在他们看来，佛与昊天上帝、百神及祖先神，在冥冥中都是相通的，对自然现象和人事吉凶祸福，都有主宰作用。

第二，佛教的佛、菩萨信仰在唐代有很大发展，如西方阿弥陀佛信仰以及观世音、弥勒、文殊、地藏诸菩萨信仰，都很盛行。佛舍利崇拜与供养是佛（一般特指释迦牟尼佛）信仰的一种形态。法门寺的佛指舍利，每次被奉迎到京城之前，一般都先在当地开示，举行法会，供民众瞻仰，信众和观看民众成千上万。在被奉送长安和洛阳的路途中，沿途也有成千上万的僧俗信众夹道致礼、供养，在京城又受到皇帝、皇族以及朝野信众瞻礼膜拜，用珍宝巨资施舍，举办种种法会。例如，武则天命法藏等奉迎佛

---

① 原为"岁丰民安"。唐避太宗讳改"民"为"人"。

骨到洛阳的过程中，先在法门寺行道七昼夜，然后开启舍利，又奉送到西京崇福寺，受到京中官员及百姓供养，此后东经各县，送到洛阳置于明堂，武则天与太子礼拜，又巡送诸寺供僧俗瞻礼。联系到唐初玄奘带回"肉舍利"（《法苑珠林》卷四〇："肉舍利，其色赤也。"）一百五十粒、义净从印度带回舍利三百粒的事实，以及史书记载其他地方供养舍利的情况，说明唐代舍利崇拜与供养的风气甚盛。这作为佛教史上的一个重要现象，值得进一步研究。

第三，法门寺的增建、改名，特别是皇帝历次派特使奉迎佛骨，都说明它在唐代不是普通的州级寺院，应当说是"准皇家寺院"。在唐代佛教史上，法门寺作为佛舍利崇拜的中心，占有重要地位。

三　韩愈谏迎佛骨的意义

韩愈（768—824），字退之，是唐代著名文学家、哲学家。唐德宗时登进士第，任监察御史，后遭贬，又改任比部郎中、史馆修撰、中书舍人等职，因协助宰相裴度平准西藩镇反叛有功，授刑部侍郎。唐宪宗迎佛骨，韩愈上表切谏，被贬为潮州刺史，第二年征为国子祭酒，转兵部侍郎，后任吏部侍郎。韩愈所著《原道》《原性》《原人》等，对中国哲学思想发展有很大影响。

韩愈的《论佛骨表》（或《论佛骨疏》）的内容主要有以下四点：

（一）奉佛则祚短命促，"事佛求福，乃更得祸"。此与南北朝时某道士所著《三破论》谓佛教"入国而破国"、"入家而破家"、"入身而破身"（见《弘明集》卷八载刘勰《灭惑论》、僧顺《释三破论》所引），以及唐初傅奕的《减省寺塔废僧尼表》所说"有佛则虐政祚短"、"佛来汉也，有损无益"（《广弘明集》卷一一）等，基本一致。

（二）说"佛本夷狄之人，与中国言语不通，衣服殊制，口不言先王之法言，身不服先王之法服，不知君臣之义，父子之情"。这不外是说佛教是夷狄之教，与传统的儒家伦理纲常学说不协调，不应信奉，与以往儒家的排佛论没有显著差别。但韩愈已著《原道》《原性》，提出以仁义为核心的"道统"说和调合人性善、性恶论的"性"、"情"各三品说，故他的这种主张已有新的理论作为依据。

（三）表文中指出："焚顶烧指，百十为群，解衣散钱，自朝至暮；转相仿效，惟恐后时，老少奔波，弃其生业（按：或作'业次'）。若不即加禁遏，更历诸寺，必有断臂脔身以为供养者！"此为针对迎佛骨而言，语意痛切。南北朝时，因受《法华经·药王菩萨本事品》等所说烧身供养功德的影响，曾多次发生僧人聚木烧身的现象，当时并没有引起儒者的抨击。唐代皇帝把佛骨迎入京城，激发僧俗信徒产生极大宗教热情，不断出现"焚顶烧指"的现象，不能不使有的儒者借此提出尖锐批评。因为儒者讲"仁"，讲"恻隐之心"，主张"身体发肤，受之父母，不敢毁伤，孝之始也！"（《孝经》）故残身供养的批评更能打动人心。众多民众弃业礼佛，造成社会秩序紊乱和财富浪费，也是韩愈所反对的。

（四）批评皇帝瞻礼佛骨是有失君仪。说佛骨"凶秽"，是不祥之物，自古君临臣丧，必先由巫祝以桃茢前导祓除不祥。怎能将佛骨迎入禁中瞻礼，甚至不用巫祝祛除邪呢！诚然，中国古代无崇拜祖先、圣贤遗骨之习惯，但既然佛教已深入社会，崇拜佛身舍利自然也被信众接受。按佛教教义，已赋予供养佛骨以新的意义：年丰民安，灭罪得福……韩愈以儒家伦理和传统宗教习俗来反对佛教崇拜佛骨的做法，自然是无力的。韩愈主张"以此骨付之有司，投诸水火，永绝根本。断天下之疑，绝后代之惑"，是要用简单的行政强制措施消除舍利。这与他在《原道》中主张的"人其人，火其书，庐其居"的强迫僧尼还俗、焚毁佛经、没收寺庙的主张是一致的。这种主张脱离实际，自然是行不通的。

然而在当时的历史背景下，韩愈的反佛之议有政治上、思想上的意义。

第一，在唐朝佛教和道教迅速急剧发展，以皇帝为首的朝廷频繁兴师动众地奉迎佛骨，无论在政治上、经济上都对中央集权和社会安定构成一定程度的威胁。在这种形势下，韩愈谏迎佛骨实际是向统治阶级和佛教界两方面都提出了警告。武周之后佛教势力发展迅速，"造寺不止，枉费财者数百亿；度人不休，免租庸者数十万"，"十分天下之财而佛有七八"（《旧唐书》卷一〇一《辛替否传》）；"寺观广占田地以及水碾硙，侵夺百姓"（《全唐文》卷一九《申劝礼俗敕》）。从高宗之后，迎佛骨一次比一次规模大，仪式和施舍愈加奢侈。因此韩愈的排佛之议在当时是有积极意义的。韩愈的反对并未奏效。二十五年之后发生了武宗的灭佛事件。从当时武宗所下诏书（《旧唐书·武宗记》会昌五年）和宰臣李德裕《贺废毁诸寺德音表》（《全唐文》卷七〇〇）来看，虽含有崇敬偏颇道教的因素，但所持基本理由与韩愈排佛之论略同。这一打击虽没有从根本上遏止佛教的扩张，但在客观上对促进佛教内部禅宗这种不强调读经、坐禅的宗派的发展十分有利。

第二，从思想史意义上说，韩愈的排佛是以其"道统"理论作为依据的。他在《原道》中说儒家的道德是以仁义为内容的，佛、道二教所讲道德偏离仁义，不是儒家所主张的道德。他讲"仁与义，为定名，道与德，为虚位"，把以仁义为核心的道德与佛道二教的道德明确地划清界限。这种仁义道德就是所谓"先王之教"，通过文教政治、纲常秩序等得以贯彻，强调"斯吾所谓道也，非向所谓老与佛之道也。尧以是传之舜，舜以是传之禹，禹以是传之汤，汤以是传之文、武、周公，文、武、周公传之孔子，孔子传之孟轲；轲之死，不得其传焉"。韩愈以继承这种道统自任。按这种道统的要求，就应按《大学》所说的那样，把据仁义伦理的修身正心与治国平天下结合起来，而不能如佛、道二教那样"欲治其心，而外天下国家，灭其天常，子焉而不父其父，臣焉而不君其君，民焉而不事其事"（《原道》）。可见，韩愈在《论佛骨表》中攻击佛教为"夷狄之一法"、"口不道先王之法言"，是依据了他的道统思想的。佛教有祖统说，释伽佛祖、大乘三世佛、佛身（三身或四身）、真如实相论等说法，都可以解释为佛教特有的祖统说，至于佛教宗派中的天台宗、禅宗等也有自己的祖统说。韩愈的道统说把儒家的伦理原则永恒化、一统化，作为传自古圣贤尧、舜的"道"，从形式上未必没受佛教的影响。韩愈的道统说，开宋明理学之先河。因此，韩愈以道统说排佛在思想史上是具有重要意义的。

总之，隋、唐二朝作为中国封建社会的盛世，政治、经济与文化都十分发达，在思想文化领域，佛教已拥有与儒、道二教鼎足而立的社会势力。此时佛教中国化的过程已基本完成，一些具有民族特色的佛教宗派相继形成，在佛教内部以崇奉、供养佛菩萨以及佛舍利等为内容的信仰，也形成许多民族的特色。隋唐时期佛舍利供养是佛教史上一个重要现象。隋朝在各州建舍利塔，唐王朝奉迎法门寺佛骨到两京瞻礼，是佛教深入社会的反映。韩愈谏迎佛骨及其排佛的言论，在当时社会背景下具有积极的意义，在思想史上也有新的意义。

《曹溪大师传》及其在
中国禅宗史上的意义①

《曹溪大师传》，也称《曹溪大师别传》②，记述中国禅宗南宗创始人惠能生平事迹和禅法语录，是编撰于 8 世纪的唐朝禅宗史书之一，久已在中国遗失。然而日本长期保存 9 世纪日本天台宗创始人最澄来唐求法期间抄录的此传的写本，18 世纪曾刊印，在 20 世纪初刊印《续藏经》收载此书后，开始受到世人广泛的关注，并逐渐被更多学者利用和研究。

笔者据自己掌握的资料对此书作概要介绍和评述，希望今后中国学者在考察和研究禅宗早期历史中能结合《六祖坛经》对此书充分参考利用，并展开进一步研究。

一 《六祖坛经》和《曹溪大师传》

唐代禅宗成立之后曾产生多种记述禅宗代表人物、事迹和禅法的史书，然而在后来遗失很多，长期以来主要借助宋代道原《景德传灯录》等五部灯史和普济《五灯会元》的记载来了解和研究中国禅宗形成和发展的历史，至于记述早期禅宗历史的《楞伽师资记》《传法宝纪》《历代法宝记》《祖堂集》和《宝林传》（现仅保存有残本）等具有宝贵史料价值的史书曾长期从社会上消失，只是到 20 世纪二三十年代以后才从敦煌遗书中和韩国相继被发现，经过中外学者的整理和研究为世人所了解和使用。至于早已遗

---

① 原载中国佛学院《法源》2007 年总第 25 期。
② 笔者在本文中一般称《曹溪大师传》，然而在引用他人著作或观点时，如果他人原用《曹溪大师别传》，则也用此称，不强求一律。

失而至今仍未被发现的史书，例如《圣胄集》《续宝林传》等，恐怕仍有相当数量。

惠能（638—713），唐代以后多写为慧能，是后来成为中国禅宗正统的南宗的创始人。记述他生平事迹和语录的《六祖坛经》是中国人佛教著作中唯一被奉为"经"的文献。然而在禅宗传播和发展过程中，《六祖坛经》也形成多种章节、形式不同的本子。自明代以后中国最通行的是属于北宋云门宗契嵩禅师改编本《六祖坛经》系统的元代宗宝本《坛经》和所谓《曹溪原本六祖坛经》，其他则全部遗失。幸而进入20世纪20年代以后，从敦煌文献中发现唐本《六祖坛经》，因在敦煌遗书中发现被称为《敦煌本六祖坛经》。现保存完整的有旧本与新本两种，皆已整理出版。① 此外，20世纪30年代从日本陆续发现属于10世纪宋代惠昕改编本《坛经》的几种不同的刊本。属于惠昕本系统的刊本按发现地命名，包括名古屋真福寺本、石川县大乘寺本、京都兴圣寺本等。这为考察和研究惠能的事迹、禅法和中国禅宗发展史提供了新的资料，并通过这一研究促进了对中国禅宗历史、文献和中国文化史的研究。

正是在这种背景下，人们开始对《曹溪大师传》发生前所未有的兴趣。从内容来看，《曹溪大师传》与诸本《六祖坛经》一样是记述惠能的生平和禅法语录的文献，从某种意义上说，《曹溪大师传》是另一种《六祖坛经》也不为过。

中国学者中最早对《曹溪大师传》进行研究的是胡适。1930年他写了《坛经考之一〈跋曹溪大师别传〉》（载《胡适文存第四集》），根据自己对《续藏经》中《曹溪大师别传》考察的结果，对《曹溪大师别传》的来源、著作年代及主要内容作了介绍。胡适认为，《曹溪大师别传》的最大价值就

---

① 旧本敦煌本的最早校勘本是日本铃木大拙、公田连太郎校订，东京森江书店1934年出版的《敦煌出土六祖坛经》。这一校本被收入20世纪30年代上海出版的《普会大藏经》之中。郭朋校释、中华书局1983年出版的《坛经校释》即以此本为底本。新本敦煌最早由杨曾文校写，上海古籍出版社1993年出版《敦煌新本六祖坛经》，2000年重校后由宗教文化出版社出版《新版·敦煌新本六祖坛经》。新本敦煌本还有周绍良编著，文物出版社1997年出版的《敦煌写本坛经原本》，书前附有迄今发现的各种敦煌写本《坛经》照片。此外，近年还出版几种校刊本。敦煌本《坛经》写本还有北京图书馆藏本，称北京本（残本），此略。

是可以用来考证北宋契嵩曾将此作为《坛经》的"曹溪古本",利用其中的资料对"坛经古本"（指敦煌本《坛经》）作了较大的改编增补,将传中许多内容加到了《坛经》之中,不仅明藏本《坛经》属于契嵩改编的《坛经》,就是元代宗宝本《坛经》也是源自契嵩改编本《坛经》。明藏本《坛经》比敦煌本多出40%的内容中,有相当部分取自《曹溪大师别传》。对此,他摘引相关内容作了说明:

今依明藏本的次第,列表如下:
一、行由第一：自"惠能后至曹溪,又被恶人寻逐"以下至印宗法师讲《涅槃经》,惠能说风幡不动是心动,以至印宗为惠能剃发,惠能于菩提树下开东山法门——此大大段,约四百余字,敦煌本没有,是采自《曹溪大师别传》的。

二、机缘第七：刘志略及其姑无尽藏一段,敦煌本无,出于《别传》。

又智隍一段,约三百五十字,也出于《别传》的隍禅师一段,但改隍为智隍,改大荣为玄策而已。

三、顿渐第八：神会一条,其中有一段,"吾有一物,无头无尾,无名无字,无背无面,诸人还识否?"约六十字,也出于《别传》。

四、宣诏第九：全章出于《别传》,六百多字,敦煌本无。但此删改最多,因为《别传》原文出于一个陋僧之手,谬误百出,如说"神龙元年（七〇三）高宗大帝敕曰",不知高宗此时已死了二十二年了! 此等处契嵩皆改正,高宗诏改为"则天中宗诏",诏文也完全改作。此诏今收在《全唐文》（卷一七）,即是契嵩改本,若与《别传》中的原文对勘,便知此是伪造的诏书。

五、付嘱第十：七十年后东来二菩萨的悬记,出于《别传》,说详上文。

又《别传》有"曹溪大师头颈先以铁鍱封裹,全身胶漆"一语,契嵩采入《坛经》。敦煌本无。

又此章末总叙慧能一生,"二十四传衣,三十九祝发,说法利生三十七载",也是根据《别传》,而稍有修正。

《别传》记慧能一生的大事如下：

三十四岁，到黄梅山弘忍处得法传衣。

三十四至三十九，在广州四会、怀集两县界避难，凡五年。

三十九岁，遇印宗法师，始剃发开法。但下文又说开法受戒时"年登四十"。

七十六岁死，开法度人三十六年。

契嵩改三十四传衣为"二十四传衣"，大概是根据王维的碑文中"怀宝迷邦，销声异域……如此积十六载"之文。又改说法三十六年为三十七年，则因三十九至七十六，应是三十七年。

以上所记，可以说明《曹溪大师别传》和《坛经》明藏本的关系。笔者曾细细校勘《坛经》各本，试作一图，略表《坛经》的演变史：

```
《坛经》古本 ———┐   宋至和三年（1056） 元至元辛卯（1291）
（敦煌写本）    ├—契嵩三卷本——宗宝增改本├—明藏本
《曹溪大师别传》 ┘
```

然而胡适最后得出的结论是：《曹溪大师别传》是唐建中二年（781）"江东或浙中的一个和尚"、"一个无识陋僧妄作的一部伪书，其书本身毫无历史价值，而有许多荒谬的错误"。书中对惠能一生的记述，"大体用王维的《能禅师碑》"。

日本学者利用和研究《曹溪大师传》比中国学者早。近代早期著名佛教学者忽滑谷快天（1867—1934）在其《禅学思想史》①（中国禅部分）第二编第十一章《六祖慧能及其宗风》中对慧能生平事迹的介绍中，将《曹溪大师传》作为依据的重要资料之一，说："对校《曹溪大师别传》《宋高僧传》《景德传灯录》《六祖法宝坛经》四书而检慧能传，相互非无出入，大体则相一致。"是充分承认《曹溪大师传》的史料价值的。因为《曹溪大师传》中所记的不少帝号年代有明显的错误，所以忽滑谷快天也指出"《别

---

① 忽滑谷快天日文版《禅学思想史》有上、下两册，东京玄黄社1925年出版。中国学者朱谦之将其中的中国禅部分译出，改名《中国禅学史》，1994年由上海古籍出版社出版。本文引用即据此书。

传》之纪年杜撰太甚",一一给予纠正。当时尚未发现敦煌本《坛经》,所以忽滑谷快天利用的《坛经》是元代宗宝改编的《六祖法宝坛经》。

日本著名禅宗文献研究学者柳田圣山在其《初期禅宗史书的研究》① 第四章《祖师禅灯史的发展》的第二节、第三节中以《〈曹溪大师别传〉的出现》的标题对《曹溪大师别传》作了详细的论述,对此传的名称、内容结构、成立及存在的种种问题,作了比较周详的考察和论证,指出此传在撰写过程中受到广州光孝寺所存唐代法才《瘗发塔记》、王维《六祖能禅师碑铭》和《神会语录》的影响,然而在不少问题上有发展。然而他表示,对于《曹溪大师别传》中的种种史实的真伪还不好确定。《曹溪大师别传》中对作为"祖师禅之祖"的慧能形象所作的最出色的描绘,是"安史之乱之后所展开的新佛教动向的如实反映"。

此外的著作,有松本文三郎《关于〈关于曹溪大师别传〉》、内藤湖南《唐钞〈曹溪大师传〉》、花井正雄《〈曹溪大师别传〉解说》、宇井伯寿《第二禅宗史研究》第二章第一节、陆川堆云《六祖慧能大师》第四章第一节《关于〈曹溪大师别传〉》等。②

然而日本在研究慧能传记、《六祖坛经》和《曹溪大师传》方面最引人注目的成果是驹泽大学禅宗史研究会编著、东京大修馆1978年出版的《慧能研究》。此书卷首全文刊载长期珍藏于日本天台宗大本山比睿山延历寺、现收藏于奈良国立博物馆的由最澄从唐带回的《曹溪大师传》(称比睿山本)的影印本,正文第一章就是《〈曹溪大师传〉的研究》。

此章第一节《关于曹溪大师传》,对此传的来源、日本现存不同写本或版本——睿山写本、江户时代无著道忠(1653—1744)抄写本、1762年京都兴圣寺刊本、《续藏经》本分别作详细介绍。在对《曹溪大师传》与其他慧能传记(包括久佚者)的介绍中,认为此传的出现与禅宗南宗的迅速兴盛,南宗有意"显彰"六祖慧能的事迹和禅法有密切关系,最后强调本传论证佛性思想、心性论、坐禅观独具特色,对后世禅宗有重大影响。

---

① 柳田圣山:《初期禅宗史书的研究》,京都法藏馆1967年版。
② 这些目录,见驹泽大学禅宗史研究会编著、东京大修馆书店1978年出版的《慧能研究》第一章第二节。笔者未见到这些资料,不能置评。

第二节《校订训注 曹溪大师传》，以比睿山本为底本，以无著道忠1734年抄写本、京都兴圣寺1762年刊本、1911年刊印《续藏经》的收载本为校本，将传记全文进行校订，然后加以分段、标点并译为日文，最后加上详细注释。这为读者阅读和利用《曹溪大师传》提供了很大的方便。

《慧能研究》对《曹溪大师传》的题解和校订、注释，可以说是对以往日本研究此传的总结性成果。

二 《曹溪大师传》题目、著作年代和内容特色

《曹溪大师传》虽是唐朝禅僧所作，然而在中国早已湮没无闻，流传至今的只有日本求法僧最澄从唐带到日本的写本和源自这一写本的手抄本及刊印本。现根据《曹溪大师传》的内容和参考日本学者相关研究成果，对此略作介绍。

1. 原传题目和内容

本传的题目原来不是《曹溪大师传》，而是很长的《唐韶州曹溪宝林山国宁寺六祖惠能大师传法宗旨，并高宗（按：据正文相关年号，应为中宗）大帝敕书兼赐物改寺额，及大师印可门人并灭度时六种瑞相，及智药三藏悬记等传》。

这个题目真实地概括了传中以下内容：

（1）"唐韶州曹溪宝林山国宁寺六祖惠能大师传法宗旨"。按中国禅宗惯例，常将寺称山，曹溪宝林山即曹溪宝林寺，在韶州（在今广东韶关曲江市）。宝林寺是南朝梁天监二年（503）武帝的赐名，进入唐代曾多次改名，中宗神龙年间（705—706）改名中兴寺、法泉寺、广果寺，玄宗开元九年（721）改为建兴寺，肃宗时改为国宗寺，宣宗时改为南华寺。[①] 可见，这里用"宝林山国宁寺"是用唐肃宗之后的名称。"惠能大师传法宗旨"，是惠能向门下弟子和僧俗信众宣述南宗顿教禅法宗旨，体裁包括开法语录、对门下或前来求教者询问的答语等。

[①] 宋李遵勖编撰《天圣广灯录》卷七《慧能章》谓引《南越记》。

（2）"高宗大帝敕书兼赐物改寺额"中的"高宗"，据正文相关年号，应为中宗。此传记述，唐中宗在神龙元年正月十五日派中使（宦官）薛简前往曹溪宣敕书，请惠能入内道场说法，惠能请薛简转呈表奏以疾婉辞，然而应薛简之请向他说法并"指授心要"所谓："一切善恶都莫思量，心体湛寂，应用自在。"据新旧《唐书》的《则天皇后本纪》、《中宗本纪》和《通鉴》相关记载，武则天在神龙元年正月甲辰（二十三日）制太子（后即位为中宗）监国，乙巳（二十四日）传位于太子，丙午（二十五日）中宗即位。因此可以说，敕书应是武则天尚未退位时下的，然而中宗即位后并没有召回使者和敕书，也可以看作武后和中宗共同下的，如果说是"则天太后、中宗敕书"也没有错。元代宗宝改编本所载相关内容就是源自此传，谓"神龙元年上元日，则天、中宗诏云……"是有道理的。

（3）"大师印可门人"，是指惠能的弟子。传中记述的弟子有神会、僧崇、大荣、潭州瑝禅师、行滔等人，对他们事迹的记述有详有略。

（4）"灭度时六种瑞相"，本传最后记载惠能在日及死后寺中六种祥瑞现象，带有浓厚的神异传说色彩。

（5）"智药三藏悬记。"此传说，南朝梁时印度高僧智药最先来到曹溪，劝人修建宝林寺，预言170年后"有无上法宝于此地弘化"，意为惠能在曹溪听无尽藏尼读《涅槃经》之后发挥佛性道理，住入宝林寺，正应智药的预言。

2. 著作年代：唐德宗建中二年（781）

《曹溪大师传》中有如下一段文字：

> 大师在日，受戒开法度人三十六年。先天二年壬子（按："壬子"应改为"癸丑"）岁灭度，至唐建中二年，计当七十一年。

这段文字显然是《曹溪大师传》编撰者的话，记惠能去世到建中二年编撰此传结束的时间是七十一年。然而这一计算有误。惠能七十六岁于唐玄宗先天二年（713）八月去世，至唐德宗建中二年（781）应当是68年，如果按古代传统算法连惠能去世的那一年也加上，应是69年而不到 71 年。然而据此可以确定，建中二年正是《曹溪大师传》成书之年。

作者在惠能去世相近 70 年的时候编撰此传，应当说他有机会接触到不少惠能弟子或再传弟子，以及曾经与惠能有过交往的其他僧俗信众，看到过不少记载惠能及其弟子事迹、语录的文献资料，也曾听过很多关于惠能的传说。正因为如此，《曹溪大师传》确实为后人提供在《六祖坛经》和其他资料中看不到的情况。

3. 最澄将《曹溪大师传》带到日本

日本平安时代，中日佛教交流十分频繁。日本桓武天皇延历二十三年（804），最澄（767—822）为了学习天台宗教义和寻求天台宗典籍，获准与弟子义真搭乘遣唐使船入唐求法。时值唐德宗贞元二十年（804 年）。当时中国禅宗正在迅速兴起，在南方特别是江浙一带特别盛行，其中以慧能下二世马祖道一（709—788）的法系最有影响。

最澄、义真先到台州天台山，先后拜谒修禅寺的道邃、佛陇寺的行满，从他们受天台教法和教籍，又从禅林寺的翛然受牛头禅派的禅法。唐贞元二十一年（805 年），最澄与义真到达越州（治今浙江绍兴），在龙兴寺从密宗善无畏的再传弟子顺晓受密宗灌顶和曼荼罗、经书、图像等，然后搭乘遣唐使的船回国，带回佛经、天台宗与密宗的典籍等 230 部 460 卷。最澄死后，天皇谥"传教大师"之号。现存《传教大师将来台州录》《传教大师将来越州录》，就是最澄从唐带回的图书目录。《越州录》清楚记载："曹溪大师传一卷。"① 前面已介绍，本传原来的名称很长，这一名称也许是最澄给简化的。

问题是现存所谓"比睿山本"写本《曹溪大师传》是否最澄带回来的呢？写本后面署有"贞十九二月十三日毕"，意为贞元十九年（803）二月十三抄写完毕。然而最澄是贞元二十年（804）入唐的，怎么会署前一年的时间呢？实际上，这应是最澄来的前一年有人抄出，保存在越州某寺院的。最澄看到此书，自己或请"书手"按原样抄出。现存比睿山本后面盖有逆字体文字的古印"比睿寺印"，在背面夹缝的地方盖有三个斜体方框（◇）

---

① 《大正藏》卷五五第 1059 页中。

的印，里面有"比睿寺印"四字，方框内分别写有"天台"、"第一"、"最澄封"的文字。日本学者认为这确实是最澄从唐带回的。后来江户时代无著道忠的手写本及京都圣兴寺刊印本的后面，或仿绘或木刻，皆保留了原有的印章和文字的标志。

京都北部的兴圣寺原是天台宗比睿山的子院，后成为临济宗寺院，在日本宝历十二年（1762）以"曹溪大师别传"为题用木版刻印《曹溪大师传》。卷首所载金龙沙门敬雄的叙和卷后所载祖芳《书曹溪大师别传后》，皆谓此刊本所依据的是最澄从唐带回的比睿山本。然而驹泽大学禅宗史研究会通过考察比较后明确指出：兴圣寺刊本中的错误语句几乎完全袭自道忠写本，不可能直接依据比睿山写本刻印（《慧能研究》第一章第一节之二）。20世纪初日本编印《续藏经》所收载的《曹溪大师别传》就是以兴圣寺刊本为底本，以比睿山写本为校本加以校订刊印的。

《续藏经》本《曹溪大师别传》的题目沿用兴圣寺本，比最澄《越州录》中所用的题目《曹溪大师传》增加一个"别"字，长期以来被国内外学者广泛使用，直到驹泽大学禅宗史研究会编著出版《慧能研究》，才将题目改回为《曹溪大师传》。1993年上海古籍出版社出版笔者《敦煌新本六祖坛经》中附录的《曹溪大师传》，所主要参考和依据的就是此书和石井修教授的论文《〈曹溪大师传〉考》。此后，由于学者依据的资料来源不同，《曹溪大师传》和《曹溪大师别传》两个书名并行。

4. 内容特色

《曹溪大师传》绝不是如同胡适所说是唐代江东或浙中地区"一个无识陋僧妄作的一部伪书，其书本身毫无历史价值，而有许多荒谬的错误"。

的确，如前面所引胡适所指出的那样，《曹溪大师传》中存在不少人名、年号的错误，然而这些错误中有的十分明显，到底是原传作者的错误还是后来辗转抄写的笔误，现在难以确定。只要仔细地对照早期有关记述惠能生平和禅法的文献资料就可以看出，《曹溪大师传》的内容十分丰富，不少内容可以从比它成立较早的文献和稍后的文献记载得到旁证，并且为后世史书所继承。至于传中属于明显笔误的地方，是很容易改正的。

综观《曹溪大师传》，可归纳出以下几个主要特色：

（1）在早期出现的记载惠能生平事迹的著作中，《曹溪大师传》记述惠能事迹最多。其中重要的有：

惠能"少失父母，三岁而孤"，是说三岁时没有父亲，而后母亲又亡故，然后才离开新州北上求法。

惠能北上求法经过曹溪，是唐高宗咸亨元年（670）年三十（三十三）；与当地刘至略结为兄弟，白天一起劳动，晚上听其姑无尽藏尼读《大涅槃经》，懂得佛性的道理。在曹溪期间曾住在建于南朝梁时的宝林寺，也曾跟乐昌县远禅师学习坐禅。

咸亨五年（674）到蕲州黄梅县拜谒弘忍，在对答中论佛性道理引起弘忍对他的赞赏，后来向他传授袈裟和禅法。

离开弘忍后，曾在广州的四会、怀集之间避难，经过五年时间。

仪凤元年（676）在广州制旨寺（后为光孝寺）听印宗讲《大涅槃经》，以论风幡之义引起印宗对他的注意，欣然为他披剃授戒。此传甚至连为惠能授戒的戒和尚、羯磨师、教授师的名字也都作了明确记载。

惠能按照自己的理解向印宗及众僧讲涅槃佛性之义，然后被送到曹溪。

唐中宗派使者薛简奉敕到曹溪请惠能入京内道场说法，惠能以疾不赴，惠能向薛简说法。……

在惠能去世后八年，他的弟子神会到南阳龙兴寺传法，向朝廷官员及僧俗信众宣讲惠能禅法，也介绍惠能事迹，并且在记载他语录的《南阳和尚问答杂征义》的最后载有六代祖师小传，其中《惠能传》虽也集中讲述惠能事迹，但十分简单，而且涉及的方面不多。在惠能去世三四十年前后，王维受惠能弟子神会之托撰《六祖能禅师碑铭》，对惠能生平也有介绍，然而受体裁的限制，语焉不详。至于惠能弟子法海编撰的祖本《六祖坛经》，在经过二三代流传之后，记述惠能的事迹可以想象虽有增多，然而据现存敦煌本《坛经》来看，也十分有限。比较起来，《曹溪大师传》记述惠能的事迹最多也最富于色彩。此后，五代南唐静、筠二禅僧编撰《祖堂集》、宋初赞宁编撰《宋高僧传》、道原编撰《景德传灯录》及陆续出世的其他禅宗史书，皆对惠能生平事迹有介绍，然而几乎皆吸收继承《曹溪大师传》中不少内容。①

（2）惠能在法性寺受戒后应印宗之请向众僧说法，着重发挥涅槃佛性之义，所谓："我有法，无名无字，无眼无耳，无身无意，无言无示，无头无尾，无内无外……"神会说"此是佛之本源"，"本源者，诸佛本性"。在内容上虽与诸本《坛经》中讲的佛性思想一致，然而这里最为详细。因为他曾从无尽藏尼处听读过《大涅槃经》，对此便不感到意外。

（3）惠能在接待唐中宗派来的使者薛简的过程中，向薛简讲述顿教禅法并传授所谓"心要"，如"道由心悟，岂在坐耶"；"若无生灭，而是如来清净禅，诸法空即是坐"；"烦恼即菩提，无二无别"；"无二之性，即是实性。实性者即是佛性"；"心要者，一切善恶都莫思量，心体湛寂，应用自在"等。应当说这些思想与敦煌本《六祖坛经》的内容是一致的，然而更加突出佛性和"不二"的思想。

至于唐中宗（原作高宗）敕书中所说的悉惠能"密受忍大师记，传达磨衣钵以为法信，顿悟上乘，明见佛性，今居韶州曹溪山，示悟众生，即心是佛"。其中的"明见佛性"的思想与敦煌本《坛经》中的"识心见性"是一致的；所谓"即心是佛"也与敦煌本《坛经》中的"此三身佛，从自性上生"，"三世诸佛，十二部经，在人性中本自具有"及"佛是自性作，莫向身外求"是一致的，未必可当作此敕是吸收马祖法系的禅法而伪作的证据。

（4）惠能去世后，上元二年（应为乾元元年，758）孝感皇帝（肃宗）依广州节度使韦利见之奏请，敕惠能弟子行滔送祖传袈裟到京城宫中供养，行滔以老疾辞，派弟子惠象随中使刘楚江将祖传袈裟送到京城内宫，宝应元皇帝（代宗）在永泰元年（765）又派人送回。这些记述，真实情况如何，难以确证，然而对于禅宗研究还是有参考价值的。

三 《曹溪大师传》在中国禅宗史上的意义

《曹溪大师传》虽产生于中国唐代，然而在中国本土久佚，长期以来人

---

① 这里提到的几种介绍惠能事迹的著作，在杨曾文校写、宗教文化出版社2001年出版《新版敦煌新本·六祖坛经》附编一皆有校本，可以参考。

们对它一无所知。本传虽在 9 世纪被最澄带到日本，然而真正引起人们的注意并对它进行研究是在 20 世纪初被收入《续藏经》刊印之后。公正地说，《曹溪大师传》在中国禅宗史、文化史上都有重要的意义。

（1）为了解惠能生平、禅法和早期禅宗历史提供了新的资料。在《曹溪大师传》发现以前，了解和研究惠能及早期禅宗历史主要靠明藏所收录的源自宋代契嵩改编本《六祖坛经》的元代宗宝本《坛经》《宋高僧传》《景德传灯录》及其他禅宗史书。在《曹溪大师传》公之于世之后，又有新的禅宗文献相继出世，例如 20 世纪二三十年代以后从敦煌文献中发现《六祖坛经》、神会语录、北宗文献，又从日本各地陆续发现宋代惠昕本的几种不同版本，从韩国发现《祖堂集》。这样，为学者对比考察这些来源、体裁各异的文献，探索究明惠能的生平事迹、禅宗思想和早期禅宗历史开拓了更广阔的空间。

（2）《曹溪大师传》是考察诸本《六祖坛经》的形成演变问题的重要资料。在 20 世纪发现敦煌本《坛经》和其他早期禅宗文献之后，在中日两国掀起一股考察和研究《六祖坛经》和早期禅宗历史的热潮，推动了对中国禅宗史和佛教文化史的研究，先后产生了令世人瞩目的成果。现仅举三例：

例一：敦煌本《坛经》记载惠能初见五祖弘忍，弘忍问："汝是岭南人，又是獦獠，若为堪作佛？"惠能曰："人虽有南北，佛性本无南北；獦獠身与和尚不同，佛性有何差别！"弘忍对惠能的回答十分赞赏。那么，一个不识字的惠能如何懂得大乘佛教的佛性思想呢？从唐本《六祖坛经》（现有敦煌本）是得不到说明的，然而一看《曹溪大师传》便可得到理解，原来他在曹溪曾听人读过《大涅槃经》并讨论过佛性问题，甚至后来在广州法性寺受戒后还向印宗和众僧讲过涅槃佛性理论。

例二：宋代云门宗高僧契嵩（1007—1072）以著《辅教编》著称，他受郎简委托对"为俗所增损，而文字鄙俚繁杂"的《六祖坛经》进行改编，据说"得曹溪古本，校之勒成三卷"（契嵩《镡津文集》卷三载郎简《六祖法宝纪叙》）。契嵩改编本《坛经》在后世以曹溪原本《坛经》名称流传，另元代德异本《坛经》直接承自此本，宗宝本《坛经》虽也承自此本，然而有较大改动。稍加对比就可以发现，契嵩本系统的《坛经》中的不少内容是取自《曹溪大师传》的，正如前面所引胡适指出的那样。① 如果没有《曹溪大师传》这个中间环节，我们对诸本《坛经》的内容和演变一定有不少难以理解和贯通的地方。

例三：比《曹溪大师传》出世要早三四十年的王维《六祖能大师碑铭》中有：

> 九重延想，万里驰诚，思布发以奉迎，愿叉手而作礼。则天太后、孝和皇帝并敕书劝谕，征赴京城。禅师子牟之心，敢忘凤阙？远公之足，不过虎溪。固以此辞，竟不奉诏。遂送百衲袈裟及钱帛等供养。（《全唐文》卷三二七）

说明武后、中宗曾降敕请惠能入京内道场说法，但惠能未奉诏前往，此后中宗又赐袈裟、钱帛等供养。比《曹溪大师传》晚三十多年的柳宗元所撰《大鉴禅师碑》说：

> 中宗闻名，使幸臣再征不能致。取其言以为心术。

刘禹锡所撰《大鉴禅师碑》也说：

> 中宗使中贵人再征，不奉诏，第以言为贡。上敬行之。

应当说，这些由唐代朝廷高官撰写的碑文中所说武后、中宗曾降敕并派使者迎请惠能入京、"取其言以为心术"、赏赐袈裟等事是可信的，不可能出于随意编造。据唐高宗时长孙无忌奉敕撰《唐律疏仪》卷二五明载：

---

① 关于诸本《六祖坛经》的演变，请详见杨曾文校写《新版敦煌新本·六祖坛经》附编二《〈坛经〉敦博本的学术价值和关于〈坛经〉诸本演变、禅法思想的探讨》之（二），宗教文化出版社 2001 年版。

> 诸诈为制书及增减者绞（口诈传及口增减亦是），未施行者减一等（施行，谓中书覆奏及已入所司者。虽不关由所司，而诈传增减，前人已承受者，亦为施行）。

《疏议》对"诈为制书"解释说：

> 意在诈伪而妄为制敕及因制敕成文而增减其字者，绞。……未施行，减一等。

据此，在唐代，实际岂止是唐代，伪造诏敕是大罪，将被处于绞刑，即使未成为事实也将判减一等罪，发配三千里。因此，不能轻易怀疑上引这些记载是不可信的编造。

那么，武后、唐中宗是何时和如何降诏敕请惠能呢？是如何"取其言以为心术"呢？这些在《曹溪大师传》中有较详细的记载。北宋时期契嵩据此书——"曹溪古本"对《六祖坛经》作增补时，也将这些内容吸收进去，为后世诸本《坛经》及佛教史书所继承。

（3）《曹溪大师传》中关于惠能在广州法性寺对印宗和众僧说法中对佛性的阐述，所谓"佛性是不二之法"，"无二之性即是实性"；在接待中宗派的中使薛简过程中的说法，"烦恼即菩提，无二无别"，"实性者即是佛性。佛性在凡夫不减，在贤圣不增"，"心要者，一切善恶都莫思量"等，为了解、研究惠能为代表的南宗顿教禅法提供了新的资料。

最后，顺便提出，迄今中国教内外学者对《曹溪大师传》似乎尚未足够地重视，研究很少。建议今后能有更多学者对此传进行深入的考察和研究，并以此为基础，参考外国特别是日本的成果对《曹溪大师传》重加校勘、分段和标点，以期校订出一个更好的校本，为今后更多人阅读和研究提供方便。

附　录：

曹溪大师传

杨曾文　校

按　语：

本传以1978年日本驹泽大学禅宗史研究会编、东京大修馆书店出版《慧能研究》卷首所载比睿山写本的影印本为底本，参考京都大学图书馆所藏日本江户时代无著道忠据比睿山写本的抄写本、《续藏经》第一辑第二编乙第十九套第五册所刊本，以及前述《慧能研究》第一章第二节《校订训注 曹溪大师传》、石井修道《〈曹溪大师传〉考》（载1988年《驹泽大学佛教学部研究纪要》第46号），重作校订和分段。对正文中的错讹或遗漏之处，仅对部分字句直接修补，其他则保持原样，但皆以【校注】加以说明。至于原本的夹注，则用括弧〖　〗标出。

曹溪大师传

唐韶州曹溪宝林山国宁寺六祖惠能大师传法宗旨，并高宗【校注：据正文相关年号，应为中宗】大帝敕书兼赐物改寺额，及大师印可门人并灭度时六种瑞相，及智药三藏悬记等传。

梁天监壬午元年正月五日，时婆罗门三藏，字智药，是中天竺国那烂陀寺大德。辞彼国王，来此五台山，礼谒文殊，将弟子数十侍从。三藏博识多闻，善通经论星象之学，志弘大乘，巡历诸国，远涉沧波，泛舶至韶州曹溪口村，语村人曰："看此水源，必有胜地，堪为沙门居止，代代高僧不绝，吾欲寻之。"行至曹溪，劝村人修造住处。经五年，号此山门名宝林寺。人天所敬，海内归依。

至天监五年二月十五日，敕天下名僧大德，令所在州县，进入内道场供养。时韶州刺史侯公表进三藏入内。使君问三藏云："何以名此山门为宝林耶？"答曰："吾去后一百七十年，有无上法宝于此地弘化，有学者如林，故号宝林耶。"三藏四月初，得对奏为宝林寺，敕赐田五拾顷。至天监十年，三藏入台山，却还本国。

至隋大业十三年，天下荒乱，寺舍毁废。至天平元年，乐昌县令李藏之请宝林额，于乐昌灵溪【校注：或认为此为曹溪之误。但曹溪在曲江县，乐昌县在曲江县之北】村置寺。

至咸亨元年，时惠能大师，俗姓卢氏，新州人也。少失父母，三岁而孤。虽处群辈之中，介然有方外之志。其年，大师游行至曹溪，与村人刘至略结义为兄弟。时春秋三十【校注：惠能卒于唐先天二年（713），年七十六，当生于公元638年。据此应为三十三岁】。

略有姑出家，配山涧寺，名无尽藏，常诵《涅槃经》。大师昼与略役力，夜即听经。至明，为无尽藏尼解释经义。尼将经与读，大师曰："不识文字。"尼曰："既不识字，如何解释其义？"大师曰："佛性之理，非关文字能解。今不识文字何怪。"

众人闻之，皆嗟叹曰："见解如此，天机自悟，非人所及，堪可出家住此宝林寺。"大师即住此寺，修道经三年，正当智药三藏一百七十年悬记之时也。时大师春秋三十有三【校注：应为三十六】。

后闻乐昌县西石窟有远禅师，遂投彼学坐禅。大师素不曾学书，竟未披寻经论。

时有惠纪禅师，诵《投陀经》。大师闻经叹曰："经意如此，今我空坐何为？"至咸亨五年，大师春秋三十有四【校注：应为三十七】。惠纪禅师谓大师曰："久承蕲州黄梅山忍禅师开禅门，可往彼修学。"

大师其年正月三日，发韶州往东山寻忍大师。策杖涂跣，孤然自行，至洪州东路。时多暴虎，大师独行山林无惧。遂至东山，见忍大师。

忍大师问曰："汝化物来？"能答曰："唯求作佛来。"忍问曰："汝是何处人？"能答曰："岭南新州人。"忍曰："汝是岭南新州人，宁堪作佛？"

能答曰："岭南新州人佛性与和上佛性，有何差别？"忍大师更不复问。可谓自识佛性，顿悟真如，深奇之奇之。

忍大师山中门徒至多，顾眄左右，悉皆龙象。遂令能入厨中供养，经八个月。能不避艰苦，忽同时戏调，嶷然不以为意，忘身为道，仍踏碓。自嫌身轻，乃系大石著腰，坠碓令重，遂损腰脚。忍大师因行至碓米所，问曰："汝为供养损腰脚，所痛如何？"能答曰："不见有身，谁言之痛。"

忍大师至夜，命能入房。大师问："汝初来时，答吾岭南人佛性与和上佛性，有何差别。谁教汝耶？"答曰："佛性非偏，和上与能无别，乃至一切众生皆同，更无差别，但随根隐显耳。"忍大师征曰："佛性无形，云何隐显？"能答曰："佛性无形，悟即显，迷即隐。"

于时忍大师门徒，见能与和上论佛性义。大师知诸徒不会，遂遣众人且散。

忍大师告能曰："如来临般涅槃，以甚深般若波罗蜜法付嘱摩诃迦叶，迦叶付阿难，阿难付商那和修，和修付忧波掬多。在后展转相传，西国经二十八祖，至于达磨多罗大师，汉地为初祖，付嘱惠可，可付璨，璨付双峰信，信付于吾矣。吾今欲逝，法嘱于汝。汝可守护，无令断绝。"能曰："能是南人，不堪传授佛性。此间大有龙象。"忍大师曰："此虽多龙象，吾深浅皆知，犹兔与马，唯付嘱象王耳。"

忍大师即将所传袈裟付能，大师遂顶戴受之。大师问和上曰："法无文字，以心传心，以法传法，用此袈裟何为？"忍大师曰："衣为法信，法是衣宗。从上相传，更无别付。非衣不传于法，非法不传于衣。衣是西国师子尊者相传，令佛法不断。法是如来甚深般若，知般若空寂无住，即而了法身；见佛性空寂无住，是真解脱。汝可持衣去。"遂则受持，不敢违命。然此传法袈裟，是中天布，梵云婆罗那，唐言第一好布，是木绵花作。时人不识，谬云丝布。

忍大师告能曰："汝速去，吾当相送。"随至蕲州九江驿，忍大师告能曰："汝传法之人，后多留难。"能问大师曰："何以多难？"忍曰："后有邪法竞兴，亲附国王大臣，蔽我正法。汝可好去。"能遂礼辞南行。忍大师相送已，却还东山，更无言说。诸门人惊怪问："和上何故不言？"大师告众曰："众人散去，此间无佛法，佛法已向南去也。我今不说，于后自知。"

忍大师别能大师，经停三日，重告门人曰："大法已行，吾当逝矣。"忍大师迁化。百鸟悲鸣，异香芬馥，日无精光，风雨折树。

时有四品官，俗姓陈氏，舍俗出家事和上，号惠明禅师。闻能大师将衣钵去，遂奔趁【校注：原作"迳"字】南方。寻至大庾岭，见能大师。大师即将衣钵遂还明。明曰："来不为衣钵，不审和上初付嘱时，更有何言教？愿垂指示。"能大师即为明禅师传嘱授密言。惠明唯然受教，遂即礼辞。明语能曰："急去急去，在后大有人来相趁【校注：原作"迳"字】逐。"能大师即南行。

至来朝，果有数百人来至岭，见明禅师。禅师曰："吾先至此，不见此人。问南来者亦不见。此人患脚，计未过此。"诸人却向北寻。明禅师得言教，犹未晓悟，却居庐山峰顶寺三年，方悟密语。明【校注：原误作"能"字】后居蒙山，广化群品。

能大师归南，略至曹溪，犹被人寻逐。便于广州四会、怀集两县界避难，经于五年，在猎师中。大师春秋三十九。

至仪凤元年初，于广州制旨寺，听印宗法师讲《涅槃经》。法师是江东人也。其制旨寺，是宋朝求那跋摩三藏置，今广州龙兴寺是也。法师每劝门人商量论义。时属【校注：原作"嘱"字】正月十五日悬幡。诸人夜论幡义。法师廊下隔壁而听。初论幡者："幡是无情，因风而动。"第二人难言："风幡俱是无情，如何得动？"第三人："因缘和合故动。"第四人言："幡不动，风自动耳。"众人诤议，喧喧不止。能大师高声止诸人曰："幡无如余种动，所言动者，仁者【校者按：原作"人者"】心自动耳。"

印宗法师闻已，至明日讲次欲毕，问大众曰："昨夜某房论义，在后者是谁？此人必禀承好师匠。"中有同房人云："是新州卢行者。"法师云："请行者过房。"能遂过房。法师问曰："曾事何人？"能答曰："事岭北蕲州东山忍大师。"法师又问："忍大师临终之时云佛法向南，莫不是贤者否？"能答："是。""既云是，应有传法袈裟，请一暂看。"印宗见袈裟已，珍重礼敬，心大欢喜。叹曰："何期南方有如是无上之法宝！"法师曰："忍大师付嘱，如何指授言教？"能大师答曰："唯论见性，不论禅定解脱、无为无漏。"法师曰："如何不论禅定解脱、无漏无为？"能答曰："为此多法不是佛性。佛性是不二之法，《涅槃经》明其佛性不二之法，即此禅也。"

法师又问:"云何佛性是不二之法?"能曰:"《涅槃经》高贵德王菩萨白佛言:世尊,犯四重禁,作五逆罪及一阐提等,为当断善根,佛性改否?佛告高贵德王菩萨:善根有二,一者常,二者无常,佛性非常非无常,是故不断,名之不二;一者善,二者不善,佛性非善非不善,是故不断,名为不二。又云:蕴之与界,凡夫见二,智者了达其性无二。无二之性即是实性。明与无明,凡夫见二,智者了达其性无二。无二之性即是实性。实性无二。"能大师谓法师曰:"故知佛性是不二之法。"

　　印宗闻斯解说【校注:原误作"解脱"】,即起合掌,虔诚愿事为师。明日讲次,告众人曰:"印宗何幸,身是凡夫,不期座下法身菩萨。印宗所为众人说《涅槃经》,犹如瓦砾。昨夜请卢行者过房论义,犹如金玉。诸人信否?然此贤者,是东山忍大师传法之人。诸人永不信,请行者将传法袈裟呈示诸人。"诸人见已,顶礼,咸生信重。

　　仪凤元年正月十七日,印宗与能大师剃发落。二月八日,于法性寺受戒。戒坛是宋朝求那跋摩三藏所置。当时遥记云:"于后当有罗汉登此坛,有菩萨于此受戒。"今能大师受戒,应其记也。〖出《高僧录》〗

　　能大师受戒,和尚西京总持寺智光律师,羯磨阇梨苏州灵光寺惠静律师,教授阇梨荆州天皇寺道应律师。后时,三师皆于能大师所学道,终于曹溪。其证戒大德,一是中天耆多罗律师,二是密多三藏。此二大德,皆是罗汉,博达三藏,善中边言。印宗法师请为尊证也。又萧梁末,有真谛三藏,于坛边种菩提树两株,告众僧曰:"好看此树,于后有菩萨僧于此树下演无上乘。"于后能大师于此树下坐,为众人开东山法门,应真谛三藏记也。〖出《真谛三藏传》〗

　　其年四月八日,大师为大众初开法门,曰:"我有法,无名无字,无眼无耳,无身无意,无言无示,无头无尾,无内无外,亦无中间,不去不来,非青黄赤白黑,非有非无,非因非果。"大师问众人:"此是何物?"大众两两相看,不敢答。

　　时有荷泽寺小沙弥神会,年始十三,答:"此是佛之本源。"大师问云:"何是本源?"沙弥答曰:"本源者,诸佛本性。"大师云:"我说无名无字,汝云何言佛性有名字?"沙弥曰:"佛性无名字,因和尚问故立名字。正名字时,即无名字。"大师打沙弥数下。大众礼谢曰:"沙弥小人,恼乱和上。"大师云:"大众且散去,留此饶舌沙弥。"至夜间,大师问沙弥:"我打汝时,佛性受否?"答云:"佛性无受。"大师问:"汝知痛否?"沙弥答:"知痛。"大师问:"汝既知痛,云何道佛性无受?"沙弥答:"岂同木石!虽痛而心性不受。"大师语沙弥曰:"节节支解时,不生嗔恨,名之无受。我忘身为道,踏碓直至胯脱,不以为苦,名之无受。汝今被打,心性不受。汝受诸触如智证,得真正受三昧。"沙弥密受付嘱。

大师出家开法受戒,年登四十。

印宗法师请大师归制旨寺。今广州龙兴寺经藏院是大师开法堂。法师问能大师曰:"久在何处住?"大师云:"韶州曲江县【校注:原本作"曲县"】南五十里曹溪村故宝林寺。"法师讲经了,将僧俗三千余人送大师归曹溪。因兹广阐禅门,学徒千万。

至神龙元年正月十五日,敕迎大师入内。表辞不去。高宗【校注:应为"中宗"。中宗于神龙元年即位】大帝敕曰:

> 朕虔诚慕道,渴仰禅门,召诸州名山禅师,集内道场供养,安、秀二德,最为僧首。朕每谘求,再推南方有能禅师,密受忍大师记,传达磨衣钵以为法信,顿悟上乘,明见佛性,今居韶州曹溪山,示悟众生,即心是佛。朕闻如来以心传心,嘱付迦叶,迦叶展转相传,至于达磨,教被东土,代代相传,至今不绝。师既禀承有依,可往京城施化,缁俗归依,天人瞻仰。故遣中使薛简迎师,愿早降至。

神龙元年正月十五日下。

韶州曹溪山释迦惠能辞疾表:

> 惠能生自偏方,幼而慕道,叨为忍大师嘱付如来心印,传西国衣钵,授东土佛心。奉天恩遣中使薛简,召能入内。惠能久处山林,年迈风疾。陛下德包物外,道贯万民,育养苍生,仁慈黎庶,旨弘大教,钦崇释门。恕惠能居山养疾,修持道业,上答皇恩,下及诸王太子。谨奉表。

释迦惠能顿首顿首。

中使薛简问大师："京城大德禅师教人，要假坐禅。若不因禅定解脱得道，无有是处。"

大师云："道由心悟，岂在坐耶！《金刚经》：若人言如来若坐若卧、是人不解我所说义。如来者，无所从来，亦无所去，故名如来。无所从来曰生，亦无所去曰灭，若无生灭，而是如来清净禅，诸法空即是坐。"

大师告言中使："道毕竟无得无证，岂况坐禅。"

薛简云："简至天庭，圣人必问。伏愿和上指授心要，将传圣人及京城学道者，如灯转照，冥者皆明，明明无尽。"

大师云："道无明暗，明暗是代谢之义。明明无尽，亦是有尽，相待立名。《净名经》云：法无有比，无相待故。"

薛简云："明譬智慧，暗喻烦恼。修道之人，若不用智慧【校注：原本作"智惠"，现皆改为"智慧"】照生死烦恼，何得出离？"

大师云："烦恼即菩提，无二无别。汝见有智慧为能照，此是二乘见解。有智之人，悉不如是。"

薛简云："大师，何者是大乘见解？"

大师云："《涅槃经》云：明与无明，凡夫见二，智者了达其性无二。无二之性，即是实性。实性者即是佛性。佛性在凡夫不减，在贤圣不增，在烦恼而不垢，在禅定而不净，不断不常，不来不去，亦不中间及内外，不生不灭，性相常住，恒不变易。"

薛简问："大师说不生不灭，何异外道？外道亦说不生不灭。"

大师答曰："外道说不生不灭，将生止灭，灭犹不灭。我说本自无生，今即无灭，不同外道。外道无有奇特，所以有异。"

大师告薛简曰："若欲将心要者，一切善恶都莫思量，心体湛寂，应用自在。"薛简于言下大悟，云："大师，今日始知佛性本自有之，昔日将为大远；今日始知至道不遥，行之即是；今日始知涅槃不远，触目菩提；今日始知佛性不念善恶，无思无念，无知无作不住；今日始知佛性常恒不变，不为诸惑所迁。"

中使薛简礼辞大师，将表赴京。

高宗【校注：应为中宗】大帝赐磨衲袈裟一领及绢五百疋。敕书曰：

敕，师老疾为朕修道，国之福田。师若净名托疾，金粟阐弘大法，传诸佛心，谈不二之说，杜口毗耶，声闻被呵，菩萨辞退。师若此也。薛简传师指授如来知见，善恶都莫思量，自然得入心体，湛然常寂，妙用恒沙。朕积善余庆，宿种善因，得值师之出世，蒙师惠顿上乘佛心第一。朕咸荷师恩，顶戴修行，永永不朽。奉磨衲袈裟一领、绢五百疋，供养大师。

神龙三年四月二日下。

又，神龙三年十一月十八日，敕下韶州百姓：可修大师中兴寺佛殿及大师经坊，赐额为法泉寺，大师生缘新州故宅为国恩寺。

延和元年，大师归新州修国恩寺。诸弟子问："和上修寺去，卒应未归，此更有谁堪谘问？"大师云："翁山寺僧灵振，虽患脚跛，心里不跛。门人谘请振说法。"又问："大师何时得归？"答曰："我归无日也。"

大师在日，景云二年先于曹溪造龛塔。后先天二年七月，廊宇犹未毕功，催令早了，吾当行矣。门人犹未悟意。

其年八月，大师染疾。诸门人问："大师，法当付嘱阿谁？"答："法不付嘱，亦无人得。"神会问："大师，传法袈裟云何不传？"答云："若传此衣，传法之人短命。不传此衣，我法弘盛，留镇曹溪。我灭度七十年后，有东来菩萨：一在家菩萨，修造寺舍；二出家菩萨，重建我教。"门徒问大师曰："云何传此衣短命？"答曰："吾持此衣，三遍有刺客来取吾命，吾命若悬丝。恐后传法之人被损，故不付也。"大师力疾劝诱徒众，令求道忘身，唯勤加行，直趣菩提。

其月三日，奄然端坐迁化，春秋七十有六。

灭度之日，烟云暴起，泉池枯涸，沟涧绝流，白虹贯日。岩东忽有众鸟数千，于树悲鸣。又寺西有白气如练，长一里余，天色清朗，孤然直上，经于五日乃散。复有五色云，见于西南。是日西方无云，忽有数阵凉风，从西南飘入寺舍。俄而香气氛氲，遍满廊宇。地皆振动，山崖崩颓。大师新州亡广果寺。寺西虹光三道，经于旬日。又寺前城头庄，有虹光经一百日，众鸟悲鸣，泉水如稠泔汁，不流数日。

又翁山寺振禅师，于房前与众人夜间说法。有一道虹光，从南来入房。

禅师告众人曰："和上多应新州亡也。此虹光是和上之灵瑞也。"新州寻有书报亡，曹溪门徒发哀。因虹光顿谢，泉水渐流。书至翁山，振禅师闻哀，设三七斋，于夜道俗毕集，忽有虹光从房而出。振禅师告众人曰："振不久住也。经云：大象既去，小象亦随。"其夕中夜，卧右胁而终也。

曹溪门人，迎大师全身归曹溪。其时首领不肯放，欲留国恩寺起塔供养。时门人僧崇一等，见刺史论理，方还曹溪。大师头颈，先以铁鍱封裹，全身胶漆。其年十一月十三日，迁神入龛。

至开元二十七年，有刺客来取头，移大师出庭中，刀斩数下。众人唯闻铁声，惊觉，见一孝子奔走出寺，寻趁【校注：原本作"迩"字】不获。

大师在日，受戒开法度人三十六年。先天二年壬子【校注："壬子"应改为"癸丑"】岁灭度，至唐建中二年，计当七十一年。其年，众请上足弟子行滔守所传衣，经四十五年。

有殿中侍御史韦据为大师立碑。后北宗俗弟子武平一，开元七年磨却韦据碑文，自著武平一文。

开元十一年，有潭州瑝禅师，曾事忍大师，后时归长沙禄山寺。常习坐禅，时时入定，远近知闻。时有大荣禅师，住曹溪事大师，经三十年。大师常语荣曰："汝化众生得也。"荣即礼辞归北，路过瑝禅师处。荣顶礼问瑝曰："承和上每入定。当入定时，为有心耶？为无心耶？若有心，一切众生有心应得入定；若无心，草木、瓦砾亦应入定。"瑝答曰："我入定，无此有无之心。"荣问曰："若无有无之心，即是常定，常定即无出入。"瑝即无对。瑝问："汝从能大师处来，大师以何法教汝？"荣答曰："大师教荣不定不乱，不坐不禅，是如来禅。"瑝于言下便悟，云："五蕴非有，六尘体空。非寂非照，离有离空，中间不住，无作无功，应用自在，佛性圆通。"叹曰："我三十年来空坐而已。"往曹溪，归依大师学道。世人传：瑝禅师三十年坐禅，近始发心修道。景云二年，却归长沙旧居，二月八日夜悟道。其夜空中有声，告合郭百姓，瑝禅师今夜得道。皆是能大师门徒也。

上元二年【校注：据下述行滔乾元二年上表，应为乾元元年】，广州节度韦利见奏僧行滔及传袈裟入内。孝感皇帝依奏，敕书曰：

敕，曹溪山六祖传法袈裟及僧行滔并俗弟子五人，利见令水陆给公乘。随中使刘楚江赴上都。

上元二年【校注：应为乾元元年】十二月十七日下。

又乾元二年正月一日，滔和上有表辞老疾，遣上足僧惠象及家人永和送传法袈裟入内，随中使刘楚江赴上都。四月八日，得对。

滔上正月十七日身亡，春秋八十九。敕赐惠象紫罗袈裟一对，家人永和别敕赐度配本寺，改建兴寺为国宁寺，改和上兰若，敕赐额为宝福寺。

又僧惠象随中使刘楚江将衣赴上都讫，辞归表：

沙门臣惠象言，臣偏方贱品，叨篸桑门，乐处山林，恭持圣教。其前件衣钵，自达磨大师已来转相传授，皆当时海内钦崇，沙界归依，天人瞻仰，俾令后学，睹物思人。臣虽不才，滥承付嘱。一昨奉恩命，敕送天官，亲自保持，永无失坠。臣之感荷，悲不自胜。是知大法之衣，万劫不朽，京城缁侣，顶戴而行。然臣师主行滔，久传法印，保兹衣钵，如护髻珠。数奉德音，不敢违命。一朝亡殁，奄弃明时。臣今欲归至彼，启告神灵，宣述圣情，陈进衣改寺之由，叙念旧恤今之状。臣死将万足，不胜涕恋恳款之至，供奉表辞以闻。

沙门惠象诚悲诚恋，顿首顿首，谨言。

孝感皇帝批僧惠象表。敕曰：

师之师主行滔，戒行清循，德业孤秀。传先师所付衣钵，在炎方而保持，亟换岁年，曾不失坠。朕虔诚慕道，发使遐求。师绵历畏途，顶戴而送，遂朕恳愿，何慰如之。行滔身虽云亡，其神如在。师归至彼，具告厥灵，知朕钦崇，永永不朽矣。即宜好去。

又乾元三年十一月二十日，孝感皇帝遣中使程京杞，送和香于能大师龛前供养，宣口敕，焚香。龛中一道虹光，直上高数丈。程使见光，与村人舞蹈，录表奏。

又宝应元皇帝送传法袈裟归曹溪，敕书曰：

〖袈裟在京总持寺安置，经七年〗敕，杨鉴卿久在炎方，得好在否？朕感梦，送能禅师传法袈裟归曹溪。寻遣中使镇国大将军杨崇景，顶戴而送。传法袈裟是国之宝，卿可于能大师本寺如法安置，专遣众僧亲承宗旨者守护，勿令坠失。朕自存问。

永泰元年五月七日下。

六祖大师在日及灭度后六种灵瑞传。

大师在日，寺侧有瓦窑匠，于水源所烊鸡。水被触秽，旬日不流。大师处分瓦匠，令于水所焚香设斋。稽告才毕，水即通流。

又，寺内前后两度经军马，水被触污，数日枯竭。军退散后，焚香礼谢，涓涓供用。

又，大师住国宁寺及新州国恩寺，至今两寺并无燕雀乌鸢。

又，大师每年八月三日远忌，村郭士女云集，在寺营斋。斋散，众人皆于塔所礼别。须臾之间，微风忽起，异香袭人，烟云覆寺，天降大雨，洗荡伽蓝寺，及村雨即不降。

又，大师灭后，法衣两度被人偷将，不经少时，寻即送来，盗者去不得。

又，大师灭后，精灵常在，恍恍如睹，龛塔中常有异香，或入人梦。

前后祥瑞，其数非一，年月淹久，书记不尽。

贞十九【校注：意为贞元十九年】二月十三日毕

临济义玄河北传法考[①]

唐末五代是中国禅宗的五宗形成与初传期。在禅门五宗当中，唯有临济宗发源于北方，其他四宗皆形成于江南。临济宗创始人义玄（？—866）的传记资料较少，要了解他在河北传法的情况，必须对现存有限的文献记载作细致的考察。现仅将笔者的考察结果介绍给诸位学者，希望得到诸位的指教。

一　河朔三镇和临济宗发源地镇州

在唐末五代先后形成的禅宗五个宗派中，临济宗发源地在现在的河北省正定市；沩仰宗的发源地和传法中心在现在湖南省宁乡县、江西省宜春县；曹洞宗在江西省宜黄县、宜丰县；云门宗在广州省乳源县；法眼宗在江苏省南京市。其中只有临济宗发源于江北，其他皆发源于江南。河北省正定市在唐代是著名的"河朔三镇"中的镇州的治所所在地。

唐朝在安史之乱（755—763）以后，中央集权更加衰弱，被迫承认安史部将保存地方实力，任命张忠志（后赐名李宝臣）为成德镇节度使，又命薛嵩为相卫节度使，李怀仙为幽州节度使，田承嗣为魏博镇节度使。魏博镇后来兼并了相卫，与成德、幽州二镇并称为河朔三镇，或河北三镇，占据今河北、河南、山东一带广阔地域。三镇拥有重兵，自署文武官员，户籍不报中央，赋税也不缴朝廷。由于三镇统治者内部的争夺和藩镇之间的兼并，到唐末时，三镇的节度使已经几度改换门庭，但三镇拥兵割据的情况没有改变。河朔三镇和其他拥兵割据的藩镇不仅经常抗拒中央朝廷的

[①]　原载清华大学国际汉学研究所《华学》1998年第3期。

政令，而且不断挑起反抗唐王朝的战争。

　　成德镇，又名恒冀、镇冀、成德军，唐末称武顺道，治所在恒州（后改镇州）真定（今河北正定）。正定城位于滹沱河的北岸，在有的禅宗史书中被称为"河阳府"或"河府"。成德镇的辖境屡有变动，但长期辖有恒州、冀州、深州和赵州，相当于现在的河北沙河、滹沱河下游以南，献县、柏乡、南宫、枣强以北的地区。在李宝臣之后，经历王武俊及其子孙，王廷凑取得这一地区的统治权，并且拥有朝廷授予的"检校右散骑常侍、镇州大都督长史、成德军节度使、镇冀深赵等州观察使"等头衔。到五代为止，据有此地的是王廷凑的子孙。他们的名字和在位的时间是：王元逵，834—854年；王绍鼎，854—857年；王绍懿，857—866年；王景崇，866—883年；王镕，883—921年，正式称赵王。① 临济义玄到镇州传法的时间大约是在唐武宗会昌五年（845）禁断佛教前后，直到他去世（866）为止，统治镇州的节度使先后是王元逵和王绍鼎、王绍懿兄弟，而以王绍懿统治时间最长，前后有十年，正是义玄闻名遐迩的时候。《通鉴》卷二五〇对他评论说："为政宽简，军民便之。"《临济录》中一再提到的"王常侍"当就是他。因为他除正授镇州节度使外，尚拥有所谓"检校右散骑常侍"等头衔（《旧唐书》卷一四二《王绍懿传》）。

　　临济义玄晚年曾应请住在魏博镇的治所所在地魏州贵乡传法，并在此地去世。贵乡在史书中也被称为魏府，在五代后唐时一度改名广普，后汉时改称大名，故在后来有的史书中也把唐朝时的贵乡称为大名。义玄在河北一带地方传法时，魏博镇的节度使是何弘敬（原名何重顺，840—866年在位），因为他从朝廷受有"兼中书令"的头衔（《新唐书》卷二一〇《藩镇魏博·何重顺传》），所以在公乘亿为义玄弟子存奖写的《塔碑》中称之为"中令何公"。

　　唐朝佛教的巨大发展，寺院、僧尼以及所占土地数量的激增，必然招致与唐中央政府在经济利益方面发生冲突。唐武宗即位后，信崇道教，亲近"排毁佛教，言非中国之教，蠹耗生灵，尽宜去之"的道士赵归真（《旧唐书·武宗纪》），便以"惩千古之蠹源，成百王之典法，济人利众"为标

---

① 以上据《旧唐书》卷一四二、《新唐书》卷二一一及《通鉴》有关记载。

榜，着手限制和削弱佛教，先废毁广建于山野乡村的众多小寺、兰若，命十万多僧尼还俗，然后在会昌五年（845年）下诏大规模地禁断佛教，此即佛教史书所说的"法难"和"灭佛"，共毁寺四千六百余所、招提兰若四万余处，命僧尼二十六万多人还俗，没收良田数千万顷，收奴婢为两税户十五万人（《旧唐书·武宗纪》、《通鉴》卷二四八）。

武宗下令禁断佛教，虽在全国很大地区对佛教势力给以极大的打击，但由于中央集权的软弱无力和地方军政官员、藩镇的拖延和对抗，在许多地区没有完全贯彻禁断佛教的诏令。不仅南方两浙、宣、鄂、潭、洪、福、三川等地对毁废佛教的诏令不认真执行，采取"姑务宽容"的做法（唐武宗《加尊号后郊天赦文》，载《全唐文》卷七八），而且北方的河朔三镇等地的节度使干脆公开对抗。日本天台宗的求法僧圆仁（794—864）当时尚滞留中国，将他所看到的毁废佛教的情景在其《入唐求法巡礼行记》中作了生动的记述。此书卷四载有他在会昌五年十一月三日写的日记，其中说：

> 三、四年已来，天下州县准敕条流僧尼还俗已尽；又天下毁拆佛堂、兰若、寺舍已尽；又天下焚烧经像、僧服罄尽；又天下剥佛身上金已毕；天下打碎铜铁佛，称金两收验讫；天下州县收纳寺家钱物、庄园，收家人、奴婢已讫。唯黄河以北，镇、幽、魏、潞等四节度，元来敬重佛法，不毁拆寺舍，不条流僧尼。佛法之事，一切不动之。频有敕使勘罚。云：天子自来毁拆焚烧，即可然矣。臣等不能作此事也。

此时镇州、幽州、魏博的节度使分别是王元逵、张仲武、何弘敬。他们都信奉佛教，保护佛教，反对武宗的禁断佛教的诏令。因此这些地方的佛教没有受到严重损失，能够继续发展。可以说这是义玄与其弟子能够在这里顺利开展传法活动并较早地创立临济宗的一个重要因素。

从唐代佛教发展的总体来看，武宗毁废佛教仅是一个短暂的插曲。武宗在下令大规模地毁废佛教的翌年三月去世，继位的宣宗笃信佛教，下令恢复佛教，使佛教又迅速发展起来。然而此后，在佛教诸宗派中发展最快并且逐渐跃居为中国佛教主流派的是便于社会各个阶层接受的简单易行的禅宗。

二　义玄到镇州时间的推定

义玄是何时到达镇州的，史书没有明确的记载。我们只能根据相关资料对此作大致的推定。《临济录·行录》有这样一段记载：

> 师因半夏上黄檗，见和尚看经。师云："我将谓是个人，元来是揞黑豆老和尚。"
> 住数日，乃辞去。黄檗云："汝破夏来，不终夏去。"
> 师云："暂来礼拜和尚。"
> 黄檗遂打趁令去。师行数里，疑此事，却回终夏。师一日辞黄檗。黄檗问："什么处去？"
> 师云："不是河南，便归河北。"
> 黄檗便打。师约住，与一掌。黄檗大笑，乃唤侍者，将百丈先师禅板、机案来。
> 师云："侍者，将火来！"
> 黄檗云："虽然如此，汝但将去，已后坐却天下人舌头在。"

中国佛教以阴历四月十六日至七月十五日为夏安居日，或简称坐夏，僧人在这期间静居寺内坐禅修行，接受供养，一般不外出。义玄在大愚死后也许到各地游方一个时期，在五月下旬"半夏"的时候回到黄檗山。黄檗希运在武宗会昌二年（842）应洪州刺史、江西观察使裴休的邀请离开黄檗山到南昌龙兴寺传法。在裴休于会昌三年（843）改任潭州刺史、湖南观察使以后，也许又回到黄檗山。会昌五年（845）武宗禁断佛教，希运与弟子逃隐山林。宣宗即位恢复佛教，他又出来传法。裴休在大中二年至四年

(848—850) 任宣州刺史、宣歙观察使时，迎请他到宣城开元寺传法。① 也许在此后希运又回到黄檗山，直到大中九年（855）于山中去世。那么，义玄是在武宗禁毁佛教之前回到黄檗山呢，还是以后？仅从这段记述是得不出结论的。据这个记载只可看到义玄最后离开希运而打算去河北传法的情景：在一个中夏时节，义玄匆匆回到黄檗山探望希运，看到希运正在读经，便讥讽他是收藏黑豆（比喻经文）的老和尚，数日后告辞；途中对希运的问话有疑，又折回黄檗山度过夏安居；在告辞离山时，希运将"百丈先师"遗留下的禅板、机案传给义玄，并预言他将来在禅宗界会有一番大的作为。义玄告诉希运自己的去向："不是河南，便归河北"。结果，他选择了河北镇州。

义玄最后决定到河北当是受到慧寂劝告的影响。义玄在黄檗山时曾奉师命到湖南潭州大沩山同庆寺给师叔沩山灵祐送信。《临济录·行录》记载：

> 师为黄檗驰书去沩山。时仰山作知客，接得书便问："这个是黄檗底，那个是专使底？"
>
> 师便掌。仰山约住云："老兄知是般事，便休。"
>
> 同去见沩山。沩山便问："黄檗师兄多少众？"
>
> 师云："七百众。"
>
> 沩山云："什么人为导首？"
>
> 师云："适来已达书了也。"
>
> 师却问沩山："和尚此间多少众？"
>
> 沩山云："一千五百众。"
>
> 师云："太多生。"
>
> 沩山云："黄檗师兄亦不少。"
>
> 师辞沩山。仰山送出云："汝向后北去，有个住处。"

---

① 裴休，《旧唐书》卷一七七、《新唐书》卷一二八有传，另参见《旧唐书》的《武宗纪》、《宣宗纪》。日本吉川忠夫《裴休传》（载日本京都大学人文科学研究所1992年《东方学报》第64册），对裴休生平及与宗密、希运、灵祐的关系作了详细考察，可以参考。

师云:"岂有与么事?"

仰山云:"但去,已后有一人佐辅老兄在。此人只是有头无尾,有始无终。"

师后到镇州,普化已在彼中。师出世,普化佐赞于师。师住未久,普化全身脱去。

灵祐(771—853),据《宋高僧传》卷一一本传是在唐宪宗元和末(820年前后)到潭州(治今长沙),不久入大沩山,在当地信徒的支援下建寺传法,除在武宗毁佛时一度还俗外,直到大中七年(853)去世一直在沩山传法。弟子仰山慧寂(807—883),年十八为沙弥,数年间先后参宗禅师、耽原禅师,入大沩山投到灵祐门下时仍是个沙弥。时间当在文宗太和元年(827)前后,在沩山十四五年,在会昌元年(841)前后离开沩山,到袁州仰山(在今江西宜春县)传法(参考《祖堂集》卷一八《仰山和尚传》、《宋高僧传》卷一二《慧寂传》)。据此,义玄应在慧寂离开沩山之前到沩山为师送信,此时尚未遭遇毁佛,沩山和黄檗都很兴盛,沩山有僧众1500人,黄檗山有僧众700人。慧寂告诉他河北的一些情况,劝他到那里传法。也许就在此后不久,即会昌二年(842)希运应裴休之请赴南昌以后,大约在武宗禁断佛教前后,义玄到了河北镇州,住入城东南角濒临滹沱河的临济院居住传法。当地有位普化和尚,在义玄到来之后曾协助他传法。

根据以上的考察,义玄是最初从在沩山担当知客的慧寂处得知北方有个"住处",产生到北方的念头,在会昌二年(842)希运应裴休之邀离开黄檗山之前,到黄檗山去辞别希运,在会昌五年(845)前后辗转到达镇州。

三 义玄与"王常侍"、"中令何公"

义玄在到达镇州后,先住在地处真定城东南滹沱河北岸的临济院。寺名"临济"是取濒临河渡之意。《临济录·行录》后附临济小传中说,义玄住进临济院之后,普化和尚曾辅助他传法,而正当义玄传法活动取得进展的时候（所谓"师正旺化"），普化去世。又载：

> 适丁兵革，师即弃去。太尉默君和于城中舍宅为寺，亦以"临济"为额，迎师居焉。

这里"兵革"是指什么事件？默君和是何人？对此段文字应作何解释？日本柳田圣山在《佛典讲座30·临济录》的注释中引证江户时代道忠的考证，以《太平广记》卷一九二所载《默君和》的记述对此解释，然后认为从时间上看与这个记载不相应。《太平广记》的记载大意是：并州军（指李克用的晋军）攻犯常山县邑（指成德军辖地），赵王王镕求救于燕王（指卢龙节度使）李匡威，击退并军后，李匡威因其弟篡位占据其境土而滞留于赵，阴谋篡夺赵王之位。一日，以武力劫持赵王，但被屠者默君和拯救。事后默君和受封赏。虽未记时间，但此事基本可信。据《新五代史》卷三九并参《通鉴》相关记载，从景福元年至景福三年（892—894）晋军三度进犯镇、赵诸地，王镕求救于卢龙节度使李匡威，李匡威后因弟篡位居于镇州，策划占据镇州。王镕被他劫持时为屠者默君和所救。从时间来看，此时义玄早已去世，王镕尚未称赵王。也许是默君和后来确实在城中建寺名临济寺，但居住者不是义玄，而是他的后继弟子。

那么，此处的"兵革"指什么呢？据史书记载，从王元逵担任成德军节度使至其子王绍鼎、王绍懿为止（834—866），与朝廷的关系较和顺，镇州诸辖地大体是平静的。王绍鼎在位仅三年（854—857），《通鉴》卷二四九宣宗大中十一年（857）载："绍鼎沈湎无度，好登楼射弹人以为乐，众欲逐之；会病薨，军中立其弟节度副使绍懿。"这简单的几句当中蕴藏着一个事实，在王绍鼎死前酝酿着一场兵变。按照唐代藩镇惯例，节度使的亲兵（牙兵）很有权势，在有的场合可以废立节度使，然后请朝廷降诏确认。王绍鼎晚年，他的亲兵与镇州民众也许已有推翻他的准备和动作，影响到地处城东南的临济院的安宁。此也许就是使义玄离开临济院的原因。义玄离开城东南的临济院以后既然不可能住入后来默君和建的寺院，那么只能是别的寺院，也许是真定城北边某处的一个寺院。

《临济录·行录》后附临济小传记载：

>后拂衣南迈。至河府，府主王常侍延以师礼。

成德镇的治所——大都督府、节度使府设在真定，因此真定也被称为河府，因在滹沱河北，也称河北府、河阳府。从这段记载可知，当义玄进入真定城时，受到成德镇节度使"王常侍"的礼敬，以师待之，可能将他安置于某个寺院居住；而在此以前义玄在镇州传法，似乎尚未与成德镇节度使发生直接关系。那么，这位"王常侍"是谁呢？是王"右散骑常侍"之略，是成德镇节度使王绍懿。据《旧唐书》卷一四二《王绍懿传》并参《通鉴》相应记载，在其兄王绍鼎死后，唐宣宗大中十一年（857）命"节度副使、都知兵马使、检校右散骑常侍、镇府左司马、知府事、兼御史中丞王绍懿，本官充成德军节度观察留后"，当年正授成德军节度使、检校工部尚书。可以想象，从此之后义玄的传法事业在镇州最高军政当局的支持下取得迅速发展，义玄在佛教界的影响也日大。

元本《临济录》开头载：

>府主王常侍与诸官请师升座。
>师上堂云："山僧今日，事不获已，曲顺人情，方登此座。若约祖宗门下，称扬大事，直是开口不得，无你措足处。山僧此日，以常侍坚请，那隐纲宗。还有作家战将，直下展阵开旗么？对众证据看。"
>僧问："如何是佛法大意？"
>师便喝。僧礼拜。师云："这个师僧，却堪持论。"
>问："师唱谁家曲，宗风嗣阿谁？"
>师云："我在黄檗处，三度发问，三度被打。"
>僧拟议，师便喝，随后打云："不可向虚空里钉橛去也。"
>有座主问："三乘十二分教，岂不是明佛性？"
>师云："荒草不曾锄。"
>主云："佛岂赚人也？"
>师云："佛在什么处？"
>主无语。师云："对常侍前，拟瞒老僧。速退，速退，妨他别人请问。"

复云:"此日法筵为一大事故,更有问话者么?速致问来。你才开口,早勿交涉也。

"何以如此?不见释尊云:法离文字,不属因,不在缘故。为你信不及,所以今日葛藤。恐滞常侍与诸官员,昧他佛性,不如且退。"

喝一喝云:"少信根人,终无了日。久立,珍重。"

这里记述了义玄某日上堂说法的全过程。义玄应成德镇节度使、检校右散骑常侍王绍懿与其部下官员之请,上堂升座说法。义玄首先表示,按照禅宗祖师的传统,是不应当开口讲述佛法的,但由于王常侍诸官的请求,不得已才上堂说法,宣示禅宗的"纲宗"(要义)。在义玄与僧就禅法的问答当中,这位节度使是直接参与了的。义玄通过回答僧的参问主要表述了三个意思:第一,佛法不可用语言宣示;第二,表明自己是传承黄檗希运的禅法;第三,宣称传统的"三乘十二分教"不能阐明佛性的道理,如同不可期望不锄荒草而可收获庄稼一样,也不可期望通过修学传统佛法而达到解脱。在师徒答问中表现出禅宗活泼的传法风格。义玄用大喝来示意僧问"佛法大意"之无当,而僧以礼拜来表示已经理解,因此义玄以此僧"却勘持论"来表示认可。义玄以"不可向虚空里打钉橛"来比喻用世俗的语言来表述佛法之不可能。当王绍懿对义玄贬低"三乘十二分教"提出质问:既然经教是出自佛之口,难道佛也骗人吗?他竟反问:"佛在什么处?"对此,王绍懿无言以对。看来,这位节度使对佛教是信奉的,对正在兴起的禅宗已经产生兴趣。

在《临济录》中还有记载:

师因一日到河北府。府主王常侍请师升座。
时麻谷出问:"大悲千手眼,那个是正眼?"
师云:"大悲千手眼,那个是正眼?速道,速道!"
麻谷拽师下座。麻谷却坐。师近前云:"不审。"麻谷拟议,师亦拽麻谷下座。师却坐。麻谷便出去。师便下座。

也许义玄并不固定住在真定城内，但经常应王绍懿的邀请在城内某寺院说法。在一次说法中，有位麻谷和尚①站出来问千手千眼观音菩萨的正眼在什么地方。这也是一个如同佛法真义、真如等一样不能用语言表述的问题。因此义玄以反诘语问他，最后竟演出互相拽拉抢座的一幕。大意是，你问我，我不答；我反过来问你，你也不答，各以为自己据理取胜，应据座。对此，王绍懿看在眼里，并不责怪，说明他对禅宗的棒喝机辩等已有相当了解。他有时虽对禅宗的做法有所疑问，但经过义玄的独具一格的解释，也能理解。《临济录·勘辨》记载：

> 王常侍一日访师，同师于僧堂前看，乃问："这一堂僧还看经么？"
> 师云："不看经。"
> 侍云："还学禅么？"
> 师云："不学禅。"
> 侍云："经又不看，禅又不学，毕竟作个什么？"
> 师云："总教伊成佛作祖去。"
> 侍云："金屑虽贵，落眼成翳。又作么生？"
> 师云："将为你是个俗汉。"

据此，王绍懿也回访义玄的寺院。一日访问寺院时，向义玄问僧堂中的僧人是否看经学禅，对此，义玄一律作否定的回答。当他问这些僧到底做什么的时候，义玄肯定地回答：最终要教他们"成佛作祖"。他所说的"金屑虽贵，落眼成翳"的话是什么意思呢？是表示已经理解了义玄的解释，并用隐喻从更高层次上提出反问，"成佛作祖"虽好，但如果对此产生执着又怎样呢？义玄的"将为你是个俗汉"含有褒意，是说：本来我还以为你是个俗汉呢！

从《临济录》的记述中，镇州的高级官员对义玄已经相当熟悉，对禅

---

① "麻谷"，身份不好断定。《景德传灯录》卷七有马祖弟子蒲州麻谷山宝彻禅师。但从年代来看，不会是向义玄问法的麻谷。卷一二《义玄传》所载麻谷参谒义玄的语录，用小字在"麻谷"名字下注曰："第二世"。

宗的风格也有所了解。《勘辨》中有这样一段：

> 师因入军营赴斋，门首见员僚。师指露柱问："是凡是圣？"员僚无语。师打露柱云："直饶道得，也是个木橛。"便入去。

成德镇节度使有自己的军队——牙军，自然有军营。也许节度使有时进城中的府衙处理政务，有时到处于城外的军营处理军务，也在军中进行社交活动，例如举办斋僧的仪式。义玄某次应邀到军营赴斋，在门口指着露天木柱问是凡是圣，节度使府衙的官员虽默然无对，但似乎并不把义玄的行为看作反常的狂举。至于义玄的自言自语是什么意思？仅仅指的是木柱，还是暗含嘲讽这些官员之意？不好断定。从这段描写也可以看出，义玄与节度使的关系已经相当密切了。

义玄在去世前几年曾到过河东道的河中府。河中府曾为蒲州，治所在河东县。义玄在此多少时间已经无从判断，此后应请到了魏博镇。公乘亿《魏州故大德奖公塔碑》记载，大约在唐懿宗咸通元年（860）前后，存奖投到义玄门下，从受禅法之后，便启程云游江南名山禅寺，曾参谒仰山慧寂之门，某日忽然听说其师义玄应请已去蒲州，便迅速北上寻师侍奉。碑文曰：

> 遽闻临济大师已受蒲相蒋公之请，才凝省侍，飞锡而遽及中条，寻获参随。置杯而将渡白马，当道先太尉中令何公，专发使人迎请临济大师。和尚翼从一行，不信宿而至于府下，而乃止于观音寺江西禅院，而得簪裾继踵，道俗连肩。曾未期年，是至迁化。斯盖和尚服勤道至，展敬情深，无乖灵堵之仪，克尽茶毗之礼云。

"蒲"即蒲州，开元元年（713）改为河中府，当年又复为州；乾元三年（760）又改为河中府。治所在河东县，在今山西省永济县西蒲州。碑文中用"蒲"作为河中府的代称。"蒲相蒋公"，当即身居相位的河中节度使蒋伸。据《旧唐书》卷一四九、《新唐书》卷一三二《蒋伸传》和《新唐书》卷六三《宰相表下》，蒋伸在咸通二年（861年，表谓三年）被任为河中节度使,"同中书门下平章事"（宰相位）。至咸通四年（863）由毕咸继其位（《旧唐书·懿宗纪》,并参吴廷《唐方镇年表》卷四）。中条是地名,据《元和郡县志》卷一二,在河东县南十五里有雷首山,又名中条山。白马在滑州,在今河南省的滑县,北临黄河。"太尉中令何公",是魏博镇节度使何弘敬,大中十三年（859）诏兼中书令,咸通七年（866）死,朝廷赠太师之号（《新唐书》卷二一〇《何弘敬传》）；此处之"太尉"当误,应为"太师中令何公"。此碑撰于何弘敬死后,用的自然是后来的称谓。上面引文大意是说,存奖正在南方仰山慧寂之门参禅的时候,听说义玄应河中府长官蒋公之请到了河东县城,决定前往看望服侍,便以最快的速度到达河东县南的中条,在那里与义玄相逢,护侍义玄往河北方向走,在到达白马将渡黄河的时候,魏博节度使何弘敬派专人前来将义玄迎请到魏博府所在地贵乡县城,安置在观音寺的江西禅院,立即受到当地官员、士大夫和众多僧俗信徒的欢迎,前来参谒者不断。义玄在此几年后去世。存奖一直守候在义玄的身边,并参与茶毗葬礼。

对于义玄从镇州至魏州的事,《临济录·行录》后附临济小传有极其简要的记载,说义玄在镇州府住的时间不长,"即来大名兴化寺,居于东堂"。可见贵乡城中的观音寺就是兴化寺,也许兴化寺是后来的名称。

据上所述,义玄在河北传法的后期,直接得到了成德镇节度使王绍懿、魏博镇节度使何弘敬的支持,为临济禅法的传播提供了优越的环境和条件。

在唐五代禅宗兴起的过程中,一些大的禅宗传法中心和派别几乎都得到当地的刺史、观察使或节度使以及后来的割据君王的支持,得到顺利发展的。仅就南宗来说,马祖及其法系的智藏、普愿、希运、灵祐、慧寂等人,石头法系的道悟、宣鉴、义存、文偃、文益等人,皆是如此。可以认为,禅宗迅速发展成为佛教的主流派和禅门五宗的相继成立,如果没有这样多的军政官员和士大夫"外护"的理解和支持是难以想象的。

大觉道钦禅师和径山寺[①]

8世纪后期至9世纪中后期的一百多年期间，在中国佛教史乃至文化思想发展史上最引人注目的现象是禅宗的迅速兴起，最有影响的禅派是传承慧能南宗禅法的神会的荷泽宗、马祖道一的洪州宗、石头希迁的石头宗。与此遥相呼应，在东南地区最为盛行是传承法融禅法的牛头宗，从而形成中国禅宗史上异军突起的时代景观。

牛头宗是在依据般若中观理论并吸收三论宗、禅宗"东山法门"和南宗思想的基础上形成和发展起来的，从法融以后经过四五代的传承，至慧忠、玄素及其弟子道钦之时传播迅速，在社会上有很大影响。

从唐末迄于五代，荷泽宗最早消亡，而从洪州宗、石头宗法系形成流传后世的"禅门五宗"，而随着禅门五宗的兴起和传播，牛头宗逐渐失去独立特色，随后自然而然地融入其他禅派之中。

本文仅对大觉道钦的生平、禅法和径山寺历史、径山寺在中日佛教文化交流史上的地位作概要考察和论述。

一 大觉道钦的法系

道钦是牛头宗的著名禅师之一，上承自法融至玄素六世的法系。

牛头宗的创始人法融（594—657），俗姓韦，润州延陵（今江苏镇江市）人，出家前博通经史并阅读佛典，后入茅山在南朝陈代三论名师法朗（507—581）的弟子炅法师门下出家，从学《般若经》等大乘经典和中观学

[①] 笔者参加2012年8月20日浙江省杭州市余杭区径山寺"纪念径山禅寺开山1270周年暨径山与中国禅宗文化国际学术研讨会"提交的论文。

派基本经典"三论"——《中论》《十二门论》《百论》,刻苦修行,勤修禅定。唐贞观十七年(643),法融在牛头山幽栖寺北岩下构建茅屋,专心坐禅。然后到附近图书收藏丰富的佛窟寺广读佛书和儒道经史,逐渐名声远扬,弟子日多。法融得悉朝廷将限制佛教在东南的发展,规定"州别一寺,置三十人"的消息后,曾进京与朝廷官员交涉。尚书左仆射房玄龄发现他很有才干,劝他还俗为官。他予以婉拒。

牛头法融除精通《般若经》、"三论",还精研《法华经》等大乘经典,撰有《心铭》《绝观论》。他基于"心境本空"的理论,倡导以观悟空义以忘却自我、泯灭心中的差别观念的禅法。唐宗密在《禅源诸诠集都序》中将牛头宗禅法归于"泯绝无寄宗",说"牛头,下至径山,皆示此理",所概括的是从法融到径山道钦一脉相承的禅法。

关于牛头宗法系,最早见于唐李华为智威的弟子鹤林寺玄素(666—752)写的《润州鹤林寺故径山大师碑铭》,此后又有刘禹锡在太和三年(829)写的《牛头山第一祖融大师新塔记》,也介绍了牛头宗的法系。两者说法虽不尽相同,但皆奉法融为牛头宗之祖,又说他原从禅宗四祖道信受法,然后才自成传法世系,即:

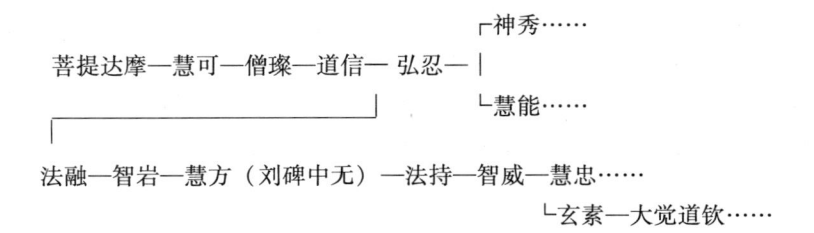

```
                              ┌神秀……
菩提达摩—慧可—僧璨—道信— 弘忍—│
       │                      └慧能……
       │
法融—智岩—慧方(刘碑中无)—法持—智威—慧忠……
                                └玄素—大觉道钦……
```

按照上述牛头宗的祖统说,从道信至慧忠、玄素为七世;若从法融开始到慧忠、玄素为六世,大觉道钦为七世。然而若据历史进行考察,法融从道信受法的说法是难以成立的。①

---

① 详见拙著《唐五代禅宗史》第六章第二节《法融和牛头宗》,中国社会科学出版社1999年版。

二 大觉道钦的生平和禅法

在牛头宗传播中名声最显赫的是牛头宗七世、法融下六世"国一大师"道钦。

道钦（714—792），也作法钦，俗姓朱，吴郡昆山（在今江苏）人。出身世代为儒的家庭，二十八岁时经州县考试合格，贡送入京（乡贡）参加科举考试，途经丹徒（今镇江），听说在鹤林寺传法的玄素禅师很有名，便前往参谒。玄素禅师是牛头宗六世，法融下五世，对道钦十分赏识，说他出家必能悟佛的知见。道钦听后，便放弃入京赶考的念头，改而礼玄素为师出家，登坛受戒，潜心学习佛法。

此后，道钦出外游方，遵照玄素教示到余杭西部的径山修行，附近民众为他修造草舍居住，名声逐渐远闻，临海令吴贞将自己的别墅施舍出来作为寺院，此即径山寺。从此，慕名前来参学者日众。

唐代宗听说其高名，于大历三年（768）二月降诏曰：

> 朕闻江左有蕴道禅人，德性冰霜，净行林野。朕虚心瞻企，渴仰悬悬，有感必通，国亦大庆。和尚远降中天，尽朕归向，不违愿力，应物见形。今遣内侍黄凤宣旨，特到诏迎，速副朕心。春暄，师得安否？遣此不多及。敕令本州供送，凡到州县，开净院安置，官吏不许谒见，疲师心力。弟子不算多少，听其随侍。（《宋高僧传》卷九《法钦传》）①

从诏书内容和口气来看，既是写给道钦的，也是敕命州府的。唐代宗派内侍黄凤宣旨，命州府安排人众护送道钦入京，凡过往州县须安置清净寺院接待，不许官吏谒见打扰，并且准允道钦选弟子陪伴一起入京。

道钦到达长安后，代宗吩咐以肩舆抬他入内殿问法，施予十分丰厚的钱财物品，让有司安置他住入京城章敬寺。据李吉甫《杭州径山寺大觉禅

---

① 载《大正藏》卷五〇第 764 页下。

师碑铭》，道钦在京城受到朝野人士热烈的欢迎，谓"自王公逮于士庶，其诣者日有千人"①。在当时朝廷的这些高官中，杨绾（？—777）学德名望最高，素奉佛法，曾任国子祭酒、太常卿，最后官至中书侍郎、同中书门下平章事（宰相），死后赠司徒。② 道钦在京之日，他曾前往拜谒。道钦表示"吾无示说"，意为佛法不能以言语表述。杨绾后来称道钦："方外之高士也，难得而名焉。"（《宋高僧传》卷九《法钦传》）③

禅宗六祖慧能弟子南阳慧忠（？—776）当时也在京城。他曾先后为肃宗、代宗授菩萨戒，受封"国师"之号。在道钦奏请代宗归山之际，代宗先向慧忠表示要赐给道钦一个名号，接着以手书"国一大师"之号赐之。此后，道钦回到径山寺。唐德宗建中初年（780），道钦应请出山，住持杭州龙兴寺。贞元五年（789），德宗遣使者持玺书前来慰问，赐施财物。龙兴寺属于官寺。道钦在此受到州刺史王颜的优遇。

道钦在京城及回到径山寺，以及住持杭州龙兴寺的期间，朝廷王公臣僚向他执弟子礼者很多，著名者有相国崔涣、晋国公裴度、第五琦、陈少游等人。道钦被当时民众看作"功德山"。于是，径山寺、杭州龙兴寺更加有名。

牛头宗法融在《心铭》《绝观论》等中所论证的禅法，以般若空义和中道思想为指导，主张"心境本空"，认为"空"是宇宙最高真理、实相和佛的体现，引导弟子通过"无心"、"丧己忘情"以达到泯灭差别观念的"无所得"境界；基于一切皆空的思想，甚至提出废止禅观的所谓"绝观"或"绝观忘守"的主张。④

道钦所传禅法自然也上承法融的禅法，遗憾的是现存道钦宣说禅法的资料极少。李吉甫《大觉禅师碑铭》介绍其禅法说：

> 法不外来，本同一性，惟佛与佛，转相证知。其传也，无文字语言以为说；其入也，无门阶经术以为渐。语如梦境，得自本心。

---

① 载《文苑英华》卷八六五、《全唐文》卷五一二。
② 《旧唐书》卷一一九《杨绾传》。
③ 载《大正藏》卷五〇第764页下。
④ 详见拙著《唐五代禅宗史》第六章第二节《法融和牛头宗》的牛头宗禅法部分。

意为佛法源自心性，亦即佛性，佛与佛之间唯通过心辗转相传，文字语言是难以表述的，人们只有体悟"本心"才能达到解脱，没有别的修行次第可以遵循。

因此，道钦经常以"默然"无言或以不相干的反语启示弟子。据《景德传灯录》卷四《道钦传》记载，有僧问："如何是道？"他回答："山上有鲤鱼，水底有蓬尘。"意为用语言来解释"道"，正如到山上找鲤鱼、水底找飞尘一样。当时道钦与江西马祖道一的禅系也有来往。马祖派西堂智藏送信给法钦，其中画一圆相。法钦在这个圆相中画一画，便让人转回。后来马祖派弟子智藏来问："十二时中，以何为境？"法钦也不正面回答，让他告诉马祖，此事应问"曹溪"（慧能）。

另外，《祖堂集》卷四《前径山（道钦）》中记载，唐代宗（原书误作唐肃宗）在接见道钦时问："如何是祖师西来意？"意为菩提达摩祖师来到中国是为了什么？在禅宗参禅的场合对此类问题是回避正面回答的。道钦回答说："汝问不当。"代宗不理解，问："如何得当？"道钦干脆回答："待我死即向汝道。"言外之意是对于这种本需自己思考领悟的问题是不该问别人的，也不是语言文字可以表达的。

贞元八年（792）道钦去世，年七十九。刺史王颜及时奏报朝廷，翌年唐德宗赐道钦谥号大觉禅师。道钦的弟子很多，著名的有实相、常觉、崇惠等人。[①]《景德传灯录》卷四《道钦传》以杭州乌窠道林禅师作为道钦的法嗣，说他在京都从道钦受法，后到地属杭州的秦望山传法。白居易任杭州刺史时曾入山礼谒，问："如何是佛法大意？"道林答以"诸恶莫作，诸善奉行"。白居易不以为然，说："三岁孩儿也解恁么道。"他答："三岁孩儿虽道得，八十老人行不得。"白居易于是改容施礼。[②]

道钦去世后，因其国师地位和名望，先后为他撰写碑铭的士大夫比较多。除现存唐宪宗朝官至宰相的李吉甫所撰《杭州径山寺大觉禅师碑铭》之外，已经不存的有刺史王颜、尚书职方员外郎丘丹撰的塔铭，比部郎中

---

① 李吉甫：《杭州径山寺大觉禅师碑铭》；《宋高僧传》卷九《法钦传》，载《大正藏》卷五〇第764页下至765页上。

② 《大正藏》卷五一第230页中。

崔元翰、湖州刺史崔玄亮撰的碣碑及德宗朝拜彭王傅的著名书法家徐浩作的真赞。①

三 道钦以后的径山寺

在道钦逝世之后，径山寺成为江浙名刹。

南宋宁宗（1195—1224 年在位）时，取法当时的官僚等级和晋升制度，把属于政府直接控制的寺院按禅、教两类，各分为五山（五个大寺）、十刹，规定僧人晋升必须从担任小寺院住持开始，根据表现逐步提升，最后才有可能住持十刹、五山。明代郎瑛撰《七修类稿》卷五所载的禅门五山十刹是：

> 余杭径山，钱塘（按：即今杭州）灵隐、净慈，宁波天童、育王等寺，为禅门五山。钱塘中竺、湖州道场、温州江心、金华双林、宁波雪窦、台州国清、福州雪峰、建康灵谷、苏州万寿、虎丘，为禅门十刹。

据此，径山寺被奉为禅宗五山之首。禅宗的这种五山十刹制度通过中日佛教文化交流也传到日本。

日本现存《扶桑五山记》②的第一部分是《大宋国诸寺位次》，记载了禅门五山、十刹名次和五山历代开山住持。这当是根据日本入宋元求法僧或宋元赴日僧带到日本的资料编撰的。其中所载五山、十刹与前面引文中的寺名除个别次序不同外，寺名全同，只是所用寺名是全名，五山部分还载录历代开山住持的法名。

《大宋国诸寺位次》记载，径山寺的开山是道钦禅师，此后经马祖下二世鉴宗禅师（嗣法盐官齐安）、灵祐弟子洪諲禅师等七代。至印悟禅师时径山寺成为十方寺刹（十方丛林，住持非师徒相承，须十方选贤），印悟为第

---

① 《宋高僧传》卷九《法钦传》及宋潜说友撰《咸淳临安志》卷七〇。
② 玉村竹二校订，京都临川书店 1983 年版。

一代，嗣后传承四十六代，至元代临济宗元叟行端（1254—1341）为第四十八代。在这四十八代祖师中，著名的有第三代宋云门宗妙湛思慧、第十三代宋临济宗大慧宗杲、第十五代宋曹洞宗真歇清了、第十六代宋云门宗月堂道昌、第二十五代临济宗密庵咸杰、第二十八代宋临济宗佛照德光、第三十二代宋浙翁如琰、第三十四代宋临济宗无准师范、第三十五代宋临济宗痴绝道冲、第三十六代宋临济宗石溪心月、第三十七代宋临济宗偃溪广闻、第四十代宋临济宗虚堂智愚、第四十三代元临济宗云峰妙高、第四十六元晦机元熙、第四十四代元临济宗虎岩净伏。

其中无准师范的法系后裔弟子最多，一直传承至今。

四　径山寺和中日佛教文化交流

杭州径山寺在中日佛教文化交流史上占有重要地位，迄今为日本临济宗的一些禅派奉为祖庭。

径山寺第三十四代祖师临济宗无准师范的弟子兀庵普宁（1197—1276）、无学祖元（1226—1286），在南宋末应邀东渡日本传法，受到日本幕府的尊崇和支持。普宁在日本仅六年便回国。二人分别被奉为后世日本临济宗二十四派中的宗觉派、佛光派之祖。此外，师范另有弟子日本僧圆尔辨圆（1202—1280），回日本后长期在京都东福寺传法，创立东福寺派，对日本天皇、朝廷影响较大，对推动禅宗和以程朱理学为代表的宋学在日本的传播做出了不少贡献。日本临济宗建长寺派的创始人兰溪道隆（1213—1278），在东渡日本前也曾到径山寺师范门下参禅。

临济宗杨岐派松源下二世虚堂智愚（1185—1269）先后住持净慈寺、径山寺，为径山寺第四十代祖师。日本南浦绍明（1235—1309）入宋从他受法，回国后先后在九州福冈、京都和镰仓传法，弟子很多，死后谥大应国师。弟子宗峰妙超（1282—1337）长期在京都大德寺传法，受到花园上皇信敬和支持，赐大灯国师之号。绍明再传弟子慧玄（1277—1360），号关山，长期在京都妙心寺传法，也受到花园上皇的赏识。他们三人史称"应、灯、关"，为推进临济宗在日本实现民族化贡献很大，妙心寺派发展成为日本临济宗中的主流派。①

附：

杭州径山寺大觉禅师碑铭并序

唐　李吉甫

　　如来自灭度之后，以心印相付嘱，凡二十八祖，至菩提达摩绍兴大教，指授后学。后之学者始以南北为二宗，又自达摩三世传法于信禅师，信传牛头融禅师，融传鹤林马素禅师，素传于径山（原有"山传"二字）国一禅师，二宗之外又别门也。

　　於戏！法不外来，本同一性，惟佛与佛转相证知。其传也，无文字语言以为说；其入也，无门阶经术以为渐。悟如梦觉，得本自心，谁其语（一作"悟"）之？国一大师其人矣。

　　大师讳法钦，俗姓朱氏，吴都昆山人也。身长六尺，色像第一，修眸莲敷，方口如丹，嶷焉若峻山清孤；泊焉若大风海上。故揖道德之器者，识天人之师焉。春秋二十有八，将就宾贡，途经丹阳，雅闻鹤林马素之名，往申款谒，还得超然自诣。如来密印，一念尽传，王子妙力，他人莫识。即日剃落，是真出家。因问以所从，素公曰：逢径则止，随汝心也。

　　他日游方，至余杭西山，问于樵人曰：此天目山之上径。大师感鹤林逢径之言，知雪山成道之所。于是荫松藉草，不立茅茨，无非道场。于此宴坐之久，邦人有构室者，大师亦因而安处，心不住于三界，名自闻于十方。华阴学徒，来者成市矣。天宝二祀，受具戒于龙泉法仑和尚。虽不现身意，亦不舍外仪，于我性中，无非自在。

　　大历初，代宗睿武皇帝高其名而征之，授以肩舆，迎于内殿。既而幡幢设列，龙象图绕，万乘有顺风之请，兆民渴洒露之仁。问我所行，终无

---

① 详见拙著《日本佛教史》第三章第五、六节。

少法。寻制于章敬寺安置。自王公逮于士庶，其诣者日有千人。司徒杨公绾，情游道枢，行出人表。大师一见于众，二三目之，过此默然，吾无示说。杨公亦退而叹曰：此方外高士也，固当顺之，不宜羁致。寻求归山，诏允其请，因赐策曰国一大师，仍以所居为径山寺焉。

初，大师宴居山林，人罕接礼，及召赴京邑，途经郡国，譬若优昙一现，师子声闻，睎光赴响者毂击肩摩，投衣布金者邱累陵聚。大师随而檀施，皆散之。

建中初，自径山徙居于龙兴寺。余杭者，为吴东藩，滨越西境，驰轺轩者数道，通濒驿者万里。故中朝御命之士，于是往覆。外国占风之侣，尽此（一作"此为"）奔走。不践门阈，耻如瘖聋。而大师意绝将迎，礼无差别，我心既等，法亦同如。

贞元八年岁在壬申十二月二十八夜，无疾顺化，报龄七十九，僧腊五十。先是一日，诫门人令设六斋。其徒有未悟者，以日暮恐不克集事。大师曰：若过明日，则无所及。既而善缘普会，珍供丰盈。大师意若辞诀，体无患苦，逮中宵，跏趺示灭。本郡太守王公颜，实时表闻。上为虚欷，以大师玄慈默照，负荷众生，赐谥曰大觉禅师。海内伏膺于道者，靡不承问叩心，怅惘号慕。明年二月八日，奉全身于院庭之内，遵遗命也。建塔安神，申门人之意也。

呜呼！为人尊师凡将五纪，居唯一床，衣止一衲，冬无纩？，夏不绨绤。远近檀施，或一日累千金，悉命归于常住，为十方之奉，未尝受施，亦不施人。虽物外去来，而我心常寂。

自象教之兴，数百年矣。人之信道者，方怖畏于罪垢，爱见于庄严。其余小慧，则以生灭为心，垢净为别，舍道由径，伤肌自疮。至人应化，医其病故。大师贞立迷妄，除其蠢冥，破一切相，归无余道。乳毒既去，正味常存。众生妄除，法亦如故。尝有设问于大师曰：今传舍有二使，邮吏为刲一羊，二使既闻，一人救，一人不救，罪福异之乎？大师曰：救者慈悲，不救者鲜脱。惟大师性和言简，罕所论说。问者百千，对无一二，时证了义，心依善根。未度者，道岂远人？应度者，吾无杂味。日行空界，尽欲昏痴，珠现镜中，自然明了。或居多灵异，或事符先觉。至若饮毒不害，遇疾不医，玄鹤代暗，植柳为盖者，此昭昭于视听者，不可备纪，于我法门,皆为妄见,今不书(一作"为"),尊上乘也。

弟子实相,门人上首,传受秘藏,导扬真宗,甚乎有若似夫子之言,庚桑得老聃之道。以吉甫连蹇当代,归依释流,俾筌难名,强着无迹。其词曰:

水无动性,风止动灭。镜非尘体,尘去镜澈。
众生自性,本同诸佛,求法妄缠,坐禅心没。
如来灭后,谁证无生。大士密授,真源湛明。
道离言说,法润根茎。师心是法,无法修行。
我体本空,空非实性。既除我相,亦遣空病。
誓如乳毒,毒去味正。天师得之,斯为究竟。
何有涅槃,适去他方。教无生灭,道有行藏。
不见舟筏,空流大江。苍苍遥山,成道之所。
至人应化,万物皆睹。报盖形灭,人亡地古。
刻颂丰碑,永存涧户。

(《文苑英华》卷八六五,参《全唐文》卷五一二,稍有改动)

《唐同德寺无名和尚塔铭并序》的发现及其学术价值[①]

五台山是中国佛教形胜之地，古迹文物很多。1996 年 11 月山西佛教文化研究所的温金玉副所长应我的请求将他新发现的《唐东都同德寺故大德方便和尚塔铭并序》手抄本寄给我，告诉我这是唐代禅宗神会弟子无名和尚的塔铭和序。我读过以后认为此塔铭序很有学术价值。

《唐东都同德寺故大德方便和尚塔铭并序》（下面简称《无名塔铭序》）发现于五台山佛光寺的东山坡，题"上都资圣寺沙门慧岌文"。慧岌在碑文中称无名和尚为"吾师"，在序文最后说"恭承教义，乃为铭"，看来是无名的弟子。然而"上都"是西都长安，资圣寺是长安名寺，开元十一年（723）密教高僧金刚智曾奉敕在此译经，此寺被认为是"四海三学之人会要之地"[②]。《无名塔铭序》著于无名死后的第二年，也许慧岌在此之前已经住进长安资圣寺。

无名和尚，在宋赞宁《宋高僧传》卷一七《唐洛阳同德寺无名传》、宋延一《广清凉传》卷下、明镇澄《清凉山志》卷七等，对无名的生平事迹有详略不同的记述，而以《宋高僧传》所记述的史实比较详细可信。此外，唐宗密《中华传心地禅门师资承袭图》所列以菩提达摩为初祖的禅宗承袭图中，在"神会第七"之下，列有"浮查无名"之名，此即无名；在宋道原《景德传灯录》卷一三所载"洛阳荷泽神会大师法嗣一十八人"中有"五台山无名禅师"，但因"无机缘语句"而未予立传。新发现的《无名塔

[①] 原载中国佛教文化研究所《佛学研究》2000 年第 9 期。
[②] 《宋高僧传》卷一《金刚智传》、卷六《知玄传》，分别见《大正藏》卷五〇第 712 页上、743 页中。

铭序》与上述传记比较虽文字迥异,但在内容上与《宋高僧传·无名传》却十分接近。

下面先将《无名塔铭序》的内容进行介绍,然后就此塔铭序的价值略作说明。

一 《无名塔铭序》所述无名的生平

无名和尚（722—794）,字方便,俗姓高,祖籍渤海郡（治所在今山东阳信县西南）,出身望族仕宦之家。① 出家后渐有名望,修"少欲之行,习无生宗",意为持戒苦修,并修习大乘般若空义和"不生不灭"的中观教理（此当特指禅宗）。

> 初依北祖华严,从渐而入；后访南宗荷泽,自顿而证。

"北祖华严"是指禅宗北宗所奉之祖普寂②。普寂（651—739）是神秀的弟子,在玄宗和朝廷显官的支持下继神秀之后为北宗的领袖,被北宗奉为继达摩—慧可—僧璨—道信—弘忍—神秀之后的"七祖"。普寂的禅法继承神秀,主张通过不断的修行（在坐禅中观空、观净）断除烦恼,逐渐达到解脱。以慧能为创始人的南宗主张"识心见性",顿悟成佛,称北宗禅法为"渐教"或"渐悟"之教并加以批评。神会（684—758）是慧能的弟子,在慧能死后到北方传法,宣传慧能的顿教禅法,曾与北宗进行辩论,称北宗没有得到从菩提达摩以来的祖传袈裟,不是正统,并且所传禅法是引人渐悟之教,所谓"师承是旁,法门是渐"。神会后应兵部侍郎宋鼎之请入住洛阳荷泽寺传法,影响日著,人称"荷泽和尚",其法系称荷泽宗。以

---

① 《广清凉传》、《清凉山志》的《无名传》皆说无名是唐朝玄宗时著名太监高力士的后裔,此不可信。高力士,《旧唐书》卷一八四、《新唐书》卷二〇七有传,他原姓冯,潘州（治今广东高州县）人,进宫后姓义父高延福之姓,天宝（742—755）年间进封渤海郡公,虽曾"娶妻",但不可能有子,也未载有义子。

② 据日本师炼《元亨释书》卷一〇《道璿传》引赴日唐僧道璿的话说:"我师普寂……始在嵩山传唱禅法,道誉闻帝宸,诏入东都居华严禅苑,故世曰华严尊者。"

上引文是说，无名先师事北宗之祖华严尊者普寂，从受渐修入悟之教，此后投到南宗荷泽神会的门下，接受顿教禅法。从此他成为神会的弟子，继承南宗的法系。此外，他对于大乘其他教理、般若思想（《般若经》既讲空义，又讲"智巧"或"方便"——梵音"沤和拘舍罗"）也有深刻的理解。所谓"既不舍于文字，亦不耽著禅味"，是说虽奉强调"见性"的禅宗，然而并不舍弃文字经教，也不执着于禅定。

无名喜欢游览山水，不爱在城镇繁华的地方逗留，周游过衡山、庐山、五台山、四明山、虎丘等地，以"浮植"作为隐居修行之所。晚年，对自己的道友说，当年释迦牟尼（意为"能仁"）佛在拘尸那迦向弟子作最后的说法，表示自己行将入灭，清凉山（五台山）是大圣文殊师利菩萨常与一万菩萨说法的名胜之地①，是个很好的栖身修行的场所。于是巡游五台山，开始居住在五台山前面的铁勒寺。

山西省在唐为河东道，治所在太原。贞元三年（787），河东节度使马燧的部将李自良（714—776）因先后参加平定魏博镇田悦、李怀光的叛乱立功，诏代马燧以检校工部尚书为河东节度使。李自良信奉佛教，在任期间，与"都虞侯"（军中执法长官）张瑶听闻无名的名声，亲自修书并奉礼品派人到五台山送给无名作为供养，邀请他到太原传法。无名想到当年释迦牟尼佛曾说过以佛法"付嘱王臣"的教导②，既然对于节度使的邀请不能推辞，便应请出山前往太原。李自良与部下盛礼出城迎接，对于无名应请赴斋感到心愿满足，莫大欣慰。

无名在太原城内受到民众的热烈欢迎，前来礼拜问法者很多，他只以一首偈颂作答：

若人欲了知，三世一切佛，当观法界性，一切唯心造。

这首偈颂的大意是：如果你想了解什么是三世一切佛，那么，应当通

---

① 《华严经·菩萨住处品》记载，东北方有清凉山，"现有菩萨名文殊师利，有一万菩萨眷属，常为说法"。唐代华严宗学者皆将此处之清凉山解释为五台山。

② 《大涅槃经》卷三《寿命品》有"如来今以无上正法付嘱诸王、大臣、宰相……"

过观想法界的本性，即真如、佛性，体悟一切皆空，一切皆心识所变现的道理。无名说，这是真实圆满的佛法（"真乘了义之说"），应当遵照去修行。说完之后立即归山，节度使府的将领和城中民众都来送行。

无名回到五台山之后，便住进佛光寺。贞元十二年十二月十二日（进入公元794年）去世，年七十二，僧腊四十三（受具足戒后已过43个夏安居，即43年）。河东节度使李自良与部下将领、幕僚闻讯送来金钱施舍。在寺所在的中峰建造宝塔，安葬无名和尚的遗骨。

寺主名法兴，与无名本非师徒关系，但因景仰无名的道德，也身穿丧服，临坛参加追荐法会。无名的弟子道常，为报师恩，在宝塔附近结庵，一心坐禅诵经。其他弟子莫不悲泣。慧岌有感于师教，为宝塔写序述师生平并撰铭颂德。

二 《无名塔铭序》的意义和学术价值

《无名塔铭序》的发现提供了无名传记的新资料，可以与《宋高僧传·无名传》等互相补充，对研究唐代禅宗、华严宗和五台山佛教具有重要学术价值。

（一）无名是先学北宗，后承南宗

《宋高僧传·无名传》记载，无名二十八岁出家，住同德寺，先学戒律之学，后"闻有禅宗，思千里而请决"，曾随师游方，参访祖师遗迹，"得会师付授心印。会先语诸徒曰：吾之付法无有名字。因号无名也"[①]。据此，无名先学戒律，后拜谒神会，从受南宗禅法，并且因为听神会称自己所传授的禅法"无有名字"（神会继承慧能，禅法以无念、无相、无住为宗旨），便以"无名"作为自己的号。无名从神会受法，在《景德传灯录》卷一三、《广清凉传》卷下、《清凉山志》卷七等都可以得到证明。

然而，《无名塔铭序》的发现提供了无名在师事神会以前曾投到北宗

---

① 《宋高僧传·无名传》篇幅不长，在《大正藏》卷五〇第817页上中。以下所引不再标明在《大正藏》的页数。

"华严尊者"普寂门下的新情节。所谓"初依北祖华严，从渐而入；后访南宗荷泽，自顿而证"。这种先渐后顿的受法经历，不能不对他的思想产生重大影响。此外，他对其他大乘教理，特别是般若空义、中观学说也有相当的造诣。

（二）无名游历各地和所谓"浮查无名"

唐代禅宗僧人风行游方，巡礼各地丛林参访名师，问道求法，正如慧能弟子玄觉《永嘉证道歌》所说："游江海，涉山川，寻师访道为参禅。"《无名塔铭序》也提供了这方面的证明，说无名"尝好游山水……由足衡岳、庐山、天台、四明、虎丘"。而在《宋高僧传·无名传》中所记地方更多，说无名离开神会之后，"志历四方，周游五岳、罗浮、庐阜、双峰、皖公、炉岭、牛头、剡溪、若耶、天台、四明，罔不询问"。

在这些地方佛教寺院较多，其中有的是禅宗传播的中心。从无名生活的年代来考察，五岳的南岳衡山，有南宗著名禅师石头希迁（700—791）在那里传法；当时与石头齐名的马祖（709—788）在洪州南昌传法，他的弟子归宗智常在庐山传法；天台山是天台宗的发源地，天台宗以止观著称，九祖湛然（711—782）继玄朗之后在国清寺传法；双峰山在今湖北黄梅，当年禅宗四祖道信曾在此传法；皖公山曾是禅宗所奉的三祖僧璨隐居传法之地；牛头山在今南京，是禅宗牛头宗发源地，当时牛头慧忠（683—769）在此传法。其他地名情况不明。《宋高僧传·无名传》说他："风格高远，神操朗彻，博识者睹貌便伏，僻见者发言必摧。"看来他在周游各地求法参禅过程中表现出非凡的才智和善辩。

《宋高僧传·无名传》还记载："德宗方纳鲜于叔明、令狐峘料简僧尼事，时名有表直谏，并停。"鲜于叔明（？—787），后改姓李，初为剑南节度使判官，历任洛阳令、京兆尹、邛州刺史，在大历末年（779）为剑南东川（方镇，在今四川东部）节度使、遂川刺史，经过长期治理，境内安宁。他对佛道二教反感，曾向德宗上疏，说：

> 佛，空寂无为者也；道，清虚寡欲者也。今迷其内而饰其名，使农夫工女堕业以避役，故农桑不劝，兵赋日屈，国用军储为敤耗。臣

请本道（按：此指剑南东川地区）定寺为三等，观为二等，上寺留僧二十一，上观道士十四，每等降杀以七，皆择有行者，余还为民。（《新唐书》卷一四七《李叔明传》）

批评当时社会迷信其教说并盛建寺观（"迷其内而饰其外"），建议在剑南东川将佛寺分为三等：一等仅留僧人21人，二等14人，三等7人；道观分为二等：一等14人，二等7人，借此对僧人、道士进行淘汰，未被留下的僧人、道士一律还俗。唐德宗表示赞同，认为"可为天下法"，主张将实施范围扩大，下尚书省议。其间有的官员建议僧道应输绢服役，或限以老年才许出家，等等。唐代僧道二教事务属祠部管理，祠部属于尚书省礼部。当时任礼部侍郎的是令狐峘，大概他参与了此事。[①] 然而此事仅有议论，并未付诸实行。《宋高僧传·无名传》记载无名曾为此事向朝廷上书直谏，说明他是一个有相当活动能力的人。然而此传所载鲜于、令狐二人流放南海为百姓的说法，并不符合事实。鲜于叔明以太子太傅致仕，死于贞元三年（787）；令狐峘因过失贬官吉州别驾，后为刺史。

按照《宋高僧传·无名传》的记载，无名是在他去世前三年，即唐德宗贞元六年（790）到达五台山的，当时是李自良任河东节度使之后的第三年。无名到五台山后极短的时间内就声名远扬，受到当地最高军政官员李自良的供养和邀请，证实无名在当时佛教界是有相当地位的。李自良供养和邀请无名的事不见于《宋高僧传》等书记载，也是《无名塔铭序》提供的。

宗密《中华传心地禅门师资承袭图》所列禅宗世系图中，在神会的弟子中有"浮查无名"的名字。"浮查"是什么意思？按照唐代僧人称名的习惯，名字前二字或为地名，或为寺名，或为号，"浮查"当是地名。《无名塔铭序》中在记述他游历各地之后说："浮植为隐遁之所"。"浮查"也许就是浮植，"查"乃"植"字的误写。此地究竟在何处？不得而知。

无名一生有没有著作？塔铭序没有记载，但《宋高僧传·无名传》最

---

① 令狐峘，《旧唐书》卷一四九、《新唐书》卷一〇二有传，但未提到他参与议论限制佛、道二教的事。

后说:"或云名著《疏解弥陀经》焉。"并不肯定。

(三)无名与澄观

澄观(738—839),是中国华严宗的四祖,出家后游历各地和访师修学,对8世纪后半期中国佛教界流行的三论宗、天台宗、禅宗、华严宗以及律宗等的佛学思想都有深入系统的理解,积累了广博的知识,为他以后以华严宗为中心广泛吸收各宗教理建立自己的华严宗学说奠定了深厚的基础。澄观继承自杜顺至法藏以来的华严思想,对新译《华严经》《入法界品》作了注疏,并撰有《华严经随疏演义钞》《华严法界玄镜》《华严经略策》等大量著作,被称为"华严疏主"。他在唐后期儒家提倡"道统"并吸收佛教思想强化对心性的哲学论证,禅宗以其"即心是佛"的禅法风行社会之际,强调华严宗教理中的法界的心性意义,并从理与事的对应关系角度提出四法界(事法界、理法界、理事无碍法界、事事无碍法界)论,在中国思想发展史上产生了深远的影响。

澄观在早年参学过程中曾学习禅宗,据《宋高僧传》卷五《澄观传》记载,他从牛头山慧忠及径山道钦学牛头禅法,并到洛阳参谒禅宗无名禅师"咨决南宗禅法,复见慧云禅师了北宗玄理"[①]。在宗密《中华传心地禅门师资承袭图》的禅宗传承表中,继"浮查无名"之后是"花严疏主"。所谓"花(华)严疏主"即澄观。宋道原《景德传灯录》卷一三记载:

　　五台山无名禅师法嗣——五台华严澄观一人,无机缘语句不录。

很清楚,古来禅宗史书将澄观作为无名的弟子是很明确的。

前面已经提到,无名从慧能弟子神会接受南宗禅法,因此从禅宗的传承来说,澄观是神会的第二代弟子。虽然他也从接近南宗的牛头宗、北宗受传禅法,然而既然把他作为继承神会—无名之后,说明他受南宗的影响最大。尽管如此,澄观是以华严宗作为自己信奉的主体的,并且以此为前提来会通禅、教,将禅宗、天台宗等宗派的思想吸收到他的华严宗教理体

---

① 《大正藏》卷五〇第737页上。

系之中。澄观在《华严经随疏演义钞》卷二在讲述自己以十项宗旨注释新译《华严经》，其中有一段话是：

> 用以心传心之旨，开示诸佛所证之门。会南北二宗之禅门，撮台、衡三观之玄趣，使教合亡言之言，心同诸佛之心，无违教理之规，暗蹈忘心之域，不假更看他面，谓别有忘机之门。

是说以禅宗的"以心传心"的宗旨，宣示佛所证悟的至高精神境界——真如佛性，此即"一心法界"；会通禅宗南北二宗的禅法，吸收天台宗（天台宗正式创立者智𫖮曾受法于天台衡山慧思）的止观学说，使禅、教（禅宗外诸教）合一："教"的义理与心法一致，"心"法真正符合佛心——"一心法界"；在不违背经教义理的规程的情况下，遵循以"忘心"（实即"无心"）为最高觉悟境界的旨意，从事注疏，宣述真理。

澄观到五台山比无名早，是在唐代宗大历十一年（776），住在大华严寺，在此为唐新译八十卷《华严经》撰疏，此即《华严经疏》二十卷；后又对此书作注释，撰《华严经随疏演义钞》四十卷。贞元七年（791）应河东节度使李自良之请赴太原住崇福寺讲新疏。此后奉唐德宗之诏到长安讲佛法，曾协助般若翻译四十卷《华严经》（相当《华严经》《入法界品》的重译），奉诏撰《贞元华严经疏》十卷、《华严经行愿品疏》一卷。澄观在长安先后受到代宗、德宗、顺宗、宪宗、穆宗、敬宗、文宗的敬重，多次应请为他们说法，并且与朝廷权贵臣僚齐杭、韦渠牟、武元衡、郑䌹、李吉甫、权德舆、李逢吉、钱徽、归登以及地方藩镇严绶、孟简、韦皋、韦丹等人有着密切的关系，受到他们的礼敬。

澄观应李自良之请到太原讲《华严经疏》的时候，正是无名到五台山的第二年。当时澄观还不很有名。无名应请到太原是何时，有无与澄观会见？是饶有兴味的问题。

《无名塔铭序》原物因为年代久远，其中有字迹不清楚的地方。笔者是据温金玉先生的笔录，参照前后文句的意思和其他有关无名的资料加以校订和重作分段的，虽大部分可以读通，然而其中仍有文句难以读通，例如："才允一斋之请，即顺终焉之志"，前一句好理解，是指无名接受河东节度使李自良为他准备的斋食供养,后一句可以解释为这样做便顺应满足了李自良一向尊崇佛教的夙愿吗?另外,"寺主法兴……身服缞绖如坛所,天追惟先,贤扬后事",最后两句是什么意思?是录文有问题吗?为慎重起见,仍保留原录文,如果今后有新的发现再纠正,并希望读者指教。

附:

唐东都同德寺故大德方便和尚塔铭并序

上都资圣寺沙门慧岌文

和尚讳无名,字方便,俗姓高氏。望出渤海,家于洛阳,远绪衣冠,近系钟鼎。既以释氏命族,故阐而不载。源清其流,庆袭于后,辽敻缅邈,映集千古者,惟吾师焉。

孤高令名,峻削仪表,修少欲行,习无生宗。初依北祖华严,从渐而入;后访南宗荷泽,自顿而证。至于方广大乘,沤和波若,投针彻底,游刃皆空。既不舍于文字,亦不耽著禅味,盖真解脱人也。

尝好游山水,赏玩云月。嚣尘隔处即止,名利起处不居。由足衡岳、庐山、天台、四明、虎丘,浮植为隐遁之所。

晚岁,顾谓道流曰:昔先师能仁,有拘尸之会者,盖托终示灭之迹也。吾观清凉山,大圣文殊师利与一万圣众,常说妙法。此中境胜,实可栖托。于是杖锡挈瓶,周游五顶,初止清凉前峰铁勒兰若。

河东节度使李公自良、都虞侯张公瑶,顿开浮云,得见明月,手礼疏遣,供于五台。师以佛法付嘱王臣,辞让不获,杖策出山。元戎亲拥旌旄,备列华盖,郊迎野送,意传香火。才允一斋之请,即顺终焉之志。

吾师所游履处,都人士女,填城溢陌,驾肩拜首,欲闻半偈。师乃谓曰:若人欲了知,三世一切佛,当观法界性,一切唯心造。此即真乘了义之说,可遵而行之。言讫,辞众归山。都城硕德,大将以下,皆降车步从,或为前导者,不可胜数。其感动人神,一至于是,岂造次论其德之深浅也。

自都还山，便止佛光精舍。贞元九年十二月十二日，斋饭之次，无疾而终。灭度之日，昼结霜露，夕则阴凝，乃至终月，曾不开朗。又俨然跏趺，如入禅定。始从初七，逮于终七，颜色熙怡，观礼惊叹。识者云：盖定力所持耳！享年七十二，僧腊四十三。元戎将幕，远嚫金钱，饰终宝塔，即于寺中峰，为全身舍利之所也。

寺主法兴，本非师资，图慕道德，身服缞绖如坛所，天追惟先，贤扬后事。门人道常，仰荷慈缘，庐于塔所，禅诵不辍，食百不甘。其余门生，泣对松月。炭未能亡筌，滞于文字，恭承教义，乃为铭曰：

月落空界，泉流浩劫，悠悠天壤，括此舟楫。
吾师恒化，代之阳塔，□于松下，松月苍苍。

大唐贞元十一年五月二十五日建

（温金玉发现并录文，杨曾文校订）

圆仁和日本天台宗[①]

日本天台宗源于中国，是由最澄（767—822）传入并建立教团的，传法中心在京都东北的比睿山。日本天台宗虽来自中国，但在发展中形成了自己的特色，其中最重要的一个特色是与密教的密切结合，形成所谓"台密"。日本天台宗对密教的引入和结合是由最澄开始的，但对台密的正式形成与力最大的是其弟子圆仁和其后的圆珍、安然。圆仁因其入唐求法著有《入唐求法巡礼行记》[②] 而闻名于世，近年国内学术界有人对此书详加研究并重新校勘出版，但迄今对他在日本天台密教发展史上的地位研究较少。这里想对圆仁入唐求法的简历和他对日本天台密教以及后来兴起的天台净土教的影响进行介绍。

一 圆仁的经历和入唐求法

圆仁（794—864），俗姓壬生，下野国（今栃木县）人。自幼丧父，年9岁从鉴真的三传弟子广智出家，15岁登比睿山成为最澄的弟子，从最澄受学天台宗的重要禅观著作《摩诃止观》，后来可以代替最澄向其他人讲授。日本弘仁五年（814）官试及格，23岁到奈良东大寺受具足戒。后从最澄受圆顿大戒。最澄生前一再要求在比睿山建立大乘戒坛，但一直没有得到朝廷的同意。最澄在弘仁十三年（822）去世后，朝廷方准予在比睿山设

[①] 载台湾中华佛学研究所《中华佛学学报》1997年第10期。
[②] 《入唐求法巡礼行记》四卷，载《大日本佛教全书》第113册；另参考顾永甫、何泉达点校，上海古籍出版社1986年出版的《入唐求法巡礼行记》；白化文、李鼎霞、许德楠校注，花山出版社1992年出版的《入唐求法巡礼行记校注》；日本足立喜六译注，盐入良道补注，东洋文库1985年出版的《入唐求法巡礼行记》。

立戒坛授大乘戒。翌年，圆仁协助义真在此戒坛首次向比睿山僧众授菩萨戒，他担任教授师。自此，天台宗僧可以不必下山受小乘具足戒而成为正式的僧侣。

此后，圆仁按照先师的教示，足不下山，"昼则弘传天台法门，夜亦修练一行三昧（按：即常坐三昧，天台宗的四种三昧之一）"，如此坚持十二年（《慈觉大师传》）[①]。日本天长五年（828）应请下山传法。后因身体不好回比睿山，创首楞严院修行和养息身体。日本承和五年（838）圆仁被朝廷作为请益僧（短期入唐求法，随遣唐使同归）与留学僧圆载随遣唐使藤原常嗣入唐求法，先到达扬州。当时扬州节度使是李德裕。

圆仁在华的经历非常艰难曲折。因为唐朝廷只允许留学生圆载前往天台山寻师求法而不允许圆仁到天台山、五台山巡礼，他不得不搭乘遣唐使的船归国，然而在途中遭遇逆风，圆仁与弟子先在海州东海县（今海阳县）下船，后乘船又遇逆风，下船后到达文登县的赤山法华院。开成五年（840）二月在当地政府的帮助下得以走上到五台山、长安巡游求法的路程。现仅根据《入唐求法巡礼行记》《慈觉大师传》将圆仁在五台山、长安求法的简况作介绍。

当时五台山的大华严寺是天台宗的中心之一。此寺以天台宗学僧志远为首座，经常举行宣讲天台宗教籍的集会，并修持"法华三昧"。全寺有15个院，每天早晚分别由阁院的玄亮座主讲《法华经》和"天台疏"（当即《法华玄义》）、涅槃院法贤（原作贤，当即法坚，从上下文看乃法贤之误）座主讲《摩诃止观》，与会者达40多人。此外，般若院的文鉴座主、洪基等人，也是天台宗学僧。圆仁说："实可谓五台山大花严寺是天台之流也。"（《巡礼记》卷三）这里与天台山也有密切的关系。在圆仁出国之际，比睿山座主圆澄把致天台山国清寺的信和众僧提的30条有关天台宗教义的疑问（现存《日本国三十问谨案科直答》中有此三十问）托给圆仁转交。但因圆仁不能前往天台山，便把此信及"三十问"托给圆载转交。当圆仁面见志远，请他为此"三十问"作答时，志远回答："见说天台山已决此疑，不合

[①] 载《续群书类从》第八辑下，另参《元亨释书》卷三、《日本高僧传文钞》卷二之《圆仁传》。

更决。"(同上)后来他还从天台山方面来的信得知,是由天台山国清寺的广修座主所作的回答,并请台州刺使盖章证明。天台山修禅寺的敬文座主特将此抄写送五台山大华严寺。圆仁在此处从志远、法贤、玄亮、文鉴等学天台教法,抄写天台教籍37卷。

长安是唐王朝的西都,当时密教仍相当盛行。当初著名的译经高僧善无畏、一行译《大日经》,金刚智的弟子不空译《金刚顶经》,输波迦罗(即善无畏)译《苏悉地经》等是密教依据的重要经典。在圆仁到达长安时,青龙寺的法润、义真,大兴善寺的元政、文悟,玄法寺的法全,大安国寺的元简等人是著名的密教高僧。圆仁是在开成五年八月到达长安的。当时武宗已经即位,翌年改元会昌,开始实行尊崇道教、贬斥和压抑佛教的政策,直至在会昌五年(845)下达严酷的灭佛诏令。在这样一种氛围中,圆仁先后拜会长安密教高僧,从大兴善寺元政受灌顶,受学金刚界曼荼罗;从青龙寺义真受胎藏界密法,始学《大日经》中的"真言印契,并真言教中秘密法要,受苏悉地大法";从玄法寺法全受胎藏界密法仪规。还从来自南印度的宝月三藏学习悉昙(梵文)(《慈觉大师传》)。圆仁在长安6年,收集和抄写各种教法经论章疏559卷,并绘制金、胎两部和诸尊曼荼罗、高僧图像、道具等21种。因为武宗强制实行灭佛政策,圆仁一度被迫还俗。

圆仁在唐前后十年,在日本承和十四年(847)回国。与他同船到日本者有"唐客四十余人"(《慈觉大师传》)。翌年入京,受赐传灯大法师位,任内供奉十禅师之一。经请奏朝廷,在日本嘉祥二年(849)举行有千僧参加的盛大的密教灌顶法会,"上朔对圣躬,延宝祚于无穷;下劝器性,传法灯而不绝",一时受三昧耶戒(据《大日经》所说的密教戒法,"三昧耶"意为平等,佛与众生的三密等同)者达一千余人(《慈觉大师传》)。日本嘉祥三年(850)奏建总持院作为天皇的"本命道场",配置14名禅师。又得到朝廷的允准,每年可以度4人,2人分别读《金刚顶经》《苏悉地经》,另2人专修天台止观业。仁寿元年(851)在比睿山引入五台山法照的念佛法。日本齐衡元年(854)任比睿山延历寺座主。后应诏入宫为文德天皇、皇子及大纳言藤原良相、藤原良纲、藤原基经等人授密法灌顶;又为天皇授菩萨戒。清和天皇即位后,应请为天皇授戒,授法号素真;还为太后等人授戒。日本贞观六年(864)去世,年七十一。日本贞观八年(866)清和天皇敕赐慈觉大师谥号，同时追赐最澄传教大师谥号。

圆仁归国后先后受到三位天皇的崇信，继空海之后再次在日本朝野掀起密教热。当时以东寺、高野山为中心的真言宗因为没有著名的高僧，而圆仁在唐十年的求法经历被人广泛传颂，一时之间天台密教风靡朝野，势力和影响都超过真言宗。

圆仁著有《金刚顶经疏》七卷、《苏悉地经略疏》七卷、《法华迹门观心绝对妙释》《法华本门观心十妙释》《寂光土记》《真言所立三身问答》以及《显扬大戒论》等。

二 以密教胜于天台圆教的判教论

中国佛教从南北朝兴起判教，到隋唐佛教宗派形成以后，各教作为开宗明义的一个重要环节是提出自己的判教理论。所谓判教，就是按照自己的观点对全部佛法做出分类和评述，判明以某些经典为代表的教法的深浅、高低，断定自己所信奉的经典是一切经典中最优越的经典。隋代天台智𫖮（539—598）在《法华玄义》等著作中提出五时、八教的判教理论，把《法华经》奉为最优胜的经典。此后其他教派也提出自己的判教主张。应当指出的是，唐代的真言密宗没有提出自己完整系统的判教理论，但这不意味着当时的密教高僧没有这方面的见解。日本空海（774—835）在入唐求法回国后，把在唐学习的密教正式传入日本。他所写的判教理论著作《辩显密二教论》《十住心论》《密藏宝钥》等，其中不仅利用了汉译佛经，而且利用了唐朝密教高僧良贲的《辩凡圣因果界地章》，也很可能利用了惠果等人的口头传授。他在这些著作中把一切佛法分为显教、密教，认为以《大日经》《金刚顶经》等经为依据的密教是法身佛大日如来所说，最为优越；又把当时日本流行的各种教说、各个宗派分为10个等级并进行评论，把法相宗、三论宗、天台宗、华严宗分别置于第六、七、八、九的等级，而把真言密教置于最高的地位。① 密教的"即身成佛"的教义和禳灾求福的修法

---

① 详见杨曾文《空海和日本真言宗》，载中国中日关系研究会编，生活·读书·新知三联书店1987年出版的《日本的中国移民》。

仪规，对当时日本的皇室和贵族有很大的吸引力，曾风靡一时。

最澄在唐仅半年多时间，在归国前夕才从越州（今绍兴）龙兴寺的顺晓受学密教，回国后撰述的密教著作很少。因此，尽管他也在比睿山教团引进密教，但与空海的真言宗相比，对日本佛教界的影响要小得多。从现存可断定是最澄的密教著作来看，他是主张天台圆教与密教一致的。他在《守护国界章》卷中之中说，密教经典翻译者，包括善无畏、金刚智、不空在内，"所传一乘正义，皆符天台义……大唐一行阿阇梨《遮那经疏》等如是等宗，依凭天台"；他在给空海的信中也说"遮那宗与天台融通"（《传教大师全集》卷四下）。总之，最澄主张"圆密一致"，不分优劣，并且将二者在实际上加以结合，规定比睿山的学僧不仅应修天台教义，而且要修学《大日经》等密教经典。①

对于真言宗空海的判教理论，圆仁和以后的圆珍、安然等人是持反对的态度的，但是他们所用以反对的说法是不同的。圆仁在《金刚顶经疏》和《苏悉地经略疏》中提出了自己的判教理论，认为密教优于显教，而以《法华经》为代表的天台宗不属于显教，也属于密教，但其地位要低于以《大日经》《金刚顶经》等代表的密教。

（一）他说，按照显教所说，法身佛不说法，这正是显教的局限性的一个表现，如其《真言所立三身问答》所谓："理体恒然常住不说法者，是为浅略机所说，名为显教也；若理法身能为众生说者，是为深机所说，以为秘密也。"②他在《金刚顶经疏》卷一说，显教就是《大智度论》中所说的"显示教"，是"渐教"；密教即是"秘密教"，是"顿教"。显教只是佛"随他说"，"但说随机六度、四摄等法"，而未讲三密（身、口、意三密）和五智（成所作智、妙观察智、平等性智、大圆镜智、法界体性智），认为需要经过历劫修行才能成佛。③

（二）以《法华经》为代表的天台宗并非如空海所说是密教之外的显教，而也是属于密教，但因为仅仅论述"理密"，即只是宣述俗谛、胜义谛

---

① 详见杨曾文《最澄和日本天台宗》，载商务印书馆1989年出版的《东方文化集刊一》。
② 《大正藏》卷七五第53页上。
③ 《大正藏》卷六一第13—17页。

的圆融不二的道理，没有所谓"事密"，即没有讲大日如来的身密、口密、意密和真言印契等，所以稍劣于以宣述大日如来秘密深义的《大日经》《金刚顶经》《苏悉地经》等代表的"理事俱密"的密教。实际上是用另一种方式表述密教优于天台宗。后来人们将圆仁的主张概括为"理同事异"。圆仁在《苏悉地经略疏》卷一以自设宾主的文体作了这样的论述：

> 问：何等为显教耶？
> 答：诸三乘教是为显教。
> 问：何故彼三乘教以为显教？
> 答：未说理事俱密故也。
> 问：所言理事俱密者，其趣如何？
> 答：世俗、胜义，圆融不二，是为理密；若三世如来身、语、意密，是为事密。
> 问：华严、维摩、般若、法华等诸大乘教，于此显密何等摄耶？
> 答：如华严、维摩等诸大乘教，皆是密教也。
> 问：若云皆是密者，与今所立真言秘教有何等异？
> 答：彼华严等经虽俱为密，而未尽如来秘密之旨，故与今真言教别。假令虽说少密言等，未为究尽如来秘密之意。今所立毗卢遮那（按：《大日经》）、金刚顶等经，咸皆究尽如来事理俱密之意，是故为别也。①

从以上所引可以看到，圆仁不仅把《法华经》说成是密教，连《华严经》《维摩经》等也是密教，说它们虽讲真俗不二的"理密"，但未讲三密等的"事密"，没有完全地表述佛的"理事俱密之意"，因此与《大日经》《金刚顶经》等的密教有异。

在其《金刚顶经疏》卷一他对"大教王"（按：《金刚顶经》原名《金刚顶一切如来真实摄大乘现证大教王经》）作解释时说：

---

① 《大正藏》卷六一第393页中。

> 大教王者，或诸大乘经虽说成佛义，而经历劫数，或得或不得。或大乘经虽明现证，但理无事。或大乘经虽粗明真言印契等，而支分不具，未尽佛意。今此经具说五部（按：金刚界曼荼罗中的佛部、金刚部、宝部、莲华部、羯摩部）、三密、五智成佛等，事理俱足，尽佛本意，故云大教王也。①

在这里不难看到，他是说，即使像《法华经》那样的大乘经典，虽也说现身可以成佛（现证），但只讲其"理"，未讲其"事"，不能说是已尽"佛意"。言下之意，《法华经》劣于《大日经》等，以《法华经》为基本经典的天台宗也劣于以《大日经》等为基本经典的密教。从这一点来看，圆仁的判教见解已经远离传统的天台宗的五时、八教的判教理论，并且对当初最澄的"显密一致论"作了进一步的发挥，在"理同事别"的口实下，为建成天台、密教的结合，实质是天台依附密教的台密提供理论的依据。到圆珍（814—891）时正式提出"理同事胜"、"显劣密胜"的理论；安然（841—？）时，甚至提出真言宗（特指台密）第一、佛心宗第二、天台宗（法华宗）第三的判教理论。以比睿山为中心的日本天台宗已经进一步密教化了。

三 对即身成佛论的论证

密教是主张通过修持身、口、意的三密来达到即身成佛的。当初空海创立真言宗时对此进行论证，所著《即身成佛义》说众生如能修持三密，就能与大日如来的三密相应，使自己所具的佛性显现，"父母所生身，速证大觉位"②。这种教说对于社会各个阶层的佛教信徒都有很大的吸引力。日本已经流行的佛教宗派大部分是主张历劫修行才能成佛的。天台宗虽主张人人可以成佛，智顗在《摩诃止观》中也提出"六即佛"（理即、名字即、观行即、相似即、分证即、究竟即），但他并没有强调即身成佛，甚至在他

---

① 《大正藏》卷六一第9页下。
② 杨曾文：《空海和日本真言宗》。

死前说自己只是达到"五品位"(观行五品位)。最澄在创立日本天台宗时,曾与反对说一切众生皆有佛性的法相宗的德一进行辩论,反复引证大乘经典论证一切众生皆有佛性,皆能成佛,但也没有强调即身成佛。

圆仁生活的时代,真言密教的即身成佛的教义已在日本流行很久,并且深入人心,而他又到中国修学密教达九年之久,对密教教义有深入的了解。因此他在自己的著作中大力宣传即身成佛的教义是很自然的。

首先他发挥《金刚顶经》《苏悉地经》等密教经典中的有关文字,反复强调一切众生皆有佛性,与佛没有根本差别的思想。这是他论证即身成佛的理论基础。他在《胎藏界虚心记》卷上说:"但当运心思惟观察一切众生本性清净,为诸客尘之所覆蔽(按:原作弊字),不见清净真如法性。为令清净,应当至心诵前密语真言。"又说:"所谓三昧耶者,是等义,谓我等于佛,佛等于我,无二无二分,究竟皆等也。"① 在《金刚顶经疏》卷四说,第八识——阿赖耶识就是如来藏,无论是众生,还是佛,所具的清净佛性都是一样的,所谓"如来清净藏,世间阿赖耶,如金与指环,展转无差别。若有如来藏,必当得如来无上悉地果也";"有真如性故,无性有情(按:法相宗所说没有佛性的一类众生)等,必当得阿耨菩提也"②。这里所说的"无上悉地果"、"阿耨菩提"都是达到最高觉悟成佛的意思。关于这方面的论述很多,天台宗和密教在这一方面的思想本来是一致的。

这里特别想指出的是,圆仁在对密教经典中的"菩提心"、"心"的解释中强调"心"在解脱中的作用。他在《金刚顶经疏》卷三说,"菩提心者,万德之源,众行之本。是故如来先显心相,清净圆满,犹如月轮,大菩提相也";"此三昧耶是佛智心,故名如来心,又是三世诸佛一乘之道,故名为心"③。此心与法身佛毗卢遮那、法性、众生本具的佛性在本质上是等同的。众生之所以能达到解脱,就是因为具有与佛相同的本性,心性相通,故通过秘密修法,可以与佛心相契,即身成佛。在《苏悉地经略疏》卷六有这样一段话:

---

① 《大正藏》卷七五第1页上,3页下。
② 《大正藏》卷六一第61页中下。
③ 《大正藏》卷六一第56—59页。

> 自性清净是为真如。然诸法生时，此心不生，诸法灭时，此心不灭，不增不减故，名之为真；三世诸佛及以众生，同以此一净心为体，故名如也。①

他明确地把认为是永恒的真如与作为佛和众生本性的"心"等同起来，为即身成佛的解脱论提供依据。他强调世法和出世之法，唯在一念；"诸法之中，心为其首"；"在心为德，施之为行"②。实际是强调对大日如来的信仰与修持密法密切结合起来，以成就佛果。

成佛是历劫成佛还是顿悟成佛，是中国佛教史上长期争论的问题之一。顿悟成佛从含义上是指当即成佛，自然是即身成佛，但提倡者一般同时持相即不二论，并不特别确定成佛即在当世。在这方面，中国的禅宗表现得尤为突出。但密教却明确宣明成佛即在生前，在"即身"。圆仁在其著作中一再强调即身成佛，并以此作为批评其他宗派的重要根据。他在《金刚顶经疏》卷一说，如果有人学习并修持密教，"厥修之者，疾得践极阶（按：意为成佛）"，"若学此教，不历劫数，破烦恼贼，早成佛故也"；卷二说，"言速具者，速是速疾，不历劫数，得菩提也"③。这里的"疾得"、"不历劫数"主要是说即身成佛，或称为凡夫（异生）成佛。他说成佛有两种，一种是"凡位成佛"，一种是"圣位成佛"。简单说来，"凡位成佛"是普通众生由于修持身、口、意三密，得到大日如来的佑助（加持），使得自身达到与三世诸佛法界相融无间，虽本人不知道，但已达到佛的境地。他引大兴善寺和尚（当指元政）的话说："诸法无定性，为识之所转，若三密解起，此凡夫之身，转为如来身。此身之外，无别佛身。"所谓"圣位成佛"是通过日夜修行，断除惑障，达到主体客体相互融通，修得神通，并且能分辨上圣下凡的佛的境地。④

圆仁依据这种理论对其他佛教宗派的历劫成佛论进行批评。《金刚顶经

---

① 《大正藏》卷六一第61、403页下。
② 《苏悉地经略疏》卷六，《大正藏》卷六一第460页上。
③ 《大正藏》卷六一第7页下、9页上、102页中。
④ 《苏悉地经略疏》卷一，《大正藏》卷六一第401页中下。

疏》卷五说，显教要人修行"久久经三大无数劫"，然后才有可能成佛。①《苏悉地经略疏》卷一说，"诸三乘教经历三大阿僧祇劫修因得果，今此秘教不尔，或现身得证，或异生得成"；卷二说，"彼三乘教经历三无数劫，希得成佛，故今此秘教不历劫数，速成佛故"②。如上所述，这是称三乘教为显教，以及说显教劣于密教的主要理由。

四 把五台山法照的念佛三昧引入日本天台宗

当初最澄从中国传入天台宗，就已经把天台宗原有的念佛三昧传入日本。智顗的《摩诃止观》中所讲的四种三昧当中就有或口常唱阿弥陀佛名号，或心常念阿弥陀佛的"常行三昧"，所据经典是《般舟三昧经》。这是弥陀念佛法门所依据的经典之一。此外，最澄还从中国带回智顗的《观无量寿经疏》《阿弥陀经疏》《净土十疑论》等。最澄曾在比睿山建立法华三昧堂，令学僧修四种三昧。可以说，在圆仁到唐土以前比睿山已经流行弥陀净土法门了。

圆仁到五台山巡礼求法时，在竹林寺看到"有般舟道场，曾有法照和尚于此堂修念佛三昧，有敕号大悟和尚"（《入唐求法巡礼行记》卷三）。这里提到的法照（约卒于公元777年），是南梁人，曾在南岳承远（712—802）门下受教，唐大历四年（769）到达五台山，据说因受文殊菩萨的点示，专心修持弥陀念佛法门，建竹林寺，著有提倡"五会念佛"的《净土五会念佛诵经观行仪》（现存中、下两卷，得自敦煌遗书）、《净土五会念佛略法事仪赞》一卷。所谓"五会念佛"是在念诵"南无阿弥陀佛"之时，按五种声调和节拍发出声音，如《净土五会念佛略法事仪赞》说：

第一会，平念南无阿弥陀佛；第二会，平上声缓念南无阿弥陀佛；第三会，非缓非急念南无阿弥陀佛；第四会，渐急念南无阿弥陀佛；第五会，四字转急念阿弥陀佛。

---

① 《大正藏》卷六一第74页中。
② 《大正藏》卷六一第401页中、408页中下。

这样便使得口称念佛带有美妙动听的音乐节奏。①

圆仁回国时曾把法照的《净土五会念佛略法事仪赞》带回（见其《入唐新求圣教目录》②）。他在回国后于比睿山建立常行三昧堂，仁寿元年（851）"移五台山念佛三昧之法，传授诸弟子等"（《慈觉大师传》）。从此比睿山兴起按照法照的"五会念佛"的方法修持弥陀净土法门。这种五会念佛的方法，容易受到民众的欢迎和接受，流传迅速，据说至今仍在比睿山流行。

圆仁所传入的净土念佛法门对后世兴起净土信仰影响很大。平安后期比睿山的学僧源信（942—1017）著有《往生要集》分类汇编各种净土经典，提倡净土念佛法门，推动了净土信仰的传播。13 世纪以后日本形成许多带有鲜明民族特色的佛教宗派，其中最早成立的宗派就是由源空（1133—1212）创立的净土宗，此后又有由亲鸾（1173—1262）创立净土真宗。从他们的著作来看，都受到过法照净土思想的影响。

---

① 请见日本冢本善隆著，法藏馆 1975 年新版《唐中期的净土教》。并可参考杨曾文《道绰、善导和唐代净土宗》，载蓝吉富主编，东大图书公司 1993 年出版的《中印佛教泛论》。

② 《大正藏》卷五五第 1085 页上。

唐代密宗和《日本弘法大师空海著述辑要》[①]

唐代是中国历史上的盛世，政治、经济和文化高度发展，居于世界强国的地位。在宗教文化领域，佛教曾十分兴盛，适应中国传统文化和习俗而先后形成的带有鲜明民族特色的佛教宗派得到进一步的传播和发展。在盛行的佛教宗派中，密宗曾以长安、洛阳为中心得到迅速传播。

密宗，一般称密教、瑜伽密教，也称真言宗，起源于印度，是7世纪以后大乘佛教部分派别与印度教、民间信仰相结合的产物，主要经典有《大日经》《金刚顶经》《苏悉地经》。"密"，意为教旨深奥；"真言"即直接用梵文语音表述的咒语，密宗在传法和修行中经常使用真言密咒。

唐玄宗开元年间（713—741），印度密教高僧善无畏（637—735）、金刚智（671—741）及其弟子不空（705—774）来到中国，受到朝廷的优遇，先后由善无畏译出《大毗卢遮那成佛神变加持经》（《大日经》）、金刚智译出《金刚顶瑜伽中略出念诵经》（《金刚顶经》略本），不空译出《金刚顶一切如来真实摄大乘现证大教王经》（《金刚顶经》广本）等密教经典，善无畏的弟子一行（673—727）撰《大日经疏》。他们受到皇帝和王公贵族的皈依，使密教盛极一时。

唐朝在"安史之乱"（755—763）之后，由于藩镇割据和回纥、吐蕃、吐谷浑、党项等族的武装侵扰，社会连年动乱。唐肃宗、代宗二帝虔信密教修法和祈祷可以息难灭灾，对不空特别尊崇。代宗赐不空以"特进鸿胪卿"，号"大广智不空三藏"，又封不空"开府仪同三司、肃国公、食邑三

[①] 本文为2011年10月为西安宽旭主编《大兴善寺文献丛书》第一辑所收徐文翯主编《弘法大师空海著述辑要》写的序。

千户"。不空圆寂后，代宗为之辍朝三日，追赠司空。不空的主要嗣法弟子有五台山金阁寺含光，新罗慧超，长安大兴善寺慧朗，青龙寺昙贞、惠果，保寿寺元皎、觉超，而由慧朗继其后。

在中日佛教交流史上影响较大者是长安青龙寺惠果和尚。惠果（746—805），俗姓马，京兆府万年县（今西安市）人，出家后，曾从不空弟子昙贞学习佛教经书，后礼不空为师正式皈依密宗，先从善无畏弟子玄超受密教胎藏界和苏悉地瑜伽密法，后从不空受金刚界密法以及真言密契等。出名后，常奉敕为皇帝皇室修法祈福，举行祈雨仪式等，被奉为国师，先后为唐代宗、德宗、顺宗三帝和朝廷显贵臣僚主持灌顶（密宗授法）仪式。

惠果嗣法弟子中著名的有长安大兴善寺惠应、惠则，成都惟尚，河北义圆，青龙寺义满、义明、义操等人。外国弟子中有诃陵国（或谓在印度尼西亚的爪哇岛中部）辨弘，新罗国惠日、悟真，还有日本空海。

空海入唐从惠果受法，回国创立日本真言宗。日本天台宗僧圆仁继最澄之后入唐求法，曾从惠则的弟子元政、义操的弟子法全受法；圆珍、圆载二人皆曾从法全受法，推动了日本天台宗的进一步密教化、"台密"的形成与发展。

密宗教义可用《大日经》卷一所说"菩提心为因，悲为根本，方便为究竟"来加以概括。"菩提心"原意是誓愿成佛之心，密教常把它等同于佛性、真如，乃至大日如来（被认为是佛的法身）。"悲"指普度众生的慈悲心愿。"方便"指包括修持身密、口密、意密"三密"在内的各种修行方法，也包括弘法普度众生的方法和行为。密宗认为世界万物、佛和众生，皆由法身佛大日如来所普现的地、水、火、风、空、识"六大"生成。称大日如来的理（佛性）德为"胎藏界"，与前述"六大"中的"地水火风空"的"色法"相应，而大日如来的智（智慧）德为"金刚界"，与"六大"中的"识"的"心法"相应，认为色心不二，金胎为一。"曼荼罗"原意为"坛场"，祭祠供养之所。密宗信奉者依据《大日经》原理绘制出"胎藏界曼荼罗"，据《金刚顶经》原理绘制出《金刚界曼荼罗》，作为供养和修行观想的对象。

密宗在经历唐武宗禁毁佛教及唐末的战乱之后，渐趋衰微。进入宋代之后，来自印度的天息灾（宋太宗赐名法贤）、施护、法天、法护等人在朝廷组织下译出大量密教经典，但密宗未能在社会广泛传播。唐宋以后，密宗的念咒、供养仪轨等部分逐渐融入其他各宗之中。在西藏地区，8世纪密教从印度传入后得到迅速传播，发展成为藏传佛教的重要组成部分。

空海（774—835），号遍照金刚，俗姓佐伯，日本赞岐国（今香川县）人，出身当地豪族。自幼接受中国儒家文化，对中国经史，乃至诗文书画有较深的造诣。在当时佛教十分普及的社会环境中，他对佛教逐渐产生浓厚兴趣，在所著《三教指归》（又名《聋瞽指归》）三卷中对儒、释、道三教作了比较，认为三教虽皆为圣人所说，然而只有宣述善恶因果报应和觉悟解脱之道的佛教最优越。二十岁时到奈良石渊寺礼勤操和尚为师出家，两年后受具足戒，法名空海。他后来在大和高市郡久米道场读到从唐朝传入的《大日经》，因对其中很多梵字真言、印契等不理解，便萌发入唐求法的愿望。

日本延历二十三年（唐德宗贞元二十年，804年）七月，空海得以与最澄、留学生橘逸势奉敕搭乘遣唐使的船入唐，年底到达长安，被安置到西明寺，不久投到青龙寺惠果和尚的门下学法。

惠果和尚拥有国师地位，名望很高。当时已患重病，然而对空海表示热情欢迎。唐德宗贞元二十一年（805）六月至八月之间，惠果先后给空海举行隆重的授予胎藏界、金刚界两部曼荼罗大法的灌顶仪式，并传授其他密教教法和各种仪轨，最后还举行授予空海"传法阿阇梨"（意为传法导师）之位的灌顶仪式。此后，惠果特请丹青高手绘制密教胎藏界和金刚界两部大曼驮罗图像10铺，安排经生（抄经者）抄写《金刚顶经》等大量密教经典，请工匠制作供养和修法的法器等，皆赠与空海。然后，惠果殷切嘱咐空海说：

> 如今此土缘尽，不能久住。宜此两部大曼荼罗、一百余部金刚乘法及三藏转付之物，并供养具等，请归本乡，流转海内。才见汝来，恐命不足，今则授法有在，经像功毕，早归乡国，以奉国家，流布天下，增苍生福。然则四海泰，万人乐，是则报佛恩，报师德，为国忠也，于家孝也。义明供奉，此处而传，汝其行矣，传之东国，努力努力！（空海《御请来目录》）

惠果殷切希望并勉励空海早日归国，将他在长安学到的密教大法带回日本广为传播，为国家、民众的平安福祉祈祷，营造"四海泰，万人乐"的盛世，以报佛恩和师德，为国尽忠。

三个多月之后，惠果圆寂，空海又跟般若等其他密教僧人学习。唐宪宗元和元年（日本平城天皇大同元年，806年），空海与橘逸势同时搭乘遣唐使判官高阶远成的船回国，带回佛典注疏等共216部461卷，其中有新译佛经142部247卷，其中大部分是不空翻译的密教经典；还有梵字真言赞等42部44卷；经论注疏等32部170卷，其中有史料价值很大的《大唐大兴善寺大辩正大广智三藏表答碑》六卷。此外，还有佛菩萨图像、曼荼罗和密教祖师像、道具及惠果赠送的佛舍利、佛祖师像和法器等（《御请来目录》）。

密教特别注重念诵真言密咒和举行种种祭祀、祈祷法会。空海回国后三年，嵯峨天皇接替平城天皇即位，朝廷发生密谋迎接平城天皇复位的事件。在朝廷平定这一事件之后，空海奏请在京城北部的高雄山寺按照密教的仪轨修法诵经，为国祈祷摧灭灾难，调和国时，"护国护家，安己安他"（真济编《遍照发挥性灵集》卷四）。空海的这一做法，引起嵯峨天皇对他的赏识，任命他为奈良东大寺的别当（相当于寺主，一般仍兼本职）。自此，空海以此寺为中心很快地将真言宗传到奈良，并对其他各宗产生巨大影响和渗透作用。嵯峨天皇对空海在日本创立和传播真言宗给予很大的支持。在他的关照下，空海先后得到纪伊的高野山（在今和歌山县，建有金刚峰寺）、京都的东寺作为传法基地与中心。因为空海的真言宗以京都东寺为中心，所以他的这一支密教也称"东密"。

空海在唐朝求法期间看到各个县乡、村落都办有学校，重视培养人才，很受感动。回国后在传法的同时，效仿唐朝也设立面向民众的学校，名为"综艺种智院"，请僧俗学者前来讲授佛教和儒、道二教，普及教育。这是日本民间办学之始。

空海于仁明天皇承和二年（835）三月二十一日去世，年六十二。86年后，醍醐天皇延喜二十一年（921）追赐"弘法大师"谥号。

空海在创立日本真言宗的过程中，依据密宗主要经典《大日经》《金刚顶经》以及唐朝一行所撰《大日经疏》等典籍，并参照其师长安青龙寺惠果及其他法师的传授，先后撰述了论述密宗教义的大量著作，主要有《辨显密二教论》二卷、《付法传》《即身成佛义》《秘密曼荼罗十住心论》（简称《十住心论》）十卷、《秘藏宝钥》三卷，另有弟子真济集其所著编纂的《遍照发挥性灵集》十卷（前三卷已佚，有济暹所编《续性灵集补阙》三卷补阙）等，为日本真言宗建立了教义思想的体系。

空海的著作在后世被集编发行，著名的有祖风宣扬会编，东京吉川弘文馆于1909年至1911年出版，京都六大新报社共同发行的《弘法大师全集》十六册，首册载总目并空海传记四篇，后十五册为正编十五卷。日本筑摩书房在1986年出版了由弘法大师空海全集编辑委员会编印的《弘法大师空海全集》八卷。此外，日本真言宗全书刊行会1934年出版《真言宗全书》，也收有空海的著述及后人对空海著述的注释或节抄本，并收有《弘法大师年谱》等。

中国佛教界在20世纪20年代曾兴起过密宗信仰。太虚大师的弟子大勇（1893—1929）为学习密宗，在1921年年底东渡日本，到日本真言宗中心之一的高野山学习真言密教，1922年春为筹措留学费用返回杭州，然后约同月霞法师的弟子常熟兴福寺住持持松同到日本学习密宗。大勇在1923年回国，先后在上海、武汉、北京等地设坛传法，为人举行灌顶仪式，1924年在北京慈因寺成立藏文学院培养藏语人才，后组团入藏学习藏密，对后来中国佛教界考察和研究藏传佛教影响很大。赴藏学僧中的能海、法尊等法师为其中最为突出者。

现在影印出版的这套《弘法大师空海著述辑要》，原版是民国时期1922年由北京刻经处选编刊印的。北京刻经处是1918年徐文霨（字蔚如，1878—1937）居士在梅光羲、蒋维乔、江味农等著名居士的参与和支持下成立的，嗣后他还成立天津刻经处，先后刊印过近两千卷经典。《弘法大师空海著述辑要》只是北京刻经处所刊印的图书之一，当是适应当时佛教界酝酿引入和兴起密宗信仰的需要而选编日本真言宗创始人弘法大师空海的著述刊印的。

《弘法大师空海著述辑要》收有空海的著述28种，其中"释经"13种，内有对密宗最基本的经典所作的解题《大日经开题》《金刚顶经开题》等。"杂著"8种，内有空海论释真言密教教理、戒律和仪轨的《秘密三昧耶佛戒仪》《即身成佛义》等。还有其他著述7种，其中的《辨显密二教论》《十住心论》和《秘藏宝钥》皆是空海的判教著作。前者从横的方面将全部佛法分为显教与密教；后两种从纵（竖）的方面以自浅至深、自低至高的顺序对全部佛法进行说明，旨在表明真言密宗最高最优越。还有《真言宗所学经律论目录》及空海记录惠果口头传授密宗事相和教相要义的《秘藏记》。最后的《真言付法传》，记述密教的传承世系：大日如来、金刚萨埵、龙猛、龙智、金刚智、不空、惠果七祖；对善无畏及其弟子一行也有介绍。称空海为嗣法惠果的第一弟子，实际以第八祖自居。因为空海在唐留学二年，直接得到惠果和其他密宗高僧的传授，这些著述不仅是了解日本真言宗的重要资料，也是了解唐代中国密宗的珍贵资料。

宽旭法师荣膺西安大兴善寺方丈，有意将历代有关大兴善寺的佛教文献陆续整理结集出版，欣然同意笔者先将《弘法大师空海著述辑要》影印出版的建议。经过调查和联系，决定用国家图书馆的收藏本为底本影印出版。在此书即将出版之际，宽旭法师又托韩金科先生带话，希望由笔者写篇序。

以上略述中日密宗传播及此书出世及影印始末，谨以为序。

雪峰义存及其在中国佛教文化史上的地位
——纪念雪峰义存禅师圆寂1100周年[①]

福建省闽侯县雪峰崇圣禅寺的开山祖师、唐末义存禅师,上承禅宗六祖慧能—青原行思—石头希迁的世系和禅法,曾在福建军政当局特别是闽王王审知的支持下长期以雪峰山寺为传法中心弘传禅宗,在全国影响很大,弟子云门文偃创立"禅门五宗"中的云门宗,嗣后三传弟子法眼文益又创立法眼宗,皆在中国佛教文化史上占有重要地位。今年是雪峰义存禅师圆寂1100周年,谨作此文以作纪念。

一 上承石头法系,下启云门、法眼二宗

隋唐时期禅宗继天台宗、三论宗、法相宗、律宗、净土宗、华严宗及密宗之后的迅速兴起,是佛教民族化深入的结果,不仅是中国佛教史上的大事,也是中国文化史上的大事,曾长期对中国佛教和思想文化产生极为深刻的影响。

从禅宗的创立到兴盛大体经历了酝酿期、初创期、南北宗并立期和南宗独盛期四个阶段。从被禅宗奉为初祖的北魏菩提达摩,到隋代的慧可、僧璨是禅宗正式成立前的酝酿期;唐朝道信、弘忍在黄梅创立"东山法门"

[①] 载广霖名誉主编、杨曾文主编、园慈副主编,中国社会科学出版社2010年出版的《雪峰义存与中国禅宗文化》。

标志禅宗的正式成立；弘忍弟子神秀与其弟子普寂在北方弘传"渐教"禅法，六祖慧能从五祖弘忍受法南归弘传"顿教"禅法，形成南、北二宗对峙的局面；在慧能弟子神会北上与北宗辩论争禅门正统之后，唐末借助朝廷的裁定南宗取得正统地位，从而形成南宗独盛的局面，此后不久"禅门五宗"相继创立，迅速向社会各阶层传播，并逐渐发展为中国佛教中的主流派。

联系中国的社会历史进程来看，禅宗这一重大演变经历了唐朝从强盛到衰落的过程。唐玄宗开元年间（713—741）是唐朝极盛时期，然而同时由于朝廷日趋腐败，潜伏已久的各种阶级矛盾、民族矛盾和社会危机日趋激化，中央集权遭到削弱，最后终于爆发了反叛朝廷的"安史之乱"（755—763）。此后，形成了藩镇割据的局面。唐王朝在文化上崇尚儒、道二教，对佛教也采取支持的政策。在佛教内部，玄宗朝从印度传入的密教开始在社会上层盛行，禅宗也越来越受到朝野士大夫的欢迎。北宗的代表人物普寂、义福等人受到朝廷优遇，在以东、西两京为中心的北方地区很有影响。慧能创立的南宗开始虽十分冷落，然而后来迅速从南方兴起。慧能的弟子神会为了推进南宗的传播，以南阳开元寺为传法中心积极向北方民众传法，甚至与北宗僧人进行辩论，一度受到迫害，然而因为在朝廷平定"安史之乱"中主持戒坛度僧筹集军饷有功，受到朝廷的嘉奖，为以后南宗迅速发展和取得正统地位奠定了基础。

在8世纪后期至9世纪中后期禅宗南宗迅速兴起的一百多年间，最引人注目的现象是继承慧能法系的两代：南岳怀让—马祖禅系和青原行思—石头希迁禅系从湘、赣两个流域崛起，迅速传播各地，形成很多传法中心。在唐末一代成为禅宗主流的"禅门五宗"正是从这些传法中心产生的。

其中石头希迁的嗣法弟子药山惟俨传云岩昙晟，然后传洞山良价—曹山本寂，创立了五宗中的曹洞宗；在希迁另一嗣法弟子天皇道悟的法系，经龙潭崇信—德山宣鉴，传雪峰义存，然后从义存的法系先后创立云门宗、法眼宗。现用图表略示如下：

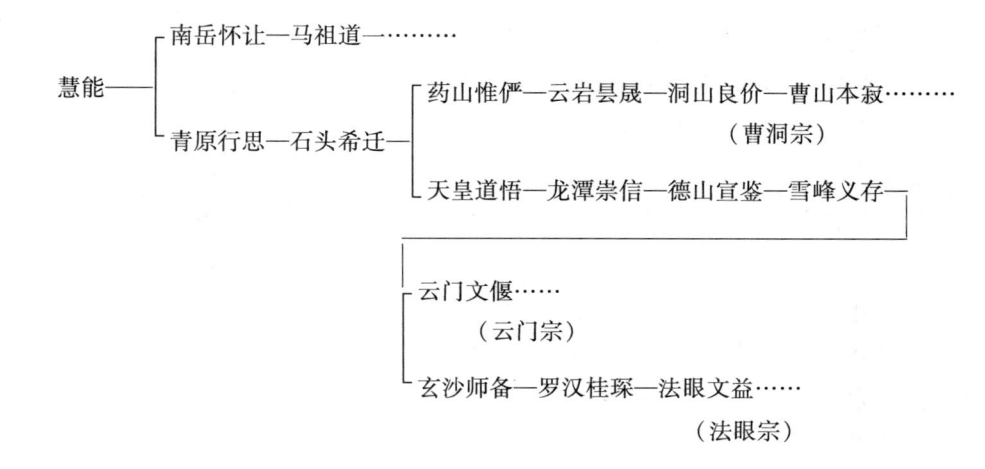

```
         ┌─南岳怀让—马祖道一………
慧能──┤
         └─青原行思—石头希迁─┬─药山惟俨—云岩昙晟—洞山良价—曹山本寂………
                                │                              （曹洞宗）
                                ├─天皇道悟—龙潭崇信—德山宣鉴—雪峰义存─┐
                                                                      │
                                                    ┌─云门文偃……────┤
                                                    │    （云门宗）     │
                                                    └─玄沙师备—罗汉桂琛—法眼文益……
                                                                 （法眼宗）
```

二　雪峰义存生平和参学传法历程

关于雪峰义存的事迹，唐末威武军节度使推官黄滔（840—911）所撰《福州雪峰山故真觉大师碑铭》（简称《雪峰碑铭》）（《黄御史集》卷五，《全唐文》卷八二六亦有载）记载较详，宋赞宁《宋高僧传》卷一二《义存传》基本据此而写。此外在五代南唐静、筠二禅师《祖堂集》卷七，宋道原《景德传灯录》卷一六也载有义存传记和语录，另有明代林弘衍所编二卷《雪峰真觉禅师语录》（载《卍续藏经》），书后附有雪峰年谱，可以参考。

义存（822—908），俗姓曾，泉州南安县人。家世奉佛，自祖父以来皆"友僧亲佛"。义存在十二岁时随父游莆田玉涧寺，礼寺僧庆元为师，留寺为童子，十七岁时剃发出家。唐武宗会昌（841—846）年间实行禁毁佛教政策（所谓"灭佛"），义存改穿儒服隐居山林，到福州芙蓉山参谒宏照大师灵训，受到器重，便留在灵训身边学习佛法。唐武宗死后，唐宣宗即位，降诏恢复佛教后，义存再拜灵训为师。

此后，义存北上游历吴、楚、梁、宋、燕、秦等地（相当现今长江南北广大地区及陕西等地），唐宣宗大中三年（849）在幽州（治所在今北京西南）宝刹寺受具足戒。然后巡礼各地名山，访师参禅。据《雪峰语录》后附《雪峰年谱》，义存曾在马祖下二世、百丈怀海弟子杭州大慈寺寰中禅师门下参学，与岩头全豁、钦山文邃成为友。此外，义存还到舒州（治今安徽潜山）投子山参谒石头下三世、翠微无学弟子大同禅师，又到筠州（治今江西高安）洞山参谒良价禅师，先后在他们的门下参禅。据《雪峰年谱》，义存在江南参学曾"三登投子，九上洞山"，意为经历了艰苦反复的过程。义存在洞山当过饭头（管理伙食），因感到与良价机缘不契，便离开洞山到湖南武陵（朗州）德山参谒同是石头下三世的宣鉴禅师。

德山宣鉴上承石头下二世龙潭崇信的法系，禅法以冷峻严厉著称，对弟子或参禅者动辄以棒打启示。宣鉴的棒与临济义玄的喝在禅林齐名，所谓"德山棒，如雨点；临济喝，似雷奔"（宋圆悟克勤《碧岩录》第八七则）。察其本意无非是为了启示学人迅速从传统的思维模式中摆脱出来以体悟自性。义存参谒宣鉴时，问："从上宗乘（按：指禅宗），学人还有分也无？"宣鉴不仅没有回答，反而当头一棒，反大声问："道什么？"义存当下不理解，第二天又上堂参问。宣鉴明确地对他说："我宗无语句，实无一法与人。"（《雪峰语录》卷上）意为禅宗不以语句向人灌输佛法，主张学人体悟自有本性。义存听后，对禅宗宗旨立即省悟，从此成为宣鉴嗣法弟子。义存在德山期间也当过饭头。

唐懿宗咸通六年（865），义存与岩头全奯为伴离开德山，在经过澧州鳌山镇时因遇雪投宿旅店，在二人交换对禅法的见解时，全奯说："他后若播扬大教，一一皆从自己胸襟流出。"意为向人传授禅法，应传自己真正体悟的心性之法。义存听后立即大悟。此即所谓"鳌山成道"。此后，他对全奯一直感恩不尽，曾致书全奯，说："某一自鳌山成道后，迄至于今饱不饥。"（《雪峰语录》卷上）

咸通八年（867），义存四十六岁，辗转回闽，先在建安（今建瓯）结庵居住。后世在此建有黄龙、双石二寺。此年，先后师事百丈怀海、沩山灵祐的大安（也称懒安，793—883）也回到故里福州，应福州刺史、福建观察使李景温之请到城西怡山建寺①，此即后来的西禅寺。咸通九年

---

① 参考《雪峰语录》及《雪峰年谱》等。《雪峰语录》："上廉帅李景。"意为福州观察使是李景。但据《新唐书》卷一七七《李景让传》："弟景温，字德己，历谏议大夫、福建观察使，徙华州刺史，以美政闻。"可见李景是李景温之误。宋梁克家《淳熙三山志》卷三四："西禅寺。永钦里，号怡山……咸通八年观察使李景温招长沙为（沩）山僧大安来居。"另可参考郁贤皓著《唐刺史考全编》卷一五一，安徽大学出版社2000年版。

（868），义存再度回到阔别的福州芙蓉山，其师宏照灵训早已去世。他先居灵洞岩，得到原同在芙蓉山宏照灵训门下的师伯行实（823—889）的辅助，然而暂未开堂说法。

此后，从咸通十一年（870）直至唐僖宗乾符五年（878），义存在师伯行实的协助下，并得到福州刺史、福建观察使韦岫和当地士绅信徒的大力资助，在福州西边象骨峰的形胜之地陆续建造起宽阔宏伟的寺院，名此山为"雪峰"。义存逐渐名闻遐迩，僖宗皇帝闻奏赐寺以"应天雪峰寺"之额。乾符五年（878），黄巢起义军曾进军福州，翌年攻入广州，其间对建寺未造成重大影响。唐僖宗中和二年（882），义存已六十一岁，有内官从闽回京向僖宗上奏义存的道德事迹，僖宗特赐"真觉大师"之号，并赐以紫袈裟。中和四年（884），陈岩出任福建观察使，对义存也很信敬并大力支持。① 唐僖宗光启元年（885），王潮（？—897）与其弟王审邽、王审知从河南光州固始县率军南下攻占泉州、福州，控制今福建之地。从唐昭宗大顺二年至乾宁元年（891—894），义存再次游历吴越，参访杭州灵隐、天台国清、明州育王山等寺，然后回山。乾宁三年（896）唐朝升福州为威武军，任王潮为威武军节度使。王潮去世后，弟王审知（862—925）继掌军政，光化元年（898）表奏朝廷任威武军节度使，光化三年（900）加同中书门下平章事（相位），唐末最后一位皇帝哀帝天祐元年（901）授检校太保，封琅琊王；五代后梁太祖开平元年（907）授兼侍中，三年（909）封为闽王。②

雪峰义存生前对福州军政长官一直保持密切的关系，在韦岫、陈岩任观察使期间曾前后应请到他们到府上说法。王审知控制福建后对义存也特别尊崇，在继任威武军节度使的当年，特请义存与其弟子玄沙师备入宫传

---

① 以上主要依据《雪峰语录》《雪峰碑铭》并参考《雪峰年谱》。关于韦岫、陈岩，《碑铭》只说"乾符中观察使京兆韦公，中和中司空颍川陈公"，《年谱》称"观察使韦公"及"司空颍川陈公"。据《新唐书》卷一九七《韦丹传》附韦岫传及卷二二五《黄巢传》可以确定韦公是韦岫。据《新唐书》《僖宗纪》中和四年纪和《昭宗纪》景福元年纪以及《新五代史》卷一三四《王审知传》可确定陈公是陈岩。据郁贤皓著《唐刺史考全编》卷一五一，韦岫在乾符五年（878）为福建观察使，陈岩于中和四年至大顺三年（884—892）继郑镒为福建观察使。

② 参宋薛居正《旧五代史》卷一三四《王审知传》、清吴任臣撰《十国春秋》卷九〇"闽"《司空世家》、《太祖世家》。

授禅法。《雪峰语录》卷下所载有妙德编《大王请师与玄沙入内论佛心印录》，对义存、师备师徒向王审知传法的情况有生动的记述。当时王审知尚未受封琅琊王，也没有受封闽王，然而此录却称王审知为"大王"、"王大王"，也许是后来改称。

义存于后梁开平二年（908）五月二日去世，年八十七。

义存去世前为自己预制塔铭，其中有"从缘有者，始终而成坏；非从缘得者，历劫而常坚。坚之则在，坏之则捐"，意为凡借助因缘而生者（包括人）便生灭，不从因缘而生者则永远常存，说的是佛教的基本教理——因果缘起之法。他还为后继弟子制定了寺院必须遵守的《规制》，规定寺院实行以住持为最高首领的管理制度，防止寺僧发生纷争，说"家无二主，国无二王。二主必诤，二王则竞。况僧居无诤，有诤非僧。要令三世住持万所心安人和，不失其绪"；寺僧必须以住持为师，禁止擅自离开寺院。《遗诫》还规定不许寺僧自度童行（受五戒在寺院从事杂务而尚未正式剃度的童子）、私置产业，禁止离众开设小灶和支使寺僧或寺院田庄经营借贷与经商（《雪峰语录》卷下）。

三　义存禅法：标榜"以心传心"，
　　　　提倡自修自悟

在现存义存的语录中，从正面阐述佛法的文字极少，然而我们仍可从他向门下弟子的模棱两可、闪烁其词的说法中，窥测到他的禅法主张。在《义存语录》卷下载录义存与弟子玄沙师备应请向闽王王审知传授心法的语录——妙德编《大王请师与玄沙入内论佛心印录》（简称《内论佛心录》），一反平时向身边弟子传法的风格，是使用含义清晰的语句讲述禅宗一向阐释的心性和修行解脱的道理，可以作为我们介绍义存禅法的重要根据。

义存上承慧能—青原行思—石头希迁……德山宣鉴的禅法世系，以"以心传心，不立文字"为传法宗旨，认为人人生来具有的清净本性是达到觉悟解脱的内在依据，修行入悟要靠自己，反对放弃自修自悟而到处盲目地求法求道，抄写和背诵别人的语录，认为只要体悟一切皆空的"真实法相"，领悟自性，便可达到觉悟解脱。

现依据《祖堂集》卷七、宋道原《景德传灯录》卷一六的《义存传》及《雪峰语录》等资料，对雪峰义存禅法作概要介绍。

（一）奉"以心传心，不立文字"为宗旨，引导弟子自修自悟

禅宗虽没有专门的判教著作，但不少禅僧对禅宗特色的论断是具有判教性质的。唐代慧能弟子荷泽神会曾说："六代祖师以心传心，离文字故，从上相承，亦复如是。"（《南阳和上顿教解脱直了性坛语》）百丈怀海弟子黄檗希运说："自如来付法迦叶以来，以心传心，心心不异。""祖师西来，直指人心，见性成佛，不在言说。"（《黄檗传心法要》）后来丛林间将"以心传心"、"不立文字"传为是北魏时菩提达摩所说，例如宋初法眼宗学僧延寿在《宗镜录》卷一说："西天释迦文佛云：佛语心为宗，无门为法门。此土初祖达摩大师云：以心传心，不立文字。则佛佛手授，授斯旨；祖祖相传，传此心。"① 这种说法是基于人人生来秉有清净佛性，可以达到解脱的理论，强调通过超越语言文字的"传心"，启示人们自修自悟。当然从实际表现来看，禅宗从来没有离开过语言文字，自然也没有废弃佛教的基本教义。

在《祖堂集·义存传》及《雪峰语录》所载义存的语录中，不止一处载有他讲"以心传心，不立文字"的话。据《雪峰语录》所载，他曾启发门下弟子和参禅信众说：

> 菩提达摩来道：我以心传心，不立文字。且作么生是诸人心，不可乱统，即便休去。自己事若未明，何处消得许多妄想，时中无汝安身处。便见凡见圣，有男女、僧俗、高低、胜劣，大地面前吵吵地铺沙相似，未曾一念暂返神光。流浪生死，尽劫不息，大须惭愧，各自努力。

义存以引传菩提达摩的"以心传心，不立文字"来宣示禅宗的传法宗

---

① 杨曾文校编，中华书局1996年版《神会和尚禅话录》第7页。黄檗希运的语录，见《大正藏》卷四八第382页上、384页上。《宗镜录》所引，载《大正藏》卷四八第417页中下。

旨，实际也是他遵循的传法宗旨。他告诉门下，禅宗是借助超越于语言文字的"传心"（传承佛心、佛性）启示，引导修行者自己体悟生来秉有清净佛性，修行者不应舍弃自己的安身立命的自性而向外胡乱追求，产生种种分别、推测和妄想，如此则永远不能从生死轮回中达到解脱。相反，如果直探心源，便有可能顿悟自性，达到解脱，此即所谓"即心是佛，见性是佛"（《雪峰语录》卷下载《内论佛心录》）。

这是义存禅法中最重要的内容，也可以说是义存禅法的理论基础。他有时将人的自性、佛性比喻为古镜、明镜。《雪峰语录》卷下记载，义存曾说：

> 要知此事，如一面古镜相似，胡来胡现，汉来汉现。
> 世界阔一尺，古镜阔一尺；世界阔一丈，古镜阔一丈。

意为明镜可以映照一切汉人胡人的形象，也可以映照天地万物，世界多大，明镜也就多大，以此比喻人的自性或佛性的清净本质，又表述自性具有的认识世界的功能。在这种场合，自性或佛性相当南北朝以来一些学僧所说的"神明"、"冥传不朽"的"真神"，既是人的精神的本质、本体，又具有反映思虑周围事物的认识功能。①

义存在向王审知传法中将真如、佛性等名称作了会通的解释，强调这些名称皆是"一心"的不同说法，说："一名佛性，二名真如，三名玄旨，四名清净法身界，五名灵台，六名真魂，七名赤子，八名大圆镜智，九名空宗，十名第一义，十一名白净识。此是一心之名目也。三世诸佛、十二部经并在。"又说："亦名一心法门，亦名大涅槃，亦名定念总持，亦名真如性海，亦名无为大道，亦名一真法界，亦名无去无来菩提萨埵（按：菩萨），亦名无性涅槃，亦名金刚三昧实谛，亦名自性清净心，亦名如来藏，亦名实相般若，亦名正因佛性，亦名中道一乘，亦名净性涅槃，亦名一念真如。"（《内论佛心录》）

---

① 请见任继愈主编，中国社会科学出版社 1988 年版《中国佛教史》第三卷第三章第二节《涅槃佛性学说的流行及其社会意义》。

对于真如、佛性等这些在大乘佛教理论体系中的至高概念，禅宗又经常强调它们具有空寂无相，不可用语句表述的超越性质。据《雪峰语录》卷下记载，有一天义存与临济义玄的弟子三圣慧然结伴走路，看见一只猕猴，便说："人人尽有一面古镜，者（按：这）猕猴亦有一面古镜。"慧然不理解，问："历劫无名，何以彰为古镜？"义存立即说："瑕生也。"慧然大喝说："老汉，话头也不识！"义存说："老僧住持事烦。"按照禅宗的说法，自性或佛性虽永恒存在，然而却是超言绝相、不可表述的。慧然对义存将人与其他众生的佛性比喻为古镜的说法提出异议。义存同意他的看法，表示用语言表述佛性好像洁玉生瑕一样。然而在慧然再次对他批评时，他便用"老僧住持事烦"的话搪塞过去，表示到此可以为止了。从这里可以了解义存对语言的看法，认为既不能不用语言阐释佛法，表明态度，又不能执着言句和热衷于争辩。

义存正是依据以上佛性的道理向弟子和信众传授禅法，引导他们确立达到解脱的信心，自修自悟的。

（二）说"尽乾坤是个解脱门"，到处可以修行入悟

义存向门下说法过程中经常用各种方式启示解脱要靠自己，不能一味地向外追求。他反对丛林间流行的抄写、传诵名师语录，然后到处散布贩卖的做法，称这样做的人是"嚼涕唾汉"。他曾上堂说：

> 三世诸佛不能唱，十二分教不能载，如今嚼涕唾汉争（怎）得会？我寻常向你道是什么，近前来觅答话处。驴年，识得吗？事不获已，向你与么道，已是平欺你了也。向你道，未入门已前早共你商量了也。还会吗？亦是老婆心也。省力处不肯当荷，但知踏步向前，觅言觅语。向汝道，尽乾坤是个解脱门。总不肯入，但知在里许乱走。逢人便问那个是我，还羞吗？只是自受屈。所以临河渴杀人无数，饭箩里受饥人如恒沙。莫将等闲，上座子。若实未得悟入，直须悟入始得，不可虚度时光。莫只傍家相邀，掠虚赚说误人。是阿谁分上事，亦须著些精彩好。（《雪峰语录》卷上）

大意是说，人悟达到解脱的道理毕竟不能从各类佛经中得到答案，从他的答语中也不能找到现成答案（"驴年"意为不可能）；说自己有时出于如同老妪的好心那样讲一些启示的话，然而实际这是对他们的安慰和哄骗；解脱非难，本来是个人的事，但有人却自讨苦吃，到处寻觅别人的语句；解脱之门存在于天下处处事事之中，并非存在于日常生活之外；但无数人对此却不知，到处向人打听何为自己（不知即心是佛），如何解脱，正好像站在河边等着渴死，守着饭笸箩却活活饿死；应当老实自修自悟，不要用贩来的语句欺骗别人。

义存在禅法上是远承石头希迁的法系。《祖堂集》卷四《希迁传》记载，希迁读到后秦僧肇的《涅槃无名论》中的"览万像以成己者，其唯圣人乎"，赞叹说："圣人无己，靡所不己。法身无量，谁云自他？图镜虚鉴于其间，万像体玄而自现。境智真一，孰为去来？"意思是说，既然世界万物皆是佛的法身所造，圣人（佛）与理相即不二，那么体现法身的圣人的身心便能会通万有，圣人的智慧可以预见未来，洞察天地六合，达到内外相融、物我冥一的境界。义存所说"尽乾坤是个解脱门"这句话里，实际也蕴含着理事圆融、物我一体的思想。义存还说过："尽乾坤大地是你，将为别更有在？所以《楞严经》云：众生迷己逐物，若能转物，即同如来①"；"尽乾坤是个眼"，有时在僧的面前握着拳说："尽乾坤若凡若圣，若男若女，若僧若俗，山河大地，都总在者（按：这）一握里"。这样讲的前提是以心（理）、佛性或法身是世界万物（事）的本体、本原，既然世界万事万物皆为一心所造，所谓"万法唯心"，那么天地万物之间便具有共同的本质，皆是心性的显现，不仅心与物、理与事可以互相融通，而且人与人，乃至众生之间、物与物之间也是圆融无碍的，彼此之间存在互相感应的基础。从自己来说，既可在寺院修行体悟自性，也可在家、在一切地方通过观察身边的事物来体悟自性，从本质上领悟心与世界万法互相渗透、互相融通的道理，断除执着于有无、我他、凡圣、男女僧俗等差别之见，进而达到精神解脱。

---

① 《楞严经》卷二原文："一切众生从无始来迷己为物，失于本心，为物所转。故于是中观大观小，若能转物，则同如来，身心圆明，不动道场，于一毛端遍能含受十方国土。"

有人问，"如何是诸佛出身处"，义存答："自己分事作么生？"又有人问："长大不语，群众何依？"他答："但自救去！"意为觉悟解脱是自己的事，除了自己别人代替不了。他批评有人到处"问君问臣（按：曹洞宗门庭施设有'五位君臣'），问佛问祖，问出身转身，问身前身后"，而竟"不识好恶老师，但知唱和，问着便答"。他要求"达磨子孙，不肯吃人嚼了饭"（《雪峰语录》卷上）。

义存严厉批评丛林间抄录、迷信语录的现象，说这种人"只是傍家吃老师涕唾，向意识里作解，忽被人问着自家屋里事（按：指体悟自性的修行），便将相似语来用"。还劝导门下弟子："自己若未明白，切不得掠虚，枉度时光。莫只向诸方老师领腮下记得一言半句，将当自己胸襟。大错！"应当说，义存的批评是切中当时禅宗界的弊病的，因为在进入唐后期以来抄录、传递和迷信语录是丛林间十分普遍的现象。

义存不仅反对迷信用语言、造型表述或显示的佛、法身以及佛经等，而且常用近乎粗鲁的语言来"呵佛骂祖"，目的大概是让人重视心中无形之佛吧。他曾说：

> 三世诸佛是草里汉，十经五论是系驴橛，八十卷《华严经》是草薜头、搏饭食，言语十二分教是蛤蟆口里事。

这是说佛不过是普通的庄稼汉，常用的佛教经论好像是供人使用的拴驴橛，唐译八十卷《华严经》是如同遮阳光的草帽、充饥的饭团，用文字表述的各种体裁的佛经犹如池塘里的蛤蟆喧嚣不已的叫声。有人问："如何是法身？"义存竟回答："虽是缘生，口不可咬屎橛也。"按照佛教教义，法身不是缘生，虽可随缘显现万物，但却永恒不变。他不仅把法身当作普通的因缘和合的众生，而且竟说如同不能用嘴咬屎橛一样去谈论法身。（以上皆见《雪峰语录》卷上）

一日，他分别问寺中的典座（掌食住之职）、藏主（掌图书）："三世诸佛在什么处？"或不作回答，或答："不离当处常湛然。"他都不满意，让他们问他："三世诸佛在什么处？"此时正好有只母猪从山上下来，他便指着母猪说："在猪母背上。"（《祖堂集》《雪峰传》）这好像是亵渎佛法，但在南宗的一些禅师看来，"佛"、"法身"等不过是人们用语言表达的称呼，而不是永恒清净，贯通宇宙，与众生心性融为一体的佛、法身佛。

义存对于学人提出诸如解脱、见性、出世等问题，也经常是以木棒相加，有时甚至打得当事者也莫名其妙。有僧到义存处礼拜，想不到被打五棒。此僧问："某甲有什么过？"他不回答，又打他五棒。有僧问："声闻人见性如夜见月，菩萨人见性如昼见日，未审和尚见性如何？"义存不作答，打他三棒；此僧又问，又加三棒（《雪峰语录》卷下）。这种做法的重要用意就是示意问者应自己审视，自己回答。

四 向王审知传"佛法心印"，劝他护法保民

闽国是五代时期在南方和山西地区先后出现的十国之一。唐昭宗光化元年（898），王审知继其兄王潮之后任武威军节度使，累迁同中书门下平章事，封琅琊王，至后梁太祖开平三年（909）被封为闽王，占领今福建地区，设治所于福州。为取得闽地安定，他审时度势，奉后梁、后唐为正朔，称臣进贡。宋薛居正《旧五代史》卷一三四《僭伪列传·王审知传》称"审知起自陇亩，以至富贵。每以节俭自处，选任良吏，省刑惜费，轻徭薄敛，与民休息。三十年间，一境晏然"。充分肯定他在治理和开发今福建地区的贡献。王审知于后唐同光三年（925）去世，年六十四，谥"忠懿王"。在他死后，闽国几经内讧，经五主，天德元年（943）被后唐所灭。

王审知信奉佛教，对禅宗尤感兴趣。《雪峰年谱》载，乾宁二年（895）义存领僧众千人为他说法，他施舍钱30万为义存建造房屋20间，后又舍钱30万为寺院创建法堂、回廊、方丈等。光化元年（899）王审知执掌福州等地的军政大权后请义存与弟子玄沙师备入州府传法，"论佛心印"，热切地问"诸佛并达磨所传秘密心印"及如何成佛。他听后，"大起信心，便立大誓愿，志信受持，终无退志"。此后，又请义存与玄沙入宫，重排香案，请他们秘密为他传授"佛法心印"。在王审知请义存说法与传法的过程中，令内尚书三人隔帐作记录。此即现存妙德所编《大王请师与玄沙入内论佛心印录》。据此，我们可以看到王审知信仰兴趣之所在和义存向王审知讲述的

内容。

(一) 宣称"见性方得成佛"

对于王审知所问"达磨所传心印"及"如何成佛"等问题,义存始终围绕"见性成佛"这一主旨来谈。义存说,达摩亲传只是一言,"转凡成圣,不是小小之事,悟即刹那间,不悟尘沙劫";一切经论只是"一心","祖祖相传一心",此心即"真性";造寺、度僧、布施等修善功德,虽不能使人成佛,却可"得生天报,得福寿报";强调"即心是佛,见性是佛";一切烦恼从"妄想"生,若想"忏悔",应端坐念实相,如果能做到"识取实相,自然成佛"。义存又说"心"有真如、佛性等不同名称。义存甚至还借机劝"为佛法主宰,于笔头下救护众生",将发展佛教、爱护民众的希望寄托在王审知的身上。

(二) 说体悟心性空寂,"即悟真实法相"

在义存为王审知秘密传授"佛法心印"的过程中,用不同的语言向他开示禅宗的基本宗旨——"达摩法门",重点是围绕般若中观和佛性思想进行发挥,说"心"、"一心法门"、"法身"无形无相,是"大王本源自性天真佛",也是"一念归空界"、"无心"、"大涅槃"、"一真法界"、"正因佛性"、"中道一乘"等。如果通过修行来观心,断除"妄想"幻相,体认"我心自空",就能觉悟真实法相,可以"速得成佛"。义存甚至干脆明白地表示,"大王,即今既知,即今是佛",一切的智慧解脱法门、一切的神通妙用"俱在大王心","本来自在,无有三界可出,无有菩提可成,大道虚旷",是说王审知既已体认自性,便达到了佛的境界。同时,义存又不否定从事布施等善行,然而说那些只是对达到解脱有辅助作用的"助道之门"。

在义存向王审知传法的过程中,看不到他在寺院向弟子和参禅者表现的那种所问非所答以及动辄施之以棒喝的做法,而是以毕恭毕敬的态度正面回答王审知的任何提问,并且还说王审知"既知"达摩心法,"即今是佛"。不难理解,义存的这种表现是为了取得王审知的理解和支持,以担当雪峰寺教团的外护。应当说义存的禅系在福建一带地区得到广泛传播是与当地军政官员和此后闽王的信奉、支持分不开的。从这里，我们再一次领略到东晋道安所说"不依国主，则法事难立"的道理。

五 义存主要嗣法弟子

雪峰义存名高当世，如《雪峰碑铭》所说，传法四十年，"东西南北之夏往秋适者，不可胜纪，而常不减一千五百徒之环足其趋也"。《祖堂集》的《雪峰传》谓其身边弟子常达一千七百人，《景德传灯录》卷十八至卷十九载义存有弟子56人，著名弟子中有在福州玄沙山传法的师备、在越州洞岩传法的可休、在信州鹅湖山传法的智孚、在泉州招庆寺和长乐长庆寺传法的慧棱、在鼓山传法的神晏、在漳州保福院传法的从展、在韶州云门寺传法的文偃、在南岳般舟道场传法的惟劲、在明州翠岩寺和杭州龙册寺传法的永明令参等人。现仅对其中的玄沙师备、云门文偃和南岳惟劲的事迹略作介绍。

玄沙师备（825—908），福州闽县人，俗姓谢，三十岁时登芙蓉山礼灵训为师出家，到豫章（今江西南昌）开元寺受具足戒。原与雪峰义存同在芙蓉灵训门下学法，因常修苦行，义存称他为"备头陀"。义存从德山宣鉴受法而归，在开辟雪峰山建寺过程中，他前往协助，并成为义存的嗣法弟子。此后，师备先后辟闽清县梅溪场普应山、玄沙山两地建寺传法。唐昭宗光化元年（898），继任威武军节度使的王审知请师备住持福州安国院，后又表奏朝廷赐以宗一大师之号和紫袈裟。师备名声远扬，门下受法者常达七百余人。

师备继承雪峰义存禅法，然而在向门下弟子传法中更爱发挥佛性和性相圆融的思想。据智严《玄沙师备禅师广录》卷中记载，他曾对弟子说，"大地虚空，皆因心成体……心法无形，通贯十方"；"法体本自无生，本自无灭，法法如然，亘古亘今本自具足，本自圆成，性相常住"，意为天地万物，皆是心性的显现，从根本上来说是不生不灭和完备圆满的。人人生来具有佛性，具备佛的法报应三身，所谓"法、报、化具足，人人具足，人人现成"。又说："本智之佛性，或隐或显，应用自在。一日相应，一日佛性。一时相应，一时佛性。诸法所生，唯心所现，凡所见境，唯是见心，元成不动之性相。出生入死,本自平等。一分法身,一分理量齐明。犹如王印,无一法从外而来,无一法从内而出,人人如是。人人自信作佛,人人自信具足,是我一真法界。"如果能够体悟佛在自性,便可达到解脱,此即是"见性成佛"。

师备与义存关系十分融洽,经常在一起谈论佛法和出行,曾应请与义存入州府向王审知传法。师备于后梁开平二年(908)十一月二十七日去世,年七十四。义存在此年五月去世。有弟子智严集录《玄沙师备禅师广录》及明林弘衍编《玄沙师备禅师语录》各三卷传世。①

玄沙师备弟子中以漳州罗汉院桂琛、福州安国院慧球最有名,桂琛的弟子法眼文益在十国之一的南唐支持下创立了"禅门五宗"中的最后一宗法眼宗。

云门文偃(864—949),俗姓张,苏州嘉兴人,幼年在嘉兴空王寺志澄律师门下出家,在常州戒坛受具足戒,先学《四分律》及大小乘佛典。后出外游方,先参谒在睦州(治所在今浙江建德)龙兴寺传法的马祖下三世道纵(陈尊宿),后到雪峰义存门下参学受法,然后参访今江西、湖南、浙江、福建、广东等地的禅寺,参谒名师,最后投到韶州曲江县灵树寺如敏(?—917)的门下担任首座。如敏先后受到南汉王刘隐、刘岩(高祖)兄弟的钦重,受赠"知圣大师"之号,在临死之前向南汉王留言推荐由文偃继任灵树寺住持。

南汉高祖乾亨七年(923),文偃奏请南汉王允许,率弟子到位于今广东乳源县云门山建证真禅寺,后改名大觉禅寺。文偃先后受到南汉高祖、中宗和后主的崇信,多次应召请入在广州的王宫说法。文偃以云门山寺为传法中心,创立"禅门五宗"中的云门宗,门下聚集的受法者常达千人之多。

文偃于南汉中宗乾和七年(949)去世,年八十六。后主降敕地方官并派使者开塔将文偃的遗体迎奉到京,由僧官僧众将遗体移置于灵龛送入宫内,举行盛大的供养仪式,赠文偃以"大慈云匡圣弘明大师"之号。云门

---

① 此外,在《祖堂集》卷一〇、《景德传灯录》卷一八、《宋高僧传》卷一三也载有玄沙师备的语录或传记。

文偃生前说法和接引学人的语录，有弟子守坚集录的《云门匡真禅师广录》三卷，后由北宋福州鼓山圆觉寺宗演重加校勘编排。①

据《景德传灯录》卷二二、卷二三的记载，文偃的主要弟子有61人，其中有韶州白云子祥、朗州德山缘密、潭州南台道遵、韶州双峰山竟钦、岳州巴陵颢鉴、随州双泉师宽、益州香林澄远、襄州洞山守初等人，遍布现在的广东、福建、江苏、四川、江西、湖南、湖北等省，是活跃于五代宋初的著名禅僧。

白云子祥，或作子庠，号实性大师，长期在韶州白云山传法。宋朝余靖《武溪集》卷八所载《韶州白云山延寿禅院传法记》说他是云门的嫡传弟子，曾应南汉主召请入王宫说法。继子祥之后，在白云山传法的有志文、达正、云端、云福、惠龙、常简。

进入宋代以后，云门宗曾是禅宗中最盛行的宗派。益州香林澄远下二世出了雪窦重显（980—1052），因著有《颂古百则》《明觉禅师语录》而闻名；德山缘密下三世出了佛日契嵩（1007—1072），因进京向宋仁宗两次上书和著《辅教编》《传法正宗记》等而为天下所重。

南岳惟劲，在《祖堂集》卷一一、《景德传灯录》卷一九有传，福州永泰人，从雪峰义存嗣法后，到南岳般舟道场传法，在后梁开平（907—910）年间编《续宝林传》四卷，又编撰《南岳高僧传》及《防邪论》等，皆流传于世。所编《续宝林传》是接续唐惠炬（或作智炬）编《宝林传》之后灯史，在内容上是编录唐光化年间所编《圣胄集》之后的著名禅师事迹和语录。②

---

① 关于云门文偃生平事迹，主要见南汉乾和七年（949）雷岳撰《云门山光泰禅院匡真大师行录》（简称《匡真大师行录》，载守坚集《云门匡真禅师广录》）、南汉大宝元年（958）雷岳撰《大汉韶州云门山光泰禅院匡真大师实性碑并序》（简称《匡真大师塔铭》，载《唐文拾遗》卷四八）、南汉大宝七年（964）陈守中撰《大汉韶州云门山大觉禅寺大慈云匡圣宏明大师碑铭并序》（简称《匡圣弘明大师碑铭》，载《全唐文》卷八九二）。此外，《祖堂集》卷十一《云门和尚传》、《景德传灯录》卷一九《文偃传》、《禅林僧宝传》卷二《云门传》以及《联灯会要》卷二十四和《五灯会元》卷一五的《文偃传》，皆有详略不同的记载。

② 参见宋惟白《大藏经纲目指要录》（载《大正藏》卷四九）卷八有关记载。

六 雪峰义存在中国佛教文化史上的地位

雪峰义存是中国禅宗文化史上承上启下的重要人物。禅宗南宗创始人慧能的禅法主要通过南岳怀让—马祖道一和青原行思—石头希迁两大法系传到后世，然而长期以来青原—石头法系显得缺乏生气，过于沉寂，直到洞山良价和雪峰义存积极开展传法活动时才打破这种局面，使青原—石头法系迅速兴起，大有后来居上之势。

（一）从当时历史情况来看，王潮、王审邦、王审知兄弟在全国处于分裂动乱的形势下率军从河南光州进入今福建地区，特别是王审知及其闽国政权，对稳定福建地区的社会秩序、发展经济和文教事业是做出了重要贡献的。义存以雪峰山为中心开展传法活动得到了控制今福建地区的官员特别是王审知的支持，以佛教禅宗的净心悟道和劝善止恶的思想进行教化，可以说是直接参与了稳定社会秩序和发展文教的事业的。

（二）义存门下弟子多达上千人，其中分赴各地住持大寺的有五六十人之多，他们及其法系中的很多人受到闽、吴越、南唐等割据政权最高统治者的崇信和支持，在推动佛教禅宗向各地传播和实施教化，发展民族文化，促进各地社会安定和谐当中发挥了重要作用。

（三）雪峰的法系先后形成"禅门五宗"中的云门宗、法眼宗，在宋初曾十分盛行，先后涌现出不少著名学僧，例如云门宗的雪窦重显、五祖师戒、大觉怀琏、佛日契嵩、佛印了元、天衣义怀、慧林宗本、圆通法秀等人；法眼宗出了永明延寿、永安道原等人。他们在北宋朝野传播禅宗文化，编撰禅宗语录和体裁多样的文史著作，通过与儒者士大夫的交往促进儒佛的交流和会通，对推进两宋思想文化发展做出了重要贡献。

附录：

福州雪峰山故真觉大师碑铭

（载黄滔著《黄御史集》卷五《四库全书》集部二，
亦载《全唐文》卷八二六）

大师法号义存，长庆二年壬寅生于泉州南安县曾氏，自王父而下，皆友僧亲佛，清净谨志。

大师生而鼻逆荤血，乳抱中或闻钟磬，或见僧佛，其容必动，以是别钟爱于膝下，九岁请出家，叶而未即。十二从家君游莆田玉涧寺，寺有律僧庆元，持行高洁，遽拜之曰："我师也。"遂留为童子焉。十七落发，淳朴贞古，了与流辈异。暨武宗皇帝乙丑之否，乃束发于儒冠，菜中而蓬迹，来府之芙蓉山，弘照大师见奇之，故止其所。至宣宗皇帝之复其道也①，涅而不缁其身也，褎然而出，北游吴、楚、梁、宋、燕、秦，受具足戒于幽州宝刹寺讫，巡名山，扣诸禅宗，突兀飘飘，云翔鸟逝。

爰及武陵，一面德山，止于珍重而出，其徒数百咸莫之测。德山曰："斯无偕也，吾得之矣。"

咸通六年，师归于芙蓉之故山。其年，圆寂大师②亦自沩山拥徒至，坐于怡山王真君上升之地。其徒孰（孰师已嗣德山）累累而款关，师拒而久之。则有行实者，始以师同而议曰："师之道巍巍乎，法门围绕之所，不可造次，其地宜若鹫岭猴江之为卜。府之西二百里有山焉，环控四邑，峭拔万仞，嶕崒以支圆碧，培塿以觑群青，怪石古松，栖蛰龟鹤，灵湫邃壑，隐见龙雷。山之半顶之上则先冬而雪，盛夏而寒，树皆别垂藤萝丰茸而以为

---

① 《宋高僧传》卷一二《义存传》作"……复释氏其道也"。
② 此应为先后师事百丈怀海、沩山灵祐的大安（亦称懒安，793—883）禅师，据《景德传灯录》卷九《大安传》，他于中和三年去世，敕谥圆智禅师。因此，此碑文中的师号"圆寂"有误，应改为"圆智"。

之衣，交错而不呈其形，奇姿异景，不可殚状，虽霍童武夷无以加之，实闽越之神秀，而古仙之未攸居，诚有待于我师也。祈以偕行。"

秋七月，穿云蹑藓，陟险升幽，将及之。师曰："真吾居也。"其夕，山之神果效灵。翌①日，岩谷爽朗，烟霞飞动。云庵既立，月构旋隆。繇是柅法轮于无为，树空门于有地。行实乃请名其山曰雪峰，以其冬雪夏寒，取鹫岭猴江之义。始则庚寅，逮于乙未，师以山而道俜，山以师而名出，天下之释子不计华夏，趋之如赴召。

乾符中观察使京兆韦公、中和中司空颍川陈公，每渴醍醐而不克就饮，交使驰恳师为之入府，从人愿也。其时内官有覆命于京语其道，其侪之拔俗悟空者请蜕浮华而来剃。

僖宗皇帝闻之翰林学士，访于闽人陈延郊，得其实奏，于是圣锡"真觉大师"之号，仍以紫袈裟俾延郊授焉。大师受之如不受②，衣之如不衣。居累夏，辛亥岁朔，遽然杖屦，其徒启而不答，云以随之，东浮于丹丘四明。明年，故府侍中之有无诸克③，洗兵于法雨，致敬于禅林，馥师之道，常东望顶手。

后二年，自吴还闽，大加礼异。今闽王誓众养民之外，雅隆其道，凡斋僧构刹，以之龟焉，为之增宇，设像铸钟，以严其山，优施以充其众。时则迎而馆之于府之东西甲第，每将俨油幢聆法轮，未尝不移时。余乎一纪，勤勤恳恳，熊罴之士，因之投迹檀那；渔猎之逸，其或弭心鳞羽。

戊辰年春三月示疾，吾王走医。医至，粒药以授。师曰："吾非疾也，不可罔子之工。"卒不之饵。其后札偈以遗法子，函翰以别王庭。夏五月二日，鸟兽悲鸣，云木惨悴。其夜十有八刻时灭度，俗寿八十有七，僧腊五十有九。以其月十五日塔其藏焉。其塔也，其徒佥云：以山之奇、堂之峻（法堂也），大师之生也，王④是其殁也，不宜舍诸。故坎其中焉。若干尺之高，若干尺之周，皆雕珉石，错火壤，磷磷然，巢巢然，四隅则环宇以庑，

---

① 原作"异"字，参《宋高僧传·义存传》改。
② 原二"受"字皆作"授"，据其意并参考《宋高僧传·义存传》改。
③ 《宋高僧传·义存传》此句作"明年，属王侍中之始据闽越"。王侍中是指王审知，他在五代后梁太祖开平元年（907）授兼侍中。当时他尚未受此封，这里是用后称。
④ 原文"王"下注"去声"，也许是"亡"字。

玲珑窈窱，云霞时入，风雨无侵。其日，奔闽之僧尼士庶，仅五千人。闽王姊之子降左金吾卫将军检校刑部尚书延禀，始陈祭是设斋焉，大矣哉。

大师之见世，于是罔量；其僧邪①，自始及兹凡四十年，东西南北之夏往秋适者，不可胜纪，而常不减一千五百。徒之环足其趋也，驰而愈离，辩而愈惑。常曰："三世诸佛，十二分教，到此乃徒劳耳！"其庶几者若干人，其一号师备，拥徒于玄沙②；其二号可休，拥徒于越州洞岩；其三号智孚，拥徒于信州鹅湖；其四号慧棱，拥徒于泉州招庆；其五号神晏，今府之鼓山也。分灯之道，皆膺圣奖锡紫袈裟，而玄沙级宗一大师、招庆玄晤大师、鼓山定慧大师之命焉。

其曹早曰："法虽无说，名以文垂，自少林之逮曹溪，无不刻碑而纪颂。我师其默乎？"一旦总其曹首曰从智如堵，而扣愚求文。某老且病，刊勒之加，多已辞避，钦师之道，不觉耸然伟夫。

恭闻释波之东注也，流其象则不流其旨，流其旨则不象其形，厥初大迦叶之垂二十八叶至于达磨，达磨六叶止于曹溪，分宗南北。德山则南宗五叶，大师嗣其今六叶焉。雪峰之分玄沙、洞岩、鹅湖、招庆、鼓山，其道皆离贝叶以祗其七，非某之能言也。但美数公葳蕤，其叶众多，殷勤之请，遂为之铭而应其求。

其词曰：

曹溪分派，谁继南宗，一言冠绝，六叶推雄。
无物之物，非空之空，不莹而明，不增而隆。
缩靡秋毫，舒靡鸿蒙，不有灵镜，曷扬真风。
懿彼闽越，巍乎一峰，洞壑斯异，雪霜罕同。
天之有待，师也云钟，名将道协，迹与仙崇。
奔走厥徒，百千其丛，庶几几人，莫不玄通。
分灯照耀，树本玲珑，圣君宠迓，贤王敬重。
不生不灭，曷始曷终。

刻贞石于斯文，旌厥德于梵宫。

---

① "邪"即"耶"，这里意为"也"。
② "玄沙"，原避清朝之讳作"元沙"。

唐福州雪峰广福院义存传

（载《宋高僧传》卷一二）

  释义存，长庆二年壬寅生于泉州南安县曾氏，自王父而下皆友僧亲佛，清净谨愿。存生而鼻逆荤血，乳抱中或闻钟磬，或见僧像，其容必动。以是，别垂爱于膝下，九岁请出家，怒而未允。十二从家君游蒲田玉润寺，有律师庆玄持行高洁，遽拜之曰："我师也。"遂留为童侍焉，十七落发，来谒芙蓉山恒照大师，见而奇之，故止其所。至宣宗中兴释氏其道也，涅而不缁其身也，褎然而出，北游吴、楚、梁、宋、燕、秦，受具足戒于幽州宝刹寺讫，巡名山，扣诸禅宗，突兀飘飘，云翔鸟逝。

  爰及武陵，一面德山，止于珍重而出，其徒数百咸莫测之。德山曰："斯无阶也，吾得之矣。"

  咸通六年，归于芙蓉之故山。其年，圆寂大师①亦自沩山拥徒至于怡山王真君上升之地。其徒孰（孰师已嗣德山）累累而疑关，存拒而久之。则有行实者，始以存同而议曰："我之道巍巍乎，法门围绕之所不可造次，其地宜若布金之形胜可矣。府之西二百里有山焉，环控四邑，峭拔万仞，嵼崒以支圆碧，培楼以觇群青，怪石古松，栖蛰龟鹤，灵湫邃壑，隐见龙雷。山之巅先冬而雪，盛夏而寒，其树皆别垂藤萝，丰茸而以为之衣，交错而不呈其形，奇姿异景，不可殚状，虽霍童武夷无以加之，实闽越之神秀，而古仙之未攸居，诚有待于我也，祈以偕行。"

  去秋七月，穿云蹑藓，陟险升幽，将及之。存曰："真吾居也。"其夕，山之神果效灵。翌日，岩谷爽朗，烟霞飞动，云庵既立，月构旋隆。繇是桅法轮于无为，树空门于有地。行实乃请名其山，曰雪峰。以其冬雪夏寒，

---

① 圆寂大师是指先后师事百丈怀海、沩山灵祐的大安，据《景德传灯录》卷九《大安传》谥号应为"圆智"，而非"圆寂"。

取鹫岭猴江之义。斯则庚寅逮于乙未，存以山而道任，山以存而名出，天下之释子不计华夏，趋之若召。

乾符中，观察使京兆韦公，中和中司空颍川陈公，每渴醍醐而不克就饮，交使驰恳存为之入府，从人愿也。其时内官有覆命于京，语其道，其侪之拔俗悟空者，请蜕浮华而来脱屣。僖宗皇帝闻之翰林学士，访于闽人陈延效得其实奏，于是乃锡真觉大师之号，仍以紫袈裟俾延效授焉。存受之如不受，衣之如不衣，居累夏，辛亥岁朔，遽然杖屦，其徒启而不答，云以随之，东浮于丹丘四明。

明年属王侍中之始据闽越，乃洗兵于法雨，致礼于禅林，馥存之道，常东望顶手。后二年自吴还闽，大加礼异。及闽王王氏誓众养民之外，雅隆其道，凡斋僧构刹，必请问焉，为之增宇设像，铸钟以严其山，优施以充其众，时则迎而馆之于府之东西甲第，每将俨油幢聆法论，未尝不移时。仅乎一纪，勤勤恳恳。熊罴之士，因之投迹檀那；渔猎之逸，其或弭心鳞羽。

戊辰年春三月示疾，闽王走医。医至，粒药以授。存曰："吾非疾也，不可罔子之工。"卒不饵之，其后札偈以遗法子，函翰以别王庭。夏五月二日，鸟兽悲鸣，云木惨悴。其夜十有八刻时灭度，俗寿八十有七，僧腊五十有九。以其月十五日塔而藏之。尔日奔走闽之僧尼士庶，巷无居人。闽王涟如出涕，且曰："师其舍予一何遽乎！"遣子延禀躬祭奠之，复斋僧焉。

存之行化四十余年，四方之僧争趋法席者不可胜算矣，冬夏不减一千五百。徒之环足其趋也，驰而愈离，辩而愈惑。其庶几者，一曰师备，拥徒于玄沙（今安国也）；次曰可休，拥徒于越州洞岩；次曰智孚，拥徒于信州鹅湖；其四曰惠棱，拥徒于泉州招庆；其五曰神晏，住福州之鼓山，分灯化物，皆膺圣奖赐紫袈裟，而玄沙级宗一大师焉。

系曰：雪峰道也恢廓乎，骏奔四海学人、所出门生形色不类何邪？玄沙乘《楞严》而入道，识见天殊，其犹谚曰："青成蓝，蓝谢青。"师何常①在明经，故有过师之说。一则雪峰自述塔铭，已尽其致也。一则玄沙安

---

① "常"，《大正藏》卷五〇所载《宋高僧传》本作"尝"字。

立三句，决择群见，极成洞过欤。今江表多尚斯学。此学虚通无系，了达逍遥勿拘，知乘急也。雪峰化众，切乎杜默禅坐，知戒急也。其能各舍一缓，以成一全，则可乎。

（底本用宋元《碛砂藏》本）

唐代禅宗史上几个问题的考证①

在对唐代禅宗史实进行考察和研究的过程中，笔者感到对某些问题有作进一步考证的必要。现在把对其中几个问题的考证结果介绍给诸位学者，敬请不吝赐教。

一 神会主持度僧和死后入葬洛阳问题

（一）神会主持度僧的地点不在洛阳

神会（684—758）在遭到贬逐、流徙各地的时候，爆发了"安史之乱"。唐玄宗开元、天宝之际（8世纪中期），是唐王朝由盛转衰的转折时期。政治日益腐败，社会危机四伏，中央集权削弱，藩镇割据势力相继而起。天宝十四载（755）身兼范阳、平卢、河东三镇节度使的胡族将领安禄山（？—757）以讨伐杨国忠为名，率部在范阳起兵叛乱，击败唐军，南下攻入洛阳。次年称帝，并遣兵攻入长安，同时命其部将史思明（？—761）占领河北十三郡。玄宗逃至四川，肃宗在灵武（在今宁夏）即位。肃宗至德二载（757）安庆绪在洛阳杀其父安禄山称帝，退守邺郡（治今河南安阳），史思明降唐。唐将郭子仪等于当年九月收复长安，十月收复洛阳。乾元二年（759）正月史思明于魏州称燕王复反，杀安庆绪，并其众，九月再度攻入洛阳，二年后被其子史朝义所杀。宝应元年（762）代宗即位，借助回纥的军队收复洛阳。广德元年（763）史朝义自杀，唐军最后平定叛乱。

---

① 原载 2000 年北京大学中国传统文化研究中心《国学研究》第 6 卷；日本小川隆译文发表于 1998 年《驹泽大学禅研究所年报》第 9 号。

在平定"安史之乱"中,军需粮草供应困难。唐朝政府不惜通过卖官鬻爵和纳钱度僧尼、道士的方法来增加财政收入,以供军需。先是"杨国忠设计,称不可耗正库之物,乃使御史崔众于河东纳钱度僧尼、道士,旬日间得钱百万"(《旧唐书》卷四八《食货上》);肃宗即位后,至德元载(756)十月"彭原郡(按:在今甘肃镇远之东)以军兴用度不足,权卖官爵及度僧尼"(《旧唐书》卷一○《肃宗纪》)。不久,朝廷把这种方法推广到各地。据史书记载,翌年,御史崔叔清与宰相裴冕建议,"以天下用度不充,诸道得召人纳钱,给空名出身,授官勋邑号;度道士、僧尼不可胜计;纳钱百千,赐明经出身;商贾助军者,给复"(《新唐书》卷五一《食货上》)。正式把纳钱度僧尼作为朝廷解决财经困难的重要措施之一。神会当时被放逐在荆州(治所在今湖北江陵)的开元寺。以其名望,也被请出来主持度僧尼之事。《宋高僧传·神会传》记述:

> 副元帅郭子仪率兵平殄,然于飞挽(按:即"飞刍挽粟",指运送粮草)索然,用右仆射裴冕计,大府各置戒坛度僧。僧税缗谓之香水钱,聚是以助军须。
>
> 初洛阳先陷,会越在草莽,时卢弈为贼所戮,群议乃请会主其坛度。于时寺宇官观鞠为灰烬,乃权设一院,悉资苫盖,而中筑方坛。所获财帛,顿支军费。代宗(按:时为广平王,天下兵马元帅)、郭子仪收复两京,会之济用颇有力焉。

关于纳钱度僧之事,《佛祖统纪》卷四十说:

> 帝在灵武,以军需不足,宰相裴冕请鬻僧、道度牒,谓之香水钱。

《佛祖历代通载》卷一三于丁酉(至德二年,757)年记载:

> 敕五岳各建寺庙,选高行沙门主之,听白衣能诵经五百纸者度为僧,或纳钱百缗请牒剃落,亦赐明经出身。及两京平,又与关辅、诸州纳钱度僧、道万余人。进纳自此而始。

这里先把其中几个历史事实交代清楚。据《旧唐书》有关记传，天宝十五载（756）七月肃宗即位于灵武，改元至德；至德二载（757）三月以左相韦见素、平章事裴冕为左右仆射；四月以郭子仪为司空兼副元帅；九月收复长安，十月收复洛阳。

胡适《神会和尚遗集》（上海亚东图书馆1930年版及台湾胡适纪念馆1968年新版）的《荷泽大师神会传》认为神会被官府请出来主持度僧尼是在洛阳进行的。此甚可疑。从当时形势考察，神会可能两度主持度僧尼，不仅在收复洛阳以前不可能在洛阳度僧尼，在收复洛阳后他也未必回到洛阳。元代昙噩《新修科分六学僧传》卷四《神会传》谓："……会由是获主洛阳事，其所输入尤多。"地点也有问题。神会主持戒坛度僧尼，一次可能是在洛阳收复之前于外地的某个场所开始进行的。当时并非只有神会一个人主持度僧尼，在五岳、各个大的州府所在地也设戒坛请"高行大德"主持度僧尼、道士。但很可能由于神会的名望，在朝廷的直接管辖下主持一个较大的地区乃至全国范围的度僧尼的事务。在至德二年第一次收复洛阳以后，由于朝廷又令"关辅、诸州纳钱度僧、道"，神会可能又被请出来主持度僧尼事务，以神会的年龄，不太可能从荆州赶回洛阳度僧。

所谓"纳钱度僧尼、道士"就是向受度为僧尼、道士者卖度牒。唐代僧尼出家必须由尚书省的祠部发给度牒（也称"祠部牒"），作为得到政府允许出家的合法证明。《佛祖历代通载》卷一三记载天宝五载（746）丙戌五月：

> 制天下度僧尼，并令祠部给牒。今谓之祠部牒者，自此而始也。

僧尼凭此戒牒可以免除徭役。在战乱尚未结束之际，官府委托各地高僧出面主持度僧尼、道士，卖度牒，竟有那么多的人甘愿受度出家，花钱买度牒，说明当时有许多人是强烈要求摆脱繁重的徭役的。当然，其中也有很多人确实真心希望出家修行。

神会以其巨大的声望在度僧鬻牒当中表现突出，立了大功，受到朝廷的嘉奖。《宋高僧传·神会传》载：

> 肃宗皇帝诏入内供养。敕将作大匠（按：将作监的官员，掌官殿

宗庙等的建筑，从三品）并功齐力，为造禅宇于荷泽寺中也。

元代昙噩《新修科分六学僧传》卷四《神会传》说："肃宗朝屡入内廷供养。"这种情况对于南宗的传播是十分有利的。从至德二载（757）十月唐军收复洛阳到乾元二年（759）九月史思明再叛攻陷洛阳，在近两年的时间内皇帝只在长安没到洛阳。由此可以断定神会到死（758）为止，应诏入的是长安的内宫，也许一直未能回到洛阳。然而这并不妨碍朝廷命将作大匠在洛阳荷泽寺内为他建造禅室。

（二）神会入葬洛阳与嗣虢王李巨

神会在乾元元年（758）的五月十三日死于荆州开元寺，年七十五（此据宗密《圆觉经大疏钞》卷三之下《神会传》和《神会塔铭》）。

《神会塔铭》，全称是《大唐东都荷泽寺殁故第七祖国师大德于龙门宝应寺龙岗腹建身塔铭并序》，神会的弟子慧空撰，是1983年于洛阳龙门西北的宝应寺遗址神会墓内出土的塔铭①。此塔铭与宗密《圆觉经大疏钞》《神会传》所载神会的卒年、寿年一致。据此可以推出神会生于唐嗣圣元年（684）。

《神会塔铭》记载：

> 有庙堂李公嗣虢王，再迎尊颜于龙门，别有挻（按：当为"施"字）主功臣高辅成、赵令珍奏寺度僧，果乎先愿。

"庙堂李公嗣虢王"②，即皇族李巨。据《旧唐书》卷一一二、《新唐

---

① 此塔铭最早在《世界宗教研究》1984年第2期所载温玉成《记新出土的荷泽大师神会塔铭》文章附录发表，1992年《文物》第3期发表洛阳文物工作队的《洛阳唐神会和尚身塔塔基清理》的报告中附有新校录的塔铭，并载李学勤《禅宗早期文物的重要发现》。

② 温玉成、洛阳文物工作队所录的神会塔铭，皆把"嗣虢王"误读书写成为"嗣号王"。这可能是因为原塔铭的文字已经模糊不清，而繁体字的"號"与"虢"形体相似的缘故。嗣虢王李巨，可从《唐故招圣寺大德慧坚禅师碑》的"时嗣虢王巨，以宗室之重，保厘成周"得到印证。请参考冉云华《〈唐故招圣寺大德慧坚禅师碑〉考》，载台湾中华佛学研究所《中华佛学学报》1994年第7期；杨曾文《关于〈唐故招圣寺大德慧坚禅师碑〉的补充说明》，载《中国社会科学院研究生院报》1995年第4期。

书》卷七九《高祖诸子》中的《李巨传》，李巨的曾祖父是唐高祖的第十四子李凤，李凤之孙名李邕，封嗣虢王，李巨是李邕的第二子，开元年间为嗣虢王。肃宗至德二载（757）唐军先后收复长安、洛阳。李巨在乾元元年（758）四月受任"河南尹，充东京留守，判尚书省事，充东畿采访等使"，直到乾元二年二月因"苛政"被贬为遂州刺史，在洛阳约有十个月的时间。乾元元年五月神会死于荆州开元寺，李巨正任东京留守不久。大概李巨在神会生前曾与他有交往，或其他什么原因，第二年由他出面主持把神会的遗体迎归洛阳安葬。然而实际上在他任期内仅对神会遗体作了初步的安葬，虽置塔所，寺尚未建。乾元二年（759）九月史思明叛军攻陷洛阳，到宝应元年（762）十月唐军再次收复洛阳，两军之间多次交战，洛阳及其周围一带的宫殿、寺院、民宅遭到很大的破坏。在这个非常时期，对神会遗体的安葬之事只有中止。宝应二年（是年七月改元广德，公元763年）才在神会的塔所建宝应寺（《圆觉经大疏钞》卷三之下《神会传》）。《神会塔铭》最后所书的年代是永泰元年（765）十一月十五日。此当是正式安葬完毕的时间。铭文中的"挺主高辅成"，其中的"挺"字当为"施"字，高辅成确有其人。他在平定安史叛军和收复洛阳等地的战争中立有大功，在收复洛阳时任北庭朔方兵马使，翌年任太子少傅，兼御史中丞，充河北兵马使（见《旧唐书》卷一二一《仆固怀恩传》）。据前引塔铭，建宝应寺和为寺置僧是经他与赵令珍的奏请才实现的。

《神会塔铭》记载：

粤自佛法东流，传乎达摩，达摩传可，可传璨，璨传道信，信传弘忍，忍传惠能，能传神会，宗承七叶，永播千秋。说般若之真乘，直指见性；谈如来之法印，唯了佛心。

由此可见，慧能在禅宗中的六祖地位和神会的七祖地位，在神会信徒的心目中是十分明确的。

《宋高僧传·神会传》记载，皇帝赐神会以"真宗大师"谥号，"般若"塔号。据《圆觉经大疏钞》《神会传》，唐德宗大历五年（770）敕赐祖堂额，号"真宗般若传法之堂"，七年赐"般若大师之塔"。宗密《禅门师资承袭图》载：

> 德宗皇帝贞元十二年（按：公元796年），敕皇太子集诸禅师楷定禅门宗旨，搜求传法傍正。遂有敕下，立荷泽大师为第七祖，内神龙寺见在铭记。又御制七代祖师赞文，见行于世。（另见《圆觉经大疏钞》《神会传》，文字稍略）

皇帝诏敕立神会为七祖，在内宫神龙寺作铭记，又御撰从达摩到慧能、神会的七代祖师赞文。此时距神会去世有39年。这实际表明朝廷承认南宗是禅门的正统，慧能为六祖，神会为直承慧能之后的七祖。

在中国封建社会，帝王的支持是佛教发展的重要条件。神会进入北宗盛行的北方地区旗帜鲜明地宣传南宗禅法，批评北宗"师承是傍，法门是渐"，虽历经挫折，但最后因为在平定"安史之乱"当中立功，得到朝廷的尊崇和支持，终于使南宗取得正统地位，为南宗的迅速扩展提供了极为有利的条件。

二 马祖所在的洪州及其外护
——洪州刺史、江西观察使

马祖（709—788）大概在开元十年（722）以后离开南岳。过了将近二十年，在开元、天宝之际，他先到建阳（在今福建省）佛迹岭聚徒传法。建阳人志贤、庐江人道通都是在天宝初年（742）来此地拜马祖为师的。此外，马祖弟子中的明觉也在佛迹岭归依马祖。权德舆《唐故洪州开元寺石门道一禅师塔铭》（《全唐文》卷五〇一）记载，"尝禅诵于抚之西里山，又南至于虔（按：原误作'处'）之龚公山"。参考《宋高僧传》卷一〇《道一传》和有关弟子传记，马祖携弟子离开建阳，先到抚州临川（在今江西）的西里山（又名犀牛山）传法，有虔州人智藏、丹阳人道岸前来归依。此后到虔州（治所在今江西赣县）南康的龚公山（今名宝华山）传法。此山经常有野兽出没，人迹罕至。马祖与弟子在此辟地建寺，逐渐成为一个远近知名的传法中心。海门郡的齐安、福州人怀海、吴兴人自在、尉氏人无等等人前来投奔受法。虔州刺史属河东裴姓（当即裴谞，《旧唐书》卷一二六有传，代宗时出任虔州及饶、庐、亳州刺史，德宗贞元五年任河南尹），家世奉佛法，敬信马祖，"躬勤咨禀"（《宋高僧传》《道一传》）。后来这位裴姓刺史转任庐江（在庐州）、寿春（在寿州），继续信奉佛法。马祖在虔州传法期间，唐朝经历了"安史之乱"（755—763），在社会各个方面都留下了深刻的影响。

虔州在唐朝属于江南西道。开元二十一年（733）在全国设立十五道，江南西道是其中之一，简称"江西"，所领范围包括现在的江西、湖南大部和安徽部分地区，设都督府于洪州（也曾称豫章），治所在钟陵（今南昌）。洪州贯通南北、东西，具有重要战略地位。唐初与杨炯、卢照邻、骆宾王并称"四杰"的王勃（649—676）所著《滕王阁序》描述洪州的形势是："南昌故郡，洪州新府。星分翼轸，地接衡庐，襟三江而带五湖，控蛮荆而引瓯越。物华天宝，龙光射牛斗之墟；人杰地灵，徐孺下陈蕃之榻（按：东汉豫章太守陈蕃器重隐士徐稚，特为设榻）。雄州雾列，俊彩星驰。"洪州的行政长官原称采访使，至德（756—757）之后因中原常用兵，地方长官皆掌军权，有防御使、团练使等名，在重要地区设置节度使（《旧唐书》卷一一《地理志一》）。江西西道军政长官称"都团练观察使"，后来只称"观察使"，一般兼洪州刺史。据新、旧《唐书》的《代宗纪》《德宗纪》和有关传记，从大历六年（771）至贞元七年（791）历任洪州刺史、江西观察使以及他们的任期是：

路嗣恭，771或772—778年；　　杜亚，778—779年；
崔昭，779年闰五月—780年四月；鲍防，780—782年；
李皋，782年十月—785年四月；　李兼，785—791年①；

就在他们的任期内，马祖在洪州传法，造就众多弟子，形成独具特色的洪州宗。对马祖在洪州传法给予支持较大的是路嗣恭、鲍防和李兼。

路嗣恭（712—782），大历八年（773）奉命平定岭南哥舒晃之反，兼任广州刺史、岭南节度使，封翼国公，大历十三年（778）入京任兵部尚书

---

① 主要见《旧唐书》的《代宗纪》《德宗纪》和卷一一《路嗣恭传》、卷一四六《杜亚传》《鲍防传》、卷一四八《权德舆传》等。

（《旧唐书》卷一二二《路嗣恭传》、卷一一《代宗纪》）。在任期间，特迎请马祖从虔州到洪州开元寺。《宋高僧传·道一传》载："连率路公，聆风景慕。"可见路嗣恭对马祖的传法是积极支持的。鲍防（722—790），御史大夫，历任福建、江西观察使，后入朝官至工部尚书。（《旧唐书》卷一四六《鲍防传》）唐德宗建中年间（780—783），"有诏僧如所隶，将归旧壤"，按规定马祖应被遣返原籍所隶属的地方寺院。但鲍防（"元戎鲍公"）"密留不遣"（《宋高僧传·道一传》），从而使马祖与其弟子能继续留在开元寺传法。李兼是陇右成纪（在今甘肃秦安北）人，官兼御史大夫，《宋高僧传》称之为"亚相（按：即御史大夫）、观察使陇西李公"，说他对马祖"素所钦承"；《道一禅师塔铭》说，"成纪李公以侍极司宪（按：'司宪'即御史大夫），临长是邦，勒护法之诚，承最后之说"，都说他对马祖十分钦敬，对马祖及其弟子给予保护和支持，马祖就是在他的任期内去世的。

这些官员与马祖保持密切的关系，也向马祖问法。例如《景德传灯录》卷六《马祖传》记载：有位洪州刺史（从马祖称他为"御史中丞"来看，当是杜亚）问马祖："弟子吃酒肉即是，不吃即是？"按照佛教戒律规定，在家居士应遵守五戒，其中一戒是"不饮酒"，另外，不仅应"不杀生"，而且提倡不吃荤。马祖对此问没有明确答复，只是说："若吃是中丞禄，不吃是中丞福。"在这种场合，"禄"与"福"同义，禄也就是福，而不是"俸禄"的"禄"。马祖的意思是吃酒肉是他有福的表现，不吃酒肉也是一种福德，意为信奉佛法并不要求改变人们日常的生活。这是马祖对士大夫灵活传法的一个例子。

三 关于唐枝与《西堂大觉禅师碑》

智藏（735—814）是马祖弟子中的一位享有崇高声誉的禅僧，驻守江西的高级官员对他也十分崇敬。唐枝《西堂大觉禅师塔碑铭》把智藏与在京城传法的马祖的另一位弟子兴善寺惟宽齐名，比之为当年的"南能北秀"。碑文记载："太守李公舟，天下名士也，事师精诚，如事孔、颜。"李舟，德宗建中年间（780—783）曾任金部员外郎（《新唐书》卷二二四《梁崇义传》），很可能是在此后出任虔州刺史的。据宋姚宽《西溪丛语》

卷上，李舟曾撰《能大师传》，记述慧能传记。《宋高僧传·智藏传》记载："时亚相李公兼，国相齐公映，中郎裴公通，皆倾心顺教。"这里提到的李兼，兼御史大夫（所谓"亚相"），从贞元元年至贞元七年（785—791）担任洪州刺史、江西观察史，对马祖信敬，曾支持经办马祖的丧礼。齐映（748—795），在贞元二年（786）与刘滋、崔造同拜平章事（相当国相），从贞元八年至贞元十一年（792—795）任洪州刺史、江西观察使，死于任内。① 中郎裴通，很可能是在观察使下面的武职官员。智藏死于元和九年（814），享年八十。

《宋高僧传》本传所说"谏议大夫韦绶追问藏言行，编入图经；太守李渤请旌表，至长庆元年谥大觉禅师"，是稍后的事情。韦绶，《旧唐书》卷一六二有传，在宪宗元和十年（815）为太子侍读，再迁谏议大夫，后因"以人间鄙说戏言以取悦太子"，乃出为虔州刺史。此时智藏已死，可能是出于对智藏的敬仰，才向其弟子或他人询问他生前的言行，然后编入某种"图经"。当穆宗即位（820年正月）之后，被召回京任尚书右丞兼集贤院学士。李渤（773—831），《旧唐书》卷一七一有传，穆宗即位后任考功员外郎，年底因直言得罪权臣，大概在长庆元年（821）被排斥出京任虔州刺史（"太守"），在职不到一年即迁江州刺史。他在任虔州刺史时为智藏"请旌表"（请赐谥号及塔额）及写碑文，同年朝廷谥智藏"大觉禅师"之号、塔曰"大宝光"。但智藏的塔，是在薛放任江西观察使时建成（参《西堂大觉禅师碑铭》）。薛放，《碑铭》误作"薛傲"，《旧唐书》卷一五五有传，是在敬宗宝历元年（825）死于任内的，故智藏塔应建于长庆年间（821—824）。从《宋高僧传·智藏传》所引文字来看，此传当是据韦绶、李渤的文字撰写，应当说是最可信的，缺点是记述过于简略。

唐枝，或作唐技，出身并州唐氏望族，曾任考试官、刑部郎中。唐裴庭裕《东观奏记》卷下记载，唐宣宗大中九年（855）正月因与"守尚书职方员外郎裴"主持考试有失"公当"，被贬官虔州刺史。但《旧唐书》卷一八下《宣宗纪》记为大中九年三月，"试宏词举人，漏泄题目"，"侍

---

① 李兼，见《旧唐书》卷一二《德宗纪上》、卷四八《食货上》、卷四八《权德舆传》；齐映，《旧唐书》卷三六有传，另见《德宗纪下》。

郎裴谂改国子祭酒"，"考试官刑部郎中唐枝出为虔州（原误作'处州'）刺史"。据《西堂大觉禅师碑铭》，智藏的塔在唐武宗"会昌灭佛"（845）中被毁，"后八年，当大中七年（按：853年）十月九日今皇帝（按：宣宗）复诏立焉"，仍用旧额"大宝光"之号。唐枝来此州时，智藏的上足弟子国纵在洪州开元寺，国纵的弟子法通已将智藏的塔复建完毕，带着抄录原来李渤所撰碑文，请唐枝参照重撰《塔碑铭》。唐枝因为刚来此州，未便立即答应，但过了五十日，"奉制授尚书左曹正郎"，便应请撰写此碑铭。由于此碑是据传抄的李渤的碑文而写，并且现存者又是清道光二十八年（1848）《赣州府志》刊印本所载，其中难免有误，例如将智藏的卒年作元和十二年，但却说"后八年"穆宗皇帝诏谥"大觉禅师"。

穆宗在位仅四年，从元和十二年（817）到穆宗去世（824年正月）不足八年，而如果按《宋高僧传》的记载，智藏卒于元和九年（814），敕谥号是长庆元年（821），首尾正八年。可见，《宋高僧传·智藏传》所记智藏的卒年是可信的，此与《景德传灯录》的记载也一致。

日本铃木哲雄《唐五代的禅宗》（大东出版社1984年版）第二章第三节对此有较详考证，笔者参考了这一部分。但铃木对如下两个事实未能确认，并做出欠妥的理解：

第一，唐枝出任虔州刺史的时间是大中九年（855），而铃木相信欧阳辅《集古求真续编》卷五对此碑的考证，认为《东观奏记》所载"大中"二字是"咸通"之误。

第二，唐枝在虔州不到两个月便受命入朝为官，虽写好碑铭文字，但尚未看到碑刻完成和立碑，因此最后的"咸通五年八月八日建"自然是后人所加，但铃木误认为这是原碑文具有的，且认为年数有误。

这样，便对现存碑铭文中的两处做出不当的解释和修改：（1）认为碑铭中武宗灭佛废塔"后八年，当大中七年十月九日今皇帝复诏立焉"，表示的仅是宣宗下诏立塔的时间，而重建塔是在以后，而对法通在唐枝到任之前已经复塔的记载未作适当解释；（2）既然唐枝是在咸通九年（868）出任虔州刺史，那么碑铭最后的"咸通五年八月八日建"就不成立，时间应是"咸通十五年"。笔者推断，这是因为对《东观奏记》的唐枝出任虔州刺史时间的记载未能得到《旧唐书·宣宗纪》的旁证，故不敢断定唐枝出任虔州刺史确是大中九年。

四　黄檗与裴休

　　黄檗希运（？—855）①，福州（在今福建）人，幼年在本州黄檗山（在今福清县内）出家。后游方，到过天台山，游历京都时受一位当年曾从南阳慧忠禅师受法的女老居士的启发，到洪州参访马祖的弟子百丈怀海，受到怀海的赏识，领受马祖"大机大用"禅法。从怀海嗣法后来到洪州高安县的黄檗山（又称灵鹫峰，在今江西宜丰县）寺传法，寺中禅僧常达四五百人。他还曾至洪州大安寺居住传法，慕名前来参学者很多。史书对希运去世的时间记载不一致，《宋高僧传》卷二〇、《景德传灯录》卷九的《希运传》皆说他于大中年间（847—860）去世，《佛祖统纪》卷四二说他死于大中九年（855），今从之。敕谥"断际禅师"之号，塔额"广业"。②

　　裴休（约791—864），河内济源（在今河南省）人，出身官宦之家。家世奉佛，他对佛教义理也深有研究。唐文宗太和年间（827—836）官至监察御史、右补阙、史馆撰修、中书舍人等职，其间敬信华严宗兼禅宗学僧宗密，从受禅法，他为宗密所写的许多著作写序。唐武宗会昌元年（841）出任洪州刺史、江西观察使；会昌三年以后改任潭州刺史、湖南观察使，曾向怀海另一弟子沩山灵祐咨问禅法；唐宣宗大中二年（848）迁宣州刺史、宣歙观察使。从大中四年（850）回京历任礼部尚书、户部侍郎、盐铁转运使、兵部侍郎、礼部尚书，大中六年（852）任同中书门下平章事

---

① 关于希运的卒年记载不一，此据《佛祖通载》卷四二。
② 关于黄檗希运，见《宋高僧传》卷二十、《祖堂集》卷十六、《景德传灯录》卷九的《黄檗传》并裴休《传心法要》《宛陵录》的有关部分。《景德传灯录》中的洪州大安寺当即《传心法要》序中"洪州高安县黄檗山鹫峰下"的寺院。裴休此序写于大中十一年（857），所说将所记希运的禅录："授门下僧大舟、法建，归旧山之广唐寺，问长老法众……"这个广唐寺也许就是原来大安寺的改名。

（宰相），在相位五年。① 裴休与希运相识并保持密切往来是在他在洪州、宣州任职的时候。

会昌二年（842）裴休听闻希运的名望，特地迎请他到洪州的治所南昌的龙兴寺，"旦夕问道"。裴休对希运十分敬仰，特撰诗曰：

> 自从大士传心印，额有圆珠七尺身。
> 挂锡十年栖蜀水，浮杯今日渡章滨。
> 一千龙象随高步，万里香华结胜因。
> 拟欲事师为弟子，不知将法付何人。②

"大士"是尊希运为菩萨，"传心印"是传禅法；《祖堂集·黄檗和尚传》说他的长相是"身长七尺，额有肉珠"；"蜀水"，指高安县，汉代为建成县，《汉书·地理志》说建成县有蜀水；"浮杯"是船渡，"章滨"是章水，据《水经注》卷三九，章水即豫章水、赣水，"章滨"即指钟陵（南昌）；"一千龙象"比喻希运的众多高足。此诗大意是表达作者怀着对希运的景仰之情，邀请他离开隐栖十年之久的黄檗山，渡过章水到钟陵传法，衷心希望拜他为师，从受心法。

唐武宗灭佛时，希运与弟子隐栖山林（《景德传灯录》卷一二《楚南传》）。唐宣宗即位，恢复佛法，他才出来传法。大中二年（848）裴休转任宣州刺史至宣州时，又迎请希运到宣州治所宣城（在今安徽，汉称宛陵）的开元寺，传授禅法。裴休将他前后从希运所受的禅法加以整理，"十得一二"，大中十一年（857）题为《黄檗山断际禅师传心法要》《黄檗断际禅师宛陵录》，并写序，授于希运的门人大舟、法建，请他们带回"旧山之广唐寺"，向希运原来的长老弟子征求："与往日常所亲闻，同异如何。"③ 此寺当即在高安黄檗山下的寺院。

---

① 裴休，《旧唐书》卷一七七、《新唐书》卷一二八有传，另参见《旧唐书》的《武宗纪》《宣宗纪》。日本吉川忠夫《裴休传》（载日本京都大学人文科学研究所1992年《东方学报》第64册），对裴休生平及与宗密、希运、灵祐的关系作了详细考察，可以参考。
② 《景德传灯录》卷九《希运传》，《大正藏》卷五一第266页中。
③ 裴休《传心法要》序及《景德传灯录·希运传》。

五　关于宗密《禅源诸诠集都序》和《禅藏》

宗密（780—841）有没有撰写《禅藏》，《禅源诸诠集都序》是部怎样的书？这也是一个饶有趣味的问题。

唐文宗太和二年（828）庆成节（文宗生日，十月十日），宗密应诏入京城内殿说法，受赐紫袈裟，敕号"大德"。前后住京城三年，归草堂寺的时间当在太和四年（830）底，正值白居易刚任河南尹之时。

白居易在太和二年（828）任刑部侍郎，太和四年十二月任河南尹。（《旧唐书·文宗纪》）。刘禹锡先后任主客郎中、礼部郎中。白居易赠宗密的诗《赠草堂宗密上人》（《白氏文集》卷六四），其中有曰："吾师道与佛相应，念念无为法法能，口藏宣传十二部，心台照耀百千灯。"将宗密博通佛教经论，教、禅并重双修的情况形象地描绘出来。宗密在离京回草堂寺之际，刘禹锡作诗《送宗密上人归草堂寺　因谒河南尹白侍郎》（《刘梦得文集》卷七），诗中说，"自从七祖传心印，不要三乘入便门"；"河南白尹大檀越，好把真经相对翻"。其中的"七祖"自然是指宗密尊崇的荷泽神会，"便门"是指方便的解脱之门，是指南宗无念禅法；"河南尹白侍郎"是新受命任河南尹的白居易。刘禹锡在长安尚能见到他，说明他尚未赴任。宗密大概在年底归山。①

在此前后，宗密应裴休之请著《中华传心地禅门师资承袭图》，大约在太和七年（833）以后，集编《禅源诸诠集》，撰《禅源诸诠集都序》。

关于编录《禅源诸诠集》和写《禅源诸诠集都序》的具体时间，《禅源诸诠集都序》载："舍众入山，习定均慧，前后息虑相继十年。"自注："云前后者，中间被敕追入内，住城三年，方却表请归山也。"（《大正藏》卷四八第399页下）此后才着手编书和写《都序》。据宗密《圆觉经大疏钞》卷一之下，宗密于长庆元年（821）退至南山草堂寺，"绝迹息缘，养神炼智"。此即所谓"舍众入山"。此后在太和二年至太和四年（828—830）

---

① 请参见裴休《圭峰禅师碑铭并序》，载《全唐文》卷七三四与《金石萃编》卷一〇四，及《宋高僧传》卷六、《景德传灯录》卷十三本传、清续法《法界宗五祖略记》等。

应敕入京。从长庆元年至太和七年（821—833）除去在京三年，约十年是在草堂寺度过的。故他编《禅源诸诠集》与写《禅源诸诠集都序》应在太和七年以后（参考镰田茂雄著，东京大学出版会1975年出版的《宗密教学的思想史研究》第二章第68页）。但镰田据朝鲜本《禅源诸诠集都序》，将宗密"住城三年"作"二年"。

《禅源诸诠集都序》，也简称《禅源诸诠》，二卷，或分为四卷。《宋史》卷二〇五《艺文志》载：僧宗密《禅源诸诠》二卷。从《都序》有关内容来看，此为宗密对所纂集的《禅源诸诠集》（亦名《禅那理行诸诠集》，裴休《禅源诸诠集都序叙》称之为《禅藏》）所作的总序。

关于宗密有无纂集《禅源诸诠集》，现有两种说法，加拿大华裔学者冉云华、中国学者方广锠认为宗密曾编过此书，但早已佚失[1]，而镰田茂雄在《禅的语录9——禅源诸诠集都序》书后的《解说》中认为："恐怕是宗密虽有过撰述《禅源诸诠集》百卷的打算，但实际并没有写。"笔者细读《都序》有关文字，认为宗密确实写过《禅源诸诠集》，然而篇幅绝不会达百卷之多。《都序》中的诸如：

> 禅源诸诠集者，写录诸家所述，诠表禅门根源道理文字句偈，集为一藏，以贻后代；
>
> 教也者，诸佛菩萨所留经论也；禅也者，诸善知识所述句偈也。但佛经开张，罗大千八部之众；禅偈撮略，就此方一类之机。罗众则奔荡难依，就机即指的易用。今之纂集，意在斯焉。
>
> 问：……今览所集诸家禅述，多是随问反质，旋立旋破，无斯纶绪……
>
> 问：既重得意，不贵专文，即何必纂集此诸句偈？今集所述，殆且百家，宗义别者，犹将十室。
>
> 缘达摩一宗是佛法通体，诸家所述又各不同，今集为一藏，都成

---

[1] 冉云华的论文没有见到，请参考镰田茂雄《宗密教学的思想史研究》第二章。方广锠《关于〈禅藏〉与敦煌禅籍的若干问题》，载1992年宗教文化出版社出版的《藏外文献》第一辑。

理事具足。①

其中所说"写录"、"集"、"纂集"和"今览所集"等都表明宗密确实已经将《禅源诸诠集》或《禅藏》之类的禅教资料汇编完成。他在《都序》中甚至把自己对此书的编录结构层次的想法都和盘托出,最后确定的编录程序是:

> 先录达摩一宗,次编诸家杂述,后写印一宗圣教。圣教居后者,如世上官司文案,曹判为先,尊官判后也(唯写文克的者十余卷也)。就当宗之中,以尊卑昭穆展转纶绪而为次第,其中顿渐相间,理行相参,递相解缚,自然心无所住(……)。悟修之道既备,解行于是圆通。次旁览诸家,以广闻见。然后捧读圣教,以印始终。②

参照前面所说,全书编录结构和内容是:(一)达摩宗,即禅宗,从传说的迦叶……到菩提达摩……慧能以来的历代祖师及他们的嗣法弟子,按照传承正、旁和前后辈数,既有略传,也收录他们的禅法语录、偈颂,内容或主顿,或主渐,或讲禅理,或讲修行,大概重点是北宗、南宗、荷泽宗、洪州宗、牛头宗等;(二)诸家杂述,收录求那跋陀罗、慧稠(僧稠)、卧轮、志公(宝志)、傅大士(傅翕)、王梵志、庐山慧远等的禅理著述;(三)圣教,指佛教经论,仅选能与禅法密切印证者,约十余卷。

关于《禅源诸诠集》的卷数,《祖堂集·草堂和尚传》谓:"制数本大乘经论疏钞、《禅诠》百卷、礼忏等。"这个"百卷"未必单指《禅诠》。《景德传灯录·宗密传》小注曰:"或云一百卷。"表明作者并没有看到此书。《新唐书》卷五九《艺文志》载:宗密《禅源诸诠集》一〇一卷。裴休《圭峰禅师碑铭》在诸传记资料中最为可信,其中说宗密著《圆觉经》等佛教经论的"疏钞"及"法义类例……纂略"、"又集诸宗禅言为《禅藏》,总而叙之,并酬答书偈议论等,凡九十余卷"。是说全部著述有九十

---

① 《大正藏》卷四八第 399 页上下、400 页、408 页上。
② 《大正藏》卷四八第 413 页上。

多卷。在宗密《禅源诸诠集都序》中有曰:"问:上来所叙三种教、三宗禅……何必更读藏经及集诸禅偈,数过百卷?"这里的"百卷"是包括读经与集禅偈的总数,不是单指《禅藏》。台湾"中央"图书馆藏编号133的敦煌本《禅源诸诠集都序》上所载的这句话有漏字,竟成:"何必更集《禅诠》,数过百卷?"① 是不足凭信的。那么,到底有多少卷呢?如宗密所说,禅宗句(语录)、偈(偈颂)是"撮略"的,数量不会太大。从20世纪敦煌发现的禅籍来看,这一说法是正确的。禅宗如此,"诸家杂述"的数量也不会很大,所选录的"圣教"经论才十多卷。参照中国译经史,历代翻译的通行的"禅经"加在一起也不过五六十卷,所谓《禅藏》或《禅源诸诠集》估计在二三十卷以内。

《禅源诸诠集》编写较晚,很可能宗密将以前所撰写的某些禅宗著作也吸收在内。《圆觉经大疏钞》卷三之下的"第八修证门"中介绍禅宗及达摩门下七家、顿渐等,后面说此门疏文"多依清凉大师(按:澄观)奉敕所制《新华严经悬谈》十门中《修证浅深门》",然而在《圆觉经略疏钞》卷四的"第八修证门"对禅宗及七家作了扼要介绍,后面则说:"多依清凉大师奉敕所制《新华严经悬谈》十门中《修证浅深门》及《诸宗禅门诸经禅要》而叙之。"这部《诸宗禅门诸经禅要》也许是宗密所撰写的禅宗著作之一,当被收编到《禅源诸诠集》之中。

---

① 此间接引自方广锠《关于〈禅藏〉与敦煌禅籍的若干问题》。

唐五代禅宗在今山西地区的传播[①]

在中国佛教史上，山西佛教占有重要地位。在唐代成立的带有鲜明民族特色的佛教宗派中，提倡称名念佛的道绰（562—645）、善导（613—681）一系的净土宗就发源于今山西交城的玄中寺。魏齐之际在该寺的昙鸾（476—542）曾著《往生论注》等书对净土念佛法门作了系统论证，道绰的《安乐集》、善导的《观无量寿经疏》等净土著作都是在吸收昙鸾净土思想的基础上撰述的。唐代的华严宗虽是由法藏（643—712）正式创立的，但经澄观（738—839）有很大发展。澄观曾长期在五台山生活、研修，著有《华严经疏》《华严经随俗演义钞》，吸收禅宗思想，用心性论解释华严宗的法界思想很有特色。澄观的弟子宗密（780—841）著《圆觉经大疏》《圆觉经大疏钞》《华严原人论》《禅源诸诠集都序》《中华传心地禅门师资承袭图》等，不仅对华严宗教义继续做出新的解释，而且结合时代特点提出系统的禅、教会通论，对中国佛教的发展发生深远的影响。

唐末五代迅速兴盛的禅宗后来发展成为中国佛教的主流。唐五代禅宗在今山西境内也有流传。从现存资料来看，早期禅宗中属于神秀法系的北宗，属于慧能法系的南宗在今山西地区有所流传；后来成为禅宗主流的南岳——马祖法系和青原——石头法系的禅派在此地区也有传播。本文对此略作考察。

一　唐五代禅宗在今山西的分布概况

据《旧唐书·地理志》，现在的山西省相当于唐代的河东道，包括河中

---

①　载中国佛教文化研究所《佛学研究》1999 年第 8 期。

府（亦即蒲州）、绛州、晋州、隰州、汾州、慈州（南汾州）、潞州、泽州、沁州、仪州（曾为辽州）、太原府（原为并州）、代州（领内有五台山）、蔚州、忻州、岚州、石州、朔州、云州等。

据五代南唐静、筠二禅僧撰述的《祖堂集》，北宋赞宁《宋高僧传》，道原《景德传灯录》等，记载有禅僧的州有代州、太原府、晋州、汾州、潞州、泽州、河中府。现将在这些州传法的禅僧的法名、所嗣法系、资料出处等用下图表示。

州名（治所今名）	禅僧名	嗣法世系	出处	传录
代州（代县），辖五台山	五台山巨方	神秀	《宋高僧传》卷八、《景德传灯录》卷四	有
	清凉山辨才	神会	《景德传灯录》卷五	无
	五台山神英	神会	《宋高僧传》卷二一、《景德传灯录》卷一三	有
	五台山无名	神会	《宋高僧传》卷一七、《景德传灯录》卷一三、《唐东都同德寺故大德方便和尚塔铭并序》	有
	五台山邓隐峰	南岳—马祖	《祖堂集》卷一五、《景德传灯录》卷八	有
	五台山秘魔岩和尚	马祖—永泰灵湍	《景德传灯录》卷一〇	有
	五台山智通	马祖—归宗智常	《景德传灯录》卷一〇	有
太原府，原并州（太原）	遍净	神秀	《景德传灯录》卷四	无
	自在	神会	《景德传灯录》卷五	无
	元顺	马祖系三代沩山灵祐	《景德传灯录》卷一一	无
	太原免道者	马祖系三代赵州从谂	《景德传灯录》卷一一	无
	海湖和尚	石头系四代夹山善会	《景德传灯录》卷一六	有
	资福端禅师	石头系四代夹山善会	《景德传灯录》卷一六	无

续表

州名（治所今名）	禅僧名	嗣法世系	出处	传录
太原府，原并州（太原）	太原资圣方禅师	石头系四代洞山良价	《景德传灯录》卷一七	无
	太原孚上座	石头系五代雪峰义存	《景德传灯录》卷一九	有
晋州（临汾东北）	霍山观禅师	神秀	《景德传灯录》卷四	无
	霍山无名	马祖系三代白马昙照	《景德传灯录》卷一一	无
	霍山景通	马祖系四代仰山慧寂	《景德传灯录》卷一二	无
	大梵和尚	石头系五代云居道膺	《景德传灯录》卷二〇	有
	兴教师普禅师	石头系六代白兆山志圆	《景德传灯录》卷二三	有
汾州（汾阳）	无业	马祖	《祖堂集》卷一五、《宋高僧传》卷一一、《景德传灯录》卷八	有
	石楼	石头	《景德传灯录》卷一四	有
	爽禅师	石头系四代石霜庆诸	《景德传灯录》卷一六	无
潞州（长治）	弘济	神会	《中华传心地禅门师资承袭图》	无
	潞府青莲元礼	马祖	《景德传灯录》卷六	无
	潞府法柔	马祖	《景德传灯录》卷六	无
	潞府渌水文举	马祖系二代盐官齐安	《景德传灯录》卷一〇	无
	潞府渌水和尚	马祖系三代西院大安	《景德传灯录》卷一一	无
	潞府盘宁宗敏	石头系四代石霜庆诸	《景德传灯录》卷一六	无
	潞府妙胜玄密	石头系六代玄泉彦禅师	《景德传灯录》卷二三	有
	潞府妙胜臻	石头系六代云门文偃	《景德传灯录》卷二三	有
泽州（晋城）	亘月	神秀—普寂	《景德传灯录》卷四	无
蒲州，后升为河中府（蒲州），辖区有中条山	智封	神秀	《宋高僧传》卷八、《景德传灯录》卷四	有
	河中府怀则	马祖	《景德传灯录》卷六	无
	河中府保庆	马祖	《景德传灯录》卷六	无

续表

州名 （治所今名）	禅僧名	嗣法世系	出处	传录
蒲州，后升为河中府（蒲州），辖区有中条山	麻谷山宝彻	马祖	《祖堂集》卷一五、《景德传灯录》卷七	有
	河中府法藏	马祖	《景德传灯录》卷七	无
	河中公畿和尚	马祖系二代章京怀恽	《祖堂集》卷一七、《景德传灯录》卷九	有
	河中府南际山僧一	石头系四代石霜庆诸	《景德传灯录》卷一六	有
	河中府栖岩存寿	石头系四代石霜庆诸	《景德传灯录》卷一六	有

据上表可以看出，除代州禅僧皆住佛教圣地五台山外，其他州的禅僧多住州府所在地都城之内，而且这些州中多数是唐代政治、经济比较发达的地区。据《旧唐书·地理志》可知，太原府，隋为太原郡，唐初改为并州，先后在此置总管、上总管、大都督府、北都兼都督府，开元十一年（723）改并州为太原府，天宝元年（742）改北都为北京；晋州，隋为临汾郡，唐初改为晋州，曾设总都管府，唐末改属河中府；潞州，隋为上党郡，唐初改潞州，曾先后置总管府、都督府、大都督府；蒲州，隋为河东郡，唐初改为蒲州，先后置总管府、都督府，开元八年（720）置为中都，并改蒲州为河中府。

从禅宗的正式成立到在较大范围传播，经历了几个阶段：最初的阶段是唐朝的道信、弘忍上承北魏菩提达摩以来的禅法，在黄梅传"东山法门"，标志着中国禅宗的正式形成；第二阶段是慧能从弘忍受法南归在韶州（治今韶关）曹溪传法，形成所谓"南宗"，而弘忍的另一弟子神秀与弟子普寂等人在以东、西两京为中心的北方广大地区传法，被称为"北宗"，此后慧能弟子神会北上与北宗争禅门正统，其他弟子到各地传法，形成南北宗并立的局面；第三阶段是在"安史之乱"之后经朝廷裁定，南宗成为禅门正统，北宗走向衰微，南宗独盛；第四个阶段是武宗灭佛之后的唐末和五代时期，形成禅门五宗。经历这四个阶段，禅宗广泛传播到各地，并且逐渐成为中国佛教的主流派。

虽然在禅宗传播过程中有不少禅僧到深山老林和偏远地区去建寺传法，为开辟中国山林佛教做出重要贡献，但不少禅宗法系的传法中心是在大的州府所在地。禅宗在唐末五代迅速兴盛的重要原因之一就是得到各地藩镇、诸道观察使、州刺史的大力支持。禅僧在河东道的分布，可以说也反映了这种情况。

以下仅就唐五代在今山西传法的重要禅僧作概要介绍。

二　北宗神秀弟子巨方和智封

神秀（？—706）因为相继受到武则天、唐中宗的崇信，在朝野影响很大，主张观心看净，勤修渐悟，被南宗称为"渐教"禅法。神秀的嗣法弟子，据《景德传灯录》卷四有19人，其中的普寂、义福等人因为受到唐玄宗的崇敬，曾在朝野声势显赫一时，成为北宗的代表人物。弟子中到今山西地区传法的有巨方、智封、遍净、观禅师等，其中现存有传录的只有巨方、智封二人。

巨方（647—727），俗姓曹，安陆（在今湖北）人，出家后听习《法华经》《维摩经》等经论，后游历参禅，投至神秀门下，"数载之间，入室侍对，庶几真道，罕有伦拟"。此后辞师游方至上党（今山西长治）的寒岭居住传法，数年之间，"学徒数百，求请无阻"。据载，其禅法主张：

　　真妄同源，迟速异剂。得心助道，在乎修治。①

大意是说，真心（真如之心、佛性）与所谓妄心（生灭之心、平常心，即不断思维审虑并且具有情欲烦恼的意识精神）是同为一体的，对于素质迟钝、敏捷的人应当采取不同的教法进行引导；若要领悟自性，达到解脱，则应依靠修行断除烦恼。可见，这种主张与神秀的北宗禅法是一致的。

巨方逐渐有名。郓州（治今山东东平西北）刺史吴文涣慕名迎请他到州，为他建安国院，请他居住传法授徒，一时之间前来问道者很多，并得

---

① 《宋高僧传》卷八《巨方传》，《大正藏》卷五〇第759页中。

到州县军民的信敬。吴文涣曾问他："今日后如何？"他答："地布金沙，人安宝刹。"① 大意是寺刹庄严，人间安乐。吴氏全家对他视若"神明"，虔诚敬仰，施舍丰厚。

后来他游方至五台山，在此传法达20多年，于开元十五年（727）去世，年八十一。

智封，俗姓吴，怀安（在今陕西吴旗西南）人，中年出家，综习《唯识论》，因被人诘责拘滞于"名相"，于是不再研习法相唯识之学，在武当山见到神秀禅师，受法之间得到启悟。后至蒲州安峰山隐居10年，"木食涧饮"。蒲州刺史卫文升迎请他入城，为他建新安国院，请他居住传法。蒲州的府治在河东县，县南15里有中条山，又名雷首山②。智封到蒲州后，20多年来常到中条山传法。

智封生前有很多弟子，死后，门人为他在城北建塔。③

三　南宗荷泽和马祖、石头法系的重要禅僧

（一）神会的弟子神英、无名

慧能（638—713）从弘忍受法后南归，长期在韶州曲江县（今广东韶关）曹溪居住传法，开创南宗。然而南宗在相当长时间内影响仅限于岭南局部地区，而北宗势力很大，如宗密《圆觉经大疏钞》卷三之下《神会传》所说："能大师灭后二十年中，曹溪顿旨（按：南宗）沉废于荆吴，嵩岳渐门（按：北宗）炽盛于秦洛。普寂禅师，秀弟子也，谬称七祖，二京法主，三帝（按：此当指唐中宗、睿宗、玄宗）门师。朝臣归宗，敕使监卫，雄雄若是，谁敢当冲？"

弟子神会（684—758）为扩大南宗影响，北上传法，先住南阳龙兴寺，后被兵部侍郎宋鼎请到洛阳住荷泽寺，在朝廷官员和士大夫中结交朋友，并在滑台与北宗展开辩论，批评北宗"师承是傍，法门是渐"，认为慧能是

---

① 《宋高僧传》卷八《巨方传》，《大正藏》卷五〇第759页中。
② 见《元和郡县志》卷十二。
③ 《宋高僧传》卷八《巨方传》附传，并见《景德传灯录》卷四。

上承弘忍的六祖，南宗是禅门正统。神会后来被北宗诬陷遭到迫害，流放外地，但因在"安史之乱"中应请主持度僧筹集军饷有功，受到朝廷优遇。神会死后，在德宗皇帝贞元十二年（796），敕立慧能为六祖，神会为七祖，南宗实际被确立为禅门正统。

神会的法系称荷泽宗。神会的弟子，各书记载多寡有异，据日本宇井伯寿、镰田茂雄的统计，在宗密《中华传心地禅门师资承袭图》中载有19人，在其《圆觉经略疏钞》卷四谓有22人，在宋赞宁《宋高僧传》中载有约14人（与有关碑文合计有16人），在道原《景德传灯录》当中载有18人①。其中到河东道传法的有辨才、神英、无名、自在、弘济等人。现仅介绍神英、无名二人。

神英，沧州（治所在今河北沧县东南）人，出家受具足戒后，参访神会，从受禅法。在开元四年（716），他按照神会的建议到五台山瞻礼文殊菩萨灵迹，在此建立法华院居住传法。法华院建筑精美，寺壁有吴道子的绘画（《宋高僧传》卷二一《神英传》）②。

无名（723—794），俗姓高，祖籍渤海，生于洛阳，出家后从师修行于洛阳同德寺，研习经论，尤精戒律之学，"闻有禅宗，思千里而请决"，在洛阳从神会"付受心印"（《宋高僧传》卷一七《无名传》）③ 据新发现的《唐东都同德寺故大德方便和尚塔铭并序》④，无名"初依北祖华严，从渐而入；后讨南宗荷泽，自顿而证"。其中的"华严"即神秀弟子普寂，他曾住洛阳华严禅苑，被称"华严尊者"⑤，奉渐教禅法；"荷泽"即神会，以提倡"无念"、"单刀直入"的顿教禅法著称。因为神会说法时曾说"吾之付法，无有名字"，他便以"无名"为号。无名此后遍历四方，周游五岳，南至罗浮山、庐山、双峰山、皖公山、炉岭、牛头山、剡溪、若耶山、天台山、四明山等形胜之地，贞元六年（790）来到五台山居住传法，贞元九

---

① 宇井伯寿著，岩波书店1939年版《禅宗史研究》第五章《荷泽宗的盛衰》；镰田茂雄著，筑摩书房1981年第三次印刷《禅源诸诠集都序》第29页。
② 载《大正藏》卷五〇第843页。
③ 《大正藏》卷五〇第817页上。
④ 此塔铭由山西佛教文化研究所温金玉先生于五台山佛光寺东山坡发现，尚未正式发表。
⑤ 日本师炼《元亨释书》卷十六《道璇传》。

年十二月（已进入公元794年）于佛光寺去世，年七十二。

华严宗四祖澄观曾从无名受法。《宋高僧传》卷五《澄观传》记载，他曾先后参谒牛头山慧忠、径山道钦、洛阳无名禅师，"咨决南宗禅法"，并且从慧云禅师了解"北宗玄理"。另据《清凉妙觉塔记》，澄观"参无名大师，印可融宗"；清续法《法界宗五祖略记》谓"谒洛阳无名禅师，印可融寂，自在受用"①。说明澄观从无名禅师处受到南宗顿教禅法的较大影响。唐代宗时，澄观奉诏入以不空为译主的译场，大历十一年（776）他在读《华严经·菩萨住处品》时看到记述文殊菩萨住五台山说法的经文，受到感召，于是不远千里到达五台山巡礼圣迹，并往传为普贤菩萨传法的道场峨嵋山巡礼，然后再回到五台山，住入大华严寺。在此为唐新译八十卷《华严经》撰疏，此即《华严经疏》二十卷；后又对此书作注释，撰《华严经随疏演义钞》四十卷。贞元七年（791年）应河东节度使李自良之请赴太原住崇福寺讲新疏。此后奉唐德宗之诏到长安讲佛法，曾协助般若翻译四十卷《华严经》（相当于《华严经·入法界品》的重译），奉诏撰《贞元华严经疏》十卷、《华严经行愿品疏》一卷。澄观在长安先后受到代宗、德宗、顺宗、宪宗、穆宗、敬宗、文宗的敬重，多次应请为他们说法，并且与朝廷权贵臣僚有密切关系。澄观受禅宗影响，以心性论论释华严宗的法界观，应当说与他从无名等禅僧受法是有关系的。因此在《景德传灯录》卷一三竟将澄观作为无名唯一的嗣法弟子。

（二）马祖法系的禅僧

南宗荷泽法系早衰，而在后世将南宗传承光大的是南岳——马祖的法系和青原——石头法系。

马祖道一（709—788）长期在洪州（治所在今南昌）传法，其法系称洪州宗。《祖堂集》卷一四《马祖传》说马祖"亲承弟子总八十八人出现于世，及隐道者莫知其数"；"说法住世四十余年，玄徒千有余众"。《景德

---

① 日本镰田茂雄《中国华严思想史的研究》（东京大学出版会1965年初版，1992年第二次印刷）第四章第二节《澄观传研究的资料》载有拓本《清凉国师妙觉塔记》的录文及有关研究，可以参考。清续法《法界宗五祖略记》（载《续藏经》第二编乙第七套第三册）等。

传灯录》卷六《马祖传》说马祖的"入室弟子一百三十九人，各为一方宗主，转化无穷"。马祖的法系在唐末主要分布在今江西、湖南、湖北、安徽、江苏、浙江、河南、陕西、广东、福建等地，影响很大。到今山西一带传法的有邓隐峰、无业、宝彻、怀则、保庆、法藏等人。

邓隐峰，也称隐峰，建州（治所在今福建邵武）人，自幼出家，前后参谒马祖与石头希迁，后在马祖门下得悟。一日推土车，马祖正在路上伸脚坐着，他对马祖说："请师收足。"马祖不听，说："已进不收。"他竟从马祖脚上推车而过，将马祖的脚轧伤。马祖归法堂手执斧头做出要报复的架势，邓隐峰竟毫无惧色地站在马祖面前伸出脖子等待他砍，马祖于是将斧收起。这里是否隐伏"一往无前"的禅机，难以断定①。他曾到同学南泉普愿处参访，普愿示众说："铜瓶是境，瓶中有水。我要水，不得动境，将水来！"邓隐峰即将水瓶拿到普愿之前，把水倾倒出来（《祖堂集》卷一五《邓隐峰和尚传》）。他到大沩山，灵祐听说师叔已到，前往迎接，他即倒下做出睡的样子，在灵祐归方丈之际竟不辞而别。唐元和（806—820）年间，邓隐峰到达五台山，后于金刚窟前"倒立"而死。在邓隐峰所做出的这些乖异动作里，大概都隐藏着某种禅机，然而到底如何，恐怕只有他们自己知晓。

无业（760—821），俗姓杜，商州上洛（今陕西商县）人。九岁入商州开元寺师事志本禅师，学《金刚经》《法华经》《维摩经》《思益经》《华严经》等，十二岁出家，二十岁到襄州从幽律师受具足戒，研习《四分律疏》，一年后即为僧开讲，兼讲《大涅槃经》。

据《宋高僧传》卷一一《无业传》等书记载，无业听说马祖在洪州盛传禅法，特往瞻礼。无业身长六尺，体格魁梧，马祖一见异之，笑谓："巍巍佛堂，其中无佛。"意谓他虽长得高大魁梧，但却没有领悟自性是佛。无业跪拜说："至如三乘文学，粗穷其旨；尝闻禅门即心是佛，实未能了。"承认自己虽对大小乘佛教有所了解，但对禅宗"即心是佛"的宗旨未能晓悟。马祖当即对他教示：

---

① 《景德传灯录》卷八《邓隐峰传》，载《大正藏》卷五一第259页中。

> 只未了底（的）心即是，别物更无。不了时即是迷，若了即是悟。迷即众生，悟即是佛。道不离众生，岂别更有佛？① 亦犹手作拳，拳全手也。

是说佛道不离众生，每个人的平常之心识即是佛心、佛性，对此不觉悟便是众生，领悟这点就是佛。

据载，无业当即"豁然开悟，涕泪悲泣"，向马祖表达自己的见解说：

> 本谓佛道长远，勤苦旷劫方始得成。今日始知法身实相，本自具足，一切万法从心所生，但有名字，无有实者。②

受马祖启发，无业不仅领悟自己本有佛性，成佛不是遥遥无期，而且认识到世界上一切现象空寂无实的道理。

马祖又对他说：

> 一切法性，不生不灭；一切诸法，本自空寂。经云：诸法从本来，常自空寂相。又云：毕尽空寂舍。又云：诸法空为座。此即诸佛如来住此无所住处。若如是知，即住空寂舍，坐空法座。举足下足，不离道场。言下便了，更无渐次。所谓不动足而登涅槃山者也。③

在这段话里，马祖是发挥大乘般若空的思想，认为达到觉悟的首要前提是体悟诸法性空的道理，如果有了此种认识，便自然领悟佛道不离生活日用，即烦恼是菩提的道理。

在马祖接引弟子的有关记载中，马祖与无业之间的问答是比较详细的。这对了解马祖洪州宗禅法是很有参考价值的。马祖禅法的主要内容不外是说：人人都有与佛一样的本性，"即心即佛"；修道不必脱离日常生活，"平

---

① 此据《宋高僧传》卷一一（载《大正藏》卷五〇第772页中下）。这段话在《祖堂集》卷一五《汾州和尚传》中是："迷即是众生，悟即是佛道，不离众生别有佛也。"
② 《宋高僧传》卷一一，《大正藏》卷五〇第772页下。
③ 同上书，第772页下。马祖与无业的问答也可参考《景德传灯录》卷八。

常心是道"；传法方式生动灵活。在上引马祖与无业的谈话中也大体可以看到这些。

无业从马祖受法以后，南下曹溪礼拜祖师塔，又游历庐山、天台山等，辗转西至长安，一度住在西明寺，当地僧众推举他担任僧官左右"两街大德"，他遵照大乘戒律中不亲近国王大臣的戒条予以婉绝。

在唐德宗贞元元年（784）前后，无业到达上党（潞州治所），受到泽潞节度使并据国相位（同中书门下平章事）的李抱真（733—794）①的崇敬和优遇。无业对经常接近"郡侯"感到不安，便到了汾州介休县西南介山（今称绵山）的抱腹山，后来又到五台山金阁寺阅读大藏经，前后经过八年时间。

此后，无业到了汾州西河（即今山西汾阳），受到州刺史董叔缠的欢迎，将他接进开元寺居住。他在此传法长达20多年，名声闻于远近。唐宪宗元和十四年（819）曾下诏迎请无业入京，他以疾辞。翌年再次降旨招请，他又称疾不行。穆宗即位（长庆元年，公元821年）特派两街僧录灵准前来迎请，他以双关语表示："行即行矣，道途有殊。"在当天夜里向弟子慧愔等作了最后教诲：

> 汝等见闻觉知之性，与太虚同寿，不生不灭。一切境界，本自空寂，无一法可得。迷者不了，即为境惑；一为境惑，流转不穷。汝等常（按：当为"当"字）知，心性本自有之，非因造作。犹如金刚，不可破坏。一切诸法，如影如响，无有实者。故经云：唯有一事实，余二则非实。常了一切，空无一物。当情是诸佛同用心处，汝等勤而行之。②

他同马祖一样，在讲述心性问题的时候不强调所谓"真心"（真如之心）与"妄心"（生灭心，即现实的心识）的差别，认为普通人们的日常的意识感觉就是佛性，它与太虚永恒存在，并且与诸佛的本质也没有什么

---

① 《旧唐书》卷一三二、《新唐书》卷一三八有传。
② 《宋高僧传》卷一一，《大正藏》卷五〇第773页上。

不同；又说世界万有本来是空寂无实的，对此不应执着；宣称能够体悟这些便可达到解脱，否则将永远在生死苦海里轮回。

无业向弟子说法完毕，便在打坐中去世，年六十二。

宝彻，在马祖身边时，一日问马祖："如何是大涅槃？"马祖答："急！"他问："急个什么？"马祖答："看水。""大涅槃"即是彻底断除烦恼，达到解脱。对于宝彻之问，马祖始终没有正面回答，在他看来这种同觉悟、成佛同义的概念是不能用语言解释清楚的，所以便用不着边际的词语支吾过去，引导宝彻改变思路领悟他之所以不回答的用意。

宝彻与同学丹霞天然（后嗣石头）游山的时候，观赏水中游鱼，他用手指鱼，天然便叫道："天然，天然。"翌日他问天然昨天的动作是什么意思，天然立即"放身作卧势"来表示。这里也许表达的是对自然无为的向往。

宝彻后来到了河中府的麻谷山居住传法。有僧问："十二分教某甲不疑，如何是祖师西来意？"意思是他对大小乘教法（十二分教）没有疑问，但对于达摩为什么来华的想法却不了解，请师回答。这是个禅宗丛林经常提出的公案，被认为用任何语言都不能说清楚的问题，一般对此都不作正面回答。宝彻也是这样，做出"以杖绕身一转，翘一足"的姿势，然后问："会么？"此僧不理解，无所答对，宝彻便用杖打他。有僧问他："如何是佛法大意？"他默不作声。这也是个被认为不能回答的问题。①

在到今山西境内传法的马祖法系的禅僧中，属于第三代的有：永泰灵湍的弟子秘魔岩、归宗智常的弟子智通，皆在五台山传法；盐官齐安的弟子文举在潞州传法；章京怀恽的弟子公畿和尚，在河中府传法。属于第四代的有：沩仰宗创始人沩山灵祐的弟子元顺、赵州从谂的弟子免道者，皆在太原府传法；白马昙照的弟子无名，在晋州霍山传法；西院大安的弟子渌水和尚，在潞州传法。马祖系第五代：沩仰宗创始人之一仰山慧寂的弟子景通，在晋州霍山传法。从时间推断，此时已进入第五代。

---

① 以上据《景德传灯录》卷七《麻谷宝彻传》。《祖堂集》卷一五《麻谷和尚传》虽较简单，亦可参考。

（三）石头法系的禅僧

石头希迁（700—790）住南岳衡山的南台寺时，因曾在寺东巨石结庵修行，被人称为"石头和尚"。他的禅法的要点是：人人本有佛性，即心即佛；个人的心性与世界万有本体相通，从本质上看，理事、物我是融通一体的。他在传授禅法中经常采取反诘、否定、暗示和比喻等方式。石头的法系称石头宗。石头的弟子，《祖堂集》卷四、卷五载有 7 人，《景德传灯录》卷一四谓有 21 人。石头法系唐末五代主要分布在今湖南、湖北、河南、陕西、福建等地。石头的四传弟子义存（822—908）到福州传法，先得到福州藩镇，后来又得到闽国王氏政权的支持，门下受法者常达千人之多，由此奠定石头——雪峰法系兴盛的基础。此后，雪峰法系在今福建、浙江、广东一带最为兴盛，云门、法眼二宗即出自他的法系。

石头的亲传弟子到今山西传法的不多，现知仅有石楼和尚一人，其他皆是属于石头法系四、五代以后的人，现存的传记、语录篇幅皆很短。

石楼和尚，在汾州传法。有僧问："未识本来生，请乞师方便指。"他回答："石楼无耳朵。"意为对于这类问题应当自己参悟。此僧听后立即省悟，表示自己知过。石楼却说他也有过。此僧不理解，问他过错在什么地方。他解释说："过在汝非处。"大概是说弟子对问题不理解，应当由师父负责。此僧立即礼拜，但却遭到他打。①

海湖和尚，是石头——药山法系的夹山善会的弟子，在太原府传法。一天应请接受供养，有位云涉座主问他："和尚什么年行道？"他叫他近前，竟反问他说，释迦佛的最早弟子之一憍陈如什么时候行道？问得此僧不知所措。②

太原孚上座，嗣石头——天皇法系的雪峰义存。他游今浙江径山佛寺时，有僧问他是否到过五台山。他答到过。又问他是否见过文殊的显化？他说见过。问他何处见？他竟答"径山佛殿前见"。其中是暗含文殊既然是

---

① 《景德传灯录》卷一四《石楼和尚传》，《大正藏》卷五一第 312 页下。传中有石楼与来自"汉国"僧人的对话，从时间上是不可信的。无论是"后汉"、"南汉"和"北汉"皆成立于 10 世纪。石楼是石头弟子，应生活在 8—9 世纪。

② 《景德传灯录》卷一六《太原海湖和尚传》，《大正藏》卷五一第 332 页下。

具有神通的菩萨，自然可以在任何地方显化，岂止在五台山。此后他在雪峰门下时，一日雪峰问他："见说临济有三句①，是否？"他说是。雪峰问："作么生（按：如何）是第一句？"他按照自己对临济义玄三句的理解，仅"举目视之"，没有回答。雪峰认为通过动作表示的也属第二句，又问他何为第一句。他即叉手而退。他因此受到雪峰的器重，让他管理浴室。雪峰另一弟子鼓山神晏问他："父母未生时，鼻孔在什么处？"他请神晏先说。神晏进而问："如今生也，汝道在什么处？"他听后不予理会。神晏又问。他要过神晏的扇子，稍稍地放在一边。神晏不解其中的道理，便打他一拳而走。父母未生时，鼻孔何在？大概是衍生自"父母未生时的本来面目"的公案。对此虽可做出各种回答，但任何回答皆被认为有漏洞，最好的回答是不回答。孚上座一生并未主持一个寺院，人们只称他是"太原孚上座"②。

师普，嗣雪峰法系的白兆山志圆，在晋州兴教寺传法。有僧问："盈龙宫，溢海藏，真诠（按：指以文字表达的教法）即不问，如何是教外别传底（的）法？"他答："眼里，耳里，鼻里。"意为所谓"以心传心"的禅法是在每个人平常的见闻觉知之中。当此僧请他再次确认时，他回避复述，只是以反问来表示。此僧以"咄"表示差异，他也同样以"咄"来回应。③

僧一，嗣法于石头法系四代石霜庆诸，在河中府南际山传法。有僧参诣，请他给予指示。他说："我若指示，即屈著汝。"意为给予他任何教示，即意味着给他以约束。又问他："类即不问，如何是异？"不问何为同类（共同性），只问差异。对此，他答："要头即一，任斫将去。"可以把头砍去，也不解释何为差别性。因为立足于空义，就要承认"是法平等，无有

---

① 《临济录》记载，义玄曾对门下弟子说："师云：佛者，心清净是；法者，心光明是；道者，处处无碍净光是。三即一，皆是空名，而无实有。如真正学道人，念念心不间断。自达磨大师从西土来，只是觅个不受惑底人。后遇二祖（按：慧可），一言便了，始知从前虚用功夫。山僧今日见处与祖佛不别。若第一句中得，与祖佛为师；若第二句中得，与人天为师；若第三句中得，自救不了。"其中的"三句"的大意是说，有谁能从一句话的提示中领悟解脱之道，便可以与祖佛为师；从第二句领悟，可与人天为师；从第三句领悟，说明他连自己也救不了。引导学人从禅师的简单语句中体悟解脱之道。
② 《景德传灯录》卷十九《太原孚上座》，《大正藏》卷五一第359页下—360页上。
③ 《景德传灯录》卷二十三《兴教师普传》，载《大正藏》卷五一第394页中。

高下"（取自《金刚经》），要在心中做到无分别、无取舍的"无念"的。此后，他应闽王的邀请到福州传法，死于长庆寺。①

存寿，初讲经论，后从石霜庆诸受法，成为禅僧，到河中府栖岩山大通院传法。有僧问："莲花未出水时如何？"此可能比喻处于烦恼污染中的佛性、心性，也可比喻众生尚未领悟自性时的境地。对此，他不正面回答，反过来问："汝莫问出水后莲花么？"此僧无对。他平时很少说法，有参问者则予以回应。有弟子400人，尼众百余人。②

玄密，嗣石头——德山法系的三代玄泉彦禅师，在潞州妙胜院传法，常以偈语启示门下弟子。有僧问："四山（按：生老病死四苦）相向时如何？"他答："红日不垂影，暗地莫知音。"大概是借用烈日下曝晒，黑暗处境中没有知音来表示一个"苦"字。当此僧对此表示不理解时，他启发说："鹤透群峰，何伸向背。"意为如同在层山叠嶂中凌空飞行的孤鹤全靠自己把握方向一样，对于解脱生死苦恼的道理也应自己体认。有人问："雪峰一曲千人唱，月里挑灯谁最明？"是问雪峰门下哪一支最兴盛。他答："无音和不齐，明暗岂能收。"意为如同可以与任何曲调谐调的音一样，雪峰的禅法可以通行天下，对雪峰门下各支是不能以"明暗"、"优劣"等相对概念来加以判断的。③

妙胜臻禅师，云门宗创始人文偃的弟子。在潞州妙胜寺传法。有人问："远向云门。南北纵横，四维上下事，作么生？"表示对云门禅法久已向往，请问弥漫天地之间的真如法性（佛性）是怎么一回事。对此，他只是回答："今日，明日。"意为真如法性就在今日明日的生活日用之中。④

四　临济义玄曾经到过今山西传法

临济宗创始人是义玄（？—866），发源地是"河朔三镇"中成德镇所辖的镇州（治所在今河北正定）。义玄到镇州传法的时间是在唐武宗会昌五

---

① 《景德传灯录》卷一六，载《大正藏》卷五一第328页下。
② 同上书，第330页下。
③ 《景德传灯录》卷二三《妙胜玄密传》，载《大正藏》卷五一第391页下—392页上。
④ 同上书，第390页下。

年（845）禁断佛教前后。义玄在此传法受到统治成德镇的节度使王绍懿（857—866年在位）等人的支持。义玄晚年应魏博镇的节度使何敬弘（840—866年在位）邀请到魏博镇的治所魏州的贵乡（今河北大名东北）传法，在此去世。弟子存奖继后。

义玄在到魏博镇传法之前一度到过河中府。公乘亿为存奖写的碑——《魏州故大德奖公塔碑》（载《文苑英华》卷八六八）记载，在唐懿宗咸通元年（860）前后，存奖投到义玄门下，从受禅法。大约翌年他云游江南名山禅寺，某日忽然听说其师义玄应请已去蒲州，便迅速北上寻师侍奉。碑文说：

> 遽闻临济大师已受蒲相蒋公之请，才凝省侍，飞锡而遽及中条，寻获参随。置杯而将渡白马，当道先太尉中令何公，专发使人迎请临济大师。和尚翼从一行，不信宿而至于府下，而乃止于观音寺江西禅院，而得簪裾继踵，道俗连肩。曾未期年，是至迁化。斯盖和尚服勤道至，展敬情深，无乖灵堵之仪，克尽荼毗之礼云。

"蒲"即河中府，"蒲相蒋公"，是身居相位的蒋伸，他从咸通二年（或三年，公元861年或862年）至咸通四年出任河中节度使。① "中条"即中条山，在河东县南十五里。白马在滑州，在今河南省的滑县，北临黄河。"太尉中令何公"，是魏博节度使何弘敬。在中十三年（859）诏兼中书令，咸通七年（866）死，朝廷赠太师之号（《旧唐书》卷二一〇《何弘敬传》）；此处之"太尉"应为"太师中令何公"。此碑撰于何弘敬死后，用的是他后来的称谓。上面引文是说，存奖在南方听说义玄应河中府节度使蒋伸的邀请到了河东县城，便以最快的速度赶到中条山，在那里与义玄相逢，此后护持义玄回河北，在白马将要渡河的时候，魏博节度使何弘敬派人前来将他们一行迎请到治所贵乡县城，安置在观音寺江西禅院。义玄在

---

① 据《旧唐书》卷一四九、《新唐书》卷一三二《蒋伸传》和《新唐书》卷六十三《宰相表下》，蒋伸在咸通二年（861年，表谓三）被任为河中节度使、"同中书门下平章事"（宰相）。至咸通四年（863）由毕诚继其位（《旧唐书·懿宗纪》并参吴廷燮《唐方镇年表》卷四）。

此传法，直到去世。存奖一直守候在他身边，并最后参与荼毗（火化）葬礼。

可见，作为后世影响最大的禅派临济宗的创始人义玄，曾应河中府节度使蒋伸的邀请到过今山西南部蒲州一带传法。对此史实，过去很少引起人们注意。

据以上所述，唐五代在今山西境内禅宗也是相当流行的。

弥勒信仰的民族化[①]

佛教传入中国经历了漫长的民族化过程，逐渐演变为与中国社会民情密切适应的民族宗教之一。佛教民族化体现在各个方面，不仅体现在隋唐时期带有鲜明民族特色的佛教宗派的成立，也表现在佛和菩萨信仰、汉语佛教典籍、佛教寺院建筑和造像、佛事仪规、寺院清规等方面。

中国佛教自南北朝以后以大乘为主体，菩萨信仰十分盛行。观音、弥勒、文殊、普贤、地藏等菩萨是被佛教界广泛信仰的菩萨。在这当中，弥勒既是菩萨，也是未来的佛，受到众多民众的信奉，在民间长期的传播中逐渐被民族化、民俗化，形成自己独特的风格和形象，源自五代奉化契此和尚形象的布袋弥勒流传范围最广，影响也最大。

本文围绕布袋和尚的传说，简要谈谈笔者对弥勒菩萨信仰民族化的一些想法。

一 佛教的主要弥勒经典及其内容

弥勒，是姓，是 Maitreya 的译音，意译慈氏，名阿夷多，按佛经记载是继释迦牟尼佛之后的未来佛之一。

记载释迦佛创教、传法的基本经典是《阿含经》，汉译《阿含经》有四部。这些经典由众多小经组成，原来没有编录成文，只在师徒间口头传承，大约在公元前1世纪后才被写成文字。在《长阿含经》中已载有过去七佛，最后一佛是释迦牟尼佛，属于"贤劫"（贤劫前是庄严劫，此后是星宿劫）的第四佛。据此，弥勒属于继承释迦佛之后的贤劫第五佛。在《中阿含经》

---

① 载2009年奉化弥勒研究会编《人间弥勒》第1期（总第5期）。

卷一三《说本经》、《长阿含经》卷六《转轮圣王经》等经中都记载有释迦牟尼佛预言（授记）弥勒未来将降临人世成佛的内容。

弥勒信仰是伴随着佛教传入的。东汉所译大乘般若类经典《道行般若经》，两晋陆续译出的《放光般若经》《摩诃般若经》《维摩经》等，都有弥勒信仰的内容。此外，西晋竺法护译《弥勒菩萨所问本愿经》、《持心梵天所问经》卷四，前秦竺法佛念译《菩萨处胎经》，后秦鸠摩罗什译《思益梵天所问经》卷下，南朝宋时译者不明的《法灭尽经》等，也都有关于弥勒菩萨宣说佛法或上生兜率天、出世成佛的内容。

集中记述弥勒的经典主要有以下几种：

（1）《弥勒下生经》（或《弥勒成佛经》），西晋竺法护译，一卷，讲述弥勒从兜率天宫下降人间成佛的故事，与东晋僧伽提婆译《增一阿含经》卷四四的第三个小经几乎全部相同。

（2）《弥勒成佛经》，后秦鸠摩罗什译，一卷。比前经在篇幅上有增加，有前经所没有的大乘佛教"六度"（布施、持戒、忍辱、精进、禅定、智慧）等内容。

（3）《观弥勒菩萨上生兜率天经》，北凉沮渠京声于南朝宋初译，一卷，讲述作为释迦佛弟子之一的弥勒在死后当生到兜率天宫，为诸天众生说法，以及众生如何祈愿往生弥勒兜率天净土的方法。

以上为讲述弥勒信仰的主要三部经典，被称为"弥勒三部经"。

弥勒信仰主要包括两个内容：

一是弥勒上生兜率天，为诸天说法的信仰

《观弥勒菩萨上生兜率天经》讲释迦佛在众多弟子面前预言（授记），弥勒命终之后，必将生往兜率天。按照佛教的说法，欲界有六天：四天王天、三十三天、焰摩天、兜率天、化乐天、他化自在天，兜率天位居第四，此处的生命体被称为"兜率天子"。此经说兜率天拥有金碧辉煌的宫殿，莲花盛开的园林，美丽的天女，到处是珠宝乐器，在此生活的天子无比幸福欢乐，弥勒在此向诸天众生说法。并且说，如果世上有人读诵佛经，修禅持戒，或是称念弥勒的名字，积累功德，并且发愿生到兜率天净土，死后便可如愿往生此天，在将来弥勒下生成佛时也将跟随弥勒下生人间受法，最后达到解脱。

二是讲述弥勒下生世间成佛,"龙华三会"的内容

据《弥勒下生经》《弥勒成佛经》记述,弥勒上生兜率天以后,经过56亿万年,将下降人间(鸡头国的某婆罗门种姓家,国王名儴佉),经历如同当年释迦牟尼佛那样的出家成佛过程,在菩提树下成佛。经文说,弥勒下降人间时,到处普现光明,人民丰衣足食,社会安定祥和。弥勒佛在龙华树下举行三次传法大会,向众生说法,普度众生达到解脱。

弥勒经典相继译出以后,弥勒信仰在社会上相当盛行。大乘佛教认为四方上下,到处有佛,佛国净土数量无限。在对佛国净土的信仰中,弥勒兜率净土信仰是仅次于阿弥陀佛西方净土的信仰,历代有人发愿往生兜率净土。例如东晋道安及其弟子法遇、道愿等人就曾发愿往生兜率净土。也有人景仰弥勒菩萨具有至高的智慧,发愿入兜率天宫请弥勒解答佛教疑难问题。对于弥勒下降世间成佛的信仰也很流行,信众盼望弥勒下生,天下太平,社会光明,民众安乐长寿,并且希望亲自在龙华树下聆听弥勒说法,以求早日达到解脱。从南北朝以后,当广大民众遭遇残酷的民族压迫、阶级剥削或严重自然灾害,生活极端困苦之时,往往会把寻求新的生活出路与弥勒信仰结合起来,希望弥勒佛早日出世,给他们带来光明和幸福。历代有不少农民起义利用弥勒信仰,打着"弥勒佛出世"的旗号,鼓动农民参加改变自己命运的斗争。在社会秘密流行的如白莲教等民间宗教中,也多少吸收了弥勒信仰的内容。[①]

进入唐、五代直至宋代,菩萨信仰的民族化、本土化现象十分显著,先后形成了以中国名山作为某一菩萨信仰中心的四大菩萨道场:五台山是文殊菩萨道场,峨眉山是普贤菩萨道场,九华山是地藏菩萨道场,普陀山是观音菩萨道场,并且将泗州临淮县(今江苏泗洪县东南)的僧伽和尚看作观音菩萨化身,台州(治今浙江省临海市)兜率院戒阇梨是文殊菩萨的化身,等等。在弥勒信仰方面,南北朝梁、陈二朝的傅翕(又名傅弘,称傅大士)曾自称"弥勒",轰动一时,进入唐代以后有人将他的事迹和传说

---

① 以上详见拙著《弥勒信仰的传入及其在民间的流行》,载《中原文物》1985年特刊;本文主要内容也收入任继愈主编,中国社会科学出版社1988年出版的《中国佛教史》第三卷第五章第二节。

编录传世①；唐末五代明州奉化的契此和尚被看作是弥勒菩萨的化身。然而相比而言，前者影响较小，而取材于契此和尚的弥勒佛形象和信仰却逐渐发展为中国弥勒信仰的主流。

二 契此布袋和尚——中国的弥勒佛

（一）契此布袋和尚的生平

契此和尚（？—917）②，姓氏不详，或谓四明（治今浙江宁波）人，生活在唐末五代之初。形体肥胖，蹙额皤腹，居无常所，语默无常，被当地人称为"长汀子布袋和尚"。"长汀"是溪名。他经常以杖扛负一个布袋出入街市，向人们乞讨物品，所乞食物不避鱼肉腥荤，每吃食物时常留少许投到布袋里面，带到城中人多的地方倒在地上让人观看，并一一问："这个是什么？"然后再放进袋内。有时用纸包着屎粪对人说："这个是弥勒内院的。"有时说："这个是兜率陀天的。"据传，契此常以语言、动作向世人预示晴雨、吉凶。

据元代天台山国清寺住持昙噩《布袋和尚传》，契此曾游历福州。在禅宗盛行后，上承石头—天皇道悟—龙潭崇信—德山宣鉴法系的雪峰义存（822—908）由于先后得到福州藩镇和闽王氏政权的大力支持，他的法系在福州很有影响。义存弟子很多，其中有保福从展（867—928）、安国弘瑫。契此与保福从展、弘瑫的弟子白鹿师贵有过交往。《景德传灯录》卷二七载，保福和尚曾问他："如何是佛法大意？"这是禅宗丛林参禅常用的话，禅宗认为佛法大意难以用语言文字完全表达，一般对此不作正面回答，往往以别的话支开，或以反诘语、动作来回应。契此对此问没有正面回答，只以"放下布袋叉手"来回应。保福又问："为只如此，为更有向上事？"意为还有什么深意表达？他听后背起布袋走开。一日，白鹿和尚见他老是背着布袋，便问他："如何是布袋？"他立即放下布袋；又问："如何是布

---

① 张勇：《傅大士研究》，台湾法鼓文化事业公司1999年版。
② 此据元代无梦昙噩编撰《明州定应大师布袋和尚传》，谓五代后梁贞明三年（917）三月三日。另：宋志磐《佛祖统纪》卷四二作后梁贞明二年（916）；宋赞宁《宋高僧传》卷二一《契此传》谓"以天复中终于奉川"。"天复"是唐昭宗年号，公元901年至903年。

下事?"他拿起布袋便走。① 看来契此对于禅宗思想、机锋有相当的了解。他在福州时与一位姓陈的居士关系很好,在决定到两浙时曾向陈居士告别,当陈居士问他年龄时,他说:"你莫道我姓李,二月八日生。只这布袋,与虚空齐年。"此后才到明州奉化一带传法。②

契此在后世虽被神化,但他是历史上真实存在过的人物。《景德传灯录》卷二七、元昙噩《布袋和尚传》和明广如《布袋和尚后序》皆说他于五代后梁贞明三年(917)于奉化岳林寺东廊下去世,但宋赞宁《宋高僧传·契此传》说他死于唐昭宗天复年间(901—903),志磐《佛祖统纪》卷四二载他死于后梁贞明二年(916)。《景德传灯录》卷二七载,契此死前说偈曰:

弥勒真弥勒,分身千百亿,
时时示世人,时人自不识。③

据传说,契此死后有人仍在不同地方见过他。《布袋和尚传》记载,五代后晋天福初(937),莆田县令王仁煦曾在江南天兴寺见到他,并且后来在福州官舍得到他赠的"圆封书",里面写有一首偈颂,云:"弥勒真弥勒,化身千百亿,时时示世人,世人俱不识。"后边又写有九字曰:"不得状吾相,此即是真。"据此至少在契此死后 20 年,他才开始被认为是弥勒佛的化身,受到众多信徒的信奉。

宋初赞宁(919—1001)来自吴越,曾任吴越国的两浙僧统,精于戒律和儒佛经史,官至宋朝史馆编修、两街僧录。他奉诏编撰的《宋高僧传》卷二一收有契此的传,最后记载,在契此死后"江浙之间,多图其像焉"④。可以认为,以契此布袋和尚作为弥勒佛化身,以其形象造像,最初起源于江浙,后来才逐渐传播到全国。

---

① 《大正藏》卷五一第 434 页中。
② 昙噩:《布袋和尚传》。
③ 《大正藏》卷五一第 434 页中。以下凡引此文,不再注明页数。
④ 《大正藏》卷五〇第 848 页下。

（二）有关契此布袋和尚的传记

现存契此和尚的传记有多种，繁简各异，其中有的是辗转相抄。这些资料对研究契此和尚的传记和弥勒信仰的发展很有参考价值。在这些传记中虽有很多神话成分，但关于契此生平的主要部分还是可信的。

1.《宋高僧传》，宋赞宁编撰，《契此传》在卷二一，篇幅很短。

2.《景德传灯录》，宋法眼宗僧道原编撰，卷二七载有契此简传和语录。

3.《五灯会元》，宋普济编撰，卷二有其传，比《景德传灯录》所载增加几首偈颂。

4.《佛祖统纪》，宋志磐编撰，卷四二简要载有契此传记。

5.《佛祖历代通载》，元代念常编撰，卷一七载有其传，与《景德传灯录》所载相同。

6.《明州定应大师布袋和尚传》，简称《布袋和尚传》，元代天台山国清寺住持昙噩编撰，篇幅较长，增加不少契此的事迹传说和语录。传记前有几个题序，传记之后附载明末广如法师撰写的《布袋和尚后序》，篇幅超过前者，又增加少许契此的事迹和语录，并且对傅大士的传说也有所提及。后面还附有《重刻弥勒传略记》等。现存为清道光二十七年（1847）明州岳林寺刻本。《续藏经》第二编乙第十九套第五册有载。

7.《明州定应大师布袋和尚传》，原名《弥勒传》，1923年天台山比丘兴慈据昙噩《布袋和尚传》和明末广如《布袋和尚后序》中所载契此和尚的事迹、语录公案，并参考《五灯会元》《神僧传》《指月录》等，重新分段编写而成。兴慈在1921年先刻《傅大士集》，接着将此传刻印。后来，这两篇与记述台州戒阇梨事迹的《文殊化身戒阇梨示现录》集编为《三大士实录》刻印，刻印者与出版年代不详。

此外，在《岳林寺志》《神僧传》等书中也有契此和尚的传记。

（三）从现存契此布袋和尚的语录、偈颂看他的佛学思想

契此曾是位生活在现实社会的和尚，是一位被神化了的和尚，是一位在死后被奉为弥勒佛的和尚。在上述传记中，记载不少契此的生平事迹和

语录。除去其中掺杂的神话因素，我们可以看到契此的偈颂、语录和佛学见解，贯穿着"即心是佛"和寄修行解脱于平常世俗生活之中的思想。契此很像是位禅宗僧人。下面对此略作论述。

1. 认为众生自心本来清净，"即心是佛"

契此和尚虽不是学僧，但对于当时以南宗为主流的禅宗是相当了解的。在现存不多的他的偈颂和语录中，有多处涉及他对修行解脱的看法。他认为，人的自心（自性）生来就是圆满清净的，人们只要能够觉悟自心，就可达到解脱。他曾作过一首歌，其词曰：

> 只个心心心是佛，十方世界最灵物，
> 纵横妙用可怜生，一切不如心真实。（《景德传灯录》卷二七）

是说佛与众生没有根本差别，人的自心是世界上最灵妙之物，因为佛不离自心，自心就是佛；自心极为珍贵，能够发挥种种神妙的作用，与世上其他事物相比是最真实的。他还有偈说：

> 非圣非凡复若乎，不强分别圣情孤，
> 无价心珠本圆净，凡是异相妄空呼。（同上）

是说自心如同宝珠，本来圆满明净，遵照它的本性应平等地看待一切事物，世上本无所谓凡与圣，不应当强作分别。

因此，他在不同场合启示世人应在断除烦恼、"反思自心"上下功夫。他说：

> 由贪沦堕世波中，舍却贪嗔礼大雄（按：佛为大雄），
> 直截凡情无所得，圆明寂照汝心宗。（《布袋和尚后序》）

> 趣利求名空自忙，利名二字陷人坑，
> 疾须返照娘生面，一片灵心是觉王。（《布袋和尚后序》）

他认为世上一切烦恼痛苦的根源是贪求名利,由此引起嗔恚,使人不能摆脱生死轮回,而如果能够断除"凡情"贪欲,返照自心("娘生面"——本来面目),就会体悟到自心本来是佛(觉王)。

2. 提倡自在无为,要人不必到处求经求教

禅宗在禅法上提倡"无念为宗"。这种无念不是要求人们离群索居,闭目塞听,什么也不想,什么也不念,而是照常生活在现实的社会环境之中,照常从事各种活动,只是要求对任何事物、任何对象都不产生贪取或舍弃的念头,没有执意的好恶、美丑的观念。简言之,"无念为宗"也意味着寄坐禅修道于自然无为和日常生活之中。契此和尚也有类似主张。他在偈颂中说:

> 腾腾自在无所为,闲闲究竟出家儿,
> 若睹目前真大道,不见丝毫也大奇。
> 万法何殊心何异,何劳更用寻经义,
> 心王本自绝多知,智者只明无学地。(《景德传灯录》卷二七)

"腾腾"、"闲闲"大体同义,是休闲悠然自得的样子,"无学地"是达到解脱的境界。大意是说,出家者本来无事,真正的解脱"大道"是没有形相可以寻求的,世上一切事物空寂平等,人人心性等同无异,不必到处求寻经义,应以"无所得"为最高认识境界。

禅宗依据般若空义,主张对世界上的事物不作分别,不作判断,断除是非、好恶,对什么都无所取舍。契此也有这种思想。有人向他问道,他回答说:

> 当绝攀缘,体会觉性,性本常住,永无生灭。以无生性中,示现生灭之法;以生灭性中,全体涅槃真如。汝不自审,认假为真,执著世谛,甘受轮回,空遭涂炭,犹未醒悟。若能回首知非,旋机破胆,不越一念,洞见真源。(《布袋和尚后序》)

所谓"绝攀缘",就是不以周围环境和事物作对境进行思考和判断。这

样一来，如何体悟自己本有的佛性（觉性）呢？他实际认为应当通过"无念"（"不越一念"）的直观内省的方法来认识自心，达到解脱。既然真性（真如、佛性）显现世界万有，那么世界万有之中便体现涅槃真如，彼岸存在于现实之中。如果对此不觉悟，执着俗谛以为真理，便永远摸不到解脱之路。

对于禅宗的顿、渐之争，他站在"绝攀缘"的立场也不予认真理会。有人问他："如何是顿渐法门？"他说："汝心即正智，何须次第？圣凡都不到，空花映日飞。"（《布袋和尚后序》）意为与自心相应的真正智慧，是不分辨深浅次第和顿渐的，也无所谓圣与凡，世上一切如同空花幻相，不必认真计较。

3. 不计较是非，"宽却肚皮常忍辱"

在大乘佛教所遵循的基本法则"六度"中，"忍辱"是其中一项。忍辱者的前提是自认为掌握至高的真理，达到很高的精神境界（例如体认"性空"之理），因此对于来自世间其他人的辱骂、肉体侵犯等采取容忍的态度，同时在内心对行施凌辱的人的无知卑微表示怜悯。中国自古崇尚儒家"仁恕"、"宽厚"之道，对于佛教的这种容忍精神容易理解并予以认同。自南北朝以来大乘成为中国佛教的主体，大乘提倡的"菩萨道"、"菩萨行"逐渐深入民间，六度中的"布施"、"忍辱"、"持戒"、"精进"等也成为佛教信徒崇尚的美德。契此布袋和尚之所以受到民众的喜爱，其中重要一点是在他身上具有为人宽厚的美德。《布袋和尚传》记载，在契此离开福州到两浙之际，陈居士劝他到了那里之后"不可堕他人是非"。他便用偈表示自己的态度，说：

> 是非憎爱世偏多，仔细思量奈我何，
> 宽却肚皮常忍辱，放开笑口暗消磨，①
> 若逢知己须依分，纵遇冤家也共和，
> 要使此心无罣碍，自然证得波罗蜜。（《布袋和尚传》）

---

① 原文"笑口"作"泆日"，据《三大士实录》本《布袋和尚传》校改。

想以自己的"宽却肚皮"、"放开笑口"来回避并消解世间众多的是非、憎爱，对于知己朋友固然要尽情接待，即使对于冤家仇人也要和睦相处，采取如此态度则可以不生烦恼，自然实践菩萨之道（六度、六波罗蜜）。

契此和尚以民间高士那种"和光同尘"的态度周游市街，混迹于贫富和僧俗之间。然而因为他相信"即心是佛"，"吾有一躯佛，世人皆不识"（《布袋和尚传》），经常充满自信，行为自由自在，潇洒无羁。有一偈反映他的这种独来自往的自由情况，谓："一钵千家饭，孤身万里游，青目睹人少，问路白云头。"（《景德传灯录》卷二七）吃千家饭，游万里路，以平和的态度待人（不以白眼看人），经常与白云为伴。

契此布袋和尚死后被奉为弥勒佛。各地寺院天王殿须弥坛之上供奉的弥勒佛即取他的形象，造型满面堆笑，袒胸露肚，憨态可爱，给人以亲切感觉。布袋弥勒的造像不仅寺院有，用木、泥、石、瓷造做的大肚弥勒造像，已经成为中国民间象征吉祥福寿的艺术品。

布袋和尚是中国的弥勒，是为中国佛教信徒喜爱和信奉的弥勒。在关于契此布袋弥勒的传说中，看不到弥勒经典所描述的出身高贵种姓，与当年释迦牟尼相似的出家、成道的经历以及在龙华树下三次说法度众那样的情节。契此和尚不过是个带有神异色彩，行为经常逸出常规，并且具有禅僧性格的普通和尚。他死后被尊奉为弥勒佛，是中国佛教徒选择的结果。

宋代的佛经翻译[①]

在佛教传入中国并逐步实现民族化的过程中，翻译来自印度或流传于中亚地区的佛经曾是一项重要的事业。在佛教传入初期，来自印度或西域的僧人在中国信奉佛教的知识分子的协助下于民间翻译佛典，4世纪后期道安在前秦的国都长安已经开始利用国家的保护和资助组织翻译佛经，直到尊奉并大力支持鸠摩罗什译经的后秦才把佛经翻译正式纳入国家的事业，此后经南北朝，直至隋唐，历代朝廷都把翻译佛经当作国家的重要事业，将大量佛典译为汉文。这在历代佛经目录，例如在特别著名的梁僧祐《出三藏记集》、隋费长房《历代三宝纪》、唐道宣《大唐内典录》、智升《开元释教录》、圆照《贞元释教录》等有详细记载。

宋代上承国家处于分裂局面的五代十国。宋太祖已经基本平定江南几个地方的割据政权，至太宗时平定割据于河东的北汉，建立了南北大部分地区的一统格局。此后虽长期受到来自北方的、时刻伺机内侵的辽、西夏的威胁，然而继唐朝之后，宋朝在中国封建社会文化史上属于承前启后的时代，伴随生产技术和经济的进步，社会文明达到新的高峰，作为传统文化三支的儒、释、道三教都得到新的发展。

继隋唐实现民族化的佛教格局形成之后，宋代进入中国佛教的持续发展时期。总的来说，宋代历朝皇帝在维持儒家正统地位的同时都对佛教采取信奉和支持的态度，使佛教得以持续发展。宋代朝廷效仿唐朝将佛经翻译作为国家的事业，在朝廷的直接管理和资助下进行。在唐代元和六年（811）以后译经中断170多年之后，再次在皇帝的名义下设立国家译场翻译佛经，从宋太宗太平兴国七年（982），中经真宗朝，至仁宗朝的景祐四

[①] 载杨曾文、方广锠编《佛教与历史文化》，宗教文化出版社2000年版。

年（1037）的半个世纪是宋代译经最辉煌的时期，译出大小乘佛典二百四十三部五百七十四卷，此后直到徽宗政和三年（1113）之间仍陆续有少量佛典译出。虽然宋代所译佛典仅接近唐代译经的1/4，所译经典也不及南北朝和隋唐的译经的影响大，但它是构成宋代佛教和社会文化的一个重要方面，对当时社会和后世佛教也有一定的影响。

下面以考察自宋太宗至仁宗三朝译经为重点对宋代的佛经翻译进行介绍。

一　宋太宗、真宗、仁宗与佛教、佛经翻译

在古代以皇帝为首的封建专制主义中央集权的社会，任何宗教，如果得不到皇帝、朝廷的允许和支持都是很难立足并且得到顺利发展的。东晋道安说："不依国主，则法事难立。"（《高僧传·道安传》）唐代道宣说："自教流东夏，代涉帝朝，必假时君弘传声略，然后玄素依缮，方开基构。"（《大唐内典录·序》）他们都说出了实情。

宋太祖（960—976年在位）在后周世宗手下为将时，曾目睹世宗禁毁佛教之举（955），但并未改变他对佛教的信仰，而是"益信佛法"（元熙仲集《历朝释氏资鉴》卷八引《欧阳公外传》）。即位之初立即着手恢复佛教，在他的生日度童行8000人为僧，建隆二年（961）诏南征的李重进在扬州（在今江苏）行营建立建隆寺为战死将士追荐冥福。这是仿照当年唐太宗在战场旧地建立寺院为死亡将士祈祷的做法。他优遇来自印度、西域的僧人以及从印度求法取经归来的僧人，建隆四年（963）特派行勤等157人到印度求法。进士李蔼"坐毁释氏，辞不逊"，太祖甚至下诏予以惩罚（《宋史·太祖纪》）。他还派太监到益州（治今四川成都）雕造大藏经版，是宋代雕印大藏经事业的开创者。① 宋太祖信奉、扶持佛教的态度和做法，基本为后世历朝皇帝所继承。

宋太宗（976—997在位）在太平兴国元年即位不久便下诏全国普度童子17万人，此后施行限制度僧人数，须经试经才允许剃度的制度。他将开

---

① 以上除注明出处外，皆见宋志磐《佛祖统纪》卷四十三。

封的龙兴寺改名太平兴国寺，在太平兴国七年（982）在此置译经院（后改称传法院），召请印度僧天息灾等入住此院译经，以国家的力量组织翻译佛经并继续雕印大藏经。每逢皇帝生日由译经院进献新经，成为北宋历朝的惯例。他曾表示："朕方隆教法，用福邦家。"他以新译经典示宰臣说："浮屠氏之教有裨政治……朕于此道，微究宗旨。凡为君治人，即是修行之地，行一好事，天下获利，即释氏所谓利他者也……虽方外之说，亦有可观者，卿等试读之。盖存其教，非溺于释氏也。"① 他认为翻译佛经，兴隆佛教，是有利于治国安民的。他在雍熙三年（986）为天息灾等人译经所写《新译三藏圣教序》说："大矣哉，我佛之教也。化导群迷，阐扬宗性……"对佛教的善恶因果报应教义和大乘的性空解脱的教理表示赞赏。② 他还派使者到传为文殊菩萨道场的五台山、普贤菩萨道场的峨眉山兴建寺院，对这些地方佛教的发展产生很大影响。

宋真宗（997—1022年在位）对儒、释、道三教都很尊崇，在位期间曾到泰山封禅，到汾阴（今山西宝鼎县）祀后土，到曲阜拜谒孔子庙，封孔子为"玄圣文宣王"、"至圣文宣王"。又至亳县（在今安徽）太清宫祭祠老子，加封老子为"太上老君混元上德皇帝"。真宗仿效唐皇室以老子为祖先的做法，以道教的元始天尊为"圣祖"，在京城和各地建景灵宫、圣祖殿祭祠。真宗撰《崇儒术论》以示宰臣，并刻石于国学。他也撰有《崇释论》，认为佛教可以"劝人之善，禁人之恶"，其不杀、不盗、不惑（原是不邪淫）、不妄（不妄语）、不醉（不饮酒）"五戒"与儒家仁、义、礼、智、信的"五常"，是"异迹而道同"的③。他大力支持译经，咸平二年（999）继太宗之后作《继圣教序》。他命赵安仁等人编录自太宗以来的译经目录为《大中祥符法宝录》，在他撰的序中认为佛教为"含灵之所依，历世

---

① 宋李焘《续资治通鉴长编》卷二四太平兴国八年（982）记事。
② 宋太宗《圣教序》载宋祖琇《隆兴编年通论》卷二九、《大明三藏圣教北藏目录》序。但《续藏经》本《隆兴编年通论》所载《圣教序》年代有误，作太平兴国三年（978）。《宋会要辑稿》（中华书局1997年第三次印刷）作雍熙一年，从上下文看有误，据《佛祖统纪》卷四三应为雍熙三年（986）。
③ 《佛祖统纪》卷四四，《大正藏》卷四九第402页上。

之所尚，盖以辅五常之治，为众善之基"①。认为佛教可以辅助儒家纲常名教，引人向善。自太宗以来至真宗晚年，虽也命大臣担任译经的润文之职，但未必是宰相。在真宗去世的前一年，即天禧五年，他听从译经僧法护、惟净的奏言，正式任命位至宰相的官员出任"译经使兼润文"官②。他还自注《四十二章经》《遗教经》，编入大藏经。据《宋会要辑稿·道释一》天禧五年僧397615人，尼61239人，总数约占当时总人口的2.3%。③

宋仁宗（1022—1063年在位）时所存梵文经夹中未译的新经已经不多，但他继承先帝遗训仍继续大力支持翻译佛经。他在景祐三年（1036）为《景祐新修法宝录》写的序中解释为什么应译经僧和臣僚之请写序时说："欲使率土之内，含生之流，发归依之诚，究因报之本，易贪痴为平等，革暴戾为慈爱，愚者畏罪以远恶，上士希福而增善，化民厚俗，不可得而让也。"这种以佛教教化民众止恶向善的思想与前任几位皇帝是一致的。他在一首赞颂佛牙的偈中说，三皇、五帝、孔子、老子虽生前为圣人，但死后皆化为尘土，"唯有吾师（按：指佛）金骨在，曾经百炼色常新"④。意为佛与孔、老等圣贤不一样，生命是永存的。他著《三宝赞》赐给宰辅和传法院，后被收入大藏经。在他直接支持下，天台宗、禅宗迅速盛行于社会，并诏将这两宗和法相宗的重要典籍收入大藏经。⑤ 他继承真宗晚年任命宰相担任译经使的做法，先后任命王钦若、吕夷简、章得象、陈执中、庞籍、文彦博、富弼等宰相出任译经使兼润文官。⑥ 这一做法一直延续到宋神宗元丰五年（1082）七月。《宋会要辑稿·道释一》载，景祐元年（1034）全国僧385520人，尼48742人，总数占全国人口的1.66%。⑦

自宋仁宗以后译经基本上处于名存实亡的状态。

---

① 《大中祥符法宝录》卷一、卷二已不存，此序现存《天圣释教总录》下册（详后）。
② 《景祐新修法宝录》卷一六。
③ 元马端临《文献通考》卷一一载，天禧五年天下总人口为19930320人。
④ 《佛祖统纪》卷四五，载《大正藏》卷四九第409页中。
⑤ 《佛祖统纪》卷四五的天圣二年、皇祐元年等各条，并《景祐新修法宝录》卷一七"天圣四年"条。
⑥ 请参见《宋会要辑稿》第二百册，第7893页上。
⑦ 《文献通考》卷十一载，天圣七年（1029）全国总人口为26054238人。

二　宋朝的译场——译经院(传法院)

自佛教传入以来，中国与印度、中亚一带的佛教文化交流一直未断。北宋建国之后，来自印度和中亚诸国的僧人前后相继，也有先后前往这些地方求法的中国僧人归来，他们将带来的贝叶经（梵夹）、佛骨舍利、菩提树叶、金刚座（当年释迦牟尼在菩提伽耶坐禅成佛之座）印、念珠等进献朝廷，往往受赐紫衣、束帛等。据《大中祥符法宝录》《景祐新修法宝录》所载译记来看，他们进献的贝叶经多是"中天竺梵本"，也有的是"西天竺梵本"、"西天竺书"、"中天竺语，龟兹国书"。这些贝叶经开始被放在宫中，在宋太宗设立译经院之后诏"尽以禁中所有梵夹付院"命译经僧翻译（《大中祥符法宝录》卷三）。

印度佛教在7世纪以后进入大乘佛教的后期阶段，在原有的大小乘教派之外，新兴起的密教逐渐盛行。密教吸收了大乘般若中观和唯识学派的思想，又吸收印度教以及民间宗教的信仰成分，以重视繁杂的祭祠、仪规、咒术和拥有浓厚的神秘主义色彩的教义为特色。后期密教吸收了印度教性力派的做法，将男女性行为引入教义和修行方法之中，形成"左道密教"，日趋堕落。从8世纪以来，印度先后遭到来自信奉伊斯兰教的阿拉伯国、属于突厥族系的阿富汗伽色尼、古尔王朝的侵袭，13世纪初被原为古尔王朝部将出身于奴隶的库特布丁·艾伊拜克（1206—1210年在位）所灭，以德里为都正式建立伊斯兰教的"奴隶王朝"（1206—1290）。在这个过程中由于强行推行伊斯兰教，佛教连续遭受严重摧残，最后终于在印度本土消亡。这种情况不能不对宋代的佛教翻译产生直接影响。宋代所译经典虽有不少传统的大小乘佛典（包括重译者），但数量最多的是密教经典，而到11世纪20年代可供翻译的新经已经无多，译经事业难以为继了。由于中国社会以儒家纲常名教和礼仪为正统，不仅有的密教经典未能被翻译，就是翻译出来的密教经典也未能在社会上广泛流行。

宋代译经始于宋太祖之时。中天竺僧法天与其兄达理摩荜多携带梵夹先到鄜州（治今陕西富县），遇到河中府（治今山西永济县蒲州镇）梵学僧（通晓梵语的学僧）法进，二人合作，译出《圣无量寿经》《尊胜陀罗尼经》《七佛赞》（这三部经在译经院成立后诏"重加详证"）。开宝七年（974）鄜州知州王龟从上表进献这些新译佛经，太祖诏法天等进京召见，赐以紫衣。

宋太宗太平兴国五年（980），北天竺僧天息灾、施护到达京城，诏赐紫衣，并令他们与法天查阅已有的梵夹。"太宗崇尚释教，又以梵僧晓二方言，遂有意于翻译焉。"（《宋会要辑稿·道释二》）便命太监郑守约主持在太平兴国寺大殿的西边兴建译经院。七年（982）译经院建成，召请天息灾等人入内居住译经。

中国译经在由朝廷主持成为国家事业之后，译场的规模越来越大，译经仪规和制度也自简至繁。宋在继承唐朝译经做法的基础上，制定了更加详备而且带有程式化的仪式和制度。译经院刚一成立，天息灾等人通过汤悦向皇帝上奏提出了所谓"自古译经仪式"和译场制度。

据《宋会要辑稿·道释二》和《佛祖统纪》卷四三的记载：译经院应设立道场，在东堂面西置"圣坛"，开四门，各由一位"梵僧"（此指来自印度或西域的僧人）主持，称念"秘密咒"七昼夜，又设供奉佛、菩萨、天神名位的木坛，称之为"大法曼拏罗"（按：当即大法曼荼罗），众僧早晚两次举行法事，迎请佛菩萨，用净水鲜花供养，烧香礼拜，"请祈民佑，以珍魔障"。

在译场参与译经的人员有：（1）主持译经的最高僧称"第一译主"，简称"译主"，正坐面向外边，宣讲梵文；（2）证梵义僧，坐在译主的左边，与译主评量梵文经典的意思；（3）证梵文僧，坐在译主右边，在听译主朗读梵本经典时，审核是否有误；（4）书字梵学僧，对照梵本，用汉字将译主宣读的梵语加以音译；（5）笔受梵学僧，将梵语译为汉语；（6）缀文梵学僧，将译出的文字按汉文语法整理成文；（7）证义僧，审核所译出的文字，不使有误；（8）刊定梵学僧，将译文的重复、缺漏之处加以修定；（9）润文官，由皇帝任命朝臣担任，在僧众的南边另设座位，对译经文字加以修饰润色。参照《大中祥符法宝录》《景祐新修法宝录》可知，此外还有负责日常对译经活动进行监督，并与皇帝、朝廷保持联络的"监护"，在宋代由身为太监的内官担任。译经僧每日必须沐浴，穿戴整洁，保持译场庄严肃静，译经的一切所需由朝廷供给。对于经文如果出现与皇帝的名字相同的字，如何办？原来汤悦的奏文提到"前代不避"，建议"依国学九经，书御名回避，讳但缺点画"。宋太宗下诏，"御名不避"，对于其他皆依所奏（《宋会要辑稿·道释二》）。

从此，宋朝的译场宣告成立。翌年八月，诏改译经院为传法院，又在显圣寺设印经院，以放置经板和印刷佛经。宋真宗咸平二年（999）时曾有礼部侍郎陈恕奏请废除译经院，说译经"久费供亿"，但真宗认为此为"先朝盛典"，不准其奏（《佛祖统纪》卷四四）[①]。宋仁宗时因为缺少新经，译经已是勉强维持局面。宋神宗熙宁三年（1070）废印经院，而在元丰元年（1078）译经僧日称死后，后继无人，译经接近于停止。在金朝占据北方、南宋迁都临安（今杭州）之后，传法院也随之迁移，设在新建的寺宇，南宋孝宗淳熙二年（1175）赐名"太平兴国传法寺"（《宋会要辑稿·道释二》）。然而，此时已是徒有其名。

三　主要译经僧

宋代担当译经的主要是来自印度的僧人，也有少量汉僧、西夏僧。译经僧须由皇帝钦定，一般授以"三藏"、"译经三藏"的头衔。宋代有此头衔的译经僧，按来华时间先后顺序有印度僧法天、法护、天息灾、施护、法护，较晚的有慈贤，汉僧有惟净、绍德，此外还有西夏僧日称、智吉祥、金总持等人。印度译经僧中有两个法护，为便于区别，不妨按他们的籍贯将先来华又回印度的那位称之为"中印度法护"，后一位不妨称为"北印度法护"。现存记载他们生平的资料太少，这里仅能作简单介绍。

天息灾（？—1000），宋太宗赐名法贤，北天竺迦湿弥罗国（今克什米尔）人，年十二在本地密林寺学习声明学，后来对其从父兄施护说："古圣贤皆译梵从华而做佛事。"于是，相约来华，先至敦煌。在宋太宗太平兴国五年（980）与施护同时到达京城开封，受赐紫衣。宋太宗"崇尚释教"（《宋会要辑稿·道释二》），有意翻译佛经，命天息灾与早到开封的法天查阅收藏在宫廷等地的梵文贝叶经（梵夹），以作准备。太平兴国七年（982）

[①] 《大正藏》卷四九第402页上。

六月译经院完工，诏请天息灾、法天、施护三人入院着手翻译佛经，赐天息灾"明教大师"号，法天"传教大师"号，施护"显教大师"号。在译经院刚刚建成之际，天息灾通过光禄卿汤悦向皇帝提出"自古译经仪式"，立即被采纳实行。

宋太宗先命天息灾等三人先各自选择一部贝叶经翻译进上，诏梵学僧法进、常谨、清沼等担任笔受兼缀文，汤悦、兵部员外郎张洎为润文官，太监殿直刘素为监译。① 天息灾所译的第一部佛经是《圣佛母小字般若波罗蜜多经》一卷。

太平兴国八年（983）在法天译出《大方广总持宝光明经》上进皇帝之际，天息灾上奏：

> 窃见教法东流，历朝翻译宣传佛语，首在梵僧。其如天竺、中华，方域悬阻，或遇梵僧有阙，则虑翻译复停。臣等欲乞下两街僧司，选诸寺院童子五十人，就译经院，先令攻习梵字，后令精穷梵义。所贵成就梵学，继续翻宣。（《大中祥符法宝录》卷三）

"两街僧司"是"左右街僧录"，是全国僧官机构，最高的僧官是僧录，下面有副僧录、鉴义等。天息灾建议由僧官出面在各个寺院选择尚未受具足戒的童子50人，到译经院跟随译经僧学习梵文和佛典义理，学成之后参与译经，使译经事业得以继续。太宗皇帝准其奏。殿头高品（宫内太监官名）王文寿奉诏请左右街僧录从"京城出家童子"500人中，选出惟净等50人，先引他们入宫晋见皇帝，然后送他们入住译经院学习梵文。由此诏改译经院为传法院。从佛教传入中国直到隋唐，汉僧要懂得梵语，都是师事来自印度或西域的僧人学习，或是亲自到印度求法学习。宋代由朝廷负责组织培养通晓梵文并能够从事译经的人才，可以说是中国译经史上的创举。

雍熙元年（984）宋太宗得知天息灾想游历山水，便下诏准许他游访南

---

① 以上据《宋会要辑稿·道释二》、《佛祖统纪》卷四三有关记载，并参考《大中祥符法宝录》等。"汤悦"，前二者皆作"杨悦"，据《宋高僧传》卷三"论曰"、《大中祥符法宝录》卷三改。

岳，临行赐以束帛，并诏派官员、仆役随从，命沿途各县供给食物。天息灾在翌年回京，继续译经。此年十月宋太宗看到天息灾等人的译经，十分高兴，对宰相说"译经辞义圆好"，"得翻译之体"，特授天息灾、法天、施护三人以"朝散大夫、试鸿胪少卿"的官衔，按月给俸禄（《宋会要辑稿·道释二》、《大中祥符录》卷四）。雍熙四年（987），诏天息灾改名法贤。天息灾在译经僧中实际处于"第一译主"地位，重要表奏皆以他为首署名。端拱元年（988）天息灾与法天在得到宋太宗诏许之后，到传为文殊菩萨道场的五台山、普贤菩萨道场的峨眉山巡游瞻礼。第二年四月，宋太宗特授天息灾为"试光禄卿"，法天、施护为"试鸿胪卿"。至道三年（997）宋真宗即位，十一月在接见上进新译经的天息灾等人之后，诏加他们三人以"朝奉大夫"之位。天息灾死于咸平三年（1000）八月四日，宋真宗赐谥"慧辩"之号。

据《天圣释教总录》的《总排新经入藏录》并参照1934年支那内学院补编《祥符录略出》，天息灾（法贤）一生共译经88部143卷，其中大乘经60部97卷[①]，以密教经典最多；小乘经17部31卷，小乘律1部1卷；西方圣贤集传（译自来自印度、西域的传记偈赞等）87部139卷。

法天（？—1001），中印度摩迦陀国（在今印度恒河以南一带），梵名达理摩莘叉多，刹帝利（四种姓中第二种姓，国王或军政贵族后裔）种姓。宋初，与其兄达理摩莘多携带佛经同至中国，在鄜州遇到河中府的通晓梵文的汉僧法进，在法进协助下译出《圣无量寿经》等三经，后由鄜州知州王龟从奏荐入京，受到宋太祖的召见并赐紫衣。在译经院成立后，与天息灾、施护为主要"译经三藏"。奉宋太宗之命译出的第一部经是《大乘圣吉祥持世陀罗尼经》。他前后受传教大师之号，并叙位朝散大夫、试鸿胪少卿、试鸿胪卿、朝奉大夫，又试光禄卿。死于宋真宗咸平四年（1001）五月十八日，赐谥"玄觉"之号。

据《天圣释教总录·入藏录》统计，法天译出经典42部68卷，其中

---

① 依据《天圣释教总录·入藏录》统计，大乘经有五十九部九十三卷，总数是八十七部一百三十九卷。据《祥符录略出》，天息灾在淳化五年（994）译有密教经典《金刚萨埵说频那夜迦天成就仪轨经》一部四卷，因宋真宗在天禧四年（1020）诏令禁止将此经入藏，故《天圣释教总录》未将此经著录，致使天息灾译经数字少一部四卷。

大乘经（以密教经典最多）26 部 51 卷，大乘论 1 部 1 卷，小乘经 7 部 8 卷，小乘律 3 部 3 卷，西方圣贤集传 5 部 5 卷。

中印度"三藏沙门"法护，在宋太宗太平兴国八年（983）十月译出密教经典《大力明王经》一部二卷，便上表请得太宗诏许归国。现存资料对此人情况记载甚少。《大中祥符法宝录》卷三在太平兴国八年十月译经录之后载：

> 竺法护，中天竺人也。戒行精勤，慧性明敏，太平兴国中与法天同届京阙，寓止译筵，以助释演。至是上表请还。太宗特从其志。

又据《宋会要辑稿·道释二》载：

> 法天……与其兄达理摩苹多、西印度僧尼罗、南印度僧尼没驮计哩帝等四人，同游中国。惟法天与其兄得达，余皆殁于路。

前面已经介绍，法天是中天竺人。既然与法天结伴来华者只有其兄达理摩苹多到达，其他皆死在路上，可见这位达理摩苹多就是法护。

施护（？—1018），北印度乌填国（应为乌填曩国，即乌苌国，在今印度河上游）僧，是天息灾的"从父兄"。从十五岁在当地帝释宫寺跟僧悲贤学梵文及师子国（今斯里兰卡）、于阗（今中国新疆和田一带）、三佛齐（今印度尼西亚的苏门答腊）、阇婆（今印度尼西亚的爪哇或苏门答腊，或兼指两地）文字。与天息灾同时到达开封，入译经院译经，奉宋太宗之诏译出的第一部经是密教经典《无能胜幡王如来庄严陀罗尼经》。从宋太宗受"传法大师"之号，并先后受朝散大夫、试鸿胪少卿、试鸿胪卿、朝奉大夫的官衔。在天息灾、法天相继去世之后，实际成为第一译主。宋真宗咸平五年（1002）下诏为嘉勉表彰他译经的功绩，"特授试光禄卿，依前传法大师充西天译经三藏、散官如故"（《大中祥符法宝录》卷一二）。施护死于天禧元年十二月十六日（已进入公元1018），宋真宗赐谥"明悟"之号①。

---

① 此据《景祐新修法宝录》卷十六《嗣续兴崇译场诏令三之一》，而《宋会要辑稿·道释二》谓施护卒于天禧二年，恐不可信。

施护的译经数目与前述译经僧相比是最多的。《天圣释教总录·总排新经入藏录》实是编于大中祥符五年（1012）的《大中祥符法宝录》的《入藏录》，据此录统计，施护此时已译经106部192卷，其中大乘经（包括密教经典）68部134卷，大乘律1部1卷，大乘论10部18卷，小乘经18部28卷，小乘律1部1卷，西方圣贤集传8部10卷。此后到他去世，又译出多部经。署名是施护译的不少经实际是与北印度法护、汉僧惟净二人共译的，如《大中祥符法宝录》中的所谓"施护译，法护、惟净同译"，大概就是这种情况。他一生到底译出多少佛经，因为现存《景祐新修法宝录》已经残缺，据此难以统计，但笔者据元代庆吉祥《至元法宝勘同总录》统计，施护总共译经110部243卷，其中大乘经（内含密教经）40部175卷，大乘论10部18卷，大乘律1部1卷，小乘经20部32卷，小乘律1部1卷，小乘论1部7卷，西方圣贤集传7部9卷（这部分有缺）。

北印度法护（980—1058），姓憍尸迦，名字音译达里摩波罗，北天竺迦湿弥罗国人，出身婆罗门种姓。出家之前学习婆罗门教"四围陀"（四吠陀）经典及其他"记论"，后至中天竺摩伽陀国坚固铠宫寺从沙门苏哦多室利波罗（善逝吉祥）出家，受具足戒后先后跟沙门希有乘、妙意尊、布施铠受学律、声明文字学、佛教三乘，后来拜投名师从受大乘经论，"笔札偈句，尤所精炼"。景德元年（1004）二十五岁，与法兄觉吉祥智结伴至宋，向朝廷进献梵文佛经。宋真宗特地召见，赐紫衣、束帛，安置住于译经院，景德三年（1006）诏令担任译场"参证梵文"之职，先后受赐普明惠觉、"传梵大师"之号，大中祥符二年（1009）诏令他与惟净"同译经文"。"由是译经沙门自法贤而降至法护为第五人焉"，这是从他继法贤（天息灾）、法天及中印度法护、施护之后而言的。天禧元年（1017）在施护去世之后，诏法护与惟净"并充译经三藏，加俸给夏"（《景祐新修法宝录》卷一六）。从真宗朝至仁宗朝，授官历经朝散大夫、试鸿胪少卿、试鸿胪卿，位于"左右街副僧录"以上，终至试光禄卿。[①] 法护死于宋仁宗嘉祐三年

---

① 此主要据《大中祥符法宝录》卷十五大中祥符二年十一月译经后附文，另可见《宋会要辑稿·道释二》有关文字。

(1058），寿七十九岁。①

惟净（973—1051），俗姓李，生于金陵（今南京），是五代南唐后主李煜（降宋，死后追封吴王）之弟李从谦之子。李从谦在宋太祖开宝九年（976）春随李煜降宋至开封，受封右领军卫大将军、神武将军，迁右龙武大将，历知随州、复州、成州，后以本官充武胜军行军司马（《十国春秋》卷一九）。惟净随父到开封时，年仅四岁，七岁时入开封大相国寺跟释自崇出家。太平兴国八年（983），天息灾上奏朝廷为培养译经人才建议在京城选择 50 位出家童子入译经院学习梵文，太宗命内官王文寿会同左右街僧录经办此事。年仅十一的惟净应选入译经院跟天息灾学"声明（按：关于语言、文字、音韵、文法的学问的总称）悉昙章（按：介绍梵文字母及拼写语法的初级课程）、梵经义理"，第二年因成绩优异得以落发受具足戒。雍熙三年（986）亲写梵经进献皇帝，诏补译场"梵学"辅助译经。此后又学瑜伽密教及《维摩经》《般若心经》《因明论》等。他是古来第一位未出国门而达到精通梵文，并能理解和翻译梵文经典的学僧。《大中祥符法宝录》卷一五说他：

> 梵字本母，悉洞达之；每一睹梵章，历然如诵。至于天竺音义，无不通究，复对注真言，诠解秘印，多所允协。常以华竺之文，对参奥义，自得古师翻译之旨。

宋太宗在端拱二年（989）亲自召见，诏充译经"笔受"之职，赐于紫衣。淳化三年（992）赐"光梵大师"之号。宋真宗咸平四年（1001）诏充"证梵文"，景德三年（1006）"证梵义"。在大中祥符二年（1009）宋太宗"以惟净不游天竺，自晓梵章，求之古人，斯为难矣"，于是诏令他与法护"同译经文"（当时第一译主是施护），并给他增加俸禄。《大中祥符录》卷十五谓他是"由法贤至惟净为第六人"，是说他排在法贤（天息

---

① 《宋会要辑稿·道释二》载法护死于嘉祐三年（1058），谓年"九十余"，前面载他景德元年（1004）入京献梵经，《大中祥符法宝录》卷一五说他二十五岁"来诣京师"，可见他生于公元 980 年，死时年七十九岁。

灾)、法天,中天竺法护、施护,北天竺法护之后为宋代第六位译经者。天禧元年与法护同时受任"译经三藏"。惟净历次从朝廷得到的官衔与法护一样,最后至试光禄卿。据宋释文莹《湘山野录》(中华书局《历代史料笔记丛刊》本)卷上《光梵大师通敏有先识》记载,惟净死于皇祐三年(1051)。

法护与惟净是继施护之后的主要译经者。二人经常合作译经,如译一部多卷经典,他们常各自翻译其中一部分。即使有些经典是他们各自译的,后世也往往署二人之名(经录也有个别例外)。这种情况可能与他们"并充译经藏",并且在每次新经译出之际皆联名上表进献皇帝有关。为了方便,本文将"法护、惟净译"、"法护等译"、"惟净等译"一律作二人合译。据《天圣释教总录·入藏录》后附的从大中祥符五年(1012)五月至天圣五年(1027)三月新译经中,有他们译出的佛典7部56卷(既有合译,也有自译);此后据《景祐新修法宝录》卷九至卷一二,并参考《至元法宝勘同总录》、今存赵城《金藏》《碛砂藏》《高丽藏》等,他们又译经九部(实为8.5部)119卷,共译经典16部175卷。其中大乘经8部114卷,大乘律1部1卷,大乘论4部38卷,内有瑜伽唯识学派著名论师安慧所著《大乘中观释论》18卷;小乘经1部3卷,小乘论1部7卷,即阿毗昙论书《施设论》;西方圣贤集传1部12卷,为《金色童子因缘经》。①

宋代设立译场,皇帝要求只翻译新经,然而当时佛教在印度已经日益衰微消亡,来自印度的新经自然不多。在宋仁宗天圣五年(1027)法护和惟净两度上奏已无新经可译,请停止译经,但仁宗以佛教有益于教化而诏不准。然而,此后的翻译时断时续,勉强持续到宋徽宗政和(1111—1117)初年。在此期间先后有译经僧日称、慧询、绍德、智吉祥、金总持及慈贤等人。日本天台宗僧成寻(1011—1081)在宋神宗熙宁五年(1072)三月渡海入宋,在参访天台山之后于当年十月到达开封,被安置住在传法院,十一月参拜五台山,回来以后直到翌年四月一直住传法院,不仅与日称、

---

① 1996年《闽南佛学院学报》第2期所载何梅《宋代译经目录考》对《至元录》等目录的错误、遗漏进行修正,后面附有《景祐录所载译经目录》、《景祐录后译经目录》,又在1997年《闽南佛学院学报》第1期对此文缺误之处作了更正。笔者参考了此文,法护、惟净译经数字即据此文附录统计。

慧询和其他参加译经人员有较多交往，而且阅读不少新译佛经，也曾列席译场参观译经场面。他的游记《参天台五台山记》的卷四至卷八对日称等译经僧和新经翻译有不少介绍。至于其他译经僧，从《至元法宝勘同总录》、现存《金藏》《辽藏》（北京房山石经刻有一部分）、《碛砂藏》《高丽藏》等大藏经所载宋代译经的署名可以看到他们的国籍、名号、官衔等。关于他们的生平，在明代明河《补续高僧传》、现代人喻谦《新续高僧传四集》中仅有极为简单零碎的介绍。

日称（1017—1078），中印度人，约在宋仁宗庆历八年（1048）来到中国，先在译场协助法护译经，从嘉祐三年或四年（1058 或 1059）开始担当译主主持译经。成寻到达传法院，有人向他介绍日称，在日称名字前所加的荣誉名号和官衔是"西天译经三藏、朝散大夫、试鸿胪卿、宣梵大师、赐紫"，院内一般称之为"大卿"。另有朝散大夫、试鸿胪少卿、同译经、宣秘大师、赐紫慧贤，被称为"少卿"。日称于元丰元年（1078）去世，诏谥阐教大师。据《至元法宝勘同总录》，日称译经（包括西方圣贤集传）8 部 71 卷，然而其中 25 卷的《大乘集菩萨学论》前 8 卷是法护主译的。因此准确地说应是译经 7 部 46 卷，另与法护合译 1 部 25 卷。①

慧询、绍德，皆为汉僧，生平不详。《宋会要辑稿·道释二》有这样一段话：元丰元年十月三日，"参知政事元绛参定传法院《新编法宝录》。先是译经僧日称死，同译经僧慧询等不能继，乞罢译场。乃诏令在院习学，续修宝元（按：1038—1039）以后《法宝录》，候有通达义理梵僧，依旧翻译，而绛因有是命"。说明慧询虽诏命为"同译经"，但不能独立翻译，一度有罢设译场之议，然而宋神宗不允许，命慧询等译经僧在传法院学习，并且命编纂从宋仁宗宝元年间以后的译经目录，由元绛负责定稿，一旦有

---

① 日本成寻《参天台五台山记》记载，成寻在宋神宗熙宁五年（1072）十月到达开封，被安置住在传法院，见到日称，说他"年五十六"，据此日称当生于公元 1017 年。《宋会要辑稿·道释二》载："元丰元年七月九日诏：故西天译经三藏试鸿胪卿日称，赐谥曰阐教……"可见他是死于元丰元年（1078）。《参天台五台山记》卷七记载成寻读到日称参与和主持翻译的几部佛经：法护译，日称、梵才等"诏同译"的《大乘集菩萨学论》一至八卷，宋仁宗至和三年（1056）——嘉祐三年（1058）进；法护于嘉祐三年死，此后九至二五卷由日称译；日称译《十不善业道经》《六趣轮回经》《事师法五十颂》，嘉祐八年进；《诸法集要经》十卷，宋英宗治平元年（1064）进。

了通达梵语的印度僧再继续译经。据成寻《参天台五台山记》，慧询号"梵才大师"，也曾受赐紫衣，与成寻往来最密切，成寻常称为"三藏"者就是他。他与僧绍德译经1部9卷（或16卷），即《菩萨本生鬘论》。绍德，诏赐明教辩才法师，译有《随转宣说诸法经》3卷。①

智吉祥，中印度人，先至西夏，宋仁宗天圣五年（1027）结伴五人到京城开封，进献梵经，仁宗赐紫衣，命入译场翻译佛经。据《至元法宝勘同总录》，他共译经2部6卷。成寻《参天台五台山记》卷五，他曾与另一位印度僧天吉祥到过苏州，应知州苗振之请补译《楞严经白伞盖真言》。②

金总持，西夏僧，与智吉祥结伴到开封，入译场译经，后为译经三藏，受赐明因妙善普济法师之号。据《至元法宝勘同总录》，译有佛经4部17卷。喻谦《新续高僧传四集》卷一《释吉祥传》附传谓他于宋徽宗政和三年（1113）与译语仁义、笔受宗正游历江浙一带。大概直到此时译经尚未完全终止。

北宋西北有西夏王朝，北有辽王朝，曾长期与北宋朝廷对峙。辽也有译经，著名译经僧有慈贤。慈贤，生平不详，从他翻译的佛经前的署名来看，是中印度摩竭陀国人，受封号"契丹国师"。他译的佛经在《碛砂藏》、北京房山石经中有收录，有10部14卷，几乎全是大乘密教经典。③

四　朝廷重臣担任译经使、润文官

译经成为由朝廷组织进行的重要国家事业之后，有时帝王、将相、达官贵人也参与翻译佛经。东晋十六国时期，后秦鸠摩罗什译经，国王姚兴和安成侯姚嵩曾直接参与；北魏菩提留支、勒那摩提译经，宣武帝及侍中崔光曾做"笔受"。到唐朝时这种情况有所发展，唐初波罗颇迦罗蜜多罗译经，唐太宗敕上柱国尚书左仆射邢国公房玄龄、散骑常侍太子詹事杜正伦、礼部尚书赵郡王李孝恭等"参助诠定"；玄奘译经，敕左仆射于志宁、中书令来济、礼

---

① 童玮：《二十二种大藏经通检》，中华书局1997年版。
② 除引证者外，请参考民国喻谦《新续高僧传四集》卷一《释吉祥传》。
③ 何梅：《宋代译经目录考》。近年中华书局出版《中华大藏经》收录的佛经最全，从宋代所译佛经前的署名可看到译经者的国籍、名号与官衔，可以参考。

部尚书许敬宗等人参加过"润色";武周时义净译经,修文馆大学士特进赵国公李峤、兵部尚书韦嗣立、中书侍郎赵彦昭、吏部侍郎卢藏用、兵部侍郎张说等人"次文润色";唐中宗、唐睿宗也曾参与过"笔受",译经时担任"监译"、"监护"的也是官员。(参见梁僧祐《出三藏记集》、唐智升《开元释教录》等经录的有关部分)然而唐朝由朝廷高官担任润文之职并未成为制度,润文等也并非官衔,当某位皇帝特别尊崇佛教并重视译经时,就可能任命高官参加译经润色或润文,而且并非所有的译经皆有高官参与润文。

然而宋朝从译经开始到译经终止逐渐形成一种润文官制度,早期只是任命朝廷官员担任润文,在宋真宗晚年开始任命身居"宰辅"的高官担任"译经使兼润文"(或称"译经润文使")的官职,以此显示译经的崇高神圣的地位。这一做法客观上增强了佛教在朝野和社会上下阶层的影响。

现主要依据《大中祥符法宝录》《景祐新修法宝录》和《宋史》有关传记、《宰辅表》等有关资料,将润文、译经使兼润文的官职及先后担任此职的人作概要介绍。

(一) 润文官

润文,在唐代也称润色,是对所译经典的文字进行修饰加工,以便于中国人阅读。唐太宗敕房玄龄、杜正伦等对印度僧颇罗翻译佛经"参助诠定",敕于志宁、来济等对玄奘译经,"时为看阅,有不稳便处,即随事润色"[①],从中可以领会润文的含义。宋赞宁《宋高僧传》卷三《译经篇·论曰》说:"润文一位,员数不恒,令通内外学者充之。良以笔受在其油素,文言岂无俚俗。倘不失于佛意,何妨刊而正之?"[②] 润文人数看情况而定,是选择对佛教和儒、道等所谓"外学"皆精通的人担任,他们在不改变佛经原意的前提下将经文加以修正润色,以便使经文更加典雅可读。

宋代最早参与译经润文的是鄜州知州王龟从,他在宋太祖开宝七年(974)表奏印度僧法天与汉僧法进所译《大乘圣无量寿陀罗尼经》《最胜佛顶陀罗尼经》《七佛赞呗伽陀》,就是他润文的(《宋会要辑稿·道释

---

① 《开元释教录》卷八,《大正藏》卷五五第553页下、560页上。
② 《大正藏》卷五〇第724页下。

二》）。然而这些经译于译经院成立之前，王龟从只是做了润文的工作，未曾被皇帝任命为润文官。

在译经院（传法院）成立之后，皇帝不仅任命译经三藏、笔受、证义等译经僧职，并且从朝廷官员中任命担任润文者。润文实际成为一种官职，从有关记载看，不仅参与对经文润文，还要沟通协调译经院与朝廷的关系，有时向译经僧传达皇帝旨意。担任润文官者的官衔越往后越高，即从光禄卿、兵部侍郎、翰林学士、知制诰……直到相当副宰相的参知政事、枢密副使乃至与宰相分掌军政大权的枢密使等。宋初官位品级大致因袭唐制，润文官是由正四品、从三品提高到从二品以上。从开设译经院到译经终止，前后担任润文官者（先为润文官后为译经使兼润文官者及译经使兼润文者详后）有汤悦、张洎、杨砺、朱昂、梁周翰、赵安仁、杨亿、晁迥、李维、王曙、宋绶、高若讷以及冯京等人。现将他们的简历介绍如下。

汤悦，原名殷崇义，在南唐后主时曾任右仆射、同平章事（宰相），宋灭南唐被俘入宋京城，为避宋太祖之父赵弘殷之讳，改名汤悦，官至光禄卿。有文采，在南唐曾受诏撰《扬州孝先寺碑》，后周世宗攻取扬州住跸此寺时，读此碑文表示赞赏。汤悦撰有《江南录》十卷，并参加修撰《太平御览》（《十国春秋》卷一四《殷崇义传》及《宋朝事实类苑》卷四〇《汤悦》）。太平兴国七年（982）至八年在光禄卿之位与张洎共同为7部17卷新译佛经润文（《大中祥符录》卷三）。

张洎（934—997），南唐时为后主李煜崇信，任礼部员外郎、知制诰，迁中书舍人，南唐灭后归宋。太宗时直舍人院，出使高丽，归来改户部员外郎。知相州时，州内不治，被代还。译经院建成，受令以本官知译经院，迁兵部员外郎、礼户二部郎中，后历任右谏议大夫、史馆修撰、翰林学士、同修国史等。至道元年（995）为参知政事，三年罢。博通文史，善清谈，"文采清丽，博览道释书，兼通禅寂虚无之理"，太宗誉之为"江东士人之冠"（《宋史》卷二六七《张洎传》），有文集50卷，著有《贾氏谈录》。担任润文官达15年之久，开始与汤悦同任润文官，后一人为润文官，为74部149卷新经润文。①

---

① 此据现存《大中祥符法宝录》。因为此录现缺卷五大部、卷九，故实际数目肯定比此要多。

杨砺（931—999），在真宗为藩王时，在其门下任记室参军、推官。真宗即位后，拜给事中、判吏部铨，授翰林学士。咸平元年（998）拜工部侍郎、枢密副使。有文集二十卷（《宋史》卷二八七《杨砺传》）。杨砺在至道三年（997）真宗即位后任润文官，至咸平元年十一月共为19部20卷新经润文（《大中祥符法宝录》卷一〇）。

朱昂（925—1007），后周世宗时为扬子县（南唐名永真县）令，仕宋历知蓬州、广安军及泗、鄂、复州，太宗时直秘书阁，兼越王记室参军。太宗曾谓，"儒人多薄佛典……词臣中独不见朱昂有讥佛之迹"（宋文莹《玉壶清话》卷二），开封开宝塔建成，诏朱昂撰记，深加叹奖。真宗即位，任司封郎中、知制诰，判史馆，任吏部郎中。咸平二年（999）召为翰林学士，逾年以工部侍郎致仕。著有《资理论》，有文集30卷（《宋史》卷四三九《朱昂传》）。朱昂从咸平二年至四年（999—1001）任润文官，为新译9部20卷佛经润文（《大中祥符法宝录》卷一一）。

梁周翰（929—1009），后周时举为进士，入宋历任直史馆、右拾遗、知苏州、右补阙、史馆修撰等。有史才，兼任起居郎时首创起居注，每月先进皇帝，后送史馆。真宗即位，擢为驾部郎中、知制诰，咸平三年（1000）召入翰林为学士，景德二年（1005）授给事中，后迁工部侍郎。与高锡、柳开、范杲友善，鉴于五代文体卑弱，提倡为文"习尚淳古"，发宋代古文运动之先声。有文集50卷，撰有《续因话录》（《宋史》卷四三九《梁周翰传》）。在咸平四年（1001）任润文官，至景德二年（1005）十一月为新译26部62卷佛经润文（《大中祥符法宝录》卷一二、卷一三）。

赵安仁（958—1018），太宗雍熙二年（985）登进士第，历任大理评事、光禄寺丞，以著作佐郎直集贤院、太常丞。好读书，与杨亿以"辞雅"著称。真宗即位，拜右正言，参与重修《太祖实录》，咸平三年（1000）同知贡举、知制诰。景德三年（1006）以右谏议大夫参知政事，修国史。大中祥符元年（1008）真宗到泰山封禅，赵安仁与王钦若并为泰山经制度置使，后历吏部、刑部和兵部侍郎，知贡举，兼宗正卿，后改御史中丞。有文集50卷（《宋史》卷二八七《赵安仁传》）。从景德三年以参知政事担任润文官，在任12年，至天禧元年（1017）五月为新译36部107卷佛经润文。（《大中祥符法宝录》卷一四至卷一六、《景祐新修法宝录》卷二、卷四并参考《天圣释教总录》后附经录)①。

  杨亿(974—1020),字大年,自幼善诗文,被视为神童,年十一受到太宗召见,试诗赋五篇,下笔立成。淳化(990—994)年间献《二京赋》,命试翰林,赐进士第,迁光禄寺丞、直集贤院,后迁著作佐郎。真宗即位,拜左正言,参与修《太宗实录》,此后历任左司谏、知制诰、判史馆,与王钦若主持修《册府元龟》,官至翰林学士、工部侍郎。在朝廷以善文史,娴习典章制度著称,并"留心释典禅观之学"。著有《杨文公谈苑》《武夷新集》《西昆酬唱集》等。法眼宗僧道原撰禅宗记言体史书《景德传灯录》三十卷。景德年间(1004—1008),真宗诏杨亿与李维、王曙重加刊削修定。年四十七卒,谥曰文(《宋史》卷三百五《杨亿传》、《景德传灯录》序)。据《景祐新修法宝录·总录》,杨亿在天禧四年(1020)与丁谓先后被任为润文官,二人承赵安仁润文之后,所润文的新经目录应载于《景祐新修法宝录》卷五,而此卷现已不存,据《天圣释教总录》后面所附经录推断,当为《大乘宝要义论》1部10卷。杨亿于此年十二月去世。

  晁迥(951—1034),太宗时举进士,历任大理评事、知岳州录事参军、殿中丞、太常丞。真宗即位,为右正言、直史馆,献《咸平新书》《理枢》,召试,除右司谏、知制诰,进右谏议大夫、翰林学士,迁尚书工部侍郎,为史馆修撰。史成,擢刑部侍郎,又迁兵部侍郎、工部尚书、集贤院学士。仁宗即位,迁礼部尚书,后以太子少保致仕。"善吐纳养生之术,通释老书,以经传傅致,为一家之说",善诗文,著有《翰林集》《道院集》《法藏碎金录》《耆智余书》《随因纪述》《昭德新编》等。死后谥文元(《宋史》卷三百五《晁迥传》)。20世纪30年代日本学者在京都兴圣寺发现宋惠昕改编本《六祖坛经》的五山版,前有晁子健的刊记,谓此书是其"七世祖文元公所观写本《六祖坛经》"。"文元公"是晁迥的谥号。书后有其题字:"时年八十一(按:天圣九年,公元1031),第十六次看过。"可见

---

① 《景祐新修法宝录》缺卷三,只可计出34部100卷,然而参照《天圣释教总录》后附自大中祥符五年五月至天圣五年译经目录,可知赵安仁尚为《福力太子因缘经》五卷、《无畏授所问大乘经》三卷润文,可知实际为36部107卷新经润文。

晁迥对禅宗也抱有浓厚的兴趣。① 真宗天禧五年（1021），身居宰相之位的丁谓奉诏首任译经使兼润文官，晁迥与翰林学士李维在其下任润文官，到仁宗天圣元年（1023）一起为 2 部 21 卷新经润文（《景祐新修法宝录》卷六）。

李维，举进士，真宗时宰相李沆之弟，历任户部员外郎、中书舍人、兵部员外郎、知制诰、翰林学士承旨、史馆修撰，仁宗时迁工部尚书。曾出使契丹，并多次受诏接待契丹使者。以文章知名，参与编修《真宗实录》《续通典》《册府元龟》和修定《七经正义》（《宋史》卷二八二《李维传》）。李维在天禧三年（1019）宰相丁谓任译经使兼润文时，与晁迥同为润文官；在乾兴元年（1022）再任润文官；天圣二年（1024）王钦若任译经使时仍任润文官。据《景祐新修法宝录》卷六、（卷七缺）卷八并参考《天圣释教总录》后面所附经录推断，在天圣五年（1027）四月之前，李维参与（包括个人）润文的新经，当有 7 部 46 卷。

夏竦（985—1051），景德四年（1007）举贤良方正科，擢光禄寺丞，通判台州，召直集贤院，为国史编修官。仁宗即位，迁户部郎中，知洪州时强制巫觋为农，毁淫祠，后历任知制诰、以左司郎中为翰林学士兼侍读、谏议大夫、枢密副使，迁刑部尚书。曾为陕西经略使，怯于对西夏用兵，自请解兵权，改判河中府，官至枢密使，封英国公、郑国公。为人"奸邪倾险"，好用权术。"自经史、百家、阴阳、律历，外至佛老之书，无不通晓"，曾知名一时。死谥文庄，有文集百卷（《宋史》卷二八三《夏竦传》）。仅据现存《景祐新修法宝录》卷八、卷九、卷十（残）、卷一二，夏竦自天圣四年（1026）任润文官，至明道元年（1032）与译经使兼润文王钦若、润文官李维一起为 89 卷新经润文，如加上佚失经录所载，实际数字应比此稍多。

王曙，真宗咸平（998—1003）年间经举贤良方正科策试中式入仕，历任尚书工部员外郎、龙图阁待制、以右谏议大夫为河北转运使、权知开封

---

① 日本铃木贞太郎（铃木大拙）、公田连太郎校订，东京森江书店 1934 年出版《兴圣寺本六祖坛经》，并可参考杨曾文校写，上海古籍出版社 1993 年出版的《敦煌新本六祖坛经》所附《六祖坛经序》和论文。

府。其妻是寇准之女，景德三年（1006）寇准遭贬罢相，他也受牵连一再遭贬。仁宗时召为御史中丞兼理检使，在玉清宫遭火灾后奏请不再修复，并请罢诸祷祠，以尚书工部侍郎参知政事，因疾请罢，改户部侍郎、资政殿学士，知陕州、河南府，再经吏部侍郎至枢密使，拜同中书门下平章事。"喜浮屠法，斋居蔬食，泊如也。"有文集 40 卷，撰《周书音训》《唐书备问》《庄子旨归》《列子旨归》及编《两汉诏议》等（《宋史》卷二八六《王曙传》）。据《景祐新修法宝录·总录》，景祐元年（1034）诏吕夷简任译经使兼润文，王曙同润文。因为《景祐新修法宝录》卷一〇残缺、卷一一不存，王曙参与润文的经典不得而知。

此外，仁宗时翰林侍读学士、参知政事宋绶（991—1040），枢密使高若讷（997—1055），神宗时右谏议大夫、参知政事冯京（1021—1094），也都曾受任译经润文官。然而他们到底为多少新译经典润文，因缺资料不得其详。①

（二）以宰相为译经使兼润文官

宰相，是辅佐皇帝、总揽政务的最高长官，也称宰辅。宋代以同中书门下平章事、同平章事、尚书左右仆射、左右丞相、侍中为宰相，其下设参知政事，相当于副宰相。还有掌军国机务、兵马的枢密院，长官是枢密使或知枢密院事，地位与宰相地位不相上下，其副职是枢密副使或同知枢密院事。宰相府也称中书或以其议事场所称政事堂，与枢密院合称宰执、二府。

宋代以宰辅为译经使兼润文官，始于宋真宗天禧五年（1021）十一月。《景祐新修法宝录》卷一六记载，译经三藏法护等在奏文中援引唐义净译经时宰相左仆射韦巨源、苏瑰等人担当监译、笔受、润文等事。受此启发，当年五月，真宗任命当时的宰相丁谓担任译经使兼润文之职，全面负责译

---

① 据《景祐新修法宝录·总录》，宋绶在景祐三年（1036）任润文官，据1934年支那内学院辑逸补编《景祐新修法宝录略出》，他大概参加从景祐元年至四年由惟净、法护翻译的《如来不思议大乘经》20卷的部分润文工作；《宋会要辑稿·道释二》载："皇祐四年（按：1052年）正月八日参知政事高若讷进枢密使，诏仍兼同译经润文。"据日本成寻《参天台五台山记》卷七，熙宁六年（1070）三月冯京为日称等译《父子合集经》润文。

经之事，用以向朝野表示对译经重视和支持。诏曰：

> 朕言念翻译之馆，尝崇置使之名，纲总攸归，典故斯在。眷吾上宰，夙达真乘，方润色于贝文，实助扬于像教，宜更美称，用协彝章，允资外护之能，克副绍隆之意。司空兼门下侍郎、太子少师、平章事丁谓，宜差充译经使兼润文……

丁谓在天禧四年七月晋升为宰相（《宋史·宰辅表一》），在十二月奉诏任润文官（《景祐新修法宝录》卷一六），此时又任译经使，标志职权有所提高：负责总摄译经事业的全局（"纲总攸归"），遵循皇帝绍隆佛教的旨意，发挥译经"外护"的职能。

关于译经使，《宋会要辑稿·道释二》记载：

> 是年（按：原为天禧四年，应为天禧五年）以宰臣丁谓兼充译经使，润文官常一员。……丁谓罢使后，亦不常置。天圣三年，又以宰相王钦若为之。自后首相继领，然降麻不入衔。又以参政、枢密为润文，其事浸重。生辰必进新经。前两日，二府皆集以观翻译，谓之开堂。庆历三年，吕夷简罢相，以司徒为使致仕，即章得象代之。自是降麻入衔。

据《宋史·宰辅表一》，丁谓在乾兴元年（1022）六月罢相，王钦若在仁宗天圣元年（1023）九月任宰相，三年十一月死在宰相任内。据《景祐新修法宝录》卷一七，仁宗于天圣三年十月诏王钦若任译经兼润文使，可见他任译经使只有一个月时间。在丁谓之后有三年时间没有设置译经使，然而在王钦若以后的译经使虽皆由宰相充任，也并非每年皆有。

从太宗开始，每逢皇帝生日的时候必进新经祝寿。由宰辅重臣担任译经使和润文官，使译经在朝廷的地位更加提高。在皇帝生日的前两日，先将新经陈列于堂中，宰相、枢密院二府的官员前来观经，谓之"开堂"。

在王钦若之后任译经兼润文使的姓名及其任宰相、任译经兼润文使的时间是：

吕夷简，天圣七年（1029）为相，景祐元年（1034）为译经兼润文使，庆历三年（1043）罢相，以司徒、太尉致仕。

章得象，宝元元年（1038）三月为相，庆历三年接替吕夷简为译经兼润文使，庆历五年（1045）四月罢相。在他之前，宰相虽任译经兼润文使，然而在皇帝下达的制书（用麻纸制作）中对其所署的官衔不加此衔（"降麻不入衔"），自他之后才加此衔（"降麻入衔"）。

陈执中，宝元五年四月任宰相及译经兼润文使，皇祐元年（1056）八月罢相；五年（1060）再次拜相并接替庞籍任译经兼润文使。

庞籍，皇祐三年（1058）十月任宰相及译经兼润文使，五年七月罢相。

文彦博，自庆历八年（1048）闰正月至皇祐三年（1058）十一月第一次为相，至和元年（1054）二次为相时任译经兼润文使，嘉祐三年（1058）六月罢相。

富弼，嘉祐三年六月为宰相兼译经兼润文使，六年（1061）三月以丁母忧罢相。

曾公亮，嘉祐六年八月为相，神宗熙宁二年（1069）兼译经润文使。①

北宋官员除授制度十分复杂，官员的名称多与实际职务不符。宋神宗元丰三年至五年（1080—1082）对官制进行改革，称之为"元丰改制"。在这个过程中也涉及译经官的设置。元丰三年十月，有司奏言，停止授予译经僧试光禄卿、试光禄少卿的官衔，分别改授"译经三藏大法师"与"译经三藏法师"。神宗诏："试卿者改赐六字法师，试少卿者四字，并冠译经三藏。"意为前者在"译经三藏"与"法师"之间授以六个字的法号，如译经僧金总持法号为"明因妙善普济"；后者授以四字法号，如智吉祥曾受"西天法宝"的法号。五年七月，诏罢译经润文使与译经润文官，废除译经使司印，译经事务改由礼部掌管（《宋会要辑稿·道释二》）。这样，前后断续达62年之久的译经使兼润文官及译经润文官从此便结束了。然而宋代的译经也已经接近尾声。

---

① 《景祐新修法宝录·总录》《宋史·宰辅表一》及《宋会要辑稿·道释二》。

五　译经概况

宋朝的译经在朝廷的直接统辖下进行。新经译出后，在皇帝生日和其他时间由担当监译（也称"监院"、"监使"、"监译中使"）的内官（如"殿直"、"殿头高品"之类）引导译经三藏到崇政殿向皇帝奉表进献新经，表中要介绍新经题目、内容提要，并以华丽文句赞颂皇帝的英武盛德，甚至将皇帝比之为佛、三皇五帝，称颂他们在以仁政治理国家的同时，又扶持佛教，教化民众，如"尊齐释梵，道迈羲农，多能彰天纵之才，十善运神明之化"；"德洽三灵，道同诸佛，克广唐虞之化，载崇释梵之宗"；"茂德隆于百王，绪业光于列圣，克勤克俭，允武允文，诞敷淳懿之皇猷，旁眷真空之妙道，恢崇象译，增足琅编"①。皇帝接受新经后，对译经僧"赐茶，亲加抚慰"，并赐以缣帛及物品，有时授以官位称号等，诏以新经"入藏颁行"。太宗淳化五年（994）诏：新译经须写二本，一本编入大藏，一本藏于传法院（《宋会要辑稿·道释二》）。

然而并非新经皆可入藏。据现存资料，至少被认为是"伪经"和有害于名教风化者不能入藏。淳化五年（994）于阗僧吉祥进献所谓《大乘秘藏经》二卷，太宗诏法贤（天息灾）等译经僧"定其真伪"。法贤等人经过辨别，指出此经原题是《大乘方便门三摩题经》，既非"大乘秘藏经"，也非"梵文正本"，所举理由中有：文字是于阗书体，经中违犯佛经固有的规则程式，既无向佛"请问"者，又无"听法徒众"，其中有"二十五处文义不正，互相乖戾"。这意味着将此经断为伪经。太宗听信此言，召见法贤及于阗僧吉祥说：

使邪伪得行，非所以崇正法也。

便命最高僧官"两街僧录"召集义学沙门，将吉祥所献的经，并从原来收

---

① 所摘引的文句依次见《大中祥符录》卷三、卷一三及《景祐新修法宝录》卷一〇，是分别赞颂宋太宗、真宗、仁宗的，类似语句甚多。

藏的梵文经典中搜检出来的类似经本，当众焚毁（《宋会要辑稿·道释二》）。

北宋虽然对儒、释、道三教并加崇信，但与其他王朝一样是实行以儒家作为正统的政教原则的。很自然，如果新译经典中有违背儒家纲常名教和仁义道德规范的内容，一旦发现，也不许入藏流行；如果尚未翻译，便不得翻译。太宗淳化五年（994）法贤译出密教经典《金刚萨埵说频那夜迦天成就仪轨经》一部四卷，当时并没有引起人们的注意，也被收入大藏经，在大中祥符四年至八年（1001—1015）编修的《大中祥符法宝录》中也收有此经目录①。然而到了真宗天禧元年（1020）四月不知被谁发现此经内容违背佛教宗旨和教理，告到真宗那里。真宗立即下诏不许入编大藏经流行，说：

> 金仙（按：指佛）垂教，实利于含生；贝叶誊文（按：佛经），是资于传译。苟师承之或异，必邪正以相参；既失精详，浸成讹谬。而况荤血之祀，颇渎于真乘；厌诅之词，尤乖于妙理。方增崇尚，特示发明。其新译《频那夜迦经》四卷，不得编入藏目。令传法院似此经文，无得翻译。（《宋会要辑稿·道释二》，《佛祖统纪》卷四四所载文字稍异②）

此经今存，经文确实充斥着低俗、愚昧、迷信、贪婪乃至血腥恐怖气味的东西。"频那夜迦天"是经中所说的一个天神，据称它神通无边，对它祭祠供养和念诵密咒（"明"、"大明"）可以满足供养和念咒者的一切愿望，能够免灾并得到种种利益，还声称能给自己的仇敌（"彼冤"、"没咄噜"）造成各种灾难。宋真宗所说的"荤血之祀"，在经文中十分突出，例如所列举的祭祠供养频那夜迦天神的种种方法中，除用檀木作天神像外，还用动物之肉乃至人肉、尸骨作天神像，用水牛、猫等动物的血及"人脂

---

① 此经目录应在《大中祥符法宝录》卷九，但此卷现缺，支那内学院编《祥符录略出》予以补正。

② 《大正藏》卷四九第 405 页下至 406 页上。

血"涂天神像，用象、马、牛、驴、骆驼、狗、蛇乃至人肉作香、药和供品……真宗所讲经中的"厌诅之词"，就是指以祭祠、咒语的方法驱使频那夜迦天神降祸于自己的仇敌、冤家，使对方患病、残废，家庭遭灾，所有牲畜生病，乃至死亡。可见，前者有违于佛教"不杀生"的戒条和"慈悲"的教理，后者不仅违背佛教的十善、"忍"、"慈悲"的教理，也违背儒家的"仁恕之道"，乃至起码的做人之道。真宗不仅不许此经入藏颁行，而且明令今后传法院不许再翻译具有类似内容的经典。8世纪以后在印度密教中形成的"左道密教"将印度教性力派的东西吸收到教义和修行方法之中。可想而知，含有这种内容的密教经典是不可能被翻译的。然而不知什么原因，《频那夜迦经》仍被后世大藏经收编①，继续流行。

北宋所译佛经的原本是来自印度、西域的僧人贡献的和中国僧人到印度求法带回来的梵文贝叶经（梵夹）。然而随着印度佛教的衰微，梵文经典的来源日渐枯竭，到宋仁宗时可供翻译的梵经所剩无多，译经已经难以为继了。宋仁宗天圣五年（1027）二月法护、惟净上奏，在回顾宋朝自恢复译经，"迄于天圣，凡四十六载，所出教文五百一十六卷"，然而"近者五天竺所贡经叶，多是已备之文，鲜得新经翻译"，建议按照前朝先例停罢译经，表示法护愿回印度探亲，惟净想到龙门山寺。润文官夏竦亦奏其事。仁宗不作回复。五月，法护、惟净又奏，再次提出没有梵本可译，停罢译经。对此，仁宗敕书不准，其中说："像教（按：指佛教）之布，有助于化源；译馆之兴，式宣于梵典……方隆法宝，无徇谦虚。"（《景祐新修法宝录》卷一七）此后法护、惟净翻译《中观释论》十八卷，天圣八年译完，又向仁宗上奏停止译经，理由是"复无经论宣演"。仁宗派内官传旨："俟有梵文至，即当翻传，无得请罢。"（同上，卷一八）可想而知，此后译经是时断时续的。

宋仁宗庆历二、三年（1042年或1043年）间，参政知事范仲淹、枢密副使富弼等人在宰相杜衍支持下推行"新政"，主要围绕改善吏治进行改革，并提出"厚农桑"、"减徭役"等主张。在这种形势下，惟净预料有人

---

① 据童玮编，中华书局1997年版《二十二种大藏经通检》第363页，中国古代竟有15种（包括房山石经）大藏经收入此经。

会提出"废译经"之议，便主动上书请求停止译经，说："臣闻在国之初，大建译园，逐年圣节，西域进经，合今新旧，何啻万轴？盈函溢屋，佛语多矣。又况鸿胪之设（按：传法院归属鸿胪寺），虚费禄廪，恩锡用给，率养尸素，欲乞罢废。"仁宗不许，说："三圣（按：此指太祖、太宗、真宗）崇奉，朕乌敢废！"不久，御史中丞孔道辅果然奏乞罢译经，仁宗便把惟净的奏文让他看，将此议平息下来（《湘山野录》卷上《光梵大师通敏有先识》）。

北宋到底翻译了多少佛经？据《宋会要辑稿·道释二》记载，仁宗景祐三年（1036）宰相兼译经使吕夷简与润文官宋绶奉诏编定《景祐新修法宝录》，仁宗撰写序文。序曰：

> 自兴国壬午（按：太平兴国七年，982）距今乙亥（按：景祐二年，1035）五十四载，其贡献并内出梵经无虑一千四百二十八夹，译成经论凡五百六十四卷……①

然而据现存《景祐新修法宝录》卷一，这期间实际译出大小乘经律论和集、赞共为243部574卷。笔者仅据元庆吉祥《至元法宝勘同总录》统计，宋代共译大小乘经律论及西方圣贤集传285部741卷。据此可以推算出在编定《景祐新修法宝录》之后，直到译经终止，译出的佛经有42部167卷。当然，宋代译经的确切数字还有待进一步加以查证。

宋代所译佛经以密教经典最多，其次是小乘经典。依据支那内学院辑佚补编的《大中祥符录略出》《景祐新修法宝录略出》进行统计，在所译243部574卷的新译经典中，密教经有123部241卷，小乘经有47部74卷。按部计算，密教经占总数的50.6%，小乘经占19.3%；如按卷计算，密教占41.9%，小乘经占12.8%。

在宋代的新译经典中虽有不少是过去没有译过的，但也有相当大一部分是已有经典的异译重译本。比较而言，密教经典中新译的较多，有的即使是异译经，内容也有较大扩展。例如密教的两大重要经典之一的《金刚

---

① 这段文字不见于现存《景祐新修法宝录》前载仁宗之序。

顶经》（全称《金刚顶一切如来真实摄大乘现证大教王经》），唐朝不空所译是三卷，据说是此经原来广本十万颂十八会（按佛说法场所设定，相当十八编）之中的第一会之中，初会的"六曼荼罗"中第一"大曼荼罗"分（部分，相当章节）的别译，共三品。而宋代施护译的《一切如来真实摄大乘现证三昧大教王经》虽属前经的异译，但篇幅增大，有 30 卷，据说是原本十八会之中第一会的全部译文①，共二十六分（每分长短不一）。从译文看，除密咒音译部分外，意译经文比唐译本好读。

至于小乘佛经，多是汉译四部《阿含经》单品经的异译，有些篇幅较长，对理解原始佛教教义有参考价值。在小乘论书中，作为发挥引申《阿毗达磨发智论》的"六足论"，唐玄奘只译出五论②，而没有翻译《施设足论》。由宋法护、惟净译出的《施设论》七卷，是对原论"因施设"部分的翻译，参照藏译本还应有"世间施设"、"业施设"两部分③。此论对了解小乘说一切有部、犊子部等的理论很有参考价值。

在大乘论书中，《大乘中观释论》十八卷是译自印度唯识学派"十大论师"之一安慧的著作，虽是对龙树《中论》之颂的解释，然而所释之颂与后秦鸠摩罗什的所译《中论》及唐颇罗蜜多罗译的《般若灯论》的本颂不完全一样，是互有存缺的。④ 在释文中多处引用所谓"毗婆沙师"、"五顶子人"、"僧佉人"、"胜论师"、"犊子部"、"经部师"等的观点，对了解五六世纪印度的佛教内外的教派的观点是有参考价值的。奇怪的是，此书作者虽是瑜伽唯识学派的论师，但在解释中发挥唯识观点的部分极少。

然而宋代译出的佛经在中国佛教史上直接影响不大，到底是为什么？这也是个值得认真探讨的问题。从历史来看，对中国民族佛教的形成与发展影响最大的佛经主要是隋唐以前的译经，其次才是隋唐的译经。从南北朝开始，以大乘为佛教主体已经成为定局，直到隋唐，最流行的经典只是

---

① 参考日本望月信亨《佛教大辞典》第 2 册《金刚顶一切如来真实摄大乘现证大教王经》条。
② 即《集异门足论》《法蕴足论》《识身足论》《品类足论》《界身足论》。
③ 参考日本望月信亨《佛教大辞典》第 3 册《施设论》条目。
④ 上海频伽精舍大藏经流通处所刻印的《中论会译》收有此三经本颂的对刊印本，可以参考。

历代译出佛典的极少部分：大乘经论不过十多部，流行的小乘经典为数更少。唐中期虽曾兴盛过密教，但到唐后期已经衰微。在宋朝组织译经的10世纪至11世纪中叶，印度佛教已经日趋没落，在教义思想上没有新的发展。因此所传入中国的梵文经典中具有新义的经典很少。其中虽有大量过去没有传译的密教经典，但因经文缺乏理论色彩，掺杂大量音译密咒和极端神秘主义的成分，并且崇尚繁杂的祭祠仪轨等，在社会上没有多大市场。宋朝皇帝、朝廷重视支持译经的主要目的，从宋太宗、真宗、仁宗为译经写的序、多种诏书言论和译经僧的进经表奏来看，是借助佛教来神化自己的统治权威，"教化"民众，以维护社会的稳定。宋朝译经与佛教实际流行状况是脱节的，北宋前期主要流行天台宗、法相宗和阿弥陀佛西方净土信仰等，不久禅宗兴起，盛极一时，它们与新译经典几乎没有发生关系。尽管如此，宋朝皇帝重视译经和任命译经使、润文官等做法，对佛教在社会上的扩展、朝野儒者对佛教的关心与兴趣，对儒、释、道三教的会通融合所发生的深远影响是不可低估的。

六　佛经目录

北宋继承东晋以来为佛经编撰目录的传统，也编修了几种佛经目录。这些经录除继承以往经录的体制外，还有所创新。北宋编修的经录有《大中祥符法宝录》《天圣释教总录》和《景祐新修法宝录》。这些经录曾长期在社会上佚失，1933年在山西赵城广胜寺发现《金版大藏经》时，从中也发现这三个经录的残卷。1935年上海影印宋版藏经会和北京三时学会从《金藏》中选择佛典49部影印为《宋藏遗珍》120册发行，其中就收有这三个经录。近年由中华大藏经局编纂的《中华大藏经》第72、第73册也分别收有这三个经录的影印本。关于这些经录，这里仅作简要介绍。

（一）《大中祥符法宝录》

简称《祥符录》，二十一卷并总录一卷，记载北宋太宗、真宗（大中祥符五年之前）两朝翻译的大小乘经律论和西方圣贤集传222部413卷的目录、译者、内容提要和翻译缘起等，还载录包括宋太宗、真宗等人著作在内的"东土圣贤著撰"的目录。由惟净等多人编于宋真宗大中祥符四年至八年（1011—1015），署名"奉敕编修"的是当时的兵部侍郎、译经润文官赵安仁、翰林学士杨亿[①]。现存本缺少五卷和总录，另有四卷也有程度不同的残缺。1931年支那内学院据《天圣释教总录》、元代庆吉祥《至元勘同总录》，斟酌体例，补编《祥符法宝录略出》（以下简称《祥符录略出》），展现了原录的概貌。

现据《宋藏遗珍》本《祥符录》，并参考《祥符录略出》，将此录结构和内容介绍。

卷一、卷二，缺。参考《天圣释教总录》、《景祐新修法宝录》卷一《圣宋翻宣继前录上》和卷二《随译年代区别藏乘录》，卷一当是《总明圣代翻宣录上》（大意如此），前面有真宗写的序文（现存《天圣释教总录》下册），此后依次载录唐智升编《开元释教录·入藏录》、唐圆照《贞元续开元释教录·入藏录》中的大小乘经律论的部、卷数，再载录宋代二朝所译的大小乘经律论的部、卷数。卷二当是《别明圣代翻宣录中之一·新翻藏乘统收录一》（按：大意），载录二朝所译的大小乘经律论和圣贤集传的目录。

卷三至卷二〇。现存本缺卷五的大部分以及卷九、卷一九，另卷六、卷一〇、卷一二的首部也有残缺。但据现存各卷，可以判断这一部分属于《别明圣代翻宣录中》"之二"到"之十八"。其中从卷三至卷一六是《藏乘区别年代指明二》"之一"至"之十四"，是按太宗、真宗二朝纪年、月的顺序，载录译经院（传法院）译出的经典题目、译者、经的内容提要，并且列出梵本来源（如"中天竺书"、"中天竺语龟兹国书"等）、证义者、笔受者、缀文者、润文官、监译者等；上进奏文等。此外，在上进佛教的当年之后，记载围绕译经皇帝所下的诏令、译经人员的任免、奖励、度童行等，很有参考价值。卷一七至卷二〇是《圣贤集传翻译著撰三》"之一"至"之三"。其中卷一七是《西方圣贤集传》，是译自梵文原典的印度佛教

[①] 关于此录，《宋会要辑稿·道释二》记载："六年（按：大中祥符六年）八月，译经润文兵部侍郎赵安仁言：准诏编修藏经，表乞赐名，题制序。诏以《大中祥符法宝录》为名，御序给之。录凡二十一卷，惟净写译，证义启冲、修净……同编次，内侍李知和勾当。安仁又请以太宗及皇帝圣制，编次《东土圣贤录》。既成，赐诏褒饰，加金帛。秘书监杨亿常预编修，亦加赉焉。"

学者的著述，有论教义的偈颂、释文和愿文等。卷一八至卷二一（卷一九缺）是《东土圣贤著撰二》"之一"至"之三"，载录太宗御制《逍遥咏》《妙觉集》，真宗御制《法音前集》等的著作目录及有关奏文、诏书，还有诸如《宋高僧传》《景德传灯录》等佛教史书、目录等。

卷二一，缺。据《天圣释教总录》，当是《总排新经入藏录下》，是将上述新译佛经按大小乘经、律、论、圣贤集传分类列出目录，据此雕印编入大藏经流行。

总录，缺。参考《景祐录·总录》，当为《祥符录》的内容概述。

（二）《天圣释教总录》

简称《天圣录》，分上、中、下三册。《宋会要辑稿·道释二》记载：

> 是年（按：天圣四年，1026），惟净言：藏乘名录，类例尤多，今所流通，凡有三录：僧智升撰，即《开元录》；圆照（按：原误作"升"字）撰《贞（按：原避讳作"正"字，下同）元录》、圆照《续贞元录》。今请将皇朝经总成一录。诏：惟净合三录，令续译经律论、西方东土圣贤传为之。凡六千一百九十七卷。

原文的圆照《续贞元录》应是《贞元续开元录》，虽另有《续贞元释教录》，但此是五代后唐恒安编集，不是圆照所撰，经查也不像是《天圣录》所据。宋代流通的著名经录只能是《开元录》《贞元续开元录》和《贞元录》。《天圣录》下册说将《广品历章》三十卷与《贞元续开元录》收编为三帙。《广品历章》全名为《大唐开元释教广品历章》，唐玄逸撰，是据《开元录·入藏录》编著，先载经录，再对所收经典作解说。[①]

可见，《天圣录》所载宋代以前的佛典目录就是取自这三个经录，其他则为宋代新译经律论及圣贤集传，共载 6197 卷经籍的目录。现存《金藏》

---

① 《宋高僧传》卷五《玄逸传》、《至元勘同总录》卷一〇，另《宋藏遗珍》收有此残缺本十五卷。《天圣录》小注谓《广品历章》"亦名《一切经源品次录》"。但后唐恒安《续贞元释教录》载录《一切经源品次录》，小注说此为唐从梵自大中九年（855）至咸通元年（860）依据《贞元录·入藏录》编集。可能是二者同名。

本仅有中、下两册，并且皆有残缺。据此残缺本，并参照《开元释教录·入藏录》《贞元续开元释教录》和《至元勘同总录》，此录在结构上当为三部分：

上册，缺。与中册当为全录第一部分，题目下应有"上"字，是载录《开元释教录·入藏录》中的大乘经律论的目录；

中册，首部和尾部残缺，收录《开元释教录·入藏录》中小乘经律论和圣贤集传（印度和中国人的撰述）的目录。现仅存从《恒水经》至《四自侵经》的161部小乘经的目录。

下册，分为二部分：（1）全录第二部分，题目缺，题目下当有"中"字，先载《广品历章》三十卷与《贞元续开元录》三卷（第三卷是《入藏录》）经录，谓收编为3帙；后载录《贞元续开元录》中所收唐玄宗、肃宗、代宗、德宗四朝所译新经及念诵法赞录等（多为密教典籍）125部242卷的目录[1]，谓收编为24帙。（2）全录第三部分，有题目：《皇朝新翻藏乘统收录下》，先载录宋真宗为《大中祥符录》写的序；其次为此录最后的《总排新经入藏录》，记载宋太宗、真宗朝所译大小乘经律论及西方东土圣贤集传232部569卷的目录，谓编为60帙；最后是载录从大中祥符五年至天圣五年（1012—1027）未入《祥符录》的新译佛经17部107卷的目录。

（三）《景祐新修法宝录》

简称《景祐录》，二十一卷。记载宋真宗大中祥符四年（1011）至仁宗景祐四年（1037）[2] 新译大小乘经律论和西方圣贤集传21部161卷的目录、译者、内容提要和翻译缘起等，另有包括宋太宗、真宗和仁宗等人著作在内的"东土圣贤著撰"的目录。译经使兼润文官、宰相吕夷简等"奉敕编

---

[1] 唐圆照《贞元续开元录·入藏录》收录四朝翻译的经论及念诵法虽标为193卷，但实际是130部211卷；后唐恒安《续贞元释教录》载《贞元录》"藏经律论目录等，大乘经及念诵法"124部240卷；元庆吉祥《至元勘同录》载，自《开元录》后至唐德宗贞元五年（789）所译经论及念诵法127部242卷。这些数字不同，可能是所计算的经典数目不同或经录版本不同，但大体相近。

[2] 关于编撰时间，《宋会要辑稿·道释二》谓"自大中祥符四年至景祐三年"，但此录《总录》载有景祐四年的记事，故将其结束断在此年妥当。

修"，实际由惟净等人编纂。

现存《金藏》本缺七卷，其他卷也有残缺。1934 年支那内学院据《天圣录》《至元录》并参照《景祐录·总录》，补编《景祐录略出》，便于参考。

《景祐录》卷首载有宋仁宗的序，其中说："右仆射、门下侍郎、平章事吕夷简，吏部侍郎、参知政事宋绶领使润文，断自大中祥符四年以后，至景祐丙子（按：三）。"前面提到，实际是在景祐四年结束。

卷一是《圣宋翻宣继联前式录上》，载录宋朝译经 574 卷。其中太宗、真宗朝已经编入《大中祥符录》的经律论集赞等为 222 部 413 卷；编入新录《景祐录》的真宗、仁宗朝的译经为 21 部 161 卷，一一经皆录全名。

卷二至卷十一是《随译年代区别藏乘录中·摄归藏乘略明经旨一》一至十。现本缺卷三、五、七、一一，卷一〇缺卷首。按照上进年月，载录翻译经律论的目录、卷数、内容提要、梵本情况、译者、笔受者、证义者、润文官和监译者、上进表等。西方圣贤集传仅录目，无提要。

卷十二是《随译年代区别藏乘录中·圣贤集传华竺类例二》之一《西域梵本翻译一》，载录天圣八年（1030）至明道元年（1032）所译《金色童子因缘经》十二卷的提要、译者、润文官、上进表等。

卷一三至卷一五是《随译年代区别藏乘录中·圣贤集传华竺类例·二至四·东土圣贤著撰二·一至三》，载录宋太宗、真宗、仁宗撰述和有关奏文诏令以及高僧、儒臣撰集的目录。现本缺卷一五，卷一三首缺。

卷一六至卷一九是《随译年代区别藏乘录中·嗣续兴崇译场诏令三》一至四，载录从大中祥符五年（1012）至景祐四年（1037）的以译经为中心的各种诏令、奏文和任命译经僧、译经使和润文官、印度西域僧和中国求法僧进献梵夹、度童行、赏赐等事项。现本缺卷一九，卷一六首缺。

卷二〇，现本缺。据《总录》是按"八例"编排的入藏录。所谓"八例"当是大乘与小乘的经、律、论，加上西方圣贤集传与东土圣贤集传。

总录，首缺。概要记述以上各卷内容。

北宋太祖开宝四年（971）至太宗太平兴国八年（983）雕印的《开宝藏》是以唐《开元录·入藏录》为依据，所收大小乘经律论和西方东土撰述共 1076 部 5048 卷。此后延请译经僧，设立译经院翻译佛经，陆续上进皇帝，奉敕编入大藏经。上述经录真实地记录了这一过程，其中的"入藏录"就是接续《开宝藏》之后雕印大藏经的依据。此后，据《宋会要辑稿·道释二》，宋神宗元丰元年至二年（1078—1079）由传法院众僧编撰，先后由参知政事元绛、蔡确参加修定《传法院法宝录》（《新编法宝录》）。然而此录早已不存。此时的译经已近结束。

中国临济宗东传日本和演变[①]

在日本镰仓时期（1192—1333）成立的新佛教宗派中，净土宗、真宗、时宗、日莲宗都是由日本僧人适应时代的需要，对由中国传入的佛教经典做出新的解释而创立的，而属于禅宗的临济宗和曹洞宗则是从中国直接传入的。在这二宗早期传播阶段，临济宗曾受到以幕府为代表的上层武士和皇室、贵族中一部分人的信奉，盛极一时，而曹洞宗在相当长的时间内隐没民间，在地方上缓慢发展。

在临济宗的早期传播中，日僧荣西、辨圆、觉心等由于时代和旧佛教宗派的制约，在传授禅法的同时还兼传天台、真言二宗的教义，其禅法被日本学术界称为"兼修禅"。然而他们对禅宗的提倡和培养日本禅僧，为以后临济宗的传播打下了基础。来自宋、元二代的禅僧道隆、普宁、正念、祖元、一宁等人专传临济禅法，他们的禅法被称为"纯禅"、"纯粹禅"。他们传授禅法，培养弟子，移植宋元的丛林制度，在这一过程中也把宋元文化介绍到日本。

与其他来自中国的佛教宗派一样，临济宗作为一个外来的教派不可能原封不动地移植，在传播过程中为适应日本社会和民众不断进行改造而演变为日本的禅宗派别，其过程也是相当漫长的。

一 中国的临济宗

禅宗是中国佛教宗派之一，是佛教在社会上获得相当普及和发展后的

[①] 原载杨曾文、日本源了圆主编，浙江人民出版社 1996 年出版的《中日文化交流史大系》之四《宗教卷》。

产物。禅宗重视传承世系，奉北魏来华在嵩洛一带传授禅法的印度僧菩提达摩为初祖，奉魏齐之间的慧可为二祖，隋朝的僧璨为三祖，唐朝的道信、弘忍为四祖、五祖。实际上禅宗作为一个宗派成立，应在道信（580—651）、弘忍（601—674）之时。他们以蕲州黄梅县（在今湖北）的双峰山、冯茂山为中心聚徒传法，时称"东山法门"。弘忍逝世后，门下发生分裂，分为以神秀（605？—706）、普寂（651—739）为代表的北宗，以慧能（638—713）为代表的南宗。唐代后期，南宗成为中国禅宗的主流，北宗衰微。

禅宗南宗在唐末、五代时分为五个流派：在慧能的弟子青原行思（？—740）的法系中形成了曹洞宗、云门宗、法眼宗；在慧能的另一个弟子南岳怀让（677—744）的法系中出了沩仰宗和临济宗。临济宗的创始人是临济义玄（？—967）。临济宗到北宋中期又分成两派：以黄龙慧南（1002—1069）为祖的黄龙派，以杨岐方会（992—1049）为祖的杨岐派。以上五宗和临济宗二派即为史书上所说的禅宗"五家七宗"。

云门宗、临济宗、曹洞宗在北宋曾相当流行，而在进入南宋末年只有临济、曹洞二宗盛行。以上五家七宗的禅法著作虽都先后传入日本，但作为宗派传入日本的只有临济宗、曹洞宗。

南宗禅法以般若中观论和涅槃佛性论为理论基础，要点有三：（1）一切众生皆有佛性，通过自修自悟，皆可成佛，即《六祖坛经》所谓"自身自性自度"，"识心见性，自成佛道"。（2）主张顿悟，讲"一悟即至佛地"。把般若性空论与涅槃佛性论会通，说性空即佛性，空含万法，性也含万法，自性不离万法，也不受万法染著；主张在日常生活中贯彻般若智慧；"即烦恼是菩提，前念迷即凡，后念悟即佛"，人与佛无根本差别，"一念若悟，即众生是佛"。（3）主张以"无念"为宗，定慧不二，寄坐禅于日常生活之中，禅定无特定的仪规，求悟不一定通过坐禅，在日常生活中，"于念而不念"，无特定求取和弃舍之心。① 禅宗在分为五派之后，各派在思想上并无根本变化，但也有新的表现：一是禅法更加深入社会各个阶层，与日

---

① 以上所引皆见杨曾文校《敦煌新本六祖坛经》，上海古籍出版社1983年版。

常生活结合密切,主张"立处即真","行住坐卧,悉是不思议用"①,甚至说"佛法无用功处,只是平常无事,拉屎送尿,著衣吃饭,困来即卧"②;二是传法和修行的方式更加自由活泼,不强求读经、坐禅,讲究应机施教,临济宗有"四料简",曹洞宗有"五位君臣"等,用空有、体用相即、顿渐、修证不二的思想,破除学人和参禅者的"我执"和"法执"等观念。

中国临济宗的黄龙派和杨岐派都传到了日本。黄龙法系中的著名禅僧有晦堂祖心(1025—1100)和东林常总(1025—1091),晦堂之后的第六代有虚庵怀敞。日本的荣西即从他受法,回国后传黄龙派禅法。杨岐派在宋初的名僧是圆悟克勤(1063—1135),他与弟子在云门宗雪窦重显所编《百则颂古》的基础上,加上垂示、著语,编成《碧岩录》十卷,风行全宗。其弟子大慧宗杲(1089—1163)所著《正法眼藏》《大慧书》以及大慧宗杲门下所编《大慧语录》等,在临济宗内亦十分流行。宗杲提倡"看话禅",要人在参究公案中某句话、某个字的过程中,达到有无双遣、取舍并亡的"无念"境地。宗杲有弟子拙庵德光。日本大日能忍派二弟子入宋,曾从他间接受法。圆悟克勤的另一弟子虎丘绍隆(1077—1136)的法系,在宋元时期与日本临济宗关系最为密切。虎丘绍隆传法于应庵昙华,应庵昙华之后是密庵咸杰,其下有弟子松源崇岳、破庵祖先、曹源道生。

松源崇岳有弟子无明慧性、运庵普岩、掩室道开。赴日传法的兰溪道隆,是无明慧性的弟子,在日本建长寺等地实行宋朝的禅林制度。日僧南浦绍明从运庵普岩的弟子虚堂智愚受法。赴日僧大休正念和日僧无象静照是掩室道开弟子石溪心月的门徒。破庵祖先弟子有在余杭径山传法的无准师范(1177—1249),号佛鉴,对日本临济宗影响很大。日僧圆尔辨圆入宋从他受法,回国后在京都以东福寺为中心传法,所培养的弟子成为日本临济宗的骨干。无准师范的弟子兀庵普宁、无学祖元也赴日传法,受到幕府的尊崇。元初,作为朝廷使者的一山一宁,则是曹源道生的三传弟子。

---

① 《景德传灯录》卷二八《马祖录》,《大正藏》卷五五第440页上。
② 《古尊宿语录》卷四《临济录》。

二　临济宗东传日本及其早期传播情况

在日本镰仓时代以前，中国禅宗虽曾传入，但未能流传。奈良时代应日僧邀请于天平七年（735）到日本传律的唐僧道璿，是禅宗北宗普寂的弟子，曾向大安寺僧行表传授禅法。行表是日本天台宗创始人最澄之师，曾向最澄传北宗禅。最澄在延历二十三年（804）入唐求法，除受天台宗、密教教义和律学外，也曾从翛然受牛头禅法，回国所传天台宗，被认为是"圆、密、禅、戒"的"四宗相承"。文德天皇齐衡初年（854）慧萼奉橘太后之命入唐，请得南宗齐安禅师的弟子义空东渡日本，太后为建禅林寺。日本天台宗僧觉阿在承安元年（1171）入宋，从临济宗杨岐派佛海慧远受法回国。但限于时代条件，以上日中两国僧人皆未能在日本推广禅宗。

镰仓初期僧人能忍，自学禅法，逐渐有名，为求得师承，于文治五年（1189）派弟子练中、胜辨入宋参谒育王山临济宗宗杲的弟子拙庵德光，转呈自己所作偈颂。德光表示印可。此后能忍名声渐著，有弟子觉晏，在奈良多武峰传法。觉晏有弟子怀奘、怀鉴。怀奘和怀鉴的弟子后来都投到日本曹洞宗创始人道元的门下，因而亦未能弘传临济宗。

临济宗在荣西之后才逐渐风行日本。此前传入的各禅系因条件不成熟而未能连续传承，影响甚微。

（一）"兼修禅"：禅与天台、真言二宗并传

荣西（1141—1215），字明庵，又号叶上房，曾被尊为千光祖师。俗姓贺阳，备中国（在今冈山县）人，出身神官家庭。自幼学习佛教经论，14岁出家，到比睿山受戒。后在此山学天台宗教义，并学密教（台密）。仁安三年（1168）荣西入宋，巡拜天台山、育王山等，求得天台宗新章疏30余部，与日僧重源于同年回国，把所带回的章疏献给比睿山座主明云。据其《兴禅护国论》，他在宋地明州（治今宁波）遇到广慧寺的知客，对中国盛行的禅宗有了初步了解。荣西在回国后的20多年中，在比睿山专心研究天台宗和密教理论，其密教学说自成一家，被称为"叶上流"。他在查阅天台宗教籍的过程中也对禅宗有了进一步了解。

文治三年（1187），源氏推翻平氏政权不久，荣西带着《诸宗血脉谱》《西域方志》等再度入宋，想从中国到印度巡礼佛祖圣地。此时因蒙古在北方兴起，南宋官府未给荣西发放西行文书。荣西便南下到天台山礼临济宗黄龙派第八代虚庵怀敞禅师为师，"参禅问道，颇传临济宗风"（《兴禅护国论》卷中）。南宋淳熙末年（1189），怀敞赴任天童寺住持，荣西随侍左右数年，从学禅法，并诵《四分戒》《菩萨戒》。南宋绍熙二年（日本建久二年，1191），荣西从怀敞受法衣以为"法信"，又受临济宗传法世系图以及法器等，于七月回国。怀敞临别赠言："……今以此法附属汝，汝当护持，佩其祖印，归国布化，末世开示众生，以继正法之命。"（《兴禅护国论》卷中）①

荣西回国时，镰仓幕府刚刚成立。他先在九州一带地方传法，曾受到天台宗僧人的反对。在这种情况下，荣西一直以一个天台宗僧的身份，并以复兴宗内绝传的禅宗为号召，没有提出另建禅宗的主张。为了宣传自己兴禅的主张，他写了《兴禅护国论》（撰于1198年）、《出家大纲》《日本佛法中兴愿文》等，并积极传法，在筑前国（今福冈县）博多建了圣福寺。

荣西看到在京都传播禅宗会经常受到旧有佛教宗派的干扰，便到幕府所在地镰仓传法。当时镰仓幕府对亲近自己的佛教高僧持欢迎的态度。然而由于当时人们对禅宗还所知甚少，他只能在传天台、密教的同时兼传禅宗。据《吾妻镜》卷一五、卷一八的有关记载，荣西以"律师"、法会"导师"的身份为幕府主持佛事、祈祷，接受将军源赖家、源赖朝夫人政子的皈依。政子赠土地为他建寿福寺。荣西在此向镰仓武士和其他信徒传授禅宗。在幕府支持之下，荣西也到京都传法。将军源赖家施舍京都的一块土地为他建建仁寺。但此寺在名义上是天台宗别院，内置真言、止观二院，兼传禅宗和天台、密二宗。这不仅是迫于天台宗势力的压力，也与荣西自己的认识有关。荣西在《兴禅护国论》中表示，禅宗是一种综合性的佛教，禅宗与天台、密教一致，可以兼修。荣西借接近幕府的机会，向幕府宣传兴禅的道理。荣西还撰《吃茶养生记》2卷献给将军源实朝，介绍宋地种茶、喝茶的功能和饮用方法等，对日本推广种茶、饮茶起了重大作用。

---

① 《大正藏》卷八〇第10页。

日本建永元年（1206）荣西任奈良东大寺"大劝进"。他运用宋地建寺经验，用4年时间重修了东大寺的佛殿、七重东塔。此后又奉诏修复京都法胜寺的九重塔。荣西因功受任权僧正。建保三年（1215）七月五日，荣西于京都建仁寺逝世，年七十五。师练《元亨释书》卷二《荣西传》之"赞"说，荣西"初志虽补传教（按：指日本天台宗创始人最澄）之遗志，后世皆推禅门之大祖"。这是说荣西原意是继承最澄遗志复兴久废之禅，但后世禅宗盛行后被推为禅宗（实指临济宗）初祖。

荣西《兴禅护国论》是为阐述禅宗主张、回答世人疑问、申明兴禅护国的道理而写的。全书分十门，其中以第三"世人决疑门"为全书重点。综合全书，主要讲了以下三个问题：

第一，何为禅宗？对此他有两种互不协调的说法：其一，禅宗是一个综合性的佛法体系，与其他教派一致。他在对"心"所作的解释中，认为心是佛教的最高教法、最高觉悟境界，为"最上乘"、"第一义"、"般若实相"、"一真法界"、"无上菩提"，全部佛法由心集中体现；此"心法"即是教外别传的禅宗；禅宗是"诸教极理，佛法总府"①，修学禅宗可通达一切佛法。其二，按照唐宋禅宗的特点，说禅宗主张"即心是佛"，禅宗是"如来禅，不立文字宗"，"不滞教文，只传心印"，"直指人心，见性成佛"等②。又说禅宗重《金刚经》《维摩经》，强调内心自悟，要人"无念"、"无著"等。这种理解基本表述了禅宗的特点。正因为荣西有这种理解，他在传天台、真言二宗的同时，能把宋代临济禅法传给弟子，培养出日本的初代禅僧。

第二，重视戒律，"以戒为先"。荣西针对平安后期以来僧尼风纪败坏的情况，据宋地《禅苑清规》和自己在宋的见闻，提倡禅戒结合，"参禅问道，戒律为先"，"以戒为初，以禅为究"③，主张参禅应以持戒为前提。在镰仓初期既倡禅宗，又重持戒，无疑给④日本佛教界吹来一股新风。

---

① 《兴禅护国论》卷上，《大正藏》卷八〇第5页上。
② 《兴禅护国论》卷上、卷中、卷下，《大正藏》卷八〇第5页下、8页中、10页下、11页中。
③ 《兴禅护国论》卷上，《大正藏》卷八〇第2页中、7页上。
④ 《兴禅护国论》卷上，《大正藏》卷八〇第2页中、7页上。

第三，认为兴禅可以"镇护国家"。"护国"本来是日本佛教各宗共同的口号。荣西认为当年最澄曾传中国禅宗，后来失传，他是为"兴其废亡"而从宋地传入禅宗的。他认为兴禅可以使菩萨善神保佑国家，利益众生。应当说，他当时强调兴禅护国是为了取得当政者的支持。

荣西的弟子中以荣朝、行勇、明全三人最有名。荣朝的弟子圆尔辨圆、无本觉心分别是日本临济宗的圣一派、法灯派之祖。行勇在镰仓寿福寺、高野山等地兼传禅密二宗，受到幕府执权北条泰时和政子的皈依。明全在贞应二年（1223）携弟子道元入宋，后逝世于天童寺。道元后来成为日本曹洞宗的创始人。

辨圆（1202—1280），字圆尔，以字行。俗姓平，骏河（今静冈县）人。自幼学天台宗，后到上野长乐寺从荣西的弟子荣朝受禅法，又到镰仓寿福寺从荣西的另一弟子行勇学禅。此外，他也学过密教。日本嘉祯元年（1235）入宋，先后到曹源的弟子天童寺的痴绝道冲、大慧法系净慈寺的笑翁妙堪、破庵的弟子灵隐寺的石田法熏等人的门下参禅学法。后投到径山寺师事无准师范，从受禅法。南宋淳祐元年（1241）四月从无准禅师受法衣、顶相（肖像）而归国。辨圆回国后先在九州（今福冈地方）的崇福寺、承天寺传法。当时朝廷的摄政九条道家、良实父子尊崇佛教，听说其名，招请辨圆入京，向他问法，并从受禅门大戒和秘密灌顶，为他在京都东山建造规模宏大的东福寺。此后东福寺虽为传禅之地，但其内又设真言八祖像、天台六祖像和密教灌顶传法的道场。东福寺虽重修禅宗，但同时又兼修天台、真言二宗。辨圆在此既讲《大日经》，又讲主张教禅一致的延寿的《宗镜录》、主张三教一致的圭堂的《佛法大明录》（编于南宋）。当时一些旧有宗派著名的学僧也常常登门求教，有的还问禅宗旨要。后嵯峨上皇、后深草上皇、龟山上皇都曾从辨圆受禅门菩萨戒，听他讲禅法。日本建长五年（1253）辨圆到镰仓传法，受到幕府执权北条时赖的欢迎，从他受禅门菩萨戒。时赖向他提出种种问题，他按照禅宗"无念，无著"，不作分别的宗旨，引南岳怀让的"说似一物即不中"的话作了回答（《元亨释书》卷七）。此后辨圆受到幕府的崇信，受任镰仓寿福寺、京都建仁寺的住持，又曾任东大寺的大劝进，尊胜寺、天王寺、法成寺的干事等职，为这些寺院殿堂的修复事业做出了贡献。他在所主持的寺院传受禅法和举行法事，实行宋地禅宗丛林的制度。

辨圆虽没有摆脱"兼修禅"传法的模式，但已把传授临济禅法置于重要地位。他著的《假名法语》和弟子虎关师炼编校的《圣一国师语录》集中反映了他的禅法主张。要点为二：

第一，认为禅宗是最高的佛法，禅门为一切佛法的根本。《假名法语》是他为九条道家讲述禅法而写的，也称《坐禅论》。其中说："坐禅法门者，大解脱之道也。诸法皆由此门流出，万行皆由此道通达，智慧神通妙用从中而生，人天性命由此而开"；"禅，佛心也；律，外相也；教，言说也；称名，方便也。此等三昧皆由佛心出，故以此宗为根本也。"这不外是说禅法是佛法之源、诸宗教理之本，要达到解脱觉悟必须通过坐禅。当然，这里也包含着禅与诸宗一致的思想。

第二，用"理致、机关、向上"三宗旨启迪门人，传临济禅法。《圣一国师语录》现仅存《住东福禅寺语录》，从其中所载辨圆说法的内容来看，或直说禅宗旨趣，或举中国禅宗祖师公案（行履和语录等），阐发禅要，或以倡颂喻示宗趣。此外，还有辨圆应世人求教而写的法语，或与人交往所写的偈颂以及"佛祖赞"等。他对禅宗旨趣、临济宗的泼辣宗风是熟悉的。他说，"禅非意想，立意乖宗，道绝功勋，建功失旨"[①]。这是说禅宗主张以"无念为宗"，不执名相，不求取舍。他引用德山呵佛骂祖的语录，教参禅者不要迷信佛祖及传统教法，要人们摆脱他们的束缚，自修自悟，并且要人们连以上说法也不要奉为不变的模式。说"大机大用，自在纵横，不带干圣机关，不堕诸祖窠窟"[②]等，也是教人内心自悟，不为言教所缚。他在《示空明上人》的法语中，教人安心坐禅，如有杂想，应举"话头"，"不作佛法想，不作破除想，不用存心等解，不用情生疑殆，没理路，没滋味，如铁馒头，单刀直入，不涉异想。悠久岁月，自然恰如睡梦醒，如莲花开"[③]。这是教人坐禅及修看话禅的方法，说如果在坐禅中精神不集中，可选择公案中一个话头参究，但却不可思索它的任何含义，久而久之使精神

---

① 《大正藏》卷八〇第 17 页下。
② 《大正藏》卷八〇第 18 页中。
③ 《大正藏》卷八〇第 19 页下—20 页上。

达到超越内外、有无的无差别的觉悟境界,看到自己的"本地风光,本来面目"。《元亨释书》卷七、《延宝传灯录》卷二等载,辨圆常以"理致、机关、向上三宗旨"启示门下,但书内对此三宗旨的含义未作解释。《圣一国师语录》虽也提到,但语焉不详。从一般意义讲,"理致"相当于理、道理、旨趣,是指禅宗旨要,是要人领悟的真理、解脱之道;"机关"是提示参禅者的方法、手段;"向上"是达到觉悟解脱,超凡入圣的境界。他说,在"空劫"以后(谓有世界众生以后),"有悟有迷,有问有答,有师有资,皆是接手方便也。佛祖出兴,有理致,有机关,有向上,有向下"①;又说"自著眼去,直超佛祖理致、机关。所谓超佛理致,过得荆棘林;越祖机关,透得银山铁壁,始知有向上本分,得坐披衣,为人解黏去缚"②。这也是说人们不应被佛祖的教理、修行方法(包括公案语录)束缚,应透过它们而直探自心本性,此即向上成佛的本分、依据。

辨圆也是把宋学传入日本者之一,在日本文化史上占有重要地位。

辨圆的一生为临济宗在日本的传播做出了重要贡献。他在皇室、贵族的支持下,以京都东福寺为中心,并远及九州的崇福寺、承天寺,镰仓的寿福寺,三河的实相寺,传临济禅法,兼传真言、天台二宗。他通晓汉文,可用日语传授禅法,比同时在日本传禅的汉僧兰溪道隆、兀庵普宁等,更便于接近宫廷贵族和各阶层的信徒,扩大禅宗的影响。辨圆在弘安三年(1280)去世,天皇赐谥"圣一国师"之号。弟子众多,著名的有东山湛照、无关普门、白云慧晓、山叟慧云、藏山顺空、无为昭元、月船琛海、痴兀大慧、直翁智侃、南山土云、双峰宗源、潜溪处谦、天桂聪昊。东山的弟子虎关师炼最为有名,著有《元亨释书》《济北集》等。

无本觉心(1207—1298),也作心地觉心。曾前后在行勇、荣朝及荣朝弟子朗誉门下参禅,后入宋从临济宗杨岐派无门慧开受法。无门以著《无门关》而著名。觉心回国后在高野山、纪伊(今和歌山县)西方寺(兴国寺)传授禅法,同时又兼传真言密法。去世后,龟山上皇赐谥"法灯禅师"之号。

---

① 《示禅人》,《大正藏》卷八〇第20页下。
② 《示如上座》,《大正藏》卷八〇第20页中。

镰仓时代以后，日中两国禅僧将中国禅法传入日本的有 48 传，其中有嗣法传承并成为流派者有 24 派。① 其中除道元、东明、东陵三派属曹洞宗外，余皆为临济宗。而在临济宗中，唯有以建仁寺为中心奉荣西为祖的千光派传黄龙派禅法，其他 20 派皆传杨岐派禅法。日本临济宗在进入近代以后分为 14 派，其中奉荣西为祖的称建仁寺派。辨圆的法系为日本古代 24 派中的"圣一派"，以东福寺为中心，在全国有众多寺院，曾为五山派的主流派。觉心的法系以兴国寺为中心，在古代 24 派中称"法灯派"。

（二）"纯粹禅"：禅法独盛

宋元时代禅宗的东传是继隋唐之后中日佛教文化交流的第二次高潮。宋元赴日传法的禅僧很多，当时中国社会动荡不安是促成禅僧东渡日本的重要原因。在荣西、辨圆等人传授"兼修禅"以后，日本朝野僧俗对禅宗有了更多的了解，希望中国禅僧赴日直接传授禅法。在这种形势下，从兰溪道隆开始，不少禅僧到日本传法。他们所传禅法与"兼修禅"相对，学界称之为"纯粹禅"。

1. 兰溪道隆及其禅法

兰溪道隆（1213—1278），兰溪是号，俗姓冉，南宋西蜀涪江（今四川绵阳东）人。出家后先后参无准师范、痴绝道冲及北涧居简等临济宗禅师，后从虎丘派松源崇岳的弟子无明慧性嗣法。他听说日本佛教虽盛，禅宗尚未流行，便有意东渡传法。南宋淳祐六年（1246）携弟子义翁等乘日本商船到达日本，在日本友人的照料下，经京都到镰仓，住寿福寺。幕府执权北条时赖闻知，立即请他住到常乐寺。道隆以新鲜活泼的禅风吸引了很多人到常乐寺参禅问道，寺小而显得拥挤。为此，时赖另建巨福山建长寺，请道隆为开山祖。时赖经常向他问道，听他讲述禅法，并在日本康元元年（1256）从他出家，法名"觉了房道崇"，当时相从时赖出家者有很多人。时赖曾表示："我子孙能奉佛心宗，系胤益昌。"（《延宝传灯录》卷三

---

① 玉村竹二《日本禅宗史论集》（京都思文阁 1979 年版）中《典籍篇·临济宗的宗派图各说》十六"本朝禅宗二十四流之图"说："本来传法者，东渡十七师，南询三十一师，合计四十八师，其中有法孙继后者有二十四流。"

五《时赖传》）道隆在镰仓传禅13年，受到幕府优厚待遇。后应召到荣西生前所在的京都建仁寺任住持，盛传临济宗杨岐派禅法。在此寺期间曾应请入宫为后嵯峨上皇说法。3年后应幕府之召回到镰仓，先后住禅兴寺、寿福寺、建长寺。时赖死后，北条长时任执权，但实权为"家督"北条时宗把持。道隆曾两度遭谗言中伤被流放，被赦后又回到镰仓任建长寺住持。时宗自幼受到他的教诲熏陶，想为他另建圆觉寺，弘安元年（1278），寺尚未建而道隆去世。后宇多天皇赐谥"大觉禅师"之号。有《大觉禅师语录》3卷行世。

从《大觉禅师语录》可见道隆禅法的要旨：

一是强调人人有佛性，要人自信、自修、自悟。对此，他在传法中用不同词语反复宣讲。在建长寺他向众人说法时以月比喻人具有的佛性，说"汝等心性湛然无染，本自辉晔"，只是被"烦恼无明"遮掩，如能断除烦恼无明，"汝之心月，了了分明"[1]。又说修行应自悟本有之佛性，不必外求，说"须是自信、自修、自悟始得"[2]。他反对有的门人热衷于读语录、抄公案的做法，要他们在"自己本源上"反复体究，说"一旦我本无心有所希求，今此宝藏自然而至"[3]。

二是提倡"看话禅"。道隆要参禅者在思虑不集中时参个话头，如"雪覆千山，因甚孤峰不白"，"生从何来"，"平常心是道"等，反复参究，但又不可从话头含义上进行捉摸和解释，说如此坚持下去，就使思想达到"洞明"境界，觉悟自性。

道隆先后受到幕府执权北条时赖、时宗的皈依。他通过说法和举行法事，赞颂以幕府武士占主导地位的社会政治体制，并宣传儒家修身治国之道。他在建宁寺升座的祝香词中祝天皇福祚绵长，祝群臣长寿、忠诚，在对北条时赖的祝词中增加了祝他"永为皇祚之股肱"和护持佛法的内容。在为时宗写的一帖《愿文》中，祝他"子孙荣显，门业昌隆，长为佛法之

---

[1]《大觉禅师语录》卷上，《大正藏》卷八〇第49页中下。
[2]《大觉禅师语录》卷上，《大正藏》卷八〇第50页上。
[3]《大觉禅师语录》卷下《普说》，《大正藏》卷八〇第78页上。

栋梁，永作皇家之砥柱"①。这是对日本特有的虚拥皇室、实掌政权的幕府体制的承认和赞颂。禅宗这种祝香的做法一直延续到后代。道隆认为"道在日用"，执权以"刚大之气"而"兴教化，安社稷"与佛教出世之法并无二致②。

道隆在所住持的寺院严格执行宋地临济宗的丛林规则，要求众僧遵守修行和生活的制度。他制定的《建长寺法语规则》《常乐寺定规》以及《遗诫》等一直留传至今。一圆《杂谈集》卷八说道隆在建长寺实行宋地规则后，"禅院之做法便流布于天下"。

道隆有弟子约翁德俭、桃溪德悟等。他的法系在日本古代24禅派中为大觉派。近代临济宗14派中，建长寺派奉道隆为祖师。

2. 兀庵普宁

兀庵普宁（1197—1276），从径山无准师范嗣法，曾任象山灵岩禅院、无锡南禅福圣禅寺住持。南宋景定元年（1260）在元军加紧攻略江南之际，他应请东渡日本传法。辨圆先请他到京都东福寺说法，北条时赖请他到镰仓住建长寺。后任建长寺住持。时赖在军务之暇常入寺参禅问道。普宁曾向时赖说："天下无二道，圣人无两心。若识得圣人之心，即是自己本源自性。"③据载，时赖由此领悟自性，普宁予以印可，赠以自己的法衣，并赠偈五首。日本文永二年（1265）因受寺僧中伤，毅然回国，时为元至元二年。

普宁于元至元十三年（1276）去世，谥宗觉禅师，有《兀庵普宁禅师语录》三卷行世。他在日本的法系是古代24派中的宗觉派。

3. 大休正念、无学祖元、一山一宁

宋元之际赴日的临济宗禅僧，以大休正念、无学祖元最为有名，此后作为元的使者赴日的禅僧一山一宁，也在日本禅宗史上占有重要地位。

大休正念（1215—1289），大休是号，宋永嘉郡（治所在今浙江温州）人，从径山寺石溪心月嗣临济宗松源系的禅法。南宋咸淳五年（1269）东渡日本，到镰仓受到道隆的隆重接待。先后受到执权北条时宗、贞时的饭

---

① 原书存京都建长寺故田中光显处。此为据辻善之助《日本佛教史》中世篇之二第七章第十节《临济宗》所引全文的摘录。
② 《大觉禅师语录》卷上，《大正藏》卷八〇第48页上。
③ 《最明寺殿悟道因缘》，《兀庵普宁禅师语录》卷中。

依，历任禅兴、建长、寿福诸寺的住持。正应二年（1289）去世，享年七十五。有《念大休禅师语录》二卷行世。

正念博通佛法，又善儒、道之学。其传法活动值得提出的有如下两点。其一，经常通过拈香法语和上堂说法来赞颂北条氏兴禅治国之功，树立武家风范。在住禅兴寺时的拈香法语中，曾祝时宗"曰寿曰康，永昌英烈之勋，外护别传之教"；在元军伺机入侵、幕府加强海防的形势下，他在建长寺拈香法语中除向天皇祝寿外，还特别加上祝愿"股肱忠亮，致四海之升平"，又祝时宗"克勤克忠，尔昌尔炽，秉忠上扶于皇化，施仁下扶于生灵"①。他在《示相模太守殿》的法语中，要时宗抱有自己是佛的自信，断除一切得失和忧惧之心，说如此可临危不惧，"攘巨敌，安社稷"。这对虔信佛教的时宗自然会产生增强信心和勇气的作用。其二，提倡三教会通。北条宗政是时宗之弟，曾任"评定众"，一般称"武藏守"，崇信禅宗并尊信儒、道二教。正念住寿福寺时曾为宗政"供养儒释道三教升座"说法语，讲三教要旨。认为佛教的慈悲、经教，儒教的忠信仁义和文教，道教的自然自化和清静无为，虽说法不同，但"至理"是一致的。

正念死后因谥号为"佛源禅师"，其法系在古代称佛源派，也称大休派。

无学祖元（1226—1286），字子元，无学是号，宋鄞县（在今宁波）人。先在无准师范门下参禅得悟，后遍参临济宗大慧、虎丘两派禅师石溪心月、虚堂智愚等人。元至元十六年（1279）南宋灭亡之年，应日本幕府执权时宗邀请东渡传法。他在镰仓一直受到时宗的崇敬和优遇，住建长、圆觉二寺传法和培养弟子。祖元逝世于弘安九年（1286），年六十一，敕赐"佛光禅师"之号。有《佛光国师语录》十卷行世。

在日本抗击元军入侵的"弘安之役"（1281年）中，祖元在接触时宗时常借用法语的形式进行鼓励，增强时宗的信心。他祝时宗"长为佛法金汤，永作皇家柱石"；在战争进行之际，他书赠时宗"莫烦恼"三字；在时宗"血书诸经，保扶国土"，请祖元升座说法时，他在法语中说"佛力"、

---

① 《念大休禅师语录》之《住禅兴寺录》《住建长寺录》。

"天力"、"圣力"、"凡力"结合一起，一定可降服外敌，获得全胜。① 当元军溃退后，他在上堂说法中作歌欢庆。或许是出于对异族入主中原的激愤，或出于对非正义军事行动的反对，他是站在进行抗元卫国的日本一边的。

祖元在向门人传授禅法时，经常结合自己的修行经历反复叮咛，如同老妇人那样亲切教人，因而其禅法被称为"老婆禅"。他说人人都有佛性，要人在"日用"中觉悟自己的"本心"。他强调参禅求道无须离开日常生活，"坐禅无用心处，众人日用具足圆满与如来一般"②。当时禅宗界盛行抄看公案语录和"看话禅"。他结合自己自幼以来的坐禅经验，劝日僧不要一味地迷信公案，在有的时候要主动地放下公案，中止参究话头，使心意自由放开，然后坐禅，"参取自己"达到觉悟③。

祖元的法系在日本古代禅宗24派中称"佛光派"。近代以后日本临济宗的14派中圆觉寺派奉祖元为祖师。祖元的法系是日本镰仓末期和室町时期最有影响的禅派之一。他的弟子中有名的禅僧有高峰显日、一翁院豪、无象静照等。显日有弟子20多人，其中著名的有在室町时期五山禅林中起领导作用的梦窗疏石。

一山一宁（1247—1317），一山是号，台州临海县人，俗姓胡。出家后历参名师，后从临济宗虎丘法系曹源派的顽极行弥嗣法。曾任四明（今宁波）祖印寺和普陀寺的住持。元朝廷对远征日本失败并不甘心，为劝日本臣服先后两次派使者赴日，皆不果。大德二年（1298）成宗通过地方官赐一宁"妙慈弘济大师"之号，命一宁奉国书与陪同官员出使日本。翌年，一宁一行到达日本，同行者还有其弟子石梁仁恭和曾到过日本的禅僧西涧子昙。幕府执权北条时宗下令把他软禁，后得知他为著名禅师，礼请他任镰仓建长寺住持。此后一宁又兼任圆觉寺住持，还曾任净智寺住持。日本正和二年（1313）后宇多法皇召请一宁到京都任南禅寺第三代住持，皇室贵族和僧俗信众纷纷前来参禅问道。一宁于文保元年（1317）去世，年七十一。后宇多法皇赐"国师"之号。有《一山国师语录》二卷行世。

---

① 分别见《佛光国师语录》卷三，《大正藏》卷八〇第47页中；《元亨释书》卷八《祖元传》；《佛光国师语录》卷三，《大正藏》卷八〇第151页下—152页上。
② 《佛光国师语录》卷七《示太宰少贰》，《大正藏》卷八〇第196页中。
③ 《佛光国师语录》卷九《拾遗杂录》，《大正藏》卷八〇第227页—230页。

一宁传临济禅法，上堂说法的形式和内容因对象不同而异，以启示参禅者自悟本性。对皇室、执权则要他们相信"大人具大见，大智得大用"，可在生活日用中顿悟自性①。他对临济宗在皇室、贵族中的普及起了促进作用。一宁学问渊博，又擅长书法、文章。弟子中有雪村友梅、无著良缘等。其中雪村友梅最有名，他的门下占"一山派"的八成。虎关师炼、梦窗疏石也曾从一宁受教。师炼受一山启发而发愤撰著日本第一部系统的传记体佛教史书《元亨释书》，共30卷。通过雪村友梅和虎关师炼、梦窗疏石等人，一宁的学识对五山文学发生了很大影响。一宁的法系在古代禅宗24派中为"一山派"，至室町后期趋于衰微。

在一宁以后赴日传法的禅僧，还有灵山道隐、清拙正澄、明极楚俊、竺仙梵仙等人。他们都为临济宗在日本的传播和培养日本禅僧做出过重要贡献。

三 "应、灯、关"——推进临济宗日本化的主要人物

临济宗传入日本后即开始了其日本化的过程，在这当中，中日禅僧都做出了重要贡献。宋元临济禅僧相继赴日传法促成了临济宗在日本的移植和传播，但临济宗的日本化毕竟要靠日本人来完成。"应、灯、关"是推进这一历史进程的代表人物。"应、灯、关"，是三位日本著名临济宗僧人法号的略称，他们分别是大应国师南浦绍明、大灯国师宗峰妙超和关山慧玄。"应、灯、关"及其后世弟子，以京都大德寺、妙心寺为中心，向各地城乡传布临济宗，在促进临济宗适应日本社会和实现民族化的演变中发挥了重大作用。这一法系被称为"应灯关派"或"关山派"，是近代以后日本临济宗的主流派。

1. 南浦绍明

南浦绍明（1235—1309），南浦是字，俗姓藤，骏河（今静冈县）人。十五岁出家，曾到镰仓师事道隆。日本正元元年（1259）入宋，遍参名师，

---

① 《一山国师语录》卷上《上龟山法皇》《示相州太守》等。

在杭州净慈寺、径山万寿禅寺从临济宗松源法系的虚堂智愚受法，南宋咸淳三年（1267）回国。先在道隆门下任藏主，后到筑前（今福冈县）兴德寺任住持，二年后改任博多崇福寺住持，在此传法33年，信徒日增。嘉元二年（1304）奉诏入京进宫为龟山上皇说禅法，任万寿禅寺住持，后又应后宇多上皇之请任东山嘉元禅寺住持。不久，比睿山僧徒捣毁此寺。日本德治二年（1307）应前执权北条贞时（法名崇演）之请，到镰仓任建长寺住持，花园天皇延庆二年（1309）去世，年七十四。敕赐"圆通大应国师"，有《语录》2卷行世。

绍明在上堂说法和赠人的法语中有两个特色。其一，他作为日本禅僧，在拈香法语中带有鲜明的民族意识。他在九州经历了日本反元入侵的两次战争，从当时及以后的某些法语中可以看到他强烈的民族感情。他称日本为"大日本国"，说他所在的九州横岳山禅寺可包容一切圣凡众生。他对天皇自称"臣僧绍明"，拈香为天皇、将军祝寿，并祝"四海归仁，万邦入贡"等。其二，主张修行不离生活日用，经常讲"时节"（原为百丈怀海引《涅槃经》语）一到，可自然顿悟自性。

据《大应国师塔铭》，绍明有弟子千余人，其中著名者有大德寺的宗峰妙超、南禅寺的通翁镜圆等。镜圆曾先后受到花园天皇、后醍醐天皇的皈依。妙超是大德寺的创始人。

2. 宗峰妙超和大德寺

宗峰妙超（1282—1337），宗峰是号，俗姓纪，播磨（今兵库县）人。少学天台宗，后到京都、镰仓遍参著名禅师学禅宗。他在京都万寿寺出家，从高峰显日参禅。曾师事入京传法的南浦绍明，依照师命参当年云门答翠岩之问的"关"字；后随师到镰仓建长寺，仍参此一"关"字，偶见桌上的锁而得悟，受到师的印可。此后到京都东山云居寺隐居修禅20年。在城北建法堂传法，参问者日多，遂于此建大德寺。他先后受到花园上皇及其子后醍醐天皇的皈依，大德寺地位日高。妙超在向他们说法中常含有尊皇之意。当时皇室与幕府矛盾日益激化，因此更加受到他们的崇信。例如，花园上皇问："不与万法为侣者是什么人？"他妙答："皇风永扇。"他为后醍醐天皇说禅，曾谓"南山朝北阙，夜夜见明星"，天皇为之作揖。花园上皇赐以"兴禅大灯国师"之号，后醍醐天皇又赐以"高照正灯国师"之号。

镰仓幕府灭亡，后醍醐天皇施行所谓"建武中兴"的新政时，下诏置大德寺为五山之一，地位与南禅寺并列；又诏今后大德寺继承人必须是妙超的门派。① 妙超于建武四年（1337）去世，年五十六。有《语录》3卷。嗣法弟子有15人，著名的有彻翁义亨、关山慧玄。义亨是大德寺第二代住持，善于经营，使大德寺获得较大发展。

3. 关山慧玄和妙心寺

关山慧玄（1277—1360），关山是号，俗姓源，信浓国（今长野县）人。在大德寺宗峰妙超门下参禅受法，也以参究"关"字得悟，师赠号"关山"。后醍醐天皇召请妙超入宫说法，妙超因病派慧玄代替。后醍醐问"不与万法为侣者是什么人？"他不予回答，仅鞠躬重复而已。但此中含有尊皇之意，天皇大悦。妙超死后，花园上皇舍花园离宫改建为妙心寺，请慧玄任开山祖。上皇在此寺旁建玉凤院居住，晨昏入寺向慧玄参禅问道。慧玄一生未在官寺任住持。他为人"不拘威仪礼典"，禅风枯淡、峻烈，在他门下参禅者很少得到他的印可。当年赵州和尚曾用"庭前柏树子"回答"如何是祖师西来意"之问。慧玄常用此语提示门人，曰："柏树子话有贼之机。"但门下无契悟者（《本朝高僧传》卷二九）。他常对门下施之以棒，或加以怒骂，门徒不堪，多离之而去。室町时期延文五年（1360）去世，年八十四。慧玄的嗣法弟子仅有出身贵族的授翁宗弼一人。此后妙心寺曾长期依附大德寺，甚至一度被废止，直到15世纪才取得较大发展。

四　禅宗的普及和临济宗日本化的基本完成

禅宗在日本传播的早期阶段，临济宗与曹洞宗相比一直占绝对优势。临济宗的日本化过程大致经历了三个时期：一是传入和早期传播时期，相当于镰仓时期（1192—1333）；二是向全国深入普及时期，主要在室町时期（1336—1573）；三是民族化基本完成时期，是在进入江户时期（1603—1867）以后。如前所述，在临济宗传入和早期传播时期，虽然中日禅僧都

---

① 《大灯国师语录》卷中《大灯行状》，并参考《本朝高僧传》卷二五《妙超传》。

起了重大作用，但宋元赴日禅僧在幕府的直接支持下发挥了指导性的作用。在第二时期发挥主要作用的则是日本禅僧，由于幕府推行五山十刹制度和尊崇禅僧，促进了禅宗特别是临济宗向全国各地的普及。而在第三时期，应、灯、关法系的主流地位得到确立，此后的临济宗禅僧几乎全出自其中的白隐门派。

（一）五山十刹和禅宗的普及

五山十刹制度源自中国。它是南宋时仿照封建社会官僚等级和晋升制度而建立起来的官寺制度。按照这种制度，把官寺分为五山、十刹、诸山（甲刹）三个等级，禅僧要经历诸山、十刹的较低的任职之后，才能到五山担任住持。在日本，五山制度开始于镰仓末期，而完成于室町时期。镰仓时期的五山皆在镰仓，京都的南禅寺仅获"准五山"的地位。后醍醐天皇"建武中兴"（1334）之后，改变五山皆在镰仓的局面，曾把大德寺列为五山之一，后又把南禅寺升为五山首位。京都建仁寺、东福寺也列入五山。进入室町时期，临济宗祖元法系的梦窗疏石及其门下受到幕府足利氏的崇信。幕府接受疏石建议，在京都建天龙寺作为后醍醐天皇祈祷冥福之所。此后也把天龙寺列入五山。从康永元年（1342）公布的五山十刹的位次来看，在整体上仍把镰仓禅寺置于京都禅寺之上。直到足利义满时，才把京都禅寺置于镰仓禅寺之上。至德三年（1386）公布的五山位次是以南禅寺为五山之上，而以京都五寺、镰仓五寺各为五山。京都为天龙、相国、建仁、东福、万寿五寺；镰仓为建长、圆觉、寿福、净智、净妙五寺。其中南禅寺是当年龟山法皇为"皇室繁荣"舍自己的离宫而建，相国寺是为足利氏家族祈福的菩提寺。因天龙、相国二寺为幕府所建，地位在五山中居前，为疏石法系主持。十刹布于全国，数字不限于10座。据《荫凉轩日录》，日本延德元年（1489）"六月二日"条和京都等持寺所藏《诸州十刹位次簿》，全国列入十刹的寺已达46座，后增加到60多座。至于诸山，是指从京都到各地属于官寺的禅宗寺院。地方上的一般寺院要升格为诸山位，必须得到幕府的批准，后来还要上缴很多钱。这些寺院的有力施主信徒是地方的武士，他们把自己所供奉的寺院升为诸山看成一种荣誉。因此诸山的数字不断增加，到江户初期竟达230多座。①

日本学术界把受到幕府保护和支持的以五山为中心的禅宗各个流派，称为"五山派"；而把在地方上不热衷官寺晋升、追逐名利而专心传教的禅宗流派，称为"林下派"。属于五山派的几乎全是临济宗的法系，其中最有势力的是圣一派（辨圆的门派，以东福寺为中心）和佛光派（祖元的门派，以天龙、相国二寺为中心）。属于林下派的有道元所创的曹洞宗和临济宗的大应派（绍明的法系，包括大德寺、妙心寺的门派）。

五山禅僧从事传法、教义著述和文史著述，参与幕府军政外交，在各个方面发挥了重大作用。在设置五山、十刹、诸山的条件下，尽管禅僧由于受到优厚的待遇而带来某些颓废腐败的风气，禅僧耽玩文艺而失却旧有的禅风，但这一制度毕竟对禅宗向全国的普及起了极大的作用。禅宗的思想、典籍和禅宗文学以及与禅宗关系密切的书法、绘画、茶道、庭院建筑艺术等，深入社会民间之中。

（二）应、灯、关禅派的迅速发展

属于临济宗应、灯、关法系的禅寺有在京都的大德寺和妙心寺。大德寺曾一度被列入五山，但到室町时期以后与妙心寺一样都被排斥在五山十刹之外，属于林下派。他们长期受到幕府的冷落，在"应仁之乱"中皆毁于兵燹。

日本文明六年（1474），一休宗纯（1394—1481）奉敕任大德寺住持，致力于大德寺的兴复。一休据说是后小松天皇之子，从大德寺住持华叟宗昙（1352—1428）受法。大德寺在其同门养叟宗颐（1379—1458）任住持时，因接近后花园天皇，已受敕许成为寺僧可穿着紫衣的出世道场。一休为人不求名利，言行怪异，经常身着敝衣，手持木剑，漫步街市，甚至饮酒、吃肉、犯女戒。他批评五山派已丧失禅法。其《狂云集》挖苦说，"山林富贵五山衰，唯有邪法无正师"；"临济儿孙不识禅"；"扶桑国里没禅师"。他反对重公案的文字禅。他传禅不拘形式，热心向堺（今大阪）、京都的商人、市民和民间艺人（连歌师、猿能师、绘画师）传法。他们对大

---

① ［日］今枝爱真：《中世禅宗史的研究》，东京大学出版会1978年版，第2章第2节。

德寺的再建给予很大支持。一休还著有《自戒集》。大德寺后来受到战国大名、武将的皈依和支持，把原属五山派的很多寺院争取到自己一派中。

妙心寺长期是大德寺的末寺，并曾一度被废止。后虽恢复，但在"应仁之乱"中化为焦土。文明九年（1477），雪江宗深（1408—1486）任妙心寺住持，在武将细川胜元、政元父子的支持下重建妙心寺。雪江门下的四位弟子景川宗隆、悟溪宗顿、特芳禅杰、东阳英朝，发展为妙心寺法系的四派：龙泉派、东海派、灵云派、圣泽派。妙心寺在战国武将的支持下向全国发展，也把一些原属五山派的禅寺争取到自己门下。它的护法信众中有大名、武士、民间艺人和市民（町众）、医生、农民等。妙心寺在向各地传法过程中吸收民间宗教习俗，适应信徒要求也举办祈祷法会等。永正六年（1509）妙心寺也受敕许成为寺僧可穿着紫衣的出世道场，从此摆脱了对大德寺的依附。

（三）应、灯、关禅派主流地位的最后确立

江户时期佛教在发展上陷于停滞。德川幕府为了阻止和镇压基督教的传播，利用佛教寺院对民众进行控制，给予佛教以相当于国教的地位。通过下达各种法度，建立起了各个宗派由本山控制末寺的"本末制度"和寺院与信徒之间的"寺檀制度"。僧侣虽地位优越，衣食有余，但在思想、行动上受到幕府规定法度的限制，失去创立新教说、新宗派的自由和可能性。在这种情况下，各个宗派提倡宗学研究，对本宗的教义、典籍进行了系统的研究和整理。江户时期最亲近幕府的宗派是净土宗，其次是天台宗和禅宗。此时临济宗中除了以大德寺、妙心寺为代表的应灯关禅派之外，其他法系已经衰微。

在江户初期，大德寺有著名禅僧泽庵宗彭（1573—1645）、玉室宗珀（1572—1641）、江月宗玩（1574—1643）。宗彭虽曾因反对幕府规定的不经幕府批准天皇不可敕许穿紫衣的规定而受到迫害，但三年后被赦，受到将军德川家光的皈依。在宗彭的努力之下，大德寺和妙心寺摆脱了金地院僧录的管辖而取得独立。他著有《明暗双双集》《万松语录》《东海夜话》，及以禅宗观点写的论剑术的《不动智神妙录》。然而他生前不许弟子嗣法，死后法系断绝。

在这个时期妙心寺迅速崛起，作为应、灯、关禅派的代表一跃而成为日本临济宗主流派。

前述战国时期妙心寺雪江宗深四位弟子的法系所形成的四门派中，东阳英朝法系圣泽派在江户时期出了愚堂东实（1579—1661），提倡正法禅，以关山法系为正统，反对招请明僧隐元入住妙心寺。日本万治二年（1659），他担任纪念妙心寺开山关山慧玄圆寂三百周年法会的导师，在拈香法语中说：

> 二十四流日本禅，惜哉大半失其传。
> 关山幸有儿孙在，续焰联芳三百年。（《宝鉴录》卷上）

这是说临济宗24派大部分已无后继者，只有关山法系绵延传承下来。东实一生培养了不少弟子。其中著名的学僧有至道无难（1603—1676）和一丝文守（1608—1646）。无难在江户（今东京）至道庵传法，他常结合民众的日常生活用通俗易懂的语言宣说禅法，著有《即心记》《自性记》及《法语》等。弟子道镜慧端（1642—1721）住信浓（今长野县）正受庵，以禅风峻烈著称。道镜的弟子中以白隐慧鹤最有名。文守曾参宗彭，后从愚堂受法，住京都大梅山法常寺和近江（今滋贺县）的永源寺，有《语录》《法语》及《大梅山夜话》等传世。

盘圭永琢（1622—1693），也是妙心寺法系的禅僧，曾参愚堂，从备前（今冈山县）三友寺牧翁祖牛嗣法，因提倡"不生禅"而著称。认为人生来具有的本心即是"平常心"，本来"不生"，与佛心无别，修禅的目的就是领悟自己的本有佛心而成佛；修禅不离日用，著有《法语》。

白隐慧鹤（1685—1768），名慧鹤，号鹄林。出家后到各地参访名师，偶读中国明朝株宏的《禅关策进》，很受启发。后嗣法于道镜慧端，继承并发扬他的峻烈的公案禅。日本享保元年（1716）入故乡骏河松荫寺，翌年到京都任妙心寺首座。后退隐松荫寺传禅，培养弟子。

白隐的主要著作有《槐安国语》（对《大灯录》的评注）、《荆丛毒蕊》《夜船闲话》《远罗天釜》，还有用假名写的《法语》若干卷。白隐对当时流行的不生禅、持戒禅、念佛禅等都有了解，并根据亲身体验，建立了自己的禅法体系：一是他对公案重加整理并予以简化，把公案作为开悟的一种手段而加以提倡；二是主张佛教与儒、道二教以至日本神道一致①；三是他注重用为民众易于理解的方式和语言传法，甚至运用民间歌谣的文体，写有《坐禅和赞》《摇篮曲》《丑女郎粉引歌》等。

白隐的弟子有40多人。其中著名的有东岭圆葱、遂翁元卢、大休慧昉、峨山慈棹等人。白隐的法系称白鹄派。其中峨山慈棹（1727—1797）对后世最有影响。他的两个弟子隐山、卓州的门下出了很多著名禅僧。此后日本临济宗禅僧大部分出自他们的法系。近代日本临济宗虽按传法中心名义上分为14派，但从各派禅师的实际传承血脉关系来说，主要出自他们的门流。

---

① ［日］圭室谛成：《日本佛教史Ⅲ·近世近代篇》（法藏馆1967年版）近世篇第2章之5；［日］大桑齐：《日本近世的思想和佛教》（法藏馆1989年版）第3编第5章；［日］竹贯元胜：《日本禅宗史》（大藏出版社1989年版）之八《近世后期的禅宗》之3。

松源崇岳及其法系在中日佛教交流史上的地位[①]

南宋松源崇岳禅师属于禅宗临济宗杨岐派,在住持江浙六所禅寺之后,晚年住持灵隐禅寺六年,道法益盛,弟子很多。在松源之下第三、四代的法系中,既有到日本传法的中国禅师,也有从中国求法而归的日本禅师,在中日佛教文化交流史上有重要地位。

一 松源崇岳所处的时代和法系

松源崇岳生活在南宋前期,先后经历高宗、孝宗、光宗和宁宗四朝,是著名禅师之一,传承临济宗杨岐派圆悟—虎丘法系的禅法。

南宋时期,禅宗临济宗杨岐派是继黄龙派之后最兴盛的禅派。在杨岐派中,最有影响的是源自以《碧岩录》闻名天下的圆悟克勤的法系。圆悟弟子大慧宗杲的法系形成大慧派,一直辗转传承到明清。另一弟子虎丘绍隆的法系形成虎丘派,一直传承到现在。

虎丘绍隆(1077—1136)曾在圆悟身边二十多年,晚年应请住持苏州虎丘云岩禅寺,致力于发扬圆悟的禅法,四方丛林称颂"圆悟之道,复大播于东南"[②],门下有弟子六十多人,对后世有较大影响的是应庵昙华(1103—1163)。昙华晚年住持天童寺,弟子中以密庵咸杰(1118—1186)最有名。

[①] 本文为杭州灵隐寺 2012 年 8 月 18 日主办"灵隐寺与中国佛教:纪念松源崇岳禅师诞辰 880 周年"学术研讨会提供的论文。

[②] 《佛祖历代通载》卷二四《绍隆传》,载《大正藏》卷四九第 687 页上。

密庵咸杰，俗姓郑，福州福清县人，从昙华嗣法后，先后住持衢州西乌居山乾明禅院、大中祥符禅寺、建康府（治今南京）蒋山太平兴国禅寺、常州无锡县华藏禅寺、临安府（治今杭州）径山兴圣万寿禅寺，晚年奉诏住持灵隐禅寺，曾应召入宫为宋孝宗说法，声名显赫一时。戒行高洁，应机接物威仪峻整，严于律众。门下弟子中最著名的有破庵祖先、松源崇岳、曹源道生等人，皆法裔繁盛，传承于后世。在破庵祖先的弟子中有无准师范，其法裔经元、明、清，一直传承至现代。

二 松源崇岳的生平

松源崇岳（1132—1202），俗姓吴，原籍处州龙泉县（在今浙江）松源，因以松源为号。年二十三时离家，在当地大明寺受五戒成为居士，然后游历各地参访名师，学习佛法。

在临济宗圆悟克勤的弟子大慧宗杲禅师住持径山寺期间（1137—1141），应庵昙华禅师在建康府蒋山太平兴国禅寺传法。崇岳先到径山寺参谒宗杲，当听宗杲称赞昙华"为人径捷"后，立即前往太平寺参谒昙华。

崇岳虽为居士，然而却有参谒昙华的机会。他师事昙华之后，昼夜参究赵州和尚"狗子无佛性"的语句。一日，他自认为有悟，向昙华述说自己的悟境。昙华未予印可，提示他说："世尊有密语，迦叶不覆藏。"大概是说佛在灵山会上以莲华示众，同时也有密语传授；迦叶未讲话，虽仅以"破颜微笑"表示，却也未曾隐藏佛的任何传授。对此，崇岳以含有禅机的语句回答："钝置和尚！"意为"不回应和尚"，回避用更多的语言进行解释。昙华听后，对着他厉声大喝一声，意为对他的回应表示赞赏。从此，崇岳得以在昙华身边朝夕参问。昙华器重他是"法器"，用偈颂示意他剃发正式出家，以兴隆禅宗。

南宋孝宗隆兴二年（1164），崇岳在临安西湖白莲精舍正式剃度为僧，此后游历各地丛林参禅问道。他到福州鼓山，参谒大慧宗杲下二世木庵安永禅师，在彼此参扣之间，表现机敏。在离开时，安永表示自己出语比不过他，但同时提醒他："开口不在舌头上。"不外是表示：按照禅宗"不立文字，教外别传"的宗旨，道理未必需要语言表述。然而崇岳当时尚未理解此话的意思。

崇岳后游方至衢州西山乾明寺，礼应庵昙华的嗣法弟子密庵咸杰为师。他对咸杰的任何提问皆迅速作答，然而咸杰皆不予印可，戏称他为"黄杨禅"。黄杨木虽坚密，然而生长缓慢。咸杰大概以此喻崇岳虽是法器，然而磨炼成熟尚须时日。此后，崇岳专心参禅，甚至到废寝忘食的地步。咸杰在住持建康府（治今南京）蒋山太平兴国寺、无锡华藏寺、临安径山寺时，崇岳皆侍从在他身边。某日，咸杰举马祖的"不是心，不是佛，不是物"的语句问某僧，他听后豁然大悟，至此才理解木庵安永所说"开口不在舌头上"的意思。在咸杰住持临安灵隐寺时，他跟随前往担任首座。

此后，崇岳应请先后住持平江府（治今江苏苏州）阳山澄照禅院、江阴军（治今江苏江阴）君山报恩光孝禅寺、无为军（治今安徽无为县）冶父山实际禅院、饶州（治今江西波阳县）荐福禅院、明州（治今浙江宁波）香山智度禅院、平江府虎丘山云岩禅院，名高远近丛林，投至门下的弟子和参禅者很多。南宋宁宗庆元三年（1197），崇岳奉敕住持临安府景德灵隐禅寺。在此度过六年时光，前来受法者日众，门下盛况为一时之冠。

在中国古代，以皇帝为首的封建主义中央集权十分强大，包括佛教在内的一切社会文化形态皆受到这一体制的影响。禅宗作为佛教的一个宗派，在发展中也必须与此适应。进入宋代以后，禅寺新任住持在升座仪式中为皇帝和地方官祝福，寺院在特定时期为皇帝祝寿祝福的做法已成为定制。这反映出通行于社会的儒家纲常伦理进一步渗透到佛教之中。

崇岳一生中先后住持七所著名寺院，在住持寺院的升座仪式上先要拈香祝皇帝万寿无疆，然后拈香祝朝廷和地方官员福禄长久，最后拈香报先师密庵咸杰的法乳之恩。这里仅选录《松源崇岳禅师语录》卷下所载崇岳在宋宁宗庆元三年（1197）六月五日出任灵隐寺方丈入院升座仪式上拈香祝圣的一段记述：

拈香云：此一瓣香，恭为祝延今上皇帝圣寿无疆，万岁万岁万万岁。次拈香云：此一瓣香，奉为丞相国公、阖朝文武百官资陪禄算。次拈香云：此香爇向炉中，供养前住当山，后住天童密庵先师大和尚，用酬法乳。遂就座。

此外，寺院在每年皇帝生日（圣节）要举行仪式为皇帝祝寿祝福。在现存《松源崇岳禅师语录》中载有为高宗生日（天申节）、光宗生日（重明节）、宁宗生日（瑞庆节）及为孝宗逝世二周年（大祥）上堂说法的记录，从中可以看到崇岳禅师对朝廷和社会的看法。例如在《松源崇岳禅师语录》卷上记载崇岳住持平江府阳山澄照禅院期间曾为庆祝宋高宗诞辰（天申节，五月乙巳）上堂说法，谓：

> 天高无极，无极有尊。地厚无垠，无垠有主。胸中怀六合，袖里有乾坤。发大机，显大用，行不言之教，启无为之化。是故诸佛出世，祖师西来，或拈花，或面壁，不立文字，直指单传，亦只明此个无为宗旨。福流沙界，庆袭一人。还委悉么？文明齐北极，寿算等南山。

前六句讲皇帝受命于天，为天下神圣之主，拥有广阔的心胸和非凡的智慧，如同古代圣贤那样，"行不言之教，启无为之化"。他还将"佛法世法"打成一片，认为佛教禅宗所教所化，也不外是这个"无为宗旨"。最后他不忘祝皇帝文明齐北极，寿比南山。

忠于君，孝于双亲，拥护官府，尊敬师长，是古代封建社会对一般民众的基本要求，也是遵循忠、孝、仁、义伦理的行为规范。将这些吸纳到禅宗定制礼仪和行为规范之中，自然对维护儒家纲常名教和社会秩序有积极作用。由此可见，禅宗在进入宋代以后受到上从朝廷下至州县统治者的普遍欢迎和支持就是理所当然的了。

崇岳于宁宗嘉泰二年（1202）八月去世，年七十一。门下建塔葬全身于北高峰之原，由太中大夫宝谟阁待制致仕、著名诗人陆游撰写塔铭。①

松源崇岳生前说法的语录及著述，载于弟子善开、光睦等人编集的《松源崇岳禅师语录》二卷之中。

---

① 以上崇岳生平主要据《续藏经》本《松源崇岳禅师语录》后附陆游撰写的《塔铭》，并参考《续传灯录》卷三五及《南宋元明禅林僧宝传》卷六所载咸杰的传记。咸杰圆寂于嘉泰二年是据后二书。《塔铭》作"嘉定二年"（1209），应为刊误。按，陆游嘉定三年（1210）去世，然而《塔铭》讲"塔成之四年"（咸杰去世后四年），咸杰弟子香山派侍者来请他撰写塔铭。按照《塔铭》崇岳在嘉定二年圆寂计算，时间应为1212年或1213年，然而当时陆游已去世。

三 松源崇岳的禅法

圆悟克勤认为清净心性是世界万物的本原，同时也是人人解脱的内在依据；然而在现实生活中人的心性受到"无明"烦恼污染，难免轮回于生死长河，如果要达到解脱，只有依照禅宗的宗旨以"无念"、"离见超情"，自悟本性，截断生死根源，才能达到解脱。弟子虎丘绍隆经常宣说以心性（也称道、理）为世界万有的本原和本体的思想以及物我一体、心物一如的思想。

崇岳上承圆悟—虎丘的法系，在传法中也弘传这种思想。这里依据弟子善开、光睦等所编《松源崇岳禅师语录》，仅介绍如下几点。

（一）以真如佛性为天地万物之本，解脱之源

大乘佛教比小乘佛教更加注重观察和诠释天地万物本体、本原的问题。在诸种学派当中，般若中观学派在诠释般若类经典的基础上主张以空为世界本体、本原，在解释空有的场合倡导中道不二的思想。瑜伽唯识学派在系统辨析名相和心理活动的基础上提出以心识为万物之源，主张"唯识无境"。以《大涅槃经》的佛性思想为基础吸收般若空论和唯识心性思想而发展起来的大乘佛性论，强调众生皆有佛性，在诠释世界万有的场合以佛性（亦即真如、法性、心）为本体、本原。禅宗为佛教中国化的产物，会通空有，圆融色心，更强调心为万物之本、解脱之源。

这种思想到了宋代虽无重大发展，然而各地禅师在说法过程中能灵活地适应时代和环境进行发挥。松源崇岳上承圆悟—虎丘的禅法，在这方面也有所发挥。他在住持平江府阳山澄照禅院时曾说：

> 化育之本，物我同途。祖佛之源，古今不易。灵然独露，透色透声，坐断千差，孤危不立，如天普盖，似地普擎。若圣若凡，皆承恩力。所以我此法印，为欲利益世间，故说在所由方。
>
> 佛身无为，不堕诸数。佛相无相，其相俨然。山河大地，发异种光，草木昆虫，现殊胜事。（《松源崇岳禅师语录》卷上）

这是说，天地间一切现象的生长发育的本原，万物与人、我是相同的。这一本原，也就是佛祖之所以为佛祖的根本，也就是佛性、佛身（法身）、心性。心性虽无形无状，超越于诸种差别之上，然而又普现于山河大地、四面八方，体现为万事万物。崇岳强调，不管是圣贤、凡夫，皆以此心性为本。解脱之源也在心性。

禅宗也称真如佛性为"理"，称万事万物为"事"，理显现为事，事体现理，认为理事交互圆融，相即不二。崇岳虽也讲"圆融事理"，"万法一如"，然而在现存语录中没有看到更多的发挥。

（二）反复申明禅宗基本宗旨——"直指人心，见性成佛"

在慧能创立的南宗发展成为禅宗主流的过程中，先有慧能之下一、二世南岳怀让——马祖道一和石头希迁——青原行思两大法系的迅速崛起，然后经过唐末五代禅门五宗的迭兴，至宋代禅宗进入了鼎盛时期。丛林间将禅宗基本宗旨逐渐概括为四句："不立文字，教外别传，直指人心，见性成佛。"① 这对于各地的禅师来说虽已成为口头禅，然而他们在引用中也结合场合机缘作新的发挥。一是表明自己传法是遵循禅宗的基本宗旨的，二是借此教诲门下弟子及参禅者遵照这一宗旨修行，以觉悟自性，达到解脱。

崇岳一生住持过七所著名禅寺，在向门下弟子和参禅者说法或开示的"法语"中，将此宗旨奉为菩提达摩最早倡导的"大法"，并结合历代其他祖师的语句加以宣说。现仅引证他的两段法语，然后作扼要解释。

> 达磨西来，独唱此大法，谓之直指人心，见性成佛，持接上机，要利根种性觌面相呈，更不拟议，绰得便行，未为性燥。所以此事无你用心处，无你凑泊蹲坐处，万机收摄不着，千圣罗笼不住。如是参究，如是证入，如是提掇，杀人不眨眼，拶着便转辘辘地，始得少分相应。稍若踌躇，白云万里。
>
> 祖师西来，不立文字，直指人心，见性成佛；又道心不是佛，智

---

① 参见杨曾文著《宋元禅宗史》第四章第九节《圆悟克勤〈碧岩录〉的结构与思想》之三"《碧岩录》思想略析"之（一）"对禅宗宗旨的阐释"。

不是道；又不是心，不是佛，不是物，如击石火，似闪电光，不可以有心知，不可以无心得，不可以语言造，不可以寂默通。不得已，谓之一句，谓之正位，谓之顶门，谓之得住，谓之历历，谓之惺惺，谓之的的，谓之佛未生时，谓之金刚王，谓之无诤三昧。以此修身行己，以此泽及生民，位望转隆，心术愈正。万年一念，万世一时。十方犹目击，造化握掌中，纳须弥于芥子，掷大千于方外，岂难为哉！（两段皆载《松源崇岳禅师语录》卷下《法语》）

禅宗自南宗以后，慧能的"识心见性，自成佛道"成为南北丛林普遍遵循的修行宗旨。虽然在各地传法过程中形成种种说法，然而皆蕴含"识心见性"的核心内容，直至形成上述的"不立文字，教外别传，直指人心，见性成佛"的表述语句，也没有忘记将提倡心性觉悟的菩提达摩奉为最初倡导者。引文中的语句是杂采唐宋禅师的语录，例如"道不是心，不是佛，不是物"，是大致采自马祖的语录，"心不是佛，智不是道"是马祖弟子湖南东寺如会的语录，还有宋代禅师的语录。这两段法语不外是说：

1. 禅宗奉"不立文字，直指人心，见性成佛"为基本宗旨，虽借助语言文字的经典掌握佛法要旨，然而不执迷语言文字本身，而是透过语言文字领悟其中蕴含的佛在自性的道理，通过自修自悟来达到解脱。

2. 当年马祖教导弟子"即心是佛"，引导他们将对外的追求转变为领悟自性。后来发现有人执着此语，便改称"非心非佛，或云不是心，不是佛，不是物"。这实际是对慧能"识心见性"的发挥。崇岳的引证，同样是向门下弟子强调应将体悟自性当作修行的根本目标，然而不能执着于文字本身。

3. 在修行参禅过程中，要做到断除一切杂念，既要摒除推究、分别、取舍的心理活动和善恶、美丑、是非的差别观念，又不能执意地"寂默"，停止正常"见闻觉知"的活动，所谓"更不拟议，绰得便行"，"此事无你用心处，无你凑泊蹲坐处，万机收摄不着，千圣罗笼不住"，"不可以有心知，不可以无心得，不可以语言造，不可以寂默通"。

4. 这一超脱文字束缚而又不离现实的修行或参禅过程，以及最后达到的境界，如果勉强用语句加以表述的话，可以"谓之一句，谓之正位，谓之顶门,谓之得住,谓之历历,谓之惺惺,谓之的的,谓之佛未生时,谓之金刚王,谓之无诤三昧"。

崇岳当年拜密庵咸杰为师之前,曾以居士身份在应庵昙华门下反复参扣过"狗子无佛性"话,一度"豁然有得";在礼密庵为师之后,因听闻"不是佛,不是物"而豁然大悟。从现存他的语录来看,虽没有正面提倡看话禅的记述,然而以上引述仍然可以看到他教人以平常心来对待禅修,在参究中达到解脱。

崇岳在江阴军君山报恩光孝禅寺曾说过:"杀人刀、活人剑,上古之风规,今时之枢要。古人恁么道,太煞小胆。山僧百丑千拙,波波挈挈,也无杀人刀、活人剑,只是当时行脚不著便,踏碎一个破砂盆,直至而今收不得,众中莫有收得者么?"(《松源崇岳禅师语录》卷上)所谓"杀人刀、活人剑",原指佛法既能教人达到解脱,也能将人迷惑和束缚。前一种意义喻为活人剑,后一种意义喻为杀人刀。崇岳讲杀人刀、活人剑是"上古之风规,今时之枢要",意味着对此意的肯定。后面虽表示他那里"无杀人刀、活人剑……"实际是以否定的语句对此所作的肯定,旨在引导弟子灵活地对待佛法,应以中道不二的方法对待佛法和流行丛林间的种种禅语,否则它们就会成为迷惑和毒害自己的"杀人刀"了。

(三) 强调修行不离日用,"任性优游",在参扣中入悟

松源崇岳和唐宋丛林的其他著名禅师一样,在传法中贯彻了既指出禅法的超言绝相的一面(真谛),又强调禅法和解脱之道不离生活日用的一面(俗谛),并且以灵活的传法方式提示门下弟子和其他僧俗信众。他说:

> 向上一路,千圣不传。无一法不是真乘,无一物不是妙用,尘尘尔,刹刹尔,念念尔,如盘走珠,有什么留碍。(《松源崇岳禅师语录》卷下《秉拂普说》)

这是说,佛法、解脱之道,自古非圣贤通过语句所传,然而人们日常接触的环境,包括尘埃、国土和时间在内的事事物物,皆体现正法,皆为真如实相的显现。既然如此,到处皆存在入悟的机缘,到处普现解脱之门。

崇岳告诉门下弟子，修行虽有传统的做法，然而毕竟离不开现实的生活，引导他们在自然而然的修行和生活中体悟自性，领略自己的本来面目。他曾这样说过：

  冶父（按：指冶父山实际寺）门风，别无道理，家田米饭，早眠晏起，洗面摸著鼻，啜茶滋却嘴。

  不著佛求，不著法求，不著僧求，孤舟短棹，任性优游，瞥转玄关，纵横妙用，在此了无间然。（《松源崇岳禅师语录》卷上《无为军冶父山实际禅院语录》）

  若论此事，不可以有心知，不可以无心得，不可以语言造，不可以寂默通。大智洞明，千差坐断。大机圆应，著著全彰。所以诸佛出世，为此一大事因缘，祖师西来，直指人心，见性成佛。（《松源崇岳禅师语录》卷上《临安府景德灵隐禅寺语录》）

  宗门下接上根利器，提持出生死，绝知见，离言说，越圣超凡之道妙，岂浅识小见，机境解会。

  才涉思惟，形纸笔语言路布，即没交涉。故云道在迩，而求诸远。但能于二六时中行住坐卧，著衣吃饭，折旋俯仰，一切处著精彩，退步就己，返返覆覆，默默提撕，看是什么，看来看去，看到无滋味，无著脚手处，身心如虚空，亦不作虚空等量，蓦地失脚，踏翻本地风光，直得一回汗出，岂不庆快平生。

  此事无你用心处，无你凑泊蹲坐处。万机收摄不着，千圣罗笼不住。如是参究，如是证入。……要须并荡从前学解妄想、情尘胜劣，知见执著，毫末不存，发现本地风光，明见本来面目。全作用是佛祖，全佛祖是作用。（以上见《松源崇岳禅师语录》卷下《法语》）

以上是说，修行不是一味地向外求佛、求法、求僧，关键是体悟自性。解脱之道、真如、佛性是超言绝相的，绝非语言文字可以表达，又超绝于"心知"、"知见"。尽管如此，修行和参禅并非要脱离现实，可以在日夜六时中进行，并不影响"著衣吃饭，折旋俯仰"的正常生活。如果修行者能专心注定一个目标（可以是物、语句、话头乃至一个字），反反复复地参究下去,"看是什么,看来看去,看到无滋味,无著脚手处,身心如虚空,亦不作虚空等量",剔除一切旧有的"学解妄想、情尘胜劣"和"知见执著",便可进入体悟自己本地风光、本来面目的解脱境界。

在这种描述中,可以理解是包括参扣"话头"做法的,即修持看话禅。

(四) 认为世与出世不二,佛法世法可打成一片

主张世与出世相即不二,是禅宗特色之一,是禅宗现实主义风格的体现。崇岳传临济禅法,自然也有这方面的说法。现存这方面的语录不多,然而从这些语录中仍可看得十分清楚。他在住持无为军冶父山实际禅院期间,曾在某年元旦上堂说法中表示:

> 事事成现,有时放行,有时坐断,不惜两茎眉和,坐盘掇转。佛法世法,都卢一片。既是佛法世法,如何得成一片?但辨肯心,必不相赚。

意为通过长久的修持禅法,进入入悟的境界,便会体认佛法与世间法原来是彼此融合的,离开世间法也就没有佛法。这有点像《金刚经》所说"一切法皆是佛法"。

另外,在前引崇岳教导门下通过专心参究一个目标的语句后面尚有这样的话:

> ……蓦地失脚,踏翻本地风光,直得一回汗出,岂不庆快平生。便乃随机应物,信手拈来,信口便道,现成受用,着着有出身之路,佛法世法打成一片,却就他真正善知识决择深奥,如人入海,旋入旋深。才有执著,自负依他,便同外道。(《松源崇岳禅师语录》卷下《法语》)

崇岳是说,如果体悟自性,便可摆脱一切执着与束缚,进入精神高度自由的境界,认识到佛法与世间法是圆融为一体的。

四　松源法系及其在中日佛教文化交流史的地位

松源崇岳生前已是远近闻名的禅师，在住持七所寺院过程中培养出很多弟子，其中著名的有宁波府天童寺灭翁天目文礼禅师、温州龙翔寺石岩希琏禅师、明州雪窦寺大歇仲谦禅师、杭州净慈寺谷源道禅师、湖州道场寺运庵普岩禅师、镇江府金山寺掩室善开禅师、平江府寿宁万岁禅寺无明慧性禅师等人，活跃于江浙各地传法。在松源法系的后裔弟子中，有的东渡日本传法，也有来自日本的求法僧，在中日佛教文化交流史上占有重要地位。

临济宗杨岐派虎丘下二世密庵咸杰的弟子中，有三人的法系对日本临济宗最有影响：一是破庵祖先法系，弟子无准师范的门下有日僧圆尔辨圆，是日本"兼修禅"的代表人物之一；另有兀庵普宁、无学祖元先后到日本传法；二是曹源道生法系，曹源下三世一山一宁作为元朝使者东渡日本；三是松源崇岳，松源下二世兰溪道隆、下三世弟子大休正念、西涧子昙、四传弟子明极楚俊、竺仙梵仙皆东渡日本传法，此外另有下三世南浦绍明、无象静照，下四世月林道皎、石室善玖，下五世愚中周及皆是日僧。

现对松源法系赴日弟子及日僧略作介绍。①

（一）松源法系赴日传法僧兰溪道隆、大休正念、西涧子昙、明极楚俊、竺仙梵仙

兰溪道隆

兰溪道隆（1213—1278），俗姓冉，南宋西蜀涪江（当为涪县，在今四川绵阳市涪江东岸）人。嗣法于松源下一世无明慧性，听说日本正在兴起禅宗，决心赴日传法。在宋理宗淳祐六年（日本宽元四年，1246），乘商船东渡日本，经九州福冈、京都，到幕府所在地镰仓传法。

---

① 以下介绍主要依据拙著《日本佛教史》相关章节，浙江人民出版社 1995 年初版，人民出版社 2008 年新版。

道隆受到幕府执权北条时赖的崇信，请他住持常乐寺，后特建建长寺请他任开山之祖，为天皇和幕府执权祈福。道隆按照宋地仪轨举行开堂说法仪式，在日本引起很大轰动。北条时赖常在政务之暇入寺参禅，听道隆说法，后礼道隆为师出家，法名"觉了房道崇"。部下同时追随他出家的很多，对禅宗在日本的迅速兴起推动很大。此后北条时赖称"相州禅室"或"最明寺禅室"。

在龟山天皇正元元年（1259），道隆奉诏到京都住持原由日僧荣西创建的建仁寺，成为建仁寺（当时因避讳称建宁寺）第十一世住持。嗣后，建仁寺第十三、十四、十五、十七、十八代住持皆属道隆法系。道隆此后应后嵯峨上皇之召入宫说法，对禅宗在京都的传播有很大影响。

继承北条时赖担任幕府执权的是其子北条时宗。他自幼受道隆的熏陶，也信奉禅宗，特为道隆建禅兴寺居住。道隆再迁建长寺担任住持，经北条时宗奏请，后宇多天皇赐谥他"大觉禅师"之号。

道隆在日本盛传临济禅法，通过日常说法和实行唐宋丛林清规，推进了中国临济宗和宋学在日本的传播，并对日本武士产生较大影响。

在古代日本禅宗二十四派中，道隆的法系为以建长寺为传法中心的大觉派。在近代日本临济宗十四派中，建长寺派奉道隆为祖师。

大休正念

大休正念（1215—1289），南宋永嘉（今浙江温州）人，从松源下二世、径山寺石溪心月嗣法，于宋度宗咸淳五年（日本文永六年，1269）夏天东渡日本。正念到镰仓之后，受到建长寺道隆热情接待，随后受到幕府执权北条时宗、贞时父子的皈依和优遇，历任禅兴寺、建长寺、寿福寺的住持。

大休正念博通佛法及儒、道之学，知识渊博，在上堂说法中常以儒家伦理规范对北条时宗、贞时父子进行教诲和赞颂，对日本巩固武士支配体制，建立武家风范起到了积极作用。

当时元朝不仅已统治高丽，并且准备攻占日本。日本文永十一年（1274），元朝派"征东军"渡海从九州登陆攻略日本，遭到失败（"文永之役"）。1279年元灭南宋，接着在日本弘安四年（1281）再攻打日本，又遭失败（"弘安之役"）。在这期间，在镰仓传法的正念和无准师范弟子祖元等禅僧常以法语的形式增强他们护国胜敌的信心和勇气。北条时宗经常参禅问道，受到正念和祖元等禅师的教示和鼓励，在弘安七年（1284）礼请祖元为师剃发出家，法名道杲。

正念在日本传法二十年，于正应二年（1289）去世，赐谥"佛源禅师"，有《念大休禅师语录》二卷行世。正念的法系在日本古代禅宗二十四派中为佛源派或大休派，以镰仓净智寺为传法中心。

西涧子昙

西涧子昙（1249—1306），南宋台州仙居（在今浙江东南为县）人，嗣法于松源下二世石帆惟衍，在宋度宗咸淳七年（日本文永八年，1271）东渡日本，受到京都东福寺圆尔辨圆、镰仓建长寺兰溪道隆的接待。他在日八年回归国内，翌年南宋灭亡。此后，子昙投到天童山环溪惟一门下担任藏主，在不同场合介绍日本佛教及幕府兴禅的情况。

在元大德三年（日本正安元年，1299），当一山一宁奉诏出使日本之时，子昙伴随同往。子昙此后受到幕府执权北条贞时的厚遇，前后任镰仓圆觉寺、建长寺的住持。子昙在日本的弟子嵩山居中（1277—1346），曾入元求法。

在日本古代禅宗二十四派中，子昙的法系称西涧派，传法中心为镰仓建长寺。

明极楚俊

明极楚俊（1262—1336），明州（治今浙江宁波）人，嗣法于松源下三世虎岩静伏，先后住持金陵奉圣寺、瑞岩寺、普慈寺和婺州（治今浙江金华市）双林寺。在元文宗至顺元年（日本元德二年，1330），楚俊应邀与竺仙梵仙一起赴日传法，同行者有入元求法而归的日僧雪村友梅、月林道皎、天岸慧广、物外可什等人。翌年，后醍醐天皇礼请楚俊入宫问法，赐以"佛日焰慧禅师"之号。应幕府之请住持镰仓建长寺，后奉诏入京住持南禅寺、建仁寺。

在日本古代禅宗二十四派中，楚极的法系称"明极派"，传法中心为京都南禅寺。

竺仙梵仙

竺仙梵仙（1293—1349），字竺仙，自号"来来禅子"，俗姓徐，嗣法于松源下三世、金陵保宁寺古林清茂（1262—1329）。

梵仙与明极楚俊一起东渡日本，先在镰仓建长寺楚俊门下担任首座，后应幕府前执权北条高时之请住持净妙寺。此后受到室町幕府将军足利尊氏、足利直义的优遇，先后住持京都南禅寺、建长寺及镰仓净智寺。梵仙还曾受到花园上皇及大友贞宗、大友氏泰父子的崇敬。

梵仙学识渊博，善偈颂，现存《语录》四卷、《补遗》一卷及《来来禅子集》《来来禅子东渡集》《来来禅子东渡语》《来来禅子尚时集》各一卷。梵仙与其他清茂的弟子在日本五山文学史上占有重要地位。

在日本古代禅宗二十四派中，竺仙梵仙的法系称"竺仙派"，传法中心为镰仓建长寺。

（二）松源法系的日本求法僧南浦绍明、无象静照、月林道皎、石室善玖、愚中周及

日本大应国师南浦绍明

南浦绍明（1235—1309），俗姓藤，日本骏河国（今静冈县）人，十五岁时出家并受具足戒，曾在镰仓建长寺兰溪道隆的门下参学。

在日本龟山天皇正元元年（南宋理宗开庆元年，1259），西渡入宋，遍游江浙参访名师。听说松源下二世虚堂智愚（1185—1269）在杭州净慈寺传法，声闻丛林，便前往参学，后受任寺院知客。在智愚迁任径山万寿禅寺住持时，绍明随同前往，继续参学。从智愚嗣法后，于咸淳三年（日本文永四年，1267）秋天回国。临别，智愚特赠诗偈曰：

> 敲磕门庭细揣摩，路头尽处再经过，
> 明明说与虚堂叟，东海儿孙日转多。

他赞许绍明入宋后曾历参丛林，潜心参学，曾告诉智愚日本禅宗日盛，松源法系的儿孙不少。绍明在宋地前后九年，能够熟练运用汉语说法和撰述。

绍明回国后，先到镰仓建长寺道隆门下任主管寺院经藏的藏主，受到道隆信任，允许他上堂秉拂说法。文永七年（1270），绍明到九州筑前（在

今福冈），先后住持兴德寺、崇福寺，聚徒传法，逐渐闻名遐迩。后二条天皇嘉元二年（1304），绍明奉诏入京进宫为龟山上皇（出家称"法皇"）说法，受到赞许，出任万寿禅寺住持。接着，后宇多上皇在东山为绍明建嘉元禅寺，请他为开山祖。德治二年（1307），绍明应幕府前执权北条贞时（出家法名为"崇演"）之请到镰仓住持建长寺。一年之后，即日本花园天皇延庆元年十二月二十九日（已进入1309）去世，有《圆通大应国师语录》二卷行世。花园天皇赐谥"圆通大应国师"之号。

绍明从南宋回国到去世，传法四十多年，有僧俗弟子千余人，著名嗣法弟子有京都大德寺的宗峰妙超、南禅寺的通翁镜圆和绝崖宗卓、建仁寺的可翁宗然、万寿寺的即庵宗心、九州圣福寺的月堂宗规、镰仓建长寺的物外可什、九州崇福寺的峰翁祖一、京都妙兴寺的灭宗宗兴等人，其中宗峰妙超是京都大德寺的开创者。

在日本佛教史上，大应国师南浦绍明、弟子大德寺开山大灯国师宗峰妙超、再传弟子妙心寺派开山关山慧玄的法系，在二十四派中称为"大应派"、"应灯关派"乃至"关山派"，以京都大德寺、妙心寺为中心向各地城乡传法，成为近代以后日本临济宗的主流派。

无象静照、月林道皎、石室善玖、愚中周及

无象静照（1234—1306），在宋参学十多年，精通汉语，回国后先后协助宋僧道隆、正念、祖元传法，曾撰《兴禅记》上奏朝廷，驳斥比睿山天台宗僧众诬陷迫害禅宗。在日本古代禅宗二十四派中，无象静照的法系为法海派，传法中心为镰仓净智寺。

月林道皎、石室善玖皆嗣法于松源下三世古林清茂。月林道皎随竺仙梵仙、明极楚俊同到日本。

愚中周及（1323—1409），日本美浓国岐阜人。在日本历应三年（1340）入元求法，参访名师，后嗣法于松源下四世金山寺即休契了，担任过侍者、知藏。

周及于元至正十一年（日本观应二年，1351）回国，先在京都天龙寺梦窗疏石身边任侍者，后应请在京都南禅寺龙山德见门下任书记，逐渐出名，应请住持天宁寺，晚年为安艺国（广岛）佛通寺开山。他的法系在日本古代二十四禅派中称愚中派，传法中心为广岛佛通寺。

宋元时期，是继隋唐之后中日文化交流的第二个高潮。主要标志是中国禅宗传入日本，对日本社会和文化发生了深刻的影响。在这当中，江浙一带的临济宗、曹洞宗禅僧发挥了重要作用，松源崇岳的法系是表现比较突出的一支。日本江户时期元禄三年（1690）师点在新出版的《松源崇岳禅师语录》的后序中说："曹溪的流，东入日国二十余派，出自松源者居其十。"这说的当为概数，实际有八个禅派。

金末元初万松行秀和北传曹洞宗[①]

金、元两代，曹洞宗万松行秀禅师在京城传法，有嗣法弟子少林福裕、林泉从伦等人。另有在家弟子朝廷重臣耶律楚材、护法居士李纯甫二人，前者不仅对佛教界而且对中央朝廷施政和文教建设也有较大影响；后者因著《鸣道集说》而名传后世。

在曹洞宗传承法系上，万松行秀上承芙蓉道楷—丹霞子淳—鹿门自觉……雪岩满的法系，与南宋芙蓉道楷—丹霞子淳—真歇清了……长翁如净的法系相对，被看作北传曹洞宗。

现对金、元两代以万松行秀法系为代表的北传曹洞宗略作考察，以引起学者同人的注意并继续进行研究。

一 曹洞宗的传承法系和北传曹洞宗

曹洞宗由唐代洞山良价（807—869）和他的弟子曹山本寂（840—901）相继成立，曾在江浙两湖一带盛行，在五代以后日趋衰微，直至进入北宋继禅宗云门宗、临济宗之后逐渐兴起。

曹山本寂以江西临川（即抚州）荷玉山曹山寺（在今江西宜黄县北）为中心传法，因为受到江西藩镇钟传（？—906）的支持，一度影响很大。然而本寂法系在传承三四代之后衰微不传，将曹洞宗传至后世的是洞山另一弟子、江西云居山道膺（？—902）的法系。

五代至宋初，曹洞宗僧大阳警玄（避讳改名警延，943—1027），嗣法于鼎州（治今湖南常德）梁山寺缘观，在郢州（治今湖北钟祥）大阳寺传

[①] 载怡学主编《元代北京佛教研究》，金城出版社2013年版。

法，虽然影响较大，然而生前却未找到得力弟子嗣法。临济宗浮山法远（991—1067）受他委托代为付法，在他死后选投子义青（1032—1083）为嗣法弟子，传承曹洞宗旨。此后，曹洞宗逐渐走出困境。义青的弟子芙蓉道楷（1013—1118）奉诏入京（今河南开封）传法，大洪报恩应诏住持随州大洪山，通过他们的努力使曹洞宗迅速得到振兴。

芙蓉道楷的禅法贯彻般若空观，倡导"自休"、"自歇"，开启后世"默照禅"之源。嗣法弟子丹霞子淳继续倡导"休歇"禅法，嗣法弟子中以南宋提倡默照禅的宏智正觉和倡导"大休大歇"、"劫外禅"的真歇清了最有名。真歇清了下三世长翁如净（1163—1228），上承正觉和清了的禅法，提倡默照禅，弟子中有日本僧道元，将曹洞宗传入日本，成立日本曹洞宗。

芙蓉道楷另有弟子鹿门自觉，在今湖北传法，经普照一辨—大明宝—王山体，然后传雪岩满禅师，长期教势不振，直到雪岩满弟子万松行秀，曹洞宗才出现转机，经过行秀得力弟子福裕等人的活动，使曹洞宗在北方迅速兴起，形成北传曹洞宗，传承至今。

南宋以后，曹洞宗的"默照禅"与临济宗的"看话禅"曾是丛林间并行的两大禅法。在修持方法上虽然两者有别，但皆以引导修行者达到"明心见性"为目的。从万松行秀及其传禅记述来看，北传曹洞宗在禅法上已经吸收临济宗的禅法，不再以强调修"默照禅"为特色了。

二 金末元初曹洞宗万松行秀的生平、著作和禅法

万松行秀（1166—1246），万松是号，俗姓蔡，河内解梁（在今山西省临猗西南）人。自幼在邢州（治今河北邢台）净土寺出家，受具足戒后到河北各地访师求道。

行秀在到潭柘寺参学后，进入燕京（今北京），投到庆寿寺默胜光禅师的门下参禅，然而未能契悟。当时，上承宋代曹洞宗芙蓉道楷——鹿门自觉……大明宝—王山体的法系的雪岩满禅师在磁州（治今河北磁县）大

明寺传法。行秀闻其名，便前往投师，后在他门下得悟嗣法，属芙蓉下六世。①此后，行秀逐渐成为名扬"两河三晋"（今河北、河南和山西一带）的著名禅师了。

行秀回到邢州净土寺，建万松庵，自以"万松"为号，向僧俗弟子传法。金章宗在位期间，他应请到中都（燕京，今北京）住持万寿寺，曾应召入皇宫说法，主持普度法会，受赐锦织袈裟，从此声名显赫。在承安二年（1197）奉诏住持仰山栖隐禅寺②，后又住持报恩洪济寺。

金宣宗贞祐二年（1214），因迫于蒙古不断南进，不得已迁都开封。翌年，中都被蒙古兵攻占。行秀未离中都，受到蒙古王朝尊崇，奉诏再住持万寿寺。此后，行秀因年老而退居报恩洪济寺的从容庵。嗣法弟子雪庭福裕受命住持万寿寺。行秀于元定宗（孛儿只斤贵由）元年（1246）四月去世，年八十一。③

据载，行秀生前对"孔老庄周百家之学，无不精通"，曾三次阅读《大

---

① 关于行秀是否上承自芙蓉道楷——鹿门自觉的法系，禅门史书有不同的记载，自明净柱辑《五灯会元续略》至霁仑超永编《五灯全书》等，皆以鹿门自觉上承丹霞子淳……天童如净。对此，自古以来就有争论。清代纪荫《宗统编年》卷二四引北京胜果寺有明代《曹洞源流碑》谓："……芙蓉楷、鹿门觉、青州辩、大明宝、王山体、雪岩满、万松秀……"清代曹洞宗《蔗庵净范禅师语录》卷三〇载《考定宗本说》，谓《鹿门塔铭》记载鹿门自觉嗣芙蓉道楷，从净因寺迁鹿门之事；又引青州普照寺一辨《自叙》，谓他从鹿门自觉受法后，曾参丹霞子淳，指出《五灯会元续略》作者远门净柱不知道丹霞子淳与鹿门自觉同嗣芙蓉道楷，属于"同门昆季"，从而将鹿门置于如净之下。请参考陈垣《清初僧诤记》卷一之三"《五灯全书》诤"，另参考日本忽滑谷快天著，朱谦之译，上海古籍出版社2002年新一版《中国禅学思想史》第五编第四章第十八节；石井修道著，东京大东出版社1987年版《宋代禅宗史的研究》第三章第四节的有关考证。

② 寺址在今北京市门头沟区樱桃沟村。禅宗史书多在"仰山栖隐寺"前冠以"大都"，实际金代无"大都"之称，此当用元代对"中都"的名称，即今北京。据北京大学出版社1983年出版从明《永乐大典》中抄出的残本《顺天府志》卷七记载，栖隐寺在仰山，寺存五代梁铸钟碑称寺为"幽州幽都县仰山院"；又据"寺记"，谓金太宗天会戊申（六年，1128）青州禅师应通辩大师之请住持此寺。金世宗大定壬午（二年，1162）赐寺名"栖隐"，章宗明昌五年（1194）曾临幸此寺。明清顺天府治今北京。忽滑骨快天《中国禅学史》第五编第四章误以仰山所在"大都"是金之"大定府"（治今内蒙古宁城西南）。

③ 主要据明代净柱辑《五灯会元续略》卷一和通向编定、施沛汇集《续灯存稿》卷一一、费隐通容编《五灯严统》卷一四、元贤《继灯录》卷一、清代性统《续灯正统》卷三五、霁仑超永《五灯全书》卷六一等所载行秀的传记。

藏经》，受金朝佛教界风气的影响，特别重视阅读和讲授《华严经》。① 行秀在金朝和蒙、元二代在社会上和佛教界已拥有很大影响，如清代性统《续灯正统》卷三五《行秀传》所说："数迁钜刹，大振洞上之宗，道化称极盛焉。"生前有嗣法弟子120人，其中以少林寺雪庭福裕、大都报恩寺林泉从伦等禅师等人，以及士大夫耶律楚材、李纯甫居士最有名。

行秀在邢州净土寺、燕京仰山隐栖寺、报恩洪济寺及万寿寺传法期间，皆有语录传世，然而大部分佚失，现仅有很少语录保存在他的传记中。他所撰述的《祖灯录》《释氏新闻》《鸣道集》《辨宗说》《心经风鸣》《禅悦法喜集》等，皆已不存。

行秀编著的《从容录》《请益录》，流传至今。

《从容录》，全称《万松老人评唱天童觉和尚颂古从容庵录》，是对南宋曹洞宗天童正觉所作"颂古"百则所作的阐释、评述和提倡。北宋临济宗圆悟克勤曾编撰《碧岩录》对云门宗雪窦重显的"颂古"百则进行评唱，盛传一时。行秀是仿照《碧岩录》编撰此书的，在结构上包括"示众"、"本则"、"颂古"、"评唱"、"著语"五个部分。书前载有耶律楚材（原作"移剌楚才"，此取《元史》通称）写的序及行秀寄赠耶律楚材《从容录》所附的信。耶律楚材的信称此书为"绝唱"，谓是应他的请求而编撰的。

《请益录》，全称《万松老人评唱天童觉和尚拈古请益录》，二卷，是行秀对天童正觉所作拈古九十九则所作的阐释、评述和提倡。在结构上与《从容录》相似，无"示众"，只包括"本则"、"拈古"、"著语"及"评唱"四部分。据卷首所载行秀的序，此书也是应耶律楚材劝请而编撰的。

二书引证篇幅很大，然而很少正面论述自己的禅法主张。

万松行秀虽是曹洞宗禅僧，但从现存他的少量语录及《从容录》《请益录》对禅法的论述中，已经看不到鲜明的曹洞宗禅法特别是"默照禅"的色彩。现存资料比较分散和零碎，从中仍可大体了解他对禅法的一些主张。概括地说，主要有三点：

（1）他在说法中重视宣说《华严经》和华严宗的圆融思想，强调作为世界万物本原、本体的真如佛性（心、理、空性）与万事万物（色、事、

---

① 《五灯会元续略》卷一、《五灯全书》卷六一等。

万有）彼此会通，相即圆融无碍，认为物我是一体的。说任何场所、做任何事情，皆不妨碍"识心见性"而入悟，皆可"见性成佛"。

（2）佛法不离世间，不应当在所谓"世法"与"佛法"之间画上彼此不能逾越的界线。又说衲僧"不异常途"，在行表规范等大的方面与普通人没有根本差异，只是在对待生死、祸福、得失、是非等方面，表现出超乎常人的境界，能做到视死如归，也不把荣辱祸福等放在心上。反对世传当年菩提达摩曾劝人修"坐脱"，"以图长年及全身脱去"的说法，斥之为"妄想妄见"。

（3）认为"至道不可形容"，然而可以借助比喻、"曲说"来加以表述。①

万松行秀是金末、蒙元初期北方著名的曹洞宗高僧，虽上承曹洞宗法系，然而在禅法上并非局限于曹洞一宗。耶律楚材在《万松老人万寿语录序》这样评述：

> 万松老人得大自在三昧（按：最自在最上乘之禅），决择玄微，全曹洞之血脉；判断语缘，具云门之善巧；拈提公案，备临济之机锋；沩仰、法眼之炉鞴，兼而有之，使学人不堕于识情、莽卤、廉纤之病，真间世之宗师也。②

耶律楚材熟谙禅宗，并且长年接近和师事行秀，说行秀传承禅宗要旨，既上承曹洞法系，又吸收和会通禅门五宗的禅法，引导学人超脱妄情杂念，应当认为是符合实情的。

三 万松行秀的主要嗣法弟子及事迹

据清代超永编辑《五灯全书》卷一二记载，万松行秀的主要嗣法弟子有七人，其中著名的有少林雪庭福裕、报恩林泉从伦等禅师，还有居士李

---

① 详见杨曾文《宋元禅宗史》第八章第二节"金末元初曹洞宗万松行秀及其禅法"，中国社会科学出版社2006年版。
② 载《湛然居士文集》卷一三。

纯甫、耶律楚材。

雪庭福裕声名最高，曾受任蒙元朝廷的最高僧官，曾参与朝廷主持的佛教与以全真道为代表的道教的辩论。林泉从伦是佛教一侧的代表之一，也参加了对道教的辩论。至于居士李纯甫、耶律楚材身居高位，在金及蒙元时期维护佛教传播和发展中发挥了积极的作用。现对他们的事迹略作介绍。

（一）少林雪庭福裕与林泉从伦
雪庭福裕

福裕（1201—1275），字好问，号雪庭，俗姓张，太原文水（在今山西）人。因曾住持和林（蒙古国建国早期的上都，在今蒙古国鄂尔浑河上游的哈尔和林）北少林寺，晚年归隐住持嵩山少林寺，故曾称"和林上都北少林寺嗣祖雪庭"，也称"少林雪裕"，尊称"少林长老"。

在金、蒙元两朝交替之际，社会动荡，战乱相继。在福裕十四五岁的时候，父母死于战乱。他投身佛门，学习佛法。听闻燕京报恩寺万松行秀的声望，便北上礼行秀为师，不久成为入室弟子，在行秀身边十年。蒙古灭金之后，行秀退居报恩洪济寺从容庵，奉命继任万寿寺住持。

元定宗贵由、元宪宗蒙哥在位期间，临济宗僧海云印简受命掌管释教事务。福裕经印简和万松行秀二人的推荐，出任嵩山少林寺住持，将刚遭遇火灾的少林寺很快恢复。此后，福裕应请在少林寺为忽必烈亲王（后为元世祖）举行规模盛大的授戒法会。① 在元定宗三年（戊申，1248），他奉诏北上住持上都和林的兴国寺。在元宪宗蒙哥即位（辛亥，1251）后，福裕受到器重，奉诏建在和林的北少林寺。自此，他有时自称"和林上都北少林寺嗣祖雪庭"，人称"少林长老裕公"。在印简去世以后②，福裕受任"僧都"，"总领释教"，致力于佛教的恢复和弘法活动。

金末元初，道教除正一道之外，又兴起由金朝王喆（号重阳，1112—1170）创立的全真道。王喆弟子"长春真人"丘处机（1148—1227），应召随成吉思汗

---

① 据《元裕公禅师碑》。
② 元宪时印简主管佛教，因此福裕主管佛教理应在他之后。另据《辩伪录》卷三，元宪宗八年佛道论争时，奉命代表佛教的"头众"是福裕，代表道教的"头众"是张志敬，此当是福裕主管佛教的有力证明。

西征，受到赏识，回燕京后与弟子李志常相继掌管天下道门事。全真道从此迅速兴起，经常侵凌佛教，强占寺院、山林、水土达四百八十二处，改寺为道观，毁佛菩萨像，改立道教神像，甚至破坏儒家孔庙，并将最初由西晋道士王浮伪造《老子化胡经》及所谓《老子八十一化图》等雕板印行四处散发。

元宪宗五年（1255）八月，福裕将此情况转奏皇帝蒙哥，告道教"破灭佛法，败伤风化"。皇帝蒙哥召集福裕和李志常等入宫，听他们辩论。此后，福裕又上书蒙哥。蒙哥大体接受福裕的奏请，降旨对道教造伪经，毁坏佛菩萨像、改塑老子像者施以惩罚，勒令退还佛教寺院，然而受到道士的抵制。

元宪宗八年（1258）七月，皇帝蒙哥命忽必烈召请各地僧、道两宗到上都和林的皇宫聚会参加由忽必烈亲自主持的大辩论。佛道两方各出十七名代表，福裕为佛教方面的"头众"，全真道的"权教"张志敬（张真人）为道教方面的"头众"，与会僧众达300多人，道士200多人，另有朝廷大臣及儒者参加。万松行秀的弟子从伦也作为代表参加辩论。最后，朝廷宣判道教方面辩败，受到惩罚，命将所占佛寺、山林、土地四百八十二处归还，将《老君八十一化图》及伪经烧毁。①

1260年元世祖忽必烈即位，称元"中统"，赐福裕以"光宗正法禅师"之号，命在他的故乡建报恩寺，赐予田地以供僧需。福裕又应请住持燕京万寿寺，并主持在和林、燕蓟、长安、太原、洛阳五地建立五少林寺。② 元世祖至元八年（1271）春诏令全国佛僧入燕京会集，福裕法系的僧众竟达三分之一。

福裕住持燕京大庆寿寺长达十四年，后因年老归隐于嵩山少林寺，对少林寺的恢复和发展起到极大的推动作用。后世尊称福裕为"少林中兴之祖"。元世祖至元十二年（1275）七月，福裕病逝，年七十三。③ 到元仁宗皇庆元年（1312），敕封福裕"制赠大司空、开府仪同三司，追封晋国公"之号，命翰林学士承旨、知制

---

① 以上主要引自《辩伪录》卷三、卷四和卷五，载《大正藏》卷五二第767页下至77页上。

② 如前所述，福裕在和林时已建北少林寺，此时在和林建少林寺也许只是扩建。

③ 除上注出处外，主要参考元程钜夫奉敕撰《大元赠大司空开府仪同三司追封晋国公少林开山光宗正法大禅师裕公之碑》（《元裕公禅师碑》）、清超永编《五灯全书》卷六一、《五灯会元续略》卷一《福裕传》等。

诰兼修国史程钜夫奉撰神道碑,集贤侍讲学士中奉大夫赵孟頫书。

林泉从伦

从伦,从万松行秀受法,先后住持燕京万寿寺、药师院。

元世祖至元九年(1272),是建国号为"大元"的第二年,从伦被召入大都(今北京)皇宫的内殿,世祖命他讲"禅",帝师八思巴也在座。从伦据唐宗密《禅源诸诠集都序》并且引证《华严经》《楞伽经》等经书对禅宗宗旨进行阐释,受到赞赏。在和林举行佛、道大辩论时,他是应召代表佛教与会的一位。

在元世祖至元十八年(1281),有人上告以往敕命焚毁道教"伪经板本、化图,多隐匿未毁"。元世祖命对道书进行调查,辨别真伪。据《辩伪录》卷五所载《圣旨焚毁诸路伪道藏经之碑》,结论是,除《道德》二篇是老子所著外,其他皆为"汉张道陵、后魏寇谦之、唐吴筠、杜光庭、宋王钦若辈,撰造演说"①。于是元世祖诏告天下,除老子《道德经》外,其他道书及板本化图,皆予焚毁。当年十月,将从各地收缴来的道藏"伪经、杂书"等,皆集中在京城悯忠寺焚烧。从伦与吉祥二人是奉敕点火焚书者,称此举意在"辟邪归正,去伪存真"。

从伦编撰《空谷集》和《虚堂集》,各六卷。《空谷集》,全名《林泉老人评唱投子青和尚颂古空谷集》,是对宋代曹洞宗僧投子义青所著颂古百则所作的评唱。《虚堂集》,全名《林泉老人评唱丹霞淳禅师颂古虚堂集》,是对宋代曹洞宗僧丹霞子淳的颂古百则所作的评唱。两者结构与行秀《从容录》一样,有"示众"、"本则"、"颂古"、"著语"、"评唱",然而《空谷集》的著语是丹霞子淳作的。②

从伦卒年不详,弟子有顺天鞍山月泉同新禅师。

(二)耶律楚材和李纯甫

耶律楚材

在万松行秀的在家弟子中,在朝廷地位最高,影响最大的莫过于耶律

---

① 《大正藏》卷五二第776页下。
② 详见《宋元禅宗史》第八章第四节"雪庭福裕、林泉从伦和元前期的佛道之争"。

楚材。

耶律楚材（1190—1244），亦译作移剌楚材，字晋卿。原是辽代东丹王突欲的八世孙，父耶律履在金朝官至尚书左丞。耶律楚材自幼博读群书，学通天文、地理、律历、医学，乃至占卜术数，并且对佛教、道教很熟悉。原任金朝文职属官，金朝迁都开封后，耶律楚材受任燕京尚书省左右司员外郎。元太祖成吉思汗十年（1215）攻陷燕京，耶律楚材归降。

此后耶律楚材有三年期间赋闲在家，礼行秀为师，潜心学习佛法，得到行秀的印可，为他起法号"湛然"，法名"从源"。在元太祖十三年（1218）奉诏随成吉思汗西征，担任占星、司医等事，经常劝导成吉思汗省杀爱民。在七年时间内给行秀写过九封信，劝行秀评唱正觉的百则颂古，行秀应请写出《从容录》。回归后，在元太宗朝受到信任，官至中书令（相当于宰相之位），在制定规章制度、恢复社会生产，发展文教等方面，提出许多建议，皆被采用。他将自己随元太祖西征的见闻写出《西游录》。

耶律楚材虽是儒者，同时又是虔诚信仰佛教的居士，尊曹洞宗万松行秀禅师为师，然而也认为三教的基本宗旨是一致的，主张以儒家之道治天下，以老子之道养性，以佛教之道修心，而对于当时流行的毗卢教、糠禅、瓢禅、白莲教、香会等"异端"、"邪教"进行严厉批判。

耶律楚材于乃马真后三年（1244）去世，年五十五[1]，有著作《湛然居士文集》《西游录》传世。[2]

护法居士李纯甫及其《鸣道集说》

万松行秀的在家弟子中，还有金末官至尚书左司都事的李纯甫，他以著《鸣道集说》批驳宋代道学而著名。

李纯甫（1185—1231），字之纯，号屏山居士，弘州襄阴（在今河北阳原）人，出身世儒家庭。经"经义进士"入翰林院。金宣宗迁都开封，他随从南迁，授任尚书左司都事，再入翰林院，主持贡举，后任京兆府判官。金哀宗正大末年（1231）四十七岁，于开封去世。

李纯甫原不喜佛教，曾作"排佛"之论，后在邢台偶尔听行秀开示，

---

[1] 以上除注明出处外，主要据《元史》卷一四六《耶律楚材传》。
[2] 详见《宋元禅宗史》第八章第五节"万松行秀的居士弟子耶律楚材"。

很受启发，便礼行秀为师。自此常到行秀门下参禅，并潜心学习佛法，广读佛经，对禅宗和华严宗思想尤感兴趣。[①] 他仿照《庄子》内外篇，将论述性理及关于佛、老二家的著作称为"内稿"，将其他著述称为"外稿"，著有《楞严外解》《金刚经别解》《中庸集解》《鸣道集说》等，称"中国心学，西方文教"[②]。他的著作多已佚失，只有在历史上很有影响的《鸣道集说》大部分尚存。

在中国思想史上，宋代是划时期的时代，一直影响到明清的道学或理学就是在这个时期形成的。南宋有人将道学家部分著作或语录辑录成书，名之曰《鸣道集》。李纯甫生活在道学兴起并且向北方迅速传播的时代，他自己也尊奉、学习道学达三十年。他读过《鸣道集》，然而对其中援引的很多学者的见解不满意，便以会通儒、佛、道三教然而以佛教为"指归"的观点，选择部分最具代表性的语句加以评述，写出《鸣道集说》五卷。临死前将此书稿托付友人，后辗转由燕京行秀将书稿推荐给任中书令的耶律楚材，得以雕印。耶律楚材在序中称此书"会三圣人（按：是指三教圣人）理性蕴奥之妙要，终指归佛祖而已"[③]。

《鸣道集说》原由针对宋道学家217种见解所撰写的217篇组成。现存者已经不全，仅有收录181篇的《鸣道集说》及元代念常编《佛祖历代通载》所载选录的19篇。内容大致包括四个方面：（1）认为道学是儒释道三教会通，特别是儒家吸收佛教思想而形成的；（2）以佛教的心性思想评述道学的理气、心性之说；（3）对道学者批评佛教"自私"、"弃人伦"等表示反对，做出解释；（4）认为儒释道三教不可去一，提倡三教融合。全书对一些道学家的观点，或是采取正面肯定但有补充，或是予以简单否定，或是引证佛教乃至道家的经书语句或思想进行辩驳，特别对宋儒既吸收佛教建立道学却又批判佛教表示不满。然而总的来看，笔调相当温和，以强

[①] 《五灯全书》卷一八、《续指月录》卷八《李纯甫传》；李纯甫《鸣道集说》卷五〈杂说〉。

[②] 《金史》卷一二六、元代刘祁《归潜志》卷一《李纯甫传》。

[③] 载《鸣道集说》卷首，亦载《湛然居士文集》卷一四、《佛祖历代通载》卷二〇，个别文句稍异。

调儒释道三教会通和融合为基调。①

李纯甫的《鸣道集说》对道学批评和引述发挥，提倡三教融合思想，不仅对佛教界有重大影响，而且对蒙元时期北方学者接受和研究道学也有推动作用。

四　北传曹洞宗的传播和发展

金元两代的曹洞宗，以在京城传法的曹洞宗高僧万松行秀——雪庭福裕的法系最为兴盛。雪庭福裕的弟子很多。清超永编《五灯全书》卷一二记载福裕主要嗣法弟子11人，分别在相当现在河北、山西、山东、四川及蒙古国和林等地传法，其中著名的有嵩山少林寺灵隐文泰、太原府报恩寺中林智泰、泰安州灵岩寺足庵净肃、成都昭觉仲庆、和林北少林寺觉印等禅师。② 曹洞宗正是由少林福裕—嵩山文泰—还源福遇—淳拙文材的法系，传到明清以后的。

福裕门下卓越弟子有"二泰一肃"，即在嵩山少林寺传法的灵隐文泰、在中林寺传法的智泰、在泰安灵岩寺传法的足庵净肃三人。文泰（？—1289），在燕京大万寿寺从福裕嗣法，在福裕身边达十年，后受咐嘱住持少林寺，弟子有西京宝应寺还源福遇、泰安灵岩寺秋江洁等人。智泰也是在燕京大万寿寺从福裕嗣法，后奉诏住持太原报恩寺，有弟子西京（今山西大同）宝应寺还源福遇等人。至于足庵净肃，在燕京大万寿寺从福裕嗣法后，先后住持大万寿寺、少林寺、泰安灵岩寺，弟子有真定府封龙山古岩普就等人。

进入明代，曹洞宗趋于衰颓景况，经福裕下第八世虚白文载——宗镜宗书（小山宗书）——蕴空常忠和幻休常润，曹洞宗出现复兴的转机。在这当中，幻休常润（？—1585）和常忠的弟子无明慧经发挥了重要作用。

常润，从宗镜宗书嗣法后，住持少林寺，入室弟子达271人。嗣法弟

---

① 详见杨曾文《宋元禅宗史》第八章第三节"金朝护法居士李纯甫及其《鸣道集说》"。
② 以上除注明出处外，福裕的传记部分主要取自《五灯全书》卷六一《福裕传》，参考《元裕公禅师碑》及《五灯会元续略》卷一上《福裕传》。

子有北京大觉寺慈舟方念、嵩山少林寺无言正道等人。

无明慧经（1547—1618），抚州崇仁（在今江西）人，俗姓裴，师事嗣法于少林寺宗镜宗书的弟子、在江西新城（今黎川县）廪山寺传法的蕴空常忠，后入该县的峨峰寺。从常忠正式剃度出家后，在他身边学法修行达二十四年。明万历二十六年（1598）应请住持江西南城县宝方寺，此后出外游方，参谒杭州云栖袾宏、少林寺无言正道、五台山瑞峰广通、达观真可等禅师。万历三十六年（1608）住持新城寿昌寺，培养弟子，弘扬曹洞禅风，创曹洞宗寿昌派，有《无明慧经禅师语录》传世。弟子中以博山元来、晦台元镜、见如元谧、永觉元贤等最有名。① 博山元来（1575—1630）出世曾住持信州博山（江西广丰县）能仁寺，后入闽在建州、鼓山等地传法。永觉元贤（1578—1657）先后师事慧经、元来，后到福建创建鼓山涌泉寺，修行主张博参远访，盛倡禅与净、临济与曹洞、佛与儒的融合。此后，北传曹洞宗一直流传至今。②

对于北传曹洞宗的历史和禅法，今后还有很多课题值得去做。至于南传曹洞宗在天童如净禅师之后如何，也是值得深入考察的问题。

---

① 参考《憨山老人梦游集》卷第二八《新城寿昌无明经禅师塔铭》、清聂先编《续指月录》卷二〇及《五灯全书》卷六二的《慧经传》等。

② 以上参考《五灯全书》卷六一，《续指月录》卷二〇，清性统编《续灯正统》卷三七，明通问编、施沛汇集《续灯存稿》卷二，明明河编《补续高僧传》卷一六及蓝吉富主编《中华佛教百科全书》等。

附录：

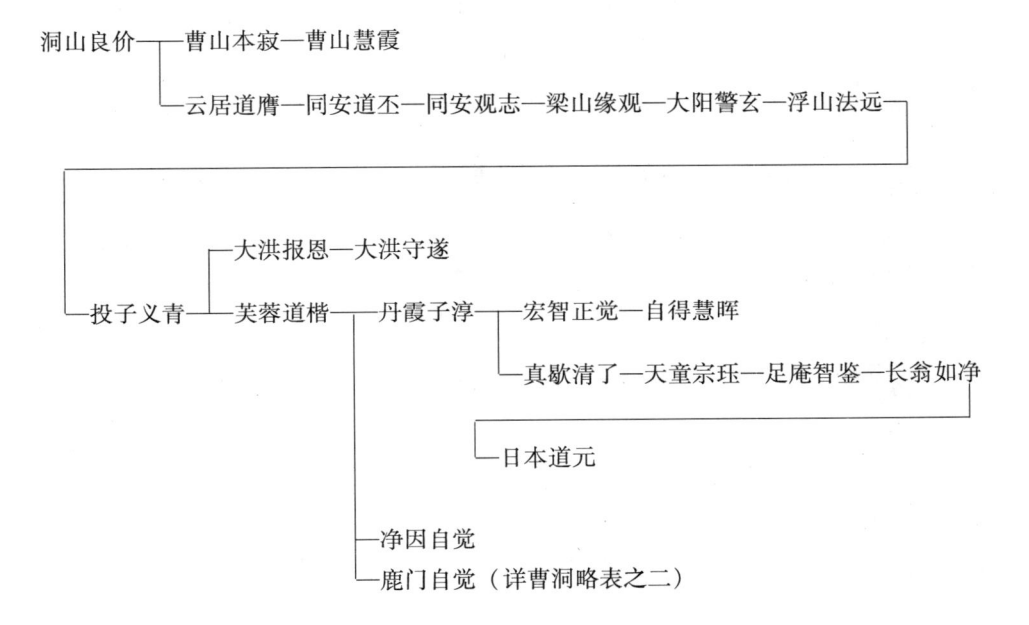

曹洞宗传承世系略表之一

```
洞山良价──┬─曹山本寂─曹山慧霞
          │
          └─云居道膺─同安道丕─同安观志─梁山缘观─大阳警玄─浮山法远─┐
                                                                    │
┌───────────────────────────────────────────────────────────────────┘
│
│         ┌─大洪报恩─大洪守遂
│         │
└─投子义青─┼─芙蓉道楷─┬─丹霞子淳─┬─宏智正觉─自得慧晖
                      │          │
                      │          └─真歇清了─天童宗珏─足庵智鉴─长翁如净
                      │                                              │
                      │                          ┌───────────────────┘
                      │                          └─日本道元
                      │
                      ├─净因自觉
                      │
                      └─鹿门自觉（详曹洞略表之二）
```

曹洞宗传承世系略表之二

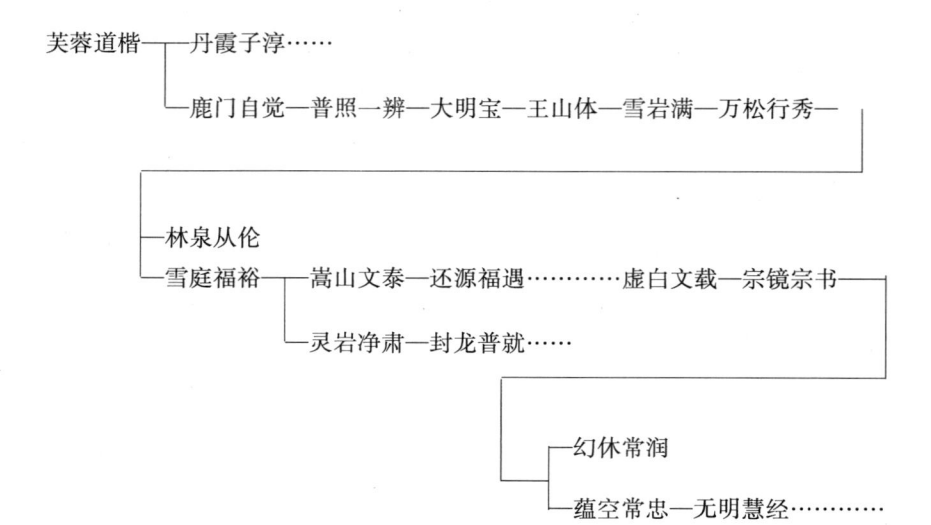

```
芙蓉道楷──┬──丹霞子淳……
          │
          └──鹿门自觉─普照一辨─大明宝─王山体─雪岩满─万松行秀─┐
┌─────────────────────────────────────────────────────────────┘
├──林泉从伦
└──雪庭福裕──┬──嵩山文泰─还源福遇…………虚白文载─宗镜宗书─┐
              │                                              │
              └──灵岩净肃─封龙普就……                        │
┌─────────────────────────────────────────────────────────────┘
├──幻休常润
└──蕴空常忠─无明慧经…………
```

关于元代宗宝是光孝寺住持的考察[①]

记载六祖慧能生平与语录的《六祖坛经》在传承和流传过程中形成很多不同的抄本或版本。如果用现在通用的名称来说，先后有敦煌藏本、宋代的惠昕改编本、元代的德异本和宗宝本。在敦煌本《坛经》中，有旧敦煌本、敦煌新本（敦博本）、北京本（北京残本），还有新近发现全本并整理出的旅顺博物馆本（旅博本）；在宋惠昕本中有日本真福寺藏本、大乘寺藏本和金山天宁寺藏本、兴福寺藏本等。根据近年的研究成果，元代德异本、宗宝本以及所谓"曹溪原本"皆源自宋代云门宗学僧契嵩改编的《坛经》。

众所周知，进入明代以后，中国通行的《六祖坛经》几乎全是元宗宝本，其他本子的《坛经》皆已从社会上湮灭不闻。宗宝本《坛经》全称是《六祖大师法宝坛经》，署名"风幡报恩光孝禅寺住持嗣祖比丘宗宝编"。据此，宗宝在改编《六祖坛经》时应是光孝寺的住持。然而这是可信的吗？有没有旁证呢？现存宗宝本《坛经》的后边附有"至元辛卯"（元世祖至元二十八年，1291）宗宝写的跋，虽对改编刊印《坛经》的事有交代，但从中却得不到他当时担任住持的印证。

按照惯例，寺志有历代住持名字的记载。光孝寺在明末崇祯十三年（1640）始修寺志，然而早已不存。清乾隆三十四年（1769），广州知府顾光与何厚宣在明崇祯本的基础上重修刊印《光孝寺志》。进入近代以后，这一版本的寺志已经不存，幸而有抄本传世。民国二十四年（1935），广东编

---

① 载 2013 年《韶关学院学报》第 1 期，总第 232 期。另载于广东省新兴县国恩寺《六祖禅》2013 年第 1 期，收入明生主编《禅和之彩——2011—2012 广东禅宗六祖文化节学术研讨会论文集》下册，羊城晚报出版社 2013 年版。

印局将此抄本加以校勘，由中华书局排印。1985 年台北丹青图书公司影印、杜洁祥主编的《中国佛寺志》第三辑收有此版《光孝寺志》。① 据此志卷六记载，光孝寺历代住持有 42 人。其中元代住持有 5 人，即元成宗朝（1295—1307）有山翁、无禅、慈信；元顺宗（当为元顺帝，即元惠宗，1333—1368）朝有继隆、志立。在元代的住持中并没有宗宝的名字。

近从广东佛教协会谭红霞居士处得到《光孝寺志》（初稿审核电子版），在卷六之三"历代碑记、塔铭"中载有二则关于宗宝的资料：

第一则："18. 达摩像赞碑，元泰定元年（一三二四）"

> 廓然无圣可机截断六合，云收一轮月满，照彻龙楼人未醒，流光少室空怀恨，山翁与鹿赞叹也，只道得一半。且如何是那一半？流辉千古印证潭，具眼之流当自看。
> 至元甲午住山法孙比丘宗宝拜赞
> 泰定甲子七月二十八日住风幡嗣祖比丘慈信拜立

编者附的脚注："《达摩像赞碑》由住持僧慈信立于泰定元年。一九四一年曾拍摄存照，碑文参考照片抄录，碑今不见。南朝梁普通八年（五二七），印度高僧达摩从海路来到广州传教，成为中国佛教禅宗初祖。"

第二则："19. 六祖像赞碑，元泰定元年（一三二四）"

> 祖师在法性古像（七字横额正书）
> 庐溪月冷，庾岭月明。风幡非动，语露心晴。人间天上觅不得，还照曹溪清更清。山翁与鹿赞叹，也只道得一半，且如何是那一半？光含万象彻今古，慧日高悬天外升。
> 至元甲午住山法孙比丘宗宝拜赞
> 泰定甲子七月二十八日住风幡嗣祖比丘慈信拜立

---

① 2000 年中华书局出版了源自乾隆本的线装"岭南名寺志系列"一函三册的《光孝寺志》。笔者未能看到此书。

编者加的脚注："《六祖像赞》由住持僧慈信于元泰定元年立石，原立于六祖殿内后壁左侧，一九四一年曾拍摄存照。碑今不见。碑文录自清宣统《南海县志》卷十二《金石略》，道光《广东通志》《金石略十六》亦有著录，光绪《广州府志》卷一百三《金石略七》不录赞。六祖者，大鉴禅师也。《河东先生集注》云：'六祖惠能，姓卢氏，新州人，化于新州国恩寺。'"

在这两种碑赞中，宗宝皆署"至元甲午住山法孙比丘宗宝拜赞"。至元甲午是元世祖至元三十一年（1294），是宗宝改编《六祖坛经》后的第三年，是元世祖在位的最后一年。禅宗寺院也别称为"山"。"住山比丘"即为禅寺住持。例如，大慧宗杲下四世晦机元熙的弟子笑隐大䜣（1284—1344），在元文宗天历二年（1329）受命任建康（今南京）大龙翔集庆寺开山第一代住持。他为《育王月江和尚语录》写序即署名"龙翔住山比丘大䜣拜书"。因此，宗宝署"住山法孙比丘"即意味着他当时是光孝寺的住持，自称六祖后裔"法孙"。

宗宝两处赞文中提到的"山翁"和在泰定元年（1324）立碑的慈信，皆为前述《光孝寺志》中记载元成宗朝光孝寺的住持。然而从这两块碑赞证实，《光孝寺志》的记载也有失误之处，慈信不仅在元成宗朝任光孝寺住持，至少在泰定甲子（泰定帝元年，1324）还担任住持。

第二则资料记述的"祖师在法性古像"碑刻，在日本保存有它的拓片。日本学者常盘大定（1870—1945）从中国搜集到元代广州光孝寺碑的拓片，现藏东北大学附属图书馆。2011 年，东北大学文学研究科准教授斋藤智宽博士在《东北大学广报志》2011 春号《学之杜（まなびの杜）》封底对此作了介绍，并附有照片。此后他应我之请，寄来如下复制的照片。

碑上有横额正书"祖师在法性古像"。"祖师"，自然是指六祖慧能大师；"法性"，唐代光孝寺名法性寺。慧能像正上方刻有如下文字：

卢溪月冷，庾岭月明。风幡非动，讦露心睛。人间天上觅不得，还照曹溪清更清。山翁与么赞叹，也只道得一半。且如何是那一半？光含万象彻今古，慧日高悬天外升。

至元甲午住山法孙比丘宗宝拜赞

泰定甲子七月二十八日住风幡嗣祖比丘慈信拜立

"祖师在法性古像"拓片

与前引碑文稍加对照就可发现,文字与第二则资料是相同的。然而因为这些刻字在碑上能够比较清晰地辨认出来,故这里的引述是符合原貌的。据此可以纠正上面文字中的错字和欠当的地方:

（1）"语露心睛"中的"语"应改为"评"，为"评露心睛"，意为坦率地评论了别人的见解，心地得以爽朗；

（2）"山翁与鹿赞叹"中的"鹿"应改为"么"（繁体"麼"字），为"山翁与么赞叹"。"山翁"，据《光孝寺志》所载是元成帝时光孝寺的住持①。"与么赞叹"，意为这样赞叹。

参考这则资料，还可以将初稿审核版《光孝寺志》所载第一则资料"达摩像赞"中的"山翁与鹿赞叹"也改为"山翁与么赞叹"。笔者认为这两则赞文的格式是一样的，第一则赞文标点应作如下的修正才恰当：

廓然无圣，可机截断。六合云收，一轮月满。照彻龙楼人未醒，流光少室空怀恨。山翁与么赞叹，也只道得一半。且如何是那一半？流辉千古印证潭，具眼之流当自看。

这样，无论在格式、含义及韵律上就合理多了。

总之，这几则资料为宗宝本《六祖大师法宝坛经》原来所署的"风幡报恩光孝禅寺住持嗣祖比丘宗宝编"，提供了旁证。建议在初稿审核版《光孝寺志》所列"历代住持"部分加上宗宝的名字。可以认为，宗宝是在元世祖朝光孝寺最后一位住持，此后的继任住持应为碑赞中提到的元成宗朝的山翁。另据现藏日本东北大学附属图书馆的"祖师在法性古像"碑刻拓片的照片，还可把初稿审核版《光孝寺志》中的两则文字的错字、标点失误之处加以纠正。

笔者还建议，参考"祖师在法性古像"拓片的照片在光孝寺重建此碑，为当年六祖慧能大师剃发受戒之地、中国禅宗重要的祖庭增辉。

---

① "山翁"，在佛教史书中，既有作自称的，也有作他称的，并且也有当作名号的。在这里，从上下语句来看，"山翁"既可看作宗宝的自称，也可以看作《光孝寺志》所载元成宗朝光孝寺住持的山翁。如果是自称，自然此赞与住持山翁无关。如果这里是住持山翁，也可以讲通，即此赞是宗宝接续几乎是同代人的山翁之赞而作。如果将《光孝寺志》所载住持之"山翁"认定就是宗宝，是难以想象的。因为明代寺志的作者不至于将宗宝的自称看作宗宝的法名。

杨文会的日本真宗观

——纪念金陵刻经处成立 130 周年[①]

杨文会（1837—1911），安徽省石埭县（今安徽石台县）人。自幼学习儒学经书，在太平天国起义过程（1851—1864）中，与家族辗转于安徽、江西、浙江、江苏诸省之间。平时好读奇书，博通音韵、天文、历算、地理以及黄老庄列之说，对佛教也早已留心。1864 年病中读《大乘起信论》，因受启悟而入信。此后到处搜求佛经，1866 年与同志十余人经过筹划，发起重刻方册佛经，1874 年正式设立金陵刻经处。从 1878 年至 1889 年先后随曾纪泽、刘芝田出使欧洲，考察英法各国的政治、工业等。在伦敦结识日本佛教学者、真宗大谷派的南条文雄（1849—1927），回国后在从事刻印佛典过程中曾得到南条文雄等日本学者赠送和代购的佛书，并得到日本弘教书院所刊《缩刷藏经》，择其中一部分书目收入《大藏辑要目录》，生前刻经 2000 余卷。杨文会还为日本后来出版《续藏经》提供佛教经典数百种。杨文会除从事佛典刻印事业外，还在刻经处设立佛教学校，招生教授佛学，设立佛教研究会。杨文会一生的主要著作有《大宗地玄文本论略注》《佛教初学课本》《十宗略说》《观无量寿经略论》《等不等观杂录》等。现有《杨仁山居士遗著》行世。

日本佛教各派在进入近代，特别在中日甲午战争（1894）之后积极对中国开展传教活动，其中以净土真宗最为活跃，它在中国南方以上海为中心，在苏州、杭州、南京等地设立据点开展传教活动。杨文会站在中国传统佛教的立场和自己对于佛教的理解，曾著《阐教刍言》《评真宗教旨》等对日本真宗的教义进行批评。

[①] 载中国社会科学院世界宗教研究所《世界宗教研究》1997 年第 4 期。

本文仅就杨文会对日本真宗的见解和批评进行考察，想必对全面把握杨文会的佛教思想是有所帮助的。为叙述方便，先从介绍日本净土真宗及其近代在中国的传教活动开始。

一　日本净土真宗及其在中国的传教活动

日本佛教是中国佛教的移植和发展。公元6世纪中后期中国佛教通过朝鲜半岛传入日本，此后两国的佛教界之间开展越来越频繁的直接交流，中国佛教宗派三论宗、华严宗、法相宗、律宗、天台宗、真言宗等都传入日本。经过长期的流传，佛教与日本的传统文化和宗教习俗密切结合，在进入镰仓时代（1192—1333）以后，形成许多新的带有民族特色的佛教宗派，其中有净土宗、净土真宗、时宗、日莲宗和新从中国传入的禅宗临济宗、曹洞宗，此外，旧有的天台宗、真言宗等也基本完成日本化的历程。

镰仓时代最早成立的佛教宗派是净土宗。创始人源空（1133—1212）著《选择本愿念佛集》，以汉译《无量寿经》《阿弥陀经》《观无量寿经》和北魏昙鸾《往生论注》为主要依据，在教义上特别信奉唐代善导的《观无量寿经疏》，在判教中舍弃旧有大小乘佛教和各宗，只是提倡以口称念佛为主要内容的净土法门，认为不管是善人恶人，只要不断唱念阿弥陀佛的名号，死后皆可往生西方净土世界。

源空的弟子亲鸾（1173—1262）创立净土真宗。此宗从教义系统上说虽是净土宗的一个支派，但由于其教义的独特性和组织的独立性，传统上都把它作为一个独立的教派看待。亲鸾原是在比睿山的天台宗僧，后来下山投到源空门下专修念佛法门，在1207年日本政府下令禁止专修念佛时，曾被革除僧籍，随源空一起被流放到越后（今新潟），过着非僧非俗的生活，娶妻，生有子女6人。1211年被赦后，先后到关东一带地方传教，著有《教行信证》（全称《显净土真实教行证文类》）六卷、《净土和赞》《高僧和赞》《唯信钞文意》《净土文类聚钞》《净土三经往生文类》《愚秃钞》等。其中《教行信证》为日本净土真宗奠定了教义的基础。由亲鸾的弟子唯圆根据亲鸾生前说教所编的《叹异钞》，也是真宗特别重视的教典。

下面主要依据《教行信证》对日本真宗的教义并对教团特色作简单的

介绍。

（一）真宗教义的整体结构是教、行、信、证。教是教法，特指《无量寿经》；行是称念弥陀名号，在所谓弥陀四十八愿中尤重第十八愿，即"设我得佛，十方众生至心信乐欲生我国，乃至十念，若不生者，不取正觉"，称之为"念佛往生愿"，在解释中尤其强调"念"是心念；信是对弥陀"本愿力"——他力的绝对信心，说信心是往生的根本原因；证是修行结果，说任何人，包括极恶的人在内，只要具备对弥陀愿力的信心，皆可往生净土——真报佛土，住于"正定聚"（即住不退转位），又称往生即成佛。亲鸾把《无量寿经》置于《阿弥陀经》和《观无量寿经》之上，说这两部经所说的修善、九品往生和口称念佛的净土门，是"自力方便假门"，照此修行，死后虽也可往生，但只能生到净土的边缘地带——方便化土（也称懈慢界）和化土的疑城胎宫。

（二）主张"信心为本"，认为往生成佛超越行为的善恶。传统的净土教说都受佛教的和世俗的伦理观念的影响。《无量寿经》本来是否定犯五逆罪和"诽谤正法"的人往生的。《观无量寿经》虽说犯五逆罪的人可以往生，但排除"诽谤正法"者。善导《观无量寿经疏》主张这两种人都可以往生，日本的源空也继承这种观点。亲鸾立足于绝对的弥陀他力信仰，把善恶伦理的观念排斥在念佛往生论之外，说人的行为的善恶是前世的"宿业"所决定的，与依仗弥陀本愿力的往生成佛没有关系。众生念佛的信心是出于"念佛往生之愿"，是"清净报土真因"，能使众生往生成佛。《叹异钞》说弥陀本愿是不择人的老幼、善恶；但"以信心为要"；相信本愿，就无须其他善行，实际上没有超越于念佛的善行；不要害怕恶行，"没有能妨碍弥陀本愿的恶行"。甚至说，一个人如果具有念佛的信心，纵然杀过千人，也不会受到业报，仍不妨碍往生净土。

（三）所谓"恶人正机"。中国的净土宗，虽主张一切恶人也可以通过修持念佛往生净土，但依据净土经典仍认为根据个人的生前的善恶行为，往生净土的品级是有高低、优劣的，是以善人为往生本位的。善导《观念法门》说，既然"一切罪恶凡夫，尚蒙罪灭，证摄得生"，那么"何况圣人愿生而不得去也"！源空《黑谷上人语灯录》卷一四也说过："罪人尚可往生，何况善人也。"但亲鸾认为进入佛教的"末法时代"，单靠自力读经、修善、修行是不能达到解脱的。善人、圣人认为可以靠自己的力量通过修行达到解脱，从而对弥陀的本愿他力不相信，这样他们便不是弥陀本愿所摄取的对象，而那些对靠自力解脱失去信心的"恶人"却绝对相信弥陀的本愿他力可以拯救他们往生净土，正是弥陀要拯救的对象，是往生的主体。正如《叹异钞》所说："信赖他力之恶人本为往生之正因。故谓善人尚能往生，何况恶人。"可见，真宗是以恶人为往生的"正因"、"正机"，与传统的净土宗是绝然不同的。当然，"恶人"一般是指普通的民众，但确实也包括犯下各种罪行的恶人在内。①

综上所述，日本净土真宗在教义上特别尊奉《无量寿经》，在对经中四十八愿的态度上是把提倡念佛的第十八愿置于最高地位，强调弥陀绝对的他力本愿，不主张自力修行和行善，认为念佛信心是往生的根本原因，甚至提出恶人是往生净土的主体。与此相应，真宗不主张出世主义和禁欲主义，实际废除佛教原有的戒律和善恶因果的报应的说教，而主张与世俗生活密切结合，遵从社会一般的道德规范；僧人着在家衣饰，过正常在家生活。

真宗在发展中形成一些地方教团，以京都的亲鸾的庙堂为中心的本愿寺教团到 15 世纪莲如担任教主时成为真宗最大的教团。莲如提出的"以王法为本，以仁义为先"、"以仁义为本"的口号对后世真宗有较大影响。真宗教徒以农民为主体，在 15、16 世纪时，真宗具有强大的武装集团，曾与其他佛教教团和地方武士集团展开过长期的斗争。江户时代初，真宗本愿寺教团分成本愿寺派和大谷派（东本愿寺派），是真宗各派中最大的教派。

在日本明治维新（1868）以后，真宗在佛教各宗中是适应近代社会较早进行改革的教团之一，在日本政府确立以神道为法定国民信仰，并利用其他各种宗教维护立宪制的天皇专制主义的宗教体制的过程中，真宗与政府的关系也是比较密切的。在 1894—1895 年中日甲午战争和 1904 年日俄战争过程中，日本各宗采取协助战争的体制，向战场派随军僧，到军队慰问战士，追悼死者，捐赠物资用品，还向战俘进行"怨亲平等"的传教"说

---

① 以上详见拙著《日本佛教史》，浙江人民出版社 1995 年版，第三章第二节、第三节。

法"。真宗的表现尤为突出，曾受到天皇的嘉奖。

日本在近代向东亚各国进行政治、经济渗透和发动武装侵略的过程中，也对宗教加以利用，支持日本佛教各个宗派到朝鲜、中国开展传教活动。在这当中，真宗大谷派、本愿寺派走在前列。大谷派最早到中国传教。1873年该派的小栗栖香顶（1830—1905）到中国上海、天津、北京等地的寺院考察，学习汉语，为到中国传教进行准备，在北京写出《北京护法论》介绍日本佛教和真宗，并提出中、日、印三国僧侣联合对抗西方基督教的传播。他回国后写出《喇嘛教沿革史》和汉文的《真宗教旨》，并向政府当局建议开展到中国的传教活动。1876年真宗大谷派当局正式委派小栗栖香顶、谷了然等6人到上海传教，设立了上海别院，并在院内设置江苏教校，向日本真宗僧人讲授汉语，培养能向中国传教的人。翌年，小栗栖香顶回国，在中日甲午战争中，曾在东京本愿寺的别院用汉语向被俘的清朝士兵宣讲真宗教义。

随着日本对中国渗透侵略的深入，日本佛教各派不断在中国各地扩展传教范围。1898年，真宗大谷派当局派法主的两兄弟大谷胜信、大谷莹诚到中国担任"开教督励"，翌年在上海别院设立"清国开教本部"，在东南地区的苏州、杭州、南京、泉州、厦门等地积极开展传教活动。此后直到日本发动全面侵华战争，日本真宗在中国的各地传教范围逐年扩大，除传教外还开办学校、从事配合日本侵华战争的各种活动。到1944年为止，大谷派在中国东北以长春为中心设立"满洲开教监督部"，在东北各地设立地方别院、传教组织（出张所）96所；在北方以北京为中心设立"北支开教监督部"，拥有地方别院、传教组织30所；在中部以上海为中心设立"中支开教监督部"，在南京、汉口、武昌、苏州等地设立地方别院、传教组织8所。真宗本愿寺派在中国东北长春设立"满洲开教区"，在东北各地设立别院、传教组织62所；在北京设立"北支开教区"，有地方别院、传教组织28所；在上海设立"中南支开教区"，在南京、杭州、无锡、汉口、厦门、广东等地设立传教别院、传教组织19所。此外，日本的曹洞宗、净土宗、日莲宗、临济宗妙心寺派、真言宗古义派等也在中国开展传教活动。这些传教活动是伴随日本对中国的侵略扩张而展开的，带有明显的文化侵略性质，很自然地也随着日本在中国的失败而结束。①

关于日本真宗在中国开展传教活动，在《杨仁山居士遗著》中也有反映。《等不等观杂录》卷一《金陵本愿寺东文学堂祝文》载："维光绪二十五年，岁在屠维大献陬月之吉（按：公元1899年阴历正月初一），金陵日本净土真宗本愿寺（按，此指真宗大谷派，也称东本愿寺派）特设东文学堂以教华人……溯自二十年前（按：应是1876年），创立本愿寺于春申江上（按，指上海）。今者大法主现如（按：大谷光莹）上人属其弟胜信（按，大谷胜信）公来华，设本愿寺于杭，以十人居之；复设本愿寺于吴，以三人居之；金陵为南朝胜地，而北方心泉上人与一柳等五人居焉……"是说1899年日本真宗大谷派法主大谷光莹委派其弟大谷胜信到中国，在杭州、苏州和南京设立本愿寺开展传教活动，并在寺中创办学堂，向中国人开设日语和普通学科。

二　杨文会对日本真宗的批评

杨文会在与日本真宗僧人的接触中逐渐认识到真宗的教义与中国传统佛教的教义、与中国的净土信仰之间是有巨大的差别的。

在日本真宗大谷派1899年于南京创立本愿寺以后，主持留寺的北方心泉曾带着南条文雄的书信和赠书、暂借杨文会参校的《大乘起信论义记》的古本去见他。此后，该寺的一柳也带着南条的信和赠书去见他。杨文会和南条二人曾通过他们互相通信，互赠佛书。北方心泉曾托杨文会把日本净土真宗七祖——印度的龙树、世亲，中国的昙鸾、道绰、善导，日本的源信、源空的著作全部刻印出来。这些著作包括：龙树《十住毗婆沙论》、世亲《往生论》、昙鸾《往生论注》、道绰《安乐集》、善导《观无量寿经疏》《往生礼赞》等、源信《往生要集》、源空《选择本愿念佛集》。此时，杨文会曾对这些著作加以查阅。在检阅日本净土宗祖源空的《选择本愿念

---

① 日本柏原祐泉著，吉川弘文馆1990年版《日本佛教史·近代》二之1、5；四之3；小室裕充著，同朋舍1987年版《近代佛教史研究》第一章之四；杨曾文主编，浙江人民出版社1996年版《日本近现代佛教史》八之（一）。

佛集》时,"觉其中违经之语甚多",用笔在书内加以批评;又取小栗栖香顶(栗字原作粟,据日本佛教史书改)所著汉文《真宗教旨》详加阅读,在书内"逐细辩论",此后被辑出,即《遗著》收录的《评真宗教旨》。他特写出《阐教刍言》,送交北方心泉,并托他以后回国时也将此《阐教刍言》送给南条文雄看。对于此事,杨文会在给南条文雄的信中作了说明,并作为中国一位虔诚的佛教徒向他诉说自己的良好愿望:

> 弟与阁下交往近二十年,于佛教宗趣未尝讲论。今因贵宗将遍传于地球,深愿传法高贤酌古准今,期与如来教意不相违,则净土真宗普度群生,无量无边矣。(《等不等观杂观录》卷八《与日本南条文雄书二十二》)

然而,在当时情况下他是不可能认识到日本真宗在传教的背后尚有配合日本政府对中国进行文化渗透的动机的。

南条文雄在收到杨文会的信和由北方心泉带回的《阐教刍言》之后,给他复信,并赠给他小栗栖香顶写的《念佛圆通》和《阳驳阴资辩》请他阅读,"自任答辩","更指摘之"(同上,《与南条文雄书二十三》)。此后,杨文会著《评小栗栖阳驳阴资辩》《评小栗栖念佛圆通》。前者对日本真宗作比较系统的批评,后者侧重对日本净土宗的《选择本愿念佛集》进行批评。后来,日本后藤葆真又作《应于杨公评驳而呈卑见》一书寄送杨文会,他在回信中从十个方面说明自己为什么对真宗进行批评,详细地表明自己的见解。又有一位日本真宗僧人龙舟作《阳驳阴资辩续貂》《念佛圆通续貂》寄送杨文会,他在读后给龙舟的回信中表示,在"大法衰微"之际,他"发心护教,虽粉骨粹身,在所不惜",因此才写出《阐教刍言》等对真宗教义批评,但该讲的已经讲了,"闻者既不见信,则所言便为无益,若再置辩不休,岂非同于流俗争论是非乎!"今后对于真宗教义不再置辩(以上各信皆见《等不等观杂录》卷八)。《杨仁山居士遗著》中的《评选择本愿念佛集》是从小栗栖香顶《念佛圆通》和后藤葆真的书信中所引用杨文会的文字辑出的。

以上杨文会批评日本真宗的著作和书信,被收录在《杨仁山居士遗著》

的第十一册的《阐教编》之内。现主要依据这些文献并参考其他资料对杨文会批评真宗的观点略加介绍。

（一）批评真宗教义"背离佛经"

佛教是以佛经为依据的，因为佛教徒真诚地认为一切佛经，不论是大乘还是小乘佛经，都是佛所说的，而论书是阐释佛经的，律是佛为弟子制定的行为规则和禁戒。中国隋唐时期成立的各个宗派虽然提出彼此不同的教说，但同样是以一部或几部佛经作为主要依据，即使是据论书建立的宗派归根到底也是依某类佛经为依据的。这种观念在中国佛教徒中可以说是深入人心的。

杨文会在《阐教刍言》中明确地说："古来阐教大士，莫不以佛经为宗，横说竖说，皆不违经意。"就清楚地表明了这个意思。在他读了日本净土宗教祖源空的《选择本愿念佛集》和小栗栖香顶为在中国传教所著的《真宗教旨》之后，所做出的第一个反应就是"觉其中违经之语甚多"，于是详加批语，表示难以容忍。他在后来的《评小栗栖阳驳阴资辩》中说，古来各宗诸师"开宗判教，必将所依之经全体透彻，方能破立自由，纵横无碍"，而日本真宗却将"本宗之经，任意掩抑，令前后文意，不相联属"；又说"不顾佛经之本意，强作一解以合于自宗"；歪曲佛经是"以立异为高"；"离经一字，即同魔说"。在《杂评》中批评真宗"任意废弃"佛经，"欲树一家之门庭，尽废千佛之正轨"。因为日本净土宗特别尊奉善导的《观无量寿经疏》，小栗栖香顶在《念佛圆通》中为真宗的教义主张辩护，说"谁以善导为违教乎？"对此，杨文会批驳说："以疏辅经，不以疏掩经。慎之慎之！"甚至批评真宗把净土法门与佛教的其他教说（所谓圣道门）绝对对立起来是"暗藏灭法之机"。小栗栖香顶还说，源空被世人看作"大势至菩萨化身"，所主张的口称念佛等一系列说法是"大乘无上之法"。对此，杨文会批评是"直欲驾佛经而上之，立义在三藏教典以外"，说这实际是在佛教之外另立"势至之教"（《评小栗栖念佛圆通》）。

总之，杨文会认为佛教的任何派别必须以佛经为准则，离开佛经，曲解佛经，就不能称其为佛教。他本来是想奉劝真宗"不为成法所拘"，对真宗教义进行若干"变通"修改，使之"妙契佛心"，以利于广泛传播，但他不知道真宗作为一个早已独立的教派是不可能从根本上改变由亲鸾创立的教义体系的。当他看到日本真宗不仅不接受他的意见，反而组织人对他一再反驳，他确实有些气愤了，说："如是之教，不但娑婆世界有一无二，即十方世界亦恐无有。"（《杂评》）甚至认为与真宗僧人谈论教义是选错了对象，是"不可与言而与之言，失言"（《评小栗栖阳驳阴资辩》）。

那么，杨文会到底认为日本真宗在什么地方背离佛经呢？可以归纳出以下主要的两点，即认为真宗片面主张净土门而全废圣教；宣扬净土往生只靠弥陀本愿他力而废弃一切自力修行。下面对此略加说明。

（二）反对真宗只主张净土门而全废圣教的教义

日本净土宗的基本教典是源空的《选择本愿念佛集》。源空依据中国昙鸾、道绰、善导等人的理论，用"圣道门"、"净土门"和"难行道"、"易行道"来判释佛法，把旧有的大小乘佛教教说和各个宗派统统称为"圣道门"，而把依据净土经典的净土念佛法门称为"净土门"，认为佛教进入"末法"时期，众生接受佛法的素质下降，没有能力通过修持圣道之教达到解脱，只有靠简单易行的弥陀净土法门才能往生净土，达到解脱。主张彻底舍弃难行的圣道教说，而"选择"易行的净土念佛法门。净土真宗的基本教典是亲鸾的《教行信证》，在判教理论上继承了源空的教说，也主张废弃圣道之教而专修净土法门，但对净土三经在态度上与源空稍有区别，即把《无量寿经》抬到至高的地位，认为是宣说净土法门的"真实之教"。前面提到，源空基本继承善导《观经疏》的思想，特别重视口称念佛，而亲鸾则强调心念，主张信心为本。

从佛教自身规定来说，一切佛法都是佛所说，小乘的四谛、八正道和大乘的六度，包括坐禅、修行、持戒、行善、读经、礼佛等在内，都为圣道之教说，念佛只是其中的一个法门。因此，在杨文会看来，日本净土宗、真宗把圣道与净土二门绝对对立的做法是错误的，对此表示强烈不满，一再地进行批评。他在《评真宗教旨》中说："极乐净土，由弥陀愿力所成。弥陀既发大愿，勤修圣道，方得圆满。经云：住空无相无愿之法，无作无起。观法如此，此即观法之极则也。以圣道修成本愿。若云舍圣道，则是违本愿矣。因果相违，岂得往生！"是说在久远的过去，法藏比丘通过修持圣道，修持大乘的空、无相、无愿的三解脱门，最后成佛，成就西方净土。怎么可以在现在教人舍弃佛所说的圣道教说而只修净土法门呢！这是与《无量寿经》中所记载的弥陀四十八愿的本意相违背的，照此修行又怎能往生净土呢？他进一步解释说，修持净土门也是为了进入圣道门，因为通过念佛往生净土后，"一切圣道"会得到"圆修圆证"的。但是，对于普通教徒"唱言舍圣道，便是违背净土宗旨矣"。

杨文会也承认，作为一个佛教宗派，对于佛教所包含的庞大复杂的法门体系，是允许根据自己的情况侧重选修某些方面的，但却不许对其他法门予以排斥。他说："专修净土之语可说，不修圣道之语不可说。盖净土亦是圣道无量门中之一门。修净土即摄一切圣道入一门。"（《评真宗教旨》）他在《评选择本愿念佛集》中对于"道绰禅师立圣道、净土二门，而舍圣道，正归净土"的提法提出异议，说："此一舍字，龙树、道绰皆不说，说之则有病。盖圣道与净土，一而二，二而一者也。"是强调净土与圣道是不可分离的。日本真宗也讲修证真如。对此，杨文会指出："真如即是圣道，既知同证真如，奈何唱言舍圣道耶？"（《评小栗栖阳驳阴资辩》）可以说是以子之矛攻子之盾。杨文会认为，日本真宗已经背离了佛教的真正教旨，他据《无量寿经》所说阿弥陀佛成佛之前通过修持"菩萨道"才成就佛道，庄严净土的经文，质问说："若舍圣道，何得有净土耶？"

（三）反对真宗提倡"纯他力教"而废弃自力修行

汉译净土经典并非只是讲口称念佛才能往生净土，而是说修持其他佛法也可以作为往生西方净土的业因。例如《无量寿经》卷下说有修净土法门的人有三个等级，称之为"三辈"，虽死后皆可往生净土，但往生情景有所不同。其中"上辈"者是出家为沙门者，"发菩提心，一向专念无量寿佛，修诸功德"，死后无量寿佛亲自来迎接；"中辈"者，虽不出家，但也发菩提心，"一向专念无量寿佛，多少修善，奉持斋戒，起立塔像，饭食沙门"等，死后由无量寿佛的化身迎接到西方净土；"下辈"者，是最普通的民众，只要发菩提心，专心念佛，"乃至十念"，发愿生往西方净土，在临终时"梦见彼佛，亦得往生"。《观无量寿经》则劝人修持净土观，即通过观想西方极乐世界的日、水、地、树……上辈往生、中辈往生、下辈往生等十六个方面，来积累往生的功德，称"十六观"。在讲最后的三观的文字中说，有三个等级（上、中、下三品）、九类（上、中、下各分三级，称九品）众生，因为从事修善，读经，信奉大乘，持戒，孝养父母以及在善恶行为方面情况不同，虽然通过发愿并修持念佛等净土法门可以往生西方净土，但往生情景是大有差别的。在中国的一些佛教学者的关于净土著作中，也不仅仅提倡口称念佛一门，一般包括礼拜、赞叹、作愿、观察、回向"五念门"，在赞叹门中有口称念佛，在观察门中有观想念佛。虽然强调弥陀的本愿的他力具有无限威力，可以接引一切发愿往生的众生到西方极乐世界，但确实也承认个人修持佛法和善行功德是达到往生的重要业因。

然而，日本净土宗和真宗，把弥陀本愿他力与修行者个人的自力修行完全对立起来。如前所述，日本净土宗与真宗虽都强调弥陀本愿中的第十八愿——念佛本愿，但二者的着重点是不同的。净土宗强调口称念佛，认为口称弥陀名号就会与弥陀本愿相应，凭借佛的本愿力而得往生；真宗则强调对弥陀本愿的信念，认为众生只要"一念净信"即可往生成佛。他们都把弥陀本愿"他力"置于绝对的高度，而完全否定自力修行的功德。真宗甚至把传统佛教的善恶伦理观念、持戒等排斥在往生解脱论之外，认为往生靠的是弥陀他力，而人们的善恶行为则是由前世的"宿业"决定的，对往生不起任何作用，由此提出以恶人往生为本位的"恶人正机"说。

这在遵守传统佛教观念的杨文会看来是不可思议的，也是难以容忍的。他在与住南京本愿寺传教的日本大谷派僧人一柳的交往中，不止一次地就真宗教义发表意见。在《评日本僧一柳纯他力教》中比较全面地表达了自己对日本真宗专弘他力而废弃自力的批评。他说：

> 纯他力教，一家之私言，非佛教之公言也。请以经文证之。大经（按：《无量寿经》）明三辈；观经开九品，惟修观者别为一途，而论观行之浅深，亦入三辈九品中摄。贵宗概以自力弃而不取，另立一种往生之法，以驾于三辈九品之上，名曰纯他力教。此乃贵宗独创之教，非通途之教也。盖佛教所说接引往生，皆是他力之教，而仍不废自力。废自力，则有无穷过失，已于《真宗教旨》内辩之详矣。夫以自力往生，必至圆初住、别初住（按：指圆教的初住地、别教的初住地——

菩萨的十个阶位之一）而后可；凡夫往生，全仗佛力，而以自力为阶降之差。此千古不易之定论也。

他据《无量寿经》和《观无量寿经》的说法，认为日本真宗的"纯他力教"是违背佛经的旨意的，与正常流行的佛教是大相径庭的，表示虽然一般"凡夫"不能靠自己的力量往生净土，但他们的日常的善恶行为将决定他们往生净土的高低品级。

日本净土真宗对《无量寿经》的弥陀四十八愿的第十八愿（念佛往生愿——强调信念）、第十九愿（修诸功德愿）、第二十愿（植众德愿）和净土三经作了独特的解释，说只有遵奉《无量寿经》和第十八愿者才住"正定聚"（不退转的众生，解为必定往生成佛者），才往生"真实报土"，而遵奉其他二经和第十九、二十本愿者属于"邪定聚"和"不定聚"，则虽能往生，但生于"化土"……比日本净土宗更突出地废弃自力修行，甚至包括口称念佛在内，只是强调念佛往生的信心。

对此，杨文会评论说："生净土者，盖入正定聚，绝无邪定聚及不定聚。经在明文，处处可证。若以观经所摄判为邪定聚，则是聚九州铁铸成一大错矣。"他所说的确实是符合《无量寿经》（卷下）的经文，原文说往生众生皆住于"正定聚"，意为相当菩萨的境地，而"无诸邪聚及不定聚"。

《真宗教旨》说："信心从他力而发，名他力信心。佛力为他力，明信佛智为信心。祖师曰：归命之心非从我生，从佛敕生，故名他力信心。自力之徒，修杂行杂修；他力之徒不修之……"对此，杨文会认为，按照《无量寿经》所载的对西方净土产生"至心信乐"，即产生信心（发心）本来就是自力，"若云从他力生，他力普遍平等，而众生有信不信，岂非各由自力而生信乎？尚不仗自力，全仗他力，则十方众生皆应一时同生西方，目前何有四生（胎生、卵生、湿生、化生）、六道（天、人、阿修罗、畜生、饿鬼、地狱）流转受苦耶！"日本真宗的逻辑是，弥陀本愿是他力，当人们认识到它具有引导众生往生净土的神威力量时，便在内心形成往生的信心；这一信心不仅源于弥陀本愿，而且它本身也就属于他力。杨文会则认为，佛力对一切众生是平等的，但对待佛力却有信有不信者，如果有人对佛的本愿他力产生信心，那是个人的原因。这岂不是自力？如果全靠他力，否认每个人自力的因素，那么一切众生岂不早已往生西方极乐世界，世上哪里还会有众生轮回受苦呢？他的逻辑推理是符合中国佛教徒的信仰心理的。

中国佛教重视心性修养在修行解脱中的作用。中国佛教界流行的经典和隋唐成立的佛教宗派都有关于心识转变和通过禅观修心引发智慧的修行方法。虽然理论和方法不尽相同，但都重视心在修行解脱中的主导地位。大乘佛教通过引导人们发四弘誓愿，让人们确立普度一切众生，断除烦恼，修证佛法，达到最高觉悟的信念。这也就是发心，发菩提心，是修一切大乘佛法的第一步。对于发菩提心，在日本净土宗和真宗看来是不必要的，二者分别认为口称念佛和往生信心就是一切。对此，杨文会在《评选择本愿念佛集》中说："菩提心为因果交彻之心，诸佛极果，名阿耨多罗三藐三菩提（按：意为最高觉悟）。此集并菩提心而舍之，不知何以为佛也？"又说："菩提心即正觉心也，成正觉方名佛。今重念佛而轻菩提心，大违经义。"认为否认菩提心也就谈不上佛法，不可能引导众生达到解脱。他主张，求生西方净土必须先发菩提心，此后可以围绕专修念佛而修行六度——布施、持戒、忍辱、精进、禅定、智慧，由浅入深，成"菩萨妙行"，最后能够往生净土（《杂评》）。他对于日本净土宗、真宗彻底否定所谓"杂行"、"杂修"，废除"世善"乃至"出世善"，贬低乃至否定出家之仪，只要求信徒口称念佛或确立往生信心的做法等也进行了批评。

如上所述，杨文会在日本净土真宗开始到中国传教的时候便对它的教义反复进行批评。在当时的历史情况下，尽管日本已经在甲午战争中取得让清政府签订丧权辱国条约的胜利，但杨文会尚没有从政治的角度对真宗进行批评，也始终没有察觉日本佛教在中国迅速开展传教的政治意图，即使从他对真宗教义的批评来看，他对真宗还没有全面系统的了解，例如对真宗的往生成佛超越于善恶和恶人正机说似乎还没有触及。从现在的文献来看，杨文会是以一个中国虔诚佛教徒的护教心理对日本真宗进行批评的。他在开始的时候，甚至对日本真宗怀有好感，希望真宗听从他的意见，对真宗教义作某些修正，以利于向世界各国传播。然而当他看到对方不少人以极其强烈的态度反驳他的批评时，便开始认识到对方是不可能接受他的批评而将教义改变一丝一毫的。杨文会在给后藤葆真的复信中从十个方面——报佛深恩、彰佛本愿、光显教道、令法久住、普被三根（上、中、下三种众生）、令僧和合、提奖后学、融摄十方、贯通三世、究竟成佛，表明自己的护法"赤心"，说明自己在什么问题上对真宗批评，表述自己对净土教义是如何理解的。此后，他决定对日本真宗不再作专门评论，认识到真宗"另出手眼，独树一帜，虽欲强而同之，其可得乎"！（《与日本龙舟书》）

在今天当我们回顾这一历史公案时，应当说，日本佛教宗派虽发源于中国，但已经适应日本社会特有的环境发生了重大变化，演变成日本的民族佛教，不论是净土宗，还是真宗，或其他宗派，都有与中国不同的特色。站在中国佛教的立场看日本佛教，确实可以发现它有不少背离佛经、背离它的中国法系的经典等问题，正如站在印度佛教的立场可以发现中国佛教已经"走样"一样。然而应当指出的是，日本佛教界当年到中国传教，是在日本着手对中国进行侵略的背景下进行的，带有思想文化渗透的政治因素。这是日本佛教宗派虽在中国到处建立据点进行传教，但至日本一旦战败投降就全部从各地绝迹的重要原因。当然，在北传佛教中心的中国，人们对日本佛教教义不表示认可，表示反对，也是日本佛教终究不能在中国立足的内在原因。

中国佛教伦理及其当代价值[①]

佛教发源于古印度，在公元前后传入中国，在漫长的传播过程中不断与中国传统文化思想和宗教习俗相结合，在进入隋唐以后形成了带有鲜明民族特色的佛教宗派，标志着作为外来宗教的佛教已经基本完成中国化的进程，此后开始持续发展的阶段。

佛教是构成中国传统文化的重要组成部分，长期以来与儒道二教互相比较、竞争，又彼此借鉴、吸收和会通，极大地充实和丰富了中国传统文化的内容。在中国的传统伦理道德中，虽然儒家伦理占据核心位置，然而佛教伦理也占有辅助的重要地位，不仅对广大佛教信众的道德信念、行为规范起着制约作用，而且通过各种渠道对普通民众也有很大影响。

本文拟就中国佛教的伦理体系及其在当代的价值进行考察并提出自己的看法，希望得到诸位的指正。

一 中国佛教的伦理体系

伦理与道德在考察人类社会道德的场合，是基本同义的，有时也可以重叠使用。伦理是社会意识形态之一，是关于人们行为的善与恶、公正与偏私、诚实与虚伪等的观念、情操以及调节人与人之间、个人与社会之间关系的行为规范的总和。人是社会的人，必须参加社会的经济、政治和文化活动。然而人在日常生活和在参加各种社会活动中，必须遵循一定的伦理，接受道德观念和规范的制约。因此，伦理道德现象是人类社会生活的重要特征。

[①] 载觉醒主编、宗教文化出版社2006年度《觉群佛学》。

伦理的整体既包括道德观念、道德意志和情操，也包括具体的道德准则和规范、道德行为等。在人类发展史上各国产生了各种各样的伦理道德学说，其中也包括宗教道德学说。

佛教是世界三大宗教之一，拥有自己的伦理道德学说。佛教道德是在佛教产生和发展过程中逐渐形成、发展起来的。佛教在从印度向世界各国各地区传播过程中，吸收了各国各民族已有的道德观念、规范，然后把它们与佛教教理、修行方法结合起来进行新的诠释，同时又根据修行和弘法的需要从佛教教义中引申出一些道德原则、规范，从而不断丰富和发展了佛教的伦理学说。在佛教伦理体系中用以评价道德观念和道德行为的概念有善与恶、净与染、道与非道、正与邪等。它们与佛教的其他伦理观念、道德原则和规范一同被纳入佛教体系之中，与佛教的善恶因果报应、修行解脱的理论、各种戒规和宗教活动密切结合在一起。

从佛教发展历史来看，公元前6—前5世纪佛教在印度创立后，先后经历了原始佛教、部派佛教两个发展阶段，在传法中主要以"四谛"、"八正道"、缘起论和善恶因果报应的教义阐释人生的现实苦难及断除苦难达到解脱的方法。公元前后，大乘佛教迅速兴起，标志着佛教发展过程中的一个质的飞跃。大乘佛教不仅重视现实人生苦难及达到解脱的问题，而且十分注重从哲学深层思辨上对宇宙、人生与心性，对人与自然、空与有、动与静、现实（烦恼）与彼岸（涅槃）等问题进行理论阐释，所谓"诸法性空"、"中道"、"不二"、"唯识"、"如来藏自性清净心"、"佛性"等，都是大乘佛教经典提出来的。大乘佛教的不同学派在对佛法的表述中蕴含着人对宇宙、社会和人生等问题的深邃的理性思考、想象和智慧。伴随着佛教教理的发展，佛教伦理也相应得到很大发展。大乘佛教倡导大慈大悲、"普度众生"的"菩萨行"或"菩萨道"，批评原始佛教和部派佛教偏重引导信众实现个人的觉悟解脱，将他们统贬为只求"自利"而不"利他"的小乘。实际上，小乘佛教在弘法中也提倡救济利益民众。

佛教传入中国后，在传播过程中深受中国传统文化思想和宗教习俗的影响。在隋唐形成许多带有鲜明民族特色的佛教宗派，标志着佛教民族化或本土化的基本完成，奠定了中国民族佛教的基本格局。此后，中国佛教进入持续发展的时期。

中国佛教虽然继承了源自印度的佛教教理体系，然而因为长期受中国儒、道及宗教习俗的浸润和影响，也带有明显的中国民族特色。同样，中国佛教的伦理体系也富有民族特色，特别是带有很多儒家伦理的因素。

从中国佛教伦理体系的最高理念或最高道德原则来说，与儒家伦理以"仁义"为最高理念相对，它是以与"仁义"意蕴接近的"慈悲"、"大慈大悲"（意为解救苦难和给人安乐）为最高的道德理念或最高道德原则。大乘佛教倡导的菩萨道就是以大慈大悲为基本理念的，要求修持"六度"，上求菩提，下化众生，不求中途涅槃（灭度），以普度一切众生解除众生苦难为己任，甚至提出"众生度尽，方证菩提；地狱未空，誓不成佛"（《瑜伽集要焰口施食仪》）。[①]

中国佛教虽奉大乘为主体但并不排斥小乘，不仅将小乘的最高道德理念——舍弃苦乐两边的"中道"（释迦牟尼佛在鹿野苑初转法轮时向五比丘讲的"中道"）和"少欲知足"置于道德体系中的重要地位，而且继承了小乘佛教一系列的道德观念和道德规范，然而在具体解释中将它们与大乘佛教进行会通，并适应中国国情增进不少新的内容。

二　中国佛教伦理的主要道德观念和道德规范

任何一种伦理体系，都拥有一系列道德观念和行为的准则、规范。按照伦理的评判原则，凡是遵照这些道德观念和规范去思想、去行动的，就是品行善良、道德高尚的，反之就是品行恶劣、道德低下的，应当受到谴责。同样，中国的佛教伦理也有自己一系列的道德观念和行为准则、规范，要求信众遵守，认为遵照去做去说，就是正确的、就是善的，就会得到来自教团或社会的赞誉，并且按照善恶因果报应的学说将得到善的报应。

那么，中国佛教的伦理有哪些主要道德观念和行为的准则、规范呢？笔者认为，与佛教教理、戒律密切结合的八正道、五戒、十善、六度、慈悲喜舍、四摄、六和等，可以说都兼有道德的意义，可以说都是中国佛教的道德观念和行为准则、行为规范。这些道德观念和规范大部分来自小乘

---

① 《大正藏》卷二一第 476 页下。

佛教，在诸部《阿含经》和论释原始佛教基本教义的《阿毗昙论》书中有详细论述，后经大乘佛教以"菩萨道"精神加以充实，例如大乘佛典《郁伽罗越问菩萨经》、《十善业道经》以及《法华经》、《般若经》、《大智度论》、《华严经》等经中，都可以找到这方面的例证。在佛教传入中国后，中国历代高僧在说法中或在自己的著作中，在讲述这些观念、准则和规范时，又加入自己的理解，主要是以中国民众熟悉的儒家、道家的道德理念和道德准则、行为规范加以诠释和发挥，从而形成中国佛教伦理的特色。

下面结合具体内容，加以说明。

(一) 八正道

八正道是原始佛教基本教义，意为断除苦恼，达到涅槃解脱的正确方法和途径。包括正见（正确的见解）、正思惟、正语、正业（正确的行为）、正命（遵循正确人生原则的职业和生活）、正精进（正确的修行）、正念（正确地忆念四谛的道理）、正定（正确地修行禅定）。最重要的是正见，相当于现代用语中的正确的立场和世界观、价值观，不过它是特指以四谛之理为指导的佛教的立场和世界观、价值观。释迦牟尼成佛后最早宣说的教法，因为意味着既不沉溺于世间的安乐，又不主张出家修种种折磨身心的苦行，称此为"中道"。后为区别于大乘的"不空不有"、"不生不灭"等中道，也称此为"苦乐中道"。

从佛教伦理角度来看，八正道所规定的修行和生活的规则不仅贯彻了佛教伦理理念和道德原则，而且是克制、断除贪嗔痴等烦恼，"自净其意"的道德境界提升过程，是摆脱生死苦恼达到解脱的修行过程。

(二) 五戒

五戒包括不杀生、不偷盗、不邪淫（禁止发生不正当的男女关系）、不妄语（不说谎话）、不饮酒。有的佛经，如《无量寿经》也把五戒称为五善，而称与此相反的杀生、偷盗、邪淫、妄语、饮酒为"五恶"。

五戒是在家信徒必须遵守的，认为修此五戒，行善积德，死后可以转生为人。因此，后世佛教所说的"五乘"中，将五戒之教归之为"人乘"。在出家僧尼所受持的"具足戒"（受此戒方正式为僧）中也包含这五项内容，规定严重违犯前四戒（称四重戒、四波罗夷戒，改其中的"不邪淫"为"不淫"），将受到被驱逐出僧团的处罚。

中国佛教高僧或身为儒者的居士，在解释五戒时，常常将五戒与儒家名教的五常，即仁、义、礼、智、信会通，认为二者在基本含义上是一致的。南北朝时影响很大的伪经（中国人假托佛的名义撰写的经）《提谓波利经》中最早将佛教的五戒比作儒家的五常、五行、五方及五星等。北齐儒者居士颜之推在《颜氏家训·归心篇》中明确地说：

> 内典初门，设五种禁；外典仁义礼智信，皆与之符。仁者，不杀之禁也；义者，不盗之禁也；礼者，不邪之禁也；智者，不酒之禁也；信者，不妄之禁也。

后世类似这种说法很多，在社会上影响很大。将佛教五戒与儒家道德融会在一起进行解释，不仅使一般儒者、百姓对五戒的内容容易理解，而且也为僧人深入民众弘法提供方便，可以使深受儒家伦理影响的民众接受佛法。

北宋云门宗契嵩（1007—1072）在《辅教编》中说：

> 人乘者，五戒之谓也。一曰不杀，谓当爱生，不可以已辄暴一物，不止不食其肉也；二曰不盗，谓不义不取，不止不攘他物也；三曰不邪淫，谓不乱非其匹偶也；四曰不妄语，谓不以言欺人；五曰不饮酒，谓不以醉乱其修心。
>
> 夫不杀，仁也；不盗，义也；不邪淫，礼也；不饮酒，智也；不妄语，信也。是五者，修则成其人，显其亲，不亦孝乎？①

按照契嵩对五戒的解释，不但从反面应当不做什么，同时从正面应当做些什么，例如不杀，不仅不应当杀动物及吃它的肉，而且要爱护一切生

---

① 《镡津文集》卷一《辅教编·原教》、卷三《辅教编·原孝》，分别载《大正藏》卷五十二第649页上、第661页下。

命。有的解释带有时代色彩，例如不盗，增加"不义不取"，其《夹注辅教编·原教要义第一》解释："凡于他人之物，若在义理不当取者，而辄取之，皆为偷盗也。"不饮酒，解释为不因饮酒扰乱"修心"。联系到他对"义"、"修心"所作的解释，可以说是带有宋代思潮的烙印。

契嵩为了回应当时儒者鼓吹以兴"仁义"、"礼义"来排斥佛教，强调五戒在内容上与儒家的五常相通，修持五戒同样可以达到儒家提倡的修身、显亲尽孝的目的，进而说明佛、儒二教可以"同于为善"，"同归于治"。

（三）十善

十善，是以五戒为基础扩充来的，是佛教的基本道德观念和行为规范。佛教把十善分别与身、口（语）、意（心）三业（行为）相联系，说修此十善，死后可以生到天上（三十三天等）。因此，后世将此十善之教归为"五乘"中的"天乘"。

十善与身、语、意三业的关系如下表：

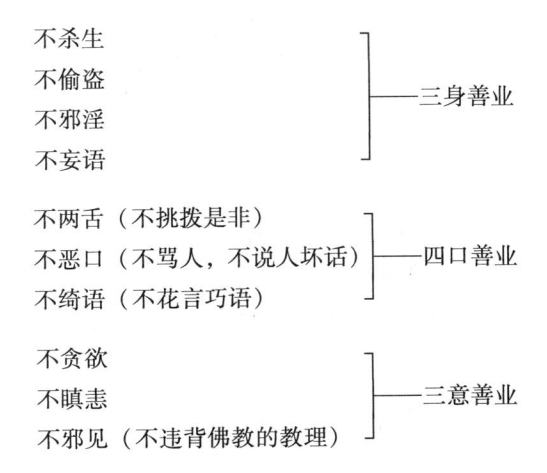

不杀生
不偷盗   ──三身善业
不邪淫
不妄语

不两舌（不挑拨是非）
不恶口（不骂人，不说人坏话）──四口善业
不绮语（不花言巧语）

不贪欲
不瞋恚   ──三意善业
不邪见（不违背佛教的教理）

相反就是"十恶"，即做十种恶业、恶的行为。不做这十恶就是十善业。然而仅从不做恶来说，是带有消极意味的。大乘佛经对此有发展，主要是要求从消极地不做恶事到主动积极地做利益众生并且提高道德修养的善事。例如唐代实叉难陀译的《十善业道经》称十善是"永离杀生、偷盗……邪见"，并作了详细说明。这里仅引用三例：

若离杀生，即得成就十离恼法。何等为十？一、于诸众生普施无畏；二、常于众生起大慈心；三、永断一切瞋恚习气；四、身常无病；五、寿命长远；六、恒为非人之所守护；七、常无恶梦，寝觉快乐；八、灭除怨结，众怨自解；九、无恶道怖；十、命终生天。是为十。若能回向阿耨多罗三藐三菩提（按：最高觉悟，成佛）者，后成佛时，得佛随心，自在寿命。

　　若离偷盗，即得十种可保信法。何等为十？一、资财盈积，王贼水火及非爱子不能散灭；二、多人爱念；三、人不欺负；四、十方赞美；五、不忧损害；六、善名流布；七、处众无畏；八、财命色力，安乐辩才，具足无缺；九、常怀施意；十、命终生天。是为十。若能回向阿耨多罗三藐三菩提者，后成佛时，得证清净大菩提智。

　　若离瞋恚，即得八种喜悦心法。何等为八？一、无损恼心；二、无瞋恚心；三、无诤讼心；四、柔和质直心；五、得圣者慈心；六、常作利益安众心；七、身相端严，众共尊敬；八、以和忍故，速生梵世。是为八。若能回向阿耨多罗三藐三菩提者，后成佛时，得佛无碍心，观者无厌。①

在这里，已经超越仅是消极不做恶事不做恶想的境地，从不杀、不盗、不瞋恚进而使自己的道德意识得到提升，产生"于诸众生普施无畏"（给众生以无畏的勇气）、"常于众生起大慈心"、"常怀施意"、"得圣者慈心"、"常作利益安众心"（常做利益众生之事使其安心）等行善积德的道德意识和理念。这正是大乘佛教菩萨之道所要求的。

隋代天台宗创始人智𫖮（539—598）在《法界次第初门》中在论述十恶之后对十善从正反两方面作解释。他说：

　　若人能知恶是乖理之行故，现在将来由斯招苦，则必须息恶行善，可以来世永致清升之乐果。是以次十恶而明十善也。但十善有二种：一止、二行。止则但止前恶，不恼于他；行则修行胜德，利安一切。

---

① 载《大正藏》卷十五第158页上。

此二通称善者，善以顺理为义，息倒归真（按：纠正颠倒，归顺真理），故云顺理。止则息于重倒之恶，行则渐归胜道之善。故止、行二种，皆名为善。①

意思是说，所谓恶、恶业是违背道理的，必将招致恶的报应（来生轮回为畜生乃至下地狱等）；如果止恶而行善，则将得到善的报应，死后可以再生为人或生到天界。善有"止善"和"行善"两种，二者皆合于道理。止善仅改变颠倒（违背道理）的状态，不做诸恶，然而行善则进而做契合佛道的种种善事。他对十善解释说：

一不杀生，即是止善，止前杀生之恶行；善者当行放生之善也。
二不偷盗，即是止善，止前盗他财物之恶行；善者当行布施之善。
三不邪淫，即是止善，止前于非妻妾淫欲之恶行；善者当行恭敬之善。
四不妄语，即是止善，止前虚言诳他之恶行；善者当行实语之善也。
五不两舌，即是止善，止前构斗两边之恶行；善者当行和合之善。
六不恶口，即是止善，止前恶言加人之恶行；善者当行软语之善。
七不绮语，即是止善，止前绮侧乖理之恶语行；善者当行有义语饶益之善。
八不贪欲，即是止善，止前引取无厌之恶行；善者当行不净观，观诸六尘皆欺诳不净之观行善。
九不瞋恚，即是止善，止前愤怒之恶行；善者当行慈忍之善。
十不邪见，即是止善，止前拨正因果（按：否认因果），僻信邪心之恶行；善者当行正信，归心正道，生智能之善心。②

可见，不做十善属于止善，而进一步做善事，说善语，作善想，即放

---

① 载《大正藏》卷四六第669页下。
② 同上书，第670页上。

生，布施，对非己之妻恭敬，说诚实语，说有利于彼此和睦的话，说和善的话，说朴实有意义的话，修不净观体认外在一切皆不净不可贪求，以慈善忍让之心待人，相信因果归依正道增长智慧，皆属于行善，同样涵盖身、口、意三个方面，皆属于符合大乘佛教道德的行为或意识。

宋代契嵩在《辅教编·原教》中对五戒、十善作了解释之后说：

> 兼修其十者，报之以所以生天也。修前五者，资之所以为人也。脱天下皆以此各修，假令非生天，而人人足以成善。人人皆善而世不治，未之有也。①

他特别指出：佛教虽说修持五戒生人，修持十善生天，然而即使没有轮回生为人天的事，如果人人按照五戒十善去做，也定可以造成人人为善、社会治理的局面。由此可见，中国古代有学识的高僧在向儒者讲述五戒、十善时，总是强调它们与儒家伦理可以会通，能够有益于社会治理的意义。

（四）六度

六度，或称六波罗蜜，也译六度无极、六道彼岸，意为六种能引导众生从生死此岸到达解脱彼岸的方法或途径，是大乘佛教修习的主要内容。包括：

1. 布施，包括财施、法施和无畏施，是指从慈悲之心出发济助人以财物，向众生宣讲佛法，用宽慰的语言并采取可行的方法为众生解除苦厄和恐惧之心。《六度集经》第一章说："慈育人物，悲愍群邪，喜贤成度，护济众生，跨天逾地，润弘河海。"②《大智度论》强调以净心布施，没有利己动机，卷一一说："清净心生，无诸结使，不求今世后世报，恭敬怜愍故，是为净施。"③

隋代智𫖮在《法界次第初门》中在对布施作解释后，强调菩萨在布施

---

① 《镡津文集》卷一，《大正藏》卷五二第 649 页上。
② 《大正藏》卷三第 1 页上。
③ 《大正藏》卷二五第 141 页上。

中应具备"五心":一是体认诸法"实相",在布施过程中"施人、受人及财物三事,皆空不可得"(后人称之为"三轮体空"),杜绝产生吝啬之心和希望受施者感恩回报之心;二是怀有大慈大悲之心,不设特定目标为施舍对象,"施与一切乐,拔一切苦";三是布施时发愿"成就无上佛果";四是表示愿将此布施功德转给一切众生;五是以此布施为始,进而通达一切佛法。认为具备这五种心态来布施,才称上是通往彼岸的布施。①

2. 持戒,遵守戒律。戒律有在家居士戒,出家沙弥戒、比丘戒、比丘尼戒,还有菩萨戒。其中不少戒条具有道德规范的意义。

3. 忍辱,包括生忍、法忍。生忍有两种情况:一是在受到别人恭敬及供养时不产生傲慢和安逸之心;二是在遭受"瞋骂打害"之辱时不生怨恨瞋恚之心。法忍是体认诸法性空,心不为一切内外事物所动,不畏寒热饥渴,不生瞋恚、忧愁、疑、淫欲、憍慢之心。

4. 精进,指奋发努力修持佛法,包括身、心两方面的精进。《大智度论》卷一五说:"要须精进,得甚深禅定、实智能及无量诸佛法。"②

5. 禅定,按程序坐禅,即集中精神(入定)观想佛法要义,有大、小乘种种禅法。

6. 智能、智慧,即般若,相应于对大、小乘佛法的观想和悟解有层次不同的智慧,然而一般特指领悟"诸法实相"、"性空"、"中道"的智慧。

以上六度中,布施、持戒、忍辱、精进富有道德意蕴,与佛教伦理中的慈悲、五戒、十善等在内容上是密切相通的。

(五) 慈悲喜舍

慈悲喜舍,原是小乘禅法之一,称四无量定或四梵堂、四梵住,也是利益群生应有的四种心境,称四无量心,大乘以菩萨之道加以解释,也沿袭用之。慈,想象中或现实中给人以安乐;悲,想象中或现实中解除别人的苦难;喜,是为想象中或事实上他人得到安乐而高兴;舍,舍弃一切冤亲、关系远近的差别,平等对待一切众生。在此四无量心之中,贯穿着一

---

① 引文见《大正藏》卷四六第 686 页中。
② 《大正藏》卷二五第 172 页中。

种平等博爱的精神，可以对治贪欲、嗔恚、恼害、嫉妒、歧视等心理，对佛教道德实践具有指导意义。

（六）四摄和六和

四摄，也称四摄事、四事摄法，是菩萨用以引导、教化和救济众生的方式方法。包括布施、爱语、利行、同事。布施，上面已解释；爱语，是以巧妙方式对人给予赞美或劝导，对做错事者予以教诲，使之悔改；利行，是做"利他"之行，给人帮助、信心和欢乐；同事，做到与信徒和民众同甘共苦。在这四摄当中贯彻着菩萨道的大慈大悲精神，特别是最后的同事（或同行、同利）最富有"菩萨行"的特色。

六和，即六和敬，既是教团内部应遵循的原则，也是大乘修行者与信徒、民众相处应当努力做到的原则。智𫖮《法界次第初门》中说："外同他善，称为和；内自谦卑，称为敬。"蕴含着平等、宽厚、和谐、谦让和彼此尊重、恭敬、爱护的精神。北宋睦庵善卿所编禅宗辞书《祖庭事苑》卷五对"六和"作如下介绍：身和共住（在生活上互相关怀照顾），口和无诤（在语言上彼此劝善止过），意和同事（在思想上互相尊重和敬），戒和同修（遵守共同的戒律共同修行），见和同解（见解一致共同悟道），利和同均（平等地分配受用共同财物）。

（七）知恩报恩

"知恩报恩"既是佛教提倡的美德，也是中华民族的传统美德。佛教讲有"四恩"，按照唐般若译的《心地观经》卷二《报恩品》的说法，四恩包括父母恩、众生恩、国王恩、三宝恩，该书对此有详细解释。[①] 首先是报答父母养育之恩，这与中国传统美德"孝道"是一致的。其次是报众生之恩，佛教讲的众生不仅包括人，而且从众生轮回的意义上说也包括一切过去、现在一切的生命。从现实来说，报众生恩就是要热爱人民，随时报答人民的爱护教养之恩。再次是报国王恩，因为古代国王代表国家，在今天可以解释为祖国之恩，应忠于祖国，热爱祖国，报效祖国。最后是报三宝

---

① 请见《大正藏》卷三第 297 页上—299 页中。

(佛、法、僧）之恩，就是报佛教之恩。

以上就是构成佛教伦理的主要理念、概念和道德准则、行为规范。首先，它们是中国佛教伦理的重要内容；其次，是中国佛教教理体系中的重要组成部分，并且是中华民族传统伦理中的宗教伦理的组成部分。它们虽源自印度佛教，然而通过佛典的汉语翻译、中国僧人在讲经说法和著作中的临机诠释和发挥，在很多方面已经与中国以儒家为正统的伦理思想会通或融合，蕴含着融通儒家仁、义、礼、智、信及忠、孝、和、恭、宽、惠等道德理念和规范的内容。

众所周知，以儒家、佛教和道教为代表的中国传统文化，一直以来为推进社会进步，维护社会秩序稳定，建造中华民族精神文明，培养民族道德情操和增强民族自信心、凝聚力等方面，发挥了重要作用。在这当中，以儒家伦理为主导，以佛、道二教伦理为辅助的传统伦理体系所发挥的积极作用是很大的。

三　中国佛教伦理的当代价值

佛教在中国传播已经有两千多年，迄今仍是中国传统宗教中的重要的一支，不仅拥有广大信徒，而且拥有众多经常亲近并热情支持佛教的民众。因此，作为中国佛教重要组成部分的佛教伦理，在当代仍有重要的社会价值。中国佛教伦理的理念、原则和道德准则、行为规范，是当代海峡两岸佛教界积极推行的人间佛教教理的重要组成部分，不仅在加强中国佛教的自身建设、培育佛教人才中具有重要意义，而且在促进公民道德建设和构建和谐社会中也正在发挥重要作用。

（一）佛教伦理是贴近人生的人间佛教的基本教义

虽然所谓"人间佛教"的基本内容和现实主义精神自原始佛教以来一直存在，然而它作为一个特定的历史范畴，是在中国近现代社会转型时期的产物，蕴含着特定的内涵。

中国近现代佛教的代表人物太虚大师（1889—1947）针对清末以来佛

教的衰败和严重脱离民众的倾向，最早发起佛教复兴运动。1913 年在参加敬安（字寄禅，1851—1912）追悼会上发表演说，提出佛教"组织、财产、学理"（后改为"教理、教制、教产"）三大革命的口号。① 此后通过著述、成立佛教团体、办学、办报刊、带领弟子深入社会传法等艰苦卓绝的努力，努力振兴中国佛教，提出"人生佛教"或"人间佛教"的口号，影响极为深远。在佛教界，两岸两三代人经过半个多世纪的努力，终于促成佛教大体适应现代社会体制的转型。

太虚的人生佛教（有时也称人间佛教）主要有以下几点内容：第一，出于对中国现代佛教的整体性设想，主张佛教应重视人生，以改善人生为基础，并在教理、组织等方面提出相应的改革方案；第二，重视与社会道德密切结合的五戒、十善等规则，并适应时代作了新的解释，提倡佛教徒应具备良好的道德品质，热爱祖国和人民，多为社会民众奉献；第三，主张建设新型僧团，兴办佛教学校，创办佛教学术刊物。②

印顺大师（1906—2005）长年师事太虚，对人生佛教理论有新的发展。他认为太虚的人生佛教理论尚未凸显佛、菩萨在人间，修行解脱在人间的"人间佛法"内容。他基于多年对中印佛教的研究，对人间佛教作了新的诠释和发展。他在《契理契机之人间佛教》（载《华雨集》第四册）中针对后期大乘中将菩萨天神化的弊端，特别提倡"修学人间佛教——人菩萨行，以三心（按：大乘菩提心、大悲心、空性见）为根本"，在现实人间弘扬佛法，利乐众生，造福社会。③

从 20 世纪七八十年代至今，随着世界形势和海峡两岸社会形势的巨大变化，两岸的佛教虽情况不同，然而似乎皆进入空前迅速发展时期。中国大陆佛教界在 20 世纪 80 年代初开始推行人间佛教，然而同时强调佛教应走

---

① 印顺：《太虚大师年谱》，《妙云集》中编第六，1992 年正闻出版社修订一版，第 57 页，并参考第 253 页；福善、妙钦编校：《人生佛教》，1945 年海潮音出版社出版，第一章第一节《人生佛教名词的提出》。

② 拙著《太虚的人生佛教论》，载《太虚诞生一百周年国际会议论文集》，香港法住出版社 1990 年版。

③ 关于太虚、印顺"人生佛教"、"人间佛教"的比较研究，可参考杨惠南《从〈人生佛教〉到〈人间佛教〉》，载《太虚诞生一百周年国际会议论文集》。

与社会主义社会相协调、相适应的道路；提倡发扬佛教中的优良传统、伦理观念和行为规范，加强自身组织和道风建设，发展文教事业，"庄严国土，利乐有情"。

赵朴初居士（1907—2000）作为中国佛教协会的会长、大陆佛教界的领袖，在"文革"后经过落实宗教政策，恢复与开放各地寺庙、培养佛教人才、出版流通佛教书刊等几个环节取得可观成绩的情况下，适时地提出在全国实施人间佛教思想的号召。1983年是中国佛教协会成立三十周年，他主持撰写《中国佛教协会三十周年》长篇报告在佛教协会第四届理事会第二次会议上发表，郑重地提出今后要努力实践佛教教义中的人间佛教思想，指出它的基本内容包括五戒、十善、四摄、六度等自利利他的思想，说："佛陀出生在人间，说法度生在人间，佛法是源出人间并要利益人间的。我们提倡人间佛教的思想，就要奉行五戒、十善以净化自己，广修四摄、六度以利益人群，就会自觉地以实现人间净土为己任，为社会主义现代化建设这一庄严国土、利乐有情的崇高事业贡献自己的光和热。"[①] 赵朴初居士1987年在佛协五届代表会议上做的《团结起来，发扬佛教优良传统，为庄严国土利乐有情作贡献》的报告中对人间佛教思想重新作了说明，从理论和实践的统一上阐明了佛教能够为社会主义物质文明和精神文明建设服务的观点。在会议修改通过的佛协《章程》中，规定佛协宗旨为："协助人民政府贯彻宗教信仰自由政策；团结全国各民族佛教徒，提倡人间佛教积极进取的思想，发扬佛教优良传统，积极参加社会主义物质文明建设和精神文明建设，促进祖国和平统一，维护世界和平的事业。"[②] 赵朴初居士提出并通过总结佛协、佛教界的新鲜经验加以发展的人间佛教思想，现在已被大陆佛教界确立为新世纪佛教实践的一面旗帜，可以预料必将随顺时代和佛教的实践有新的发展。

在台湾方面，随着20世纪70年代星云大师创办的佛光山教团事业的成功，"星云模式"人间佛教思想及其实践越来越引起世人瞩目。此外，法鼓

[①] 载《法音》1983年第6期。

[②] 《法音》1987年第3期。详见拙文《赵朴初人间佛教思想试论》，载中国佛教文化研究所《佛学研究》2005年总第14期。

山、慈济等教团也以自己的方式倡导和实践人间佛教的思想。

海峡两岸佛教界推行的人间佛教皆把佛教伦理作为佛法的重要内容。当然，在中国人间佛教的体系中，除佛教伦理和兼有伦理意义的佛法外，还有以指导身心修行以达到最高觉悟境界为目的的大、小乘佛教和中国佛教各宗的戒学、清规、禅法和教理。

（二）以佛教伦理规范加强佛教教团的自身建设

在佛教的传播发展过程中，担当弘法责任的僧团和教团起到了关键的作用。所谓僧团即僧众团体，由出家四众或五众（比丘、比丘尼、沙弥、沙弥尼，加上将要正式出家的学戒女是五众）组成，以寺院为中心，由长老比丘或比丘尼担任寺主（住持或称方丈），下面有监院、首座、书记、维那、典座、知客等僧职。① 佛教教团，一般指信奉佛教的僧俗信众，未必具备严格的组织形式，有出家四众或五众及在家的男女居士，有时也统称"四众弟子"（包括出家男、女二众和在家男、女二众）。

如何维系僧团教团的团结和生活、修行的正常秩序？靠的是共同的信仰、出家或在家的戒律（僧团内有沙弥戒、具足戒）、寺院清规，还有佛教的伦理、行为规范。上述的八正道、六度及五戒、十善、四摄、六和等，既是指导信众修行的基本教法，也是用以调节信众个人与僧团或教团的关系，处理个人、僧团与社会、个人与个人之间关系的伦理原则、道德信念，并且是制约个人行为的道德准则、规范。如果做得不好乃至违犯，要受到僧团、教团的谴责、批评，自己要作忏悔，内心自我谴责。作为出家众，如果违犯戒律中的重戒，甚至要被驱逐出僧团。

在正常情况下，僧团在住持带领下，以佛法和戒律、伦理观念和行为规范来教育自己的成员爱国爱教，严守戒律和清规，维护修行和生活的秩序，彼此团结互助，致力于利益群生、造福社会的活动，从而在广大社会民众面前呈现出信仰虔诚、修行清苦、救苦济贫、行为端正、道德高尚的

---

① 据《敕修百丈清规》，大的寺院僧职有两序，或称两班，东序有五知事：都监寺、维那、副寺、典座、直岁，若加监寺（监院，在都监寺之下）为六知事；西序有六头首：首座、书记、知藏、知客、知浴、知殿。由于寺的规模有大小，僧职数量未必一样，另外，在历史演变中各地僧职的名称也有变化。

形象，赢得社会民众的尊敬和信赖，保障佛教弘法利生事业和其他文教事业的顺利进行。

1993年12月中国佛协召开了第六届全国代表会议，当时担任会长的赵朴初居士做了题为《中国佛教协会四十年》的具有历史意义的工作报告[①]。其中针对佛教界出现的一些不良风气，将加强佛教自身建设，提高四众素质作为佛教界今后工作的重点。报告提出："加强佛教自身建设，就是加强信仰建设、道风建设、教制建设、人才建设、组织建设。……加强信仰建设、道风建设、教制建设，首先是要求寺院僧尼具足正信，勤修三学，遵守戒规，严肃道风。"不难理解，从五个方面加强佛教的自身建设当中，伦理道德建设是始终贯彻在其中的。

（三）在佛教教育中，德育占据首要地位

佛教教育十分重要，关系到佛教事业是否后继有人，佛教能否继续发展的重大问题。在佛教教育培养人才过程中，一直将德育置于首要的地位。

中国佛教协会在1986年和1992年由赵朴初居士主持举行过两次汉语系佛教教育工作座谈会，强调培养德才兼备的佛教人才的迫切性，并对发展佛教教育提出部署、规划和措施。继此之后，中国佛教协会2005年9月在四川省峨眉山召开了佛协第七届理事会佛教教育和文化工作委员会会议，圣辉常务副会长发表《继承传统　适应当代　面向未来》的工作报告，通过《中国佛教协会第七届理事会佛教教育和文化工作委员会会议纪要》，对以往中国佛教教育取得的成绩给予了充分肯定，同时分析了佛教教育面临的严峻形势和存在的问题，提出了今后改进和发展佛教教育的具体意见和措施。[②]《纪要》提出今后除继续贯彻"学修一体化，学僧生活丛林化"的办学方针外，应当树立"爱国爱教、继承传统、适应当代，面向未来"的新的办学理念。"爱国爱教"是中国佛教的优良传统，也是佛教德育中最重要的内容。关于"继承传统"，《纪要》提出应使学僧在接受教育的过程中，"做到学识与信仰、知识与持戒、学问与道心、弘法与修持获得同步增长，

---

① 报告载《法音》1993年第12期。
② 载《法音》2005年第10期。

妥善解决现代佛学院教育可能给学僧带来的信仰淡化、戒律松弛、道风不正、学修脱节的现象"。显然，在这当中也贯彻着德育的问题。佛教教育中的德育，从内容来看不仅仅是佛教伦理观念和道德情操、行为规范的教育，也包括一般社会公德的教育。

（四）佛教伦理在当代精神文明建设中的地位

人类文明进化史，是人类创造物质财富和精神财富的历史，也可以说是创造物质文明和精神文明的历史。文明虽在大多场合与文化含义相同，然而还具有较高文化水准和表现形态的含义，在一般场合往往特指精神文明，包括道德、文学、艺术、教育、科学等，是在人类进化史进入一定阶段才有的政治，是精神文明形态之一。

现在世界经济、科技和各种门类的文化形态进入高度发达的时代，人类文明已达到前所未有的阶段。然而随着人类"征服"自然界水平的提高和"索取"自然财富范围的扩大，各国自然资源和财富在迅速消耗，围绕自然资源和商品市场等展开的争夺越来越加剧，伴随人类物质享受日益丰盈而出现的物资浪费等现象，使人类的道德文明在各种负面影响下受到极大冲击或腐蚀。面对世界不少国家或地区连年不断的局部战争、民族或宗教的冲突、无时不在威胁人们生命安全的各种形式的恐怖主义、社会上各种恶性案件的频繁出现、社会贫富差别的增大，以及由于自然环境和生态平衡遭到严重破坏而带来的各种天灾和疾病……人们不能不感到忧虑、感到危机，道德意识普遍下降的情况甚至也使人发出物欲横流、道德沦丧、世风日下之叹。

在这种形势下，各国有良知的政治领袖、各界精英和广大民众，有责任面对挑战，设计应对的方案，联合起来采取切实可行的措施，使人类物质文明和精神文明不断得以持续发展下去。应对方案和行动措施必须是多方面的，也有轻重缓急之别，然而重振道德、加强道德建设似乎是各国人民认同比较一致的方案之一。

在中国大陆，中国共产党和人民政府在结束"以阶级斗争为纲"的政治局面、实施改革开放以后，近年来特别提倡"以德治国"，"以人为本"，号召加强公民道德建设，以提高公民的道德文明素质，共建和谐社会。所谓道德建设，包括社会公德建设、职业道德建设、家庭道德建设以及政治道德建设。如果在实施法治的同时没有这些道德建设作为辅助，就难以提升全民族的道德水平，有效地营造社会良好环境；也难以遏制腐败和各种不良现象，必然影响和谐社会的构建。在道德建设中，不仅以孔孟为代表的传统伦理大有可为，直接影响众多民众的宗教伦理也可以发挥积极作用。

如前所述，佛教伦理中很多观念、规则和行为规范与中国传统伦理有很多相同相近和可以融通的内容，在今天新形势下，如果加以现代诠释，完全可以在道德建设中发挥积极作用。例如慈悲，可以与中国传统美德中的仁、博爱会通，在当代也可诠释为人道主义，可以用来培养青少年的博爱精神，增强民众关心他人、扶危济贫的意识，积极参加国内外的各种人道主义救援活动。佛教伦理中的五戒、十善、四摄、六和、知恩报恩及其他道德理念、规范，也可以用来进行伦理道德教育，引导人们提高遵守社会公德的意识，形成良好的家庭道德、职业道德，并且有助于建立良好的政治道德，促进和谐社会的营造。佛教提倡的不杀生，可以用来培养仁爱精神，引导佛教信众和社会民众保护动物，致力于保护自然环境和维护生态平衡。①

总之，佛教作为世界三大宗教之一，在它的戒律、教义和各种说教当中具有丰富的伦理思想。佛教在传入中国后实现民族化的漫长过程中，通过与中国传统文化思想的深入结合，形成了带有中国特色的佛教伦理体系，其中很多道德观念、原则和行为准则、规范深受儒家伦理的浸润和影响，在古代为建造中华民族的精神文明和增强民族自信心、凝聚力发挥过重要作用。在当代，佛教伦理是适应时代、贴近民生的人间佛教教理的重要组成部分，并且在佛教自身建设、佛教文化教育中占有重要地位，在公民道德重建、推进人类文明发展的历史进程中也可以发挥积极作用。

---

① 请参考拙著《佛教伦理与新时期公民道德建设》，载佛源主编《大乘佛教与当代社会》，东方出版社2003年版；《人间佛教与现代城市文明建设》，载觉醒主编《都市中的佛教》，宗教文化出版社2003年版。

太虚的人生佛教思想略论[①]

今年（2007）是中国近现代历史上著名的佛教革新家、佛教界领袖太虚大师（1889—1947）圆寂六十周年。回顾太虚大师的一生，他怀着炽热的护教感情和勇于探索的精神从事中国佛教的革新运动，提出适应时代的人生佛教的思想、创办学校以培养能够胜任新时代弘法利生的僧才、推动建立联系全国僧俗信众的现代佛教社团、创办佛教报刊等，为推动中国近现代佛教的转型做出了卓越贡献。

本文谨根据太虚大师关于人生佛教的几篇文章，对他的人生佛教的思想作概要介绍和评述。

公元前后佛教从印度传入中国后，经历了漫长的中国化的过程，至隋唐形成带有鲜明民族特色的佛教宗派，从而使佛教这种外来的宗教变成中国的民族宗教之一，对中国历史文化和民众的日常生活产生了极为深远的影响。这种影响广泛地渗透到中国的政治、哲学、历史、语言、文学、建筑、绘画和雕塑艺术、音乐、民众节日等方面。

然而佛教在进入明清时代以后，逐渐失去了活力，远离社会民众，特别在进入清末以后，随着帝国主义列强的入侵和西方文化的迅速侵袭，中华民族的危机日益深重，民族文化面临严重挑战，佛教也显得更加衰落颓败。面临这种形势，在如火如荼的民族民主革命的大背景之下，佛教界的有识之士纷纷为振兴佛教而起来奔走呼号，致力于探索振兴佛教的方案，发起佛教革新的运动。在这当中，太虚大师提出摆脱失去生气的"重鬼重死"的佛教，倡导以改善现实人生为基本宗旨的人生佛教，在佛教界推动

[①] 载觉醒主编《佛教与现代化——太虚法师圆寂六十周年纪念文集》，宗教文化出版社2008年版。另载玉佛寺主办《觉群》2007年第6期，总36期。

教理、教制、教产"三大革命",为推动中国佛教走出低谷、实现适应时代进步的转型指明方向。

随着太虚佛教革新运动的开展和他在佛教界影响的扩大,20世纪20年代中期以后,他提出人生佛教的思想,并不断向僧俗信众进行阐释和宣传。现存《太虚大师全书》中的《我怎样判摄一切佛法》《人生佛学的说明》《人生佛教开题》《人生佛教之目的》《人生的佛教》《学佛之简明标准》《即人成佛的真现实论》等①以及他在1944年嘱弟子福善、妙钦编集整理并亲自口述《代序》及《人生佛教之层次》的《人生佛教》一书②,比较详细系统地论述了他的人生佛教的理论。这些论文所阐释的人生佛教的思想,或是太虚在武昌佛学院、汉藏教理院向学生集中讲的,或是在各种集会上向僧俗弟子讲的,迅速传播到各地,影响很大。

那么,太虚倡导的人生佛教具有怎样的内涵呢?1989年香港佛教法住学会举办纪念太虚法师诞辰100周年的国际学术会议,笔者曾提交《太虚的人生佛教论》的论文,在对太虚提出人生佛教的缘起经过进行考察之后,将他的人生佛教的思想概括为以下几点:

第一,出于对中国现代佛教的整体性设想,主张佛教应重视人生,以改善人生为基础,并在教理、组织等方面提出相应的革新方案。1938年他作偈述怀:"仰止唯佛教,完成在人格,人成即佛成,是名真现实",表明他是以实践人生佛教为终身抱负、努力倡导和推广从完成人格到最后成佛的人生佛教的。

第二,重视佛教中的与社会道德密切结合的五戒、十善等规范和思想,并且适应时代作了新的解释,倡导佛教徒努力培养良好的道德品质,热爱祖国和人民,多为社会民众奉献。

第三,主张建设新型僧团,兴办佛教学校,创办佛教学术刊物。③

下面,笔者谨对太虚在对人生佛教思想的阐释中强调的原则、人生佛教宗旨和目的略作说明。

---

① 分别载《太虚大师全书》第一编《佛法总学·判摄》、第二编《五乘共学·义绎》、第十四编《支论》。

② 该书由海潮音月刊社1945年出版。

③ 《太虚诞生一百周年国际会议论文集》,香港法住出版社1990年版。

太虚认为，佛教具有两大原则：一是契真理，二是协时机，说"非契真理则失佛学之体，非协时机则失佛学之用"。契真理，就是佛教无论怎样变化和发展必须坚持佛教的"圆觉之真理"——"宇宙万有真相"；协时机，就是佛教必须随顺时代、国土的需要和民众的习俗和思想文化而发展，否则佛教本具的济世利民的功能就发挥不出来（《人生佛学的说明》）。纵观太虚一生为革新佛教所做出的努力，都是以这两大原则为出发点和原动力的。他在1937年所作《我的佛教革命失败史》中所说："从佛教中心，以采择古今东西学术文化而顺应现代思想的新佛教"及1940年所作《我的佛教改进运动略史》①中所说"改进佛教"的纲领："中国向来代表佛教的僧寺，应革除以前在帝制环境中所养成流传下来的染习，建设原本释迦佛遗教，且适合现时中国环境的新佛教"，可以说都是对这两大原则的运用和发挥。

太虚的人生佛教是为对治清末以来的重死重鬼的佛教而提出来的。1944年他向汉藏教理院的师生作的演讲《人生佛教开题》中说：

> 向来之佛法，可分为"死的佛教"与"鬼的佛教"。向来学佛法的，以为只要死的时候死得好，同时也要死了之后好，这并非佛法的真义，不过是流布上的一种演变罢了。还有说：佛法重在离开人世的精神；但死后不灭的精神，具体的说即为灵魂，更具体的说，则为神鬼。

太虚认为这些已经离开佛教的根本宗旨，正确的态度和做法是应当革除这些佛教中的弊习，重视现实人生，注重改善现实人生，然后"由人生以通达一切众生法界，缘生无生、无生妙生之真义"，即正确地遵循佛法的程序修行，最后达到至高的觉悟解脱的境界。

佛教有五乘，其中的人生佛教既相当于五乘中的人乘，也部分地相通于天乘的十善乃至菩萨乘的六度，修持五戒——不杀生、不偷盗、不邪淫、不妄语、不饮酒；十善——不杀生、不偷盗、不邪淫、不妄语、不两舌、

---

① 两文皆载《太虚全书》第十九编《文丛·史传》。

不恶口、不绮语、不贪、不嗔、不痴，也应实践大乘菩萨之道——布施、持戒、忍辱、精进、禅定、智慧，以大慈大悲的精神致力济世利生的事业。

太虚在《人生佛教开题》及《人生佛教之目的》等文章中都对人生佛教的目的与效果作了说明，按层次概要地说：一是"人间改善"，即实行"五乘共法"，以五戒等佛教善法净化现实人间，推进伦理修养，改善家庭社会环境，致力发展社会经济、教育、法律、政治乃至国际的正义公法，减少人生缺憾与痛苦。此与世间科学、哲学及儒家等学术相通。二是"后世胜进"，即修持十善及各种禅定，以超脱人间生于天界，或通过念佛往生他方清净佛土。三是"生死解脱"，即修持出世的声闻、缘觉和菩萨三乘佛法，摆脱生死轮回，达到解脱，所谓"我生已尽，梵行已立，所作已办，不受后有"。他称此为世间一般学说所没有者。四是"法界圆明"，即达到涅槃成佛，称之为"大乘至极之效果，亦佛法究竟之目的"。太虚强调，在人生佛教的这四个阶次中，第一阶次的实践五乘共法的"人间改善"最为重要。他在1936年向镇江的信众作的《人生的佛教》讲演中说：

> 人生，不论古今中外的宗教贤哲，总是教人为善，与人为善，向上进步以养成完美的人格；增益人类共同的生活，以求安乐、和平。佛教于充实人生道德，极为注重，人生佛教尤以此为基本。

可见，实践与社会伦理道德相通的五戒等善法，以改善现实社会人生为宗旨的佛法既是人生佛教的基础，实际也是全部佛法的基础。太虚在《人生佛教之目的》中批评以往佛教轻视这一最根本的层次，只是重视出世之法，"厌离现实人生之心切，每重求后世之胜进或无生之寂灭、净土、密法"，"专以来世或寂灭为务，每与现实脱节，不能圆显佛法之功效"。对此，太虚提倡人生佛教以对治之，旨在以"现实人生为基础，改善之，净化之，以实践人乘行果，而圆解佛法真理，引发大菩提心，学修菩萨胜行，而隐摄天乘、二乘（按：声闻、缘觉）在菩萨中，直达法界圆明之极果，即人即菩萨，而进至于成佛"。太虚主持编选成书的《人生佛教》的第四章《有情业果相续流转中之人生》、第五章《有情流转中继善成性之人生》、第六章《人生向上胜进中之超人》、第七章《人生向上进化至不退转地菩萨》、

第八章《无始终无边中之宇宙完美人生》，对此作了系统详细的说明和论述。他用表将此内容表示如下：

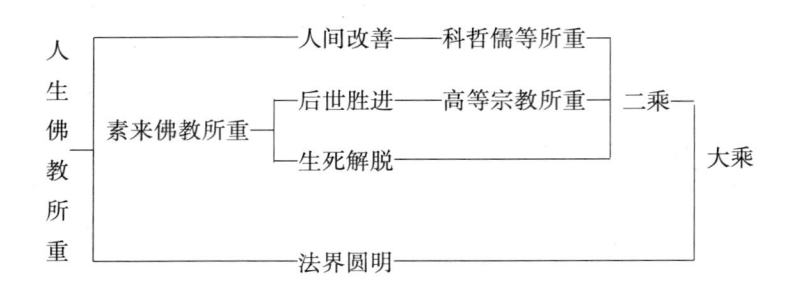

```
                    ┌─ 人间改善 ──── 科哲儒等所重 ─┐
人                  │                              │
生        ┌─────────┤─ 后世胜进 ──── 高等宗教所重 ─┤─ 二乘 ─┐
佛        │ 素来佛教所重                           │        │
教        │         └─ 生死解脱 ──────────────────┘        ├─ 大乘
所        │                                                │
重        └────────── 法界圆明 ────────────────────────────┘
```

（载《人生佛教》第一章第四节《人生佛教之目的》）

　　由此可见，太虚虽重视和提倡密切关心现实人生、致力改善现实人生的"人乘行果"，然而同时遵照"契理"的原则，并不主张割裂佛教的完整体系和弃舍最高的修行目标，从而保持了佛教的独立特色。

　　太虚虽然在有的场合也将他的"人生佛教"称为"人间佛教"，甚至写过《怎样建设人间佛教》[①] 的文章，然而他在《我怎样判摄一切佛法》[②] 中明确地把他的"由人乘进趣大乘的佛法"称为"人生佛教"。他解释说，这种人生佛教须先实行人乘正法，"先修成完善的人格，保持人乘的业报，……由此向上增进，乃可进趣大乘行——即菩萨行大弘佛教"，并且强调指出，人生佛教是"重在从完成人生，以发达人生而走上菩萨行的大乘觉路"的佛法。

　　太虚提出人生佛教思想之后，在佛教界得到广泛的理解和回应。1934年，《海潮音》以"人间佛教"为题出过专号。此后，慈航法师在新加坡还创办了一个以《人间佛教》为名的佛教刊物，浙江缙云县也出了小型的《人间佛教月刊》，法舫法师在泰国也以"人间佛教"发表演说。1944年，太虚命弟子福善、妙钦收集他以前发表的相关文字，编为《人生佛教》由海潮音月刊社出版。

---

① 载《太虚大师全书》第十四编《支论》。
② 载《太虚大师全书》第一编《佛法总学·判摄》。

在太虚大师去世之后，弟子印顺法师（1906—2005）在他的人生佛教理论的基础上进而提出"人间佛教"的理论。印顺法师在1984年写的《游心法海六十年》的书中，对此有总结性的说明：

> 大乘佛法，我以性空为主，兼摄唯识与真常。在精神上、行为上，倡导青年佛教与人间佛教。……
>
> 太虚大师说"人生佛教"，是针对重鬼重死的中国佛教。我以（为）印度佛教的天（神）化，情势非常严重，也严重影响到中国佛教，所以我不说"人生"而说"人间"。希望中国佛教，能脱落神化，回到现实人间。我讲人间佛教……①

他在此文中介绍自己写过的有关著作有：《青年的佛教与佛教的青年》（1942年，现载《妙云集》下篇之五）、《人间佛教绪言》《从依机设教来说明人间佛教》《人性》《人间佛教要略》（1952年，现载《妙云集》下编之一）。五年后，即1989年印顺又写了《契理契机之人间佛教》（载《华雨集》第四册），针对后期大乘佛教中将菩萨"天神化"的弊端，特别提倡"修学人间佛教——人菩萨行，以三心（按：大乘菩提心、大悲心、空性见）为根本"，劝导佛教僧俗信众在现实人间弘扬佛法，实践大乘菩萨之道，以无缘大慈，同体大悲的精神致力于利乐众生、造福社会的事业。②

太虚、印顺的人生佛教或人间佛教在1949年以后至今的中国台湾佛教界有很大影响，一些较大的佛教教团在人间佛教的实践中做出了突出成绩，积累了宝贵的经验。

中国大陆佛教界在实行改革开放的新时期以后也明确地以实践人间佛教为号召，然而强调佛教应与社会主义社会相适应，提倡发扬佛教的优良传统、伦理观念和行为规范，加强自身组织和道风建设，发展文教事业，

---

① 《华雨集》第五册，正闻出版社1993年版，第8页。
② 请详见杨惠南《从〈人生佛教〉到〈人间佛教〉》（载《太虚诞生一百周年国际会议论文集》）；拙文《时代召唤：培养多方面优秀的佛教人才——兼论印顺法师人生道路的启示》，载中国佛教文化研究所《佛学研究》2006年总第15期。

为社会主义物质文明建设和精神文明建设积极奉献。①

总之，太虚大师的人生佛教思想对促进中国近现代佛教的转型，对发展佛教文教事业，培养创新人才，建立新型教团，吸收现代人文乃至科学思想诠释和弘传佛法，创办社会福利事业，开展国内外佛学术交流，都产生了难以估量的积极影响，是教内外学者应当进一步研究和总结的。

---

① 请参考拙文《赵朴初人间佛教思想试论》，载中国佛教文化研究所《佛学研究》2005年总第14期。

赵朴初人间佛教思想试论[①]

一 实践人间佛教：中国佛教的当代走向

佛教从两汉之际传入中国之后，经过漫长的与中国传统文化和宗教习俗相适应、相结合的民族化过程，逐渐演变为中华民族的宗教，并且成为中华民族传统文化的重要组成部分，在两千多年的历史长河中对中华民族的历史文化做出了重大贡献。然而自清后期以来，伴随国家的衰落，西方列强相继入侵，民族濒临危亡，文化、教育也日益废颓不振。在这种形势下的宗教界，与来自欧美的洋教迅速传播形成鲜明对照的是，作为中国传统宗教之一的佛教显得更羸弱无力，甚至呈现败亡之兆。

中国佛教的衰败固然与外界形势密切相关，然而也确实是它长期的积弊所致。对清后期以来佛教的积弊可以举出很多，然而最致命的积弊莫过于极端落后于时代和严重脱离现实人生，借用太虚大师的话说是将本来植根于现实民众的佛教变成没有生气的"死的佛教"、"鬼的佛教"，从而导致在教理、教制和教产等方面流弊痼疾重重。然而与中华民族历史文化传统血肉相连的佛教毕竟"气数未尽"，几乎与中国近代民族、民主革命同步，佛教界的仁人志士也奋起振兴佛教，探索振兴方案，发起集会结社，举办佛教学校，推进革新运动……

于是，太虚大师提倡旨在适应现代人生的人生佛教，推动教理、教制、教产"三大革命"，虽然预期目的未能取得成功，然而在开振兴佛教风气之先、办学校造就人才等方面，贡献极大。此后有印顺大师为对治佛教"神化"倾向而提倡实践"人菩萨行"的人间佛教。人生佛教与人间佛教虽然

[①] 原载中国佛教文化研究所《佛学研究》2005年总第14期。

存在差异,然而从大的方面来讲,皆主张贴近现实人生,弘扬佛教中本有的现实主义内容而为利益人群、造福社会积极奉献。

从20世纪七八十年代至今,随着世界形势和海峡两岸社会形势的巨大变化,两岸的佛教虽情况不同,然而似乎皆进入空前迅速发展时期。在中国大陆,中国佛教协会前会长赵朴初居士在20世纪80年代初提出人间佛教思想,并在1987年通过佛协五届会议将"提倡人间佛教积极进取的思想,发扬佛教优良传统"载入《中国佛教协会章程》之中,对大陆佛教的迅速发展起到了指导和极大的推动作用。在中国台湾方面,随着星云大师创办的佛光山教团事业的成功,"星云模式"人间佛教思想及其实践越来越引起世人瞩目。此外,法鼓山、慈济等教团也以自己的方式倡导和实践人间佛教的思想。与此同时,教内外学者对太虚、印顺及当代其他人间佛教思想的研究也方兴未艾。

应当说,以人为本和与时俱进的人间佛教是当代中国佛教界的共同选择,是未来中国佛教发展的总趋势。

然而十分明显,海峡两岸乃至不同教团、不同学者之间对人间佛教的理解和解释是存在种种差异的。笔者认为这是正常现象,也是好现象。这不仅丰富了近现代中国佛教的历史,而且通过对各种人间佛教主张和思想的比较研究,必将从整体上充实和丰富人间佛教理论的内容,能够对未来中国佛教的发展提供宝贵的借鉴乃至指导的意义。

本文试就赵朴初的人间佛教的思想进行考察论述,不足和欠当之处敬请诸位补充指正。

二 赵朴初居士和圆瑛、太虚两位大师

赵朴初居士(1907—2000),1907年11月5日生于安徽省太湖县。父亲赵恩彤担任过县吏和塾师,母亲陈慧是位虔诚的佛教徒。赵朴初自幼受母亲影响,对佛教怀有亲切的感情。

赵朴初居士早年就学于苏州东吴大学,1927年因病到上海觉园住入表舅关絅之家。关絅之(1879—1942),晚清举人,曾任上海公共租界审公廨会审官、通州直隶州知州,辛亥革命前夕与王一亭等人秘密加入同盟会,

1913年二次革命失败之际曾秘密援救孙中山，1920年参与发起上海佛教居士林，1922年建立上海佛教净业社，由施省之任董事长，自任副会长。① 赵朴初在关䌹之家养病期间，对佛教有了进一步了解。1928年赵朴初从东吴大学毕业后，再次到上海，经关䌹之介绍在净业社任秘书，并在由关䌹之任院长的上海佛教慈幼院处理日常事务。1928年上海成立江浙佛教联合会，赵朴初应请担任文牍员。翌年改组成立中国佛教会，圆瑛大师被选为会长，太虚、仁山及王一亭、关䌹之等9人为常务委员，赵朴初先后担任秘书、主任秘书。此外，赵朴初还兼任上海佛教协会秘书、"佛教净业社"社长，四明银行行长。其间，赵朴初深入探索佛教各宗教理，并与佛教界领袖人物圆瑛、太虚、应慈、王一亭、黄涵之等人都有来往，1935年在圆瑛大师门下皈依佛教为在家弟子。

1937年上海"八一三"抗战后，赵朴初居士先后任上海慈善团体联合救灾会常务委员、上海救济战区难民委员会收容股主任，满怀爱国热情投入抗日救亡活动，动员和掩护300多名青壮年奔赴前线，参加救济、安置难民的工作。同年11月上海沦陷后，赵朴初冒着生命危险，克服重重困难，把经过培训的千余名中青年难民，分批送往皖南新四军总部，其后陆续送往苏南、苏北等地参加抗战。1938年他参加了职业界救亡组织上海益友社并担任理事长，参加了上海各界人士抗日统一战线组织星二聚餐会及其核心组织星六聚餐会，积极宣传抗日主张，团结爱国人士，开展秘密斗争。1945年抗战胜利后，赵朴初与马叙伦、王绍鏊、林汉达等人发起创立中国民主促进会，追随中国共产党积极参加争取民主、反对内战、解救民众的爱国民主运动。②

新中国成立后，赵朴初居士在政府和社会团体历任各种职务，任第六、

---

① 石子政：《关䌹之传略》，载《关䌹之先生诞辰一百二十周年纪念集》，上海市虹口图书馆"绿土地网站"。

② 参考《人民日报》2000年5月31日第四版《赵朴初同志生平》、中国佛教协会编《赵朴初居士生平大事年表》（征求意见稿）。安徽省安庆师范学院朱洪教授撰写《赵朴初传》《赵朴初因缘人生》，分别由人民出版社、湖北人民出版社于2004年、2005年出版。笔者没有这两本书，仅从佛教网站有关赵朴初事迹介绍文字中看过部分引用资料。另外，笔者参考了李家振《将此深心奉尘刹——赵朴初居士佛教生涯一瞥》、金易明《赵朴老与上海的不解之缘》，皆载《法音》2005年第6期。

七、八届全国政协副主席。1953年中国佛教协会成立，出任中国佛教协会副会长兼秘书长。1980年后，任中国佛教协会会长、中国佛学院院长、中国藏语系高级佛学院顾问、中国宗教和平委员会主席等。

赵朴初居士从20世纪30年代以后与圆瑛大师保持密切的关系。圆瑛（1878—1953），曾师事增西、冶开、寄禅（敬安）诸法师，一生奉先德"利生为事业，弘法是家务"的遗训，辗转各地，以弘法利生为要务。1929年中国佛教会成立，当选为主席，此后连任七届主席和理事长，在为保护中国佛教的合法权益、推进中国佛教适应时代的进步等方面做出不朽的贡献。抗日战争爆发后积极投入抗日救亡运动，1940年9月曾被日本宪兵以"抗日"的罪名抓到宪兵队，受到严刑拷问。他在1942年发表的《和平与慈悲》演讲中提出，"政必教以相成，是知爱教即所以爱国也"，明确地提出爱国与爱教不可分离的思想。他虽没有明确标榜"人生佛教"或"人间佛教"的口号，然而从他一些文章、讲演和实践来看，他也是主张人生佛教或人间佛教的。他发表过《佛教与世界的关系》《佛教与人生》《佛教与作人》《佛教与世道人心之关系》《挽救人心的基本方法》及《佛儒经颂序》《爱教必须爱国》等文章或讲演。① 其中《佛教与作人》是1943年他在上海静安寺按照赵朴初居士拟的题目发表的讲演，先讲佛教的人乘，说必须修得道德、学问并且积累阅历以后才能"完成人格"，然后才可进而修菩萨乘的"六度"，以修证成佛。②

从赵朴初在20世纪三四十年代的经历来推测，他与太虚大师（1889—1947）、印顺大师（1906—2005）应有不少接触。众所周知，太虚与圆瑛同是敬安长老的弟子，印顺是太虚的弟子，比赵朴初仅大一岁。赵朴初在圆瑛门下归依佛教为居士，无论通过中国佛教会，还是佛教法事或社会活动，他们会面的机会是很多的。可惜有关这方面的资料极少。2003年为纪念中国佛教协会成立五十周年，上海古籍出版社出版了《赵朴初韵文集》，其中第7—8页载录了1947年赵朴初为追悼太虚圆寂而写

---

① 关于圆瑛大师的事迹，请参见高振农《人间佛教思想的践行者圆瑛大师》，载明旸主编《圆瑛大师圆寂四十周年纪念文集》（古吴轩出版社1993年出版）；拙著《爱国爱教，垂范千秋——纪念圆瑛大师圆寂50周年》，"国学·佛教研究"网站。

② 明旸主编：《圆瑛大师年谱》，上海圆明讲堂1889年印行，第237—240页。

的《太虚法师挽诗》：

> 旬前招我何为者，付我新编意倍醰。遗嘱分明今始悟，先几隐约话头参。神州风雨沉千劫，旷世光华掩一龛。火宅群儿应不舍，再来伫见雨优昙。①

诗后附有为"先几隐约话头参"加的注：

> 师逝世前十日，以电话招余至玉佛寺相见，欣然若无事，以所著《人生佛教》一书见赠，勉余今后努力护法，不期遂成永别。闻人言：师数日前告人，将往无锡、常州。初未知暗示无常也。1947 年。

诗的大意是：大师圆寂前十日招我到玉佛寺，意味深长地赠我新编《人生佛教》②。今始领悟大师嘱托用意，寂前话语已暗示不久人世。中国激荡的世事巨变从此融入历史长河，大师旷世的智慧才华将掩藏于灵龛之内。然而大师的四众弟子含悲不忍离别，但愿灵瑞天花开时大师乘愿再来。

从诗句内容及附注可以看到，太虚大师生前与赵朴初居士不仅相当熟悉，而且保持着密切的关系，也可以看到赵朴初对太虚怀有崇高敬仰的感情。赵朴初已经意识到，太虚亲手将集录他论述"人生佛教"思想的《人生佛教》一书赠给他是具有深刻的寄托之意的，是希望他今后为弘扬"人生佛教"而努力"护法"。

赵朴初居士在 1983 年出版的《佛教常识答问》中对圆瑛、太虚二位大师给予了很高的评价，说他们"积极从事整理僧伽制度，提倡僧伽教育，宣扬大乘精神，发扬佛教文化事业最有力"。

可以认为，赵朴初居士由于 20 世纪三四十年代的非凡经历及其与圆

---

① 《赵朴初韵文集》第 7—8 页，上海古籍出版社 2003 年版。
② 太虚述，福善、妙钦编校《人生佛教》，海潮音月刊社 1945 年初版，1946 年再版。书前有太虚《人生佛教开题代序》，全书分八章，集太虚从不同层面论述人生佛教的讲演和文章而成。

瑛、太虚等高僧大德的交往，在新中国成立之前已经形成坚定的爱国爱教思想和适应时代弘法利生的思想。

三 赵朴初人间佛教思想的提出与发展

（一）赵朴初居士和中国佛教协会

1949年中华人民共和国成立，标志着中国大陆进入社会主义社会，中国佛教从此也进入新的时期。1953年5月正式成立中国各民族佛教徒的爱国联合组织——中国佛教协会，赵朴初居士担任中国佛教协会的副会长兼秘书长。此后1957年、1962年召开中国佛协第二、第三届代表会议。在此期间，由于50年代末至60年代的极"左"指导思想，特别经历"文革"浩劫，佛教与其他宗教一样曾遭受严重挫折，佛教事业濒于毁灭。

20世纪70年代末，"文革"结束之后不久，中国大陆实行改革开放政策，从此进入以经济建设为中心的社会主义新时期，佛教也进入新的发展时期。1980年年底中国佛教协会举行了第四届全国代表会议，在认真总结落实宗教政策的情况和经验、恢复和健全佛教机构、修改和补充佛协章程、明确新时期佛教的任务等方面，做出了历史性的贡献。在此次全国代表会议上，赵朴初居士当选为会长。1987年2月、1993年10月中国佛协前后召开了第五届、第六届全国代表会议，赵朴初居士继任会长。

在第六次代表会议上，赵朴初会长作了在中国佛教史上具有划时期意义的《中国佛教协会四十年》的报告，对中国佛教在新时期的历史使命、佛教与社会主义社会相适应、加强佛教自身建设、发展佛教教育培养人才等重大问题作了清晰明确的阐释。在新修改的章程上规定佛协是"全国各民族佛教徒联合的爱国团体和教务组织"，从此中国佛教协会承担督导全国佛教寺院、信众加强自身建设，树立良好道风学风，健全组织等方面的重大责任。

直到2000年5月去世，赵朴初居士在佛协会长职位上遵循佛协章程，努力落实全国代表会议的各项决定，为团结各地佛教徒投入国家物质文明和精神文明建设做出了巨大贡献。

(二) 人间佛教思想的提出和发展

赵朴初居士在参与中国佛教协会领导的过程中，也在积极推进佛教适应现实社会，为利益人群、造福社会努力探索和工作。"文革"后，经过"拨乱反正"，赵朴初居士在新形势下适时地明确地提出了人间佛教的思想。

1983 年赵朴初居士将他从 40 年代开始酝酿并且着手执笔，断断续续撰写成的《佛教常识答问》一书交付中国佛教协会出版。全书分五章，以问答体对佛教的起源和基本教义以及佛教在印度、中国的传播发展，作了全面而简要通俗的介绍。第五章《佛教在中国的传播、发展和演变》的第五部分是"发扬人间佛教的优越性"，借问者的话提出：佛法教理博大精深，义理幽玄，难以为文化不高和悟解力差的人学习领会，那么怎样才能使佛法结合人们的生活实际，有补于社会道德、精神文明的建设呢？答曰：佛教中有适宜各种根机的佛法，在五乘（人乘、天乘、声闻乘、缘觉乘、菩萨乘）佛法中，前二乘为"世间法"，"前人名之为人间佛教"，提倡修持五戒（不杀生、不偷盗、不邪淫、不妄语、不饮酒）、十善（不杀生、不偷盗、不邪淫、不妄语、不两舌、不恶口、不绮语、不贪、不嗔、不痴），容易为世人接受和做到。后三种"出世间法"虽然难学，但也不是做不到。大乘佛法的菩萨乘主张人人可以成佛，提倡修持六度（布施、持戒、忍辱、精进、禅定、智慧）的菩萨道，以救度众生为宗旨，引导人们自觉地培养高尚的道德品行，以利益群生为乐，为"净化世间，建设人间净土"努力奉献。书的最后，赵朴初对中国佛教的发展前途作了乐观的瞻望，认为"作为灿烂的民族古典文化的绚丽花朵，作为悠久的东方精神文明的巍峨丰碑，中国佛教必将随着祖国建设事业的发展而发展，并在这一伟大事业中，为庄严国土，利乐有情，为世界人类和平、进步和幸福做出应有的贡献"。

此后，1986 年赵朴初居士应约为商务印书馆《文史知识》第 10 期写的《佛教与中国文化的关系》一文中，明确表示"佛教是中国传统文化的一部分"，简要地介绍了佛教对中国哲学、文学、建筑、艺术、天文、音乐、医药等文化形态的深刻影响，然后提出要汲取传统文化中一切有价值的精华来充实民族文化，为社会主义物质文明和精神文明建设服务，最后对弘扬人间佛教提出自己的看法：

社会主义时期的佛教，应该如何结合时代发展为两个文明建议服务呢？重要的是要汲取佛教文化的精华，要发扬"人间佛教"的精神。"人间佛教"的主要内容是五戒、十善和六度、四摄（按：布施、爱语、利行、同事），前者着重在净自己的身心，后者着重在利益社会人群……我们要发扬佛教的优良传统，继承先人的遗业，以"人间佛教"入世度生的精神，为社会主义四化建设服务。①

从这两种著作可以看到赵朴初居士长期以来对中国佛教如何适应现实社会发展的思考以及在佛教界推广实践人间佛教思想的设想。

赵朴初居士作为中国佛教协会的会长、大陆佛教界的领袖，在"文革"后经过落实宗教政策，恢复与开放各地寺庙、培养佛教人才、出版流通经佛教书刊等几个环节取得可观成绩的情况下，适时地提出在全国实施人间佛教思想的号召。1983年是中国佛教协会成立三十周年，他主持撰写了《中国佛教协会三十周年》的长篇报告，在12月召开的佛协第四届理事会第二次会议上发表。他在概要地回顾佛协成立三十年来取得的成绩及基本经验之后，宣布今后的工作任务之前，郑重地提出：

　　当代社会主义中国的佛教徒，对于自己信奉的佛教，应当提倡一种思想，发扬三个传统。

　　中国佛教已有近二千年的悠久历史。在当今的时代，中国佛教向何处去？什么是需要我们发扬的中国佛教的优良传统？这是我们要认真思考和正确解决的两个重大问题。

　　对于第一个问题，我以为在我们信奉的教义中应提倡人间佛教思想。它的基本内容包括五戒、十善、四摄、六度等自利利他的广大行愿。《增一阿含经》说："诸佛世尊，皆出人间"，揭示了佛陀重视人间的根本精神。《六祖坛经》说："佛法在世间，不离世间觉，离世觅菩提，恰如求兔角"，阐明了佛法与世间的关系。佛陀出生在人间，说法度生在人间，佛法是源出人间并要利益人间的。我们提倡人间佛教的

---

① 此文后收入文史知识编辑部编《佛教与中国文化》（中华书局1988年版）。

思想，就要奉行五戒、十善以净化自己，广修四摄、六度以利益人群，就会自觉地以实现人间净土为己任，为社会主义现代化建设这一庄严国土、利乐有情的崇高事业贡献自己的光和热。

对于第二个问题，我以为应当发扬中国佛教的三个优良传统。

第一是农禅并重的传统。中国古代的高僧大德们根据"净佛世界，成就众生"的思想，结合我国的国情，经过几百年的探索与实践，建立了农禅并重的丛林风规。从广义上理解，这里的"农"系指有益于社会的生产和服务性的劳动，"禅"系指宗教学修。正是在这一优良传统的影响下，我国古代许多僧徒们艰苦创业，辛勤劳作，精心管理，开创了田连阡陌、树木参天、环境幽静、风景优美的一座座名刹大寺，装点了我国锦绣河山。其中当然还凝结了劳动人民的劳动与智慧。中国佛教协会成立三十年来，一直大力发扬这一优良传统，号召全国佛教徒以"一日不作，一日不食"的精神，积极参加生产劳动和其他为社会主义建设事业服务的实践。在开创社会主义现代化建设新局面的今天，我们佛教徒更要大力发扬中国佛教的这一优良传统。

第二是注重学术研究的传统。我国佛教历史上高僧辈出，大德如林，他们译经著述，创宗立派，传经授业，留下了浩瀚的佛教文学、艺术、历史、哲学的宝贵资料，大大地丰富了我国民族文化的宝库。我们应该在新的历史条件下，继承和发扬中国佛教学术研究的优良传统，努力开创佛教教学与研究工作的新局面。

第三是国际友好交流的传统。在历史上，中国和亚洲许多国家的高僧大德，曾梯山航海，往来于陆上和海上的"丝绸之路"，传播友谊的种子，交流中外文化。我国法显、玄奘、义净、鉴真等大师们的西行和东渡为我们树立了光辉的典范。我们应当继承和发扬这一优良传统。

总之，我以为我们社会主义中国的佛教徒，对于自己信奉的佛教，应当提倡人间佛教思想，以利于我们担当新的历史时期的人间使命；应当发扬中国佛教农禅并重的优良传统，以利于我们积极参加社会主义物质文明建设；应当发扬中国佛教注重学术研究的优良传统，以利于我们积极参加社会主义精神文明建设；应当发扬中国佛教国际友好交流的优良传统，以利于我们积极参加增进同各国人民友好，促进中外文化交流和维护世界和平的事业。①

这样，赵朴初会长在为纪念中国佛教协会成立三十周年而召开的佛协理事会的隆重场合，以工作报告的形式将实践人间佛教积极进取思想规定为中国大陆佛教的方向和时代使命，对于中国佛协和各地佛教组织、团体、各级领导明确今后基本任务和工作重点——坚持和发扬中国佛教的三大优良传统，正确处理弘法、修行和利益社会人群的关系，加强佛教教育和文化事业建设，动员广大信众积极参加社会主义两个文明建设等，都提出了原则性的指导意见。

实际上，所谓"赵朴初人间佛教"不仅仅是赵朴初居士个人的思想，而是既继承了近代以来中国佛教界有识之士关于"人生佛教"、"人间佛教"理论的探索成果，又总结了新中国成立三十多年以来大陆佛教界的实践经验，并且集中了大陆佛教界的集体智慧和意志，在实行改革开放新形势下而提出来的。

赵朴初会长的报告公开发表，并经与会代表回到各地传达之后，在大陆佛教界引起很大反响。例如上海玉佛寺方丈真禅法师在《纪念太虚大师诞生一百周年》的文章中大段引述赵朴初会长在《中国佛教协会三十周年》报告中关于人间佛教的讲话，并且回忆他与其他代表讨论这个报告时的情景和感受。他说："我们参加这次会议的全体理事，在讨论这一报告时，一致热烈拥护中国佛教协会关于提倡人间佛教思想的这一号召，表示回到各地后坚决予以贯彻和执行。我们上海市佛教协会，多年来一直提倡人间佛教的思想。上海广大佛教徒，在人间佛教思想的引导下，努力为祖国建设服务，每年都涌现出一批劳动模范、先进生产者和先进工作者。今后我们仍要继续提倡人间佛教思想，动员广大佛教徒为建设社会主义现代化祖国而贡献出自己的一切。"②

此后几年，中国佛协和各地佛协、寺院在协助党和政府落实宗教政策，

---

① 载《法音》1983年第6期，原文第二个问题部分是一段，笔者为看得清楚分为三小段。
② 此文是玉佛寺提供，谨表谢意。

加强寺院管理和自身道风学风的建设，发扬农禅并重、学术研究和内外佛教文化交流三大优良传统，发展佛教教育和文化建设事业，开办社会慈善救济事业等方面，都取得了重大成绩。

1987年2月中国佛协举行第五届全国代表会议，赵朴初会长做了《团结起来，发扬佛教优良传统，为庄严国土利乐有情作贡献》的报告，对人间佛教思想重新作了说明，从理论和实践的统一上阐明了佛教能够为社会主义两个文明建设服务的观点，对推进中国佛教走向与社会主义社会相协调的道路具有指导意义。在会议修改通过的佛协《章程》中，规定佛协宗旨为："协助人民政府贯彻宗教信仰自由政策；团结全国各民族佛教徒提倡人间佛教积极进取的思想，发扬佛教优良传统，积极参加社会主义物质文明建设和精神文明建设，促进祖国和平统一，维护世界和平的事业。"

赵朴初会长在报告第二部分"佛教与两个文明建设"中，对中国佛教为什么能够为社会主义两个文明建设服务作了详细的论述，指出这不仅因为佛教徒具有爱国主义和社会主义觉悟，而且因为佛教教义中本来就有"利生思想"，例如"五明"中的"工巧明"，"四摄"中的"利行"、"同事"，"八正道"中的"正命"、"正业"，以及"一切资生事业（即工农商业）悉是佛道"的教义，中国佛教"农禅并重"和"一日不作，一日不食"的优良传统，从而佛教是能够动员和组织教徒积极参加社会主义物质文明建设的。

至于建设社会主义精神文明，佛教的建设人间净土、"庄严国土，利乐有情"的思想，报国家恩、报众生恩的爱祖国、爱人民的思想，"诸恶莫作，众善奉行，自净其意"的修身净心原则，慈悲喜舍、四摄、六度及五戒、十善等教人行善止恶、利益人群的思想，都与建设社会主义精神文明的目标一致。此外，佛教文化是中国传统文化的组成部分，极其丰富多彩，在历史上曾对中国文化产生重大影响，今后进一步挖掘和整理、研究佛教文化，应是社会主义文化建设的重要方面。

可见，赵朴初会长在这里所阐述的，正是他提倡中国佛教界应当弘扬的人间佛教的内容。

进入20世纪90年代以后，中国共产党和人民政府适应国内外形势的发展和对宗教问题认识的不断深化、对今后将长期处于社会主义初期阶段国情的认识，正式提出宗教与社会主义社会相适应的思想，并对宗教政策作了进一步充实和调整①，对中国大陆各种宗教产生极大的影响。在此后，中国佛教协会和地方佛协、佛教界人士通过各种场合倡导中国佛教应当通过弘法利生的实践走与社会主义社会相适应的道路。

1993年是中国佛教协会成立四十周年。这一年12月中国佛协召开了第六届全国代表会议，赵朴初会长做了题为《中国佛教协会四十年》的具有历史意义的工作报告②。在报告中认真总结佛协成立四十年走过的不平凡历程，概括为四个时期：1953—1956年为正常发展时期；1957年至"文革"开始是曲折反复时期；从1978年底中共中央十一届三中全会召开，中国实行改革开放政策以后，中国佛教进入恢复振兴时期。报告对四十年来佛协的工作和成绩作了全面而概要的总结，并且根据以往的经验提出带有纲领性的四点"认识和体会"，其中最重要的是第一点：

> 中国佛教必须而且能够与有中国特色的社会主义社会相适应或相协调。佛教与政权相分离，不干预国家的行政、司法、教育，不进行反对马列主义、毛泽东思想的宣传；佛教不受外国势力支配；佛教徒爱国守法，拥护中国共产党的领导和社会主义制度，继承和发扬中国佛教的优良传统，积极参加社会主义物质文明和精神文明建设，这是实现"相适应"或"相协调"对佛教的基本要求。
>
> 我们还认为，佛法博大精深，佛教的诸行无常、诸法无我的世界观，缘起性空、如实观照的认识论，无我利他、普渡众生的人生观，诸恶莫作、众善奉行的道德观，三学并重、止观双修的修养方法，不为自己求安乐、但愿众生得离苦的奉献精神以及佛教在哲学、文学艺术、伦理道德、自然科学、生命科学等领域内所积累的丰硕成果，是人类文明的宝贵财富，在当今建设有中国特色的社会主义，特别是社

---

① 参见1991年2月5日《中共中央、国务院关于进一步做好宗教工作若干问题的通知》、江泽民1993年11月7日在全国统战工作会议上的讲话第二部分《高度重视民族工作和宗教工作》。笔者据中共中央文献研究室综合研究组、国务院宗教事务局政策法规司编，宗教文化出版社1995年版《新时期宗教工作文献选编》所载录本。

② 报告载《法音》1993年第12期。引文原来是一整段，笔者为方便说明分为四小段。

会主义精神文明建设中仍然具有旺盛的生命力和特殊的积极作用，将在今后不断发展的东方文明乃至世界文明中放射异彩。

另一方面，党和政府切实认真贯彻执行宗教信仰自由政策，真正做到把宗教信仰作为公民的私事，从法律和政策的实施上保护公民宗教信仰自由的基本权利和宗教的合法权益，这是实现"相适应"或"相协调"的基本前提。

宗教与社会主义相适应或相协调是建设有中国特色社会主义的重要组成部分。[①]

概括地说，引文有两大内容：一是佛教能够与社会主义社会相适应或相协调，所述根据之一是在佛教自身方面，即佛教与政权分离，不反对马克思主义为指导的意识形态，拥护中国共产党的领导和社会主义制度，奉公守法，积极参加社会主义建设等；根据之二在党和政府方面，即切实贯彻宗教信仰自由政策，保护公民宗教信仰自由的权利和宗教合法权益等。二是佛教教义体系中具有丰富的能够在建设社会主义精神文明中发挥积极作用的哲学、伦理思想和道德规范，亦即赵朴初人间佛教思想中的重要成分。

这样一来，佛教与社会主义社会相适应便成为赵朴初人间佛教思想的重要内容和特色，标志着赵朴初人间佛教的重要发展。

佛教是宗教，有自己的严格的戒律、清规和各种道德规范。在提倡人间佛教思想、引导佛教与社会主义社会相适应的过程中，必须保持佛教独特的特色和纯洁性，因此必须不断加强自身建设。然而在对外开放、市场经济的大浪潮中，社会上一些拜金主义、极端个人主义等腐朽思想也对佛教界产生不好的影响。赵朴初在报告中指出："有相当一部分人信仰淡化，戒律松弛；有些人道风败坏，结党营私，追名逐利，奢侈享乐乃至腐化堕落；个别寺院的极少数僧人甚至有违法乱纪、刑事犯罪的行为。这种腐败邪恶的风气严重侵蚀着我们佛教的肌体，极大地损害了我们佛教的形象和声誉，如果任其蔓延，势必葬送我们的佛教事业。"

---

① 原文为一整段，笔者为便于说明分为四小段。

因此，佛协六届会议将加强佛教自身建设作为重要议题。赵朴初会长在报告中说：

> 根据当前的形势和我国佛教的实际情况，着眼佛教事业建设与发展的未来，各级佛教协会和全国佛教界都必须把注意力和工作重点转移到加强佛教自身建设、提高四众素质上来。加强佛教自身建设，就是加强信仰建设、道风建设、教制建设、人才建设、组织建设。这五个方面，信仰建设是核心，道风建设是根本，人才建设是关键，教制建设是基础，组织建设是保证。
>
> 加强信仰建设、道风建设、教制建设，首先是要求寺院僧尼具足正信，勤修三学，遵守戒规，严肃道风。为此，寺院必须坚持早晚课诵、过堂用斋、修禅念佛、讲经说法、半月诵戒、夏季安居、冬季打七以及在佛教传统节日举行法会等。……在大多数僧尼增强信仰、严肃道风的基础上，对有些信仰淡化、有悖僧律的僧尼，经学习愿意改正继续为僧者，应按戒律的规定进行忏悔乃至重新受戒；对确无悔改表现者，必须收回衣钵戒牒，离寺还俗。对僧尼中个别严重违犯戒规、道风败坏、屡教不改者，必须按戒规的要求收回衣钵戒牒，摈出僧团。对僧尼中极个别为非作歹、触犯刑律者，由司法机关处理。要制定和完善寺院管理，僧尼剃度、受戒、僧籍、僧阶等规章制度和具体办法，以利寺院各项工作的正常开展和僧尼队伍的清净和合。寺院和居士团体要引导在家二众进行学修，正信正行，爱国爱教，遵纪守法，做好本职工作，做一个好公民、好佛教徒。在家二众要恭敬三宝，关心寺院，护持佛教。

在佛教取得迅速恢复和发展的形势下，赵朴初会长代表中国佛教协会主动提出加强佛教的信仰、道风、教制、人才、组织五大建设，并且继续强调发展佛教的文化、教育事业，从而把中国大陆佛教的发展推向一个新的时期。可以认为，这是赵朴初的人间佛教思想从提出以来的最大发展。

应当指出，由于赵朴初居士所处的地位——长期以来是中国佛教协会的副会长兼秘书长、会长，所谓"赵朴初人间佛教"就意味着不仅仅是他个人的佛教思想，实际也是中国佛教协会提倡并付诸实践的佛教思想，是大陆佛教界共同弘扬和实践的佛教思想，是中国佛教适应社会主义社会环境而逐渐形成的面向现实人生的以"庄严国土，利乐有情"为号召的人间佛教思想。

（三）赵朴初人间佛教思想的要点

通过以上考察，可以将赵朴初居士所倡导和实践的人间佛教思想归纳出以下六个要点：

（1）强调爱国爱教，团结进步，走与社会主义社会相适应的道路；

（2）将佛教劝善止恶的戒规和伦理规范——五戒、十善及大乘菩萨四摄、六度等进行现代诠释，使之与社会公德、公民道德建设和思想教育相会通，在社会主义精神文明、政治文明建设中发挥积极作用；

（3）强调佛教必须关心现实社会，自觉地以建设"人间净土"为己任，造福社会，利益人群，为社会主义现代化建设这一"庄严国土、利乐有情"的崇高事业而努力奋斗，积极奉献；

（4）继承和发扬中国佛教优良传统，主要有"农禅并重"、"注重学术研究"和"国际友好交流"三大传统；

（5）佛教必须"续佛慧命"，传承正信正法，保持组织的纯洁性，为此必须加强自身的信仰、道风、教制、人才、组织五大建设，并且不断发展佛教的文化和教育事业；

（6）维护法律尊严、人民利益、民族团结、社会和谐，维护祖国统一。

2002年中国佛教协会第七届全国代表会议选举产生新一届佛协领导班子，一诚会长在以《继承赵朴初会长遗愿，同心协力开创中国佛教事业新局面》为题的报告[①]中说：

> 赵朴初会长生前还大力倡导"人间佛教"思想，号召我国佛教界"自觉地以实现人间净土为己任，为社会主义现代化建设这一庄严国土、利乐有情的崇高事业贡献自己的光和热"。我们要继承赵朴初会长

---

① 载《法音》2002年第10期。

的遗愿，努力去完成他未竟的事业。

赵朴初居士虽然逝世了，然而他提出并通过总结佛协、佛教界的新鲜经验加以发展的人间佛教思想，已为佛协新一届领导、大陆佛教界所继承，可以预料必将随着新世纪的佛教实践有新的发展。

2003年中国佛教协会成立五十周年，佛协常务副会长圣辉法师在纪念佛协成立五十周年庆典上所做的报告《中国佛教协会五十周年》中说：

> 五十年来，在社会主义社会的殊胜因缘下，赵朴初会长对人间佛教思想进行了理论创造和实践探索，走出了一条与社会主义社会相适应的道路，取得了重大成就。

圣辉法师把赵朴初对人间佛教思想的创造和实践探索看作是中国佛教走出一条与社会主义社会相适应的道路。

赵朴初居士因病于2000年5月21日在北京逝世。他一生的非凡经历和为党、为人民、为祖国做出的丰功伟绩，受到党和政府、全国人民的高度评价。2000年5月31日《人民日报》发表的《赵朴初同志生平》说：

> 作为新中国一代宗教界领袖，赵朴初同志把佛教的教义圆融于中国共产党领导的建设有中国特色社会主义伟大事业之中；圆融于维护民族和国家的尊严，捍卫国家领土和主权的完整，促进祖国和平统一的伟大事业之中；圆融于促进中国佛教界与世界各国佛教界友好交往的伟大事业之中。他充分地论述了宗教与社会主义社会相协调的问题，指出：党和国家从政策上、法律上充分尊重和保护公民宗教信仰自由的权利，宗教徒则要爱国爱教，遵纪守法，拥护党的领导，报国家恩，报众生恩，积极为社会主义物质文明和精神文明建设做贡献。他告诫佛教弟子，佛教的利益必须与人民的利益结合起来。我们的生命好比一滴水，只要我们肯把它放到人民的大海中去，这一滴水是永远不会干涸的。赵朴初同志坚决拥护党中央制定的关于宗教工作的一系列方针政策和重要指示，积极协助党和政府全面正确地贯彻执行宗教信仰

自由政策，加强对宗教事务的管理，积极引导宗教与社会主义社会相适应。赵朴初同志以高度负责的精神，对社会主义初级阶段的宗教理论和工作，坦诚提出许多宝贵意见和建议。他积极促进全国各宗教界的团结和稳定。他热情支持十世班禅为发展藏传佛教文化，建立藏传佛教正常秩序，为维护祖国统一，民族团结，反对境外势力分裂祖国的活动所开展的各项工作。他积极拥护按照宗教仪轨和历史定制，经金瓶掣签、报中央政府批准认定的十一世班禅，并热情关心十一世班禅的培养教育工作。他恪尽职守，殚精竭虑，为宗教与社会主义社会相适应的理论与实践做出了杰出的贡献。

可谓字字千斤，句句铿锵有力，十分精确地概括了赵朴初居士作为一位中国卓越的宗教领袖在一生中所做出的重大贡献。

赵朴初居士的卓越风范必将彪炳千秋，受到千百万民众的敬仰；他提出的人间佛教思想必将为中国佛教界一代又一代的领导者、四众弟子继承并且一定会适应时代的发展而不断发扬光大。

笔者认为，自从20世纪二三十年代中国佛教界的仁人志士探索佛教适应时代进行革新、提出人生佛教或人间佛教以来，尽管中国经历了苦难曲折的遭遇，然而佛教毕竟取得了重大进步，特别从20世纪七八十年代以来，中国海峡两岸的佛教团体和人士都在遵循面向现实社会的人间佛教的基本思想将佛教向前推进。虽然他们对人间佛教的具体理解和解释存在差异，出现不尽相同的人间佛教理论和实践模式，然而皆有利于从整体上丰富和发展中国佛教的人间佛教思想，对中国佛教今后的发展必将产生深远的影响。